범개혁론

인간사(人間事) 관계의 개선에 대한 보편적 제언

범개혁론
인간사(人間事) 관계의 개선에 대한 보편적 제언

지은이   정일웅
펴낸이   성상건

펴낸날   2025년 5월 12일
펴낸곳   도서출판 나눔사
주소   (우)10270 경기도 고양시 덕양구 푸른마을로15
         301동1505
전화   02.359.3429 팩스 02.355.3429
등록번호 2-489호(1988년 2월 16일)
이메일   nanumsa@hanmail.net

ⓒ 정일웅, 2025

ISBN 978-89-7027-839-1   03230

값 30,000원

범개혁론

인간사(人間事) 관계의 개선에 대한 보편적 제언

Panorthosia

지은이 | **코메니우스**

옮긴이 | **정일웅**

나눔사

DE
EMENDATIONE
RERUM HUMANARUM

Confultationis Catholicæ

Pars Sexta,

PANORTHOSIA,

In qva

De emendando jam tandem beneficiô
omnium præcedentium, *Eruditionis,*
Religionis, Politiarúmqve ſtatu
publico, conſultatur.

Sive

De Confuſionum noſtrarum magna B A B Y-
L O N E cito, funditúsqve evertenda
S I O N Eqve Dei in ſublimi ſua luce Gentibu
Orbis exhibenda.

7권으로 구성된 라틴어 원본에서 6번째 책 범개혁론(Panorthosia)의 모습
(프라하 국립도서관 소장)

차
례

코메니우스의 보편적 제언서 7권 전체의 개관

서론: 범각성론(Panorthosia): 이것을 일깨우는
지침을 뜻한다. 제1권 우리가 계획하는 것이 여기에 설명되었다   제1권

기초: 범 세계적인 빛
범빛론(PANAUGIA)   제2권

지금까지
무질서 가운데
있는 모든 일들에
대하여:
범지혜론(PANSOPHIA)   제3권

보편적   작품자체: 질서를 만드는   지금까지 온전히
제언서   보편적인 개선에   개별적인 시도들   혼란시켜던 모든 생각에서
                   대한 논문   범교육론(PAMPAEDIA)   제4권

지금까지 온전히
뒤엉켜진 모든 언어에서
범언어론(PANGLOTTIA)   제5권

완결: 범개혁론(PANORTHOSIA)   제6권

결론: 우리가 열려진 길들을 보는 동경된 일들에 대한
반복된 격려. 범훈계론(Pannuthesia) 보편적인 경고로 불임.   제7권

1. 서론
독일어 역자의 범개혁론 전체에 관한 해설(F. Hoffmann)

요한 아모스 코메니우스(1592~1670)의 《범 개혁론》에 관한 최초의 독일어 완역은 이 출판물이 제시하게 된다. 유럽 문화사(文化史)와 정신사(精神史)에서 이 책이 지닌 가치, 즉 그것이 가진 월등히 훌륭한 작품 전체로서 "인간사(人間事) 관계의 개선에 대한 보편적 제언"(De rerum humanarum emendatione catholica consultatio 1645-1670)[1] 서를 먼저 한 부분으로 주목하고 이해할 때 거기서 확인 된다.

코메니우스는 그의 작품이 절정에 이르게 되도록 하려는 생각을 주저할 뿐 아니라, 특히 인간, 즉 인류의 돌봄을 위한 중심적인 작품을 제공하려는 생각을 확고히 했던 거기서, 이러한 7권의 문서를 그의 "거대한 작품"(Opus grande)으로 명명하게 되었다. 이 작품에서 전 인류를 혼란과 미로에서 인도해 내며, 진리와 정의와 평화의 세계로 향하는 길을 내기 위한 목표와 수단과 방법들이 제시되기에 이르게 되었다. 실행에 따른 일과 관련하여, 헤라클레스(Herakles)의 수고와 함께, 그리고 더 많은 지체되는 일과 장애들을 고려하여 시지푸스(Sysipus)의 고통(역자주: 보람 없는 수고)에 비교된 그의 엄청난 노력은 20년 이상 지속된 정신적인 투쟁 안에서 그 윤곽과 모습을 얻게 되었다.

코메니우스는 이 고유한 창작품이 자신의 이상에 적합하게 완성되지 않은 채, 생애와 활동이 거의 마지막에 이르렀음을 느꼈을 때, 통절한 경고를 저자인 자신에게 던지면서 겸손하게 비판적인 글을 다음과 같이 적었다.

"내 마음의 연구자, 내가 오늘날까지 희망과 염려의 모순을 어떻게 느끼고 있는지를 너는 알 것이다. 벌써 내 마음에서 너의 빛에 대한 기쁨이 시작된다. 그렇지만 흑암의 유령이 끼어들어 내 정신을 위협하는구나!"

---

1)   요한 아모스 코메니우스의 De rerum humanarum emendatione consultatio catholica, 원 출판, Thomus I.II. Praha MCMLXVI.(1966), 앞으로 인용할 때는 Cc.로 표시함. 인간적인 일들의 개선에 대한 보편적인 제언 (Allgemeine Beratung ueber Verbesserung der menschlichen Dinge): 역시 요약한 줄임말은 보편적인 제언서 (Allgemeine Beratung, Beratungswerk)제언서 등등이다.

그가 약속했던 목표들은 성취되지 못할 것이라고 그를 비난했던 동시대의 사람들에게 그는 다음과 같이 대답한다.

"..나는 할 수 있었던 일은 다 했다. 무기력하게 하는 나이와 감소한 힘과 생(生)의 파국만 발생하지 않았다면, 나는 더 많이 이루게 했을 것을, 그렇지만 나는 용서를 구하고 싶은 마음이다. 그 이유는 내가 할 수 있었던 것보다 더 많은 것을 원했던 것이 첫 번째도 마지막도 있을 수 없기 때문이다. 설사 능력이 충분하지는 못했다고 해도, 그것은 공공의 번영을 향한 동경(憧憬)에다 넘겨주는 것을 뜻하였다."[2]

전체와 그들 일곱 부분으로 구성된 '보편적 제언서'는 미완성으로 남겨져야 했다. 그러나 우리에게 전해진 것이 단편적이고 완성되지 못한 것일지라도[3] 코메니우스 생애 작품의 종합과 확대로서, 그리고 역사적인 것일 뿐만 아니라, 현재와 미래를 위한 주목할 만한 인간적 사고(思考)의 위대한 행위로서 중요한 의미를 지니게 된다.

코메니우스는 1645년 4월 18일 네덜란드 출신인 그의 후견인이었던 루이스 데 기어 (Louis de Geer)에게 "인간사 관계 개선에 대한 보편적 제언"이란 주제를 지닌 작품을 착수했다는 소식을 알리면서, 범지혜(Pansophia)는 "인류 전체의 정신교육을 다루는 범교육론(Pampaedia)과 같이 일곱 부분 중 한 부분으로 다루게 될 것을"[4] 밝혔으며, 이전 노력의 백과사전적이며, 언어 방법적이며, 교수학적인 요소들이 참된 지식의 전체성과 통일성으로서, '기독교적인 범지혜'(PANSOPHIA CHRISTIANA)[5]로 형성되며, 30년간 전쟁의 시대가 초래한 파멸에 대한 치유의 수단으로 발전되어야 한다는 사실에 대해 그는 결단하였다.

항상 새로운 사고의 발단에서, 그리고 완벽한 정신적인 도구들로써 코메니우스는 자신의 비전을 실현하기와 그의 작품의 3가지 구성요소가 자체 안에 정돈된 조화로운 전체성으로 완결되기를 시도하였다.

---

2) Panuthesia(범훈계론, 7번째 책에서 인용함)에서, F.Hofmann의 번역서 선발된 텍스트, 인사말, Berlin 1970, S.413.
3) A.a.O, 앞서 언급한 책, S.11-39.
4) 인용, Jana Amose Komenskeho Krrespondence. Sebral a k tisku pfipravil A Patera V Praze 1892.S.39.
5) 기독교의 모든 지혜의 본질에 대한 가까운 정보는 제공한다. .A.Comenius, Allweisheit Schriften zur Reform der Wissenschaften, der Bildung und des gesellschaftlichen Lebens. Eingeleitet, ausgewaehlt, und uebersetzt von F.Hofmann, Jubilaeumsausgabe. Luchthand 1992, S.12ff.

그로부터 활동의 이른 시기에 설계된 "모든 세계의 일들의 무대"(Theatrum universalis rerum)란 작품은 구성과 존재에 따라 '사물의 거대한 세계'가 밝혀질 뿐만 아니라, 역시 그 내면적 규모와 구조의 적법성을 고려하여 접근하게 하는 저 높이 찬양된 기독교적인 모든 지혜는 유익한 교육적인 유산으로 평가되어야만 했었다. 다르게는 "방법의 왕도"가 그에게 중요했다. 즉 그것은 이러한 범지혜의 보편적인 교육의 중재(仲裁)와 적용(適用)을 탐색하는 것을 뜻하였다.

신적인 구원계획의 능력과 범지혜의 영(靈)으로부터 비추어진 인류의 창조적 활동 사이에 우주적으로 파악된 공동의 놀이 안에서 모든 지혜는 인간적인 일들의 세계적인 개선이 어떻게 가능하며, 간결하게 되는지를 마침내 증명하는 것이었다.

코메니우스는 개인의 능력이 지나치게 요구되는 것을 위협했던 이러한 거대한 계획을 "발견하는 것과 그것을 형성하는 것과 개조하는 것"[6]에서 오래 지체해야만 했었다. 그의 여러 곳으로 이주하는 삶의 운명들과 역사적으로 주어진 여건들의 부적합성은 그의 노력을 저해하는 쪽으로 작용하였다. 그 밖에도 그는 자신의 작업결실을 학자들의 전문적인 편협함과 신학자들의 정통적인 독선과 세상 권력자들의 불신 앞에서 먼저 들어내기보다 숨겨야만 했으며, 다만 생각을 동조하는 자들과의 밀접한 범주에서만 접근해야 했던 고통스러운 경험들은 그에게 많은 교훈을 주었다.

몇몇 친구들은 '제언서' 작품이 가능한 대로 빨리 출판되기를 권고했으나, 어떤 이들은 먼저 더 시간이 지난 후에 출판해야 할 것을 충고했었을 것이다. 그렇지만 코메니우스는 '사람들이 등불을 켜서 말 아래에 두지 아니하고 촛대 위에 두나니…'란 마태복음(5:15)에 기록된 예수님의 충고를 더 잘 따르려 했으며, 그는 그것을 잘 알고 있기도 하였다.

'보편적 제언서' 작품의 근본 사상들에 관한 설명에서, 먼저 그의 독특한 건축술이 평가된다. 그것은 특히 그들 전체의 내용에서처럼 개별적인 부분의 배열과 편입(編入)에 큰 관심을 제공하게 되는 것을 뜻하게 된다. 즉 그 내용은 바로크(Barock) 시대에 널리 퍼져있던 종교적으로 뒷받침된 '숫자의 신비(숫자 신비주의)'에 관한 의미와 그 보증을 경험하게 되는 일에서였다.

---

6) J.A.Komensky: Allgemeine Bertung...., a.a.O.,S.207-213.

서론과 결론에서처럼 (1권)'범각성론'(Panegersia)과 (7권)'범훈계론'(Pannuthesia)은 이 문서 전체의 구조를 포함한다. 범 각성론은 모든 이들을 향한 하나의 요구인, 특히 철학자들과 인류의 교사들과 영혼의 지도자들인 신학자들에게, 그리고 "평화의 옹호자들인"[7] 세상의 통치자들에게 그들이 깨어나야 할 것을 일러준다. 그것은 '범 훈계론'에서 그들에게 상응한 관점들을 발견한다. 진지함과 열성, 그리고 연설의 직관과 함께 선한 의지를 지닌 모든 사람이, 그러나 역시 경멸하는 자들과 신성을 모독하는 자들과 폭군들을 마지막 시간에 경고하며, 세상을 구원하는 일에 대한 충고에 거절하지 않도록 훈계하는 수사(修辭)의 모든 수단이 제시되었다.

첫 번째와 마지막 부분에서처럼, 역시 '범 빛의 이론'(Panaugia, 모든 것의 조명)과 '범 개혁론'(Panorthosia, 모든 것의 개선)이 서로 관계된 그들 두 번째 부분과 여섯 번째 부분이 그것들을 증명한다. 이러한 '범 빛의 이론'에서 코메니우스는 양심의 명료성과 쾌활함을 생산하는 순간에, 그것들의 밝힘을 통하여 선한 것에 대한 의지(意志)가 살아나며, '모든 사람에게 모든 것을 모든 면으로' 보여주는 빛의 성장에 관한 그의 가르침을 발전시키게 된다.

개혁해야 할 내용과 형태들이 계속해서 다루어진 여섯째 부분(6권)인, '범 개혁론'(Panorthosia)은 공적인 교육과 종교와 시민적인 질서의 상태가 어떻게 개선되어야 하는지, 그 '실제'(Praxis)를 설명하며, 세계적인 '개혁의 완성'(Vollendung)을 설명하게 된다.

'범지혜론'(Pansophia, 또는 Pantaxia), '범교육론'(Pampaedia), '범언어론'(Panglottia) 등의 3가지 수단에 관한 것들은 '보편적인 제언서' 작품의 중심점과 핵심을 설명하게 된다. '범지혜론'(Pansophia)은 인간적인 지혜의 세계질서 안에 있는 사물의 질서를 위하여 노력하게 된다. '범교육론'(Pampaedia)은 인간 정신의 전 생애 동안에 필요한 모든 면의 돌봄의 과정을 설명해 준다. '범 언어론'은 세계의 언어문화를 위하여 노력한다. 그것은 결과적으로 국제적 공용어를 통하여 인류의 이상적이며 언어적인 의사소통을 가능하게 하는 일이었다.[8] 질서의 원리와 의미 부여의 원칙으로

---

7)   Ebenda, S.94.
8)   Vgl. Teilueberersetzung, in: Allgemeine Beratung...,, a,a,O.,S.213.

서 언급된 숫자의 상징성, 특히 거룩한 숫자로 이해한 "칠"(7) 안에서 소위 일곱 부분의 위치는 계속되는 구성의 법칙을 투명하게 해 준다. 이러한 일곱 가지 설계의 중심에서 이와 같은 '모두를 위한 교육'인 네 번째 부분(4권)에서 - 모든 교수학적이며, 학교 전문가의 협소함을 뛰어넘는 - 코메니우스 교육의 근본 관심에서 정진(精進)의 알파와 오메가가 요구되었다. 범 교육론의 일곱 가지 학교 안에 여덟 번째 '죽음의 학교'가 첨부되었는데, 각 연령 단계에 따라 모든 사람은 그들 나이에 적합하게 준비된 범지혜의 삽화(插畵)와 축약(縮約)의 형식에서 세계적인 교육 유산으로 저 세계를 습득하는 것이 가르쳐졌다.

삼중성의 원리를 위한 코메니우스의 특별한 관심으로 '보편적 제언작품'의 세 번째 부분(범지혜론)에는 특별한 의미가 수반되어야만 했었다. 앞서 이미 기술한 것처럼, 그 부분은 '모든 지혜'란 주제를 지니게 된다. 그러한 시도의 계획은 참으로 포괄적이면서 과감하다. 그것은 가장 뛰어난 정신의 능력과 개인의 가장 끈질긴 노력을 과도하게 요구하고 있는 것으로 보인다. 코메니우스는 전체의 핵심부인 제3권에서 이중적 과제를 충족시키려고 하는 의도를 생각하였다. 첫 번째로 모든 존재는 그의 기원과 발전과 내적인 구조를 밝히는 것이며, 두 번째로 모든 사람을 위하여 이해할 만한, 그리고 인류 발전을 위하여 필수적인 것을 기초한 것처럼 그렇게 생각하였다. 유출론의 도식에 따라 하강하다가 다시 상승하는 '세상들', 또는 존재하는 것의 '단계들'이 전개되어야 한다. 길은 하늘로부터 물질적이며, 도덕적인 '세계'를 통하여 정신적이며 궁극적인 사물들로 인도한다. 그가 모든 존재의 규범들과 원칙들과 합법성 들을 근원에서, 말하자면, 창조 전에 현존하는 원형적인 하나님의 생각들을 따라 유도하기를 원했던 것을 용감한 행위로서 그의 높은 목표들을 향하여 노력하게 된 것을 증명한다. 거기서 강인한 수십 년의 정신적인 투쟁의 시간이 경과 되고 있음에도 불구하고, 고작해야 노력한 최후의 모습을 예감하게 하는 총체적인 전 작품을 위한 이러한 근본적인 부분으로 범지혜(Pansophia)의 이론이 바로 미완성으로 머물러야만 했던 것은 놀라운 일이 아니다.

코메니우스에게서 최상의 본체(本體)는 한 분 질서의 하나님이었기 때문에, 6번째 책 안에 중복된 3가지는 "보편적 제언작품"의 여섯 번째 부분(6권)인 '범개혁론'(Panorthosia)에서 특별한 가치를 두고 있음을 암시한다. 그것은 앞서 진행된 부분들의 조화에 첨부된 본질에 근거해야 한다. 그것은 근본토대로 표시되었다. 영국에서 뜻을 같이하는 그의 친구들에게 보냈던 '대화적인 범지혜의 중심(Centrum dialogi Panso-phiae)이'[9]란 주제를 가진 연구프로젝트에서 그것은 "말하자면 범지혜의 선한 행위를 통하여 실수들이 인식되며, 경멸하며, 개선하게 하는 것처럼",[10] "범 지혜의 일곱 번째(!) 결실"로 불리게 되었다. 역시 '보편적 제언'(작품)의 모든 부분의 구조는 3, 7, 그리고 10이란 완전한 숫자로 결정되었다. 코메니우스의 우주적인 존재가 어떻게 형성될 수 있을 것인지에 대하여 수십 년 이상 펼쳐진 명상들은 그 안에서 —일목요연하거나, 또는 잠재적인— 형이상학적으로 기초 된 좌표들의 한 체계가 반영된 사고의 틀을 성숙하게 하였다.

****

범 개혁론은 (요약하면, 희랍어 'παν'에서 온 것으로, '모든 것'을 뜻하며, 희랍어 'ορδοσιξ'는 '개선'이란 의미로, 모든 것의 고침인 개혁을 뜻함) 파멸되었으며, 혼잡스러워졌으며, 어두워진 모든 것을 제거하며. 그것을 거대한 개혁(改革)으로 인도하는[11] 일에 '필요한 것, 가능한 것, 그리고 간결한 것' 등을 다루게 된다.

17세기의 50-60년대 안에 '보편적 제언서' 작업에 관한 노력은 수많은 전환(轉換)과 중단들에도 불구하고 계속 이어졌다. 전체와 부분의 구상은 역시 텍스트의 모습에서처럼 잘 진척되었다. 이따금 원자료의 개괄적인 초안들은 그것들이 완성된 인쇄의 마지막 형태를 유지하기 전에 코메니우스의 형제 연합교회 감독의 살림 안에서 함께 기숙하는 학생들과 그를 돕는 일꾼들과의 밀접한 범주에서 가르침과 세미나 형태의 대화 대상이 되었다.[12] '보편적인 제언서'의 일곱 부분(7권)은 엄격하게 그들 숫자의 순서에 따라 작업 되었다는 것은 분명하지 않다. 발생 시기에 대한 암시들은 저자의 서신 교환으로부터 추론하거나, 내용적이거나, 형식적으로 눈에 띄는 것에서 밝혀내게 된다.

1647년에 코메니우스는 "범각성론"(Panegersia, 또는 Exitablum으로도 불림)이라

---

9) Uebersetzt in: J.A.Comenius: Allweisheit...., a.a.O.S.207-213.
10) Ebenda, S.213.
11) Diese und alle kuenftige nicht ausgewiesenen Zitate werden der nachfolgenden Uebersetztung der PANORTHOSIA entnommen.
12) Zit. nach: Sto listu Jana Amose Komenskeho. Vybral Bohumil Ryba V Praze 1942, S.201.

는 손으로 쓴 원고를 영국에 있는 하르트립(S.Hartlib, 1600-1662)에게 보내게 되었다. 그런 후에, 벌써 언급한 "대화적인 범지혜의 중심"의 영국 박물관에 보존된 원본과 '범개혁론'의 한 구성체는 그것들을 따랐다. 그리고 저자는 1654-1657까지 보편적인 제언서 작품의 여섯째 부분에 분명하게 전념하였다. 이러한 집필의 시기에 대한 암시는 범개혁론 8장에서 발견된다. 코메니우스는 1656년에 세계 역사의 여섯 번째 천년기가 끝나게 되며, 거대한 안식년과 세계 파멸의 우주적인 개선이 시작되는 저 일곱 번째 시대의 세계가 시작되리라는 생각을 거기서 언급한다. 이 해에 개혁을 위하여 파송된 새 아담인 예수 그리스도가 그의 구원 사역을 시작하게 된다.

코메니우스의 거주지요, 형제 연합교회의 지도부가 상주한 곳인 폴란드의 리사(Lissa, 레스노)란 도시의 붕괴와 화재로 인하여, 그의 소유물과 함께 귀중한 원고 더미는 안타깝게도 모두 사라지게 되었다. 1656년 5월 22일 코메니우스를 돌보는 아들이요, 그의 사위인 페트루스 피구루스(Petrus Figurus:1619-1670)에게 보낸 편지에 따르면, 먼저 벌써 수정해 놓았던 보편적인 제언서 작품의 부분들(일부분)은 사라졌음을 말해 주었다. 그렇지만 코메니우스는 숨겨놓아 보존된 원고들, 즉 '보편적인 제언서 작품'과 몇몇 '범지혜의 작품들'[13]은 넘겨주었다.

'범각성론'(Panegersia)과 '범빛론'(Panaugia), 그리고 역시 '범교육론'(Pampaedia), '범개혁론'(Panorthosia)에 관한 코메니우스의 자필 자료들이 거기에 속한다. 이와 같이 '범각성론'와 '범빛론'의 이러한 첫 양 부분들은 암스테르담으로 향한 마지막 망명길에 함부르크에서 인쇄를 준비하였고, 그런 후 1657년 암스테르담에서 2절 판으로 출판되었다. 미래적인 사건들이 증언하는 것처럼, 이러한 인쇄는 일시적으로 다만 선택한 학자들의 평가를 위해 제시하려고 한 결정이었다. 1665년 이후에 짐작하기로 '범훈계론(Pannuthesia)의 인쇄가 뒤따랐다. 그리고 1665-1667년까지 대략 '범언어론'(Panglottia)이 만들어졌다.[14]

역시 '범개혁론, 즉 판오르토시아' 일부가 그 당시 인쇄되었다. 1667년과 1668년에 네델란드의 흐로닝겐 대학의 개혁신학자 사무엘 마레시우스(Samuel Maresius: 1599-

---

13) Ebenda.
14) Naehere Angaben zur Entstehung der Teile des Beratungswerkes im Nachwort von J.Patocka in Cc. tom II. Pag.685-717.

1673)는 보편적 제언서 작품의 시험적으로 인쇄된 여섯 번째 부분(6권)의 책을 손에 쥐게 되었다. 그는 2장과 8장에 포함한 내용에서, 특히 세계 개혁에 관한 천년왕국 이론의 근거와 관용과 화해의 이론에 기초한 코메니우스 신학의 직관적인 서술의 내용에 대하여 비판적으로 논쟁하였다. 그는 격한 감정으로 이끌었던 논쟁에서 코메니우스를 혁명적인 독일 뮨스터(Muenster)의 재세례파 추종자요, 학교에서 가르치는 신학적인 시각에서 의심된 광신자요, 예언자인 요리스(Joris)와 펠겐하우어(Felgenhauer)와 바이겔(Weigel)과 같은 부류의 사람들로 지칭하였다. 마레시우스(Maresius)는 중상모략의 방식으로 코메니우스를 토마소 캄파넬라(Tomasso Campanella:1568-1639)와도 비교하였다. '이 두 사람은 불안한 정신병자요, 환상과 예언에 관심을 가진 자들'일 것이며, 사회변화를 위한 거대한 계획을 설계하고, 전 세계의 군주적인 통치에서 통일된 종교와 학문과 정치를 이끌기 위하여 세계적인 종교회의를 소집하려고 생각했었던 자로 단정하였다. 코메니우스가 제6권 8장에 제시한 화해의 신학을 마레시우스는 터무니없는 것이 분명하다고 지적하기도 하였다.[15]

이러한 공격들은 암스테르담에서 경제적이며 정치적으로 잘 알려진 가족인 '데 기어'(de Geer)의 손님이요, 그의 후견인으로 활동하는 망명자(코메니우스)를 가장 불안하게 만들었다. 그 당시 학자들의 논쟁 수준을 뛰어넘었던 마레시우스 공격에 대하여, 코메니우스는 신중하게 대처하였고, 형제적인 경고의 원칙적인 목소리로만 대답하였다. 마레시우스가 왜곡하며 명예를 훼손하는 주장들을 통해, 비난을 고조시키고 있었을 때, 그리고 그의 반대자들이 '어리석은 노인이요', '거짓말쟁이요', '모든 것을 아는 자', '모든 것에 대한 파렴치한 환상가'로[16] 낙인을 찍고 있었을 때, 코메니우스는 – 심한 질병으로 중단되었지만 – '마레시우스에게 코메니우스의 형제적인 경고의 진행'(Continuatio admonitionis fraternae Joh. Comenii... da S.Maresium; Amsterdam 1669)이란 주제의 자서전적인 한 '변증서'를 저술하게 된다. 노인(코메니우스)의 글에서 나온 마지막 작품이 중요하며, 마지막에 그의 수많은 시간과 힘을 뺏어가는 철학적이며 신학적인 자료의 논쟁문서들로서도 중요하였다. 거기 자신의 생애

---

15) Vgl. F.Hofmann: Autobiographie als Apologie Bemerkungen zur Lebensbeschreibung des J.A.Comenius. in: Continuatio admonitionis fraternae Joh.Comenii...ad S.Maresium. In: Acta Comenians, 10(XXXIV), Praha 1993,S.99-114.
16) Ebenda, S.92.

에 관한 서술 38-128항에 포함된 진술들 가운데,[17] 특히 마레시우스에게서 의심받으며 공개적으로 모욕을 당했던 범지혜와 세계 개혁의 작품은 그의 진실 안에서 분명히 드러나도록 하는 일에 도움이 되어야만 했다.

모든 이러한 사건들은 코메니우스를 생의 문턱에서 깊이 신체적이며, 심리적인 위기 상태로 빠뜨려지게 하였다. 벌써 그의 빈번한 운명적으로 어려움이 덮친 실존적인 정황에서처럼, 그는 체념적이며 침묵하는 근본의 소리에 사로잡혀 있었다. 그것에 관해서는 '꼭 필요한 한 가지'(Unum Necessarium, 1668)에 대한 그의 명상들이 증명해 보여준다. 그리고 신앙고백을 초월하여 초기 경건주의적인 신앙을 돌보았던 라바디(J.L.Abadie:1610-1674)와 브리그논(A. Bourignon: 1616-1680)과 함께 나눈 의견 교환과 무엇보다도 1665년에 시작하여 그가 죽음에 이르기까지 계속해서 주도했던 '엘리아의 경고'(Clamores Eliae)[18]란 주제를 가진 짤막한 글들과 그 구상들과 목록서 등의 수집에서, 그 당시 코메니우스의 정신적인 심적 상태가 어떠한지를 순간적으로 느끼게 할 뿐만 아니라, 역시 그의 '보편적인 제언서'에 대한 지속적인 노력을 대위법(對位法)적으로 동반하는 하부 텍스트와 그의 거대한 삶의 작품이며, 고통의 작품을 가능한 한 완성하려는 그의 독백서인, '보편적 제언'서는 이 모든 것을 잘 말해 준다. 그에게 제시된 세계 개혁론의 인쇄된 장(章)들에 대하여 특별히 마레시우스가 의도한 비판은 계속되는 코메니우스의 작품의 인쇄를 중단되게 하는 것이었다. 디미트리히 취체브스키(Dimitrij Tschizewskij:1894-1977)를 통하여 '보편적 제언서 작품'의 자필 원고가 독일 할레(Halle, 역자주: 경건주의 운동의 본산지)에서 발견된 후, 그의 정밀한 서술에 따라 1-10장은 2절 판으로 인쇄되었다. 다음의 11-27장은 단지 원고만 전해졌다. 가장 큰 개연성과 함께 코메니우스의 유작에서 니그린(Ch. V.Nigrin)에 의하여 작업 견본(見本)의 모습으로 수정된 텍스트 초안이 중요하였다.[19]

50년대 이래로 코메니우스를 위하여 요약한 형태의 범개혁론 구상이 제자리를 분명

---

17) Ebenda, S.99-114.
18) Kritische Ausgabe in: Johannis Amos Comenii ...Opera Omnia. Bd.23. Academia. Praha 1992.
19) Vgl. zu den Schicksalen des Manuskripts und der Drucke der Allgemeine Beratung: F. Hofmann: Die "Hallische Fund"- Schicksale einer Handschrift. In: Mitteilungsblatt Nr.25 der Comeniusforschungsstelle im Institut fuer Paedagogik der Ruhr-Universitaet Bochum, S.39-54; W.Korthaase: Was mit der Consultatio Catholica, dem Hauptwerk des Comenius, von 1934-1945 geschah. In: Comenius-Jahrbuch. Bd.3/1995,Academia Verlag Sankt Augustin, S.72-90.

히 잡게 되었다. 이것은 한때 영국으로 보냈던 '범개혁론' 내용의 개요(槪要)에 대한 비교가 우리의 번역 원문과 함께 서론적인 개관을 증명하게 해 준다. 내용은 체계적인 분류(a.b.c)의 구별된 명칭 표시에서 제외된 채 일치하게 설명한다. "범개혁론이 포함한다"란 사전 예고로서 생각된 원문 안에 계획된, 그러나 부분적으로는 이미 저술된 내용이 다음과 같이 요약되었다.

a) 서술된 이론:
보편적인 개선: 개선이 이루어져야 할 장소
그들의 희망
그것은 그리스도의 사역이 될 것이다.
그것은 기독교 안에서 이루어져야 한다.
이념

b) 실천
비열함의 제거를 통하여
비인간성
사물들과 생각하지 못했던 대화
보편적인
　　　철학과
　　　종교와
　　　정치와
　　　언어를
통한 파멸의 개선
　　　빛의 교수단
　　　종교 지도자들의 총회
　　　세계평화 법정을 통한 개선의 확실성

c) 개선의 목적에 적용:
각자 개인 스스로
가족들
학교들
정치적인 일들
보편적인 종교회의를 통한 범세계적인 것.[20]

---

20)　Abgedruckt in: Krrespondence J.A.Comenskeho. Listy Komenskeho a Vrstevniku jeho.II.Vvdava Dr.J.Kvacala. V Praze 1902,S.30.

삼중성의 근본 도식에 따라 독일 할레(Halle)의 한 도서관에의 발견된 원고 안에서 범개혁론 원문에 처음 언급된 전체 개요를 위한 목록이 구성되었고, 그 내용들은 총 27장에 걸쳐 펼쳐져 있었다. 그래서 1-5장 안에 범개혁론이 무엇을 뜻하며, 기독교 안에서 시작하는, 그러나 그 일은 모든 사람의 협동을 통하여 완성하는 다만 '그리스도의 일'(Opus Christi)로서 이해해야 하는 것이 설명되었다. 그것들의 개념과 조건들의 해명과 함께 사상적인 체계는 대체로 종결되었다.

6장에서 18장까지는 개선의 실천(Praxis)을 다룬다. 개혁의 길에서 먼저 제거되어야 하는 장애들로서 말하자면 그것은 여러 일과 관계하여 세계성, 비인간성, 경박한 태도들에 관한 것을 의미하였다. 언어문화와 마찬가지로, 철학과 종교와 정치의 영역들에서 개혁되어야 할 것들을 연결하여 서술하였다. 계속해서 실제화된 개혁의 보증들로서 최상의 세계협의회(Weltgremien), 빛의 교수단(Kollegium des Lichtes), 성직자의 총회(Konsistorium der Heiligkeit), 세계평화 재판소(Weltfreidensgerichtshof)가 어떻게 설립되어야 하는 것인지에 대하여 자세히 언급하였다.

19장에서 24장까지는 개인과 가족과 학교와 교회와 국가의 개선에 의한 지금까지 그려진 개략적인 개혁의 구체적인 방법의 적용들이 설계된 내용이 소개되었다.

25장에서 27장까지는 세계 개혁을 진지하게 이끄는 세계위원회, 또는 교회가 연합한 총회의 목표와 과제와 조직 형태들을 다루고 있으며, 범세계적인 개선을 향한 열망의 행운이 가득한 세계 모습인, '새로운 세계'의 상(像)을 그리게 된다. 그리고 삼위일체 하나님에 대한 찬양과 범지혜의 주기도문과 함께 이 책은 끝마치게 된다.

'범 개혁론'의 개별 각 장(章)은 형식적인 모습을 고려하여 더 많은 완성의 정도를 구별하게 해 준다.

첫 번째 그룹은 앞서 인쇄되어 놓여 있는, 또한 인쇄 준비가 성숙하게 형성된 장을 서술하고 있다. 그것들은 전체적으로 잘 구성되었으며, 내적인 일관성과 논리로부터 특징지어진 하나의 사상적인 흐름의 강(江)을 제시하며, 정신적인 구조를 투명하게 만드는 난외(欄外)의 각주(註)를 지니고 있다. 게다가 인쇄된 부분들 외에 – 조건부로써 – 14장, 15장, 16장, 19장, 20장, 21장, 22장과 26장을 헤아리게 된다. 거기서 규칙적으로 언어적인 감격과 문장의 전문성과 함께 형성된 내용이 중요하게 다루어지게 된다. 두 번째 그룹은 첫 번째 것으로부터는 현저하게 구분되는 모습이다. 게다가 18장, 23

장, 24장, 그리고 25장의 내용에서처럼, 성직자의 총회, 세계질서의 개혁, 세계 교회의 모습과 세계총회 등에 대한 실행들이 다루어지게 된다. 그것들은 그 원본이 전체적이며, 종합적으로 먼저 제기되기보다는 부분적으로 제시된, 난외의 각주들이 빠져 있는 첫 번째 그룹 것들과는 완전히 구별된다. 그 밖에도 주석한 것과 후에 첨부한 것들이 발견된다. 그것은 동일한 것이거나, 비슷한 주제들과 논제들의 반복적인 것들이 보충되었다. 유작 원고의 편집을 위임받은 학자들, 즉 하르트만(S.Hartmann)과 니그린(Ch.V.Nigrin)이 저 '위대한 제언서'의 더 초기의 부분들처럼, 이러한 "혼돈"이 어렵게 저 탁월하고 완성된 모습으로 나타날 수 있으리라고 기록한 제언작품에 연관된 그러한 문구들이 어느 정도 중요하다. 그들은 이러한 작업의 임무를 부여했던 게르하르드 게어(Gerhard de Geer)에게, 문서적인 서술과 연결된 흐름으로 적어도 벌써 그 어떤 하나의 확실한 질서 가운데로 가져오지 못한다면, 이러한 미완성 작품들을 연결하기와 최선을 다하여 그 일을 완수하리라는 뜻을 밝혀주었다.[21)]

'범 개혁론'에 관해서는, 이러한 성숙하지 못한 단편적인 서술이 다만 대상에 대하여 충분한 밝힘에서 투명하고, 설득되는 문체형식의 모습에 도달되어 있는 그러한 인식으로 되돌리고 있는 것처럼 보인다. 코메니우스가 스스로 충분한 명료성을 소유하지 못했거나, 또는 그가 마레시우스와의 좋지 않은 경험을 통하여 대략 깨우치며, 주어진 상황들에 따라 의식적으로 자제하기를 원했던 곳에서, 그는 그러한 문제들을 메모나, 주석으로 남겨놓았다. 특별히 이것은 '세계질서의 개혁'과 '세계 교회에 관한 그의 통지문'에 해당한다.

노력할 만한 가치를 지닌 세계질서에 관한 코메니우스의 사상으로, 즉 범세계적인 개혁에 대한 전제들에서 유도된 "하나님의 국가"(Gottesstaat)는 그가 역사와 문헌에서의 모범들을 통하여 자극받게 되었으며, 지탱하게 되었거나, 또는 고유한 경험을 통하여 자극들을 받아들일 수 있었던 거기서 단지 윤곽으로서의 분명한 그림이 그려졌다. 바로 여러 유익하고, 흥미로우며 세부적인 것들을 고려할 때, 그 소식들은 여전히 불확실한 채 머물러 있게 된다.

---

21)   Ebenda, S.154.

이상적인 국가 형태로서 화란의 사회정치적인 모델에서 지향한, 그렇지만 군주적이며 귀족적이며, 민주적인 요소들로부터 충분히 구체화 되지 못한 연결은 '혼합된 제국'(imperium mixtum)이 추천되었다. 이러한 사회적인 제도 안에서 그리스도는 왕들과 감독들과 철학자들 위에 군주로서 다스려야 한다. 즉 곳곳에서 가장 훌륭한 사람들이 선봉에 설 수 있으며, 그리고 민주주의는 - 형제 연합교회(Unitas fratrum)의 관례에 따라 - 가정의 아버지는 권속들 가운데서, 동시에 왕이요, 제사장이요, 교사가 되기 때문에, 가족 안에서 다스려야 한다.

코메니우스는 생의 마지막까지 그의 관심인 '모든 개혁'이 어떻게 정치적으로 실현되어야 할지에 관해서는 불안하였다. 모어(Morus), 캄파넬라(Kampanella), 또는 안드레(Amdrae) 등의 사회적인 유토피아의 전승들, 또는 스파르타(Sparta)의 정치와 삶의 질서와 청소년 교육의 질책들은 구약의 이스라엘에서 있었던 정치적인 사건들의 모범들에서처럼, 생각하게 하는 자극제로서 유익하다.

17세기 후반의 유럽에서 변화된 권력관계에 따라, 폴란드, 스웨덴, 영국,[22] 등의 저 북방 왕국들의 범세계적인 개혁을 위한 책임은 기독교 통치자인 프랑스의 국왕 루드비히 14세(Ludwig XIV)에게로 옮겨가야 했었다. '엘리야의 경종'(Clamores Eliae)에 표현된 진술에 따르면, 그는 세상을 위한 폭군과 독재자가 아니라,[23] 지도자와 목자가 되리라는 것이다.

역시 "잠정적이며 부분적으로" 개혁된 '거룩한 자들의 교회'는 단지 대략의 윤곽 안에 설계되었다. 말하자면, 코메니우스는 이러한 거대한 세계 교회의 연합이 '작은 연합', 즉 형제 연합교회의 가장 좋은 전승들을 넘겨받아, 계속 이어가게 되리라는 것을 확신하였다. 거기서 그들 교회의 목회적인 훈육(訓育)이 세계 교회 안에서 사람들과 예배와 의식과 관습들의 "내적인 질서"로서 확대되어야 했다. 이러한 외형적인 질서, 특히 계급적인 구조는 그에 비해 형식적으로는 보존된 가톨릭교회의 전통들에 의존하게 된다. 그 이유는 그것이 대주교들과 가부장적인 주교들, 위대한 주교들, 또는 교황에 관한 말들이기 때문이다. 세상 통치를 위한 것처럼, 코메니우스는 군주주의와 귀족주의,

22) In: J.A.Komensky: Allgemeine Beratung, a.a.O.,S.420.
23) Johanis Amons Comenii Opera Omnia Bd.23.S.47.

민주주의로부터 협력하는 것을 더 가깝게 밝히지 않은 채. 역시 교회의 영역을 위해서 하나의 혼합된 체제를 추천한다.

다른 문서들에서처럼, 코메니우스는 범 개혁론에서 조립기술 방식을 이용한다. 즉 그는 사고의 결과들이나, 또는 이따금 그의 텍스트에서 지금까지 사용하지 않은 방식으로 다른 것들의 단면을 첨부한다. 그래서 예를 들면, 8장(어떻게 비인간성이 제거될 수 있는지...)은 나머지 장에 대한 비교로 거의 두 배의 범위를 갖게 하는 것이 흥미롭다. 그것은 거의 64개의 문단을 포함한다(그에 비하여 I장 10, II장 54, III장 45, IV장 10, V장 28문단 등).

코메니우스 작품들의 목록에서 이따금 '화해자 그리스도를 통하여 화해하는 기독교' (CHRISTIANISMUS RECONCILIABILIS RECONCILIATORE CHRISTO)란 주제를 가진 문서가 나타난다. 1661년 12월 10일에 출판자인, 몬타누스(Peter Montanus)에게 보낸 그의 편지에서, 코메니우스는 아직 출판되지 않았지만,[24] 폴란드에 실존하는 신앙고백의 한 평화 대담과 토른(Thorn:1645)의 자선 동료단체에 공헌한 동일한 주제의 논문을 언급하였다. '평화의 천사'(Angelus Pacis-1667)를 통해서도 코메니우스는 브레다(Breda)에서 개최된 평화회의에 참여한 중재자들에게 영국과 네델란드 사이에 발생한 두 번째 해전이 종식되게 하고자 한, 그의 '보편적인 제언'과 동시대에 예언과 환상들(LUX E TENEBRIS: 빛과 어두움)에 관한 것들을 수집하여 출판한 것과 함께 '브레다의 평화 미션'을 위하여 도움이 되는 비망록으로서 '화해자 그리스도를 통하여 화해하는 기독교'[25]란 작품을 추천하였다.

코메니우스가 '화해자 그리스도를 통한 화해(和解)는 가능하다'라는 문구의 각주를(삽입한 난외 주 아래) 범개혁론 VIII(8)장의 38쪽(문단)에서, 또는 거기까지 출판되지 않았던 작업의 생각을 삽입했다는 가정은 잘못된 것은 아니다. 이것은 '엘리야의 경고들' 안에서 하나의 소견을 통하여, 그가 그의 제언서 작품('전체의 제언')의 수정된 마지막

---

24) J.A.Comenskeho Korrespondence.A.Patera, a.a.O., S.242.
25) J.A.Comenius:Der Engel des Friedens. Eingeleitet und uebersetzt von F.Hofmann. Seminar im Comenius-Garten.Nr.1.S.40.

부분에서 어떤 재료가 예견될 수 있을지를 여러 번 시도했던 거기서 아마도 만들게 되었다. 거기서 그는 1670년 7월 6일에 '전체 기독교가 화해할 수 있는 능력'에 이르게 되지 않을지, 질문을 제기하였다.[26)

옛 제작의 재수용을 짐작하게 하는 하나의 비슷한 작곡 기법에서 범개혁론 XVIII (18) 장에서 발견되는 것으로, 거기서 언급된 교회적인 삶의 개혁과 연결하여 코메니우스는 하나의 설교 기술과 성서 주해를 요구하게 된다. 거기서 그는 많은 설교방식의 암시에 대하여, 대략 '설교직무에 대한 보고와 교훈(Zpra'va a nauceni o kazatelstvi'-1651)'[27)이란 글에서 뒷받침할 수 있었다. 그 외에도 형제 연합교회의 교회법과 함께 수많은 일치점은 관심을 끌게 한다(1660).[28)

범 개혁론의 부분들 안에, 교육학적인 질문들이 다루어진, 특히 21장과 22장(가족의 개선과 학교들의 개혁)에서, 더 이른 시기에 생겨난 교수학적이며 교육학적인 작업의 생각들, 즉 '범교육론'(Pampaedia)이란 제언서 작품에 포함하여 행하게 되었거나, 문장화되었던 것들은 질문되지 않은 것으로 보인다. 거기서 어떤 출구도 발견할 수 없었던 문구들이 삽입되었으나, 역시 후에 기록하여 첨부한 문구들로 보인다. 학교 교재의 개혁에 대하여 22장 마지막에 제기한 주목할 만한 것들은 모범이 될 수 있을 것이다. 총체적인 것으로서 '보편적 제언서' 안에, 그렇지만 특별히 '범개혁론'의 여섯째 부분에서 유토피아의 정신은 드러난다. 이미 알려진 바와 같이, 코메니우스에게 플라톤에서 모어(More), 캄파넬라(Kampa- nella) 그리고 안드레(Andre)에 이르기까지 고전적인 유토피아의 모습들은 잘 알려져 있었다. 역시 '엘리야의 경고들'에서 그는 '안드레의 기독교 공화국'과 '모어의 유토피아'[29)에서, '아트란티스'(Atlantist)라는 페룰람(Bacon)의 글들에서 모든 개선의 총체가 발견되고 있음을 언급하였다.

그럼에도 불구하고 그는 저들의 유토피아적인 개념들에서 세 가지 방식으로 자신을 구분하였다. 첫째로, 그는 인간적인 일들의 이상적인 체계에, 세계의 역사와 구원의 역사 안에 하나의 윤곽이 뚜렷한 분명한 자리를 지정하였다. 그의 천년설의 직관에 성실하게 신적인 섭리에 따라 땅 위에는 빛과 평화가 지배하게 되어야 하며, "황금의 시대"가 도래하는 저 세기가 시작되기 때문에 세계 역사의 끝과 최후의 심판

---

26) Johanis Amos Comenii Opera Omnia Bd.23. S.108.
27) Ebenda, Bd.4.Praha 1983, S.11-20.
28) In: Veskere spisy J.A.Komenskeho, Sv.XXVII. V Brne 1910.
29) Johanis Amos Comenii Opera Omnia Bd.23. S.176.

전에 범세계적인 개선이 시행되어야만 했다. 둘째로, 그는 이러한 열망으로 밝혀진 우주적 차원에서의 겸손과 인내로 그것들의 유래를 수동적으로 기다려야 하는 그 어떤 것을 생각하고 꿈꾸며, 우연히 이루어지는 사건을 인식하지 않았다. 그러나 코메니우스는 각자의 행복과 인류의 복지를 마음에 두고 있는 모든 사람이 그들의 능력들에 따라 개혁하는 일들에 함께 활동하기를 호소하고, 가르치며, 경고하는 일에서 지치지 않았다. 그가 초대하며 유용한 생각들의 준비물을 제시하는 '위대한 제언서'는 "위로부터 오는 사랑과 함께" 결실을 초래하면서 함께 협력해야만 하는 인간적인 생각과 행동을 위한 조언을 말해 주어야 한다. 사고와 말과 행동의 통일안에서 그리스도의 개입과 인간적인 활동은 서로 연합하는 관계를 맺게 된다. 시간 낭비의 한복판에서 "멀리서 밝히는 땅을" 그려내는 것이 아니라, 미래와 현재의 실제들을 선(善)한 것으로 변화시키는 것이 중요하다. 마침내 셋째로, 코메니우스는 시적인 상상들을 아무 데나 적절히 짜맞추는 방식이 아니라, 인간적인 능력적인 행위들이 질서 가운데로 옮겨지고, 그것들이 모든 개선의 사역을 준비하는 철학과 거기에 기초한 전체 학문과 저 우주적으로 파악된, 그리고 모범적으로 조화로운 통합된 지식에 관한 총합으로서 범(모든)지혜를 구성하려고 노력한다. 그렇지만 이러한 고귀한 생각들의 기념비적인 구성은 모순들과 긴장들의 증상들로부터 자유롭지는 않았다. 모든 선각자와 교사들이 고통스럽게 느끼는 그 첫 번째 것들은 동화(同和)와 내면화(內面化)에 제공된 그들 통찰에 대항하는 원치 않으면서도, 짊어지게 되는 인간 영혼의 모순 가운데서 나타나며, 이처럼 그것이 가장 큰 소리를 내는 진리라는 인식이 행동에 영향을 미치는 확신으로 인도해야 하는 것에 대한 의심에서 나타난다. 코메니우스는 복음적인 기독인으로서 '말씀의 능력'을 확신하였으며, 인문주의적인 교육 전통을 따르면서, 그는 언급되고 기록된 지식이 인간을 형성하는 능력임을 깊게 신뢰하였다. 그의 애씀의 중심에, 즉 "하나님의 3권의 책들"에서 자신의 창작품인 도서 제작물에 이르기까지 인식의 총괄 개념에 대한 '책 중의 책으로서는 성경책'이 거기에 놓여 있었다.

거기서 배우면서 획득하는 범지혜의 앎은 의지(意志)를 앞서 밝히며, 행동을 명하는 '양심'이 되어야만 한다. 물론 교육적인 일상에서 경험의 인격 형성의 독점적인 수단으로써 "사고 범주의 확대"에 대한 이러한 신뢰는 모순이었다. 그 이유는 인식의 증대는 감정과 의지와 행동 자질의 기대된 변화에서 학생에게는 전혀 아무런 영향을 미치지 않았기 때문이었다. 특히 코메니우스의 노력과 연결하여, 교육과 교양을 인간적인 일들의 개선에 의한 본질적인 도구들로서 기초하기를 그는 인간의 본질 안에 선험적으로 천성적인 "보편적 개념들"과 "보편적 본능들"과 "행동에 대한 보편적 자질들"[30]에서 나아온 영국 철학자 '체르부리의 헤어베르트'(Herbert v. Cherbury:1583-1648)의 가르침을 통하여 교수학 안에 포함된 그의 '씨앗들의 이론'을 보완하게 되었다.

"획득"과 "유전" 사이와 인간적인 성장 발전의 표면적이며 내면적인 요소들 사이에 하나의 차별화된 풍부한 변증을 허용했던 이러한 이해는, 개인을 스스로 자신과 그의 환경을 바꾸며, 활동적인 본체로서 파악하며, 각 개인이 세계를 개선하는 협력자로서 그의 과제가 정당하게 되도록 할 새로운 가능성을 열어주었다.

그의 범교육적인 관심들을 최상의 경우에는 먼 미래에 대한 하나의 존립에 대한 사명(使命)으로서 가질 수 있었던 역사적인 관련들에 대한 몰이해와 노여움은 그를 광야에서 한 설교자의 역할로 강요되었기 때문에, 말하자면, 궁극적으로 가르침과 계몽(啓蒙)과 통찰(通察)과 선한 의지에 근거한 "보편적 제언서"에 비밀이 가득한 더 높은 힘의 모습과 역동성이 어울리게 되어야 하지 않았는지에 대하여 단지 인생의 마지막에 숙고하는 일이 그에게 강요되었다.

'엘리아'란 글에서 그는 형이상학적인 모습, 즉 '솔직한 개혁자'를[31] 위한 화신(化身)을 인식하였다. 그 개혁자는 역시 '기계'(Mobile Perpetuum, 영구적인 기관)로 불렸던 놀랄만한 권능을 통하여 아주 연약한 교육적인 노력이 출발에서 새로운 에너지의 유입을 설정하고, 완성하기를 유언으로 남겼다.

"범개혁론"에서 간과할 수 없는 두 번째 긴장은 항상 다시 예고했던 인간 자유의 강조와 함께 부분적으로 경직된 질서와 개인적이며 사회적인 삶의 조정 사이의 모순 가운데 나타나게 된다. 코메니우스는 범개혁론 10장에서 "자유는 가장 영광스러운 인간적인 선(善)이다. 그것은 인간과 함께 창조되었으며, 인간이 멸망하지 않는다면 분리 될 수 없도록 인간과 함께 결합 된 것임" 말해 준다. 그렇게 또는 비슷하게 정의된 자유에서 그렇지만 인간 공동체의 구체화 된 제도에 대한 여러 진술은 모순된다. 거기에 하

---

30) J.A.Comenius: Allweisheit, a.a.O., S.88.
31) Johanis Amos Comenii Opera omnia. Bd.23.S.9.

나의 엄격한 질서의 정신이 인간 본성에서 자유를 위협하는 자유스러운 방종의 위험들을 수정하면서 등장한다. 질서와 훈련을 위하여 순간적으로 처방된 규정들은 가부장적으로 조정하는 공적인 권력들로부터 다스리게 된다.

가정의 개선에서 코메니우스는 질서 가운데 가정(家庭)을 보존하기 위하여 인연(因緣)에 대하여 언급하며, 더욱이 성문법과 그것들의 보존에 대한 감독을 요구한다. 그것들이 경시되었을 경우, 그들의 주의와 처벌에 대한 보상들이 예견되었다. 그는 "가정의 아버지로부터" 또는 그에게 주문된 감독자 한 사람으로 지키는 보편적으로 구속력이 있는 가정의 질서를 추천한다.

마찬가지로 학교들은 다른 학교의 문서들에서처럼, 학교의 법을 통하여 규정되었으며, 방문들과 시험하는 일들을 통하여 조정되었다. 그 일들은 규칙적으로 한 해에 한 번이나, 두 번 정도 특별히 빈번하고 엄격하게 학교의 장(長)과 상부의 감독관들을 통하여 이루어지게 된다. 정당한 질책 외에도 특별한 보상(報償)의 모습으로 적극적인 제재를 가하는 조치가 예견되었다. 그래서 각 학교는 국가나, 작게는 하나의 교회에 비교되어야 했다.

역시 교회 생활도 세밀한 부분에 이르기까지 조직화 되었다. 기도와 설교사역, 주일과 휴식일의 형태, 종교적인 지식과 의식 수준에 따라 초보자들과 진보 자들과 성숙자들 그룹으로 신자들을 구분하여, 그들로부터 해결해야 하는 신앙의 교리와 연습에 대한 과제와 함께 그들 내면적인 모습과 그들 안에 허용하는 합창과 음악 악기 등 교회들의 명칭에 이르기까지 통제되었다. 형제 연합교회의 엄격한 교회 훈육에 대한 의존에서 역시 동경하는 세계 교회는 질서의 정신으로부터 관철되어 있어야 했다. 예를 들면, 각 금요일과 주일에 각 교회 구성원에게 허용하는 곳에서 고집스러운 죄인들은 그들을 꾸짖고 경멸을 표명하도록 모인 교회원들 앞에 내세워져야 한다.

국가와 사회 안에서의 삶에서도 동일한 것이 유효하게 된다. 모든 시민을 위한 노동의 의무, 개별 신분을 위한 복장의 질서가 생겨난다. 또한 윤리적인 행동은 복지 상태의 지도와 검열을 통하여 - 코메니우스가 진정시키면서 첨부하는 것처럼 - 동료 시민들로부터 엿보거나, 밀고자로서 주목되지 않아야 하는 지역으로부터 선출된 마을의 노인들이나, 또는 거리의 노인들에 이르기까지 통제되었다. 유혹하는 것들과 부패로 물들게 하는 모든 기회는 금지되었는데, 예를 들면, 비윤리적인 모습들, 도덕적으로 충돌되는 내용을 지닌 세속적인 노래들, 상상해 낸 이야기들, 대략 동시대적인 오락문화의 작품들, 작은 술집들, 주점들, 고리 대금업과 투기업자들, 마술쟁이와 희극배우들이 여기에 해당한다.

코메니우스의 다른 작품들에서처럼, 세 번째로 "모든 개선" 가운데서도 역시 정신적인 문화유산에 대한 하나의 모순적인 관계의 표현을 발견한다. 하나님의 3권의 책들, 즉 자연과 인간적인 정신과 하나님의 계시가 저자를 위한 모든 인식의 근원들이기 때문에, 그는 동시대의 학식과 고유한 교양의 포기할 수 없는 요소들로 헤아렸던 고대 인문주의적인 전통에 대하여 어떻게 행동해야 할지에 대한 질문들과 함께 논쟁해야만 한다. 종교개혁자들 대부분에 의한 것처럼, 이교도적인 그의 전승에 대한 관계는 불확실하고 모순적인 것으로 나타났다. 예를 들면 루터는 그의 종교개혁이 진행되던 시작에서 맹목적인 이교도적인 아리스토텔레스의 전문가들에[32] 대항하여 격렬하게 투쟁하였다. 그러나 복음적인 관념들에 적합한 교육과 학문을 기초해야 할 필요성이 대두되었을 때, 독일의 스승으로 불리는 필립 멜란히톤(P.Melanchton)은 필수적인 언어철학의 도구로서 고대 전승을 수용하게 되었다. 코메니우스는 특히 교재들이 이교도적인 정신으로부터 정화된 모습에서 알게 되기를 원했다. 테렌티우스(Terentius)와 페르길리우스(Vergilius), 키케로(Cicero)와 다른 이들의 작품들은 아이들을 위해서 저술되지 않았다는 것이다. 사람들은 한때 그것들이 기록된 시대를 안다면, 역시 그것들을 이해할 수 있을 것이다. 그의 최종 결과에 대해서는 다음과 같이 말한다. "결과적으로 이교도적인 책들은 문제이며, 그것들은 하나님이 그의 백성에게 엄격히 금하신 것들에 속한다."
이러한 혹독한 비판과 배척은 물론 첨가물을 통해 완화되었다. "그것들이 그 어떤 도덕적인 번영을 포함한다면, 사람들은 그것을 취해서 우리의 정원에다 옮겨야 할 것이다."

이교도적인 문서가 널리 해를 미치게 할 수 없도록, 이러한 선별적인 취급에 따라 "도서관들의 감옥"에다 던져넣어야 한다. 고대의 철학과 문서들에 관하여 언급된 제한적인 취급으로써 관련 속에 있는 출판자와 인쇄자에 대한 엄한 감시가 있게 된다. 출판사

---

32) M.Luther.Zit. nach: Paedagogik und Reformation. Von Luther bis Paraselsus. Zeitgenoessische Sdhriften und Dokumente. Eingeleitet, ausgewaehlt und erlaeutert von F.Hofmann.Berlin 1983,S.29.

와 인쇄업은 빛의 협의회와 교회로부터 설립되고 통제된다. 그것들은 단지 공적인 기관들(국가, 교회, 학자들의 모임)로부터 승인된 것을 출판하는 것이 좋을 것이다. 인쇄 출판물에 대한 필수적인 요구들은 인쇄수정들과 활판 인쇄술의 형성에 의한 가장 큰 주의를 설명한다. 도서 생산을 위임 맡은 자들은 "빛의 봉사자"요 "풀루토"(Pluto, 역자주: 그리스도 신화에 나오는 저승의 신)[33]의 노예가 아니라, 맘몬(Mamon)보다 높은 학식을 먼저 섬겨야 한다.

시간이 될 때마다 스스로 한 인쇄소와 관계하는 코메니우스는 역시 책 모습의 세부 내용에 대하여, 대략 책 타이틀과 장식하는 대문자들에 관한 인쇄 기술적인 시행에 대하여 언급한다. 그의 제언작품서인 팜패디아(Pampaedia,범교육론), 판글로티아(Pan-glottia,범언어론), 그리고 판오르토시아(Panorthosia,범개혁론)의 3가지 중심 부분들을 위해 그는 각 작품의 상징적으로 밝히는 책 안 겉장의 의미를 제안하고 있다.[34]

종교적이며 기독교적인 근본 사상들과 이교도적이며 고대의 교육 전통 사이의 여러 긴장 관계는 코메니우스의 가슴 속에 두 개의 영혼이 거주하며, 얼마나 서로 투쟁했던지를 분명히 한다. 역시 "모든 것들의 개선"에서, 그리고 그는 여러 곳에서, 그리스와 로마의 고대 문서와 철학과 함께 아주 심하게 논쟁한다. 그는 고대 창작물에 대한 불신과 거절로써 동일한 숨결로, 그렇지만 그 시대의 학식 있는 관습에 따라 아리스토텔레스, 키케로, 에피큐러스, 호라즈, 플리니우스, 피타고라스, 세네카와 다른 이들을 인용한다. 코메니우스의 범 지혜의 철학은 플라톤주의와 아리스토텔레스주의, 신 플라톤주의, 스토아학파와 곳곳에 나타난 아리스토텔레스학파 철학에 대한 재수용 없이는 생각할 수가 없다. 신학자로서 초기기독교적 사고와 함께 고대 후기의 통합주의(Synkretismus, 역자주: 코메니우스에게서는 비교연결법으로 이해함)는 대략 교회의 교부들과 같이 그렇게 바울과 요한의 가르침에 대한 희랍철학의 영향은 그에게 잘 알려져 있어야만 했다. 짐작이 정당화된 것은 코메니우스가 "모든 개선"의 장(章)을 미리 제시한 초안의 논리와 장(場)의 수의 순서에 따라서 저술하지 않고, 자신 안에 생각들

---

33) (Pluto, 역자주: 그리스신화에 나오는 저승의 신)
34) Fuer die Panorthosia gedachte er ein Bild aus Kunst des Raumgaerterners zu waehlen, wo die Gaertner vom Raum des Pansophia Reiser auf die Setzlinge propfen(Kapitel 1). Panorthosia(Kapitel 1) sollte den Turm von Babel mit seiner Finsternis und die Burg Zion in ihrem Licht zeigen. Ueber das Frontispiz der Panorthosia aeusserte sich Comenius in einer dem Kapitel XIX beigefuegten Anmerkung(Vgl..den Versuch einer Rekonstruktion aus zeitgenoessischen Bildelementen Abbildung 5).

이 얼마나 성숙 되었으며, 그들 공중을 위한 조건들이 평가될 수 있었던 것처럼, 그것의 비례에 따라 그들의 종결하는 3가지 장을 확인한다.

'세계의 공의회'에 대한 제25장은 "모든 개선"의 가장 비밀스러운 주제 때문에, 가장 민감한 것에 속한다. 우리에게 전해진 원본은 덜 완성된 것으로, 오히려 요약된 단편적인 것으로 보인다. 하나의 분명한 구성과 체계, 인쇄되어 제시된 코메니우스의 작품의 장점은 거의 인식되는 것은 아니다. 범지혜의 방법론의 규범에 따라 그 밖에도 투영된 구조화는 발단에서도 거의 인식되지 않는다. 물론 사람들이 코메니우스가 그 시대에 세계 교회 전체의 종교 공의회에 대한 그의 실행들과 함께 최고의 정치적인 사건을 언급했던 것과 최고의 지평에서 시행되어 제왕들과 공화정치 제도들의 과제가 되어야 했었던 것을 생각할 때, 그의 신중함과 주저함은 이해적일 수 있을 것이다. 그는 전문 지식이 없는 비전문가인 그에게 대담성은 운명이 될 수 있었기 때문에, 그가 그것으로써 영역들 안에서 새로이 과감하게 전진했던 것을 아주 정확히 알았다.

그가 더 나은 "세계의 상"을 설계했던 계속되는 제26장은 그에 비하여 거의 거대한 비약과 함께 작성했던 인쇄가 준비된 원고의 모든 특이점을 거의 제시한다. 벌써 그 어딘가 다양함에서 표현이 초래되었던 설교언어의 두드러진 스타일 안에 성서에서 인용들의 많은 것들을 통해서 강연 되었으며 그것에 근거한 사고들의 개관은 매우 중요하다. 그리고 "보편적인 제언서 전체"를 마무리 짓는 7번째 부분에서 '범각성론'과 '범훈계론'과의 내용적이며 형식적인 유사성은 눈에 띄게 된다. 사람들은 마치나 저자가 이러한 근간이 되는 부분들을 시간적인 가까움에서 작성했던 것처럼, 그리고 공간 안에서 강하게 충돌하는 일들에서, 망설이면서 적용했으며, 가장 좋게는 구체화한 언급들을 해석했던 것과 같은 인상을 얻게 된다. 삼위일체 하나님에 대한 찬양인 마지막 제27장에서, "성령이여 오소서"(Veni sancta spiritus), 그리스도를 "가장 동경하며 기다렸던 개혁자로서", "모든 교사 중의 교사로서", "영광의 왕으로서", "평화의 군주로서" 예전의 모습에 의존하여 불만이 호소 되었다.

코메니우스가 중요한 문구들의 선두와 말미를 장식하기를 힘쓰는 모든 수사적인 광채와 함께 그는 더 이른 시기의 파멸의 심연(深淵)에서 죽은 자들의 모든 개혁의 노력은 이전 상태로 되돌아 가버렸다는 것을 명확히 한다. 그래서 모든 것은 선한 것을 향하도록 마침내 최상의 한 분이신 하나님/그리스도/성령에게 넘겨야만 한다는 것이다. 기독교는 16세기 동안 우리 아버지의 간청(주기도문)을 하늘로 보냈다는 것이다. 코메니우스는 간청하면서, 요구하면서 계속한다:

"아 당신은 우리의 호소와 간청과 탄식을 들으시며, 당신의 약속들이 성취되는 시기에 있습니다. 오직 당신의 한 말씀도 무가치한 것을 허용하지 마소서, 우리의 희망들이 거짓이 되도록 허락하지 마소서...."

성서적 능변으로, 이러한 낭독된 문장들과 함께 '범개혁론'은 종결되었다. 그 안에서 인간적인 일들의 변화와 개혁의 고귀한 생각들은 행동 가운데서 나타내야 했다. 그렇지만 그것들 안에서, 동시에 그들의 한계와 비극적인 운명은 아주 명백하게 되었다. 마지막 찬양은 거대한 범 지혜의 주기도문에서 절정을 이룬다. 그 기도는 범 세계적인 차원에서 모든 사람의 아버지에 대한 본래의 간구 들을 표현하고 있는데, 그것은 땅 위, 유럽과 아시아와 아프리카 안에, 땅 위에서처럼 하늘에서 모든 사람의 간청을 들으실 수 있기를 표현한다.

****

그렇게: '범 개혁론'은 환경의 불행과 함께 운명의 모순들로써 어려운 투쟁 가운데 서 있는 자로서 – 비전(이상)과 실체 사이에 모든 대립을 주시하지 않은 채 – 모든 실망에도 불구하고 끈기 있게 노력한 제언서 작품의 절정과 역시 저자의 삶을 진력하는 일들의 배경 안에서 우리에게 자신을 보여주고 있다. "보편적인 제언"(Consultatio Catholica)은 모든 경우에, 그러나 정신적으로 가장 깊게 기초한 광범위한 17세기 사회적인 하나의 프로젝트로서 권리와 함께 표현되었다.[35]

이 책의 여섯 번째 부분은 그 책에 할당된 저 "완성"에 있어서는 잘 마무리된 것은 아니었다. 그렇지만 그것은 많은 방해와 간섭을 받게 되지만, 그러나 결단코 불꽃이 꺼지게 할 수 없는 미래적인 빛의 전주자(前奏者)로 남게 되었다.

---

35) 독일어 역자가 각주 34번은 표시했지만, 그 내용은 침묵하였다. 그 이유는 알 길이 없다.

코메니우스로부터 우리에게 다다르게 된 것은 위대한 한 전문가가 시작한 작업장에서 발견하게 되는 유산과 같은 것이다. 그가 수행한 노력과 성과들과 방해하는 것들로부터 지친 채로, 그는 조형적 의지(意志)를 통하여 생산한 것들, 완성한 것, 마찬가지로 초안들과 시도하는 것과 요약한 것들의 많은 수에서처럼, 역시 단편적인 것들을 유기(遺棄)하였다. 아마도 그는 시작한 것과 끝내지 못한 것들을 인간적으로 더 호의적인 차원에서 완성하고 끝내려고 생각하였을 것이다. 아마도 그는 그것을 다음 세대들에게 머물러 있는 도전(挑戰)으로 넘겨주기를 원했을 것이다. 유럽의 한복판에서 나와 사람의 이러한 사상적인 보화(寶貨)에 코멘스키-코메니우스(Komensky-Comenius)와 연결하는 자, 말들의 핵심과 의미에서 유심히 귀 기울이기를 배웠던 것처럼, 그의 가장 깊게 신뢰할 만한 사고방식과 성경에서 흘러나오는 언어능력을 포착하는 것과 파악하기를 이해하는 자는 매번 획득한 것들을 항상 양지바른 넓은 지평과 인간적인 생각과 행동에 따라 꺼지지 않는 욕망의 밝은 정점을 향하는 교량과 그 길을 의미했던 한 천재의 위대성과 경계선과 고난을 예감하게 될 것이다.

2. 번역과 각색에 대한 소견들과 텍스트 형상

여기 독일어 번역에 제시된 코메니우스의 작품 "DE RERUM HUMANARUM EME-MEN- DATIONE CONSULTATIO CATHOLICA"(인간사 관계 개선에 대한 전반적인 제언)의 범개혁(PANORTHOSIA)이란 주제를 가진 여섯 번째 책은 라틴어 텍스트에 의존되었다. 그것은 1966(MCMLXVI)년 프라하(Prag)에서 보헤미아 과학아카데미의 재정지원으로 프라하 아카데미아에서 출판하였다("JOHAN AMOS COMENII DE RERUM HUMANARUM EMENDATIONE CONSULTATIO CATHOLICA." EDITIO Princeps Tomi I. und II.).

1992년 코메니우스의 출생 400주년을 계기로 전 세계적인 기념 축제의 주변 지역 안에서 이 제언작품은 체코 아카데미의 여러 연구소의 체코학자들의 작업 그룹과 체코 공화국의 대학 기관들의 외부 협력자들로부터 전체 안에서 체코어로 번역되었으며 해석되었다. 이러한 분량이 많은 3권의 출판물 "Obecna' porada o na' prave' ve' ci lidsky'ch. Naklada- telstvi' Svoboda. Praha 1992."은 벌써 앞서 출판된 체코어 부분 번역들이 수정된 테두리들 안에서 요약되었으며, 그것들은 지금까지 번역되지 않았으며, 마찬가지로(또한) 발표되지 않은 부분들을 통하여 보완하였다.

이로써 코메니우스의 거대한 개혁 작품이 역시 국민의 언어로 접근하도록 만들기를 원했던 코메니우스의 바램에 상응하게 언급되어야만 했었다. 제언작품의 7번째 부분인 범훈계론(PAMMUTHESIA)에서 그는 6장 28항에서 학식 있는 자들이 이 작품을 국가의 언어들로[36] 재빨리 번역되는 과제를 인지해야 했던 것이 요구되었다.

수십 년이 더 많이 지난 이래로, 역시 독일 학자들이 보편적인 제언서의 사용할 수 있는 부분들을 독일어로 번역하려고[37] 노력하였다. "할레(Halle)에서의 발견물"[38]로서 프라하(Praha)의 아카데미 출판물 안에서 잘 알려진 원본들의 앞서 언급된 발표물을 통하여 코메니우스의 범지혜 적이며, 세계적인 개혁의 사상들과 함께 독일 언어의 독자들에게 잘 알게 하는 관심을 강화하였다.

이러한 선행작업들을 보완하기 위한 것과 언젠가의 먼 장래의 목표를 고려하여 모든 7권의 보편적인 제언서의 독일어 번역본은 공개할 수 있도록, "범 개혁론"의 첫 독일어 번역을 감행하는 도전에 이러한 출판물의 저자는 응하게 되었다. 1966년의 라틴어 출판물이 근본(기본) 토대였다. 역시 번역자는 그렇지만, 1950년 헨드리히(J. Hendrich)에게서 체코어 "VSENA PRAVA"란 주제로 출판되었으며, 벌써 언급된 것에 대한 1992년 출판물이 비판적으로 수정되었던 체코어 번역을 지향하였다. 그는 귀중한 자극들을 그 같은 현존하는 학문적인 자료에서 정보를 얻기를 원했다.

번역과 해설은 앞에 놓인 출판물에서 이 자리를 대신하여 분명히 정의를 내리는 목적을 통하여 결정되어야만 했다. 즉 그것은 앞에서부터 학문적이며 비판적인 출판물에 대한 요구들에 충족하기를 원하는 의도는 아니었다. 진술들의 신빙성에 관하여 절반을 삭제하는 더 쉬운 접근을 허용하는 것 없이, 코메니우스의 정신세계로 인도하는 오히려 더 넓은 독자 범주를 위한 유익한 텍스트를 형성하는 쪽으로 다다르게 되었다.

---

36) Ce II, S.405.
37) 서론 비교, 20쪽에 각주 19번.
38) Panegersia(범각성론): J.A.Comenius, 학문, 종교, 정치의 개혁에 선택된 문서들, H.Schoenebaum에게서 번역되었으며, 수정되었다. Leipzig 1924. Pampaedia(범교육론), J.A.Comenius, Pampaedia-라틴어 원본과 독일어 번역, H.Geissler, K.Schaller와의 공동으로 D. Tschizewskijrk 출판함. Heidelberg 1960.- J.A.Comenius, Pampaedia-Allerziehung, K.Schaller가 독일어로 본역하여 출팜함. 코멘우스연구에 있어서 문서들, Band 20. St.Augustin 1991. Panorthosia(범개혁론), .A.Comenius, 학교들의 회복, K.Schaller 출팜함. Bochum o.J.(XXII). 제언의 작품에서 선발, J.A.Komensky, 인간적인 일들의 개선에 대한 보편적인 제언. 선택함, F.Hoffmann이 도입하고 번역하였음. Berlin 1970.

거기서 (역시) 텍스트 안에 언급된 인물들과 상황에 필수적인 언급을 제시하는 것과 얽혀진 정신 역사적인 접합부를 밝히는 것과 코메니우스가 그것들을 그의 창작의 변화 가운데서 수용했거나, 또는 그것들과 논쟁했던 것처럼, 그가 어떤 제안 들을 받아들였는지 대략 그것으로 나아가는 것 없이 각주들은 그것에 한정되어야만 할 것이다. 이것은 마찬가지로 그의 언어적이며 신학적인 성경과의 대화의 넓은 분야처럼, 미래적인 코메니우스의 연구로 머물러야만 한다. 코메니우스는 체코의 크라리체 성경 (Kralitze Bibel)과 불가타(Vulgata) 외에 수많은 다른 인문주의적이며, 개혁적인 성경 번역물들을 사용했던 것에 암시되었다.[39] 이따금 문자적으로, 그러나 그의 고유한 주제들의 논증과 해명에서 여러 가지 번역서들을 인용하였다. 그의 실행의 필법 안에 편입하였거나, 또는 해석하였다. 이러한 출판물 안에서 루터의 성경을 따라 주된 일들 안에서는 독일어로 번역되게 하였거나, 또는 그것들의 원문에다 비교하게 하였다. 동시대적인 언어 색채를 예감하도록, "현대적인" 성경 번역들에 대해서는 계속해서 포기하게 되었다.

그렇게 – 범 개혁론의 이러한 중계에서 – 먼저 힘과 수단을 마음대로 처리하기 때문이 아니라, 단지 소수의 출판(edito minor)에 관한 말들이 있을 수 있다. 그것은 전문가들이 모든 학문적인 기준들에 하나의 적합한 수준 높은 독일어 번역본을 열람하게 되도록 내놓기 전에[40] 코메니우스 사상들의 깊이와 풍성함과 함께 관심 있는 독자들의 넓은 범주를 친숙하게 만들기를 원한다.

---

39) 비교. J.A.Comenius, 모든지혜(Allweisheit). 학문과 교양과 사회적인 삶의 개혁에 대한 문서들, F.Hoffmann, Luchthand. Neuwied-Berlin 1992,S.56.
40) 인쇄 기술의 요구들은 중간 제목들로서 내용적인 단면을 위한 언급들과 난외주의 형태 안에서 도입하는 것이 아닌 출판사를 움직였다.

인간사(人間事) 관계의 개선에 대한
보편적 제언

여섯 번째 부분

범개혁론
(PANORTHOSIA)

* * *

(앞서 행하여진 모든 지식의 선한 행위를 통하여) 교육과 종교와 시민적인 질서의
공적인 상태에 대하여 제언 된 것 안에서,

또는

어떻게 우리의 거대한 혼란의 바빌론을 재빨리 철저하게
무너뜨리며, 그리고 모든 백성에게 그의 고귀한
빛 가운데서 신적인 시온(Zion)이
보이게 할 수 있을지에 대한 방법으로서

하나님 말씀으로의 초대

시편 50:23
 그의 행위를 옳게 하는 자에게 내가 하나님의 구원을 보이리라

스가랴 1:3
 주 여호와가 그렇게 말씀하신다.
 너희가 악한 길, 악한 행위를 떠나서 나에게로 돌아오라,
 그리하면 내가 너희에게로 돌아가리라

계시록 21:9-10
 이리 오라, 내가 신부 곧 어린 양의 아내를 내가 보이리라.
 성령으로 나를 데리고 크고 높은 산으로 올라가 하나님으로부터
 하늘에서 내려오는
 거룩한 성 예루살렘을 보이니

사2:2; 미4:1
 마지막 시대에 여호와의 집이 있는 산이 더 높이 견고하게 서게 될 것이며,
 대체로 모든 산과 언덕 위로 높아지게 되며, 모든 백성이 그리로 달려가며
 말하기를, 오라, 그가 우리 에게 그의 길을 가르치도록
 주님의 산으로 달려가게 하자, 우리가 그의 빛 가운데서 변화하리라

범 개혁론의 전체 조망

범 개혁론에 대한 논문(이것은 세계 전체의 개선에 대한 것을 뜻함) 다음의
내용을 <u>포함</u>한다.

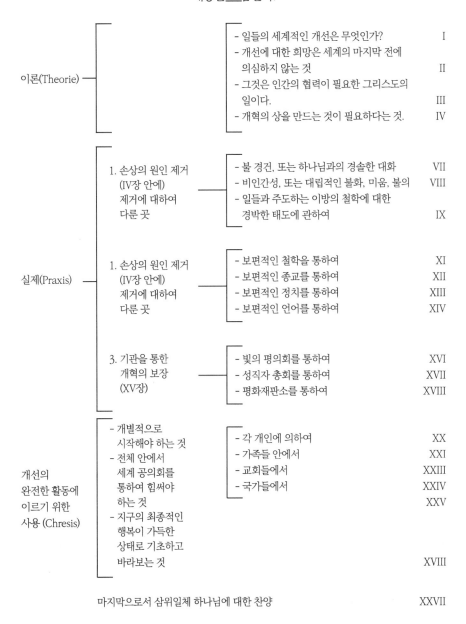

이론(Theorie)		- 일들의 세계적인 개선은 무엇인가? I
		- 개선에 대한 희망은 세계의 마지막 전에
		  의심하지 않는 것 II
		- 그것은 인간의 협력이 필요한 그리스도의
		  일이다. III
		- 개혁의 상을 만드는 것이 필요하다는 것. IV

실제(Praxis)

1. 손상의 원인 제거
(IV장 안에)
제거에 대하여
다룬 곳

- 불 경건, 또는 하나님과의 경솔한 대화   VII
- 비인간성, 또는 대립적인 불화, 미움, 불의   VIII
- 일들과 주도하는 이방의 철학에 대한
  경박한 태도에 관하여   IX

1. 손상의 원인 제거
(IV장 안에)
제거에 대하여
다룬 곳

- 보편적인 철학을 통하여   XI
- 보편적인 종교를 통하여   XII
- 보편적인 정치를 통하여   XIII
- 보편적인 언어를 통하여   XIV

3. 기관을 통한
개혁의 보장
(XV장)

- 빛의 평의회를 통하여   XVI
- 성직자 총회를 통하여   XVII
- 평화재판소를 통하여   XVIII

개선의
완전한 활동에
이르기 위한
사용 (Chresis)

- 개별적으로
  시작해야 하는 것
- 전체 안에서
  세계 공의회를
  통하여 힘써야
  하는 것
- 지구의 최종적인
  행복이 가득한
  상태로 기초하고
  바라보는 것

- 각 개인에 의하여   XX
- 가족들 안에서   XXI
- 교회들에서   XXIII
- 국가들에서   XXIV
   XXV

   XVIII

마지막으로서 삼위일체 하나님에 대한 찬양   XXVII

시작

만일 하나님이 자신에게 제기된 그의 길을 개선하는 각 개인에게 그의 구원을 굳게 약속했다면, 그에게로 다시 돌아오는 길을 발견하는 백성에게 자신의 은혜로운 얼굴을 보이신다면, 신부가 지금까지 단지 내적으로 높이 영예로웠던 거기서(시45:14), 약속된 신부가 어린 양에게 금실로 수놓은 의복과 깨끗한 세마포(계19:14)를 입도록 마지막 세계의 시대에 제시되었다면(시45:15), 마지막 날에 주님의 산(山)인 교회가 사람들이 그리로 뛰어오며, 하나님의 빛 가운데서 진지하게 걸어가도록 세상에서 솟아오르며, 백성들이 초대받아 모든 것 위에서 들리어졌다면, 왜 우리는 공동의 길을 개선하기 위해 열정과 함께 모든 것이 도도히 흘러나오도록 열성을 다하지 않는가?

왜 우리는 길을 잃고, 마침내 하나님께로 되돌아가기 위해 진지하게 생각하지 않는가?

왜 우리는 모든 황금과 보석들, 모든 세마포와 자색 옷을 함께 입음으로써 그리스도의 신부인 교회를 서둘러 꾸미지 않는가?

왜 우리는 하나님 집의 광채를 가시적이 되게 하려고 잡아당기지 않는가?

오라, 우리가 하나님의 도움을 받아 모든 것, 모든 사람, 모든 방법으로 구원과 영광을 향해 나아가도록 충고들을 행동으로 옮기기를 시작해 보자.

2. 지금까지 분리된 채 설명했던 것은 ㅡ역시 각 영역이 홀로 그 자체를 위해 유익하다 해도ㅡ 마침내 한번은 하나가 되어야 한다. 즉 '모든 지혜(Pansophia)'의 도움으로 어두움이 함께한 일들을 추방하고, '모두를 위한 교육(Pampaedia)'의 도움으로 흑암이 함께한 생각들을 추방하며, '모든 언어(Panglottia)'의 도움으로 언어들에 섞인 어두움을 추방하는 것이다. 이는 어두움의 어떤 부분도 남아 있지 않게 하며, 전 세계에 유익함을 주기 위함이다.

3. 하나님의 거룩한 이름으로 우리는 벌써 앞서 소개한 모든 영역의 도움으로써 인간 세대 안에 교육, 정치와 종교의 현재 상태가 어떻게 완전하게 개선될 수 있을지를 인식하게 되도록 유일한 방식의 도구들을 구성하는 시도를 이처럼 착수한다. 그러므로 계몽된 시대와 경건한 시대, 평화가 가득한 시대가 세계에는 생성하게 될 것이다.

4. 만일 우리가 온 땅이 물로 바다를 덮음같이(사11:9) 주님의 지식이 가득하도록, 세상의 모든 나라가 우리 주님과 그리스도에게 넘겨지도록(계11:5), 그리고 모든 백성과 모든 세대의 영원한 복음의 통로를 통해 모든 언어와 인간 그룹들이 하늘과 땅과 바다와 물의 모든 근원을 만드신 하나님의 영광을 증명하며 경배하기 위해 하나님과 어린양의 보좌에 이르게 되도록(계14:6), 모든 불붙은 불꽃들의 선한 은사들을 통하여 도달하기를 힘쓴다면, 그것은 성취될 것이다.

5. 만일 우리가 이러한 일을 행한다면, 우리는 하나님의 일을 곧 완성하게 될 것이며, 인간 세대에게 더없이 좋은 그러한 일을 증명하는 것이 분명하게 존재하게 될 것이다. 그러나 어떤 방법으로?

6. 제언의 세 가지 거대한 부분들이 각자 자신을 위해 검토된 세 가지 존재를 우리에게 가르쳐주었다. 말하자면, 대상적 존재인 범지혜(凡知慧, Pansophia), 정신적 존재인 범교육(凡教育, Pampaedia), 언어적 존재인 범언어(凡言語, Panglottia)이다. 이 세 가지가 조화를 형성한다면, 모든 것을 개선하는 범개혁(凡改革, Panorthosia)이 벌써 발생할 수 있을 것이다.

7. 그러나 이러한 것이 무엇을 존재하게 할 것인가? 마침내 한번 세상에 모든 것들이 존재하는 것들, 즉 통일하지 못한 것들, 엉클어진 것들, 뒤죽박죽된 것들과 절망적인 것들과 부패한 것들의 폭력적인 행위들(세상에 존재하는 모든 불행의 토대)이 말하자면, 영원히 유일하시며, 참되시며, 선하신 분에게서 기인하는 이러한 세 가지가 일치된 길로 어떻게 전체의 통일성과 단순성과 자발성으로 되돌려지게 할 수 있을 지를 지성(知性)으로부터 수행된 하나의 진단이다.

8. 오 하나님, 당신이 당신의 백성에게 베푸시는 자비로 당신의 모사인 인간들이 완전한 상태의 이상(理想)을 알아차리게 하소서! 우리는 개인이 자신을 위해 개선된 그 모든 것과의 연결을 통해 교회, 국가, 그리고 기독교 학교들의 올바르고 당신에게 적합한 상태를, 그리고 결과적으로 전 인류의 상태를 나타내 보이게 하기 위함입니다! 아멘, 아멘, 아멘!

제1장

전체적인 일들의 개선은 무엇을 뜻하는가?
지금까지 개선에 대한 포괄적인 어떤 시도가 이루어지지 않았던
것처럼. 또한 이것이 요구되는 것처럼,

사람들은 자신들의 행복을 스스로 파괴한다.

사람들은 인류의 행복을 스스로 파괴한다. 하나님은 기쁨으로 창조했던 자신의 형상에 도움 되는 가능한 모든 것을 실행하며 완성하였다. 그러나 사람들은 하나님과 사물들과 스스로에 대항하여 분별없이 행동하곤 하였다. 그렇게 그들은 자신 스스로를 대항하여 하나님을 격분시키며, 자기 주변의 일들을 혼란하게 하며, 자신에게 스스로 고통을 쌓았다. 한 지혜자는 이를 주시하고 다음과 같이 말한다. 하나님은 사람을 정직하게 만드셨으나, 사람들은 많은 술책을 찾고 있는 것을 내가 알았다.(전7:29).

이러한 혼란들이 중단되도록 하는 방법

2. 하나님의 섭리에 따라 주어진 올바른 길인 근본적인 일들에 전념할 수 있도록 사람들이 끝없는 질문들과 공허한 방향 전환들로부터 해방될 때, 지금 그것이 인간적인 행복의 토대일 것이다. 이는 아무도 하나님을 자극하지 않으며, 악이 자신이나 다른 이들을 더 이상 유도하지 않도록 모두가 지성의 길을 걷게 될 때, 그 누구도 더 이상 일들을 혼란에 빠뜨리지 않는다는 것을 뜻한다. 만일 모두가 그와 같은 것들, 즉 사물들의 진리(역시 있을 수 있을)를 파악하게 된다면, 그리고 우리 모두 그 같은 것을 원했다면, 이것은 우리 안에 알려진 세 가지 고귀한 은사들, 말하자면 지성과 의지와 능력(세 가지 원천에서 우리 행동의 모든 것이 흘러나오게 되는)의 참된 전체의 개혁을 통해 실현하게 했다는 것을 누가 의심하게 될 것인가? 그것은 마치 유일하며 순수하며 올바르고 안전하며, 모든 시대를 넘어서 계속해서 그에게로 인도하는 하나님과 자비를 뜻한다. 개선(改善)은 우리가 그같이 영향을 미치기를 원한다면, 더욱더 가능할 것이며, 그것은 현명하게 다스리기와 뜻을 따르는 것과 공동의 평화를 확실하게 하는 것을 뜻한다. 누가 어떻게 혼란 가운데서 우리를 바꿔놓을 수 있을까?

인간적인 일들의 참된 개선은 참된 철학과 참된 정치술과 참된 종교를 통한 것보다 다른 방식으로 다다르게 될 수는 없을 것이다.

3. 사람들이 참된 철학을 수단으로 삼고, 참된 종교로 하나님과 함께하고, 참된 경

치의 도움으로 공동의 일에서 사물 세계와 올바른 방법으로 자신을 연결하는 것이 인간적인 일들의 올바른 개혁이며, 종교개혁이며, 수복(修復)이요, 원상회복이요, 회복(回復)이다(이 말들은 모두 같은 의미이다). 이는 모든 개혁을 넘어서게 될 것이다(그것들이 오래전 우리 기억에서, 또는 우리 조상과 원 조상에게서 사라졌다면, 여기저기서 부분적으로 큰 수고와 잡음과 함께, 그러나 폭력 없이 시작되지는 않았었다). 말하자면 여러 방식의 다양한 시도들이 있었는데, 팔레(Valle), 페트라르카(Petrarca), 에라스무스(Erasmus), 부데우스(Budeus), 룰루스(Lullus), 라무스(Ramus), 데카르트(Descartes)[41]와 다른 이들처럼, 사람들은 교육의 개혁을 위해 힘썼으며, 또는 종교적인 관계의 개혁은 발두스(Waldus), 후스(Hus), 루터(Luther), 칼빈(Calvin), 재세례파들(Wiedertaeufer), 소치누스(Socinus)[42]를 통해서 일어났으며, 역시 교황, 또는 콘스탄츠(Konstanz)와 바젤(Basel), 트리엔트(Trient)[43]에서는 한두 명의 황제를 통해 불과 칼을 통하여 폭력적으로 실현하는 일이 발생하였다. 그 외에도 국가적인 상황들에서 여기저기서 폭군 통치의 건립을 통해, 법의 갱신을 통해, 새로운 국가들의 설립을 통해 평화를 안전하게 지키려는 시도들이 있었다.

다른 이들의 것과 세 번째 것이 실제로 개선되었다는 것을 믿음 안에서 측정하는 그 한 가지는 어떻게 근거가 없는가?

4. 한 가지나, 또는 다른 것들이 벌써 완전한 개혁을 이루었으리라는, 즉 그들 정황

---

41) 개혁을 위한 노력의 선구자로서 코메니우스는 다음과 같은 인물들을 소개한다.
Laurentius Valla(1407-1457), 라틴어 문체론과 역사 비판적인 문서들을 통하여 알려졌다.
Francesco Petrarca(1304-1374),황제로 등극했던 시인이요, 인문주의의 선구자.
Rasmus von Rotterdam(1466-1536),중 유럽 중세기에 가장 의미 있는 인문주의의 대변자.
Guilemus Budaeus(1467-1540), 프랑스의 인문주의자, 그리스 언어와 문서의 탁월한 지식인.
Raymundus Lullus(1235-1315), 코메니우스는 특별히 "그의 위대한 기술"을 새로운 진리의 발견에 도움을 주었던 기계적인 논리학을 평가하였다.
Petrus Ramus(Pierre de la Ramee´,1515-1572) 아리스토텔레스보다 더 좋은 논리학의 창설자.
Rene Descartes(1596-1650), 그의 영향을 미친 합리주의와 함께 현대적 사고의 창설자들에 포함하는 철학자.
42) 코메니우스는 종교-교회개혁의 대표자들로서 요한 후스(1371-1415) 외에도 마르틴 루터(1463-1546)과 존 칼빈(1509-1564)을 거명한다. 1177경 등장하여, 초대교회의 관계들로 되돌아가기를 선포했던 Petrus Waldus, 발두스의 추종자들에 대한 이단 운동은 그의 가르침과 연결하였다. 재세례파들은 하나님의 나라를 민주적이며-원 공산주의적인 공동체로서 연방의 정부 당국들이 없이 세우기를 원했다. Loelius Socinus(Sozzini,1562년에 사망)와 그의 조카 Fautus Socinus(1539-1604). 소치니안주의와 반삼위일체론 자들 운동의 창시자. 이 두 사람은 반 가톨릭의 교회주의를 반대하였으며, 삼위일체 교리를 거절하며, 초기 합리주의의 정신으로 성경을 해석하였다.
43) 콘스탄츠 종교회의(1414-1418)는 후스(J.Hus)를 이단으로 정죄하였으며, 그를 불태워 죽게 하였다. 바젤의 종교회의(1431-1449)에서, 가톨릭교회와 보헤미아 종교개혁 사이에 관계를 결정하였다. 트리엔트 종교회의(1543-1563)는 군사적인 가톨릭주의가 반종교개혁을 주도하였다.

에서 상태가 좋으며, 그렇게 짐작하는 것은 우리에게 잘 알려졌다. 그러나 그것은 사실인가? 그의 목표가 달성된 것은 완전하다. 예를 들어, 그가 어떻게 무엇을 생각하고 말하며 행동해야 하는지, 그렇게 생각하고 말하고 행동하는 사람은 완전한 것으로 인정되었다. 신체 기능에 장애가 없고, 해가 없고, 모든 것이 활발한 행동으로 파악되었다면, 건강은 온전하다. 고통받던 신체가 다시 이전 상태로 온전히 되돌아온 것을 느낀다면, 치료 약은 온전한 것이다. 양심과 정신과 인간 사회에 행복한 감정과 안전한 평화를 주는 것이라면, 신학과 철학과 정치는 역시 온전한 것이다.

참된 종교개혁은 어떤 것인가?

5. 우리는 이처럼 사람들이 실제로 개선하는 것이 참되고 완전한 개혁이라고 생각했다. 그것은 참된 교양이 형성되며, 진실로 경건하며, 진실로 평화가 가득하게 되는 것을 뜻한다. 그러나 그러한 개선이 어디에 존재하는가? 그렇지만 도덕적인 영역에서 그러한 불일치가 지배할 뿐 아니라, 역시 믿음의 비밀을 고려할 때도(특히 종교적 개혁을 언급하기 위해), 사람들 가운데는 그와 같은 큰 무지(無知)에 머물러 있는 자들이 있지 않은가? 학자들 사이에는 의견이 상충하며, 과학자들 가운데서는 격렬한 논쟁이 발생하고 있지 않은가? 그러한 오류들에 관하여 나는 침묵하기를 원한다. 그 이유는 이들이 자신에 의한 것을 인식하지 못하며, 모두 다른 사람에게 책임을 둘러씌우고 있기 때문이다. 게다가 유일한 진술이 모순 가운데 있는 한, 이러한 상태는 누군가 용감하게 진리를 획득할 수 있는 적어도 우리의 희망을 감소시켜야만 했다. 소유에 대한 논쟁에 나를 휩쓸리게 하며, 그것에 대한 요구를 들어내는 그 어떤 이가 생길 경우, 나는 집도, 땅도, 포도원도, 또 그 어떤 의복도 안전하게 소유할 수 없기 때문이다(정당한 것인지, 또는 부당한 것인지, 거기에 무엇이 놓여 있는가?.

참된 종교개혁은 완결성으로 되돌린다.

6. 특히 학자들과 신학자들과 정치인들이 연합하지 않은 분파들이 – 다른 것들에서 나온 한 분파 – 넘쳐 솟아나는 분명한 사실은 항상 지금까지 모든 개혁에 대항하는 불신을 일깨워주었다(그들의 불완전성을 되돌아보게 함). 대체로 단지 진리가 하나이

며, 이것들이 분명하게 파악되고, 그것들에 신뢰 되었다면, 오류들과 미신적이며 포악한 생각들로부터 돌아섰던 것을 그들은 왜 기뻐하며 자랑하는지? 왜 그들은 지금 이러한 모든 것을 오직 하나로서 한 가지 방식으로 보지 않고, 그렇게 많은 잘못된 길로 흩어지는가? 그 누구도 그가 보기를 원하는 것을, 아직도 이것을 다른 이에게 분명히 보여줄 수 있는 그것을 명백하게 보지 못하는 한. 그 밝은 빛은 지금까지 나타나지 않았다는 것이 분명하다.

지금까지 시도된 종교개혁들에는 (1) 전체성 (2) 단순성 (3) 자원성이 부족하였다.

7. 현실은 이러한 불완전함에 관하여 스스로 증언한다. 첫 번째, 지금까지 종교개혁자들의 그 누구도 개혁에 필요한 모든 것을 개선하지 않았으며, 각각 파편적인 작업에만 머물러 있었기 때문이다. 한 사람이 바로 그 상황들로부터 여기저기로 이끌려졌거나, 또는 이런저런 폐해를 통하여 상처받게 되었던 것처럼, 그것들에 상응하게 그는 악을 제거하기 위하여 그의 힘과 통찰을 사용하였다. 두 번째, 여러 번 증명해야 했던 불충분한 수단들이 적용되었다. 세 번째, 사람들은 단지 특이한 경우에만 평화스럽게 나아갔을 뿐 지금까지 모든 것은 폭력과 불화와 여전히 더 큰 분열들로 채워져 있었다. 이는 단지 사회적으로만 그런 것이 아니라, 학교에서도 그랬고, 가장 수치스러운 것은 거룩한 장소인 교회 안에서도 불쾌한 일이 발생하는 것은 마찬가지였다.

그것은 1. 모든 것의 개선이 필요하다는 것을 뜻한다.

8. 이제 그런 기회가 우리를 여기까지 인도했다면, 우리는 희랍어 'Ορθωσιαν(Orthosia)'도 아니며, 개혁도 아닌, 오히려 'Παν-Ορθωσιαν(Panorthosia, 모든 것의 개혁)' 전체의 보편적이며, 완전한 개선을 원한다. 1. 모든 사람, 2. 모든 것에서, 3. 모든 면으로.[44]

9. 모든 사람. 그것은 신분과 독립된 개체를 뜻한다. 그래서 모든 사람이 없는 그 사

---

44) 'Omnes', 'Omnia', 'Omnino'(모든 사람, 모든 것, 모든 면으로)는 범지혜의 형이상학의 근본적인 범주들로 헤아린다.

람이나, 저 사람이 아니라, 사제들, 학자들, 권력의 소유자들 모두가 함께 개선되리라는 것이다. 그것은 단지 임의의 장소에서나, 또는 한 국가에서뿐 아니라, 세계 안 곳곳에서 일어나야 한다는 것이다. 더욱이 앞으로 그것에 관하여 몇몇이나, 소수나, 또는 더 많은 사람만 이해할 뿐 아니라, 그들이 그들 본체의 완전함이 증대되도록 인간 본성의 몫을 소유하고 있는 모두 사람들이 될 것이다.

2. 모든 것 안에서

10. 우리는 모든 사람이 인간 전체에 해당하는 모든 것 안에서 하나님의 완전한 형상에 속한 모든 것이 완전한 모습으로 인도되기를 원한다. 말하자면 인간은 그의 곁에 주어진 동반자로서 존재하는 이웃으로서 사람들에 대한 그의 행동과 축복의 원천으로서 자신 위에 계신 하나님에 대한 관계가 올바르게 형성되어야 하는 것처럼, 그가 소유하며, 그의 유익에 한정된 사물들과의 관계를 이해해야 한다.

3. 모든 면으로

11. 우리는 계속해서 각자가 모든 면에서 이러한 관계들을 완전하고 참되며, 겸손하게 조성하게 되기를 바란다. 이것은 각자가 비록 그것을 원한다 해도, 선한 지성을 소유한 어떤 사람도 그것들로써 일치할 수 없다는 것을 모든 일들 안에서 감각들과 합리적인 사고들에 적절히 맞추어진 전체적인 철학의 도입을 통하여 도달한다는 것이다. 즉 누구도 다른 방법으로는 하나님을 알고, 경배할 수 없도록 유일한 자로서 하나님의 비밀과 경배를 그렇게 밝혀낸 전체적인 종교의 도입을 통해서이며, 그리고 전 인류가 끊임없이 안락하며, 안전한 질서 안에서 보존되는 전체적인 정치의 도입을 통해서이다. 그러므로 비록 그가 할 수 없는 것을 원하며, 그가 원치 않는 것을 할 수 있다고 해도, 그 누구도 쉽게 그것에서 멀어질 수 없는 것이다.

모든 것이 단순성과 자발성으로 되돌려질 수 있을 때, 위대한 유익이 재현될 수 있을 것이다.

12. 그것은 물론 섬김의 호의(好意)와 교화(敎化)에 강제적이지 않으며, 아름답고 유쾌하게 결합 되었으며, 사물과 질서와 행복의 원천 이신 하나님께 종속되도록, 불행하게도 빗나간 상태 안에 있는 모든 것이 새로워지는 것을 뜻하게 될 것이다. 그 이유는 지금 하나님과 인간 사이의 올바른 관계의 띠가 파손되었기 때문이다. 사람들은 전적으로 사람에게로 몰두하였다. 그들은 모자랄 수 없는 것을 따르지 않고, 서로 싸우는 편당과 아직 계속 개인적인 생각들과 수고들에서 정신을 불어넣는 편파적인 그룹들로 계속 분열된 단지 자신을 따르고 있을 뿐이다. 그것으로써 충분하지 않다. 각 개인은 역시 내적으로 갈라져 있는 모습이다. 전체로서 우리가 영원한 안식을 의지하고 있지 않기 때문에, 우리는 역시 개체로서 그것을 의지할 능력이 없다. 그 때문에 모든 것은 흔들리게 되었고, 해체되었으며, 불확실하게 되었다. 아무것도 제자리에 머물러 있지 않으며, 모든 것은 멸망을 향하여 움직일 뿐이다. 모든 것을 능가하게 하며, 감싸며, 관철하는 하나님의 자비가 말하자면, 어두움과 오류와 타락과 파괴의 한복판에 있는 것들로부터 몇 가지들은 놀라운 방법으로 대체로 구출하며, 보호한다는 것이다.

1. 목표들을 참작하여 열망했던 일의 반복

13. 우리가 애쓰는 노력의 목표는 다음과 같다.

첫째로, 영원한 멸망에서 보호되어야 하는 그 모든 것이 보존되며, 불가피하게 되돌려지게 되도록 모든 것에서 나오는 그의 높은 지혜의 보좌에 앉으신 하나님을 바라보기 위해, 멩인들의 눈이 열리게 되는 것(사망의 좁은 길을 뛰어넘는). 둘째로, 모든 피조물이 그분(하나님)에게 종속하여, 그의 의지와 감각과 능력으로써 자신을 그분의 자비와 지혜와 능력에 복종하도록 하늘 아래에서 열망이 불타오르게 되는 것이다. 마지막으로 모든 것을 유일하고 영원한 왕국의 주재자에게 맡기는 것과 땅 위에 그의 나라가 하늘에서처럼 임하게 되며, 모든 것이 하늘에서처럼 그분의 마음에 맞는 법칙에 따라 이루어지는 일이다.

2. 수단

14. 단계에 따라 정돈된 세계 통치자들의 모든 권세가 영원에서 영원까지 다스리는 하나님의 권세에 종속될 때, 그것은 이루어질 수 있을 것이다. 교회 안에서 인간의 영혼을 다스리는 모든 것이(땅 위에서 어떤 자리나, 또는 어떤 단계에서 그들이 그리스도를 위한 섬김의 한 부분을 연습하며, 서로 잘 배열되게 한 후), 모든 사람에 대하여 아버지의 명령을 가지는 그리스도가 다스리시는 최고 통치에 종속되었을 때이다. 마지막으로 교회 위에 부어졌으며, 마지막 시대에 모든 육체 위에 더 풍성하게 넘쳐나는 영원한 지혜의 교사이신 성령께 그것이 위임된 것처럼, 모든 단계에 인간적인 지혜의 다스림이 분배되었을 때이다.

3. 빛과 평화와 안식이 비추어지도록 하기 위한 적용

15. 우리가 출발했던 그곳으로 모든 사람이 되돌아갈 때, 빛과 평화와 안식이 돌아오게 될 것이다. 모든 것은 탁월한 시계의 기계장치처럼 서로 맞물려 있는 모든 부분이 함께 작동하며, 보완하며, 각자가 같은 목표로 향하는 것처럼, 그의 시간과 장소에서 한 부분의 움직임을 통하여 모든 부분이 움직이게 되도록 주재하는 그러한 통일로 되돌려지게 될 것이다. 그것은 한편으로 각 사람이 이러한 것에 적합하게 동일한 생각으로 교육되며, 내적으로 하나님의 형상을 따라 창조되리라는 것을 뜻하며(골 1:1,16,17,28,29), 다른 한편으로는 역시 마침내 세계 전체 안에서처럼, 가족과 국가와 교회에서 모든 인간의 공동체가 교육되는 것을 뜻한다. 그것은 하나의 거대한 과제이다. 우리는 산술적으로 도대체 어떻게 더 작거나, 또는 더 큰 총체성을 유지하게 될 것인지에 대한 용기를 잃지 않아야 한다. 그렇게 총합의 총체성은 결과로 나타나게 된다.

모든 것과 모든 사람은 기만하는 왜곡으로부터 자유로워야 한다.

16. 아, 사람들이 많은 일을 놓칠 수 있는 것처럼, 죽음을 면치 못할 자들에게 보여줄 수 있을 그 모든 것이 어떻게 소망하는 것일 수 있을까! 그리고 "한 가지가 꼭 필요하다!"라는 명언이 뜻하는 것은 목표와 수단의 다양성으로부터 자유로워지는 것, 일들

의 소용돌이에서 벗어나는 것, 자신이 단지 하나님과 자신을 스스로 보호하는 것이다
(그것은 다만 그분과 우리 사이에 용해되지 않는 결합을 뜻한다). 사람들은 이것을 인
식하자마자 곧 자유로워지기를 지체하지 않을 것이다.

풍성한 축복의 상태는 어떤 것인가?
무엇이 참된 철학인가?
무엇이 참된 종교인가?
무엇이 참된 정치인가?

17. 사람들이 그렇게 많고 큰 악을 끝낼 수 있다면, 오, 세계의 상태는 얼마나 행복
할 수 있을까(그것은 그토록 거대한 어두움, 거대한 혼잡과 잔인한 위협과 그것의 결과
로 나타나는 그렇게 거대한 파멸을 뜻한다)! 그것은 참된 철학이 있을 때, 가능할 것이
다. 그것은 관계된 모든 것 안에서 완전하게 보는 지혜의 온전한 빛을 찾아내게 된 것
을 뜻한다. 즉 주된 일들의 어떤 영역에서도 잘못된 모습들이 생기지 않게 되는 것이
다. 모든 세계 왕국의 상태가 모든 면에서 개선되기를 원하는 참된 국가의 기술이 발견
되었던 것처럼, 참된 종교가 순종 가운데서 정신이 하나님께 복종하며 그에게 종속하
게 될 때 그것은 가능할 것이다.

땅 위에 빛과 안식과 신적인 왕국

18. 이것은 선지자들이 예언했듯이 실제로 땅 위에 진리의 빛이 비취는 것을 뜻하
였으며, 천사들이 그리스도의 탄생 때에 그것을 약속했던 것처럼, 땅 위에 평화를 뜻
하였다. 그리고 그것은 역시 고귀한 하나님의 아들이 약속한 땅 위에 하나님의 나라가
임하게 될 것을 뜻한다. 그는 그것을 땅에서 지금까지 그를 대신하며, 악한 기업인들이
었던(눅19:12) 자들의 몰락 이후에 먼 땅(하늘에서)에다 세우게 되리라는 것이다. 그
리고서 그리스도가 그의 길을 떠나게 되기 전(승천 전)에 그의 믿는 자들에게 위임했
던 저 모든 기도가 응답 되었을 것이다. 그들은 하늘의 아버지께 기도해야 했는데, 오
늘날에 이르기까지 모든 믿는 자들의 모임에서 "당신의 이름이 거룩히 여김을 받으시
오며, 당신의 나라가 임하시오며"란 말로 기도하는 일이다.

또는 역시 땅 위에 하늘(하나의 시계로써 범개혁론의 비교)

19. 세계의 상태는 모든 그들 부분이 완성된 조화 가운데서 함께 작용하도록 아주 정확히 기술자의 손에서 만들어진 하나의 시계에 유사하다는 것이 요구되리라는 것은 위에서 계속 열거되었다(15항). 이 자리에서 이러한 염원이 반복하는 일이 초래된 것으로 보인다. 도대체 하나의 시계는 무엇인가? 그것은 시간의 물질적 도구가 아닌가? 시간의 과정이 하늘의 움직임으로부터 그리고 이러한 도구의 시간 측정이 휘젓는 것은 아닌지? 하늘을 흉내 내려고 예리한 통찰로써 자신을 움직일 수 없는 일들에서 나와 운동으로 제정되었다(또는 질서 없이 움직이며, 곧 파멸되었던 것에서 나와), 그렇게 '범 개혁론'은 역시 하나님의 뜻이 하늘에서처럼, 땅 위에 이루어지게 되는 것과 아무것도 다르지 않게 역시 노력하게 된다. 비록 하늘이 땅을 밤과 어두움 때문에 바라볼 수 없다 할지라도, 잘 움직이는 시계를 바라보며, 동시에 하늘의 움직임을 보는 자처럼, 그리스도의 나라 정황을 땅 위에서 보는 자는 그분 안에서 그렇게 하늘나라의 참되고 살아 있는 모습을 바라보게 된다.

황금의 시대

20. 이것은 마침내 비슷하게 논증되었던 것처럼, 게다가 그들이 거룩한 예언자들의 신적인 얼굴들에서 동기부여를 얻었기 때문에, 모든 백성에 의하여 그의 다가오는 미래에 관한 소식을 다루었으며, 거기서 곧 시와 음절들을 동시에 예언했던 황금시대가 존재하게 될 것이다. 이것이 참된 지혜의 광채가 모든 사람의 생각을 관통하는 참된 황금의 시대라는 것을 나는 말하는 것이다. 참된 평화의 띠가 세계의 모든 백성을 연결하고 묶어주게 될 것이다. 참된 신성의 참된 경배는 모든 사람의 마음을 충만하게 할 것이다.

모든 언약과 비유들의 진리

21. 만일 그 시대가 도래한다면, 하나님이 약속한 그것을 우리는 곧바로 얻지 못하게 되는가? 그들은 낡은 폐허가 된 주거지를 건설하게 될 것이며, 그리고 시대 전에 파괴된 것을 세우게 될 것이다. 그들은 황량한 도시들이 영원히 파괴되어 무너진 것을 세

롭게 할 것이다(사61:4). 그것은 낙원을 떠났던 옛 아담을 떠나게 되는 일이며, 그와 함께 낙원 안에 새롭게 들어와서, 찬양된 유산 안에서 새로운 아담과 어울리는 것을 뜻하지 않을까? 그것은 가인의 세대로부터 분리하며, 물질적인 재물을 찾으며, 신체적인 쾌락 안에서 즐기는 것을 뜻하는 것은 아닐까? 그것은 우리가 홍수의 진노를 피하도록 노아와 함께 언약의 방주를 타는 것과 바빌론의 흩어진 이후에 새로움으로 우리를 불러 모으며, 불의의 분노에서 벗어나려고 롯과 함께 소돔을 떠나, 약속의 땅 기쁨에 이르기 위하여 멜론과 파와 양파와 함께 애굽에서 탈출하는 것이 중요하다? 요약하면 그리스도가 충고하는 것처럼 처음으로 되돌아가는 것이다. 그리고 더 이상 가시덤불 사이에 씨앗을 뿌리는 일이 아니며, 더 이상 토대 없이 모래 위에 집을 세우는 일이 아니다. 토대는 껍데기와 왕겨가 아닌 은과 금으로 만들어진다. 성경 전체에 포함된 마침내 하늘로부터 보내신 언약들과 모범들이 성취되도록 새로운 교회의 온전한 예루살렘은 황금과 보석에서 드러나게 된다(계21-22).

특별히 바빌론의 붕괴와 시온의 갱신에 대하여

22. 특히 바벨론 붕괴의 비밀과 시온의 회복에 관한 비밀: 선지자들의 예언들은 이러한 비밀을 선포하며, 밝히며, 탁월하게 찬양한다. 그러한 하나의 참되고 보편적인 일들의 개혁을 통하여 한편 우리들의 혼란의 바빌론을 확실하게 파멸하며, 다르게는 하나님의 시온으로 새롭게 되도록, 우리가 동경과 소망을 일깨우도록 이 책의 부제 가운데 양자를 소개하였다. 그러나 바빌론이 무엇이며, 시온은 무엇인가? 양자는 어떤 관계에 놓여 있는가?

무엇이 바빌론인가?

23. 바빌론은 노아 홍수 이후에 무절제한 목표와 욕망의 결과와 함께 세워진 첫 도시다(창11:4이하). 그 이유를 주민들은 이렇게 말했다. 지금 우리는 한 도시와 탑을 건설한다. 탑의 꼭대기는 하늘에까지 다다른다. 흩어지지 않도록 우리는 한 이름을 만들게 될 것이다. 그 안에 3가지 불손함이 놓여 있다. 1. 원인은 인간이 하나님과 상의하지 않고 무엇인가 독자적으로 착수하는 것이다. 2. 형태는 하늘의 높이와 경쟁하는 자

만을 드러내는 건축이었다. 3. 목표는 흩어짐에 대항하여 자신의 영예와 통찰과 자체의 능력으로 세워진 하나의 보루로 삼는 일이었다. 이러한 세 가지가 주님 앞에서 수치스러운 것이기 때문에 (오직 돌출하여, 오직 경외하며, 신격화되기를 원하는). 그들의 계획은 선한 결말을 찾을 수 없게 되었다. 그 이유는 주님이 그들의 수고와 함께 그들을 분산시켜 버렸기 때문이다. 그것의 토대 위에서 바빌론이란 말은 인간들이 자신의 결정과 완전한 자만과 자아의 신뢰로부터 신중하게, 말하자면, 하나님의 뜻에 대항하여 생각해 내고, 관철하는 모든 것을 표하게 된다(시민의 삶에서, 교회에서, 학교에서, 또는 어떤 계획에서 역시 항상 크고 작든 간에, 사적이든, 공적이든 간에, 많고, 적은 또는 개별적인 사람이든 간에). 그 이유는 각 첫 현상이 그들의 영역에서 나머지 것들의 표준이며, 그들에게 그 이름을 부여하기 때문이다. 모든 것에서 그러한 기도(企圖)들이 가득했기 때문에, 전 세계가 무한한 거짓과 폭력과 혼잡에서 생기는 거대한 바빌론인 것이 거기서 분명히 드러나게 된다. 하나님은 지금까지 이러한 바빌론의 저항에도 불구하고 참으셨다. 그러나 그것은 역시 거의 2천 년간 존립했었던 저 옛 바빌론처럼, 우리의 바빌론은 무너졌다는 것이 예언되었다. 다음 장에서 우리는 이것이 보증된 것처럼 검토해 보게 될 것이다.

무엇이 시온인가?

24. 문자적인 의미에서 다윗왕의 자리와 그의 나라를 위해 '예루살렘'이란 도시의 최고 자리에다 건설한 성(城)이 중요하다. 그렇지만 다윗은 왕 중의 왕의 모범으로 그리스도가 되었으며, 거기서 이러한 왕중왕의 자리가 교회이기 때문에, 시온이란 이름은 위대한 왕들의 도시(시48:3)인 교회에 주어지게 된 것이 거기서 시작한 것이다. 저 표면적인 바빌론과 시온 사이에서 원형상 안에서 일어난 모든 것은 신비적인 바빌론과 시온을 위하여 효력을 지니게 된다. 말하자면, 먼저 바빌론은 시온 위에 지배하는 손을 유지하는 결과로써 미움, 분노, 지속적인 전쟁을 겪게 된다. 후에 바빌론은 그러나 근본토대에 이르기까지 파괴되었으며, 반대로 시온은 엄숙히 새로워졌다. 그 이유는 인간적인 건축물과 최고의 공동체가 같은 시기에 존립할 수 없기 때문이다. 이러한 희망의 근본들이 얼마나 확실한 것인지는 곧 해명되었다.

제2장

세계의 종말 전에 세계 전체의 개선에 대한 희망은
의심할 바가 없다.

이러한 희망의 근본토대는 취해졌다. 1. 합리적인 사고들에서(4항 21), 2. 신적인 계시에서, 한편으로 문서들로부터 밝혀진 증거를 통하여, 다른 한편, 광경들과 모범들을 통하여, 3. 그들의 실현에서 제기하며 일어나는 사건들의 관계를 통하여, (42항 등), 몇 가지 인간적인 증거들이 첨부되었다.

세계는 미래의 예언들에 대하여 비웃는다(하나님의 일)?

1. 모든 사람과 모든 것에 대한 하나님의 권세가 땅에서처럼, 하늘에서도 영원하며(단4:34), 인간적인 일들에서도 이따금 본질적인 변화에 영향을 미치도록 저 영원한 하나님께 기쁨이 라면, 그는 이것을 평범하게 그의 봉사자들과 예언자들을 통하여, 다르게는 표지(標識)와 기적(奇蹟)을 통해서 드러낸다(암3:7;사43:9). 그렇지만 모든 시대의 역사는 그것들이 온전히 성취되기 전에 인간들이 그것들을 온전히 먼저 믿기를 원치 않았다는 것을 증언한다. 오히려 그들은 징조를 진지하게 취하지 않았으며, 하나님의 사자를 저항했으며, 그것을 믿었던 자들을 웃음거리로 만들기도 하였다. 옛 관습에 따라 세계는 역시 모든 경건한 희망들을 진지하게 수용하지 않으며, 그것을 비웃는 것이 누구를 놀라게 하는 일인가!

세계 전체의 회복을 바라는 것은 단지 환상의 방직물인가?

2. 그러한 방식의 보편적인 세계의 개선에 대한 희망은 단지 하늘 아래서 이것이 항상 가능한 것처럼, 완성의 상태로 옮겨질 수 있는 것, 그것은 지나치게 교회의 슬픈 정황에 직면하여 하나님의 명령에서 가장 만족할 만한 사건을 예언했던(궁극적으로 역시 이러한 선에 대한 최후의 전환) 것으로, 그렇지만 그것은 스스로 자신과 다른 이들에게 하나의 꿈으로 생각될 수 있을 저 선지자들의 모범에서 분명해질 것이다. 그 때문에 그는 덧붙인다. 나는 그것에 대하여 깨어났으며, 깨어보니 고요히 잠이 들었다(렘31:23-27).

반대로, 벌써 현상 가운데 등장하는 바로 하나의 실체가 중요하다.

3. 도피적이며 인간적인 환상들의 꿈과 상(像)이 아니라, 간략하게 드러내는 (희망

하는 것을 바라보는 것보다 더 일찍) 온전한 실체를 증명하기는 어렵지 않을 것이다. (만일 하나님이 우리에게 자비를 베푸신다면). 그들이 이러한 것이 현존하며, 강화한 것과 그들에게서 그것을 수 세기 이래 동경을 불러일으키며, 그 일을 열심히 행하기를 주저하지 않게 되는 것이 결정될 수 있음을 보게 되도록 나는 이러한 희망의 근본토대를, 모든 사람의 눈앞에서 밝히게 될 것이다.

그것이 어떻게 하나님의 은혜를 통하여 허용되었던지

4. 그리스도의 말씀에서 그의 제자들을 향하여 몇 가지를 추론하는 잘못된 겸손은 그 누구에게도 주저되지 않아야 한다. 즉 아버지가 그의 권세를 간직했던 시기와 시간을 아는 것이 너희에게 적절하지 않다(행1:7)고 한 말씀이다. 우리는 이러한 말씀에서 신적 의지의 비밀한 것의 탐구에서 겸손해야 할 것이 경고된 것을 잘 안다. 그러나 아버지가 그것을 숨기시며, 예언을 통해서나, 또는 그들 실현에 대한 수단의 준비를 통해서 밝히지 않을 때, 그런 범주에서만 단지 그러하다고 본다. 만일 다음 기회에 곧 결과의 현상이 가시화될 때, 그 언젠가 벌써 행동의 전주(前奏)와 하나님의 계획들이 완성으로 기울어지자마자 곧, 그것은 경솔함의 표지(標識)가 아니라, 우리가 하나님의 은사들을 영접하려고 머리를 들고, 사방을 두리번거리며, 역시 손을 펼 때, 빚진 감사와 경건의 표지가 있게 된다. 벌써 알려진 빛과 평화와 구원의 길들에서 어두운 나라의 멸망과 같은 정도의 빛과 진리의 승리와 개선이 시작된다는 것을 왜 우리는 신뢰하지 않는가? 우리가 주님으로 기뻐하는 원인을 가질 수 있도록, 우리가 무엇을 어디서부터 선한 것을 기다려도 좋을지를, 그렇지만 더 가깝게 관망해 보자!

희망의 토대들은 3가지 모습에 달렸다.
1. 지성, 2. 하나님의 확증, 3. 직접적인 인지의 토대들

5. 영원의 시작 전, 더 나은 시대에 대한 희망은 다음과 같은 것에 근거한다. 첫째로, 일들의 본성 스스로에 대한 것처럼, 하나님의 본성과 그의 사역에 대한 지성의 성찰들에 관한 것이다(6항21). 둘째로, 과거보다 더 크고 나은 모든 기대를 우리에게 일

러주는 마지막 세계의 정황에 대한 하나님의 예언들 에서이다(22-24항). 마지막으로 모든 상황이 벌써 지나치게 뚜렷이 그 같은 상태에 이르게 되는 일들 에서이다(42항에서 끝까지).

근거 1. 하나님이 인간 세대와 함께 시행하는 광경의 본성에서

6. 첫째로 세계의 제도와 감독은 뚜렷이 하나의 연극을 닮아있기 때문이다. 그래요, 그것은 하나님의 지혜가 사람의 아들과 함께 지구에서 놀이하는 공연장이다(잠언 8: 31).

일들을 겨냥하는 구경꾼들이 시작에서 단지 덜 이해하는 것, 모든 위탁된 귀결의 이해에서처럼, 역시 더 이전 것과 현재의 것, 그것들은 역시 결정적인 순간에 사건들이 점점더 보편적인 이해의 방향으로 해명하는 것, 그것들이 여러 가지 얽힌 사건들에 따라 마지막에 그렇게 넓게 이끌어진 것보다 더 고유한 것은 연극무대에서는 아무것도 없다. 모든 얽혀진 일들이 선한 결말로 소개된 것이 분명해지자마자 곧 극작가에게는 먼저 그의 예술에 대한 환호의 박수가 보내졌다. 천상의 예술에서 무엇인가 작은 것을 기대하는 것은 적절한가? 키케로(Cicero)는 이러한 근거의 장점을 다음과 같이 이해하였다. 열심히 노력하는 예술가로서 그는 연극의 첫 행위를 잘 저술하였다. 그러나 마지막에 그는 더 큰 수고를 하게 된다. 그렇게 본성이나, 또는 본성의 창조자(그것을 키케로는 바르게 개선한다)가 시대를 바르게 계획한 후, 마지막의 일을 나태하게 하는 것이 아니라, 더 큰 염려로써 준비했다는 것을 우리는 전제해야만 한다. 그는 이것을 하나님이 인간적인 삶의 마지막을 잘 돌보며, 그 삶은 단지 지혜가 나이와 함께 나타나는 것을 소개하는 "노인에 관하여"[45]란 논문에다 기록하였다. 우리는 우주의 대리자인 개별적인 한 사람, 그가 전 인류와 함께 공연하는 거대한 연극 무대의 마지막에 완전한 상태에 머물게 되는 방식을 생각하여 다루게 되는 것은 믿을 수 있을 것이다!

---

45) Macus Tullius Cicero(그리스도 이전 106-43), 그의 문서 "Catomaior de senectute"에서 정치가, 작가, 연설가이다.

근거 2. 모든 연령대에서 완전하게 되는 인간의 본성에서

7. 계속해서: 전체적인 세계의 시대(각 사람의 연령대처럼)는 마침내 각 사람의 성장 발전 단계가 마지막을 위해 고수하기까지 항상 더 높은 단계로 움직이는 것처럼, 최고의 단계에 이르러야만 한다. 사지 손발의 성장과 함께 시작하는 인간의 처음 형태는 모태에서 형성된다. 그리고 출생 이후에 감각기관의 연습이 시작된다. 그런 후에 증대되는 나이와 함께 이해력은 일들의 근거를 진단하게 된다. 먼저 후에 최고의 개별성은 나이의 문턱에 다다르는 일들을 순수하게 파악하는 단계에 이르게 된다. 그것은 비슷하게 세계와 관계한다. 먼저 신체적이며 그리고서 감각적인 것이, 그런 후에 정신적인 자질들이 충분히 연습 된 후, 더 순수하고 더 추상적인 진리를 향하여 움직이는 과제가 마지막에 남게 된다. 첫 세계의 시대에 말하자면, 생명의 보존을 돕는 자질과 함께 활짝 피게 되었다. 즉 농경제, 양치는 목자의 일, 의복생산, 집짓기 등 낙원에서 추방되었던 인간은 벌거벗음과 기근과 기후의 불편을 극복하는 보호책을 찾아야만 했기 때문이다. 그리고서 사람들이 증대되었을 때, 그러나 가족으로 흩어져 살았을 때, 그들에게 경제적인 지식을 위한 돌봄에 전념하였다. 노아 홍수 이후에 곧 니므롯(Nimrod) 아래서 다시 시민적인 질서를 위한 염려가 있었다. 거기서 전쟁의 기술은 아브라함의 시대에 생겨났다. 모세 시대에 애굽에서 페니키아인과 갈대아인과 페르시아인에게까지 확대되었던, 그리고 매우 번영기에 진행된 교양(교육)의 시대가 뒤따랐다. 그러나 사제들은 비밀처럼, 그들의 깊은 지식을 보존하였으며, 그리고 평범한 백성에게 밝혀지지는 않았다. 사람들이 공적인 학교에서 학문과 철학을 가르쳤기 때문에, 보편적인 일들에 대한 교양이 되는 것은 그리스 말에서 시작하였다. 그렇지만 알렉산더 대제(大帝)와의 관계 안에서 그리스 백성의 높은 교육이 쇠퇴했을 때, 로마인들에게서 먼저 수사학(Rethorik)이 시작되었으며, 그리고서 철학이 번성하기 시작하였다. 복음의 전파는 온 세계에다 종교적인 열심을 심어주었다. 끝없는 대립의 논쟁들이 생겨났다. 그리스도는 모순되었던 표지(標識)로 제정되었기 때문이다(눅2:34). 이러한 불씨는 교회 안팎에 있는 새로운 신앙고백과 전쟁 들에서처럼, 이단으로, 교회의 분열들로 이끌어갔다. 몇 세기를 넘어 야만들의 시대가 그것을 뒤따랐다. 그렇지만, 콘스탄티노플이 파괴된 이후, 불타버렸던 도서관들의 불꽃에서 빛이 이태리, 프랑스, 독일, 그리고 유럽의 여러 다른 나라들로 넘어 확대되었다. 먼저 읽을 수 있는 언어의 빛이었으며, 그리

고서 철학의 빛이, 그런 후에 종교의 빛이 확대되었다. 그렇지만 그것은 어두움의 저항 없이 예리한 충돌과 종파들 안에서 여러 번 분산되는 일 없이 이루어지지는 않았다. 그리고 거기서 바로 이러한 경쟁 때문에 고대의 기념물들에서, 하나님 말씀의 보화에서, 그리고 인간적인 사고의 작업장에서 영예롭게 많은 진리가 나날이 증진(增進)되었다. 그 이유는 각자가 고대의 도움과 함께 진리가 그의 편에 있다는 것을 증명하려고 노력했기 때문이며, 사람들이 단지 찾아낼 수 있었던 것들이 깊이 연구되었기 때문이다. 거기서 그 시대에 발견된 인쇄술은 효력 있는 협력 수단임을 설명해 주었다. 이것은 몇 사람들이 벌써 최고의 빛이라는 사실을 짐작했던 확실한 전체의 빛을 위한 길을 열어주었다. 여러 진리는 그러나 변화되었으며, 변질되었다. 그래서 그것들은 여러 가지 개별적인 것들을 구별되게 해석하였다. 더 큰 혼잡한 것들은 앞선 것에서 생겨났으며, 모순들은 완화 시키는 것이 아니라, 확대되었다. 그러므로 어느 정도 더 높은 다른 단계는 여전히 남아 있는 것으로서 달리 가능하지는 않다. 그것에서 순수한 진리는 마침내 분명히 밝혀졌으며, 모든 것에서 그의 모습을 보여주며, 생각들과 논쟁들과 다툼들을 끝내게 된다.

근거 3. 그의 광채를 똑같이 단계적인 방식으로 발산하는 빛의 본성에서

8. 이러한 빛의 계단 모양의 증대는 하나님이 세계의 창조에서 한가지로 미리 형성한 것으로 나타나 보인다. 그는 더욱이 첫날에 형태를 동시에 갖추지 않은 덩어리를 만들었다. 넷째 날에 그 일의 한복판에서 더 크고 작은 공 모양들로 그것을 나누었으며, 서로 특정한 거리에 둔 하늘로 나누었다. 먼저 사람들이 주님의 등불로 부르게 되는 (잠20:27) 인간의 혼이며, 지성의 빛을 마지막 날에 만드셨다. 그러나 역시 나머지 일들에 대한 깊은 생각과 함께 창조는 그것들이 가장 작은 것에서 큰 것을 넘어서 가장 큰 것으로 낮은 것에서, 높은 것을 넘어 가장 높은 것으로 선한 것에서 더 나은 것을 넘어 가장 좋은 것으로, 상승하도록 순서를 따라 설명되었다. 거기서 여섯 번 반복되어 잘 알려진 '하나님이 보시기에 좋았더라'란 말씀이 찬양된다. 마지막에 먼저 그가 만드신 모든 것이 아주 좋았더라는 고조(高調)된 표현으로 선포되었다(창1:1-31). 최고의 선하신 하나님은 아주 선한 마지막을 고려하여, 이보다 달리 쉴 수는 없었을 것이기 때문이다. 이처럼 우리는 무엇을 두려워해야 하는가? 하나님은 그가 창조하신 것의 주

도로 인하여 비슷하게 될 수는 없는 것인가? 그 같은 이들이 자신을 소개하며, 기대하거나, 또는 전제하는 신적인 작품들의 질서를 이해하지 못하며, 세계의 마지막에 불투명한 것과 혼돈과 흑암과 슬픔의 현상들 외에 아무것도 있지 않게 되리라는 것이다. 마치나 하나님이 먼저 선한 포도주를 선물하고, 그런 후에 더 나빠진 것들이 그(하나님)의 지혜를 항상 더 많이 감탄하며, 그의 자비를 항상 더 많이 찬양하는 근거가 그 누구에게도 결핍되지 않도록 최후의 일들을 위하여 최고의 단계를 남겨두지 않게 하는 사람과 같이 되게 했던 것처럼 말이다.

그들은 그러나 역시 이의(異意)를 제기할 수 있을 것이다. 즉 네 가지 왕국에 관한 다니엘의 예언인데, 첫째는 황금, 둘째는 은, 셋째는 동이며, 넷째는 철과 점토를 가진 신상(神像)이었다. 대답: 왜 이것들은 그리스도가 속하게 될 다섯 번째 왕국에 관한 다음의 말씀을 읽지 않는가? 세상을 폭력으로 채웠던 폭군들이 산의 돌들이 짓눌러 부스러뜨리기까지(단2:44-45).

그러나 온 하늘 아래에 있는 나라와 폭력과 권세가 최고의 거룩한 백성에게 주어지게 될 것이다. 그의 나라는 영원하며, 모든 폭력은 그를 섬기며, 그에게 순종하게 될 것이며(단7:27), 그리스도가 올 때까지 지금까지와 같이 그의 적들 한가운데는 아니지만, 그는 그들을 그의 발아래 놓인 발판으로 만들 것이다(시110:2,히10:13,고전15:25-26). 그러나 우리는 예언을 얼마 후에 주목하게 될 것이다.

근거 4. 종합적인 방법의 본성에서

9. 종합적인 방법의 본성(모든 그의 작품들 안에서 영원한 건축자로 주목되는 하나님)은 말하자면 모든 개체가 총체 안에 하나가 되며, 더 작은 총합들이 다시 더 큰 것들 안으로 하나가 되며, 마침내 총합의 전체 안에 있는 모든 총합이 하나가 되는 것이다. 말하자면, 만일 하나님의 선한 것과 인간의 발명품들(선행이 단지 한번 허락되었으며, 그리고 발명품들이 단지 산재하게 나타나고 있음에도 불구하고)이, 그렇지만 대량으로 성장할 때, 왜 우리는 결론적으로 이러한 쌓인 더미들의 꼭대기를 희망하지 않았어야 할까? 사건에서 수집된 경험들은 하나의 규칙을 결과로 내놓기 때문인데, 즉 비슷한 규칙의 종합은 가르침(원리)과 과학, 또는 지혜를 내놓으며, 가르침들과 과학들과 지혜의 종합은 지식체계를 생산한다(철학적이며 의학적이며, 신학적인 체계 등등). 사

람들은 체계들의 체계를 왜 마지막에 기대하지 않아야 했을까? 그것은 가르침 중의 가르침이요, 학문 중의 학문이며, 지혜로부터의 지혜이며, 빛들의 한 빛이며, 종교 중의 종교이며, 정치 중의 정치이다.

근거 5. 빛을 향한 인간 정신의 끝없는 갈망에서

10. 인간의 정신이 자기 것으로 삼으려 하며, 본성의 충동으로부터 지지하는, 즉 벌써 그가 소유하고 있는 모든 것보다 더 열심히 더 높은 것과 더 고귀한 것을 향하여 항상 애쓰려는 인식과 지식을 향한 잘 알려진 동경심은 분명히 우리를 뜻한다. 이러한 동경은 하나님의 모든 지식의 살아 있는 모사(模寫)인 각 사람에게 분명히 나타나며, 특히 작가들 안에서는 한 사람으로, 새로운 책들을 읽는 독자들 안에서는 다른 사람으로 나타난다. 공중을 위하여 쓰는 저자들은(우리는 그들이 알려진 것을 과도히 되씹기 때문에, 표절하는 자들에 관해서는 아닌, 글을 직접 쓰는 자들에 관하여 말한다) 우리가 벌써 소유한 것이 충분하지 않으며, 무엇인가 더 나은 것을 찾아내는 것이 필요하다는 것이 그들의 양심에서 공개적으로 알려주기 때문이다. 그러므로 그들은 바로 다른 새로움의 것을 향하여 쓰게 된다(이따금 역시 자신에 대해서 스스로, 이따금 자체의 불편한 것에서도, 그리고 무한한 정신적인 노력과 함께). 그들이 판단하기 때문에, 이것이나, 또는 저 일이 지금까지 대체로 논증되지 않았거나, 또는 적용된 방식으로 해명되지 않았다. 그들은 그것을 신뢰하거나, 또는 적어도 이것이나, 또는 더 나은, 더 참되거나, 또는 더 가까이 제공될 수 있을 것을 희망한다. 그러므로 그들은 자신들의 일을 다른 이에게 평가하게 한다. 마찬가지로 새로운 책들을 열망하는 자들은 기꺼이 도움받기를 원하는 대략 결핍(부족한 부분)이 있게 되리라는 것을 설명해 준다. 말하자면, 그들이 벌써 모든 것을 잘 약속한 것으로 신뢰했다면, 그들은 기꺼이 만족을 표하게 될 것이며, 새로운 일과 소비로써 괴롭히지 않았을 것이다. 세계는 이처럼 찾으며, 그들의 찾음을 통하여 그들은 완전한 빛을 향한 그들의 갈망을 고백한다. 희망을 충족되게 하는 것 없이 우리의 마음이 이러한 갈망을 심게 된다면, 그럴 때, 우리는 폐기해야만 한다. 즉 하나님과 자연은 아무것도 의미 없이 완성하지 않는다. 그러나 그것이 멸절되지 않을 때, 그것은 성취가 이루어질 수 있을 것이며, 인간의 본성에 무익하게 가라앉지 않으며, 현재까지 보존되었다.

반증

11. 나는 사람들이 대답할 수 있을 것을 알고 있다. 우리의 모든 것의 가장 호의적인 창조주(創造主)가 이러한 욕구를 지속적인 발전과 개선에 따라 사람들이 보도록 그 때문에 우리의 정신에다 놓아둔 것, 이 세계에서 바라봄을 통한 눈도 아니며, 들음을 통한 귀도 아닌, 또는 욕망을 통하여 욕망이 만족해지지도 않는다. 그들은 말하자면, 그렇게 그들의 동경들이 영원에까지 이르도록 스스로 자신을 통하여 그리로 이끌어지게 되리라는 것이다. 모든 충족과 끝이 놓여 있는 거기서 모든 것은 함께 발견되기 때문이다. 그러나 아마도 벌써 아무것도 더 이상 남아 있지 않은 영원의 정점 배후에, 우리가 이러한 세계에 가능한 경계에 이르기 전, 우리가 이 땅에 머물러 있는 동안, 항상 더 풍성하게 우리의 욕망이 진정되게 하는 것이다. 그 이유는 우리 하나님의 완전한 지혜가 그러한 방식의 단계를 요구하기 때문이다. 만일 텅 빈 공허[46] 앞에서의 공포가 본성에서 숙달의 가장 아름다운 작품을 창작하는 가능성을 제공했다면, 그렇게 우리는 공허함에서의 이러한 공포가 역시 인간의 정신 안에서 그 같은 것을 만족시키는 영원한 갈망을 깨우며, 하나님은 우리가 그것들을 찾으며, 발견하는 기회가 제공되었다는 것에 근거하여 항상 더 충족한 결과들을 보증하며, 기초하기를 희망한다. 만약 이것이 그러하다면, 왜 그것과 함께 마침내 모든 지식 또는 모든 지혜에 이르는 것이 아닌가?

근거 6. 인간 본성의 기울어짐에서 싫증으로

12. 여섯째, 한번 혼란의 마지막을 기대하는 것은 우리가 그것들에서 사건들의 본질과 인간 본성과의 관계를 설정하자마자 곧, 스스로 모두 크고 높은 혼잡들의 상승하는 증대를 우리에게 강요한다. 왜냐하면 모든 것은 역시 기쁨과 전쟁과 어리석음과 싫증으로 변하리라고 정당하게 말해졌기 때문이다. 도대체 누가 기쁨에 취해 날뛰는 솔로몬인가? 그렇지만 그가 노인으로서 모든 일의 허영심을 알았기 때문에, 그는 심사숙고 하기에 이르렀다. 젊은 사람으로서 방탕에 열중했던 동일한 솔로몬이었다! 그 밖

---

46) Aristoteles(그리스도 이전, 384-322)는 그의 물리학에서 자연은 텅빈 공간 앞에서 불안을 가진다는 것을 가르쳤다(horror vacubi). 이러한 오류를 시몬 스티빈 플람메(Flame Simon Stivn, 1548-1620)와 독일인 오토구에리케(Otto Guericke, 1602-1686)는 반박하였다. 코메니우스는 그렇지만 그들의 견해에 연결할 수 없었다.

에도 그가 호식했었다면, 누구든 한 번 그의 도취함에 잠들지 않았을까? 그가 적절하
지 않도록 누가 그렇게 거칠었는가? 인류에게 부여된 시대가 개별 인간의 삶에 동등했
기 때문에(계속 위에서 해명되었던 것처럼), 그렇게 역시 모든 전쟁의 본질도 개별적
인 것과 같은 것이다. 한 전쟁의 결과는 한편이 승리하며, 또는 양편은 너무 지쳐서 손
을 내미는 것이며, 그래서 모든 전쟁은 한번은 평화로 이끌게 된다. 모두가 피로해져
평화를 지향하며, 이 세계의 상태가 그들의 종말 전에 그렇게 특정한 상태에 이르기 때
문에, 그리고 안식과 평화가 지배했기 때문에, 그가 앞서 지나간 시대의 종말 전에, 이
와 같이 홍수전에 있었던 것처럼, 한번 새로운 시대가 시작되기를 우리는 이처럼 희망
하게 된다. 그러한 일이 실제로 이루어지게 될 것을, 그리스도와 사도들은 예언했었다
(마24:37; 살후3:5 등). 학문과 종교의 영역에서도 인간들의 분망함은 비슷하다. 역시
호기심과 미신은 한번 중지하게 되기를 희망하게 한다. 그러므로 공허한 생각들에서
도취한 세계는 지혜로 깨어나며, 우상들과의 모든 하찮은 놀이를 경험한 후에서야 살
아계신 하나님께로 방향을 되돌리게 된다.

근거 7. 격렬히 투쟁하는 사탄의 본성에서, 승리는 사탄 것이 아니라, 그리스도에게 귀속된 필수성에서 나아와

13. 동시에 사탄은 처음부터, 모든 것을 알며, 일들에 대하여 다스리며, 여러 의식
의 도움으로써 창조주를 경배하는 잘 알려진 인간의 갈망을 남용하였다. 그렇게 그는
죄 있는 인간들을 몰상식과 흑암으로 넘어지게 했으며, 가득한 분노(그는 빛의 회복에
내미는 하나님과 수단을 향한 조소)와 함께 항상 이런 짓을 증대하였다. 승리와 개선이
어두움의 지배자들에게서가 아니라, 세계의 창조자에게 속한 것임을 피조물들의 전체
합창이 볼 수 있도록, 하나님이 그의 빛을 적절히 증대되지 않게 하는 것이 그 때문에
가능한 것으로 우리가 생각하게 될 것인가? 그리고 그것이 먼저 영원에서는 아니며,
오히려 벌써 여기 사탄이 하나님께 대항하여 격분하는 이 현세의 무대에서, 만일 우리
하나님과 그리스도의 승리가 완전하게 이루어질 때, 이러한 적(원수)들은 멸망되어야
한다. 그것이 이루어질 때. 세계의 상태는 분명히 지금 현존하는 것에 완전히 대항하여
있게 될 것이다. 사탄이 파괴한 것은 이와 같이 조화 가운데로 옮겨져 있어야만 한다.
우리 하나님의 자비와 지혜는 사탄이 파괴한 것을 회복하도록 돌보기 때문이며, 그리,

고 악마의 권세로부터 해방된 그의 피조물들, 즉 악마가 그들에게 단지 비열하게 약속했던 것을 참되게 되돌려지도록 보살필 것이다. 사탄은 사람들에게 생명을 약속했으나, 그들이 사망 가운데로 쓰러지게 하였다. 그러나 하나님은 바로 이러한 기회에 경솔하게 불러들이게 된 그 사망을 영생으로 변화시켰다.

사탄은 우리에게 하나님과의 연합을 약속했었다. 그러나 하나님이 그의 인격 안에 우리와 함께 자신을 결합함으로써, 영원에서의 분리를 더욱더 밀접하게 연결하게 했던 동안, 우리를 하나님으로부터 떼어놓았다. 사탄은 우리가 하나님과 비슷하게 되리라는 것을 찬양하였다. 우리가 선한 것을 악을 위하며, 악한 것을 선을 위한 것으로 생각함으로써 선한 것과 악한 것을 아는 하나님과 비슷한 존재가 되도록 해 주었다. 그러나 하나님은 우리를 만드셨으며, 우리를 비슷하게 만들어 줄 것이다. 그것은 우리가 악을 피하고, 선을 기뻐하며, 선을 향하여 노력하며, 영원한 선을 누리게 되도록, 우리가 선한 것과 악한 것으로서 선한 것을 목적으로 인식하게 되는 것에서이다. 사탄은 계속해서 사람들을 귀찮게 유혹하기 때문에, 하나님은 그들을 그렇지만 저 부도덕한 자들로 저주받은 그들이 자유롭게 된 것을 알게 될 때까지 끊임없이 자유롭게 될 것이다.

근거 8. 모든 혼잡한 것들의 원인과 이러한 것들에 대항하는 구원(치유)의
수단은 벌써 알려졌기 때문에, 말하자면
I. 전체 안에서 변화시키는 부분성,
II. 단순성 안에서 복합성,
III. 자발성 안에서 강제성

14. 만일 질병의 종류가 알려지고, 치유의 수단이 존재한다면, 구원에 기초한 희망이 생긴다는 것을 누가 의심할 수 있을까? 그리고 인류의 질병들은 원인처럼 그와 같은 것들이 우리에게 잘 알려졌다. 그것은 이에 관한 시도들이 기획되지 않음에도 불구하고, 왜 일들의 개선이 여기저기에 발전하지 않는지를 의미한다. 거기서 우리는 다른 수단들이 적용되었다면, 마침내 그것이 진전되기를 희망한다. 산발적인 것, 복합적인 것과 폭력적인 것은 우리의 악을 증대시켰기 때문이다. 마찬가지로 전체성과 단순성과 자발성은 하나님의 도움과 함께 약품들로서 우리의 결함들을 제거하게 될 것이다. 우리의 신체가 중단하지 않는 것처럼, 모든 결함이 제거되지 않고, 3가지 정신 능력의 활

동이(자연적인 것, 삶의 능력, 그리고 영적인 능력) 본래의 상태로 회복되지 않는 동안, 질병의 상태로 있는 것이기 때문에, 그것은 인간 사회의 몸체 안에서 역시 가능하지 않게 될 것이다. 종교 없는 교육, 또는 정치 없는 종교, 그리고 이 양자가 없는 정치는 다른 것을 회복하는 것이 역시 불가능할 것이다. 단순성이 중요한데, 두 가지 점이 중요한 만큼 감각적인 인지에서의 철학, 지성에서의 정치와 신앙에서의 종교로 되돌리는 것이 가장 단순한 것일 것이다. 그러나 누가 지금까지 이러한 단순성으로 만족했었는가? 사람들은 이런저런 경우에서처럼, 한 일이나, 또는 다른 것을 형성하는 것처럼 수천 가지 방식을 생각해 내었다. 협력 수단은 조화 가운데 있지 않으며, 상호 간에 방해되었으며 장애를 일으켰다. 세 번째로 그것들은 지금까지 폭력적으로 발전하였다. 즉 모든 것을 파멸시키는 악의적인 작은 다툼을 통한 철학자들, 고통스러운 유죄 선고를 통한 신학자들과 전쟁을 통한 정치가들이었다. 거대한 자기 분열성, 무질서에서, 그리고 다툼들에서 참으로 질서적인 것과 좋은 것과 지속적인 것이 발생하지 않았다는 것은 궁금하게 생각되는가? 모든 것이 파괴되지 않았으며, 근본에서 무효화 되지 않았다는 것을 먼저 우리는 궁금하게 생각하며, 하나님의 선한 것을 귀속시키는가? 지금 우리는 영원한 지혜의 전체적이며, 단순하며, 자의적인 것이 발견되었기 때문에 행복한 목표들에 이를 수 있으리라는 것을 희망한다.

근거 9. 인간의 욕망이 만족하는 방법을 벌써 알기 때문이다.

15. 인간 본성의 신적인 섭리를 통하여 기동력이 심어졌기 때문에 그것을 통하여 특별하게, 그것은 지속적인 개선의 상태를 향한 갈망을 뜻한다. 그것은 그들에게 끊임없이 찾으며, 더 나은 상태가 진실로 보이게 된 것과 아무것도 다르지 않다. 그것에 도달하는 힘은 분명히 나타나게 될 것이다. 그렇지만 모두는 선한 것을 찾는다. 각자는 자신을 위해 무엇인가 선한 것을 갈망하며, 최상의 수준으로 이것을 희구한다. 그러나 그들은 그것에 도달하지 못한다. 그 이유는 그들이 그것을 단지 부분적으로 희구하여 시시때때로 매 말라버린 단지 선한 것의 실개천이 생겨나기 때문이다. 우리는 그들에게 이처럼 바로 작은 개울들과 함께 있는 선함의 원천(原泉)을 보여주자. 그 원천이 곳곳으로 흘러가서 그리움이 충족되도록, 충분히 존재하는 것을 그들도 보게 될 때, 기쁨을 느끼게 되도록 해 주기 위해서이다. 모두가 진리를 찾는다. 그 누구도 실망하며

겁먹지 않게 한다. 그렇지만 그들은 여러 가지로 대립하는 방향들에서 부분적인 진리들을 통하여 인도되기 때문에, 진리를 발견할 수가 없다. 우리는 이처럼 모두가 개별적인 일들에서 참이 무엇인지, 그리고 수많은 논쟁이 마지막에 일치에 이르게 되리라는 것을 모든 사람이 인식할 수 있도록 그들에게 보여주자. 모든 사람은 하나이며, 안전하며, 지속적인 것을 찾고 있다. 각 사람은 그가 불화 없이 조용하게 그에게 더 안전한 곳에 있기를 갈망한다. 그러나 그들은 그것을 일들의 소용돌이를 통하여 발견할 수가 없을 것이다. 우리는 그들을 일들의 주변으로부터 안식이 지배하는 그들의 중심점으로 인도해 보자. 그러면 그들이 참으로 그곳으로 인도되었다는 것을 알게 될 때, 기뻐 환호하게 될 것이다.

근거 10. 회복의 주인, 그리스도는 그의 목표에 불성실하게 임할 수 없기 때문이다.

16. 우리는 무엇을 원하는가? 첫 아담을 통하여 일들의 파멸된 상태의 회복자로 보내진 새 아담으로서 그리스도는 그의 목표에 불성실하게 임할 수가 없을 것이다. 사람들이 이 세상의 학교들을 통하여 하늘로 데려가기 전에, 낙원에서 인간적인 일들의 상태가 이루어질 수 있었던 것처럼, 영원히 시작되기 전, 그 방향으로 우리는 인도되어야 한다. 그래서 하늘과 땅은 그리스도가 거대한 것들을 길들이고 있는 것임을 보게 된다. 또는 멸망이 하늘 아래서 시작되었던 것처럼, 그렇게 먼저 하늘 아래에서는 아니지만, 역시 하늘 아래서 일어난다는 것이다. 그리고 멸망이 시대의 시작에서 출발했던 것처럼, 그렇게 개선(改善)도 시대의 마지막에 시작되었다. 멸망이 전체 인간적인 본성의 전향을 통하여 하나님으로부터 완전하게 되었던 것처럼, 그렇게 역시 하나님께로 향한 온전한 인간 본성의 애정을 통하여 개선이 이루어지게 된다는 것이다. 낙원에서 우리의 정신은 지혜로부터 완전하게 밝혀지며, 우리의 의지는 전적으로 상처받지 않은 채 빛을 발하며, 유일한 것인 우리의 언어는 목표에 적절하게 지혜롭게 되며, 그리고 사회도 완전히 평화로우며 모든 면에서 즐거워하는 것이 되리라는 것은 분명한 사실이다. 우리는 그리스도가 모든 하나님의 원수들을 굴복시키자마자 곧, 그러한 것을 확신하면서 기다려도 좋을 것이다.

근거 11. 하늘 아래 그리스도의 왕국은 세계의 종말 전에 준비되어야 하며, \
그 이후에는 아니기 때문이다.

17. 성서에서 알게 되는 것처럼, 이것이 이루어 지기까지 그대로 놓여 있는 것처럼, 그리스도는 그의 승리의 행위를 세계가 알아채지 못하는 것을 점차 준비한다. 사탄이 제압될 때까지 그가 그리스도 아래 놓여 있는 것을 눈치채지 못했던 것과 비슷하다. 그러므로 백번째 시편에 그리스도의 왕국은 하나의 이중적인 경계를 가리켰다. 첫째는 그의 통치 이후에 적들의 한복판에서이며, 둘째는 이것들이 발 받침대가 되자마자 곧 적이 없어지는 때이다. 지금까지 그는 적들의 한복판에서 1600년 동안 다스렸다. 그는 폭군들이 그들의 광포로써 교회의 인내를 시험에다 내세웠던 것을 참아냈으며, 그리고 이단들이 그들의 기만으로써 지혜와 세계를 그들의 악한 행위들로써 위협하는 것을 성실하게 믿음으로 참아내었다. 거기서 그리스도는 그의 나라 경계를 넓게 이방 가운데로 옮겼다(그리스도의 승천이래, 100년이 되기 전에 기독교를 받아들이며, 교회가 가시적으로 성장하는 일이 여러 백성에게 이루어졌다). 그리스도가 철의 왕권으로써 적들을 쳐부수며, 뚜껑 없는 냄비들처럼 박살 내게 될 것이며, 그리고 왕들이 쫓아내며, 땅 위에 재판장들이 징벌하게 하리라는 것이 남아 있다(시2:9). 이것을 누군가 먼저 영원을 안내하는 최후 심판과의 관계에서 이해하지 않도록, 그리스도가 통치권을 넘겨받는 것이 아니라, 그것을 하나님 아버지께 넘겨주는 것이 사도를 통하여 상세히 증언하는 성령은 그것을 방어한다(고전15:24-28). 그리고 다니엘은 인자에게 나라와 권세와 능력이 부여되었으며, 모든 백성과 사람들과 다른 언어로 말하는 혀들이 그를 섬겨야 하는 것을 세계의 종말에 선행될 그리스도의 왕국에 관하여 7장에서 말해 준다(단7:13-14, 27).

근거 12. 교회는 마침내 안전 가운데 성립되는 것이 필요하기 때문이다.

18. 역시 교회와의 만남에서 하나님의 경제에 대한 고려와 유비 관계에 있는 율법 이후의 법 앞에서와 복음 가운데서 그들 안에 그의 현존은 우리의 희망을 강화해 준다. 하나님의 내주하심은 더욱이 인간과 함께 공동으로, 그렇지만 여러 가지 방식으로 이루어진다. 먼저 그는 가부장(家父長) 시대로부터 모세의 시대까지 스스로 사람들 가운-

데 함께 거하셨다. 그리고서 율법 아래서, 자신의 이름이 거기에 거하게 되리라는 것을 선포했던 것처럼, 장막과 성전을 건축하게 함으로써 하나님은 인간들 가운데 거하게 되었다. 성전이 제거된 이후에, 하나님은 땅 전체가 복음의 거주지가 되기를 원했다. 세계의 멸망 이후에 하나님은 스스로 성전으로 머물게 될 곳인 하늘이 머물게 된다. 그렇지만 사람들 가운데 거하게 되는 앞서 진행된 방식들 각각은 두 가지 단면을 가지게 되었다. 그것들은 임시적이거나, 또는 계속되는 것이었다. 먼저 그에게 첨가된 각 사람의 모든 곳, 마음에 그가 내주하셨기 때문이다. 그리고서 하나님은 그의 은혜를 개인에게로 돌리셨다. 말하자면, 아브라함과 그의 후손들에게서이다. 율법 아래서, 그는 먼저 곳곳마다 옮겨가게 될 수 있었던 장막을 세우도록 제시하였다. 그 위에서 그는 한 장소에 결부된 유명한 성전을 세우게 하였다. 그것은 복음 아래서, 그리스도의 통치와 유사하게 관계한다. 그것은 지금까지 백성들 가운데서 그들의 자리를 변모하기 때문에, 그것이 한번 역시 안전하고, 연속성이 이루어지리라는 것은 단지 여분으로 머물러 있는 것은 아닌지? 이것은 한 백성 안에서뿐 아니라, 모든 나라를 넘어서 이루어지게 되리라는 것이 수없는 예언을 통하여 예고되었다(보라, 시2:8,22,29,30-31,72:8,11,18,20, 96장과 117장, 에스드라 11:2-4 등등).

근거 13. 교회가 그들 완전함의 극치에 다다르게 되는 것

19. 아직 이것, 즉 교회는 그리스도의 완전한 나이 정도로 계속 성장 관계(역시 신약에서)에 있는 것으로 우리에게 설명한다(엡4:11-16). 이처럼 가부장적 시대에 교회의 유아기, 그리고 감각적인 인지의 영역에서 경험했던 율법 아래서의 아동기 시대처럼, 교회는 역시 청소년기에 있었거나, 또는 그리스도가 오셨을 때는 실제로 모범적으로 변화되었고, 지성을 통한 인식의 원천들이 열었던 명료한 학교들로 있었다. 이러한 청소년기 이후에 신적인 일들의 계몽된 인식을 가진, 그렇지만 여러 가지 생각들을 통하여 특징지어진 성년기에 이르게 되었다. 아주 예리하게 엉켜진 지금까지의 논쟁들은 이것을 보여준다. 그것들의 결과는 여러 이단적인 모습이 되었다. 즉 다른 한편으로는 저 앞선 것보다 더 정확하게 생겨났으며, 많은 일들에서 더 순수하게 밝혀지게 되었던 진리의 분명한 취급이 오류와의 관계에 서 있으면서 그러하였다. 그러나 노년기보다 지금 무엇이 더 다르게 뒤따를 수 있을까? 노년기 안에서 초기 유아기의 무지, 또

는 초보적인 지식이 앞서가며, 강요되었거나, 또는 지체된 존속이 아니라, 그것이 의심과 모순들로부터 확실하며 분명하며 자유로운 하나의 완성된 지식으로 나타나 보인다. 그것은 사도가 모든 것을 예견한 것으로(고전13:9 등), 지성이 믿음의 보상(報償)이 되도록, 믿음은 인식에 앞선다는 것을 역시 아우구스티누스[47]도 말했다. 마찬가지로 믿음은 지성에 길을 열어준다. 이처럼 지금까지 교회가 보지 못했던 그리스도에 대한 믿음으로 믿음의 길을 앞서 나아갔기 때문에(요20:29, 딤후3:16, 벧전1:8), 그가(그리스도) 교회를 위해 믿음의 보답인 이해를 보존하도록 우리는 그렇게 희망해야만 한다.

근거 14. 이러한 현세의 삶에서 인간에게 주어진 협력 수단이 완성에 다다르게 하는 것

20. 역시 누가에 의하여 알려진 그리스도의 말씀은 하나의 더 좋은 희망을 일깨운다. 누구든지 등불을 켜서 그릇으로 덮거나, 말 아래에 두지 아니하고 등경(燈檠) 위에다 두나니 이는 들어가는 자들로 그 빛을 보게 하려 함이라 숨은 것이 장차 드러나지 아니할 것이 없고, 감춘 것이 장차 알려지며 나타나지 않을 것이 없느니라(눅8:16-17).

하나님은 그의 모사(模寫)인 인간에게 3가지 빛을 불타오르게 했으며, 세계에 등장하는 빛들을 인간들이 보도록 등불을 심어주었다. 그렇지만 모든 사람이 모든 것을 보지는 못한다. 하나님의 보물 창고 안에 오늘날에 이르기까지 자연과 문서, 그리고 인간 정신의 각진 곳에 아주 많은 것들을 숨겨두고 있는데, 즉 그것들은 매일 새로운 비밀들이 발견되었던 것처럼, 분명히 더 많이 남아 있는 것을 보며, 관찰하며, 인정하는 그와 같은 것들이다. 이러한 일들이 항상 숨겨져 있어야 하는 것으로, 그것들은 먼저 하늘에서 벗겨내지 않았다는 것을 추측만 해야 하는가? 이러한 책들은 그렇지만 하나님이 우리에게 비유들을 통하여, 은유적으로 교훈하려고 미래를 위해 주어진 것이 아니라, 얼굴과 얼굴을 대하듯 알게 되도록 우리에게 현세를 위해 주어진 것이다. 만일 이러한 빛들이 임시로 주어졌다면, 그것은 벌써 외관만을 가질 수 없도록 그것들이 이끄는 이 세계에서 실현되어야만 한다. 그것들은 우리에게 명목상 선물로 주어진 것이 아니라는 것이며, 그가 다른 이들에게 허락하지 않았던 것을 하나님이 스스로 완성하셨

---

47) Aurelius Augustinus(AD. 354-430), 교회의 교부이며, 그의 설교집 CXXXIX.

다는 것이다. 단지 한 부분이 밝혀지게 된 것은 전체를 한번 보여주는 것으로, 그리고 단지 몇 가지를 아는 것으로 나머지를 다 알게 되는 것이 가능하며 필요하게 된다. 그 이유는 그것이 역시 최상의 단계에서 그의 작품과 지혜의 시험을 제공하는 것이 하나님께 타당하기 때문이다.

근거 15. 역시 결점은 마침내 한번 중단하는 것이 필요하기 때문이다.

21. 몸 전체를 뒤덮은 나병을 주시하지 않고, 마치나 그가 힘을 다 소진했음에도 건강하다고 간주하는 것처럼, 그를 그렇게 바라보기를 명령했던 모세에 의하여 역시 알려진 것, 극도로 진기한 하나님의 법은 더 좋은 희망을 일깨운다(레13:12-13). 인간 사회의 모든 3가지 몸체에 나병이 더 이상 확대될 수 없도록 널리 퍼졌기 때문이다. 인간 정신의 괴변은 그렇지만 추악한 생각들의 많은것을 고안해내며, 만들어 냈으며, 그것들을 다시 퍼트림 으로써 그들이 원했던 모든 것은 시도되었다. 역시 인간의 미신들에서 모든 가능성은 시도되었다. 즉 단지 우상들을 고안해 낼 수 있었던 것에서였으며(그것들이 벌써 약하다면, 몇 몇 민족들은 그들에게 해가 되지 않도록 의식적이며 자의적으로 경배하는 약한 우상에 이르기 까지), 그리고 사람들이 참된 신(神)의 경배에 대하여 어리석은 것을 발명해 낼 수 있는 것에서였다. 불타는 공명심의 광란(狂亂)은 지금까지 아무것도 녹이지 못했다(거의 인간 세대의 멸망에 이르기까지). 자체를 확고히 하는 것과 이방 권세의 파괴에 이로울 수 있었던 것에서였다. 사람들이 그러나 극단적인 해결들에 널리 진출할 수 없다면, 왜 우리는 그것과 함께 마침내 종결 짓기를 희망하지 않아야 하는지? 하나님은 이러한 일들에서 스스로 판단하기를 우리에게 스스로 가르친다.

성서는 분명하게 증언한다.
1. 미래의 행복한 상태에 관하여

22. 우리는 우리에게 위임되었으며, 마지막 시대에 마침내 최후의 행복을 기대하는 신적인 언약의 계시한 증거를 향하여 가보자! 그 이유는 우리가 지금 주의를 기울이고 있을 수 있는 한, 하나님의 계시들은 교회의 마지막 행복으로서 영(靈) 안에서 아

무엇도 자주 우리에게 선물하지 않기 때문이다. 이러한 증거를 나는 3가지 그룹으로 나눈다. 첫 번 것은 하나님이 불행의 감정들로부터 압박을 받게 된 거룩한 자들과 추종자들이 그들의 적들 앞에서 복수하게 된 것과 완전한 회복을 이루는 희망을 통하여 모든 기회에 격려받게 되었던 그것이다. 이것은 수 세기가 지나는 과정에서 보여주지 않았기 때문에, 그가 약속하신 마지막에 관철할 것을 우리는 조용히 모든 것에 성실하신 하나님을 신뢰하기를 원하며, 먼저 하늘과 땅은 하나님의 말씀에서 나아오는 작은 문자로서 사라지게 된 것이기 때문이다. 예를 들어 우리는 죄 타락에 의한 첫 하나님의 약속을 선택하게 된다.

(사탄으로부터의 해방처럼 –

여성의 씨앗이 뱀의 머리를 밟아서 부셔야 한다. 아마도 우리는 그것이 벌써 성취된 것으로 믿는가? 사도는 역시 그리스도의 죽음 이후에(그는 사망의 권세를 가졌던 자에게, 그가 사망의 권세를 취하도록 인내하였다. 그것이 악마에게서였다, 히2:14) 하나님이 사탄을 곧 그의 발아래에 굴복하게 할 것(롬16:20)을 희망으로 믿는 자들을 격려하기를 힘 썼다. 악마들은 말하자면, 지금까지 무저갱(역자주: 지옥을 뜻함, 눅8:31) 구걸했었다. 그렇지만 계시록 20장에서 사탄은 세계의 종말 전에 백성들을 더 이상 유혹할 수 없도록 묶어서 옥에 가둔다는 것이 게시되었다. 그것은 행하도록 남겨져 있으며, 더욱이 모두를 영원토록 묶어두기 때문에 최후의 심판 날이 아니라, 세계의 마지막 전에 자유롭게 되도록 여기 땅에서 바른 때에 처리하게 될 것이다. 그것은 하나의 특별히 강한 논증이다.

그리고 진리의 승리에 관하여)

23. 그리스도의 언약들은 그것을 겨냥한다. 나는 모든 대적이 능히 대항하거나 반박할 수 없는 구변(口辯)과 지혜를 너희에게 주기를 바라기 때문이다(눅21:15). 지금까지 유대인들과 터키인들과 역시 기독인들도 스스로 수천 가지 방식으로 대항하기를 원했기 때문이다. 그러나 지혜의 저항하기 어려운 능력이 약속되었으며, 그것은 빌립보 교회에 대한 그리스도의 말씀이 보여준다(계3:7-9). 그것은 거룩하고 신실하며, 다윗

의 열쇠를 가지신 이가 말한다. 곧 열면 닫을 사람이 없고, 닫으면 열 사람이 없는 그가 이르시되 볼지어다 내가 네 앞에 열린 문을 두었으되 능히 닫을 사람이 없으리라! 만일 이러한 편지들에서(일곱이란 숫자에서) 몇 가지들이 그렇게 보이는 것처럼, 예언적인 성격을 가진 것이라면, 언약들은 역시 우리 시대를 위해서나, 또는 방금 시작되는 시대를 위해서 적중한다. 모든 예언자의 책들에서 이스라엘 백성과 모든 이방인에게 이루어진 개별적인 약속들에 성서들의 경건한 독자는 단지 주의 깊게 노력한다면, 무한한 숫자에서 아직 성취되지 않은 것을 발견하게 될 것이다. 이처럼 그것은 불가피하게 성취되어야 한다. 그렇지 않으면, 성서 전체는 그쪽에서 넘어지게 된다.

2. 이러한 상태는 세계의 종말 전에 시작한다.

24. 신적인 증거들의 두 번째 그룹은 저 관계들의 다행스러운 전환이 상세히 마지막 시대로 여겨진 곳이 어디 인지, 그 장들을 설명한다. 이사야는 마지막 시대에 주님의 집이 있는 산이 확고히 서게 될 것이며, 더 높이 모든 산이 모든 언덕 위에 높아지게 될 것이며, 모든 이방인이 그리로 달려가게 될 것을 말한다(사2:2). 비슷하게 미가서 4:1절도 그렇다. 그러나 호세아는 마지막 시대에 이스라엘의 회개가 이루어질 것과(롬11:12, 15:10-11절이 알려졌다) 역시 마지막 시대에 하나님의 자비가 드러나게 될 것을 말해 준다. 그리고 다윗은 로마 군주국의 4번째 멸망 후 시대에 전 하늘 아래에서 그리스도의 왕국, 또는 성자들 왕국의 확대(단2:44절과 2장 전체)에 몰두한다. 그러나 마지막 장(4절)에서 천사가 하나님의 책을 닫고 종말의 시대에까지 봉인하기를 명한다. 그 이유는 그런 후에 많은 이들이 그곳으로 넘어오게 될 것이며, 더 큰 지성을 발견할 것이기 때문이다(나는 번역자의 지체를 침묵할 수가 없으며, "마지막 시대"란 히브리 말들이 근원적인 의미에서 번역되지 않고, 말하자면, "마지막 시대에 관하여"로, 불가타(Vulgata, 역자주: 라틴어로 번역된 성서)에서 '확정된 시간'으로 되어 있으며, 트레멜리우스(Tremellius)[48]에서는 "특정한 시간"으로 되어 있다. 그것은 '마지막 시간에까지'로 번역한 루터에게서 단지 올바르다고 본다. 하나님의 표현을 그대로 두는 것이며, 성서에서 어떠한 의미를 첨부하는 것이 아니라, 거기서 그것을 그대로 옮기

---

48)　Immanuel Tremellius(1510-1580), 이탈리아인으로 히브리어와 성경번역자.

는 것이 가장 안전하다).

스가랴는 상세하게 설명한다. 여호와께서 아시는 한 날이 있으리니 낮도 아니요, 밤도 아니라, 어두움이 짙어갈 때 빛이 있으리라 그날에 생수가 예루살렘서 솟아나서 절반이 동해로, 절반은 서해로, 흐를 것이라 여름에도 겨울에도 그러하리라. 여호와께서 천하의 왕이 되시리니 그날에는 여호와께서 홀로 한 분이실 것이요, 그의 이름도 홀로 하나이실 것이라(슥14:7-9), 그가 세계의 편들로부터 그의 신실한 자들의 끝없는 괴롬을 당하는 일들에서처럼, 순교와 이단들, 지속적인 박해 받음을 예언했을 때, 그리스도는 모든 백성에 대한 한 증거로 왕국의 복음(이제까지 지배하는 것처럼, 십자가에 관한 말씀이 있었던 것, 고전1:18)에 관하여 설교 되리라는 것과 그리고서 끝이 오리라는(마24:14) 위로를 첨부하였다. 비상하게 계시록의 책은 바벨론의 괴물과 창부들의 타락 이후에 어린양의 결혼이 교회와 함께 축하 되었다는 것을 분명히 말해 준다(계17:7). 이러한 일에서 우리는 경건한 사람의[49]황금의 관찰을 소유하고 있다. 하나님은 3가지 놀랄만한 것을 완성했다는 것이다. 시작에서 동정남에서 한 동정녀로, 시대의 한복판에 한 동정녀에서 한 동정의 남자를, 마지막 시대에 동정녀인 교회와 함께 동정녀 어린 양의 결혼식이 있게 된다. 모든 예언서가 마침내 교회의 승리와 통치하는 그리스도의 영광으로 인도되리라는 것은 역시 아주 특이하다. (부수적인 것, 누군가 예레미아에게 하나의 예외를 인정하기를 원했다면 그렇게 주목하는 것이다, 즉 그의 예언이 51장과 함께 끝나며, 그것이 65절에서 상세히 기록된 것처럼, 그리고 마지막 장은 역사적인 부가물을 말한다). 그러나 역시 모든 이러한 언약의 표준적인 책들은 마지막에 즐거운 사건들을 경험하게 되며, 만일 누군가 그것에 대하여 깊이 생각할 때, 그는 비상하게 마지막 행복으로부터 흡족한 인상을 얻게 될 것이다.

3. 그러니까 그것은 깨우치며, 경건하며, 평화를 사랑하는 시대의 건립을 통해서 이처럼 이루어진다.

25. 특별히(신적인 예언들 가운데서 3가지 면으로서 주목하게 된다), 세계의 종말 전에 3가지 영예로운 현상들이 예언되었다. 말하자면 I. 계몽된 시대, II. 경건의 시대,

---

49)   저자는 확고하지 않다.

III. 평화를 애호하는 시대이다.

계몽된 시대에 대한 하나님의 증언

26. 계몽된 시대에 대하여(무한히 많은 다른 것들 가운데서), 다음의 내용은 성서에 기록된 것이다. 사2::2-5: 말일에 여호와 전(殿)의 산(山)이 모든 산꼭대기에 굳게 설 것이요, 모든 착한 산 위에 뛰어나리니 만방이 그리로 모여들 것이라. 와서 우리 하나님의 빛 가운데서 변화하게 하자! 그리고 11장 9절에서도 땅이 물이 바다를 덮음같이 여호와의 지식이 가득할 것이라. 30장 26절에도 여호와께서 자기 백성의 상처를 싸매시며, 그들의 맞은 자리를 고치시는 날에는 달빛은 햇빛 같겠고, 햇빛은 일곱 배가 되어 일곱 날의 빛과 같으리라. 25장 6-7절: 만군의 여호와께서 이 산에서 만민을 위하여 기름진 것과 오래 저장하였던 포도주로 연회를 베푸시니, 곧 골수가 가득한 기름진 것과 오래 저장하였던 맑은 포도주로 하실 것이며, 또 이 산에서 모든 민족의 얼굴을 가린 가리개와 열방 위에 덮인 덮개를 제하시며. 42장 16절: 내가 맹인 들을 그들이 알지 못하는 지름길로 인도하며 암흑이 그 앞에서 광명이 되게 하며, 굽은 데를 곧게 할 것이라. 내가 이 일을 향하여 그들을 버리지 아니하리니..

역시 54장 13절: 모든 너의 자녀들은(교회) 여호와(주님)의 교훈을 받을 것이니, 네 자녀들에게는 큰 평안이 있을 것임이라. 그리스도가 요6:45절에서 반복한 것은 동시에 사66장 18절에 있는 것이다. 내가 그들의 행위와 사상을 아노라, 때가 이르면 뭇 나라와 언어가 다른 민족들을 모으리니, 그들이 와서 나의 영광을 볼 것이며. 그리고 역시 예레미아 31:34절: 그들이 다시는 각기 이웃과 형제를 가르쳐, 이르기를 너는 여호와를 알라 하지 아니하리니 이는 작은 자로부터 큰 자까지 다 나를 알기 때문이라. 내가 그들의 악행을 사하고 다시는 그 죄를 기억하지 아니하리라 여호와의 말씀이니라.

같은 것을 사도가 히브리서 8:10-11절에서도 반복한다. 요엘서 2:28절: 하나님의 영이 모든 육체에 부어질 것이기 때문이라. 스가랴의 입을 통해서도 선포되었다. 그날에는 빛이 없겠고, 광명한 것들이 떠나리라 여호와께서 아시는 한 말이 있으리니, 낮도 아니요, 밤도 아니라 어두워 갈때 빛이 있으리로다.(스가랴 14:6-7). 마침내 다니엘서에 의해 네 번째 군주의 종말을 위한 시기와 그리스도이신 영원한 왕국의 시작이 결정되었다. 에스라에서 더 상세한데, 만일 그들의 몰락이 시작되는 시기를 알리게 될 때,

나는 다음의 징조를 제시하게 되리라: 책들이 창궁을 바라봄에서 열리어졌고, 모든 것이 동시에 그것들을 바라보게 될 것이다. 출생한 아이들은 그들의 목소리로 말하게 될 것이며, 임산부들은 3-4개월 후에 출산할 것이며, 그러나 역시 그들은 살아 있게 될 것이다. 등등. 땅 위 백성들의 마음은 바꾸게 될 것이며, 생각들을 바꾸게 될 것이다. 그 이유는 악이 멸망되었고, 간계들은 뿌리가 뽑혔기 때문이다. 그것을 위해 진리가 번창하게 될 것이며, 멸망이 파괴될 것이다. 아무런 결실이 없는 동안 그것은 진리를 보여주게 될 것이다(4째 에스드라, 6:20).

경건한 시대로부터

27. 전 세계를 포함한 경건한 시대로부터 다음과 같은 것이 예언되었다(사66:18 이하 23절까지): 내가 그들의 행위와 사상을 아노라, 때가 이르면 뭇 나라와 언어가 다른 민족들을 모으리니 그들이 와서 나의 영광을 볼 것이며, 내가 그들 가운데서 징조를 세워서 도피한 자를 여러 나라 곧 다시스와 뿔과 활을 당기는 루드(Lud) 및 유발과 야완과 나의 명성을 듣지도 못하고 나의 영광을 보지도 못한 먼 섬들로 보내리니 그들이 나의 영광을 뭇 나라에 전파하리라 나 여호와가 말하노라. 이스라엘 자손이 예물을 깨끗한 그릇에 담아 여호와의 집에 들임같이 그들이 너희 모든 형제를 뭇 나라에서 나의 성산 예루살렘으로 말과 수레와 교자와 노새와 낙타에 태웠다가 여호와께 예물로 드릴 것이며, 등등. 여호와가 말하노라. 매월 초하루와 매 안식일에 모든 혈육이 내 앞에 나아와 예배하리라. 스가랴 8장 20-22절에서도 다음과 같은 것이 기록되었다. 만군의 여호와가 이같이 다시 여러 백성과 많은 성읍의 주님이 올 것이라 성읍 주민이 전 성읍에 가서 이르기를 누리가 속히 가서 만군의 여호와를 찾고 여호와께 은혜를 구하자 그러면 나도 가겠노라 하겠으며, 많은 백성과 강대한 나라들이 예루살렘에로 와서 만군의 여호와를 찾고, 여호와께 은혜를 구하리라. - 14장 16절 이하에서도 예루살렘을 치러 왔던 이방 나라 중에 남은 자가 해마다 올라와서 그 왕 만군의 여호와께서 경배하며, 초막절을 지킬 것이라. 땅에 있는 족속 중에 그와 만군의 여호와께 경배하려 예루살렘에 올라오지 아니하는 자들에게는 비를 내리지 아니하실 것인즉. 더 나아가 에스라를 통하여도 말씀하신다. 보라 여호와께서 말씀하신다. 나는 동쪽과 남쪽과 레바논에서 나아오는 자들이 나를 경배하도록 땅 위에 모든 왕을 부른다(4.Esdra, 15:26). 나

침내 말라기의 예언은 (보라 여호와의 크고 두려운 날이 이르기 전에 내가 선지자 엘리야를 너희에게 보내리니, 그가 아버지의 마음을 자녀에게로 돌이키게 하고 자녀들의 마음을 그들의 아버지에게로 돌이키게 하리라 돌이키지 아니하면, 두렵건대 내가 와서 저주로 그 땅을 칠까하노라 하시니라, 말4:5-6).

그러므로 그리스도가 육체로 오시기 전에 그리스도의 왕국이 폭력으로 고난받게 되리라는 것은, 한 백성을 변화시켰던 세례요한을 통하여 성취되었다(마11:12-14). 백성들의 많은 수가 그에게로 올 때, 하나님의 나라가 고난 받게 되리라는 것이 욕시 최후의 심판 전에도 모든 백성의 그러한 변화를 통하여 진실로 폭풍적으로 그렇게 성취되어야 한다. 그 이유는 그리스도가 이러한 말라기의 예언에서 단지 세례요한의 전망에서 뿐 아니라(그는 엘리야가 벌써 왔다고 말하고 있기 때문에), 그것은 역시 아직 와야 할 되돌아 봄으로 해석된다(11절, 엘리야가 와서 모든 것을 회복하리라).

참되고 평화를 지향하는 시대에 관하여

28. 그리스도의 나라에서 마침내 다스리게 될 평화가 가득한 상태는 자주 특별히 적지 않게 엄숙히 예언되었다. 이사야에 의해서 그는 단지 가장 야생의 피조물들(늑대들과 표범들과 곰들과 사자들과 역시 살무사와 도마뱀들)이 그렇지만 양과 송아지와 젖소들이 함께 먹으며, 어떤 해도 끼치지 않는 함께 하나가 된 짐승의 떼를 통해 단지 풍자적으로 자세히 설명되었다(사11:7-9). 그것을 위해 평화의 상태가 아주 다른 자리에서도 표현되었다. 예를 들면 샤가랴 9장 9-10절이다. 시온의 딸아 크게 기뻐할지어다. 예루살렘의 딸들아, 즐거이 부를지어다. 보라 네 왕이 네게 임하시나니 그는 공의로우시며, 구원을 베푸시며, 겸손하여서 나귀를 타시나니, 나귀의 작은 것 곧 나귀 새끼니라. 내가 에브라임의 병거와 예루살렘의 말을 끊겠고, 전쟁하는 활도 끊으리니 그가 이방 사람에게 화평을 전할 것이요, 그의 통치는 바다에서 바다까지 이르고, 유브라데스강에서 땅끝까지 이르리라. 그가 첫 번째 오셨을 때는, 이것을 행하지 않았다(마10:34). 나는 평화를 주러 온 것이 아니라, 칼을 주로 왔노라고 말한다. 그가 마지막에 오실 때는 이것은 더 이상 필요하지 않다. 이와 같이 그는 여기서 성취해야 한다. 이사야 2장 4절에서는 그것은 아직 미결상태에 있게 된다. 그가 열방 사이에 판단하시며, 많은 백성을 판결하시리니, 무리가 그들의 칼을 쳐서 보습을 만들고 그들의 창칼을 쳐

서 낫을 만들 것이며, 이 나라와 저 나라가 다시는 칼을 들고 서로 치지 아니하며, 다시는 전쟁을 연습하지 아니하리라. 사66:10-12절에서도 예루살렘을 사랑하는 자들이여, 다 그 성읍과 함께 기뻐하라, 다 그 성읍과 함께 즐거워하라, 그 성을 위하여 슬퍼하는 자들이여, 그 성읍의 기쁨으로 말미암아 그 성과 함께 기뻐하라......여호와께서 이와같이 말씀하시되 보라 내가 그에게 평강을 강같이 그에게 뭇 나라의 영광을 넘치는 시내같이 주리니 너희가 그 성읍의 젖을 빨 것이며, 너희가 그 옆에 안기며, 그 무릎에서 놀 것이라. (눅17:26-27).

최후의 행복은 마찬가지로 비유를 통하여 미리 전달되었다.

29. 우리는 그것들의 도움으로 더 좋은 일들의 상태를 미리 인도하기 위한 동시에, 창조에서 또는 그 어느 곳에서도 시작하는 신적인 지혜의 맘에 들었던 여러 형상과 비유들을 첨부한다. 나는 더욱이 창조의 과정에 대하여 벌써 8항에서 대략 소견을 말하였다. 그러나 내가 여기서 생각해야 하는 더 많은 상황이 있다.

창조의 소식에서

30. 우리가 창조의 날을 수천 년 동안으로 가정한다면(무엇 때문에 사도는 열쇠를 우리의 손에다 쥐게 하는지, 벤후3:8), 이러한 과정의 수행이 우리의 목전에 분명히 드러난다. 그것은 6일간의 노동과 안식의 한 날이 어떻게 주어진 것인지를 의미한다. 그렇게 창조자의 투쟁은 반항적인 피조물들과 6천 년간 세계와 함께 교회의 다툼을 지속하였다. 먼저 7번째 천년은 승리를 위한 교회의 안식으로 결정되었다. 그렇지만 역시 개별적인 날들은 서로 상응한다. 그 이유는 세계의 첫날에서처럼, 세계에 어둠의 혼돈이 생겨났기 때문이며, 하나님의 영(靈)이 그 위를 운행했기 때문이며, 그 위에 빛이 있었기 때문이다. 그렇게 신적인 언약의 영(靈)은 출구를 찾았던 죄 타락의 어둠에서 믿음의 빛이 솟아올랐다. 둘째 날에 물이 나누어지고, 창공이 형성되었으며, 이천 년 동안 불신자들이 홍수를 통하여 멸망되었으며, 아브라함의 세대, 즉 한 백성 안에서 교회가 토대를 가졌기 때문에, 우상 숭배자들은 하나님의 경배자들로부터 분리되었다. 셋째 날에 땅은 잡초와 나무들이 자라게 되었으며, 즉 그것들은 3천 년 안에 교육곡

과학과 기술들이 만발하게 되었다. 넷째 날에 태양과 별들이 만들어졌는데, 즉 4천 년이 지나는 가운데 세계의 태양과 세계의 빛으로 불리는 그리스도와 사도들이 나타나게 되었다(마5:14). 그들은 세계 가운데 새 질서를 도입한다. 다섯째 날에 물고기와 새들과 땅에 기는 짐승들이 창조되었다. 즉 5천 년 안에 야만적인 백성들이 증대되었다. 그들을 통하여 교회는 황폐하게 되었다. 여섯째 날에 하나님의 형상대로 인간은 이성적인 피조물로 창조되었다. 이성적인 세계의 시대는 그것에 상응하며, 헤아릴 수 없이 많은 일의 연구에서처럼, 새로운 교육으로부터 거룩한 문서에 대한 사랑은 지성의 도움과 함께 되살아나게 된다. 만일 하나님이 그의 기뻐하심에 따라 온전하게 형성된 교회를 아들의 신부로 바라볼 때, 신적인 작품의 완성으로서, 그리고 하나님의 즐거움과 함께 섭리의 기쁨이 가득한 결과로써 인지하는 것보다 아무것도 더 이상 남지 않는다.

마찬가지로 저녁이 없는 7곱째 날에

31. 창조의 역사에서 우리의 관심을 얻게 하는 특별한 상황이 우리에게 나타난다. 첫 여섯째 날에 그것은 일곱째 날에 말해지지 않았던 저녁과 아침이었음을 뜻한다(창1:5,8,13,19, 23,31). 그 안에 어떤 비밀이 숨겨져 있을지는 가능하지 않다, 그 이유는 하나님의 지혜가 말하거나 침묵하던지 하나의 비밀을 선포하기 때문이다. 그러나 여기에 한 비밀이 숨겨졌다면, 하나님이 선지자를 통하여 선포하는, 말하자면 교회의 마지막 개혁이 가장 영화롭게 되며, 동시에 어떤 저녁도 알지 못하는 것 외에 무엇이 더 다르지 않을 것인지? 그는 말한다. 당신의 태양은 더 이상 지지 않을 것이며, 달도 빛을 잃지 않을 것이다. 그 이유는 여호와는 당신의 영원한 빛으로 머물러 있게 될 것이기 때문이다(사60:20).

가장 좋은 것이 마지막에 있는 하나님 작품들의 찬양에서

32. 개별적인 날들의 작품들에 첨부된 것은 주목할 만한 것이 적지 않다. 마지막 날에 놓아두게 되는 동안, 하나님은 그것이 좋았던 것을 보았다(창1:4,12,18,21,25). 그리고 그가 만드신 모든 것을 보았으며, 거기서 보라, 그것이 아주 좋았더라(31절). 우리는 거기에 있는 것이 헛된 것임을 짐작하기를 원하는가? 우리에게서는 그럴 수 없다!

하나님의 작품들과 말씀에는 항상 한가지 의미가 존재한다. 우리는 말하자면, 그러한 말씀들을 가장 좋은 것을 실행하는 모든 것이 마지막에는 가장 좋은 것에 합류하는, 이처럼 역시 신(神)의 섭리의 발걸음이 하나님의 총체적인 작품들과 조화 가운데서 보다도 달리 해석하지 않아야 한다. 게다가 다음의 상태는 역시 우리를 그리로 인도한다. 하나님의 반복된 진술, 즉 "하나님이 좋았던 것을 보았다"는 것은 하늘의 확정을 통하여 물이 나누어졌던 거기서 그날에 방출하게 되었다(창조된 일들이 전체로서 취해졌기 때문에, 그것은 둘째 날이었다). 그것을 위해 방출되었던 것은 모든 것이 아주 좋았던 것을 보았다는 첨언을 통하여 여기에 보충되었다. 의심 없이 한 사건이 분리를 통하여 자체에 좋게 되는 것이 아니라, 연결을 통하여 통일로 표현되게 해야만 했다. 비록 인간에게 그러한 구별이 여러 가지로 충돌했음에도 불구하고(동시에 낙원에서 생명나무의 분리가, 무죄로부터, 하나님과 낙원 스스로, 즉 백성들과 언어들의 흩어짐에서 등등.), 하나님이 만드신 것은 가장 좋다는 것이 마침내 증명되도록, 그렇지만 모든 것이 마지막에 통일로 결합 되었다(비록 가장 나쁜 것이 아주 많이 있는 것으로 보인다 해도), 스스로 자신에게서나, 하나님의 지혜가 일들을 조정하는 그의 결과를 고려하여 이루어지게 한 그것은 역시 그와 같은 것이었다.

4. 날과 주간과 달과 해와 세기(世紀)의 안식에서

33. 게다가 다음과 같은 관심은 가치 있는 일이다. 일곱 번째 세계의 날에 축하 되었던 첫 안식일의 계기에서 각 일곱 번째 시간을 안식으로 봉헌하는 것을 하나님은 기뻐하였다. 그 이유는 그가 부활절 후 일곱째 주간을 오순절로 축하하며((레23:15), 7개월이 지난 후 초막과 청결의 축제를(레23:24) 지내는 것을 뜻했기 때문이다. 더 나아가 그는 각 일곱 번째 해를 지구가 이러한 해에 열매를 맺는 일을 쉬도록 해야 했던 땅의 안식을 축하하는 것을 제시하였다(레25:4). 마찬가지로 그는 땅의 일곱 번째 안식이 다시 일곱 번을 헤아려 모든 땅의 백성들이 자유를 선포하고, 각자 다시 그의 소유로 취하게 되도록 은혜가 풍성한 해로 시행할 것을 제정하였다(레25:8과 계속되는 말씀에서 그 어떤 사건을 통하여 잃어버린 것을 되돌림). 왜 세계는 이처럼 역시 전체적으로 그들의 안식을 그들의 섬을, 그들 은혜의 해를 기다리지 않아야 했던가? 그리고 만일 일곱 번째 세계 시대에서 아니라면, 언제인가? 왜냐하면 통찰력 있는 연대기들

(나는 그것들에 관하여 하인린(Heinlin)과 궐러(Gueller)[50]라고 부른다) 의 진실한 계산에 따라 여섯 번째 천년이 끝나고 있었기 때문에, 벌써 시작되고 있는 세계의 위대한 안식으로서 우리 앞에 무슨 다른 것을 보게 되는가?

5. 세계의 첫 전쟁(승리가 성도들에게 부여된 곳)에서 최후의 선모사(先模寫)가 중요하다.

34. 우리가 "마지막이 시작에 상응한다"고 옳게 말하는 거기서(사람들이 일을 정당하게 취급하는 곳에서, 지혜로운 사람은 스스로 성취하거나, 또는 다만 일어나게 하는지, 하나의 선한 의도는 선한 결말로 인도하게 된다), 그리고 역시 거룩한 자들이 얽혀지게 되며, 수직선이 모든 속한 것들과 함께 갇힌 상태로 인도되는 땅 위의 첫 번째 전쟁은 현세의 마음을 품은 사람들로부터 그렇게 인도되었기 때문이다. 그렇지만 믿음의 조상 아브라함은 동시에 멜기세덱의 축복과 함께 그렇게 승리했다(창14). 왜 우리는 이러한 사건들을 닮은 것으로 모든 믿는 백성인 교회의 마지막 승리가 모든 원수 위에 가시화되리라는 것으로 선모사(先模寫)로서 해석하지 않아야 하며, 믿지 않아야 하는지? 단지 만일 아브라함의 후손인 믿는 자들이 모든 세계 위에 승리한다면, 오직 축복이 거기서부터 오는 모든 십일조를 영원한 멜기세덱에게 봉헌하는 것을 놓쳐버리게 된다(21절).

6. 가장 좋은 포도주가 마지막까지 제공되었던 가나의 혼인 잔치에서

35. 사람들은 바빌론 음녀들의 타락 후에 시대의 마지막에 최상으로 축하하게 될 결혼식을 그리스도가 그의 신부에게 준비하기를 기억하도록 말하게 되었다(계19:2,7). 최상의 포도주가 먼저 선물로 주어진 거기서(요2:10), 낯선 자에(요2) 의한 것보다도 달리 자신의 결혼식에서 일어나게 되리라는 것을 우리는 두려워하는가? 먼저 값비싼 것을, 그리고 마지막에 주조물을 붓는 세계와 악마에 그리스도는 유사했으며 유사하며, 유사하지 않으리라는 것을, 우리가 확신하도록 그러한 것은 은유적인 비유

---

50)   Johann Jakob Heilin(Hainlin), 1588-1660, Ueber den Chronologen Gueller sind keine Angaben zu erinnern.

로서 역시 발생하였다. 우리는 분명히 그리스도에게서 그 반대의 것을 기대한다. 즉 그것은 먼저 고난의 물이, 마지막에는 기쁨의 포도주가 되는 것이다.

7. 그리스도의 생애가 나누는 40이란 신비의 수(數)에 대하여

36. 우리는 그리스도의 생애에서 여섯 번 발견되는 40이란 신비의 수(數)에 대하여 탁월한 한 다른 사람의 생각을 첨부한다. 그것은 7번째의 것을 신비적인 몸에다 교회를 적용하는 것이다. 그리스도는 40주간을 어머니의 몸 안에 스스로 있었으며, 그리고서 그는 세상의 빛을 관찰하였으며, 40일을 그는 어머니와 함께 해산의 고통 가운데 머물렀다. 그리고서 그는 성전으로 갔다. 40일간 그는 광야에서 시험을 받았다. 그런 후에 그는 복음을 설교하기 위하여 등단하였다. 그는 40개월간 복음을 전파하였다. 그리고서 그는 다른 이들을 파송하였다. 그는 40시간을 무덤에 머물렀다. 그리고서 그는 죽은 자들 가운데서 부활하였다. 부활 후에 그는 땅에서 그를 신뢰하는 자들을 만났다. 그리고서 그는 승천하였다. 거기서 다스리기 시작했다. 이러한 사건들이 세계와 교회의 한 주기를 보여주는 것이 분명하지 않은가? 특별히 니느웨 주민들에게 40일 기간이 회개에 허락되었다면, 노아 홍수 전에 40년간 세계에 3번 기회가 주어지지 않았던가? 그것이 거기서 분명하지 않다면, 나는 세계의 저항에 대립하여 복음을 전파하기 위한 시간이 40번의 40년이 미리 결정되었다는 것을 말한다 (그것은 1600년을 뜻한다)? 그런 후에 그리스도의 나라는 온 하늘 아래 권세로써 확대하는 번개처럼 내려오는 것을? 그 이유는 그리스도의 승천과 성령의 강림 이래, 유대인에 의한 복음의 전파가 시작되었기 때문이며, 그렇지만 유대의 국가 실체의 멸망 후에 이방인들에게도 복음이 전하게 되었기 때문이다. 그렇게 복음의 승리는 분명히 우리 시대의 과정에 도달하게 된다.

8. 은혜가 풍성한 해에 대한 그리스도의 생애에 대한 환산에서

37. 그리스도가 땅에서 보냈던 시간을 우리가 풍성한 은혜의 해로 환산하면, 그것은 비슷하다. 그렇지만 지금 타락 가운데 있는 교회의 시대는 곧 영광스러운 부활로 결정되자 교회의 나이는 거기서 출발한다. 만일 우리가 이렇게 알려진 이해를 따를 때(역시 몇몇 새로운 연구자의 벗어난 결론들에서 거리를 두는 것은 우리를 곤란하게 하

지는 않을 것이다), 그리스도는 땅에서 30년 3개월 정도 살았다(우리는 말하자면, 12월 25일 출생과 십자가에서 운명하신 금요일 사이에서 계산한 것이다). 이러한 해들이 49년의 은혜의 해들과 곱하게 되면, 그것은 1629년으로 나타난다. 그러므로 교회는 포로로 잡힌 것과 타락된 모습을 갖게 되었으며, 그들의 모든 남아 있는 잔재물들과 함께 멸망으로 결정되었다. 그러나 그리스도의 삶의 역사에서 직접적인 것으로서 우리가 더 잘 추론할 수 없는 결과는 기다리게 될 것이다. 그것은 완전한 투쟁이었으며, 모든 것이 극복되었기 때문에, 어떠한 시험들에서도 패하지 않았다. 그가 사망에 굴복된 모습을 가졌으나, 그렇지만 그의 최후 행위는 가장 영예로운 일에 있었다. 그러나 실제로 그는 사망에 대한 승리(부활)와 개선을 축하하였다. 우리는 그렇게 그의 영적인 몸인 교회에서 계속해서 끝없는 투쟁 후에 유혹들과 작은 전투와 적들을 배후에 남겨둔 것처럼, 그리고 그리스도가 그에게 속한 자들의 한복판에서 영광스럽게 살아계시며 다스리는 것을 보게 되는 것 외에 달리 아무것도 기대할 것은 없을 것이다.

9. 결과적으로 반죽 전체를 가득 채울 효소(이스트)에서

38. 마지막으로 우리는 그가 하나님 나라의 성장에 대하여 설명해 준, 그리스도의 비유를 소개하려고 한다. 그는 여자가 마치 밀가루 세 말 속에 갖다 넣어 전부 부풀게 한 효소에 유사한 것을 말했다(마13:33). 그것은 이 비유와 함께 그의 나라가 곳곳에서 나약한 시작과 영광스러운 마지막으로 해석하기를 원했던 것은 분명하다. 해석자들의 몇몇은 이러한 세 말의 밀가루를 인간 사회의 연결점들을 이해할 수 있게 되도록 무례하게 첨부하지는 않는다. 말하자면, 지혜와 사랑과 권세의 띠로서 이해하는 것. 그것은 철학과 종교와 정치를 뜻하게 된다(Thom. Campanella).[51]

10. 모든 교회를 위하여 갈망하는 것과 희망을 깨우는 주님의 기도에서

39. 이 그룹의 마지막 점은 다음과 같은 것이다. 그리스도는 하나님 아버지에 관하여 알려진 기도를 통하여 우리에게 탄원하기를 뜻하였던 것과 믿는 자들에게 매일 사

---

51) Tomasso Campanella(1568-1639)는 도미니칸 수도회의 수도사, 이탈리아의 철학자.

용하도록 넘겨준 그것을 그는 우리에게 미리 그려주며, 더 나은 시대에 대한 희망을 우리 안에서 능력있게 해준다. 하나님의 계명을 따라 우리는 그가 벌써 허락할 것을 결정했던 것 외에 달리 아무것도 그에게서 요구하지 않기 때문이다.(게다가 그가 결단하지 않았다면, 말하지 않았을 것이다, 즉 간구하라, 그러면 역시 주실 것이다). 그러나 우리는 기도하며 간청해야 하는 것은 무엇인가?

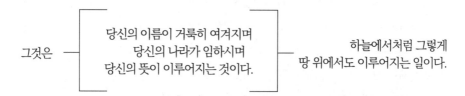

그것은 ──┤ 당신의 이름이 거룩히 여겨지며 / 당신의 나라가 임하시며 / 당신의 뜻이 이루어지는 것이다. ├── 하늘에서처럼 그렇게 / 땅 위에서도 이루어지는 일이다.

그러나 이것은 말하자면, 나라와 권세와 영광이 하늘 아래서 최고의 거룩한 백성들에게 주어지는 것 등등 (단7:27)의 것이 약속된 그것보다는 다른 것이다. 그가 "우리의 죄를 용서해 주소서"를 기도하도록 명령했을 때, 그는 그것과 함께 하나님이 마침내 그의 백성에게 자비를 베풀며, 그의 정당한 행위가 아니라, 그에게 불행한 행위들을 용서하게 되리라는 것을 약속하지 않았던가? 미가서 7:18-19절을 보라, 하나님이 이방인들처럼 그의 백성인 유대인들에 대한 진노로 어떻게 세계의 광야에서 마침내 약속된 유산으로 이끌게 될 것인지를 보여주는 많은 다른 장소들에 대해서 보라. 그가 "우리가 시험에 들지 않게 하소서"라고 기도하기를 명했을 때, 그는 시험하는 자들이 결과적으로 한번 우리를 내몰리게 되었던 일을 거기서 바라지 않기를 뜻했던가? "악에서 우리를 구하소서"라고 기대를 명령했다면, 역시 마지막에 악한 철학과 악한 종교와 악한 정치로부터 당하게 되었던 것을 기대하지 않았던 것인가?

먼저 그리고서 그 후에 "당신은 (오 하나님) 나라요, 능력이요, 영원한 영광입니다. 아멘, 아멘"이 뒤따르는 참으로 진실한 아멘 이기 때문이며, 그것은 실제로 그렇게 될 것이기 때문이다! 그렇지 않다면, 진리의 주님이 그것을 위해 간청하도록 우리에게 명령하지 않았을 것이기 때문이기도 하다. 그것이 모두에게 보편적으로 맡겨지지 않았다면, 모든 것은 그렇게 보편적으로 기도하는 것을 약속하지 않았을 것이다. 즉 우리에게 주소서, 우리를 용서하소서, 구원하소서 등등에서이다. 역시 항상 주님의 기도를 말하는 자, 그는 분명히 온 교회의 이름으로 기도하는 것이며, 범세계적인 개선을 간청한 것이다. 우리가 그 모든 것을 세계의 모든 종말을 향하여 행하기 때문에, 우리는 그렇게 들어주게 되기를 바란다.

예언 들의 한 요약

40. 사람들은 하나님이 예언한 모든 열려있는 예언들이나, 또는 해명된 모범들을 총괄하기를 원했다면, 교회와 세계에 해당하는 그 지혜의 궁극적인 안전 대책들은 가장 탁월한 것들이 있게 되기를 끝없이 취하게 되리라는 것이다. 모든 것 가운데 계신 모든 것(만유 가운데 계신 하나님). 그가 그것을 그의 종들인 선지자에게 선포했던 것처럼(계10:7), 하나님의 비밀은 완성되어야 한다. 8장 30-31항에서.

우리는 하나님이 창조의 원형의 절반을 성취하지 않았다는 것을 보았다. 지금까지 그는 그가 모든 세계의 시대에 위협을 받았음에도 불구하고, 거대한 바빌론을 파괴하지는 않았다. 여기까지 그는 우리를 하나님으로부터 가르침을 받는 자들로 만들지 않았다. 등등. 마찬가지로 그리스도는 아직 그의 왕국 전체로부터 감동되지 않았으며, 모든 그의 적들을 그의 발판으로 만들지 않은 것처럼(시110:2-3), 세상의 끝을 그의 소유로 삼지 않았다(시2:8). 긴 시간까지 그는 활과 창과 칼들을 파괴하지 않았으며, 모든 백성에게 평화를 선포하지도 않았으며(스가랴 9:10), 아직 그는 역시 어리석은 자들이 잘못된 길로 갈 수 없을(사35:8-9) 거룩한 길, 시온을 내지도 않았다. 등등. 마찬가지로 그는 성령을 각자의 몸에 붓지도 않았으며(요2:28), 아직 그는 여호와 지식의 영으로써 온 땅을 채우지도 않았으며(사11), 그리고 언어들과 예언 들을 중단하게 하였다(고전13:8). 이처럼 우리는 하나님이 진실로 하나님과 그의 말씀이 진리의 말씀인 것처럼, 하늘과 땅보다 더 확실하게 분명히 그렇게 기다려야만 한다. 이사야 60장을 읽기를. 요망함!

I. 지혜는 결코 앞서 예약되지 않았던 것처럼, 벌써 시작하는 시대전환을 보여주는 일들의 증거

41. 모든 것이 그와 같은 방식의 결과들로 기울어지는 것을 우리가 도대체 알지 못하느냐? 더 이른 시기에 알려지지 않았던 수많은 지식이 자연과 문서와 지성의 보고(寶庫)에서 매일 매일 끝없이 빛으로 증진되지 않았는가? 인간의 정신 가운데 점점 더 많

은 아직 이르지 않은 것들을 향한 갈망이 솟구쳐 오르고 있지 않은가? 그가 노동자들의 부분적인 업적들을 마침내 총체적인 건축에다 통합하게 하지 않는다면, 천상적인 솔로몬의 그렇게 유효한 정신의 장비는 무엇을 위한 것인가? 그가 모든 악에 대항하여 분명한 수단을 보여준다면(전체성, 단순성, 자발성의 길), 그가 역시 이러한 지식의 구조물 형태를 보여주고 있음을 우리는 믿지 않아야 했는가? 우리와 세계가 어두움으로 죽게 되기를 원했었다면, 그러한 것을 계시하는 것은 도대체 어떤 의미가 있는 것인가? 우리는 확신과 함께 삼손의 어머니처럼 분명하게 판단하게 될 것이다(사사기 13:23).

II. 밝게 비추어진 종교의 준비

42. 만일 여성 경쟁자가 정당한 하나님의 법정을 통하여 심문하기를 중지시켰던 잘못된 종교라면, 그들의 가득한 영광에 이르기 위하여 참된 종교에서 적절한 수단이 존재하지 않을 수 없다는 것은 분명하다. 지금 그 여성 경쟁자는 법정으로부터 외면하기 때문이다. 한때 이것은 경쟁자가 그들 추종자의 지각(知覺)을 마비시키고, 눈을 멀게 하는 현세의 존엄과 부의 기만을 통하여 일어난다. 그렇지만 빛으로 무장된 그리스도 복음의 진리는 벌써 그들의 적이 그 여성 경쟁자를 대항하여 반대하는 논거를 펼 수 있도록 단지 아직 분노가 머물도록 빛을 발하기 시작하였다. 그들은 이를 깨물고, 귀를 닫고. 그리스도의 거룩한 봉사자에게 돌을 던졌던(행7:54,57,58), 그리고 한때 유대인들이 스테파누스(Stepanus)에게 행했던 것처럼, 진리의 증인들에게 항거할 수가 없을 것이다. 우리는 하나님이 그 같은 일을 언제나 참으시리라는 것을 믿습니까? 그렇지 않다! 그는 오래 침묵할 수는 있다. 그러나 항상 그렇지는 않다(시50:21). 그렇지만 그 이유는 법은 법으로 머물러야만 하기 때문이다. 그리고 모든 경건한 마음들은 그것을 따르게 될 것이다(시94:15).

III. 서로를 파멸하기 위한 정치적인 질서의 상태

43. 그렇지만 역시 정치적인 법의 상태는 더 좋은 것을 향하는 것처럼 보인다. 당신은 말하게 될 것이다. 그러나 도대체 어떻게? 서로서로 파멸을 통해서인가? 세계는 그들이 서로 상대적으로 파멸에 영향을 미치고 있는 것이 무엇인지 아는가? 그렇지만 하나님

의 계획들이 밝혀져 목격되는 것이 우리에게 잘 알려졌다. 말하자면 평화의 왕이 평화가 가득한 그 나라의 길을 준비하는(스가랴 9:10) 마지막 전쟁이 중요하다. 그것은 그리스도로부터 예언된 저 전쟁들인데, 한 백성이 다시 다른 백성을, 그리고 나라가 나라를 대항하여 일어난다(마지막이 오기 전에). 게다가 여러 곳에서, 믿는 자들이 경악스러운 배신처럼 전염병(페스트)과 기근과 지진들이 발생하게 될 것이다(하나님 나라가 임하는 길을 막아서는, 하나님의 활동이 땅을 청결하게 함과 장애물들의 제거에서, 하나님 나라의 복음이 온 세계에 모든 백성을 위한 증거에 설교 되는 그 시대가 아직 이르지 않는 한 성취된다는 것이다). 그런 후에 종말이 가까워진다는 것이다(마24:6-14). 바벨론의 붕괴를 초래하기 위하여 땅이 흔들리게 될 것이며, 백성들 가운데서 부르짖음의 소리가 들리게 되리라(렘 50:46). 의의 행위(죄들 뒤에 부어짐)가 마침내 평화와 안전을 모든 것 안에서 영원하도록(사32장), 땅이 온전히 황폐해질 때까지 평화는 먼저 교회에 약속되지 않았다.

IV. 요엘의 탁월한 예언은 지금 엄숙히 성취되었다.

44. 지금 땅에서 곧 이루어지게 되는, 그것이 저 위대하고 갈망했던 변화의 전주(前奏)인 것을 우리가 더 잘 이해하도록, 우리는 하나님의 말씀은 요엘에게서 숙고 되기를 원한다. 나는 그렇게 간구하였다(요엘2:28-32절). "그 후에 내가 내 영(靈)을 만민에게 부어 주리니 너희 자녀들이 장래 일을 말할 것이며, 너희 늙은이는 꿈을 꾸며, 너희 젊은이는 환상을 볼 것이며, 그때 내가 또 나의 영(靈)을 남종과 여종에게 부어 줄 것이며, 내가 이적을 하늘과 땅에 베풀리니 곧 피와 불과 연기 기둥이라, 여호와의 크고 두려운 날이 이르기 전에 해가 어두워지고 달이 핏빛같이 변하려니 와 누구든지 여호와의 이름을 부르는 자는 구원을 얻으리니 이는 나 여호와의 말대로 시온산과 예루살렘에서 피할 자가 있을 것임이요, 남은 자 중에 나 여호와의 부름을 받을 자가 있을 것 임이라."

다섯 가지 사건이 요엘에게서 예언되었다.

45. 우리는 다섯 가지 엄청난 사건들이 예언되었음을 의식화해야만 한다. 1. 극도로 영광스러운 시온의 구원(32절). 2. 크고 두려운 해방 전의 날(31-32절). 3. 이날에 혼란이 먼저 이루어지며, 어둠과 피를 통하여 해석되는 것(앞서 언급된 단락에서).

4. 이러한 현상들이 동반되는 하늘과 땅에서의 기적들(30절). 5. 교회와 엑스터시, 꿈들과 환상들과 비전들 안에서 예언적인 은사들의 다시 일깨움, 이전 것보다 더 빈번하게(28-29절). 우리는 이 모든 것을 특별히 주목한다.

부수적인 일들.
1. 시온에 대한 해방은 무엇인가?

46. 예언은 먼저 시온의 해방을 약속한다. 그러나 그것은 어떤 것인가? 32절에 여호와는 그것에 관해서 말한다. 이처럼 그가 영원 이래로 현존하면서 알리는 저 축제의 해방을 뜻한다. 그리고 27절에서 그는 말했다. 너희는 내가 이스라엘 가운데 있으며, 너희의 주 하나님이며, 그 외는 다른 것이 없다는 것을 경험하게 된 것이다. 그리고 내 백성이 수치를 당하지 않을 것이다. 그리고 다음 장(3:17 이하)에서, 17절 그런즉 너희가 나는 네 성산 시온에 사는 너희 하나님 여호와인 줄 알 것이다. 18절 그날에 산들이 단 포도주를 떨어뜨릴 것이며 작은 산들이 젖을 흘릴 것이며, 유다 모든 시내 물을 흘릴 것이며, 여호와의 성전에서 샘이 흘러나와서 싯딤 골짜기에 대리라. 21절 주가 지금까지 씻지 아니한 그 모든 것을 청결하게 될 때. 여기 세계의 마지막 종교개혁이 설명된 것을 한 사람도 그렇게 보지 못하나, 계시록에서 요한이 들었던 천사의 소리를 들을 수 있으리라. 일곱 천사가 소리를 내는 날 그의 나팔을 불려고 할 때 하나님의 종 선지자들에게 전하신 복음과 같이 하나님의 그 비밀이 이루어지리라 하더라.(계시록10:7). 어떤 하나님의 비밀인가? 그것은 다음 장(11장) 15절이 보여준다. "일곱째 천사가 나팔을 불매 하늘에 큰 음성이 나서 이르되 세상 나라가 우리 주와 그리스도의 나라가 되어, 그가 세세토록 왕 노릇 하시리로다". 선지자를 통하여 예언된 그 비밀은 거기서 보라! 역시 여기 요엘(Joel)을 통해서도 확인된다. 그의 가르침에 따라 먼저 행하게 된 증표를 우리가 지금 보게 된다.

2. 크고 놀라운 날은 무엇을 뜻하는가? (전체적으로 그것은 하나님의 7가지 판단들이다). 그것들은 어떤 목표를 가지고 수행되었는가?

47. 첫째로 그는 '크고 놀라운 날이 선행되리라'는 것을 말한다. 이로써 하나님과 교회의 적들에 대하여 복수가 취해졌기 때문에, 최후의 심판이 해석되었다. 역시 우

리의 예언자, 요엘1:15과 2:2절과 11절. 계시록 6:17절과 다른 여러 성경 구절에서처럼, 선지자들에게서 심판의 날이 설명되었다. 문서의 책들은 전 인류가 고통을 받게 되는 하나님의 일곱 가지 보편적인 심판에 대하여 발표한다. 하나님은 불 신앙자들의 멸망 이후에 교회에 더 나은 해결을 준비하기 위한 목표와 함께 그의 심판을 실천한다.

1. 하나님은 첫 번째 심판을 낙원에서 첫 죄인들인 아담과 하와와 감언이설자사탄에게 시행하였다. 그는 악마가 영원한 저주를 받기를 결정함으로써 역시 그 양자를 다른 재앙으로 심판하였으며, 그렇지만 그들을 자비의 약속을 통하여 새롭게 강화하였으며, 인류에게 이러한 방식으로 교회를 세워주었다.

2. 두 번째 심판은 노아 홍수에서였다. 그가 의로운 노아를 멸망에서 건지시며, 새 언약을 통하여 재생시키는 한편, 불 신앙자들의 물을 통하여 전적으로 멸망시켰다.

3. 세 번째 심판은 소돔과 고모라 위에 임하였다. 그들은 하나님의 언약이 아브라함과 그의 후손들에게 견고히 확인되자마자 곧 불을 통하여 멸망되었다.

4. 하나님의 네 번째 심판은 파라오와 애급 사람들을 멸망시켰는데, 하나님의 백성에 대한 그들의 경악스러운 통치 때문이었다. 그는 그들을 바다에 빠져 죽게 하였으며, 그의 백성은 구원하였다. 하나님이 하늘로부터 그의 계명을 주었으며 예배를 명령하신 교회의 격식을 갖추어 세우셨다.

5. 이러한 방식의 다섯 번째 심판을 우리는 유다 백성의 흩어지게 하심과 그들의 영적이며 세상의 계급제도 붕괴에서 보게 된다. 그들의 자리에 이방인들이 등장하였다.

6. 여섯 번째 심판이 가깝다. 우리는 반 기독인의 압력 가운데, 잘못된 새 예루살렘의 파괴에서 그것을 가진다. 그것은 즉 하나님의 집이 손님들로 가득하게 되리라는 등등의 전 하늘 아래에 유대인과 나머지 이방인들을 다시 은혜 가운데서 받아들였던 그 안에서처럼, 거짓 기독교를 보게 되는 것을 뜻한다.

7. 최후의 심판은 시대의 마지막에 이루어질 것이다. 우리는 그것을 최후의 심판이라 부른다. 거기서 악마와 함께 모든 불 신앙자는 교회가 하늘로 높이 들리는 것에 반하여 불과 유황의 바다에 던져지게 되었다.

지금 여섯 번째 심판이 시작된다.

48. 예언의 말씀에 적합하게 하늘 아래서 일들의 마지막 회복이 먼저 이루어지게 될 어떤 것이 전 심판 아래서 크고 놀라운 날을 묘사하게 될 것인가? 그 여섯째 일은 이러한 것을 통하여 적그리스도가 처벌되었으며, 그의 나라가 멸망되었다. 계시록 17-18장과 다니엘서 7장과 11장, 그리고 요엘서 3장 2절 등에 진지하게 기록된 것처럼, 그 위에 앉아 있는 바벨론의 음녀와 괴물을 위한 마지막 사건이 중요하다. 거기서 우리는 교회의 적들에 대한 심판이 여호사밧(Josaphat)의 계곡에서 이루어지리라는 것을 의식해야 한다. 그것은 한때 롯과 에서의 후손을 넘어, 모압인과 암몬인, 이두매인을 넘어왔던 것처럼, 이러한 심판이 있게 되리라는 것을 뜻한다. 그들이 아주 밀접하게 이스라엘 백성과 친근 관계에 있었지만, 유다왕국을 파괴하기 위하여 서로 결탁하였다. 어떤 권세도 갖고 있지 못했던 경건한 유대의 왕 여호사밧은 거대한 능력과 그러한 분노에 대항할 수 있도록 그의 권속과 열정적으로 하나님과 교회에 간곡히 당부하였다. 그들의 칼을 서로 심장을 향하게 했기 때문에, 하나님은 놀라운 방식으로 적들을 멸망시켰다. 그래서 여호사밧은 기이하게 여기며, 기뻐하며, 노획물을 수집하며, 이러한 계곡(Beracha)에서 하나님을 기쁘게 찬양하는 것 외에 아무것도 남아 있지 않게 되었다. 이러한 사건들은 성경 역대기하에 기록되었다. 교회의 비슷한 승리는 하나님이 비슷한 방식으로 현재의 모압 사람과 암몬 사람과 에서의 족속들을 제거한 후에 계시록 19장에 기록되었다.

3. 어두움과 불과 피는 무엇인가?

49. 역시 어두움과 불과 피가 앞서 행하게 될 것에 대하여 첨부된 것은 네 짐승이 멸망되었기 때문에 마치 하늘과 땅이 움직이며, 모든 것이 칼과 불과 피를 통하여 전복되었던 것처럼, 길게 피 흘리는 것을 보일 수 있는 것은 그 시대에 그렇게 밀접하게 전쟁이 뒤따른다는 것 외에 다른 의미를 갖지 않는다. 그리스도는 그것을 그렇게 미리 예견하였으며(마24:6등), 다른 선지자 요엘에 따라(3:13, 계시록14:15절과 비교) 확인되며, 마찬가지로 에스더는 다음과 같은 말로 기록하였다. 보라, 땅 위에 있는 주인이 저들을 해방하기를 시작할 때, 날이 이를 것이라. 영적인 지도자들의 교만이 땅의 백성들

을 능가할 것이다. 한 사람은 다른 사람을 전쟁으로 내몰게 되며, 공동체와 공동체가, 장소와 장소를, 백성이 항거하며, 다른 이와 나라와 다른 이들을 대항하리라(에스드라 4권 29-31). 사람들은 15-16장에서도 비슷한 것을 읽게 된다. 나라의 황폐함과 백성들 가운데서 이러한 끔찍한 근본적인 변화의 명백한 서술을 읽는다.

4. 여러 가지 예언들이 뜻하는 것

50. 우리가 바로 우리의 시대에 요엘의 말을 들어야 하는 것은 유럽(대부분 독일)에서 40년 동안 하늘과 땅에서 나타났던 이러한 징후들을 분명하게 증명해 준다. 많은 것들이 있었는데, 그것들은 그렇게 서로 밀접하게 차례로 이루어졌던 일이며, 사람들은 역사에서 이와 비슷한 것을 발견할 수 없었다는 것에 매우 놀라고 있었다. 그들 중 많은 이들은 수천의 목격자들을 통하여 확인하였고, 문서로 묘사하였다. 그것들은 한때 모든 것을 밝혀냈다면, 위대한 책들을 가득 채우게 될 것이다. 그것들은 지금 곧 생겨나는데, 그것이 역시 하나님을 기쁘게 했기 때문이다. 즉 하나님은 그들을 경고하며 회개가 일어나도록 아무것도 내버려두지 않음을 계속해서 증거하려고 악당의 무리에게 역시 하늘로부터 징조를 제시한다. 그것은 그들이 의심 많았던 파라오처럼, 하나님에 대해서 고집불통이기 때문이라는 것이다.

5. 새로워진 예언의 은사가 뜻하는 것

51. 선지자들의 역사와 꿈들에 대하여 예언된 것은 모든 것이 참이다(28-29절?). 역시 이러한 상태는 요한계시록 10장에 짐승의 섬멸 전, 그리고 교회의 모습인 최후의 회복이 이루어지기 전 마지막 날에 나타나게 되리라고 예언하였다. 거기에 예고된 것처럼, 일곱 번째 천사의 음성이 울릴 때, 그날에 하나님의 비밀이 완성되었다는 것인데, 그의 봉사자들과 선지자들을 통하여(7절: 말하자면, 완전히 연합된 교회 건축의 영광스러운 완성에 대하여), 요한에게서 열려있는 책이 첨부한 말과 함께 넘겨지게 되었다(한때 다니엘의 가르침에서 봉인되었던 것, 단12:4). 너는 새롭게 사람들과 백성들과 언어들과 여러 왕에게 예언해야 한다(계시록10:11). 선지자들의 은사는 교회에 말하자면, 완전한 범위에서 벗어나지 않았다. 교회 역사에서 개별적인 세기들에서, 종종

하나는 사도들로부터 오늘날에 이르기까지, 즉 신학박사요 교구 감독인 야콥 파브리키우스(Jakob Fabricius)[52]가 행했던 것처럼 할 수 있기 때문이다. 그러나 우리는 한번도 지금처럼 선지자들의 그렇게 큰 수를 깨웠던 것을 읽지 못한다.

오늘날 두가지 방식이 선지자들로 부터 등장한다.

나는 앞서 옛 선지자들의 예언들보다 하나님의 도움과 함께 그들의 예리한 지성을 통하여 더 분명하게 해석하며, 그들이 세기의 출발점에서 성취되기 시작하는 일들의 적용된 방식으로 중계하는 선지자들을 생각할 뿐만 아니라, 역시 황홀감과 영감과 초자연적인 꿈들에서, 그리고 여러 사건의 다른 신적인 영향들 가운데서 예언하며, 그리고 성서들 가운데 많은 빛을 옮겨준 것을 생각한다. 우리는 각각 거짓 없이 진실로 그렇게 이루어진 것과 그러한 하나님의 도구들이(바벨론을 대항하는 나팔들) 아마도 그리스도 이후 16세기보다 더 많이 이러한 40년 안에 부름을 받게 된 것을 알고 있다(늙은이와 젊은이, 아들과 딸들).

결정

52. 모든 것 가운데 있는 모든 것: 교회를 위하여 영광스러운 사건을 예언했던 200년 전, 한 남자 론하르두스(Ronhardus)가 말했던 것을 사람들이 더 이상 언급하지 않아야만 했던 시대에 우리가 나타났다. 살아 있는 자들은 소망해야 하는데, 운명이그 과정을 붙잡기 때문이다. 계속 진행된다. 그렇지만 우리는 말한다. 즉 산자들은 희망을 가져야 한다. 그 이유는 운명이 계속 진행되고 있기 때문에 사도바울은 말한다. 밤은 깊고 낮이 가까웠다(롬13:12). 우리는 그리스도의 말씀이 우리에게 현재에 해당한다는 것을 온전히 확신하는 가운데 우리의 머리를 높이 들어보자! 너희가 이것을 보게 될 때, 하나님의 나라가 가까웠다는 것을 알라, 우리의 구원이 가까웠기 때문이다(눅21:28,31). 높은 곳에서 호산나!

---

52) Jacob Fabricus(1593-1654)는 폼메른(Pmmern)의 교회 관구의 총감독dlay, 스웨덴 왕, Gustav Adolf 의 궁중설교 자였다.

증명

53. 임박한 일들의 개선(회복)에 대한 몇몇 다른 신학자들의 이해들을 많이 언급하는 것이 허락되었다. 도미니크 수도회 출신의 한 수도사인 토마스 캄파넬라(Th. Kampanella)는 메시아의 왕국의 전체에 대한 한 논문을 썼다. 너희가 그 논문을 읽어야 한다! 그리고 '무신론자에 대한 승리라'라는 주제를 제시한 그의 책 10장에서 다음과 같은 문장들을 발견하게 된다. 선지자들은 세계에서 전쟁과 기근과 전염병과 이단들이 없는 끊임없이 행복한 한 국가를 약속한다. 그리고 하나님의 뜻이 하늘에서처럼 땅 위에 이루어지는 황금기의 시대. 그것은 적그리스도가 전복된 이후 곧 등장하리라는 것을 나는 그렇게 알고 있다. 같은 책 114쪽에 따르면, 그리고 119쪽에도 그는 적 그리스도가 전복된 이후에 기독공동체의 가장 좋은 상태에 대하여 다음과 같이 쓰고 있다(그 페이지의 가장자리에 있는 말). 박사들의 견해에 따라 세계의 모든 종말이 거룩한 자들의 인식과 승리처럼 주님께로 향하는 것과 복음이 전 세계를 향하여 설교 된 것을 사람들은 기다릴 수 있을 것이다. 즉 다윗이 말하는 것처럼, 당신이 만드시고, 당신 앞에 머리를 숙인 모든 백성이 오기까지, 그는 덧붙여 말한다. 오 여호와여! 이런 의미에서 사람들은 히로니무스(Hieronymus)처럼[53] 알며, 터툴리안, 락탄티우스, 줄피우스, 클레멘스, 저스티누스, 오리게네스, 아폴리나리스, 파피아스, 빅토리누스 등등[54]이 강연했던 말들을 이해할 수 있을 것이다(천년기설의 신봉자들이 한 말과 함께). 그들과 함께 지빌렌(Sybillen)과 여러 철학자, 특히 플라톤주의자들과 그 밖에 이상적인 국가에 관하여 글을 썼던 자들, 즉 그리스도가 새로이 이루게 되리라는 황금시대에 관하여 알렸던 시인들과 역시 일치한다. 그것에 대하여 동일하게 아우구스티누스(Augustinus)도 말한다. 만일 우리가 동화 같은 것을 피한다면(신국론에 관한 책 20장 7절),[55] 천년왕국(천년 주의)의 가르침은 가능하리라고 말한다. 히로니무스(예레미아서 4권에서)는 그것이 케린투스(Cerinthus)[56]와 함께 신체적인 질문들에 일치하는 곳에서, 예외적으로 이러한 가르침을 거부하는 것을 그가 감행하지 않는 것에 관해 말한다. 나는 예언들과 관련하여 보여주었다. 만일 인간의 모습에서 역시 그

---

53) Hyronimus(340-420)는 교회의 교부이며, 성경을 라틴어(Vulgata)로 번역하였다.
54) 교회교부들 가운데 천년왕국의 추종자들.
55) Augustinus(각주 3번 참고)는 "De civitate Dei"(하나님의 도성)에서 하나님의 선택받은 자들의 이상적인 교회를 서술하였다. 이 문서는 사회문제에 대한 어거스틴의 이해가 담겨 있다.
56) Cerinthus는 1세기경에 그노시스(영지주의)파의 창시자이다.

리스도가 선취한 부활에서 순교자들도 다스리지 않아야 했었다면, 교회는 적 그리스도가 전복된 이후에 오래 살아 있게 되리라는 주장은 적중된다. 보석과 황금과 물질적으로가 아니라, 무죄의 장신구 안에서 모든 세계의 종말에 복음의 나라를 통하여, 덕행에 대한 조화로운 것에다(같은 곳, 120쪽). 모든 사람의 감동된 찬동처럼, 이 문서 가운데 깊이 들어가는 자와 하나님과 인간의 동경 사이에 일치를 인식하는 자는 이러한 이해를 거절하지 못하게 될 것이다. 역시 시에나의 성녀 카타리나(Katharina von Siena)[57]는 교회를 새롭게 하러 오시는 그리스도에 관하여 알고 있었다. 그리고 성녀 브리기테(Brigitte)[58]와 가르트집의 디오니시우스(Karthaeuser Dionysius),[59] 요아킴(Joachim)[60]과같이 다른 사람들도 양(羊)의 우리와 가축의 무리가 거대한 영광과 평화 가운데로 가게 될 것을 기다린다. 그러므로 우리는 하나님의 나라가 땅 위에서처럼 하늘에서 임하게 될 것을 기도한다.

---

57) Siena von Hl.Katherina(1347-1380), 도미니카 수도원의 여성 수도사였으며, 교화와 황제의 조언자였으며, 시들과 작은 논문의 저자였다.
58) HL.Brigitte(1302-1373)는 스웨덴의 브리기텐수도원의 창시자이며, 여성 신비주의자였다.
59) Dionysius der Karthaeuser(1403-1417)는 종교적인 저술가였다.
60) Joachim von Fiore(1130-1202경)는 이탈리아의 프랑스 수도원의 수도사요, 3시대의 천년왕국론의 대변자였다.

제3장

인간사의 보편적인 관계 개선은 그리스도의 일이 될 것이다.
그것은 뒤틀린 상태에 있는 모든 것이 새로워지게 하는 일이다.
그렇지만 그것은 우리의 협력을 요구한다. 그러나 그것은 지금 일들의
현재 상태에서처럼 더 이상 그렇게 어려운 일은 아닐 것이다.

여기에 3가지 일들은 특별히 I. 그 일이 그리스도의 일이 되리라는 것, II. 그것은 그렇지만 우리의 협력을 요구한다는 것, III. 그것은 더 이상 어려운 일이 아니라는 것을 각각 증명하는 것이다.

개혁하는 일이 '그리스도의 일'이 되리라는 것은 그가 홀로 그 위대한 일을 완성할 수 있으리라는 것을 통해서 증명될 것이다.

2. 영광스러운 개혁 사역은 성서가 계속해서 입증하고 있는 것처럼, 홀로 그리스도의 책임이다. 옛 아담이 멸망시켰던 것의 축복받은 개혁자로 영원에서 하나님의 결단을 통하여 결정된 그리스도는 홀로 새 아담이기 때문이다. 최상의 예언자요, 교사요, 세계의 빛으로서 온전함의 상태로 되돌려야 하는 모든 것을 새롭게 하는 관심사로 그는 홀로 충족하게 행하신다(요1:9과 8:12). 그는 불합리한 것들을 끝내며, 죄를 소멸하며, 영원한 의(義)로 인도하는데, 역시 그에게 적합한 대제사장이시다(단2:24). 그는 그것을 강하게 하고, 심판과 정의와 영원에서 뒷받침하기 위하여 다윗의 보좌와 그의 나라에 세워진 영원한 왕이시다(사9:7). 제후들과 권세와 힘과 통치와 현세뿐 아니라, 역시 미래적으로도 언급된 모든 이름 위에 그의 오른편에 그를 앉히는 모든 일들, 즉 하늘과 땅 위에 있는 그 양쪽이 그리스도 안에서 통합되는 것을 아버지께서 기뻐하였기 때문이다. 그러므로 그는 모든 것을 그의 발아래 두게 하였으며, 그를 그의 몸으로 칭하는 교회의 머리로 삼으셨다. 말하자면, 그리스도는 모든 것이 모든 것 가운데서 충족되게 하는 충만(充滿) 이신 것이다(엡1:10,20 등등, 역시 골1:19-20 비교).

모든 선지자는 이것을 오직 그리스도에게 귀속시킨다.

3. 그가 홀로 모든 혼란과 혼잡의 질서를 이끌도록 인류에게 주어졌으며 보내심을 받았다는 것, 그가 완성한 것을 어느 날 온 세상이 알게 될 때까지, 그리고 이 모든 일을 전 세계가 주목하지 못한 채 완성된다는 것은 또한 모든 선지자의 증언들이다. 다윗은 그에게 홀로 하나님이 주셨다고 말한다. "내게 구하라 내가 이방 나라를 네 유업으로 주리니 네 소유가 땅끝까지 이르리로다. 네가 철장으로 그들을 깨뜨림이며, 질그릇같이 부수다

라 하시도다"(시2:8-9). 하나님은 적들이 발판이 될 때까지 그를 홀로 그의 오른편에 앉힌다. 하나님은 그의 원수들 가운데서 다스리고, 진노(震怒)의 날에 왕들을 쳐부수며, 투쟁의 날에 거룩함의 광채로 선택한 백성들을 깨우기 위해서 등등 그에게 왕권을 넘기신다(시110). 그는 홀로 선지자들에 의하여 권속들의 구원자로, 적들을 쫓아내는 한 분으로 묘사되었다(사63:4-6). 그는 홀로 출구에서 시작부터 영원까지 계셨던 이스라엘의 통치자로 불린다. 그는 등장하게 될 것이며, 그의 형제들은 그들이 계속해서 세계가 존재하는 만큼 스스로 능력 있게 되도록 그들 하나님의 고귀한 이름의 주인의 능력 안에서 즐거워할 것이다(미가서 5:2-4). 그는 홀로 그가 한 왕처럼 다스리며, 그에게서 성취되도록 다윗이 일깨우는 정의(正義)의 가지로 불린다. 그가 법과 정의를 땅 위에서 이끌며, 그의 시대에 유다를 도우며, 이스라엘이 더 안전하게 되도록 한다(렘23:5-6). 그는 홀로 의로우시며, 온전한 구원이며, 전차(戰車)와 말을 도살하며, 백성들 가운데서 논쟁의 활들을 부수며, 평화를 가르치게 될 시온의 왕이시다. 즉 그의 통치는 바다로부터 다른 것으로, 그리고 폭우로부터 세계의 종말에까지 있게 될 것이다(스가랴9:8-10). 그는 홀로 손으로 행하지 아니한 산으로부터 내리쳐지며, 세계의 모든 나라를 치며, 그러나 세계를 가득 채우는 스스로 거대한 산이 된 돌이다(단2:34-35). 그는 홀로 모든 양을 한 우리에 모으기 위하여 하늘로부터 깨어난 목자(牧者)이다. 그는 모든 백성이 포획물이 되지 않도록 그 땅에서 모든 맹수를 사냥한다(에스겔34:23; 요10:11이하). 그는 그들이 집을 짓고, 일곱 기둥을 내리치며, 그들의 가축을 희생시키며, 그들의 포도를 짊어지며, 그들의 식탁을 준비하며, 그들의 하녀를 내보내며, 그들 도시의 정점으로부터 단순하고 작은 자들을 부르며(잠9:1이하), 모든 백성에게 준비된 기름진 식사와 순수한 포도주로(사25:6) 연회(宴會)에 부르기 위한 하나님의 영원한 진리이다. 그는 홀로 신부를 그의 방으로 인도하는 교회의 신랑이시며(아가서1:4), 몰약과 양념을 모으기 위하여, 그의 동산으로, 액과 꿀을 먹기 위하여, 포도주와 우유를 마시기 위하여(아가서5:1), 겨울이 지나갔으며, 비가 멀리 저쪽으로 가며, 꽃들이 피는 등등(아가서 2:11) 교회의 신랑이다.

3. 신약의 전체

4. 나는 이 모든 것을 말한다. 그리고 사람들이 아직 항상 문서에 첨부할 수 있을 것, 그것은 모든 것을 행할 수 있는 그의 권능 안에 있으며, 이루시며, 영향을 미치는

우리의 유일한 축복된 협력자로 유일한 개혁자이시다. 그는 홀로 우리에게 더 참되고 더 좋으며, 증명되는 보화를 가르치며, 제시하며, 우리와 같이 세계를 우리를 보호하실 수 있으며, 우리는 스스로 또는 천사를 보여주거나, 또는 내밀 수 있을 것이다. 그는 홀로 바다와 바람이 잠잠하기를 명하신다(마8:18). 그는 사탄이 우리의 발판 아래에 있도록 할 수 있으며(롬16:20), 유일한 분으로서 말할 수 있다. 그것은 의심할 여지 없이 현재와 영원에 머물러 계신다.

그는 하나님 아버지의 모범에 따라 믿는 자들의 협동력 요구하신다.

5. 그분이 그에게 속한 자들의 협력을 요구하는 것과 이러한 그의 일을 완성하는 것은 적지 않게 참된 것이다. 하나님 아버지처럼(말하자면, 그가 피조물의 협력 없이 완성했던 창조 사역의 예외와 함께), 첫 번째 원인으로서 다른 두 번째 것을 통하여, 모든 것의 나머지 피조물들이 피조물을 통하여 언급한 일들을 수행하기 때문이다. 역시 그리스도는 그렇게 모든 것을 다른 것들을 통하여 완성했으며, 또한 완성하게 된다(그가 홀로 완성했던 구원 사역은 예외로서, 히1:3). 이것은 주님의 거룩한 자들에게 항상 아우구스티누스가 말하기를 시도한 것은 어느 정도까지는 분명하다. 당신 없이 당신을 지으셨던 자는 당신 없이 당신을 구원하지 못할 것이다. 마찬가지로 영적인 일들에서 인간은 하나님 없이 어떤 것도 할 수 없을 것이다. 그렇지만 하나님은 인간 없이는 아무것도 원치 않는다. 이것을 나는 모범들의 순서에 따라 증명하게 될 것이다.

사람들이 사람들을 통하여 스스로 구원하는 것

6. 하나님은 홍수에서 노아를 구원하기를 기뻐하였다. 그래서 하나님은 그들이 구원되도록 방주를 건축하게 하였다. 하나님은 아브라함을 약속의 땅으로 인도하기를 원했다. 하나님은 그러나 그를 바람을 통하거나, 천사의 도움으로 떠받들지 않았다. 아브라함은 스스로 길을 만들어야 했으며, 배회해야만 했다. 하나님은 애급에서 이스라엘민족을 인도하기를 기뻐하였다. 그렇지만 그들은 노예생활의 압박으로 주님께 호소해야 했다. 모세가 와야 했으며, 표적과 기적을 행해야만 했다. 하나님은 언약궤를 세우도록 하였으며, 그들 한가운데 머물러 계셨다. 그러나 그렇게 그 언약궤는 모두를 둥

일한 백성이 형성 된다. 하나님은 그들에게 기록한 율법을 주기를 원했다. 그러나 그들은 모세의 손에서 그것을 받아들여야 했으며, 사본들을 완성해야 했다. 약속의 땅을 제공하는 것을 하나님이 기뻐하였다. 그러나 그들은 그렇게 적들을 몰아내고, 무기의 힘으로 유산이 안전하게 되도록 투쟁해야만 했다. 하나님은 다윗이 모든 그의 지식인들과 장로들보다 더 현명하기를 원했다. 그러나 다윗이 하나님의 법을 더 사랑하고 밤낮으로 그것을 묵상하는 조건에서 그러하였다. 하나님은 솔로몬에게 그 어떤 것보다도 더 지혜의 마음을 주기를 아주 기뻐하였다. 그러나 그가 모든 지혜를 간청하여 바랬던 것과 그것에 대하여(나단 선지자에 의하여) 솔로몬이 매일 거룩한 교양(教養)을 통하여 준비하는 조건에서였다. 마침내 그들의 모든 죄의 용서를 통하여 자신이 세계와 함께 화해하는 것을 하나님은 기뻐하였다. 그러나 우리의 죄를 없애기 위하여, 그리고 영원한 정의를 다시 도입하도록 한 분 중재자가 등장하는 그런 방식이었다. 그것은 그렇게 이루어졌다.

역시 그렇게 그리스도도

7. 그래요, 우리 죄의 청결을 위하여 스스로 자신을 통해서 홀로 시작하신 중재자이신 그는 백성들에게 그 소식을 전파하도록 협력자로서 사도(使徒)를 선택하였다. 그러므로 그들은 그리스도가 화해의 말씀을 자신들에게 부어 넣어 만들었던 하나님의 협력자요 관리자요 동역자들(고전3:9)로 불리었다. 그렇게 그들은 그리스도를 대신하는 사자(使者)들이 되었으며, 마치 하나님이 그들을 통하여 요구했던 것처럼, '너희는 하나님과 화목하라'(고후5:19-20)는 말씀을 사람들에게 간청한다. 또는 우리의 멸망이 사탄의 일이었던 것처럼, 그렇지만 우리가 거기서 함께 작용했던 것처럼, 역시 그렇게 우리들의 개혁(회복)은 그리스도의 일이 될 것이다. 그러나 그는 자신 안에서 죄와 사탄을 극복했던 그의 권능이 스스로 보이게 되도록 할 뿐만 아니라, 역시 우리 안과 연약한 우리 안에서 그리스도가 그의 능력을 완성하게 되도록 우리의 협력을 요구한다. 그것이 우리의 일이기를 "바라는" 동안, 오직 그것에 그에게 "할 수 있는일"의 책임이 된다. 그럴 때, 사도의 표현에 따라 "할 수 있음"은 우리의 일로 이루어진다. 내게 능력 주시는 자, '그리스도' 안에서 내가 모든 것을 할 수 있을 것이다(빌4:13). 그리고 그리스도의 약속에 따라 스스로 보라, 나는 너희에게 뱀과 전갈을 밟을 권능과 원수의 모든 능력을 제어할 권세를 주었으니, 너희를 해칠 자가 결단코 없으리라(눅10:19).

개혁은 인간의 협력 없이는 성취할 수가 없게 될 것이다.

8. 거기서 지금 그리스도는 스스로 우리의 뱀들과 전갈들을 밟을 수 있을 것이며, 원수들의 모든 권세를 파괴할 수 있으며, 우리의 바빌론을 멸망할 수 있을 것이며, 예루살렘 위에 최후의 거대한 빛이 불붙을 수 있으며, 모든 백성이 서둘러 그리로 올 수 있을 이 모든 것을 보는 것과 그렇게 모든 것이 새롭게 만들어지는 것이다.

그렇지만 그는 이것을 행하지 않고, 자신을 통하여 혼자가 아니라, 부름을 받은 모든 이들과 선택받은 자들과 믿는 자들이 함께 협력할 때 행하신다. 어린양과 함께 괴물에 대하여 승리하게 될 이들이 이러한 특징으로써 경배 되었다(계17:14).

그것은 여러 가지 방식으로 미리 형성되어 있다.

9. 그것은 이와 같다는 것이다! 미디안 사람들이 흩어지며, 이스라엘이 해방되는 시대가 될 것이다. 그러나 그것을 누가 성취하는가? 주님과 기드온의 칼이 성취하게 된다(사사기 7:20)! 세계가 하나님의 지식으로 되돌아오는 시대는 그렇게 벌써 가까워져 있다. 그렇지만 누가 이것을 완전하게 실행하게 되는가? 주님의 도움과 함께 파송된 사자들에게서이다(마16:20). 바벨론을 극복하고 하나님의 백성들을 구원할 시기는 가까워졌다. 하나님은 그것을 키루스 (Cyrus)[61]와 다리우스(Darius)[62]처럼 부족하게 하지 않을 것이다. 그것은 바벨론의 음녀들을 미워하며, 그들이 고기를 먹으며, 그것들을 불로써 재가되게 할 현세적인 왕들을 뜻한다(계 17:16). 시온 위에 자비를 베풀며, 그것을 새로움에서 깨어나도록 할 때가 가까웠다. 그러나 하나님의 봉사자들은 그들의 돌과 석회석(石灰石)이 준비되도록 기꺼이 돌보는 일을 놓치지 않아야 한다(시 102:15). 그것은 초로바벨(Zorobabel), 요수아(Josua), 느헤미아, 에스더 그리고 예루살렘의 다른 건축자들을 뜻한다(에스더 2:2; 학개1:12). 하늘의 솔로몬이 위대한 하나님께 모든 하늘 아래서 저 거대한 집을 건축할 때로 그 시기는 가까워진다(역대하 2:5). 그에게 히람(Hiram)[63]처럼, 레바논에서 나무를 제공하며, 황금과 보석과 자색 옷

---

61) Cyrus(Kyros, B.C.559~530), 페르시아의 왕.
62) Darius(Dareios I, B.C. 522~486), 페르시아의 왕.
63) Hieram(Hiram,Churan,Chiram), 티로스의 왕.

을 완성하는 숙련된 수공업자처럼, 그렇게 거대한 목각품(木角品)을 생산하며, 각자 지혜롭게 생각된 작품을 전시할 수 있을, 그러나 거기에 왕들이 빠질 수가 없다(역대하 2:11-14). 그 밖에도 칠만 명의 짐꾼들과 팔만 명의 석공들과 건축 감독자들이 요구된다(열왕기상 5:15-16). 전대미문의 축제 행사로써 하나님의 집을 봉헌하는 시대이다. 그러나 그것은 하나님이 2만 2천 마리의 황소와 십이만 마리의 양을 제물로 드리는 사제들과 레위인들이 부족해서는 안 된다(열왕기상 8:63 등). 말하자면, 복음의 봉사자는 이방인들의 은사(恩賜)가 하나님을 사랑하도록, 우리의 육체성을 제물로 드리는 성령을 통하여 봉헌한다(롬15:16). 왕 중의 왕이요, 주인 중의 주인이(계19:16) 칼을 허리에 차고, 판결을 위하여 진리로 잘 전진한다. 그리고 그의 오른손은 기적을 성취하게 될 것이다(시45:4-5). 희고 깨끗한 세마포로 옷 입고(계19:14), 여왕은 뽐내는 값비싼 황금으로 장식하여 그의 편에 서며, 군대들이 그를 따르는 것이 필요하다(시45:9). 만일 어린양의 혼인 시간이 가까워진다면, 그의 신부는 준비했으며, 깨끗하고 아름다운 세마포로 옷을 입었다(계19:7-8). 보라, 우리가 하나님과 그리스도의 일들에서 아무것도 행하지 않는 구경꾼으로 머물러 있을 수는 없다! 곳곳에서 열열한 동역자들이 필요 되었다!

그리스도가 왜 그것을 그렇게 원하는지에 대한 근거들

10. 왜 하나님이 이것을 그렇게 원하는지, 아마도 사람들이 묻는다면, 이렇게 대답할 수 있다. 첫째로, 하나님은 그의 형상으로 만드신 피조물(사람)을 존중한다. 그는 원형상(原形像)이 행하고 원하는 것을 보는 것이 완성되기를 원하신다. 둘째로, 가능한 것처럼 그의 법들로부터 아주 적게 벗어나게 하는 것은 지혜로운 한 사람 법 부여자에게는 적절한 일이다. 동시에 법은 처음부터 그들이 보존하고, 성장하며, 증대되도록 노력해야 하도록(특히 이성을 선물로 부여받게 된 모든 피조물) 주어져 있기 때문이다. 이것은 보존되는 것과 무한대에 이르기까지 힘 있게 증대될 수 있는 거기서, 하나님의 일이 완성되도록 알려지게 하는 목표와 함께 일어난다. 만일 창조자가 모든 것을 그의 권능을 통하여 직접 완성한다면, 그렇지만 이것은 분명하지 않을 것이다. 피조물은 가능한 대로 간주하여 그것들을 완성하는 대로 수행해야 하며, 창조자의 영예와 그분의 원함에 섬김으로 이루어야 한다.

하나님은 질서의 하나님이다.
그는 항상 원인과 활동들을 연결한다.

11. 이것은 다음과 같이 요약되었다. 우리가 다른 것을 통하여 한 가지를 탄생시키는 것처럼, 그렇게 우리도 역시 다른 것을 통한 하나를 새롭게 살려내야 하며, 개선해야 한다. 하나님은 인간의 본성 가운데, 그리고 자연 가운데 다만 씨앗과 중재자를 통하여 보편적으로 그의 보화와 은사를 보존하며 중계한다. 그는 그것을 분명한 예를 통하여, 그리고 책임의 짐을 짊어지도록 모세로부터 선택되었던 이스라엘의 70인 장로들에게 명령했을 때, 유창한 말로써 보여주었다. 하나님은 모세에게 말씀하셨다. 내가 강림하여 거기서 너와 말하고, 네게 임한 영(靈)을 그들에게도 임하게 하리니 그들이 너와 함께 백성의 짐을 담당하고, 저 혼자 담당하지 아니하리라(민11:17). 하나님은 내가 왜 그렇게 간청하는지를 말하지 않았다. 나는 나의 영(靈)으로부터 취하지 않고, 당신의 영으로부터 취한 것이 아닌가? 하나님은 자연에다 벌써 새로운 것을 아무것도 더 이상 분명하게 완성하지 않고, 피조물의 정신적인 본질이 한 피조물로부터 속하는 번식을 통하여 다른 것으로 분명히 바꾸게 하며, 사방으로 퍼지게 하는 것처럼, 역시 그분은 그렇게 교회 안에다 그의 은사와 빛과 그의 영(靈)을 한 사람으로부터 다른 사람에게 옮기게 한다. 그것은 주목할 만한 일이다. 하나님이 아브라함에게 역시 돌들에서 아들들을 깨울 수 있으리라는 것을 성서가 말하고 있음에도 불구하고, 그분은 이러한 그의 권세를 실제로 효력을 갖게 하지는 않았다. 그는 아브라함의 아들들을 다만 번식을 통하여 증대시켰다.

사람들은 하나님이 무엇인가를 원하는 것만 이해하고, 그렇지만 그의 뜻에 순종하지 않는다면, 그것은 하나님을 시험하는 것을 뜻한다.

12. 바로 지금 우리는 다음의 일을 인정해야 한다. 즉 우리의 혼란의 바빌론이 붕괴하며, 시온이 새롭게 건설되었다는 것, 그 위에 빛이 비추어지며, 백성들이 그의 광채에 흘러들게 되며, 흩어진 양들이 마침내 한 우리에 모이게 되며, 하나님이 모든 것을 새로이 만들기를 원한다는 사실을 우리가 들을 때, 하나님은 모든 것을 새롭게 만들기를 원하며, - 우리가 신적인 일의 협력에서 아무것도 행하지 않는다면, 우리는 분명히 하나님을 시험하게 되며, 심각하게 죄를 짓는 일이 될 것이다.

그것은 보여준다.

13. "당신의 이름이 거룩히 여김을 받으시며"란 말로 기도하기를 그리스도가 가르쳐주었고, 아마도 그렇게 기도하는 한 사람은 도대체 어떻게 죄를 지을 수가 있겠으며, 그러나 하나님이 그를 거룩하게 해주지 않아서 그런가? 만일 그가 "당신의 나라가 임하시오며"라고 기도한다면, - 그렇지만 그는 스스로 하나님의 나라를 구하지 않는다는 것인가? "당신의 뜻이 이루어지이다"라고 기도한다면, - 그러나 그는 스스로 하나님의 뜻을 성취하지 않는 것인가? "오늘날 우리에게 일용할 영식을 주옵시며"라고 기도한다면, - 그러나 그는 양식을 영예로운 방법으로 얻지 않는다는 말인가? "우리에게 우리의 죄를 용서해 주시며"라고 기도한다면 - 그는 스스로 죄짓는 일을 중단하지 않는단 말인가? "우리를 시험에 들지 않게 하소서" 기도하면서, - 그러나 그는 시험들을 피하는 것이 아닌가? 그것은 하나님을 시험하며, 하나님을 비웃는 것보다 무엇과 다른 것을 의미할까?

이처럼 우리는 우리의 능력에 따라 선한 뜻을 따라야만 한다.

14. 하나님이 사탄의 나라를 멸망하고, 하나님의 나라를 새롭게 하려는 의도를 인간에게 알려 줄 때, 박차를 가하지 않았으며, 선한 뜻을 적게 보이는(그가 하나님의 뜻을 섬길 수 있는 것과 함께) 각 사람은 거의 같은 방식으로 하나님 없이, 텅 빈 그의 하나님을 위하여 무익한 것을 보여준다. 하나님의 소리를 듣는 자는, 또는 그 나라의 확대를 깊이 숙고하는 것보다 다른 것은 아무것도 남아 있지 않다. 그리고 하나님은 "내가 누구를 보낼까?" "누가 우리의 파송을 받는 일꾼이 될 것인가?"- 하고 물으신다. 또는 그가 열성으로 하나님께 자신을 내어놓으면서, "내가 여기 있나이다." "나를 보내소서"라는 말로 대답해야 한다(사6:8). 당신이 그렇게 행동하지 않을 때, 거대한 도시 니느웨가 회개하고 돌아오기를 원하는 하나님의 계획에 항거했던 요나처럼, 당신은 고집 센 모습으로 보이지 않도록 자신을 지켜야 한다. 그리고 하나님의 진노에 속한 자로, 역시 억지로 징계를 받게 되었다면, 당신은 처벌로 무너지지 않는다는 것! 또는 당신이 하나님께 당신을 쫓아내는 어떤 기회도 주지 않는다는 것과 그의 일이 다른 이를 통하여 이루어지게 하는 기회도 주지 않는 것이 된다(어떤 방법으로 억제될 수 없이).

15. 당신은 질문한다. 나는 어떻게 하나님의 일에 공헌할 수 있을까? 나는 어떻게 나의 협력을 통하여 하나님의 아주 큰 일을 도울 수 있을까? 나는 대답한다. 이러한 공동 사역에는 여러 단계가 있다.

1.

첫째로, 하나님의 이름이 거룩히 여김을 받게 되고, 하나님의 나라가 임하게 되며, 그의 뜻이 하늘에서 이루어진 것처럼, 그렇게 땅에서도 이루어지게 되는 우리의 거룩한 갈망을 준비한다면, 우리의 거룩한 열망은 진실로 벌써 하나님과의 공동 사역을 말하게 되는 것이다.

2.

둘째로, 간구와 탄식, 역시 주님을 향한 부름은 : 당신이 이와 같이 하나님의 계획들에 성별 되었다면, 예루살렘이 땅 위에 찬양으로 조정되고, 설정되도록 그가 그것을 이행할 때까지, 침묵하지 않으며, 쉬지 않는 것이 될 것이다.

3.

셋째로, 우리 각 사람이 세계를 개선하는 일을 어떻게 도울 수 있을지에 대한 방법은 각 사람 스스로 하나님의 기쁨을 따라 우리를 변화되게 하는 열망이다. 우리가 그것에 대하여 진실로 잊지 않았다면, 우리는 벌써 더 좋은 시대의 성립을 돕는 것이다. 우리 안에서 교회의 한 부분이 개선된다면, 우리가 신부를 깨끗하고 하얀 세마포를 입힘으로써 이러한 부분을 통하여 그리스도의 신부를 장식하기를 시작하는 것이다(거룩한 자들의 칭의는 세마포와 함께 생각되었다. 계19:18).

4.

넷째로, 성령의 입김을 통하여 자질이 부여된 베제렐(Bezeleel)이나, 아호리압(Aholiab)[64]과 같은 한 사람은 역시 항상 전문적으로 성취되게 할 수 있을지를 영리하게 고안해 내는 것이라면, 그는 빛과 전체성과 자발성 등등의 길을 만들어 냄으로써, 자신 최선의 능력에 따라 주님의 일을 돕게 될 것이다.

---

64) Bezeleel(Bezreel) und Ohliab(Aholiab), 구약의 언약궤에서 일하게 되었던 수공업자.

5.

다섯째, 하나님이 표면적인 보화들로 축복했던 누군가를 다윗, 솔로몬이나, 또는 다른 사람을 백성의 제왕 비슷하게 만들었다면, 그는 일꾼들에게 아무것도 부족하지 않도록 자의적인 헌신을 통하여 성전의 건축을 도와야 한다.

6.

여섯째, 누군가가 그 어떤 다른 가능성을 갖지 않는다면, 적어도 그는 그 어떤 가능성을 보는 저들을 간청과 훈계를 통하여 독려할 수 있을 것이다.

7.

결과적으로 그들이 우리의 빛에다 불을 붙이거나, 또는 깨끗하게 되도록, 그가 벌써 준비했으며, 벌써 적게 불타는 빛을 인정하며, 그들에게 기회를 주는 것처럼, 다른 이들에게 보여주고 제시하는 각자는 이러한 하나님의 일을 돕는 것이다. 그들은 아마도 단지 이러한 하나를 행하며, 그들이 그들의 향연을 준비하며, 모두를 추대하기 위하여 섬기는 자들을 파송함으로써, 영원한 진리의 봉사자들로 있게 될 것이다.

공동작업은 벌써 쉽게 일어나게 될 것이며, 대체로.

16. 우리가 증명하기를 가정했던 세 번째 주장은 이러한 하나님의 일에서 우리들의 협력이 쉽게 이루어지게 되리라는 것이다. 우리가 I. 현재의 세기가 저 보편적인 변화를 준비하는 것과 II. 거의 거기에 속한 모든 개별적인 구성요소가 준비되며, 그래서 마지막 정돈으로서 아무것도 남지 않게 되도록 감행할 때, 그것이 보이게 된다. III. 그밖에도 하나님은 아우기아스(Augias)의 외양간 (역자주: 부패한 일들이 쌓여 있는 곳)이 재빨리 유효하고 흡족하게 청결해지게 하는 참된 괴력의 소유자(Herakules)에게 선행된 일의 동일한 방식을 보여 준다.

I. 출생을 준비하며, 그렇게 벌써 탄생하는 한 시대의 섬김에 등장하기는 쉬운 일이다.

17. 가서 임신한 자들에게 그들의 태에 간직한 아이가 9개월 이후에 결실을 간직하게 될지? 물어라, 천사는 에드라쉬에 의하여 말한다(4.에스드라쉬 4:10). 그리고 에스드라쉬(Esdrasch)는 대답한다. 그녀는 그것을 할 수 없습니다. 일들의 개혁인 세기

의 이러한 결실은 그 어떤 권세를 통하여도 중지되게 하지 않습니다. 그것의 결과는 그 어떤 어려운 해산(解産)의 도움이 요구되지 않는다는 것입니다. 열매는 쉽게 이르게 될 것이며, 전능자의 손은 빛으로 그 열매를 도울 것이다. 여기서 말씀이 적중된다. 히브리말의 여자는 애굽의 여성과 같지 않다. 산파가 그들에게 이르기 전에 그들은 강한 여성들이기 때문에 출산하였다(출1:19). 주님이 이러한 최종적이며, 고유한 교회의 출산에 관하여 예언하게 했던 그것은 역시, 즉 그녀가 진통을 겪기 전에 출산하며, 아이의 고통이 오기 전에, 그 아이는 출산 되었다. 누가 그러한 소식을 들었느냐? 누가 그러한 것을 보았느냐? 땅이 고통을 얻기 전에, 역시 한 번에 백성이 탄생 될 수 있겠는가? 그렇지만 지금 그래요, 시온은 그들 아이를 고통없이 출생하였다(사66:7-8). 동시에 그것에 대해 권능의 하나님은 이러한 능력 있는 출산을 스스로 자신에게로 돌린다. 출산하게 하는 내가 어찌 그 어미의 태줄을 닫겠느냐?(9절)고 첨부한다. 그는 앞서서 다음과 같은 것을 제기했다. 사람들은 도시 안에서 혼란스러운 소동의 소리와 성전의 소리, 원수들에게 대가를 치르는 주님의 음성을 듣게 될 것이다. 권능으로써 그의 원수를 멸망시키며, 이처럼 그의 백성을 축복하는 군대 주인의 일이다. 그렇지만 그것은 하늘의 군사들이 전진하며, 그의 입에서 나아오는 칼로써 그의 원수들을 치는 장군을 따르는 일은 쉬운 것이다(계19:11-16). 아, 오직 거기서 떨어지는 잘 익은 열매를 따는 일은 대단히 쉽다. 그가 벌써 점차 고통이 사라지는 일에 적중할 때, 질병을 몰아내고, 병자들에게 건강을 선물하는 일은 의사에게는 쉽다. 신적인 심판의 내리침으로부터 적중되어, 벌써 그러한 경우에 처한 타락된 바빌론을 쳐부수는 것은 역시 쉽게 이루어지게 될 것이다.

오늘날 우리는 한때 모세처럼 백성에게 말해야 한다. 두려워 말라, 분명히 서서, 오늘날 여호와께서 너희에게 행하게 될 구원을 보라! 주님이 너희를 위하여 싸우시리니, 너희는 잠잠할 지어다(출14:14-14).

II. 규격화된 부분들에서 전체를 짜맞추는 것은 하나의 작은 수고이다.

18. 예루살렘의 새로운 건축이 중요한 만큼, 노동의 가벼움은 성전을 나무와 돌들로 세웠으며, 벌써 온전히 조정되었고, 규격을 생산했던 솔로몬에 의해 기초지식이 미리 전해졌다. 그래서 사람들은 건축에서 망치와 손도끼와 그 어떤 철로 만들어진 도구

의 소리를 듣지 못했다(열왕기상 6:7). 그러나 여기에 솔로몬에 의한 것보다도 더 중요한 것이 있다(눅1:31)! 그렇지만 우리들의 영원한 건축전문가의 지혜가 벌써 지금 앞서서 모든 것을 적절하게 마련했다면, 그래서 모든 것은 새로운 예루살렘 건축에 필요한 부분들에서 제작되었다. 우리가 앞의 장(7항 42,43,44)에서 보였던 것처럼, 그것들이 상호관계로 분류하는 일은 아직 남아 있다. 거기서 우리의 눈(하나님께 있다)은 모든 것이 조화 가운데서 소음과 폭력 없이, 다툼과 칼의 혼잡함이 없이 발생할 수 있는 것을 보며, 우리들의 마음은 기뻐하게 될 것이다.

Ⅲ. 그것은 범 개혁론인 이 책 안에 제시되었다.

19. 우리는 벌써 준비되었으며, 먼저 설명된 범지혜론(Pansophia), 범교육론(Pampaedia), 범언어론(Panglottia)에 근거하여, 앞에 제기하여 생각한 범개혁론 작품 전체를 고려하여 더욱 노력하게 된다. 그것을 통하여 거기에 준비된 일들이 있으며, 여기에 분류작업이 중요하다는 것을 나타내야 한다. 범지혜(Pansophia)는 그렇게 건축자재가 넘어지며, 돌들이 바위에서 깨어지고, 네모난 돌로 잘게 깨어진 근동국가들을 묘사하게 될 것이다(열왕기상 5:14,15,17). 범교육론(Pampaedia)이 하나님의 성전을 위한 그릇이 부어졌던 곳인 숙곳(Sukkoth)과 자르탄(Zarthan)과 비교되는 동안, 범언어론(Panglottia)은 황금으로 덧입혀지지 않은 곳이 없도록(왕상, 6:21-22), 마침내 하나님의 집 전체가 황금으로 덧입혀지게 될 것이다(그것은 모든 백성에게로 확대된 교회를 뜻한다).

이따금 사람들은 능력을 통한 것보다 총명을 통하여 더 성취할 수 있을 것이다.

20. 누군가 계속 모든 신분에서 구별된 혼잡들의 추악함과 다양함을 소개하며, 그것들을 제거하기 위한 많은 일에 두려워하면, 그는 거대한 계획들이 항상 능력을 통하여 영향을 미치는 것이 아니라, 여기저기서 힘쓰는 거대한 수고들이 역시 총명과 지혜를 통하여 극복되는 것을 알게 된다는 것이다. 하나님은 예루살렘의 새로운 건설에서 몇 사람의 무기력함을 보았을 때, 다음과 같은 말로 이들을 격려하려고 명령하였다. 누가 작은 일의 날이라고 거절하게 될 것인가? 이는 힘으로 되지 아니하며, 능력으로 되지 아니하고, 오직 나의 영(靈)으로 되느니라!(스가랴 4:10,6). 우리는 이러한 일이 척

도와 인간의 능력 없이 있다는 것, 우리가 하나님과 함께 계획하는 것은 인간의 능력도 힘도 의미가 없으며, 일의 시작은 미미하다는 것을 고백하게 된다. 그렇지만 만일 주님의 영(靈), 진리의 영(靈)과 충고의 영(靈)이 우리와 함께할 때, 그것은 그렇게 하나님의 일이며, 그의 영예를 섬기는 것이다. 그러므로 그것은 그분에게서 방해받을 수 없으며, 하나님은 그의 능력을 통해 모든 일에 함께하게 될 것이다.

이것은 멀리 놓여 있는 한 모범을 통하여 밝혀졌다.

21. 너희는 우리가 잘못하는 것이 더 잘 밝혀지게 되도록 인간적인 역사에서 나와 대략 신적인 언약들로 첨부하기를 허락하는가? 허락되었을 것이다! 대체로 하나님의 지혜(땅과 그의 충만이 속한)가 역시 그의 역할을 교회 밖에서도 행사하기를 경멸하지 않는다면, 그들이 역시 항상 그분 형상의 모사(摹寫)들인 사람을 통하여 실행되도록 하는 곳에서 이러한 역할을 주목하는 것을 왜 우리가 경멸해야 하는지?

헤라클레스에 대하여[65]

22. 그들의 영예로운 행위에 대하여 탁월한 모습을 보였던 모든 시인과 역사 기록자들은 고대의 영웅들 가운데서 그가 이루었던 일들의 크기 때문에 헤라클레스를 축하한다. 분명한 악과의 투쟁을 위하여, 그리고 매우 불쾌한 것을 견뎌내기 위하여 그가 보여준 지속성 때문에, 그는 곳곳에서 완전함의 모범으로 찬양되었다. 그래서 무엇인가 지금까지 접근하기 어렵고, 무거우며 위험한 일을 계획하는 사람들은 단지 헤라클레스의 용기로써 해낼 수 있을 이른바 헤라클레스의 일에다 종속시킨다. 그것은 무지한 마음과 함께 어려운 일들이 극복되지 않는 한, 그것들의 거절을 뜻한다. 헤라클레스와 같은 모범에서 우리는 역시 헤라클레스의 행위들이 단지 용기와 강함을 통해서뿐만 아니라, 역시 총명과 지혜와 능숙한 솜씨로써 실행될 수 있음을 배우게 된다. 그렇지만 그는 모든 일을 근육의 힘을 통해서만 실행하지 않았다. 그는 종종 지혜를 이용했으며, 그가 단지 힘을 적용했다면, 천 배도 충족하지 못했을 그러한 행동들을 완

---

65) (역자주: 희랍신화에 등장하는 반신(半神)이자 영웅)

성하였다. 그는 결코 그것들을 성취하지 못했을 것이다. 나는 하나의 모범을 소개한다.

그는 신속하게 아우기아스(Augias)의 외양간을 깨끗이 청소하였다.

23. 엘리스의 왕 아우기아스[66]는 헤라클레스가 도착하기 전에는 한 번도 청소되어 있지 않았던 3천 마리의 소를 가진 외양간을 소유하고 있었다. 아우기아스가 외양간의 청소를 그에게 맡겼을 때, 헤라클레스는 알페우스의 강물을 안으로 유도하였다. 그는 그 강물을 통하여 거의 30년간 쌓인 오물들을 별다른 수고가 없이 밖으로 쓸어가게 하였다. 그 외양간을 자기의 힘으로 깨끗하게 청소하려면, 긴 시간이 걸렸을 것이다(그렇다. 그것은 개인 한 사람으로는 대체로 불가능했을 것이다).

이것은 우리의 계획들에 적용된 교훈을 준다.

24. 그것은 호머(Hommer)가 진실인지, 꾸며낸 것인지, 그러나 어느 정도 명민하게 이야기하는 역사 안에서 그렇게 의미한다. 우리가 단지 비슷하게 행하기를 이해할 때, 그것은 우리의 행동을 위해 비상하게 아름다운 계획을 우리에게 제공한다. 모두가 이것을 인정하고 찬성하도록, 나는 개별적인 것에서 보여준다.

I. 사람들의 학교와 교회와 국가와 모든 사적인 일들이 그들 지금의 모습에서 아우기아스의 외양간과 닮아있다. 그것들이 인간적인 협력을 통해서는 청결하게 될 수 없는 오물들로 가득 차 있다.

II. 오직 알패우스(Alpheus)의 강물만이 전체의 오물을 씻어낼 수 있는 능력이 있다.

III. 알패우스란 이 강은 하나님의 자비에 감사하게도 가까이 있으며, 우리에 의해서 아주 가깝게 존재한다. 그러므로 사람들은 그 강물을 적은 수고로 모든 우리들의 아우기아스의 외양간을 주도하는 것과 재빠른 영향을 미치게 할 수 있을 것이다.

---

66) Augias(Augeias), 그리스도 신화의 인물, 엘리스의 왕.

우리들의 모든 일은 지금까지 3가지 오물로 가득한 아우기아스(Augias)의 외양간 모습과 같다.

25. 첫 번째 것에 관한 것을 나는 모든 학교와 교회와 기독교 학교들이 하나의 목장이 되어야 할 것을 가정한다. 즉 그것은 어린 양들과 양과 암소와 표범과 곰과 사자가 평화스럽고 아름답게 함께 머무르게 되는 것처럼, 하나로 방목하는 일이다(사11:6 이하). 그러나 오 고통이로다, 그것들이 게으르고 불룩한 배들과 천성적으로 흥청거리며 사는 자들이 일하지 않고, 태만에 전념하며, 모든 것은 그렇게 고삐 풀린 윤리와 행동들로써 더러워진, 얼마나 여기저기에 놓여 있는 돼지 외양간의 모습으로 변형되어 있는지. 나는 오물과 불결한 자들에 대해서 3가지 무더기를 소개하게 될 것이다.

(1) 모든 사람과 모든 것은 부패하여 잘못된 목표들의 더러운 것과 함께

26. 이러한 인간 사회의 모든 외양간은 첫째, 나쁜 목표들의 오물과 함께 과도하게 얼룩지게 되었다. 그 이유는 다만 적은 수(대체로 누군가라면)는 그들의 공동 활동을 통하여 인간 안에 있는 하나님의 형상이 형성되었으며, 완전하게 된 것으로서 그들이 다른 일 때문이 아니라, 인간 사회의 구성원이라는 사실을 소개하기 때문이다(학교, 교회, 공동체 안에). 거기서 벌써 여기, 여기, 여기! 하나님이 말하는 것처럼, 하늘이 심어졌으며, 땅은 기초가 놓여야 한다(사51:16).

하나님의 뜻이 천사들을 통하여 하늘에서처럼 인간들을 통하여 땅 위에서 이루어져야 한다는 것이 물론 이러한 공동체들의 참된 목표이다! 나는 간청한다. 그것을 생각하는 자들이 얼마나 될까? 학교와 교회와 시민적인 삶(어떤 단계와 어떤 신분에 역시 항상)이 다수를 위해 편안하고 유복하며 자랑스러운 삶에 따라 벌이와 획득하며, 얻으려 애쓰는 일터보다도 아무것도 더 다른 것을 말하지 않는다. 어떤 낮아짐, 어떤 더러움, 어떤 불결한 끝이 거룩한 부르심의 그러한 것인가! 그렇다면, 그것은 외양간 안에 있는 오물과 같은 것이 아닌가!

(2) 못쓰게 된 수단의 더러움

27. 뒤틀린 수단은 뒤틀린 목표의 결과이다. 그것은 학교들이 사람들을 진리로 인도하지 않으며, 교회들이 경건으로 인도하지 않으며, 공동체들은 하나님으로부터 지시된 건강한 수단의 협력으로써 평화와 안식이 아니라, 오직 사람들로부터 고안해 냈거나, 또는 부정한 영(靈)으로부터 위험하게 도입된 수단을 통해서 인도된다. 나는 지혜를 대신하여 소피스트들(Sophisten)의 것, 경건(敬虔) 대신 아첨하는 자들의 것, 호의적인 통치 대신 폭군들이 몰래 숨어들어와서 주도권을 휘둘러 만들어 낸 잘못된 책들과 규정들과 안내서를 생각한다. 그러므로 그들이 획득한 일반적인 교육, 경건과 정치적인 통찰들은 그리스도의 마음을 소유한 자들의 시각으로 볼 때, 오물과 잡초보다 아무것도 다르지 않다는 것을 말하게 된다.

(3) 모든 것에서 악한 적용의 더러움을 통하여

28. 수단의 무지한 적용은 가장 나쁜 고통과 번거로움을 불러일으켰던 학교들과 교회들과 정치적인 관계들의 세 번째 오물을 스스로 말해 준다(책들, 규정들, 모든 종류의 안내서들). 사람들이 무엇이 어떻게 대략 발생해야 하거나, 또는 모든 것이 경솔하게 실행되는지를 파악하거나 파악하지 못하든지, 그래서 부패물과 방치된 물건, 그리고 부패한 것처럼 모든 것이 느껴지게 된다. 또는 모든 것이 비명(悲鳴)과 화냄과 폭력으로 가득한 강제적인 일이 발생하게 된다. 마침내 광포와 살해와 근절로써 이처럼 인간 사회의 전체가 추하게 되며, 다시 더러움으로 가득해진다. 한 사람이 다른 사람을 무지와 나태, 또는 폭력의 사례들을 통하여 멸망하기 때문이다. 인간 사회 전체는 게으른 자들의 무리이거나, 또는 폭력의 도살장으로서, 그렇지만 확실히 구별되며 무한한 고통을 주는 것보다 더 아무것도 다르지 않은 것이 거기에서 진행하게 된다.

이러한 3중의 더러움은 인간의 힘을 통해서는 제거하지 못한다.

29. 나는 이러한 부정한 것들이(학교와 교회와 사회적인 질서의), 그처럼 쌓인 것과 그것들이 인간의 능력으로는 제거할 수 없다는 것을 말하였다. 그것은 아우기아스

(Augias) 외양간으로 우리를 인도하며, 가축 3000마리를 통해 모여진 30년간 쌓아놓은 더러움이 눈앞에 있는 광경을 보는 것과 같다. 만일 사람들이 이러한 일들을 홀로 육체의 힘으로 수행하기를 원했다면, 얼마나 많은 헤라클레스가 필요할 것인가? 만일 외관상 아우기아스가 헤라클레스를 놀리려고 요구했던 일이었다면, 옛 쓰레기(학교와 교회와 정치적인 일들의)를 청소하기 위하여 손을 사용하기를 시도하는 것이 어떻게 오늘날 세상에 모두가 얼마나 웃음거리로 나타나는가? 도대체 누가 더욱더 벌써 온전히 많이 뒤틀린 목표들을 전적으로 타락한 시대에 올바른 길로 가져가기를 충족하게 할 것인가? 목표들이 벌써 개선되자마자 곧 누가 정확히 적합한 수단을 내놓을 것인가? 누가 모든 면에서 모든 무지와 나태함과 폭력을 몰아낼 것인가? 게다가 한 사람 헤라클레스의 능력이면 충분한 것인가? 많은 것이 안전하다. 전 세계의 쓸모없는 시도들은 오늘날에 이르기까지 그것을 입증한다.

말하자면 더러움에서 산골짜기의 급류를 끌어오는 헤라클레스의 지혜보다
아무것도 다른 것은 더 바랄 것이 없다.

30. 이처럼 어떤 희망도 남아 있지 않은지? 그가 그것들을 항상 저 멀리 씻어내도록, 만일 우리가 헤라클레스의 지혜를 모방하고 우리들의 부정한 모습에서 한 급류가 흘러내리게 한다면, 지금까지 행한 길들에서 그 누구도 거대한 희망으로 남아 있지는 않을 것이다. 인간의 힘을 통하여 중요하고 혼잡한 일들이 개선되는 곳에서, 대체로 번거로운 과제를 주저하지 않으며, 시작한 일을 기대하며, 벌써 전적으로 지배를 받아야만 했을 때, 사람들은 거의 그와 같은 열심과 열망과 인내를 발견할 수 없을 것이다. 그것에 반하여 어디로 흘러 들어가는 하나의 강물은 일의 규모에 지치지 않으며, 어떤 혐오스러움도, 또는 부정한 것을 불평하지 않으며, 완성을 향한 노력도 오랜 시간 마비시키지 않게 될 것이다. 그 외에도 그것은 역시 긴 시간을 요구하지 않을 것이다! 그 강의 급류는 재빨리 기대 이상으로 모든 것을 충분히 헹구어 씻어내며, 각자의 불결한 것을 물 위에 띠어 보내게 될 것이다.

무엇이 급류의 바다인가? 알페우스(Alpheus)의 강

31. 누군가 말한다. 그러나 당신은 어떤 급류를 우리에게 알려주는가? 특별히 상부

의 폭력적인 물결, 강요로 인한 통치의 물결, 또는 위협적인 훈육의 물결이 중요한가? 그러나 그것에 관해서는 어떤 것도 중요하지 않다. 그것들은 틈 사이를 봉해 주는 상태에 있는 것이 아니라, 아직도 더 많이 확대하게 해주는 것이 될 것이다. 이처럼 그것은 갈라지게 하는 어떤 종류의 급류인가? 그것은 알페우스의 강이다. 그러나 그것은 무엇을 뜻하는가? 알페우스는 그렇지만 엘리스(Elis)의 영역 안에 있는 강이었다. 그렇지만 주의하라! 그 이름은 분명히 하나의 깊은 의미를 숨기고 있다.

알페우스 강의 깊은 의미는 밝혀졌다.

32. 알파(Alpha)는 희랍어에서 알파벳의 첫 문자이다. 거기서 사람들은 그의 방식대로 첫 번째 것의 모든 것을 알파(Alpha)라고 부른다. 그리고 더욱이 라틴어의 낱말들인 머리(caput), 또는 원천(fons)을 모든 나머지 것이 시작을 취하는 모든 첫 번째 것을 위해 사용하는 의미에서 더욱 그렇다.

부수적인 일

만일 우리가 깊은 의미를 드러내면, 우리의 모든 지식, 모든 경건, 모든 정치적인 총명이 생겨나는 학문과 종교와 국가 지혜의 원천들과 시작들에 관한 것을 알게 될 것이다. 범 빛의 이론(Panaugia)의 제4장은 우리들 지식의 이러한 근원들이 빛의 3가지 원천들임을 보여준다. 즉 하나님의 소리를 통하여 선포된, 그리고 하나님의 예언적인 책들에 보도된 세계에서 확대된 하나님의 작품들이며, 우리들의 영혼인 하나님의 모사(摹寫)에 선물한 하나님의 추진력과 하나님의 말씀이다.

부수적인 일

이러한 3가지 모든 원천은 지식과 종교와 총명의 물을 그들 각자에게 적합하게 풍성히 넉넉히 내보낸다. 만일 우리가 그것들을 연결한 상태에 머물 때, 우리는 그렇게 자신에게 몰래 숨어들어온 억측들과 오류들과 실수의 모든 더러움을 씻어내는 상태에 있는 하나의 범람한 개울을 소유하게 될 것이다(사66:12).

적용되었다.

33. 우리가 이것을 단지 모든 면으로 바르게 이해한다면, 신적인 일들의 질서화된 전체로서 세계는 도도히 흐르게 되며, 씻으며, 모든 우리의 생각들이 정결하게 되도록 하기 때문이며, 그래서 우리는 모든 일을 더 잘 파악하고, 그들 질서의 권세를 주목하게 될 뿐만 아니라, 역시 하나님이 스스로 그의 작품들 가운데서 냄새와 맛과 얼굴과 청각과 촉각의 도움으로 인지하게 된다. 지식과 경건과 지혜에 공헌하는 그의 첫 번째 요 정결하고 천성적인 자신들을 고려하여 구별하며, 모든 일에 적용된 인간의 정신은 우리 안에 모든 이해의 원천 이신 하나님을 하나님의 모사(摹寫)에게 분명히 보게 되는 것에 이르게 되도록 모든 지적인 일들의 인식을 정화한다. 마침내 순수하고 거룩하게 우리들의 생각들과 말씀들과 행위들의 지도에 사용되는 것처럼, 믿음을 통하여 곳곳에서 완전한 공경을 영접하는 하나님의 음성은 마음과 양심을 정화한다. 그래서 여기서부터 수고하는 것들과 행동하는 것들의 깨끗한 개울에서 흘러나오는 것이다.

이것은 그리스도의 영(靈)에 어울리는 일이다.

34. 보라, 그 안에서 우리는 알페우스 강의 의미를 보게 된다. 즉 그것은 빛의 원천들, 또는 우리에게 하나님으로부터 주어진 인식의 원칙들이 참된 알페우스의 강바닥에서 조종되리라는 것, 그것들이 모든 우리의 일들에서 출구를 발견하게 되리라는 것이다. 근본 통찰들로 되돌리는 이러한 충고는 인간들에게서 기인한 것이 아니다. 영원한 지혜인 하나님의 아들이 그를 따랐다. 그가 바리새인의 더러움의 오물을 청소하기 때문에, 그는 모든 것이 하나님이 만드신 본래의 제도로 온통 되돌리는 것보다도 아무 것도 더 다르지 않다. 그가 처음에 그것은 그렇지 않았다! 는 것을 말씀하고 있는 한, 그렇다. 온통 모든 개혁을 위하여 유효한 기준들이 있었다. 하나님으로부터 존재했던 것은 그것의 일들이 완전했었기 때문이다. 후에 저 완전한 것들에 첨부된 것은 사람들이 본래의 것으로 되돌림을 통한 것보다 달리 개선될 수가 없었기 때문에, 결핍한 것을 필수적으로 묘사하였다.

III. 알페우스(Alpheus)의 강은 우리에게 전적으로 가까이 있다는 것

35. 세 번째로 나는 만일 하나님의 도움을 통하여 강화되는 우리들의 노력이 결핍되지 않는다면, 이러한 하늘의 알페우스가 하나님의 은혜를 통하여 우리에게 전적으로 가까이 있다는 것, 그리고 그 강은 쉽게 우리의 아우기아스(Augias)의 외양간들로 조정되게 할 수 있다는 것을 말했다. 우리는 지금 이것이 그러한지를 보아야 한다. 나는 우리에게 1. 이러한 신적인 강의 원천들이 항상 아무것도 다르지 않은 것처럼 가까이 있다는 것, 2. 그것은 그렇게 명성을 얻게 된 것, 원천들이 한 침상에 모이게 됨으로써, 이러한 하나님의 급류가 우리에게서 모든 것을, 그리고 모든 것에서 우리의 일들이 쓸려가게 되도록, 단지 장애물들을 제거하는 일이 필요하다는 것, 3. 그 장애물들의 제거(除去)는 어렵지 않으며, 하물며 불가능하지 않다는 것을 보이게 될 것이다.

증명되었다.

36. 이러한 원천들과 하나님의 개울들이 현존하고 있다는 것. 대체로 세계가 우리 주변을 둘러싸고 있음을 너희가 본다! 세계는 어느 정도 모든 우리의 생각들을 우리가 눈에서 놓치지 않고, 그 사물들과의 고정된 연결 없이도 존재할 수 있을 놀랄만한 진열의 위치로 우리가 그것을 원하든, 원하지 않든 간에 가득차여 있다! 지성(知性)은 천성적인 빛의 불꽃과 함께 우리의 내면 전체를 온통 꿰뚫고 있으며, 우리가 원하든 원치 않든 간에 우리를 보증한다. 생각의 재료와 규범, 그리고 그것들은 단지 깨어나 있을 뿐만 아니라, 잠 속에도 머물러 있게 된다. 우리는 단지, 존재하지 않는 무엇을 고안해 낼 수 있을 것인가? 하나님은 그의 말씀 근사치에서 우리를 교훈한다. "내가 오늘 네게 명하는 이 명령은 네게 어려운 것도 아니요, 먼 것도 아니라, 하늘에 있는 것이 아니니, 네가 이르기를 누가 우리를 위하여 하늘에 올라가 그의 명령을 우리에게로 가지고 와서 우리에게 들려 행하게 할지 라고 말할 것이 아니요, 이것이 바다 밖에 있는 것이 아니니, 네가 이르기를 누가 우리를 위하여 바다를 건너가서 그의 명령을 우리에게로 가지고 와서, 우리에게 들려 행하게 말할 것도 아니라. 오직 그의 말씀이 네게 매우 가까워서 네 입에 있으며, 네 마음에 있은즉 네가 이를 행할 수 있느니라"(신명기 30;11-14). 하나님의 뜻은 그것을 받아들였던 것이 그들의 손안에 있지 않을 뿐만 아

니라, 그로부터 계속해서 말하며, 그것에 대하여 마음에 밤낮으로 생각하는 그들의 입들에처럼 그렇게 눈으로 읽고 귀로 듣는 역시 그들에게 주어진 그 법이 그의 백성에게 철저하게 알려지는 것은 분명하다(신명기31:11-12; 여호수아1:8; 시;1, 그리고 다른 곳에도). 나는 모든 사람의 마음에 법의 행위가 기록되어 있음을 말하기를 원하지 않는다. 그러므로 그들이 그들로부터 밖으로 나타낸 법을 소유하지 않을 때, 자신 스스로가 법이 되는 것이다(롬2:14-15). 이와 같이 지혜의 모든 원천은 우리에게 가까이 있다.

권능으로써 우리에게 흘려서 내려오게 할 수 있는 것은 높은 곳에 있다.

37. 동시에 나는 신적인 원천들이 높은 곳 우리 위에 놓여 있다는 것, 그것들은 만일 장애물들이 제거되었을 때, 그들의 물을 스스로 함께 강력하게 쏟아 내리게 된다는 것을 말했다. 자신으로부터 스스로, 우리의 본성이 기울어질 뿐만 아니라, 바로 아름다운 일들을 보며, 선한 것을 바라며, 유익하게 되도록 노력하기를 갈망하기 때문이다. 각자는 그렇지만 단지 다른 것을 통해서 그것들에 관하여 듣게 되는 것보다 선한 일을 개인적으로 인정하며, 접촉하며, 느끼며, 맞보기를 원한다(사람들은 그것을 제공할 경우, 충분히 보지 못하고, 이야기와 우화를 말하게 되는 아이들에게서 인지할 수 있다). 각자는 다른 사람들이 그에게서 듣기를 아는 것으로, 한 분 생소하면서도 사랑스러운 하나님을 인격적으로 듣는 것보다 더 잘 경험이나, 또는 자신의 이해를 신뢰하기를 원한다. 만일 우리가 그것을 개방한다면, 지식의 첫째요, 최상의 원천들은 다만 솟아오르게 될 것이다. 그것은 우리가 이처럼 인간이 많은 것을 직시하며, 다른 감각기관들과 함께 인지할 수 있도록 초래하게 되는 것을 뜻한다. 즉 우리는 이해의 맥박이 그에게서 빨라지기를 초래한다. 우리는 하나님이 그에게 말하기를 행하며, 그가 자체의 추진력에서 얻는 것은 가능하지 않을 것이다. 그리고 여러 가지 일들의 이면으로 흘러들어오는 지식은 그가 전적으로 움켜쥐고 변화시키게 하지 않도록 자신에게로 수용하게 될 것이다. 우리는 그것을 범교육론(Pamapedia)에서 보았다.

하나님의 원천들은 강바닥으로 유도하게 한다.

38. 공동의 강가에서 이러한 원천들을 이끄는 것이 가능하다는 것, 그것들이 강바

닥으로 흐르며, 그와 같이 알페우스의 급류를 형성하는 것, 그것은 내가 믿는 것처럼, 벌써 범지혜론(Pansophia)의 작품에서 분명하게 되었다(만일 그것이 역시 완전하고 바르게 세워지지 않게 되었을 때). 그것을 뛰어넘어서 하나님 자신의 음성이 첨부했던 인간의 정신이 알려주는 세계가 포함하는 모든 것은 이러한 일에서 통일된 체계로 정돈되었다. 그러므로 일의 지식을 찾고 각자는 그것을 온전히 발견하게 된다. 스스로 자신을 정돈하는 형태와 규범에 따른 전망을 붙드는 자는 그것을 바르게 발견할 것이다. 하나님을 향한 동경과 보기와 듣기와 맛보기와 그의 편재(偏在)를 찾아내는 자는 하나님이 그의 가난한 자들 가운데 쉬고 있는 것을 느끼게 된다.

그것들이 힘 있는 권세의 잡아당기는 흐름 안에서 작용하도록

39. 나는 공동으로 쏟아 내는 원천들의 그러한 흐름은 빛이 도래하는 흐름과 같으며, 어두움과 더러움을 힘 있게 저 멀리 씻어내린다는 것을 말했다. 참된 지식과 지혜와 경건의 앎을 소유하는 것에 대해서 아무도 의심하지 않게 될 것이다. 자체의 생각과 지성과 하나님의 지식 자체와 직접적인 증거를 통하여 어떻게 일들이 적용하는 것인지를 아는 자는 그가 실망하지 않는다는 것을 알기 때문이다. 그것을 먼저 이해하는 자는 자욱한 연기에 대항하여 그의 빛을 보호할 뿐만 아니라, 역시 그것을 원기 왕성하게 내보내게 된다. 사건에 관해 들었던 자는 그것에 반하여, 그것들을 자체의 생각들로써 인지하지 못했다. 그가 올바르게 인식했는지는 불확실하다. 단지 다른 생각들을 따르며, 자신의 이해로써 일들을 관철하지 않았던 자는 빛보다 먼저 그늘을 따르며, 그의 지식은 결코 안전할 수 없을 것이다. 단지 교리(教理)를 받아들이는 자는 그가 사람들을 통하여 설득되었고, 그가 믿는 것은 단지 그 때문에 믿는 것이며, 다른 사람들이 그것을 믿고 있는 것을 보기 때문이다. 그러한 믿음은 믿음이 아니며, 피상적인 견해이거나, 또는 공허한 미신이거나, 또는 해로운 망상이다. 만일 지식의 이러한 수로들이(감각, 이성, 믿음) 벌써 더 확실한 지식을 부여하는 그러한 능력을 개별적으로 소유할 때, 사람들이 그것을 단지 올바르게 해당하는 영역들에다 적용한다면, 만일 그것들이 하나님의 빛 전체를 가득한 강바닥을 통하여 3가지 원천들에서 운반할 때, 그것들이 먼저 함께 실현될 것인가? 이러한 빛 가운데서 하나님의 빛을 인정하고 기뻐하는 것은 불가능하게 된다.

하나님의 물은 모든 사람을 관통하여 흐른다. 그러나 단지 강하지는 않다.

40. 마침내 나는 알페우스의 신적인 강을 우리에게서 멀리하는 장애물들에서 놓치지 않아야 한다는 것, 그것들은 하나님의 도움으로써 모든 것을 쉽게 제거되게 한다는 것을 말했다(35항). 이러한 장애들은 어떤 것인가? 우리가 일찍이 건설했으며 건설하기를 중단하지 않은 제방(隄防)이 중요하다. 제방을 통하여 하나님의 강물 유입은 우리들 감각의 유기체들과 우리의 지성과 우리의 믿음으로부터 그것이 우리에게로 흘러 지나가도록 조정되었다. 그 유입은 더욱이 온전히 빗나가게 하지 않는다. 그렇지만 우리의 실수는 그것이 온전히 힘 있게 작용하지 않게 하는 것이다. 전체적으로 보아서, 모든 사람의 감각은 얼마간 일들을 인지한다. 이성의 빛은 사람들에게 그 어떤 것을 비추어 준다. 그것은 역시 어두운 가운데서 비추기 때문이다. 그러나 어두움은 그것을 파악하지 못했다. 그것은 세계로 오는(요1:5,9) 모든 사람을 비춘다. 하나님의 음성은 그 어떤 방식으로 모든 사람이 듣는다. 하나님은 언젠가 그 어떤 것을 일러주었으며, 계시하신 것이 적어도 구전(口傳)의 전승을 통하여 듣게 된다. 내가 말하는 것처럼, 모두는 이것을 피상적으로 인지하게 된다.

우리가 제방의 3가지 종류를 세웠기 때문에, 이것은 우리의 실수를 통하여

41. 우리가 스스로 세웠던 3가지 제방들은 이러한 3배의 흐름이 온전히 우리에게로 흐르지 않도록 작용한다.

1.

자연 가운데 완성되었던 하나님의 일들의 흐름이 우리에게로 밀어닥치지 않는다는 것은 우리가 서로, 그리고 각자가 스스로 쌓는 우리들의 고유한 행위들과 끝없는 업무들의 소음을 통하여 죄책으로 제약되었다.

2.

우리의 생각 가운데 신적 충동력은 온전한 효력 발휘에 이를 수 없다는 것, 그것은 솔로몬의 말을 따르면, 모든 면으로부터 우리에게 스며들어 오는 부추김이 그것에 책임이 있다. 나는 하나님이 올바르게 만드신 것을 알았다. 그러나 그들은 많은 재능을 찾는다(잠7:30).

3.

그것들이 빛을 자체 안에 숨기고 있는 초자연적인 빛을 가진 성서의 책들은 우리에게 비추기 위해서 우리에게 힘으로 밀치고 들어올 수는 없다. 우리를 둘러싸고 있는 책더미들이 영향을 미친다. 그것들은 인간적인 사고로 그들의 원천을 가지며, 그러므로 하나님의 책들에서보다 더 많이 인간의 정신에 의존한다. 그들은 하나님의 저 귀중한 영향들이 배제된 것을 온전히 자신 것으로 삼으며, 그쪽으로 인도하게 된다.

더 연약한 강물의 흐름은 오물을 씻어내릴 수 없는 일을 발생하게 한다.

42. 우리가 신적인 일들로부터 그같이 외면되고 덧없이 되돌려졌기 때문에 우리가 이러한 신적인 알페우스 강 안에서 바위를 깨며, 모래와 진창과 다른 수고들을 내던져 넣는 것보다도 더 다른 것들을 만들어 놓게 된다. 그사이에 우리는 우리들의 더러움을 점점 더 모든 가능한 불의와 혼잡함을 통하여 모든 생각과 가정들과 학교들과 정치적인 삶들에서처럼 그렇게 교회 안에서도 쌓아놓게 된다. 만일 엷은 실개천들이(우뚝 솟아올랐던 제방들의 분리를 통하여 뚫고 나아가는 우리들의 오물이 그러나 힘없이 졸졸 흘러내리는), 축축하게 만들기 위하여서만 단지 충분하며, 그러나 우리의 부정한 것들을 없애는 것에 충족하지 못한다면, 이처럼 그것은 전적으로 기적을 취하지 못하게 된다. 바로 그것들은 온통 자주 더 많은 게으름과 악취를 생산하게 된다.

강이 힘차게 흐르며, 수 세기 동안 쌓인 오물을 씻어내도록 사람들은 지금
무엇을 시작해야 하는가? 그것은 3가지 일이다.

43. 이처럼 행할 것은 무엇인가? 분명히 3가지 일이다! 첫째로, 우리는 우리의 비열한 장벽을 제거해야 한다. 둘째로, 우리는 3배로 풍성하게 흐르는 하나님의 물의 원천들을 우리의 강바닥으로 급류처럼 힘 있게 흐르도록 조정해야 한다. 마지막으로 우리는 이러한 갈라 지는 하나님의 강물 흐름을 온전히 외양간 안으로 흘러들어오게 하며, 모든 것 안에서 그것들이 모퉁이를 관통하여 씻어내며, 온통 헹구어지며, 모든 것들을 세척 하는 일이다.

범교육론(Pampaedia)과 범언어론(Paglottia), 그리고 곧 범개혁론(Panorthosia)은 벌써 그것들의 본질에 대하여 교훈한다.

44. 이러한 3가지 일들의 본질에 대하여(범지혜론에 따라), 벌써 범교육론과 범언어론이 교훈하고 있기에, 여전히 우리는 무엇을 기다리는가? 범교육론은 어떻게 가장 민감한 나이로부터 삶 전체를 통하여 거기서부터 인간의 본성에 우리 안에서 하나님의 활동을 위한 파멸과 장애가 어떻게 전환되게 해야 하는지를 우리에게 가르쳤다. 이외에도 계속해서 우리 안에 있는 전 세계와 성서 전체와 신적인 형상의 모든 광선이 이른 시기의 청소년에서 인간의 내면에 모사될 수 있는 것과 같이, 그리고 사람들이 학교를 떠난 이후에도 하나님의 저 3가지 모습의 빛이 보여주는 모든 것을 조화 가운데서 보는 능력이 갖추어진 그러한 모습으로 그렇게 스며들게 한다(적어도 가장 중요하고 필수적인 일들을 참작하여). 그러므로 그들은 머무르는 생애 동안에 이러한 신적인 낙원에서 기뻐하며, 계속해서 자신을 더 높이 드러내며, 더 높은 비밀들을 연구하기 위하여 더 나은 질서를 준수하며, 하나님과 밀접하게 연결하는 자질을 가지게 될 것이다. 범언어론(Panglottia)은 연구하였으며, 어떻게 이러한 하나님의 조류(강물이)가 백성들과 언어들 위에 부어져야 하는지, 그 방법을 보여주었다. 개별적으로 진행하는 이러한 신적인 강(江)의 여러 지류의 해석에 따라 모든 생각과 가정과 학교와 교회, 그리고 공동체 안에서 우리가 갈망할 때, 그것을 우리는 그렇게 이 책, 즉 범개혁론 안에 하나님의 이름으로 적절한 장소에서 시도하게 될 것이다. "이는 주께서 심판하는 영(靈)과 소멸하는 영(靈)으로 시온에 있는 딸들의 더러움을 씻기시며, 예루살렘의 피의 죄과를 그들 중에서 청결하게 할 때가 되었느니라"(사4:4) 고하신 하나님이 약속한 것이 초래하리라는 희망에서이다.

하나님께 드리는 간청의 기도

45. 하늘과 땅과 바다와 샘의 물들을 만드셨으며(계14:7), 기뻐하셨던 오 주님, 모든 물이 땅의 구원을 이루며(겔47:8), 그리고 저 살아 있는 각 영혼(靈魂)이 건강해지도록(겔47:9), 그들의 잎들과 열매들로써 먹이와 구원의 수단으로 유익하게 하는 나무들의 성장을 무한하게 증대시키는(겔47:5) 당신 집의 문지방까지 가득한 물처럼('섬

47:2), 마지막 시대에 당신의 영을 부어 주소서! 지금 당신의 약속을 성취하소서, 오 하나님! 하늘의 수문을 여시고, 당신 지혜의 강들이 세계의 혼잡함을 쓸어가도록 거대한 심연(深淵)의 원천을 파괴하소서! 지금까지 메마른 광야에서 길을 잃고 배회했던 당신의 교회에 지평의 한복판에서 높은 산 위에 강들과 샘물들이 꽃피게 하소서! 광야를 물이 가득한 호수들로, 그리고 메마른 땅을 물의 원천으로 만드소서(사4:18). 하나님의 작은 샘이 가득한 물을 가집니다(시65:10). 주님, 당신은 우리에게 강과 같으시며(당신의 손, 당신의 입, 우리 안에 계신 당신의 영), 넓은 조류 같으십니다(사33:21). 우리가 우리의 죄에서 청결하게 되며, 우리의 파괴된 것을 새롭게 건설하며, 우리의 황폐한 땅을 에덴동산 같게 하소서(겔36:33-35). 만군의 주 여호와(Zebaoth)의 열심히 그와 같은 것을 행하게 되리라(사9:7).

제4장

개혁은 기독인들 가운데서 시작해야 한다.

세계 전체의 개혁은 기독인들에 의하여 시작되어야 한다.

우리는 관계들의 회복을 하늘과 땅의 모든 권세가 부여된 유일한 분인 그리스도로부터 기대해야 한다. 그러나 인간의 협력과 함께하는 일이다. 우리는 그것을 설명하였다. 그것은 여기저기에 대략 그와 같은 일이 빛을 발하기 시작하는지를 기독인 우리가 밖으로 둘러보기 위한 것이 아니라, 우리가 우리에 의하여 <u>스스로</u>, 그리고 우리 안에서 <u>스스로</u> 찾으며, 더욱이 우리에 의해서 시작해야 한다는 것을 첨언(添言)한다. 잠시 나는 일들의 관철에 대해서 말하게 되는 것이 아니라, 오로지 어떻게 전 세계적인 개혁이 선행되어야 할지, 그 계획의 모습과 방식에 관하여 말해 보려고 한다. 그것들은 어디에서도 우리에 의한 것보다 달리 발견하고 형성하는 것은 아니다.

1. 그것은 그 어디에서도 일어날 수 없기 때문이다.

2. 기독교 밖에서 이것은 역시 어떻게 가능할 수 있을까? 교양과 지혜는 꽃은 피우는 곳도 아니며, 하나님의 합당한 예배가 바로 잡힌 곳도 아니며, 참된 국가적인 지혜의 법들이 알려진 곳에서도 아닌가? 또는 하나님의 말씀이 알려지지 않은 사람들은 눈먼자들에게서 그림을 그리는 것도 아니며, 인간적인 지혜의 표준(가장 중요하지 않은 것에서)이 있는 곳에서도 아니다. 그리고 귀먹은 자들로부터 공동체적인 조화의 찬송 등등을 요구할 수도 없을 것이다. 그러나 우리에 의해서 사람들은 하나님의 은혜를 통하여 노력과 교양과 종교와 정치를 볼 수 있다. 사람들은 우리가 동경하며, 이처럼 최고의 단계로까지 밝히며, 이것을 완전하게 해야 한다.

2. 그것은 교회에서 단계적인 방식으로 벌써 시작하고 있기 때문이다.

3. 역시 모든 빛의 협력 수단이 지금까지 많이 발견된 것, 즉 교회 안에서 발견되었던 것들은 주목할 만하다. 성서가 말해 준 것들로, 가부장들의 발명품, 모세를 통하여 하나님이 이스라엘에게 주어진 기록된 법과 사건들의 기록이다. 책들과 지식을 증대하기 위하여 인쇄술의 발견이며, 마침내 초기에는 알려지지 않았던 먼 나라들과 백성들에 이르기까지 지식의 빛 확대에 도움이 되는 항해술이다. 바루흐(Baruch)가 선포

한 그것은 궁극적으로 진실하다. 즉 이것이 우리의 하나님이요, 우리는 그 외에 어떤 것에도 경배하지 않는다. 그는 스스로 모든 인식의 길을 찾았으며, 그 길을 야곱과 그의 아들, 그리고 그의 사랑하는 자 이스라엘에게 주었다(바루흐 3:36). 빛과 평화와 인간적인 행복의 최고 정점은 교회 안에서보다 다른 자리에서 찾기를 원했던 것이, 오히려 이러한 일들로 하나님을 그만큼 그의 본질에서 멀어지게 하는 것으로, 우리는 무엇을 기다리며 두려워해야 하는가?

하나님의 모든 언약은 먼저 교회와 관계된 것이기 때문이다.

4. 모든 언약은 세계의 창조 이래 이러한 일에서 먼저 교회와 단지 다른 백성들에게 관계된다. 말하자면, 땅 위의 모든 족속이 축복에 참여해야 하는 만큼, 그 결과들에 관해서는 아브라함과 그 후손들에게 약속되었던 교회였다.

특별히 이러한 최후의 위대한 빛에 대하여

5. 우리가 멀리 관찰하게 되는 이러한 최후의 행복한 빛은 상세히 교회에 이러한 말씀으로써 약속되었다. 예루살렘아, 빛이 되도록 너를 준비하라, 주님의 빛이 임하기 때문이다. 그리고 주님의 영광이 너 위에 퍼진다. 그런 다음 보라, 어두움이 땅과 백성들을 뒤덮는다. 그러나 주님은 너 위에 퍼진다. 그리고 그분의 영광은 너 위에 보인다. 보라, 저기 예루살렘은 교회이며, 다른 민족들이 이리로 서둘러 오며, 주님의 빛을 인정하며, 역시 미가서 4:1-2절에 기록된 것처럼 시온의 빛으로 오게 되도록 빛을 밝히기를 당신에게 명하셨다.

그것은 무슨 목적에 유익한가?

6. 이것은 우리가 완전한 신뢰로써 그 일에 임하기를 두려워하지 않도록 하는데 유익하다. 단지 공동의 구원 사역이 중요하기 때문만이 아니라, 역시 그것은 다른 것을 통하여서는 세워질 수 없기 때문이다. 우리가 하나님의 섭리를 따라 한편으로 유익한 결과들이 분명하게 보며, 다른 한편으로는 그들이 지성에 이르지 않는다면, 그들 혼잡

의 대홍수가 집어삼키는 그들의 비참한 최후를 믿도록, 하나님의 횃불들이 우리들의 손에 주어졌다. 우리가 멸망되지 않도록 시온의 대홍수에서 우리와 다른 이들을 보존하기 위하여 방주를 건설하는 일이 어디에서 어떻게 가능하게 되는지, 게다가 하늘로부터 우리에게 가르쳐졌다! 마침내 그러한 구원의 건축을 이루기 위한 계획들과 손도끼와 방을 만드는 기구들이 우리에게 주어졌다. 영원한 질서와 빛과 평화와 구원의 항구에 이르도록 그들이 우리의 초대를 따른다면, 우리가 우리와 다른 이를 구원할 수 있도록, 그리고 그리로 들어가도록 이처럼 구원의 방주(교회)를 건설해 보자!

그리스도가 성취했을 때처럼, 더 큰 계획이 문제라는 이의(異意)는 반증 되었다.

7. 어떤 기독인도 우리가 마치나 그리스도와 사도보다도 더 큰 무엇을 시도하는 것처럼, 이러한 일 앞에서(세계 전체에 이성으로의 보편적인 복귀를 조언하는 것) 근본에서 벗어나 두려워하지 않아야 한다. 왜냐하면 그가 우리와 함께 땅에 살기 때문에, 그 시대에서보다도 하나님의 더 큰 일들이 이루어지리라는 것을 그는 다음의 말로써 스스로 약속했기 때문이다(요14:12). 내가 진실로 진실로 너희에게 이르노니 나를 믿는 자는 내가 하는 일을 그도 할 것이요, 또한 그보다 더 큰 일도 하리니, 이는 내가 아버지께로 감이니라. 너희가 그리스도를 믿는다는 말에 귀 기울여보라: 즉 그리스도가 행하신 것보다, 더 큰 일을 하도록 너희에게 주어졌다는 것이 약속되었다! 그는 그 이유를 내가 아버지께로 가기 때문이라는 말을 첨부하였다. 그것은 하나님의 나라를 새롭게 하는 그의 일을 그리스도가 가장 깊게 낮아지신 그 시대에 시작했음을 뜻한다. 그렇지만 내(그리스도)가 아버지의 영광 안에 높여 졌을때, 나는 그분 안에서 영광스럽게 계속될 것이며, 나는 나를 믿는 자들, 즉 나의 일꾼들을 통하여 그 일을 가장 풍성한 영예로 완성하게 된다.

그리스도는 그의 일꾼들을 통하여 모든 것을 단계적으로 이루신다.

8. 이와 같이 그 어떤 그리스도의 봉사자가 오늘날까지 성취했던 것, 그리스도를 왕으로 섬기는 우리가 이루려는 것, 그리고 우리 이후에 오셔서, 그리스도의 일을 완성하려는 그들이 성취하게 되는 것(비록 그들이 기적을 행하며, 새로운 세계를 세우

는 것, 그리고 다만 믿음으로 향하기를 원하지 않는다고 할지라도), 이것은 모두였으며, 모두이며, 우리의 일이 되지 않으며, 그리스도의 일이 되는 것이다. 말하자면 하나님께로 인도하는 그가 그의 봉사자들을 통하여 이방인들이 그의 말씀과 일들을 통하여 순종하게 되지 않을 때, 그 봉사자는 자신이 말하기를 시도한 것은 아무것도 자기가 행한 것으로 말할 수가 없을 것이다(롬15:17-18). 그리스도의 일(사탄 나라의 멸망과 잃어버린 구원의 회복)은 단계적으로 세상이 끝나는 날까지 항상 더 큰 것으로 발전하게 될 것이다. (마태복음 마지막장 마지막절). 우리가 더 사려 깊지 못한데서, 우리들의 앞선 자들보다 더 성공적이지 못하며, 우리가 더 후에 있는 자들이기 때문이다.

우리는 그에게서 신뢰와 순종을 빚지고 있다.

9. 거기서 우리 믿는 자들은 더 큰 일들로 시험받을 뿐만 아니라, 바로 거기서 의무화 된것이 더 확실하다(만일 그리스도가 더 큰 행위들에 기회를 제공한다면). 우리는 벌써 그렇게 유리한 조건들을 제공하기 때문에, 스스로 더 안전하게 시도하기를 원한다. 우리는 우리의 일이 아니라 능력이 연약한 가운데서도 참된 권능인 그리스도의 일을 완성하게 될 것이다. 그 때문에 그분은 그의 제자들에게 그가 스스로 이루었던 것보다 더 큰 일을 남기게 하였다.

우리는 그분(하나님)에게 간청해야 한다.

10. 그리고 그가 덧붙였기 때문이다. 너희가 간구하게 되는 것, 그것은 내가 행하기를 원하는 것인데, 아버지가 그의 아들 안에서 영화롭게 되는 것이다(요14:13). 그가 마침내 그의 전 교회를 들으시며, 그의 이름이 거룩해지며, 그의 나라가 임하는 것 등이 그 어디에서보다도 전적으로 더 풍성한 영예가 되도록 너희 기독인들은 탄식하는 모습으로 간구하라! 오 예수 그리스도여, 모든 당신을 믿는 자들이 당신 언약의 진리를 바라도록 실현되게 하소서! 그리고 그들이 아버지가 아들 안에서 최고로 영예롭게 되기를 높은 용기로써 그것을 행하는 것이다.

제5장

보편적인 개선에 관한 개념

대체로 개선이 뜻하는 것은 무엇인가?

우리가 보편적인 개혁이 필수적으로 요구하는 것이 무엇인지를 대체로 더 분명하게 인식하도록, 보편적으로 개선이 뜻하는 것이 무엇이며, 그것이 어떤 본질적인 특이점들을 가지는지, 생각들의 영역에서 가르치는 것은 필수적이다.

그것이 어떤 요소들로 구성되는지, 1., 2., 3.,

2. 개선은 파멸된 선한 일을 그들 본래의 상태로 회복하는 것을 말한다. 거기서 3가지 구성요소들이 전적으로 만나게 되어야 한다. 1. 개선의 대상, 2. 개선하는 것, 3. 개선의 수단에 관한것이다. 먼저 이러한 3가지 구성요소들이 함께 할 때, 개선의 앞선 과정이 나타나며, 그것을 위해 요구되는 지혜가 나타나게 된다. 개선이 번성하게 되도록 이 모든 것은 어떻게 서로 닮아있는지 우리가 깊이 생각해 보자,

1. 개선의 대상과 그것의 3가지 조건들

3. 개선의 대상은 부패하기 시작했으며, 본래의 상태로 되돌려져야 하는 선한 일이다. 거기서 특별한 돌봄이 필요 되는 3가지 조건들이 요구된다. 1. 무엇인가 선한 일이 중요하다는 것, 2. 그러나 부패 되었다는 것, 3. 그것은 다만 처음의 상태에 있게 하는 것이며, 자명한 이치이기 때문이다.

I. 선한 일은 자체에서 개선되어 있기보다 먼저 가라앉는 것을 얻게 된다(예로서, 부패하여 건강하지 못한 상태를 가진 건물).

II. 부패하기 시작했던 선한 일은 그것이 온전히 파멸에 귀속하지 않게 되며, 그렇게 모든 가치를 잃어버리지 않도록 개선할 만하다.

III. 덜 파멸적인 것은 더 쉽게 개선되는 것이다(예로서, 단지 개별 부분만 흔들리는 건물).

IV. 너무 지나치게 부패한 것은 고치기가 어렵다(예로서, 온전히 붕괴한 건물).

V. 전체가 부패 된 것은 개선되지 않는다(개선되어야 한다면, 사람들은 새로운 일

을 일으켜야 한다. 잔해들 가운데 놓여 있는 건물처럼, 온전히 허물어진 의복처럼, 황폐하게 된 포도원처럼, 완전히 부서진 시계처럼, 잃어버린 생명처럼, 사망에 관한 그 어떤 살리는 약은 없다).

VI. 부패에 빠져가지 않은 것은 개선된 것보다 더 좋게 될 것이다(끊임없이 존재하는 것이 중단되는 것보다 좋으며, 상처받지 않고, 머물러 있는 것이 치료하는 것보다 더 좋으며, 은혜를 간구하기 위한 것이 결핍되지 않은 것이 더 좋은 것이다).

VII. 그러나 그것이 이전에 있었던 것보다 더 좋은 상태에서 사용되는 것이(그것은 더 완성되었거나, 더 완전한 것에 있음을 뜻한다), 부패해지는 것보다 더 낫다(처음부터 완전하지 않거나, 온전하지 않게 생겨난 일들이 부패했을 경우, 그것들이 개선으로 더 완비되며, 더 완전하게 세워지는 기회가 제공된다). 예를 들어 한 집이 무너지는 것은 더 나은 집을 세우는 기회가 주어진다. 바르게 치료된 부러진 발목은 비슷한 방식으로 그것이 쉽게 부러질 수 없도록 그 같은 견고함에 이르게 된다. 같은 방식으로 치료되었던 한 질병은 분명히 더 젊어짐과 생명의 연장으로 인도한다.

개혁되어야 하는 것에는 3가지가 요구되었다.

4. 개선하려는 자는 지식과 가능성과 의지를 소유하는 한 사람이 부패한 요점을 고치는 것이다. (스스로 아무것도 만들지 못하는 것처럼, 그렇게 스스로에서 역시 개조하지는 못한다. 거기서 공리(公理)가 생겨나는데, 아무도 개선하지 않는 곳에서는 어떠한 개선도 없다). 개선하는 것으로부터 3가지가 요구되었다. 지식과 능력과 원함 3가지로부터 한 가지라도 제거하면, 그것은 개선에 이르지 못한다.

I. 지식(아는 것)

5. 개선하는 자는 알아야 한다. 1. 온전한 일의 생각, 2. 부패의 원인, 3. 그것에 대하여 보증된 수단(반대로: 한가지, 또는 다른 것이 있지 않다면, 개선에 대한 노력은 결과가 없다).

공리(公理):

I. 일의 생각을 알지 못하는 자는 개선의 목표를 알 수가 없다.

II. 부패의 원인을 알지 못하는 자는 개선의 형태를 알지 못한다.

III. 치료법을 알지 못하는 자는 개선의 능력을 알지 못한다.

　　(그것은 그가 부패하는 것을 개선할 수 없다는 것을 뜻한다. 반대로 부패하는 것
　　의 원인을 아는 것은 개선의 토대를 밝혀준다.

II. 능력(할 수 있음)

6. 개선자는 할 수 있어야만 한다. 1. 법과 정의를 통하여, 2. 적용된 기회와 적절한
관계의 수단으로, 3. 그에게 주어진 고유한 능력을 통하여.

공리(公理):

I. 낮이 선 일들의 관점에서 우리는 권리를 소유하지 않는다.

II. 멀리 떨어진 일들을 행동하는 자는 도달할 수가 없다.

III. 그러나 역시 가까이 있는 일들에 관해서 행위자의 능력은 상승하나, 붙잡음은
　　가망이 없다.

III. 원함(바램)

7. 개선하는 자는 그가 알고 할 수 있는 것을 역시 실현하도록 그 때문에 원해야 한다.

공리(公理):

그가 선한 것을 행해야 한다는 것은 알고 있지만, 실천하지 않으면, 그것이 그에
게 죄인 것이다(약4:17).

(세계는 완전한 죄인들인데, 그 이유는 그들이 그것을 행해야 한다는 것을 알고
있지만, 행하려 하지 않기 때문이다).

개선의 수단은 무엇인가?

8. 개선의 수단은 개선에 대한 능력을 소유한 그 무엇이다.(행위의 각 원인자는 그가 그것들의 도움으로써 행동하는 도구가 필요하기 때문이다.

개선에 도구가 사용되지 않는다면, 아무것도 개선되지 않았다.

그들 3중의 능력

개선 수단의 능력은 3가지 구성요소 가운데 구성되어 있을 수 있다. 그것은 (1) 장애의 원인을 제거하는 것을 뜻한다. (2) 장애가 된 것을 그 상태로 다시 가져오는 것, (3) 계속해서 개선을 수행하는 것:

공리(公理):
I. 나쁜 것의 원인이 제거되지 않았다면, 악은 제거되지 않았다.
II. 올바른 형태가 새로워지지 않았다면, 개선이 없는 것이다.
III. 한때 개선되었던 것을 계속해서 견고하게 하지 않았다면, 장애는 재빨리 되돌아온다.

(당신의 농토를 황폐하게 하는 홍수가 중단되기를 당신이 원하는가? 그렇다면 지류(支流)들을 막아야 하며, 물을 유도하거나, 또는 땅을 말려야 한다. 그것들이 되돌려지지 않도록 강에다 댐을 만들었으며, 그래서 물은 온통 파괴하거나, 또는 새롭게 넘치지 않도록 충당하지 않는다. 먼저 당신은 손상을 입은 부분을 고치게 될 것이며, 홍수의 위험을 제거하게 될 것이다).

1. 나쁜 것을 제거하는 자질

9. 장애들의 원인을 제거하는 자질(資質)은 그 자질에 이의(異意)를 제기하며, 장애를 초래하는 것에 반대되는 것이다. 견해의 차이들은 서로 논쟁하며 몰아내기 때문이다. 그것들은 전적으로 장애가 되며, 결과적으로 약해지며, 무너지며, 폐기된다. 그렇게 냉기는 온기를 통하여, 온기는 냉기를 통하여 극복될 것이다. 잘못된 발걸음은 사

람들이 그것을 되돌리는 한 전적으로 개선되었다. 흩어짐은 재결합을 통하여 개선되었으며, 남용은 올바른 사용을 통하여 등등 개선되었다. 거기서 우리는 처방의 규칙을 알게 된다. 즉 대립하는 것은 대립적인 것을 통하여 치유되었다. 그러므로 그리스도는 교만에 넘어졌던 자들에게 그들이 아이들처럼 되도록(마18:3), 뉘우치고 돌아오기를 명하셨다. 그리고 서로 충돌하는 자들에게 모든 것에 예리하게 보는 자들이 되는 것과 눈먼 자들이 되기를 명하셨다(요9:40-41).

2. 선한 것을 되돌리는 자질

10. 일을 개선하는 형태는 수(數)와 질서와 구성요소들의 결합이 중요한 만큼, 형태나 일을 개선하는 것은 각자 일의 생각을 설명한다. 대체로 3가지 일들이 거기에 속한 것처럼, 하나의 사건을 기초하는 것(1. 아무것도 부당한 것들이 섞이지 않도록, 그리고 그들 본질이 결정하는 모든 부분이 현존해 있게 되도록, 2. 그것들 가운데 각각은 그의 자리에 있는 것, 3. 그것들이그들 본질을 하나와 활동 능력을 강화하기 위해 결부 되어 지게). 그렇게 새로운 것에서 하나의 장애가 생겨난다. 1. 필요한 부분이 결핍되거나, 또는 불필요한 것이 첨부되었을 때, 2. 부분들이 혼돈되었을 때, 3. 연결들이 장애가 일어났을 때, 그것에 따라 1. 결핍한 것이 과하며, 보완되어야만 하는 그 개선이 제거된다. 2. 무질서에 빠진 것은 정돈한다. 3. 그것은 느슨해진 관계들을 연결한다. 그것은 달리 진행하지 않는다.

3. 하나의 선한 상태를 계속 형성하는 자질

11. 그러나 개선된 사건은 어디서 항상 새로운 장애가 역시 나타나지 않도록 모든 가능한 발판이 필요로 한다.

공리(公理):
I. 개선된 것은 다시 파괴될 수 있다.
II. 이것은 이전 것보다 더 쉬운 것 (단지 반쯤 제거된 하나의 악이 기꺼이 되돌아가기 때문이다).

III. 그러므로 사람들은 개선되었던 일이 앞선 것보다 장애 앞에서 더 안전하게 있도록 이전 것보다 더 많이 사전방치가 이루어져야 한다.

(모든 것은 본성이 그들의 장애들을 개선하며, 그것들이 새로운 파멸 앞에서 안전해지는 것을 우리가 보았던 것처럼, 비슷한 방식으로 이루어지게 된다. 예를 들어 다쳤던 자리에서 마디는 그렇게 생겨나며, 그것은 나머지 목재(木材)보다 더 딱딱하다. 살아 있는 한 피조물에 의해서 정상적으로 치유된 골절은 반복하지 않는다. 그 이전에 치유적인 뼈는 근처에서 부러진다. 그것에 대한 근거는 자연이 고통받는 상처를 치료하도록 넉넉한 양분을 끌어들이며, 더 강한 견고함을 초래하는 노력을 기울였기 때문이다. 비슷하게 사탄의 흉계를 통한 소외(疏外)에 따라 역시 하나님도 더 밀접하게 우리와 결합 하였다).

개선의 진행 과정은 영향을 미치는 구성요소들이 고통받는 것들과의 관계에서 효과를 드러내는 그 안에 존속한다.

12. 개선의 진행 과정은 영향을 미치는 구성요소들이 1. 완전하게 2. 정리된 것, 3. 힘 있게, 그렇지만 고통받는 것들과의 관계에서 결코 강제적이지 않게 효과를 드러내는 그 안에 존속한다.

1. 완전하게

13. 치료 수단의 완전한 적용은 다음의 목표를 가진다. 1. 만일 그것이 장애가 일어났다면, 전체가 개선되도록 하며, 2. 단지 몇몇 부분들이 개선되었다면, 그것은 대부분 해를 받은 것들이어야 한다. 3. 모든 것을 개선하는 것이 가능하지 않다면, 일의 본질을 근거하고 있는 적어도 주된 것들을 개선해야 하며, 4. 마침내 장애 받지 않은 것은 개선하지 않도록 하는 것이다.

공리(公理):
I.   만일 전체가 장애 되었다면, 한 부분을 개선하는 것은 아무것도 개선하는 것을 뜻하지 않는다(전체는 그럼에도 불구하고 나타나지 않기 때문이다).
II. 강하게 손상된 부분들 가운데서, 단지 몇몇을 개선하는 일은 그 어떤 것도 개선을 의미하지 않는다(치료하는 부분이 새로이 해를 입히는 데 함께 관계되었기 때문이다).

III. 만일 주된 부분들이 장애를 입었는데, 덜 중요한 부분들을 개선하는 것은 아무 것도 개선하는 것을 뜻하지 않는다(주된 부분들은 일들의 토대이며, 그의 유용성이나, 또는 비 유용성을 초래하기 때문이다).

VI. 해되지 않는 그 무엇을 개선하는 것은 그것이 장애 되는 것을 뜻한다(해를 받지 않은 것은 올바른 상태에 있는 것처럼 그렇게 많은 것을 뜻하기 때문이며, 그러나 올바른 상태에서 멀리 있는 것은 하나의 장애이다.

결론: 1. 해치지 않은 것은 개선하지 말라. 그렇지만 그것을 행하면, 당신은 그 것을 해치는 것이다.

2. 사람들은 이처럼 과도하게 하며 더 주의를 기울이지 않는 열심에서 자신을 지켜야 한다.

2. 정돈된 것

14. 수단이 정돈되어 효력을 미치게 되는 것은 1. 아무리 전체의 가장 의미 있는 부분이 중요하다 해도, 방해하는 일을 제거하기가 시작되었던 그 안에 기인한다. 2. 다른 것들이 의존하는 근본적인 부분들은 개선될 수 있을 것이다. 3. 마침내 개선 없이 아무 것도 남아 있지 않도록 모든 부분. 거기서:

공리(公理):

I. 악한 것이 약해질 때, 다만 선한 것을 위한 공간이 존재한다.

(더욱 약화 된 것이 약해지지 않으면, 역시 개선을 위한 것은 아니다. 양자의 경우들 에서 무엇인가 움직인다. 그러나 대립적인 목표들에서는 아니다. 더욱 악화한 것에서 비존재로 운동이 중요하며, 존재에 대한 개선에서도 운동이 그러하다. 그러나 두 개의 반대 방향의 운동들은 같은 주제에서 공간을 발견할 수는 없으며, 하나는 약해져야만 한다. 그러므로 그리스도는 사람들을 가르치며, 그들은 악의 원천들로써 자신으로부터 멀어지며, 온전히 자신을 부정하는 하나님과 결합해야 한다).

II. 그것이 달리 진행되지 않으면, 전체의 안녕(복지)은 부분들의 손실과 함께 대가를 치러야만 한다.

(말하자면 종종 그것을 위한 치유 방법이 없어서 한 부분이 그렇게 손상을 입는다면, 그 부분이 다른 것을 전염시키지 않으며, 그의 전체를 파괴하지 않도록 사람들은 그것을 제거해야 한다. 예를 들어 화재로부터 한 부분이 덮쳐졌다면, 건강한 몸의 부분이 덮치게 되지 않도록 칼로 도려내야 할 것이다. 그렇게 손가락보다 손톱이 더 잘 해를 입어야 하며, 손보다는 손가락이 더 잘, 또는 몸보다는 손이 더 잘, 또는 영혼보다는 육체가 더 잘, 그리고 그렇게 사람 전체로서 그렇다. 거기서 그리스도의 섭리(攝理)가 기인한다(마18:8-9).

III. 더 큰 열성과 함께 중대한 것들이 개선되었던 첫 번째 일들은 먼저 그렇게 될 수 있을 것이다.

(나머지 것들이 걸려있는 것은 절박한 것이다. 악한 것보다 더 선한 것을 포함하고 있는 것이 더 중요하다. 의지(意志)는 지성에 의존하며, 지성(知性)은 감각 기관에 의존하며, 감각(感覺)은 일들에 의존한다. 거기서 당신은 변화를 초래하는 연약한 의지를 전적으로 가장 좋게 개선하게 된다. 그는 벌써 본성으로부터 노력하는 그의 가치를 더 잘 이해할 수 있을 것이며, 선하거나, 또는 악한 것의 꾸며진 가면을 쓰고 있지 않은 한, 본성으로부터 회피하는 악도 고치게 된다. 지성이 사건을 다르게, 더 좋게 이해할때, 더 올바른 감각 인식에 이르는 것을 초래하게 된다. 이것이 가능해지도록 그의 원천적인 모습 안에서 그 일을 알게 된다. 그렇게 지성에 앞서 먼저 감각이 개선되어야 하며, 지성은 의지에 앞서 개선되어야 한다. 그렇지만 지성은 모든 행위의 왕이기 때문에 의지는 더 힘 있게 된다. 이러한 이유에서 그리스도는 바리새인들과 논쟁하는데, 그들이 작은 것에 대한 불안한 염려로 큰 것을 놓치고 있었기 때문이었다(마23:23).

IV. 전체의 개선은 모든 것이 그의 부분을, 덜 중요한 것들을 스스로 개선하지 않을 때, 완성되지 않는다. (거기서 어떠한 흔적도 그것에서 발견하지 못하는 것으로, 즉 아무도 나병에서 완치된 것으로 보지 않게 되었다(레13). 그리고 사도는 율법의 모든 계명을 지키는 자로서 정당한 자로 간주하지 않았다(약2:10-11절 등).

3. 원기 왕성한

15. 치료법의 효력이 가득한 적용은 그들의 작용이 빠르고, 강하게 하는, 즉 그러나 경솔함과 강제성 없이 행하는 거기서 생겨난다. (빠르게: 치료할 수 없는 것에 이르기까지 더 깊게 찍어 넣기를 악한 것에 허용되지 않도록 하는 것이다. 악한 것이 더 길게 지속하면 할수록 더욱더 치료되지 않기 때문이다(3항에 따라).

공리 IV. 오늘 적용되지 않는 자는 내일은 더 적게 적용될 것이다! 그러므로 사람들은 악한 것이 더 강하게 되도록 허용해서는 안 된다. (잘 알려진 진리에 적합하게: 처음을 막아라! 악한 것이 계속해서 벌써 효력을 드러내면, 치료법을 찾는 것을 너무 늦다.). 만일 그것이 강하게 되었다면, 사람들은 어떤 경우에라도 그것이 무르익어 내적 약함을 통하여 그것과 투쟁하는 기회가 제공될 때까지 기다림을 가지게 될 것이다. 거기서 원칙이 나오게 된다. 즉 사람들은 하나의 확고한 뿌리를 내린 악을(그것은 확실한 것을 뜻하는데) 움직이지 않게 해야 한다. 당신은 근본으로부터 제거할 수 없는 것을 쓸데없이 움직이게 될 것이기 때문이다. 악한 것이 제거될 수 있도록 악한 것의 강제성을 극복하는 능력이 가득한 수단이 필요하다. 그것들은 단지 모든 것에 강제적으로, 파멸의 위험을 불러일으켜서는 안 된다. 이러한 이유로 더욱이 사도는 그가 고린도에서 죄인과 다른 사람들을 놀라게 하기를 원했을 때(고전5), 추방의 강한 벌을 적용하였다. 그러나 동시에 그는 사탄의 흉계로부터 박해받은 죄인을 속임수에 넘어지지 않도록 엄격함을 완화 시켰다(고후2:7,11).

세계적인 개선이 무엇인지. 다음의 설명에서

16. 개선에 관하여 아주 많은: 세계적인 개선은 그와 같은 것을 요구한다. 그렇지만 세계적이란 것은 1. 모든 것이 개선되어야 하며, 2. 모든 사람이 개선되어야 하며, 3. 개선에 이르게 하는 수단은 모든 방법이어야 한다. 개선의 진행은 전적으로 온 세계적인 것이어야 하며, 가능한 대로 단순하며, 전적으로 자발적이어야 한다. 우리는 이처럼 위에서 같이 동일한 질서에서 시작하며, 각 부분을 특별한 것에서 보이게 해 보자.

1. 모든 것은 개선되어야 한다.

17. 모든 우리의 자산(資産)은 개선되어야 한다. 그것들은 출생에서 우리 모두에게 동일하게 선한 창조자로부터 선물 되었거나, 또는 후에 그렇지만 우리로부터 우리 안에 여러 면으로 파멸된 후에 잘 베풀어 첨부된 것이다. 우리가 몰락하기를 원치 않는다면, 그것들은 이처럼 여러 면으로 새로워지게 해야 한다. 보편적인 개선은 이처럼 3가지 요구를 충족해야 한다. 우리는 개선할 것을 가지고 있는데, 1. 파멸되었으며, 개선에 항거하지 않는 우리들의 가진 자산(資産)의 모든 것이며, 2. 우리 안에 있는 모든 것이며, 3. 각각의 방식에서이다.

나는 모든 것이 개선되어야 하는 관계된 것들을 말한다. 1. 일들과, 2. 사람들과, 3. 하나님께 관계된 것으로, 말하자면, 교육과 정치와 종교이다. 모든 것이 개선되어야만 하는데, 다만 가능한 만큼 파멸의 한 방울도 남아 있는 것이 없는 모든 신분의 사람들, 세대의 그룹들, 성별과 백성들이다. 그리고 이것은 전적으로 아첨하는 것이 아니라, 항상 진실하며, 피상적인 것이 아니라, 철저하며, 우연이 아니라, 변함없이 지속하는 것을 뜻한다.

2. 모든 사람이 개선되어야 한다.

18. 여기서 모든 사람은 공동으로, 그리고 사람들과 신분과 백성들로 각자는 개인 안에서 개선되었다. 그 이유는 모두가 전체 안에서, 그리고 각자 개인 안에서 사람들이기 때문이다. 그것은 모두가 자유의지를 가진 피조물이며, 그들이 자유의지의 기쁨으로써 주도하게 되는 한, 자유로운 판단에 힘을 소유하고 있는 창조주의 모범을 따르는 피조물을 뜻한다. 그들은 의지에 반하게 더 좋은 것을 필요하게 여기는 것보다 나쁜 결단들과 자체의 혼잡함을 통하여 구원의 길에서 피하며, 몰락하게 되기를 더 선호한다. 거기서 자유의지가 비록 그가 그것을 타락에 관하여 드러내고, 그것을 새롭게 했다 할지라도, 스스로 하나님께로 강요하지 않고, 그 의지가 그것들과 함께 단지 충고들을 통하여 행동하며, 그것들은 약속을 통하여 선한 것으로 유혹한다. 의지는 악한 것에서 충고들을 겁먹게 한다. 의지는 권고들이 어떻게 구원의 길을 자신 앞에서 볼 수 있을지, 실패의 충격 앞에서 자신을 보호하며, 자신을 돌볼 수 있을지, 충고들을 가르친다. 충고와 지도, 더욱이 하나님의 붙드심에 결과를 기꺼이 수행하는 자들에게 의지

는 순종을 위한 아낌없는 보상을 약속한다. 그를 따르기를 거절하는 자들에 관하여 그들이 자체의 실수를 통하여 몰락하는 것을 하늘과 땅을 증거들로 호소하기 때문에, 그는 선포한다. 지금까지 개선하는 것이 필요한 곳에 자신과 스스로 지혜롭게 행동하기를(지금까지 그것을 할 수 없는) 사람들에게 가르치는 이처럼 우리가 하나님을 본받는 것 외에 아무것도 다른 것이 남지 않는다. 그러므로 모든 사람은 자체적이며 공동의 구원에 그들 개인적인 행동을 통하여 세계적인 개선을 파악할 수 있으며, 파악하기를 원하기 위하여 그들의 지식과 그들의 능력과 목표에 대한 그들의 의지를 향해야 한다.

이처럼 모든 사람은 지도받아야 한다.
1. 그들이 아는 것

19. 모든 사람(각자 살아 있는 사람들 스스로, 각 가정의 아버지, 각 교사, 각 교회의 봉사자, 공동체의 각 대표자, 그들의 작은 소유와 스스로 자신 등)은 어떻게 개선하는 것인지를 아는 것(지식). 그들이 일들의 아이디어에 대하여 바르게 가르쳐질 때, 그리고 그들이 벌써 행동하게 되었을 경우 실수 많은 발걸음을 내려놓거나, 또는 그것들을 고치는 데 자신과 다른 이를 주도할 수 있기 위해, 필요한 것이 무엇인지를 그들이 이해할 때이다. (사람들은 그것에 대하여, 가르쳐지게 할 수 있다. 1. 건강한 인간 지성의 소리를 통하여, 2. 자연과 인간의 일들에서 우리가 만나게 되는 일들의 모범을 통하여, 3. 신적인 계시의 증거를 통해서다. 사람들은 인간 사회가 조화롭게 건축된 몸과 같은 것이라는 사실, 그것은 유기체를 가진 개체의 영혼이나, 또는 지체를 가진 개별 인간과 가족들을 가진 공동체, 그들 공동체와 함께 종교와 그의 영역과 지역과 함께 나라가 또는 마침내 모든 나라와 함께 하는 전 인류가 중요하기 때문이지(동시에 세계공동체를 위하여), 그 몸은 단지 조화로운 행위를 통하여 유지하며, 지성의 제공에 따라 다스린다는 것이다. 이 모든 것이 어떻게 형성하며, 보존하며, 지도하며, 장애의 경우에 개선하는지에 대해 말했던 것처럼, 건강한 지성은 역시 감각의 도움으로써 자연의 대상을 가르치게 할 수 있을 것이다(나무, 생명체 등등. 그래요, 역시 기술적으로 완성된 일들을 통하여, 시계, 인쇄). 하나님은 이것을 그의 말씀을 통하여 확인시켜 준다. 만일 이처럼 한 사람이 아직 이해하지 못하며, 듣기를 원하지 않을 때, 그는 모든 피조물과 함께 스스로 자신 그리고 역시 하나님과 함께 스스로 논쟁해야 한다.)

공리(公理): 모든 개선의 아이디어들은 존재하게 될 것이다.
I. 당신의 건강한 지성의 분명한 작용들
II. 물질의 세계에서 아름다운 보기들
III. 하나님의 여러 다른 방식의 경고들
2. 그들이 할 수 있도록

20. 이외에도 모든 사람은 그들의 지식을 적용하기와 자신이 행복하기를 바라는, 그리고 하나님 안에서 그들에게 주어진 큰 특권에 대하여 기뻐하기를 배워야 한다. 그것들이 자신과 그들에게 속한 것을 개선하는 인간적이며 신적인 권리를 가지는 것처럼, 요구하는 것보다 더 많은 것처럼, 하늘로부터 제공된 도움을 고려하여 작품에 손을 대는 일이 얼마나 쉽고 아름다운지를 그들이 파악하자마자 곧 그러한 방식으로 의미 있는 동기들, 제시들, 도움들에 대하여 게다가 제공되었던 만큼 배워야 한다.

3. 그들 자신과 그들의 것이 개선되기를 원하는 것

21. 이러한 기쁨과 거기서 나와 흐르는 개선의 거룩한 사역에 대한 열정은 만일 사람들이 그 같은 방식의 큰 작품의 탁월성을 개별적인 눈으로 파악할 때, 증대하게 한다. 만일 우리가 낙원을 파괴하지 않았을 때, 그것이 낙원에 있었던 것처럼, 인류가 다시 저 상태로 인도되는 것이 말하자면 중요하다. 그것은 우리가 소유했을 때를 뜻한다. 1. 하나님의 일들을 인지하기 위하여 밝혀진 지성을, 2. 상대적인 관계에서 일치를 목표한 감각을, 3. 하나님 앞에서의 변화를 위하여 순수한 마음을 소유하는 것이다. 만일 우리가 그러한 상태에 머물렀다면, 우리는 세계의 범주를 충족해야 했을 것이다. 우리가 그것을 벌써 채우기 때문에, 우리가 목표를 놓거나, 또는 그쪽으로 되돌리기를 곳곳에서 요구하는 것이다. 1. 전 세계가 악마와 육체와 세계의 구석진 곳에 학교들이 소멸하는 거기에 하나님의 학교들이 되며, 2. 각 나라와 공화국들이 그리스도의 통치 영역으로 변화하는 그리스도의 왕국이 되며, 3. 유일한 하나님의 성전과 유일한 예배가 계속해서 보편적인 종교의 표지에서 분리되지 않은 신앙고백에서 존속하는 것, 4. 마침내 전 세계는 하나님의 가족이 되어야 하며, 유일한 세계적인 언어의 띠를 통하여 결합 되어야 한다. 지역적인 언어들은 중단하든지, 또는 적어도 공동의 언어로서 다르게 들리지 않아야 한다.

세계적인 개혁의 수단은 3중적인 방식에 관한 것이다.
(이 책의 다음 장은 정돈된 것에 따라)

22. 그들 자신과 일들이 여러 면에서 개선되는 것을 알도록, 이것을 할 수 있으며, 그것을 원하도록 미래적인 개혁자들이 가르쳐져야 하는 것처럼, 그것에 관하여 아주 많이 말해졌다는 것이다. (그것은 모든 사람을 뜻한다). 우리는 개선을 위한 세계적인 수단에 관심을 기울인다. 1. 우리의 모든 결함이 종국을 맞게 됨을 통하여, 2. 더 나은 상태를 새롭게 함을 통해, 3. 손상들이 다시 발생할 수 없도록 개선이 계속해서 이루어지게 함을 통해서이다.

1. 우리의 악을 여러 면으로 끝내는 수단

23. 우리들의 결함이었던 것, 그리고 지금까지 존재하는 것들은 벌써 범지혜론(Pansophia), 범교육론(Pampaedia), 그리고 범언어론(Panglottia)에서 규명한다. 그것은 우리가 교육과 정치와 교회의 영역에서 본질적인 것에 대하여 주목하기를 잊어버린 것을 뜻하며, 그 대신에 과도한 것과 표면적인 것과 하찮은 것들로 가득 채웠던 것을 의미한다. 거기서 모든 일의 혼잡이 뒤따른다. 그러므로 합당한 장소에 아무것도 남아 있지 않게 되었다. 마침내 우리와 일들 사이, 우리와 하나님 사이에서처럼 그렇게 상대적으로 우리 사이에서도 참된 관계들이 파괴되었다. 거기서 우리는 일들과의 경솔한 대화의 결과로써, 우리와 함께 스스로, 하나님과 함께 세계에 대한 통치를 매우 침해하였다. 상호조화의 입장에서 우리는 말하자면, 상호 간의 영원한 불일치, 불의와 미움, 마침내 하나님의 진노, 여러 가지 상처와 저주를 얻게 된다. 냉혹함, 무감각과 죽음을 초래하는 둔감이 모든 이러한 악한 것들에 나타났다. 이러한 악한 것들이 제거하게 하지 않는다. I. 우리는 우리의 결핍들 앞에서 눈을 감도록 영향을 주었던 외고집, 무감각, 부주의를 뿌리쳐야 한다는 것이다. II. 우리가 야만과 과감한 행위를 내려놓는 한, 우리는 전적으로 하나님과 화해한다. III. 우리는 서로 화해한다(우리가 지난날의 불의를 잊고, 여러 가지 설득의 화해를 통하여 인내하며, 사랑 안에서 미움을 변화시키는 한). IV. 우리가 부분적이며 혼잡한 지식을 제거하는 한 참된 지식을 얻게 된다. 이러한 불가결의 요구들에 대하여 우리는 다음의 장들, VI. VII. VIII. IX에서 취급할 것이다.

2. 그것들은 우리 보화(자산)의 총체를 되돌리게 될 것이다.

24. 우리의 축복된 상태의 올바른 방식을 새롭게 하는 적용된 수단, 적용될 수 있는 수단: 즉 전체성과 단순성과 자발성에 근거한 1. 하나의 새로운 철학, 2. 하나의 새로운 신학, 3. 하나의 새로운 정치에 관한 것이다. 현재의 철학과 신학과 정치는 전적으로 파당적이며, 교활하며, 강제적이다. 그것들은 참된 전체성과 참된 단순성과 참된 자유의 법칙으로 더 이상 되돌리게 하지 않는다. 근본토대의 과로를 통하여 있으며, 그러므로 공포와 협소함과 미움과 파멸을 통하여 경악하는 그들 가운데 아무것도 편파적이며, 혼란스럽거나, 또는 그 무엇도 아니라는 것이다. 그것에 관하여 우리는 X. XI. XII. XIII 장에서 다루게 되며, XV장 에서는 세계적인 언어에 관하여 다룬다.

3. 그것들은 다시 획득한 우리들의 보화(자산) 전체를 저항력 있게 만든다.

25. 하나님이 마침내 우리를 불쌍히 여기시고, 그것이 그만큼 다다르게 한다면, 개선된 이 모든 것은 계속 형성되도록 하는 것이 동시에 필요하다. 아무것도 유혹받지 않으며, 새로운 혼돈에 다시 넘어지지 않도록, 그것은 마치 영원하게 되는 것이 요구된다. 낙원에서 처음 사람들에게 발생한 것이 우리에게 더 이상 일어나지 않도록 해야 한다. 그들은 더욱이 행복한 상태에 있었다. 그러나 그 상태는 계속되지 않았으며, 그들은 그 상태를 잃어버렸다. 우리들의 숙고는 낙원에서 잃어버린 보화(자산)를 새롭게 하는 그리스도는 교사로서 아담보다 더 지혜로운 것을 목표한다. 인류의 가장 잘 선택된 자들로 구성된 3가지 협의체들(Kollegien)을 통하여 사람들이 이것을 어떻게 달성하게 할 수 있을지, 그것은 XV, XVI, XVII, XVIII 장에서 참된 아이디어들에 적합하게 증명하게 된다.

어떤 순서로 세계적인 개선의 과정이 수행되어야 하는지

26. 그것들이 사역에서 힘 있게 추진하지 않았다면, 계획들이 유용하지 못하기 때문에, 그래서 우리는(XIX 장에서) 어떤 방식이어야 할지를 설명하게 된다. 1. 각 사람 스스로, 2. 각 가정 자체가 스스로, 3. 각 학교가, 4. 교회, 5. 국가, 6. 마침내 세계 공의회(이에 관하여 XXV장에서 다룸)를 통하여 전 세계가 갈망하는 목표로 인도될 수 있

는 것이다. 그러므로 모든 일은 총체적으로 이러한 하나님의 왕국에서 적절하게 정돈된 각자 특별하게, 세계 체제의 모습이 될 것이다. 그 모습은 상당한 비대함과 적절한 질서와 합당한 연결들 가운데서 영원한 지혜가 모든 것을 껴안으며, 만일 그것이 창조자에게 기쁨이 된다면, 아름다운 조화 가운데서 영원에까지 발전하도록 세운다. 그것에 관해서 XXVI 장에서 다루게 된다.

어떤 영향력이 큰 수단들과 함께

27. 그렇지만, 우리가 전체의 사건을 아주 넓게 가져오며, 모든 우리의 일들을 개선해야 하는 수단은 혼잡한 것들의 그 같은 대홍수를 고려하여, 특별히 많은 능력이 있어야만 한다. 그 같은 뿌리박힌 나쁜 점들이 가벼운 선한 것 앞에서 물러서지 않으며, 짙은 어두움이 부드럽게 반짝 빛을 비춤 앞에서도 물러서지 않기 때문이다. 그렇게 큰 늪지들이 가볍게 부는 바람을 통하여 완전히 마르지 않게 된다. 거대한 심연(深淵)의 모든 원천과 하늘의 급류가 열어졌을 때, 땅의 끔찍한 일들을 쓸어가기 위하여 주님으로부터 보내진 홍수에 태양의 광채나, 또는 번개에 견줄만한 선한 것의 풍성함인 질서와 빛의 온전한 광채의 충만한 권능이 여기에 있게 해야만 한다. 그것들은 소돔과 고모라를 멸망시켰던 하늘로부터 떨어지는 불처럼, 여리고의 벽들을 무너지게 했던 온 백성들의 함성과 신적인 트럼펫의 울림처럼, 주님으로부터 임하는 뇌우와 산이 넘어지며, 바위가 깨지게 하는 강한 바람처럼, 불과 지진 후에 하나님의 음성이 들리도록 하는 조용하고 온화함이다.

그리고 어떤 분명한 희망과 함께

28. 높은 곳의 권능은 이러한 사역을 완성하게 될 것이다! 다만 우리는 하나님께 더 오래 반항하지 않아야 한다. 그렇지만 하나님이 그의 일을 완성하게 하자! 하나님이 우리 안에서 그의 일을 완성하게 하자! 우리가 그와 함께 공동의 노력을 기울일 때, 우리는 그분과 함께 일하게 된다! 그것은 세계와 그의 활동 모든 것에 영향을 미치며, 그것들에 적합하게, 그가 지금까지 작용했던 그의 영원한 아이디어들을 통하여 하나님이 우리에게 가르치는 것보다 아무것도 다르지 않으며, 우리는 아무것도 다른 것을 행하지 않는다는 것을 뜻한다.

제6장

세계적인 개선의 길에서 유력하게 자신을 내세우는 악(惡)이
제거되는 방법, 그렇지만 먼저 정신적인 무 감각성, 부주의성,
선입견과 완고함의 제거에 대하여

우리는 특히 개선의 첫 번째 장애를 스스로 우리 안에서 찾고자 한다.

우리는 이로써 개선의 장애물을 명백히 논증 하기를 시작해 보자! 먼저 우리를 내적으로 묶으며, 무능하게 하는 그 어떤 것의 개선을 공격하는 것인데, 바로 이것은 모든 멸망과 우리들을 개선할 수 없게 하는 것들의 뿌리이다. 어떤 것이 중요한가? 대체로 우리는 그것을 정확한 진단의 도움과 함께 연구해 보기로 한다.

그것은 어떤 것들인가?

2. 철학자 세네카[67]의 충고는 모든 것에서 유익하다. 그는 말하기를, 인간은 가축처럼 무리를 따르지 않고, 무리가 가는 쪽으로 가며, 사람들이 가야만 하는 그쪽으로 가지 않는다는 것을 대체로 입증해야만 한다. 그렇지만 사람들은 이러한 충고를 잘 잊어버리는 것이 명백하다. 우리가 어디에서 세상으로 오며, 우리는 어디로 가고 있으며, 우리는 어떤 길 위로 처음부터 지금까지 걷고 있는지, 단지 소수의 사람이 생각하게 된다. 우리는 쉽게 한 사람이 처하여 있는(그가 악하든지, 선하든지) 정황에 만족하며, 우리들의 관계의 변화가 더 좋아지는 것에 관해서는 습관적으로 염려하지 않는다. 그리고 더 나빠지는 것에 대해서도, 즉 우리가 그것에서 모든 것이 빗나감을 거부하며, 그것을 무효화 하려고 애쓰는 한편, 우리가 그것들을 더욱 완강하게 거절하며, 방어하는 정도에서 우리들의 관계들이 만족하게 되기를 표현한다.

3가지 장애들이 온전히 우리 안에 놓여 있다.

3. 우리가 타락된 내적인 악은 3가지 모습으로 나타난다. I. 경솔함과 둔감함, II. 어디서 경솔함이 생겨나는지, 우리가 벌써 진실한 것과 선한 것을 소유하고 있다는 선입견들에서, III. 마침내 우리가 다른 이들을 미움으로 대하는 동안, 그 자체적인 일들의 관점에서 특별히 해치는 편파성에서이다. 이러한 3가지 특성들은 온전히 제거되어야 하며, 반대로 되돌려져야 한다. 그것은 I. 이루어지는 모든 것을 위한 가장 큰 경각심

---

67) Seneca, Lucius Annacus(BC. 4- AD. 65), 로마의 철학자, 시인, 정치가.

안에서, II. 더 나은 지식을 위한 가장 고통스러운 염려 안에서, III. 가장 큰 의지의 준비와 더 나은 관점을 허용하는 노력에서이다.

1. 일들에 대하여 정신과 부주의 안에서의 무감각

4. 존재하며 발생하는 모든 것에 대한 관점에서 인간의 무감각, 그것은 누구에게 알려지지 않을 수 있는가? 다수는 하나님과 세계와 자기 자신을 온전히 알지 못한다. 그것에 관한 지식을 소유한 자는 단지 피상적으로 알고 있을 뿐이다. 그것들은 역시 깊게 들어가거나, 또는 진리와 거짓 사이의 차이와, 선한 것과 악한 것의 차이를 파악하는 것은 전혀 생각되지 않았다. 인간의 의식들이 이러한 편협함의 사슬들 안에 머물러 있는 동안, 우리는 일들의 세계적인 개선에 대한 희망을 헛되이 만들게 될 것이다. 악도 개선의 필요성도 파악하지 못하는 자가 역시 무엇을 개선할 수 있단 말인가? 우리가 멀리했던 이성적이며 완전한 상태를 알지 못하는 자가 개선의 필요성을 이해할 수 있겠는가? 우리가 개선을 돌보기 위하여, 게다가 사람들을 움직이는 과제를 지금 우리에게 취한다면, 우리는 먼저 이러한 무기력을 몰아내야 한다. 그러나 어떤 방식으로? 하나님의 연극무대에 도입된 모든 것과 남아 있는 감각기관들이 소유하고 있는 것처럼, 그렇게 눈과 귀들이 결단하며, 열심히 모든 것과 함께 다루며, 그들의 정신을 세계적인 빛과 함께 만족하는 그것들이 모든 것을 개인적으로 연구하고 알게 됨으로써 충고와 확신을 통해서이다. 이것이 정신의 빛을 향한 동경에 다다르며, 그 동경에 눈뜨게 되면, 벌써 그 첫 번째와 가장 해로운 장애는 정신 안에 있는 어두움을 제거하게 되었다. 그러한 것은 모든 것에 의하여 도달하는 것이 가능한 것처럼, 그것은 연구되었고, 밝혀졌으며, 그리고 범교육론(Pampaedia)을 빛으로 가져오게 되었다.

2. 인식된 일들에 대한 배려와 함께 만족함과 그것을 통하여 접근된 선입관들

5. 적잖이 해로운 두 번째 장애(障礙)는 한 사람에 의해서, 그리고 어디에선가 역시 항상 획득된 지식을 고수하는 어떤 천성적인 무감각을 말한다. 그러므로 비록 그것들이 제공된 것이라 해도, 더 진실하고 더 좋은 인식들에서 공간은 보증되지 않았다. 첫 번째 인상들은 먼저 지성(知性)을 각인하기 때문이다. 그러므로 그것들은 깊게 달라붙

어 있으며, 얼마 후에도 물러나지 않는다. 그 결과로 우리에게는 먼저 획득된 통찰이 지배하게 된다. 거기서 다른 사람이 소유한 것보다 우리가 가진 것은 더 참되며 더 좋은 것이라는 선입관이 생겨난다. 이러한 선입관은 누군가 우연을 통해서나, 또는 습관에서 판단된 모든 것이 생소한 이해들로서 더 가치 있는 것으로 간주하는 한도에까지 지성을 포로로 붙잡게 된다. 이처럼 우리는 생소한 직관들을 무시하여 거절하고, 그것을 과도한 것으로 간주하며, 침묵을 통하여 판단한다. 거기서 각자에게는 자신의 철학과 그의 이해들과 자신의 종교와 예배 의식과 자신의 정치와 습관화된 통치 형태들이 우상이 되는 결과에 이르게 된다. 만일 우리가 이처럼 진실로 일들의 개선을 위해 노력한다면, 우리는 인간으로 탄생한 자를 인정하는 것, 역시 인간으로 탄생 된 저 다른 사람처럼, 그는 오류가 있으며 실수할 수 있는 실망들에 굴복하는 역시 그가 한 인간이라는 그 목표와 함께 이러한 장벽들을 제거하는 어떤 수고를 필수적으로 사용해야 한다. 그것에 대하여 벌써 우리는 대략 범각성론(Panaugia) 15장 20항에서 설명하였다. 만일 우리가 사람들을 그러한 선입관들의 사슬로부터 다방면으로 해방하지 않을 때, 세계의 개선에 대하여 우리는 헛된 것을 희망하게 된다.

3. 완강함과 지식 없는 열심

6. 개선의 3번째 장애인 완강함은 선입관에서 생겨난다. 그것은 우리가 단지 더 참되고 더 좋은 생각들을 거부하는 것이 아니라, 만일 그것들이 그 어떤 곳에서 보일 때, 역시 그것들에서 우리를 되돌리고, 그것에 대항하여 완강하게 방어하기를 초래한다. 이러한 원천들에서 철학 안에 예리한 논쟁들이 나타나며, 종교 안에서 격렬한 미움이 생겨나며, 열정과 함께 한 면으로부터 감정을 불러일으키게 되며, 다른 면으로부터 열정적으로 참게 되는 가장 쓰라린 적대감이 일어나게 된다. 각자는 그가 진리와 평화와 하나님을 위해서 투쟁하며 고난받게 되는 것을 상상하는 동안, 사도(Apostel)가 몰이해와 함께 열성으로(롬10:2) 표시하는 잘 알려진 자만심이 이러한 비정상에서 보이게 된다. 그러나 우리가 이러한 열성을 처리하지 않고, 그것을 다른 이들에게 가르친다면, 우리는 끝도 없고, 유익도 없는 열성만 남게 될 것이며, 그것들이 현존하는 상태로 파괴된 채, 흩어진 채, 머물러 있게 될 것이다. 그리고 결코 일치에 이르지 못하게 될 것이다.

3가지 장애들을 제거하는 것은 어떤 것인가?

7. 사건이 다르게 조정된 것은 이와 같이 보편적인 관심사에 놓여 있다. 그것은 다음과 같은 것을 뜻한다. 1. 우리는 모든 것을 더 잘 주목하게 될 것이다. 그래서 우리에게서 근거한 그 하나에 대하여 의심하거나, 또는 판단할 수 있는 것은 아무것도 남지 않는다. 2. 우리는 모든 것을 검토하며, 하나님의 충고에 스스로 상응하는 가장 좋은 것을 보존하자(살전5:20). 3. 역시 항상 결점이 있는 발걸음이 인식된 곳에서, 각자는 오류를 진리로 바꾸는 것이 준비된다는 것이다.

어떤 수확물과 함께?

8. 우리가 그 모두를 참되게 만들면, 우리는 그렇게 모든 큰 수확물을 얻는다. 1. 각자가 그가 짐작해서 아는 것보다 더 많은 것을 알게 될 것이며, 2. 각자는 사람들이 양들처럼 잘못된 길을 가고 있음을 인정하게 될 것이다(사53:6에서 하나님이 말씀하시는 것처럼). 3. 오류(誤謬)에서 진리에 이르는 기회가 모두에게 주어질 것이다.

부수적인 일

그리고 거룩한 노력은(모든 오류에서 해방되는) 모두에게 유익으로 작용하게 될 것이다. 우리가 빠져나왔던 그쪽으로 되돌아가 오류들을 개선하는 길이 있다는 것이 모두에게 분명하게 될 것이다.

우리 모두 공동의 길로 되돌아가도록

9. 우리가 그렇게 우리들의 여러 모습의 흩어짐으로 잘못했던 것이 진실로 밝혀지기 때문에(그것은 전체의 길을 뜻하는데, 우리는 그 길을 하나님의 뜻을 향하여 모두가 걸어가야 하며, 우리가 명백하게 선한 목표들로 향하여 가는 자발적인 길처럼 그렇게, 우리가 위험에 내맡겨지는 것 없이 전진하는 단순한 길을 걸어감을 뜻한다), 우리모두 공동의 길을 되돌아가야만 한다는 것은 동시에 나타난다.

복귀에 대한 황금율

10. 우리 모두 보편적인 규칙으로서 효력을 가질 수 있을 공동의 규정을 결정하는 것이 벌써 지금 필요하게 될 것이다. 우리가 길을 잃었던 그리로 되돌아가자!

11. 우리가 길을 잃었기 때문에, 1. 수많은 혼잡으로 수많은 기회에 의한 통일성에 관하여, 2. 수많은 오류 안에서 수 없는 견해들 때문에 진리에 대한 오류들에 관하여, 3. 선한 것에서 끝없는 멸망의 욕구들과 수고들에서 헤아릴 수 없는 거짓의 흉계들 때문에 선한 것에 관하여.

모든 사람이 모든 것에서 주의해야만 하는 것

12. 그렇기에 우리는 되돌아보자. 1. 단순성을 통한 분규로부터 통일로, 2. 우리가 짐작하는 것들을 떠나는 한, 오류로부터 진리로, 3. 서로의 사랑을 통하여 편파적인 노력과 투쟁으로부터 평화와 일치로.

1. 우리 모두 하나님 안에서 하나가 되도록

13. 각 사람은 모두 흩어짐 없이 참된 통일을 이루게 되도록, 각 가족과 가정이 각 도시처럼, 각 나라와 모든 백성이 한 몸이 되는 것. 마침내 역시 우리가 저 한 분이신 하나님 아래서 전 인류가 일들의 전체와 함께, 그리고 천사들의 모든 찬양과 함께 통일을 이루게 되는 것. 오직 이 한 분 하나님께 찬양과 영광이 영원하기를 아멘!

2. 참으로 진리 가운데서

14. 각 사람은 (이렇게 가족과 공동체와 나라와 교회 등) 어두움에서 자유롭게 빛과 진리 안에서 분명히 하나님의 창조가 될 것이다.

3. 평안한 가운데서 쉬는

15. 각 사람은 참되고 실제적인 환희로부터 충만하게 될 것이며, 분명히 하나님 안에서이다. 각 가정과 국가와 교회와 각 학교에서도 비슷하게 될 것이다.

이것이 구원의 첫 길이다.

16. 감각(感覺)의 탄생, 지성(智性)의 원천, 그리고 의지(意志)의 샘으로부터 모든 무기력의 더러움, 선입관들과 나쁜 경화증을 제거하는 것이 개선의 첫 번째요, 안전한 길이 될 것이다. 그리하여 곳곳의 모든 것에서 세심한 주의와 판단과 준비의 작은 개울을 더 나은 곳으로 흐르게 하는 시작이 될 것이다.

제7장

무신론의 제거에 관하여, 그것은 하나님과 함께 생각 없는
행위에 관한 것을 뜻한다.

생각 없이 행동하는 것은 무엇을 뜻하는가?

사람들은 목표와 목적 없이 기획한 그런 행위를 경솔하게 행동하는 모습으로 말하곤 한다. 그러므로 그것은 유익이 없으며, 이따금 매우 경악과 파멸 가운데서 끝난다. 하나님의 사랑을 받았던 피조물인 사람에게 그러한 일이 일어나지 않도록 창조주는 인간의 영혼에다 지성(智性)의 빛이 불붙도록 준비하였다. 그렇지만, 사람들은 맹목적인 격렬한 태도로 닫아버린 눈과 함께 말하자면 일들에서 상대적으로 자신과 하나님을 대면하는 것보다 아무것도 더 습관적이지는 않다! 하나님이 세 번이나 다음과 같은 말씀을 반복함으로써 그의 율법 가운데 엄히 금지했음에도 불구하고(레26), 그 일은 발생한다. 너희가 나를 거슬러 내게 청종하지 아니할진대, 내가 너희의 죄대로 너희에게 일곱 배나 더 재앙을 내릴 것이라(레26:21,23-24, 27-28).

하나님과 함께 경솔하게 행하는 것이 뜻하는 것

2. 하나님과 함께 경솔하게, 또는 생각 없이 뒤바꾸는 것이 뜻하는 것. 저 무신론적인 신앙은 3가지 단계를 지니고 있다. 1. 하나님을 존중하지 않으며, 그를 경외하지 않는 것. 2. 입으로만 그에게 경배하며, 마음과 행동으로 경배하지 않는다. 3. 대체로 그에게 경배하지 않으며, 먼저 하찮은 존재로 평가하며, 모욕하며 성질을 낸다.

1. 하나님을 경외하지 않는 것

3. 손실에서 자신을 보호하기를 원한다면, 하나님을 경외하지 않는 것은 피조물이 생각과 원함과 행동 안에서 유지하는 피조물과 창조주가 서로 결합해 있는 저 의존성을 망각하게 되는 것을 뜻한다. 생각에서: 인간은 그의 삶에서 현존하는 그의 생명과 모든 것이 하나님의 뜻을 통하여 존립한다는 것을 항상 기억해야 하며, 하나님이 그의 도움을 거절할 때, 모든 것은 파멸된다. 원함에서: 인간이 항상 자신의 의지를 하나님의 뜻에 복종시키지 않을 때, 선한 것을 누릴 수 없으며, 악한 것을 피할 수가 없다는 사실을 그가 확신하는 것이며, 행동에서: 그의 실천이 그의 원함처럼, 오직 모든 덕행의 저 원천에서 흐르는 것이 더 확실하다는 것이며, 그는 하나님을 신뢰하는 것 외에 아무

것도 다른 것은 이룰 수 없을 것이다. 그것에 대하여 잊어버리는 것과 모든 것이 자신에게, 또는 맹목적인 우연으로 여기는 일은 비이성적인 피조물로 타락한 하나님을 부인하는 자로 부르는 것이다.

2. 입으로는 하나님을, 그러나 마음과 손으로는 경외하지 않는 것

4. 입으로는 하나님을, 그리고 마음과 행동으로 경외하지 않는 것은 아첨하는 바리새인들과 같다. 말하자면, 사람 앞에서는 종교와 경건을 그럴싸하게 보이지만, 그러나 내적으로는 그것을 아는 것이 없는 자들이다. 마음의 깊은 곳을 보시는 하나님 앞에서 이것은 공공연한 불신앙과 구별되지 않는다.

3. 결론적으로 입으로는 한 번만이 아니다.

5. 내면적으로도 아니며, 세상 앞에서도 하나님에 대하여 관계하지 않으며, 모든 것을 그들의 생각에 따라 조정하는 사람들이 있다. 그들은 그가 자신의 행위를 보거나, 그들이 시행하는 것이 기쁨이 되던지, 또는 그렇지 않던지 그것에 대해 아무것도 제시하지 못한다. 만일 기회가 제공되면, 그들은 하나님께 공개적으로 말한다. 그러할지라도 그들은 하나님께 말하기를 우리를 떠나소서, 우리는 당신의 길들에 관하여 아무것도 알기를 바라지 않습니다"(욥21:14).

평범한 백성에서 뿐 아니라, 역시 많은 이들이 그것을 그렇게 행한다.

6. 아, 사람이 사람의 아들들 마음속을 바라볼 수 있다면! 사람은 그들 불신앙적인 마음에서 말하는 많은 것들을 보게 될 것이다. 하나님이 없다 하거나(시41:1), 또는 주가 그것을 보지도 않으시며, 주시하지도 않으신다(시94:7). 그들은 어두움에서 말하기 때문에, 그들의 의도는 주님 앞에서 숨기게 된다. 누가 우리를 보며, 누가 우리를 알까?(사29:15). 어떤 이들은 역시 다음과 같이 말한다. 이는 너희가 말하기를 하나님을 섬기는 것이 헛되니, 만군의 여호와 앞에서 그 명령을 지키며, 슬프게 행하는 것이 무엇이 유익하리요, 지금 우리는 교만한 자가 복되다 하며, 악을 행하는 자가 번성하며,

하나님을 시험하는 자가 화를 면한다 하노라 함이니라(말3:14-15).

1. 세상의 지혜

7. 그러한 것은 단지 일반 백성에게서 나아온 사람들뿐만 아니라 역시 그들 선두에 있는 자들이 행한다, 즉 학식 있는 자들, 신학자들, 통치자들이다. 학식 있는 자들은 지혜의 본질을 하나님에게서 찾지 않고, 자기 자신에게서 퍼내 오거나, 그들이 단지 하나님을 입술로만 부르며, 하나님의 예언들이 성서를 단지 손으로 만지면서 하나님에게서 퍼내 온 것을 구실삼아 내놓는 자들이다. 그렇지만 그들이 더 깊은 의미를 거기서 주도하지 못하고, 그 어디선가 취했던 이전의 생각들을 가져온다. 마침내 그들은 하나님과 그의 말씀은 경시하면서, 단지 그들 인간적인 머리의 공상들로 기뻐하며, 신적인 일들에서 신적인 진리를 대항하여 공개적으로 오류들을 방어한다.

2. 비종교적으로 경건한 자들

8. 역시 그들은 하나님에게서 주어진 것이 아니라, 인간들에게서 고안해 낸 법칙들을 따르며, 거기서 하나님의 말씀을 나태하게 하거나, 그것들을 단지 문자들만 읽고 있는 하나님의 사람들이 있다. 즉 그들이 말씀과 의미는 그 어디에서 따내 오지만, 실상(實像)은 하나님의 말씀을 온전히 거절하는 자들이다. 그들은 그것이 이중적이며, 불완전하게 존재하도록 책임을 씌우며, 그것에 대하여 모독한다. 이 모든 것들에 대하여 하나님의 탄식하시는 말씀이 기록되었다. 주께서 이르시되, 이 백성이 입으로는 나를 가까이하며, 입술로는 나를 공경하나, 그들의 마음은 내게서 멀리 떠났나니, 그들이 나를 경외함은 사람의 계명으로 가르침을 받았을 뿐이라(사29:13). 그리고 다른 곳에서도 그들이 여호와의 말씀을 버렸으니, 그들에게 무슨 선한 지혜가 있으랴?(렘8:9).

3. 무기력한 권세 자들

9. 역시 최고의 권세를 잊어버린 여러 통치자가 살고 있다. 그러므로 그들은 그들 행위에 대한 변명을 증명해야만 했을 어떤 이도 없으며, 마치나 그들이 그들 통치자의

법들을 그 누구에게서도 수용하지 않았었던 것처럼 그렇게 행동하고 있거나, 또는 권세는 그들의 의지를 따라 행동하도록 하나님으로부터 그들에게 주어졌다는 것을 구실 삼는다. 그래서 그들이 역시 파멸과 멸망으로써 파괴자의 일을 사탄에게로 몰아갈 때, 마침내 그들은 보존자이신 하나님의 대리자라는 것을 말하게 된다. 더 잘 가르치거나, 또는 양심으로부터 경고되었던 몇몇들은 마침내 대적하는 일임에도 불구하고 하나님을 대항하며, 지나치고 무모하게 잘 알려진 말씀을 적용한다. 나는 그것을 그렇게 원하며, 그렇게 명령하며, 나의 의지는 그것을 위한 근거이다.

역시 하나님은 왜 사람들과 전적으로 교제하며, 그리고 어떻게?

10. 만일 사람들이 이러한 방식으로, 그리고 다른 사람 모르게 분별없이 하나님과 교제할 때, 하나님은 신앙심 없이 경건한 체하는 자들을 치욕적으로 생각하며, 계속해서 자신을 다스리지 못하는 통치자를 보좌에서 추방하지 않는다면, 하나님이 어리석은 방식을 금하시기 때문에, 역시 하나님은 위협들에 상응하게 사람들과 함께 무분별하게 행동하는 것보다, 더 놀랄만한 것은 무엇인가? 천사들과 사람들의 모든 모범을 통하여 하나님이 그를 경멸적으로 거부하는 자들을 거부하는 것, 그가 그들 자체의 교활함에서 교활한 자들을 잡으며, 하나님 없이 고안된 그들 자체의 계획들이 무너짐에 빠지는 것, 그가 고집불통을 그들 자체의 계획들 이면에서 눈멀게 되며, 그들은 그들 자체의 파멸을 강화하는 것이 확실하게 보이게 된다.

지금 우리는 중단해야 한다.

11. 그렇게 멸망 앞에서 보존되기를 원하는 자는 하나님과 분별없이 행동하기를 중단해야 한다. (그것은 하나님 없이 생각하는 것, 하나님이 원하는 것보다 무엇인가 달리 원하는 것, 그리고 하나님의 능력에 대항하여 그의 능력을 내세우는 것을 뜻한다). 먼저 이러한 것들은 가장 깊고 가장 완전한 자체의 인격과 일들의 개선을 위한 근본토대이다. 그것은 피상적인 것과 일들의 환경으로부터 중심점과 일들의 유일한 근본토대인 하나님께로 되돌아오는 자신에게 유효한 것이다. 이것은 그의 생각을 하나님의 생각에, 그의 의지를 하나님의 의지에다, 그의 행위를 하나님의 행위에다 종속시

키고, 역시 실제로 종속되도록 각자가 준비할 때 이루어지게 될 것이다.

하나님 없는 지혜를 소유한 자는 부족한 자이다.

12. 아, 화로다, 하나님 없이 그의 지혜를 얻은 자는 부족한 자다! 소리치는 자는 옳게 말했다. 죽어가는 자들의 생각이 흔들리며, 우리들의 판단이 불확실하기 때문이다. 그래서 우리는 우리의 눈에 있는 일들과 사람들이 접할 수 있는 일들은 거의 인식할 수가 없다. 우리가 위험 없이 잃어버리는 멀고 숨겨진 하늘과 영원한 것의 판단에 무엇을 할 수 있을까? 그러나 하나님을 위하여 모든 심연이 열려있으며, 그 앞에서 빛은 모든 어두움 가운데 있다. 하나님은 스스로 모든 것을 관통하며 두루 밝히시는 빛 이시며, 특히 자신 안에, 그리고 그의 모사(模寫) 안에 있는 빛이다. 이러한 모사가 그의 원천에서 멀어지지 않을 때, 그것은 빛 가운데 있다. 그것에서 돌아설 때, 마침내 어두움으로 넘어가는 그늘로 넘어진다.

하나님 없이 무엇인가를 원하는 자는 부족하다.

13. 비슷하게 사람들은 말할 수 있다. 그의 의지를 따르며, 단지 그의 욕망으로부터 충동 받게 된 자는 부족하다. 선한 모든 것의 총체는 통일과 안식과 완전함이 다스리는 한 중심에 있는 것으로서 하나님 안에 있기 때문이다. 다른 가치들은 얼마나 많은 것들이, 그리고 사람의 정신이 그것들을 항상 다시 어디서 알아낼 수 있을지, 최고의 선한 것의 이러한 원천에서 그러나 천 개의 실개천들로 발원하는 단지 작은 원천들에 비교된다. 하나님이 원하시며, 하나님이 분명히 원하는 것과 함께 만족하는 자가 완성하거나, 또는 자신과 하나님이 하나가 되는 자가 이룬다. 그러나 하나님이 원하는 것보다 무엇인가 다른 것을 원하는 자는 벌써 분명히 단순한 무리와 일들의 다양성을 통하여 강제적으로 흩어졌고, 불안해졌으며, 혼잡하게 되었다. 많은 것이 하나님의 일 밖에 있기 때문이다. 그것들은 도피적이며, 안정하지 않는다. 거기서 인간의 의지가 하나님의 의지로부터 분리되었다면, 그는 몰락으로 인도하는 잘못된 길로 빠지게 된다. 그 이면에 그것은 자신의 의지에다 신적인 것과 결합하는 평안과 행복의 시작과 토대를 뜻한다. 마음의 평안은 홀로 하나님과의 조화 안에 기인하기 때문이다.

하나님 없이 일하는 자는 불행하다.

14. 사람들은 같은 정도로 말할 수 있을 것이다. 하나님의 협력 없이 무엇인가 이루려는 자는 부족하다. 그의 일은 홀로 계속되는 것에서 유래하지 않고, 본질 중의 본질에서 유래하기 때문이다. 그러므로 그것은 마지막에 붕괴한다. 그러나 하나님은 그의 사역에 활동하는 자와 함께 일하신다. 단지 자신 소유의 건축물을 세우려는 자가 바빌론을 세우는 동안, 저 사람은 거기서 항상 하나님의 일을 완성하는 하나님을 협력자로 얻게 된다. 바빌론을 세우는 자는 하나님을 파괴자로 경험하게 될 것이다.

마침
거기서 보편적인 개혁의 장애는 제거되어야 한다.

15. 우리가 그들에게 결과를 제공하지 않음에도 불구하고, 하나님의 지혜와 의지와 행위를 따랐던 것처럼, 자체의 지혜와 원함과 행위의 모든 미로를 내 던져버리는 것과 모든 변명을 내려놓는 것이 이처럼 거기서 유효하다. 마침내 우리가 하나님의 생각들과 결단들과 일들을 주시하는 모든 나태를 폐기하는 것이다. 또는 (내가 그것을 한 말로 표현하도록): 우리는 이로써 모든 것, 즉 하나님과 분별없이 교제하는 일을 중단해야 한다. 그럴 때 먼저 우리들의 참된 개선의 가장 큰 저항과 장애가 스스로 그 일에서 제거될 것이다.

제8장

비인간성은 어떻게 제거하는 것인지. 그것은 상대적으로
생각하지 못한 행위와 거기서 나타나는 대립, 미움, 부당함을 뜻한다.
거기서 다루어진 것은 지나간 것이 어떻게 근절되며(6),
인내(10)와 서로의 화해가 영향을 미치게 되는지(28).

사람들 가운데 의견 상충들은 3가지의 근원을 가진다.
1. 지성에서, 2. 원함에서, 3. 능력들에서

특히 사람들이 우리를 서로 간에 소외시키는 3가지 원인이 있다. 1. 이해들의 차이다. 우리는 같은 일들에 대하여 같이 생각하기를 이해하지 않는다. 2. 미움인데, 즉 우리는 친절이 축소되는 것 없이, 견해들 안에서 상대적인 선입관과 감정의 자극 없이 구별할 수 없는 것의 결말로써 동일한 사건에 대한 여러 가지 생각들을 허용하기를 원하지 않는다. 3. 미움이 우리를 상대적인 불행으로 이끄는 공공연한 불의와 박해이다. 첫 번째 대립은 지성으로부터 연유하며, 두 번째는 의지와 감정에서 기인하며, 세 번째는 비밀리에, 또는 공개적으로 서로 간에 상대적인 파멸로 대립적으로 적용하는 힘들로부터이다. 만일 우리가 우리 가운데 철학적이며 종교적이며, 사적인 본성의 현존하는 적대적인 음모들을 들여다보는 상태에 놓이게 될 때, 우리는 상대적인 파멸로 인도하여 끝나게 되며, 잔인한 노력과 폭력행위들을 보지 못하게 될 것이다. 에스더 4권 4:13-20절에 기록된 것처럼, 즉 바다를 대항하는 숲들로부터, 그리고 숲들을 대항하여 공격하는 바다의 파도들로부터이다.

그 때문에 우리의 인간성은 협소하게 되었다.

2. 그러한 이견의 상충을 나는 '비인간성'이라 부르는데, 하나님의 모사(模寫)로서 창조된 인간은 모든 면에서 친절하며, 우아하며, 누구에게나 호의적으로 대해야 하는 존재이기 때문이다. 그러나 지금 사람들은 사람에게서 외면하기 때문에, 한 사람은 다른 사람을 참지 못하기 때문에, 그리고 한 사람은 다른 사람을 대항하여 분노하기 때문에, 이것은 분명히 인간성의 타락을 뜻한다. 사람들이 그러한 일들로 서로 비방하며, 소리치며 물고 싸우는 거칠어진 개들로부터 배웠던 그러한 일은 말하지 못하는 피조물에 의해서도 발견되지 않는다.

...um, ima & perfectissima basis erit, A seipso, & Rerum circumferentiis ac ambagibus, rediisse in Deum, rerum centrum, basinque unicam. ...quod fiet, si quisque cogitationes suas cogitationibus Dei, & Voluntatem suam Voluntati Dei, & opera sua Operibus Dei, subdere paratus sit, reque ipsa subdat.

Miser, q.
sapit absq; Deo.

12 Merito exclamavit qui exclamavit, *Ah miser est Sapiens qui sapit absque Deo!* Quia cogitationes mortalium timidæ sunt, & incertæ ratiocinationes nostræ: ut vix ea quæ ante pedes sunt, & palpari possunt. De remotis igitur & nostrisis, cœlestibus & æternis, quid quosque erroris periculo cogitare possumus? At Deus est cui omnes abysi patent, & coram quo ipsæ etiam tenebræ lux sunt. Ipse enim Deus lux est omnia permeans & penetrans, pœnsque inprimis in semetipso, & imagine sua. Quæ si se à fonte suo non avertit, in luce est: si avertit, in umbras incidit, quæ in tenebras tandem desinunt.

Miser, q.
aliquid una-ab/que Deo.

13 Similiter dici potest, *Miser est qui propriam sequutus Voluntatem, propriis suis distorquetur deriis.* Summa quippe omnium ronorum in Deo est, ut in centro, ibi unitas, quies, perfectio: alia bona, quæcunque usquam persenescere potest mens humana, rivuli sunt ab isto summi Boni fonte millies millenis alveis dimanantes. Qui ergo Deum vult, & iis quæ Deum velle, mandare, facere, aut immittere intelligit, acquiescit, manet individuus in Deo & seipso. Qui vero alia præter Deum vult, ipsâ multitudine & varietate distrahitur, inquietatur, incertaturq; necessariò: quia res quæ Deum & multæ, & fluxæ, & instabiles sunt. *Humana itaque Voluntatis à divina distorsio periculosissimum bivium est, ad interitum tendens.* Contrà, Unire Voluntatem suam divinæ, quietis & beatitatis initium & basis: quia Unica Anime pax in consensu cum Deo.

Miser qui operatur ab-que Deo.

14 Pariter dicendum: *Miser est qui aliquid operatur, non cooperante Deo:* tale enim opus quia non venit ab illo in quo solo stabilitas, & essentia essentiarum est, dilabitur tandem;

Deus autem quia non cooperatur nisi illis, qui operantur opus ejus, *quicunque Opus Dei facit habet Deum opitulatorem: qui autem proprium molitur opus, molitur Babylonem, experieturque Deum demolitorem.*

CONCLU-SIO.
Amovendum itaque hoc universalia Labyrinthus impedimentum.

15 Disjicienda itaque sunt omnes propriæ sapientiæ voluntatis, machinationumque labyrinthi! & deponendæ omnes divinam sapientiam, voluntatem operique, non sequendo sequendi arvæ! excutiendus denique omnis Deum, & ejus cogitationes, beneplacita, operáque, non attendendi torpor: hoc est (ut unô verbô dicam) DESISTENDUM UNIVERSIS TEMERE AGERE CUM DEO. Atque tum demùm summum veræ Nostri & Rerum Reformationis obstaculum, & impedimentum, amotum erit.

CAPUT VIII.

De sistenda INHUMANITATE: temerariis scilicet secum invicem actionibus, & provenientibus inde Dissidiis, Odiis, Injuriisque mutuis.

Ubi de AMNESTIA, (6) TOLERANTIA, (10) RECONCILIATIONEQUE (28) agitur.

Distractio-numbunarum ab invicè, tria genera
1 Mente.
2 Voluntate
3 Viribus

QUÆ nos Homines ab invicem distrahunt, tria potissimum sunt, 1 *Dissensiones:* quod eadem sentire de rebus iisdem nescimus. 2 *Odia:* quòd diversa sentire de rebus iisdem incolumi amicitia licere nolumus, & dehinc dissentire opinionibus, sine concitato in invicem affectu, nequimus. 3 *Apertæ Injuriæ ac persequutiones:* in quas odia prorumpunt, ad evertendum nos invicem. Prima distractio *Mentium* est: secunda *Voluntatum & Affectuum:* tertia *Virium,* in mutuam perniciem c'am palámve oppositarum. O si detur intueri Philosophiarum, Religionum, Politiarum, privatorúmque varias contra invicem machinationes, quàm nihil videremus, nisi infinita, atrociáque sese mu-

라틴어 원본 범개혁론 8장 전후 내용의 모습(프라하 국립도서관 소장)

올바른 인간성으로 되돌림은 3가지 길들에서 가능하다.
1. 과거를 잊어버리게 하는 것

3. 비인간성이 올바른 인간성으로 변화하는 것이 가능해지도록, 우리는 모든 가능한 길들을 찾아야 한다. 여기서 3가지가 제시된다. 첫 번째로, 사람들이 인간의 보편적 노쇠함을 헤아리고, 그 어떤 근거에서 서로 미워하는 사람에 대해 자격 없음을 인정하는 지나치게 그들의 감정들을 신뢰하는 것을 잊어버리는 것이다. 그 때문에 과거의 논쟁들에서 그들은 절반을 비난하지 않아야 하며, 불의한 것을 용서해야 한다. 우리는 이것이 과거를 잊게 하는 것이라고 부른다.

2. 인내심(참을성)

두 번째로, 앞으로 누구도 다른 이에게 그의 원칙들(철학적이며, 신학적이며, 정치적인)을 강요하지 않고, 각자에게 그의 이해를 따라, 조용히 자신의 것을 누리도록 허용하는 것이다. 우리는 그것을 서로의 인내심이라고 부른다.

3. 화해

세 번째로, 모두가 함께 열심히 최선의 것을 찾으며, 그들이 새로운 것으로부터 그들의 견해와 바램과 노력을 조화시키는 것이다. 그것을 우리는 화해(和解)라고 부른다.

이러한 3가지 방법은 오직 우리에게서 악한 것이 제거되는 결과를 초래하게 된다.

4. 사람들이 그것을 인간적인 이해로 판단할 수 있는 만큼, 화해는 오직 이러한 3가지 모습의 길에서 가능하게 될 것이다. 그 어떤 다른 것으로는 우리들의 수많은, 그리고 아주 경악스러운 반목들과 우리들의 미움과 부당함을 제거하기는 불가능하기 때문이다. 이만큼 얽혀진 일들을 누구도 풀어낼 수 없기 때문이다. 그러므로 잘 알려진 대로 알렉산더가 얽혀진 것을 풀 수 없던 것을 고르디우스의 매듭을 칼로 잘랐던 것처럼, 우리들 역시 사랑의 불로 더 잘 태우기를 원한다. 우리는 서로 수천 개의 넓게 얽혀

진 매듭으로 잘못 엮어 놓았다. 그것을 풀기 위해 땅 위에 어떤 통찰력도 어떤 표면적인 능력도 충분하지 못하다. (그것을 통하여 악한 것이 단지 상승하게 되었다). 그러니까 왜 우리는 역시 가시의 제거에 대하여 소리를 내며, 순수한 진리와 빛과 평화를 더욱더 쉽게 찾고 발견하도록 신적인 열성의 칼로써 그러한 큰 사고와 양심과 자유의 혼잡을 내리치며, 베어내지 못하고 있는가?

그러므로 하나님은 우리에게 그것을 가르쳐 주었다.

5. 이러한 충고는 사람에게서 나오지 않으며, 선지자의 입을 통하여 말씀하시는 하나님에게서 스스로 나온다. 너희 묵은 땅을 갈고 가시덤불에 파종하지 말라(렘4:3). 그것은 논쟁과 미움과 적대감의 가시덤불 아래에 놓여 있음을 뜻한다. 거룩하신 하나님이 이러한 그의 명령과 그의 논쟁을 우리와 끝냄으로써 과거를 해결하였으며, 우리와 화해했으며, 사랑에 빠져 연약함을 참으셨던 그 예를 통하여 뒷받침하였다. 그는 그리스도 안에서 우리를 불쌍히 여기시며, 우리의 모든 죄를 깊은 바다 가운데로 던지신다(미가서 7:19). 우리 각자가 하나님의 모범을 따라 매번 너그러울수록 더욱더 우리는 불의한 것을 잊어버리는 것과 그들이 우리를 아직 해치게 될 때라도, 우리의 이웃에게 인내하기를 준비해야 할 것이다. 세네카(Seneca)는 이것을 다음과 같이 말했을 때, 인간성에 대한 선한 계명으로 생각했다.

부수적인 일들

다른 사람들이 불화를 시작하게 한다면, 당신은 화해하라! 비난과 불평과 미움은 상호 간의 사과와 잊어버림을 통한 것보다 결단코 더 다행스러운 일로 끝나지 않게 되었다.

I. 과거를 지우는 일이 특별히 필요한 것처럼

6. 과거를 지우는 일은 특별히 중요한 만큼, 그 어떤 것보다도 먼저 과거의 상처는 어떤 방식으로도 그것들이 항상 해를 미쳤던 의식에서 지워지도록 끊임없이 화해(和解)가 추구되게 해야 한다. 우리는 과거에 대하여 깊이 생각하고만 있을 수 없기 때문

이다. 이미 발생한 일은 제거되게 할 수는 없을 것이다. 그러므로 발생한 불의를 기억 가운데 다시 불러들이는 사람은 새로운 것을 방해한다. 그것으로 인해 그는 새것을 불합리하게 취급한다. 악한 것에 대항하는 유일한 치유 방법은 잊어버리는 것이다. 상처를 치료하기 시작하는 한 의사는 칼과 핀센트를 손에 쥐고, 그것들로써 상처를 다루는 일이 아니라, 기름과 붕대를 사용해야 하며, 또는 그가 도구들을 이용해야 한다면, 그는 상처가 치료되며, 마침내 마무리할 수 있는 마그네시움과 같은 연고로써 그 상처를 발라주어야 한다.

그것이 어떻게 유익한지

7. 그러므로 우리는 서로 단지 법(法)의 문자에 따라 행동하기를 중지하십시오! 사람들은 각자의 편에서 그들의 권리요구에 적절한 것보다 다른 것들이 평화에 이르게 해서는 안 된다. 왜 안 되는가? 전체를 모험에 걸기보다는 어떤 것은 포기하는 일이 더 좋기 때문이다. 급류가 갑자기 흐를 때, 더 신중한 상인(商人)은 그가 모든 것, 즉 그의 생명을 위험에다 내던지는 것보다 상품의 부분적인 손실의 대가를 통하여 이익을 더 얻게 될 것이다. 그렇게 손실은 종종 이득이 된다. 아우구스티누스(Augustinus)는 카르타고인들이 다음과 같은 격언을 가진 것을 말해 준다. 당신은 평화가 가득한 시대를 가지려고, 그어떤 것은 포기한다. 이것은 분명히 사도바울이 한 말의 의미 가운데도 놓여 있다. ".... 차라리 불의를 당하는 것이 나으며, 차라리 속는 것이 더 낫지 아니하냐?"(고전6:7). 우리가 과거와 미래를 넘어 하나의 지혜로운 일치(합의)를 이룰 때, 더욱더 고통스럽지 않도록 거기서 특별히 희망이 생길 수 있다면, 그것이 유익하지 않은가?

영예로우며, 칭찬할 만하게

8. 대략 관대한 것, 영웅적인 것, 기독교적인 것, 더욱이 불의한 것을 잊어버리는 신적인 것, 악한 행위를 선한 것들로 보답하며, 그것을 통하여 역시 그의 원수들을 극복하며, 자신을 위해서 얻게 되는 것은 분명하다. 이것을 몇몇 영웅들인 역시 우리 그리스도와 하나님 아버지가 그러한 것들에서 보여준 예들을 통하여 우리에게 가르치기 때문이다. 게다가 반대로 "너의 영혼에 깊이 머물러 있다"는 격언은 이교도적이며, 기

독인들을 위해서는 무가치한 것이다. "사람들이 화해한 원수를 결단코 온전히 신뢰해서는 안 된다"고 생각했을 때, 우리는 한 이교도로서 아리스토텔레스[68]를 전적으로 거절해야 한다. 그리스도의 영(靈)은 우리에게 대략 다른 것, 즉 사랑은 모든 것을 믿으며, 모든 것을 참으며, 악한 것을 생각하지 않는 것 등을 교훈하기 때문이다(고전13:7).

단지 참되고 견실하게 되는 것

9. 누군가 상처가 역시 치료될 때, 그렇지만 흉터는 남게 된다고 세네카처럼 말하게 된다면, 나는 그렇게 대답한다. 그 상처는 그러나 고통의 느낌 없이, 두려움 없이 새로운 것으로 열리게 되는 일이 남게 된다. 역시 상처들은 그리스도를 남게 하며, 그렇지만 그에게 찬양으로, 그를 믿는 자들에게는 위로로 남게 된다.

부수적인 일

우리가 지나간 불공정을 기억한다면, 악한 것의 끝이 발견되며, 이것이 한번 그렇게 되리라는 것에서 기쁨 이전에 미움이나, 또는 고통은 남지 않는다. 하나님은 잘 알려진 말씀으로써 약속했다. "....이는 이전의 환란은 잊혀 지게 되며, 내 눈앞에 숨겨졌음이라. 보라 내가 새 하늘과 새 땅을 창조하나니 이전 것을 기억되거나 마음에 생각나지 아니할 것이라."(사65:16-17).

II. 두 번째 길, 그것이 뜻하는 것은 "관대함"이다.

10. 그렇지만 감각의 인지와 사고와 뜻 안에서 몇 가지 대립들이 남아 있을 때는 (그리고 우리는 불완전의 관점에서 믿지 않아야 하며, 그것들은 남아 있지 않았다), 두 번째의 치유 수단이 우리에게서 마음대로 처리되는데, 즉 우리가 남아 있는 차이 때문에 미워하지 않게 되도록, 오히려 우리가 일치된 것에서 확고히 붙잡는, 상호 간의 강한 인내심과 벌써 땅에서나, 하늘에서 가장 완전한 일치로 인도하게 되는지, 그

---

68) 아리스토텔레스(B.C.384-322), 가장 의미 있는 희랍 철학자 중 한 사람.

나머지는 하나님께 맡기는 것이다. 이러한 요건에서 황금의 사도 적인 규범이 따른다(빌3:15-16).

그들의 방식

11. 이러한 일에서 철학자 에픽테트(Epiktet)[69]의 충고를 주목하는 것은 유익할 것이다. 그는 말한다. 모든 일은 양면성을 가진다. 하나는 사람들이 잡을 수 있는 것이며, 다른 하나는 붙잡을 수 없는 것이다. 그들이 상대적으로 이해할 수 없는 저편을 습관적으로 파악할 때, 사람들은 그러한 인간관계에서는 실수하게 된다. 그것은 그들이 그것을 통하여 구분하기를 항상 주시하는 것을 뜻한다. 그리고 그들은 그들이 미워하는 다른 잘못들을 유의한다. 그것 때문에 그들은 서로 소원해지게 된다. 이러한 것이 참일 때 (그것은 지나친데), 그렇지만 우리는 이러한 실수를 중지한다! 모든 사람이 비슷하며, 동등하지 않은 면들을 가지기 때문에, 우리는 그래서 그 동등하지 않은 면들을 제거하려고 하며, 첫 번째 것을 수용하기를 원한다! 그래도 우리가 하게 한다면, 그렇게 나는 차이점들을 되돌아보며, 일치하는 것이 무엇인지, 주목하게 되기를 간청한다! 우리 모두 특유한 모든 것, 즉 하나님의 은사로서 우리에게 비슷하고, 관대하게 선물하신 하나님의 형상과 여러 가지 본질의 특성을 우리 모두에게서 사랑하기로 해 보자!

왜 우리는 서로 인내해야 하는가?
1. 그 이유는 우리 모두 부족한 것을 가진 사람들이기 때문이다.

12. 우리가 더 경솔하게 실수하게 될 때, 우리는 이러한 일에서 더욱더 신중해지자! 그 이유는 우리가 다른 것들과의 관계에서 우선권을 가진다고 생각하자마자 곧, 쉽게 자만심에 빠지기 때문이다. 다른 것을 더 열등한 것으로 인정하기 위하여 그것들의 더 미미한 수(數), 더 열등한 숙명, 여러 가지 혈통, 국가, 언어, 또는 역시 항상 비슷한 것이 쉽게 하나의 동기를 제공한다. 그러나 거룩한 일에서 우리는 이러한 선입관들을 내려놓아야 하며, 그리고 한 편이 다른 편을 한 정황의 절반으로 미미하게 평가하는 가시적인 것

---

69) 에피텍트(EPitet, A.D. 55-135), 스토아학파의 대변자.

에서 우리를 보호해야 한다. 화해를 위한 나쁜 훼방은(우리가 관용을 통하여 노력하는) 두 편 중의 한 편이(또는 몇몇 중 하나가) 더 굴욕적인 과소평가로 제외된 것을 볼 때이다.

2. 하나님은 모두를 인내하며, 각자에게 그의 은사를 선물하기 때문이다.

13. 한 사람이 다른 사람들을 과소평가해야 했던 것은 그 어떤 근거도 분명히 존재하지 않는다(사람들이 단지 정당하게 생각한다면). 우리는 모두가 모든 것을 참으며, 사랑하며, 보존하는 동등한 하나님의 작품이다. 그분은 무엇인가 자신에 관하여 모든 것에서 알고 있기 때문이다. 말하자면, 하나님이 각 사람 안에 놓아둔 그것이다. 이러한 공동의 창조자요, 보존자는 백성과 지성과 언어와 심지어 모든 세대에게 선물하지 않은 것이 없도록 그의 은사(恩賜)를 모두에게 나누어주었기 때문이다. 사람들이 그들의 은사를 다만 인식하고, 공동의 유익에 사용하는 것이 이해될 수 있다면! 철학자들이 단지 아텐(Athen)에서 탄생 되지 않았으며, 역시 스키티엔(Skythien)에서 아나카르시스(Anacharsis)가[70] 탄생할 수 있었다. 보이오틴(Boiotien)에만 돼지들이 있는 것이 아니며, 역시 나자렛(Nazareth)에서 무엇인가 선한 것이 나올 수 있다. 하나님과 스스로 대화하도록 그 때문에 모세에게 은사가 주어졌던 것을 우리가 인정한다. 그렇지만 역시 미디안 광야의 사람 이드로(Jethro)[71]가 자신의 유익에 도움이 되는 선한 충고를 주지 않았다면(그렇게 사람들이 그를 인정하는), 그는 그렇게 경멸하게 되는 것을 얻지 못한다. 하늘의 바람은 그가 원하는 곳으로 똑같이 깊이와 높이 위에서 불게 된다. 누가 그에게 막아서기를 원하는가?

3. 우리는 우리 위에 있는 하나님의 판단을 알지 못하기 때문에

14. 우리 각자는 그가 존재하는 자들의 시각(視覺)에서처럼 그렇게 있는 것이 아니라, 하나님의 시각에 있는 것을 헤아리는 것이 역시 적절하다. 즉 땅에서부터 하늘처럼, 하나님의 판단은 우리로부터 아주 멀어져 있다. 바리새인이 자신을 뽐내며 자만할 때, 하나님은 기뻐하지 않는다. 이따금 사람들이 경멸하는 눈으로 바라보는 하

---

70) 아나카르시시(Anacharsis: B.C.6세기), 스키타이왕의 집에서 나온 모습.
71) 이드로(Jethro, Jitro), 모세의 장인 미디안 사람.

나님의 시각에서 그는 더 크다. 그래서 만일 우리가 하나님의 올바른 판단에 따라, 자만(自滿) 앞에서 눈감은 자가 되기를 원치 않는다면, 이자(者)나, 저자(者)가 누구인지를 존경하는 것이 아니라, 그가 어떤 상태에 있으며, 그가 말하는 것, 그가 행동하는 것을 존중해야 한다.

4. 모순들은 스스로 하나님의 계획에 따라 선(善)으로 인도되기 때문이다.

15. 게다가 역시 모순들이 하나님의 허락 없이 생겨나지 않는다는 것, 그래서 역시 선한 면들을 지니고 있다는 의식(意識)이 역시 많은 도움이 된다. 그러나 어떤 것이 중요한가? 그것은 나에게 마르티누스 시모니우스(Martinus Simonius)[72]가 마치나 학식이 있는 자들에게서 보이는 대립들에 대하여 사려 깊은 판단으로 깨닫는 것 같이 보인다. 그것들은 명목상 선한 것을 지향하며, 교양을 증대하는 것에 유익하다. 검열관 카토(Cato)[73]가 플루타크(Plutarch)[74]의 이야기에 따라 나쁜 것을 감소시키기 위하여 노예들 가운데 논쟁을 불러일으켰던 것처럼, 그들이 뜻을 가지게 되었을 경우(플루타크가 유일한 근거로서 보았던), 내가 짐작했던 것처럼, 만일 그가 다른 사람에게 투쟁 열정의 절반을 카드놀이에 관심을 가질 수 있다면, 그들은 그들 의무에 나태하지는 않았을 것이라는 생각이다. 그래서 그것은 다른 이가 놓친 것을 한 사람이 보충할 수 있도록 그들의 대변자들 가운데 여기저기에 견해의 차이들이 등장하는 것은 교양의 관심 속에 놓여 있다. 아치형의 둥근 천장은 돌들이 적용된 방법으로 맞상대하여 세워지게 하는 방식 때문에 건축되었다. 만일 그것(학식)이 단지 필수적인 수단과 함께 허용되었다면, 역시 그렇게 학식은 지성(知性)들 가운데서 모순의 도움과 함께 자라며 번성하게 된다. 마르티누스가 "교양의 몰락에 대하여"란 그의 논문에 따라서. 나는 이것을 우리의 본보기로 적용한다. 만일 지혜로운 카토(Cato)가 그의 장점과 경제의 이점으로, 그리고 마침내 역시 종들의 장점에 최소로 첨부한 논쟁을 그들 사이에 허용했다면, 즉 여러 가지 견해들의 경쟁적인 다툼 가운데서 허락된 것과 진리와 선행을 힘쓰게 되도록, 한 사람이 다른 사람을 독려하도록, 하늘과 땅 전체의 심판자이신 그리스도가

---

72) 시모니우스 마투리누스(16-17세기 전환기), 프랑스의 법률가.
73) 카토(Cato Censorius), 마르쿠스 포르티우스(B.C. 234-149), 로마의 정치가, 연설가 장군, 작가.
74) 플루타크(Plutarch) A.D. 50-120), 희랍의 작가.

믿는 자들 가운데서 동등한 것을 목표하여 허용하는 것이 아닌지를 누가 아는가? 적어도 많은 경험이 그것들에 대하여 말해 주고 있는데, 즉 그것들은 바로 지금까지 종교적이며 정치적이며, 의학적인 그룹들 사이에서 등, 경쟁적인 다툼을 통하여 지배했던 것과 수많은 비밀한 것들이 밝혀지며, 수없이 주어진 것들이 더 잘 연구되며, 수많은 사실이 확인되었던 경험들에서다.

왜 그것들은 서로 화해해야 하는가?

16. 왜 모든 사람이 대체로 화해하며, 왜 그들이 미움의 감정들을 더 이상 허용하지 않아야 하는지에 대하여 아주 많은 것이 실현되었다는 것이다. 사람들은 특히 학식 있는 자들과 사제들과 정치당국자들의 관용이 발전되기를 위해 왜, 어떻게 몰두해야 하는지가 첨부되게 해야 할 것이다.

학식 있는 자들
1. 진리와의 불화가 지성을 통해서도, 의지를 통해서도 빚지게 되지 않도록

17. 학식 있는 자들은 다음과 같은 것을 주목해야 한다(다른 견해의 이해들 때문에 누군가를 미움과 혐의들과 과소평가로써 박해하는 그 어떤 이유도 없다는 사실을 인정하기 위하여). 첫째로, 인간의 정신은 자체에서 빛을 받으려고 노력하며, 그 빛으로 우리의 신체적인 눈처럼 그렇게 열망으로 신체적인 빛을 향하게 된다. 그래서 그것이 보이게 된다. 지성을 일깨우고, 의지를 조정하거나, 또는 행동을 유도하기 위하여 강요나, 또는 그 어떤 명령이 필요한 것이 아니라, 단지 분명한 빛이 필요한 것이다. 지성(知性)에다 분명한 진리를 보여주면, 그것을 들여다보는 것이 불가능하지 않을 것이다. 의지(意志)에다 선한 것을 보여줄 때, 그 의지가 그것을 갈망하는 일은 불가능하지 않을 것이다. 무엇인가 능력들을 쉽게 보여주면, 그리고 동시에 유익한 것들을 보여주면, 그들이 그것을 완성하지 못한다는 것은 불가능할 것이다. 거기서 다른 이들이 당신처럼 아닌, 진리에, 선한 것에, 쉽게 완성하는 것들을 향하게 하면(당신이나, 내가 그것을 보고 생각하는 것처럼), 그들이 그것을 파악하지 못할 경우라도, 잘못은 단지 그들의 편에 있지 않고(마치나 그것들이 더 참되고 더 좋은 일들을 거절하는 것처럼), 역

시 그것을 알지 못하는 그들에게 더 참된 것과 더 좋은 것을 깨우치기를 놓쳤던 우리에게 있는 것이다. 거기서 우리는 실수를 동등한 부분들에서 노력해 보자! 여기에 미움을 위한 어떤 자리도 없으며, 양편의 동정과 열심과 인내를 위한 자리만 있게 된다.

2. 살아있는 몸에 의해 때려 부수는 것 보다 모순을 파악하는 것이 더욱 안전하다.

18. 그 밖에도 사람들이 그것을 새로운 관심으로 밝혀내며, 그것이 온통 더 이상 혼잡해지지 않게 하는 것으로써 두 눈을 감을 때, 더 잘 숨기는 각자의 어려움은 복잡한 문제들로부터 동반되도록 감행하는 일이 필요하다. 많은 질문 가운데 (이따금 철학과 신학과 정치의 질문들에서 나타나는 것으로), 어려움들이 포함하고 있는지를 누가 이해하게 될 것인가? 그것들이 살아 있는 몸에 의해 아주 대단한 열성으로 없애려는 것보다 오히려 외면함으로써 그것을 인내하는 일이 더 낫다는 것을 이처럼 사람들은 역시 파악해야만 한다.

3. 우리가 겸손의 길에 머무른다면, 견해 차이들로 논쟁하지 않아야 하기 때문이다.

19. 계속해서 겸손한 생각을 가진 자는 역시 그의 이웃에 관해서도 분별력 있는 생각을 가지게 될 것이며, 겉으로만 깨우치기를 원하지 않을 것이다. 그는 모든 것을 이해하리라고 본다(다른 이들이 이해하든지, 또는 우리가 이해를 못 하든지). 로마인들은 적어도 재판에서 만일 사건이 불분명했을 때, 즉 그것이 불분명하기에 나는 그것을 미루어 둔다 라는 일상적인 문장은 사용하지 않았다. 우리는 왜 그러한 겸손을 모방하기를 부끄러워해야 하는지? 그렇지만 우리 중 각자는 단지 사람이기에, 즉 그는 모든 것을 다 간파할 수는 없다. 그는 더욱이 하나님의 형상으로 만들어졌다. 그러나 그가 하나님은 아니다. 우리가 파악하지 못하거나, 또는 항상 간파하지 못하는 그렇게 불분명한 것이 등장할 때(그들은 대부분 논쟁적인 상태에 이르게 되는데), 오히려 그것은 유익하며, 영예로운 것이 된다. 겸손함을 나타내 보이는 것과 "그것이 분명하지 않다"는 말로써 모르는 것을 고백하는 일은 중요하다. 그것이 숨어 있을 때, 영예롭고 놀랄만한 것은 누구나 분명히 알 수 있는 것인 만큼 진리를 파악하는 것은 올바르기 때문이다.

4. 논쟁을 고수하는 일은 벌써 더 이상 필요하지 않기 때문이다.

20. 나는 학식 있는 자들 가운데서 인내를 위한 근거들을 인상 깊이 거듭 확인하였으며, 그리고 말한다. 무엇인가에 대해 논쟁하며 다투는 것이 지금까지 필요했었다면, 우리가 언어와 개념들이 혼란스러웠던 바빌론에 앉아 있었기 때문에, 우리가 잘 이해하지 못했었다. 그렇지만 지금 하나님은 말하자면 우리가 분명히 이해하게 되도록 지성과 언어를 사용하는 새로운 희망을 보여준다. 만일 그것이 그렇게 된다면, 말들에 대한 논쟁은 어떤 입지를 갖지 못하게 될 것이다. 역시 일에 대한 절반은 논쟁이 일어나지 않을 것이다. 원칙들에서 빛과 공동의 길을 위한 만장일치의 결과들을 유도하는 원칙과 기술에 대하여 우리가 정결하게 되었기 때문이다.

5. 우리는 그것을 더 이상 계속할 수 없기 때문이다.

21. 마침내 학식 있는 자들을 위해 논쟁을 피하는 더 중요한 근거는 지금 솔로몬[75]의 작품이 완성된 것을 의식하는 가운데 생기게 될 것이다. 그것은 그의 영예가 우리에 의해 내주하는 하나님의 집으로 건축되었음을 뜻한다. 그러나 우리의 하나님은 평화의 한 분 하나님이다. 거기서 우리가 평화의 솔로몬 들이거나, 또는 적어도 우리 왕들의 본성에서 피할 수 없다는 것이 마땅하다. 그렇지만 그가 성전을 위한 건축자재를 레바논의 산들과 여리고의 넓은 곳에서 준비한 것과 모든 것이 세공되었다는 것은 솔로몬으로부터 알려졌다. 그래서 성전의 실제로 건축에서 도끼도, 망치도 사용하지 않았으며, 모든 것은 침묵 가운데서 완성되었다. 지금까지 여러 가지 잡음들을 듣게 되는 것이 있었다면, 여러 차이가 나는 질문들이(자연과 성서와 인간 정신의 깊이에 대하여) 다루어졌다면, 그리고 말과 반대말 사이에서 여러 종류의 파편들과 나무 조각들과 톱밥이 떨어졌다면, 지금은 정리되어 다루는 시간이 도래한 것이다.

---

75) 솔로몬(Salomo), B.C.973-933년에 이스라엘의 왕.

선입관들과 상대적인 저주 앞에서 우리가 조심하자!

22. 범지혜의 작품 안에서 일들이 스스로 하모니(조화) 가운데로 가져오며, 서로 화해되었다면, 이것은 벌써 더 이상 어려운 일은 아니어야만 한다. 거기서 아무도 다른 사람을 스스로 자신에게 말로써 맹세하는 것이 유효한 우상이 되지 않도록 분파적인 노력에서 우리가 거리를 두게 해 준다. 그 밖에 누구도 지금까지처럼, 다른 사람을 비난하며 판단하는, 그리고 선입관들을 통하여 그렇게 품위를 떨어뜨리게 하지는 않아야 한다. 사건이 여러 면에서 평가되기 전에, 더 일찍이 판단하는 일은 지혜로운 사람을 위해서는 그 자체가 비인격적인 일이다. 이러한 관찰은 그리스 철학의 가부장적인 지혜자 피타고라스(Phitagoras),[76] 즉 그가 지혜를 배우는 제자로 받아들였던 자들에게 5년간 침묵하도록 계약을 요구했던 일에서 나타났다. 그는 말하자면, 일들에 대한 아주 재빠른 판단들로 본능적으로는 충동을 일으킨 인간의 경솔함을 막아야 할 것을 생각하였다. 그것은 그렇게 움직이기 시작한 생각들의 얽힌 것들을 쉽게 갈라놓는다. 그의 의도는 제자들 가운데 그 누구도 자신을 위해서나, 또는 다른 이들과의 관계에서 그가 철학을 완전히 이해하고, 모든 것에 대하여 편파적으로 판단하지 않는 자질을 얻기 전에 덜 성숙한 괴변들을 통하여 악한 것들의 동기가 되지 않게 하려는 것이었다. 그의 추종(제자)자들이 이러한 규정을 생각하고 그것에 머물러 있었더라면, 그리스 철학자들은 그렇게 많은 모순과 논쟁들과 분파들 가운데로 흩어지지 않았을 것이며, 그래서 그들은 마침내 사도들의 판단에 따라, 비록 지혜롭게 생각했다 할지라도 어리석은 자들로 여기게 되는 것이다.

말하자면, 특별히 장엄하게 지금 전체의 침묵을 통해서

23. 역시 우리는 여러 가지 방식으로 아주 결핍되어 있기에(한 사람은 다른 사람에 대한 그들의 선입관들과 함께 아주 쉽게 달려들기 때문에), 개혁의 시작은 우리 사이에 그 때문에 우리가 그것들을 찾고 있는 것처럼, 저 요구된 조화(調和)와 일치가 온통 시작되도록 땅에서 보편적인 침묵을 들어내며, 멈추는 것과 함께 만들어져야만 한

---

76) 피타고라스(Pythagoras, B.C.572-507), 희랍 철학자, 과학자요, 정치가.

다. 그리고 우리의 상대적인 반목의 안개로 겹겹이 쌓인 어두움과 안개와 반박과 자부심의 바람처럼 그렇게 암흑상태가 된 모든 것을 포괄한 진리의 태양이 광채를 새롭게 하기를 시작해야만 한다.

우리가 분명하게 기만(欺瞞)에 희생되지 않도록 이의(異意)는 되돌려 보냈다.

24. 누군가 이의(異意)를 제기한다. 사람들이 어떻게 분명하게 비진리를 진리로 제시하는 자들을 참을 수 있는지? 나는 대답한다. 당신이 단지 공격을 멈출 때, 다른 이는 자신을 방어하기를 멈추게 될 것이다. 둘째로, 당신은 그것이 전적으로 비진리라는 것을 아는지? 당신은 다시 서둘러 판단하고 있는 것은 아닌지? 우리가 마침내 언급한 비진리가 문제라는 것을 정리하게 되면, 인내심은 흥분보다는 더 나은 것이 된다. 단순히 자극을 통하여 논쟁이 증대된 것은 여러 시대의 경험이 분명하게 보여주기 때문이다. 반대로 모든 것은 역시 사소하며 옳지 않은 견해들에 따라서 인내와 직관들의 지혜로운 비교를 통하여 많은 것에 도달할 수 있기를 희망하게 한다. 그 어떤 곳에서도 단지 거짓과 기만이 현존할 수 있다는 것은 더욱이 불가능하다. 그것들은 성립되지 않기 때문이다. 우리가 그를 단지 악한 것에서 구별할 때, 공동의 보화가 증대되는 일은 선한 것이 적게 남는 것 때문이다. 악한 것이 섞여 있다면, 오류가 더 이상 접근되지 않도록 획득한 진리가 한정되는 기회가 거기서 제공된다.

지혜자들은 어리석은 자들에게서 배울 수 있으며 또한 배워야 한다.

25. 한 지혜자가 항상 어리석은 자로부터 배울 수 있는 그 무엇을 발견하는 것은 바르게 말해졌다(어리석은 자는 지혜자에게서 아무것도 배우지 못하는 동안). 즉 그들이 피해야 하는 것이 무엇인지, 그들의 보기에서 익히게 되도록 그가 자신과 각각의 지혜자들을 위해서 어리석은 자들을 선생으로 결정하는 곳에서(잠24:30, 등), 그것은 솔로몬에 의하여 분명하게 될 것이다. 그러한 지혜는 선생 없이도 습득할 수 있기 때문이며, 거기서 적절하게 말해졌기 때문이다. "역시 어리석은 머리는 더 좋은 것에서 무엇인가를 발견하는 기회일 수 있을 것이다." 하나님이 그들에게 너희를 통하여 완성하기와 진리의 길에 다다르는 것을 거절하지 않는 한, 왜 너희 지혜자는 그것들의 부조리와

정신착란과 광기에 대한 너희 자신들을 완성할 수 있을 그것을 견디기를 원치 않는가?

우리는 왜 종교의 영역에서,
1. 기독인들, 2. 무슬림(회교도)들, 3. 유대인들에게 인내해야 하는지?

26. 우리는 왜 종교(신앙) 때문에 미움을 유발하지 않아야 하는지를 여기에 첨부한다. 아마도 여기 우리 사이에 가장 큰 틈이 갈라질 수도 있다. 첫 번째로, 기독인들은 그들이 그리스도의 봉사자이기 때문에 미워하지 않아야 한다. 적어도 그들은 이것을 선포한다. 무슬림들에 대항하여 우리는 그 어떤 적대감도 마음에 품어서는 안 된다. 그들은 우리 그리스도 안에서 위대한 선지자를 인식하고 있으며, 그를 경멸하기를 허용하지 않기 때문이다. 우리는 유대인들을 먼저 인내해야 한다. 그것은 가장 오래된 조상들로 불렸던 것처럼, 그들은 신실한 유산과 선지자들의 말씀을 우리에게 보존해 주었던 우리들의 도서관(보고)이기 때문이다. 하나님은 그들이 바로 신적인 말씀의 보화를 이방인과 유대인들의 완전한 회개에 이르기까지 스스로 신실하게 보존했기 때문에, 그들을 보호하시며, 이러한 일들이 진실로 하나님에게서 나아오는지(계10:7과 11:5) 모든 예언의 성취에 따라 그 어떤 의심도 있을 수 없으며, 완전한 빛이 지배하기 때문이다.

두 번째로, 유대인들은 그들이 아들을 대신하여 받아들였으며, 영예와 언약과 율법이 그들에게 스스로 주어졌기 때문에 인내하는 것이다(롬9:4-5). 우리는 단지 그것은 얼마간 극복했던(롬11:11), 그들 불신 때문에 단지 수용되었다. 세 번째로, 그들이 받아들이게 되었던(사65:9,롬11:23-25) 회심의 희망 때문이다. 우리가 그래서 하나님의 뜻을 성취한다면, 그리고 우리가 유대인을 볼 때, 우리는 덜 익은 포도송이처럼 말하게 된다. 그들이 멸망되게 하지 말라, 그 이유는 하나의 축복이 그 안에 있기 때문이다(사65:8). 마침내 우리는 역시 모든 이방인에 대해서도 인내해야 한다. 그들은 눈이 멀어져 있으며, 먼저 우리의 마음으로서 우리의 동정을 얻기 때문이다. 그리스도가 사마리아인들에 관하여, 그리고 바울이 아텐 사람들에 관하여, 그들이 알지 못하는 신을 경배한다는 것을 말했던 그것을 사람들은 이 땅의 이방인들에 관해서도 말할 수 있을 것이다. 즉 그들은 알지 못하는 신을 경배한다. 그러나 그리스도가(그의 예를 따라 바울이), 그들을 올바른 길로 데리고 오지 않았던 동안 연약한 자들을 인내했던 것처럼, 하나님이 그들에게 자비를 베풀며, 때가 가까워지기까지 이방인들의 충만한 수가 차도록(롬

11:23) 우리는 역시 그것을 실행하여야 한다.

정부 당국자들은 왜 그들 아래에 있는 신하들을 다른 당국자들처럼 그렇게 인내해야 하는지

27. 당국자들이 상호 간에 그들의 신하들에 대한 것처럼, 그렇게 알려야 하는 무엇인가 관용을 실현하는 것은 적절하다. 서로 부드럽게 폭력적이지 않게 관계하는 것은 좋을 것이다. 그 이유는 억지로 끌거나, 강요하기보다 더 잘 인도하는 고귀한 정신은 전 인류에게 제시된 것이 분명하기 때문이다. 그를 강요하기를 원하는 자는 화를 내게 하며, 상처를 주거나, 또는 반발을 불러일으키게 한다. 그렇지만 그가 강요하게 되면, 그는 사람들을 아첨하는 자로 만들거나, 또는 새롭고 아마도 더 큰 불화를 불러일으키게 될 것이다. 불안은 조용한 관계들의 나쁜 감시자이다. 코메디의 한 편의 시는 이렇게 말한다.

> "그의 의무를 단지 강요하여 성취하는 자는
> 그가 배신을 두려워하는 한 신경을 써야 한다.
> 역시 다만 미미한 희망이 싹튼다면,
> 그의 본성으로 그는 되돌아온다.
> 만일 당신이 그러나 바르게 행동하는 한 사람에게 관심을 기울인다면,
> 그는 감사하게 될 것이며, 그가 가까이 있던지, 멀리 있던지,
> 같은 생각에 머물 것이다."[77]

부수적인 일

그러나 사람은 인간 본성이 폭력적이며, 불친절하게 취급된다고 생각하는 누구도 그것들에 영향을 미치게 할 수는 없다. 우리는 자발적으로 얻게 했던 자들을 신뢰할 수 있을 것이다. 그렇지만 폭력으로 강요하거나, 또는 흉계를 통하여 얻게 된 자들은 신뢰할 수가 없다. 그래서 불화를 제거하지 못하고, 오히려 증가시키게 된다. 클라우디우스(Claudius[78])는 꼭 맞는 것을 말했기 때문이다.

---

77) 테렌티우스 아페 푸블리우스(Terentius afe, publius, B.C.195-159), 로마의 극작가.
78) 클라우디아누스 클라우디우스(Claudianus Claudius, A.D.369-404), 로마의 시인.

"........폭력이 수행할 수 없는 것, 그곳에 평화로운 능력은 영향을 미친다."

　　그들은 그가 피하여 인내했으며 죽었기 때문에 그들 주인의 모범을 따라 권리(權利)와 정의(正義) 외에 어떤 무기도 소유하지 않아야 했던 무기로써 권력을 찾는 일은 중단하고 싶어 할 것이다.

Ⅲ. 대립하는 것의 화해를 통한 논쟁을 제거하도록
사람들이 바랄 수 있는 최선의 것

　　28. 사람들이 미움 없이 어떻게 여러 가지 이해들을 중단할 수 있으며, 어떻게 서로 펜, 또는 무기로써 적대감의 감정을 폭발하는 것이 즉각 불필요한지를 우리는 안다. 그렇지만 우리는 견해의 차이들을 인내할 뿐만 아니라, 역시 제거할 수 있기를 희망해야 한다. 그것은 모든 논쟁적인 질문들이 아주 해결될 수 있게 하는 것, 역시 서로 모순적이며, 대립적인 진리들을 만나게 할 수 있는 진리의 중심을 발견하는 것을 뜻한다. 그래서 각자의 이해는 공동의 진리를 다시 확인하며, 그것이 진리에 관여되어 있는 한, 그 범위만큼 도움이 되었다. 대략 속한 것이 혼합하지 않는다면, 그것은 자체로부터 사라지게 될 것이다.

화해(和解)가 가능한지? 대답은 예 이다!
1. 우리가 우리를 통해서뿐만 아니라, 하나님과 일들을 통해서
(모든 것에 공통적인 것) 화해하기를 구한다면, 가능하다.

　　29. 당신은 즉 "단지 그것이 가능할 수 있다면"이라고 말한다. 나는 대답한다, 즉 대립하는 것들(철학과 종교와 정치 안에서)은 우리를 통하여 우리에게 스스로 가능하지 않은 것이 일들의 중재와 그 일들의 근본토대의 중재와 하나님을 통하여 화해하도록 그렇게 뿌리내려졌다. 일들은 우리들의 불화들을 고려함이 없이 그와 같은 것들이 모두를 위해 존재하는 것을 중단하지 않기 때문이다. 만일 우리가 미워하는 자들 가운데서 그것이 열리는 것을 더 잘 보게 될 때, 땅은 같은 방식으로 모든 것을 우리에게 그렇게 지탱하게 된다. 태양은 그들 광채와 함께 바른길로 우리를 내려다보며, 서로 잘

못 보는 것을 주시하지 않는다. 장미꽃은 유대인이나, 기독인들을 위해 사랑스러운 향기를 동일하게 내 품는다. 마찬가지로 하나님은 모든 것의 하나님이시다. 그가 말하는 것을 그분은 청취하기가 준비된 모든 사람에게 같은 방식으로 말해 준다. 그러나만일 우리가 단지 우리 자신의 명제들, 책들과 작품들을 본다면(우리가 스스로 만들었으며, 수천 가지들로 다른), 우리는 물론 화해할 수가 없게 된다. 그러나 만일 우리가적절한 신중함과 존중과 함께 그가 우리에게 말씀하시며, 우리의 유익한 것을 행하시고, 선포하신 것에 대해 하나님의 생각들을 듣게 된다면, 화해(和解)는 쉽게 극도로 이루어지게 될 것이다.

(그것은 모범을 통하여 밝혀졌다)

30. 나는 논쟁하는 당파 들이 서로 화해할 수 있는 일이 얼마나 쉬운 것인지(홀로사람들이 그것들을 첫 번째 아이디어로 충분하게 가르쳤기 때문에), 분명하게 되도록모범을 통해서 이러한 사건을 밝혀본다. 로마 도시에 대하여 말해 준 수천의 사람들이있으며, 들었거나, 또는 그 같은 설명을 문서에서 읽었다는 것을 가정해 보면, 개인의생각들은(만일 사람이 그것들을 주목할 수 있다면) 분명히 구별되었다. 모두가 각자의눈으로 주의 깊게 관찰하도록 모두를 로마 도시로 데려가 안내한다면, 모두의 생각들은 곧 비슷하게 접근할 것이며, 역시 동등하게 될 것이다. 우리는 우리들의 경우에도비슷하게 행동해야 한다. 자연에 대하여 여러 가지로 판단하는 자들을 사람들은 자연으로 인도해야 한다. 그것을 하나님에 대하여 행하는 자들도 하나님께로 데려가야 한다. 정신적인 직관들에 대하여도 여러 가지 생각들을 하는 자들을 지성으로 인도해야한다. 그들은 곧 거기서 화해하게 될 것이다.

2. 만일 우리가 선입관들을 내려놓는다면,

31. 그렇지만 당신이 말한다면, 비록 자연과 성서와 지성이 일들의 연구자가 거대한 범위에서 일치하지 않는다고 해도, 나는 사도의 말로써 대답한다. 간구하지만 얻지못함은 잘못된 것을 구하기 때문이다(약1:5-6). 그것은 그들이 일들 가운데 있지 않은것을 구하거나, 또는 잘못 구하며, 진리 가운데 있지 않은 잘못된 진리를 구하며, 그들

의 추측하는 것들이나, 잘못된 진리를 구하는 일 때문이다. 사람들이 보지 못하는 아주 특이한 것은 무엇이며, 대략 다른 것과 다른 방법은 무엇인가? 같은 일을 여러 가지 채색된 안경들을 통하여 관찰했던 사람들은 동등하게 보지 못하고, 하나는 붉은 것, 다른 것은 녹색으로, 세 번째는 푸른 것 등을 보게 된다. 그렇지만 그들이 안경들을 벗고 조절되지 않은 모습을 보게 되면, 그것은 모든 것을 위해 같은 것으로 보이지 않을 것인가? 같은 것이 역시 다른 감각기관들에서도 유효하다. 우리가 사물들에서 같은 방식으로 접근하지 않기 때문에, 우리는 그것들을 동일하게 인지하지 못한다. 굶주리는 한 사람에게 빵과 물은 배부른 자보다 달리 맛이 더 있게 된다. 아름다운 음악은 트몰로스(Tmolos)의 귀에는 미다스(Midas)[79]의 귀에서보다 달리 울리게 된다. 꿀은 열이 높아 헛소리하는 사람에게 건강한 자보다 달리 맛이 더 있다. 우리는 이처럼 출발점들을 제거하면(지성을 그렇게, 또는 다른 것을 종속시키는 선입관들), 자연과 성서와 우리 지성의 현상들이 다른 것들에서 달리 작용할 수 있는 하나에서 되지 않는다. 그럴 때, 일치와 화음은 시작된다.

범지혜의 방법이 영향을 미치는 것

32. 선입관들이 제거되도록 누가 영향을 미치게 되는가? 그가 선입관들에서 취하게 된 것을 아무도 인정하려 하지 않는다. 각자는 생각한다. 그는 바르게 판단한다. 나는 대답한다. 모든 인식할 만한 것의 조직적인 개관을 그들이 서로 피할 수 없는 거기서, 설사 그들이 원했다 할지라도 그것은 지성 공통의 빛에 관한 것을 뜻하는데, 그리고 우리가 단계적으로 발전하는 것과 논쟁의 끝에까지 발견된 것을 모두가 그들의 탐색과 함께 시작하도록 그러한 선한 근거들에 기초하기를 충고하였다.

부수적인 일

만일 우리가 범지혜를 올바르게 기초했다면, 이것은 필수적인 결과이며, 이것이 그렇지 않은 경우에라도 방법론의 오류가 문제가 아니라, 우리들의 짧은 시각과 불완전함이 문제이다. 그 이유는 아무것도 그의 생성(生成)에서부터 완전해질 수는 없기 때문이다.

---

79) Tmolos(트몰로스), 희랍 신화의 모습이며, Midas(미다스)는 프리긴(Phrygin)에서의 전설적인 왕이다.

가능하다는 것은 증명되었다.

33. 누군가 아직 의심하게 될 경우, 나는 우리가 희망을 잃지 않고, 이러한 길에서 참된 화해에 이르는 것을 증명하게 될 것이다. 그 이유는 우리가 희망하는 것이 시작되는 그 시대에 있기 때문이다. 그러나 지금 우리는 학교와 교회와 행정부의 궁정에서, 그리고 시청사들에서 각자 다른 철학과 종교와 정치적인 이해들을 받아들인다. 그것들을 실제에서 시도하며, 그들이 잘못 인도하는 일을(그것은 본성적인 자기만족이다) 우리에게 일러주게 한다. 거기서 앞서가게 된다. 사람들이 붓는 것을 한 사람이 탐욕적으로 다 마시는 것처럼, 그렇게 쉽고 철저하게 그는 판단 능력 안에 잠길 때까지 마시게 되었다. 그는 지성의 자유로운 관습에서 대체로 깨어날 때까지는 거의 성장할 수가 없을 것이다.

그렇지만 우리는 인간적인 가르침을 한쪽에다 놓아둔 채, 신적인 지혜로써 이해해 본다(우리가 단지 하나님의 책들에서 우리의 지혜, 신중함, 충성을 퍼낼 때). 우리가 그들로부터 의존된 질서의 길들을 걷어갈 때, 그렇게 나는 어떠한 인격적인 장점을 알지 못하며, 모두를 사랑하는 이러한 공동의 교사가 동시에 일치로 이끌지 못했다면, 죽기를 원한다.

그 이유는

1. 세계가 가득한 범위로 감각기관들을 제공해 주었기 때문이며, 그리고 모든 사람은 그것들로써 무장되었기 때문이다. 우리는 그래서 세계에서 모든 사람과 모든 것을 같은 방식으로 감각기관들로써 시험하게 되면, 하나에는 대략 그렇게, 다른 이에게는 다르게 나타나는 것이 불가능하게 될 것이다. 모두의 같은 직관은 일치하는 것으로 인도한다.

II. 사람에게 천성적인 보편적 개념들, 욕구들, 그리고 자질들은 그들 본질에 따라 모든 것에서 동일하다. 우리가 거기서 모든 것을 한 질서 가운데로 가져온다면, 우리는 거기서 해결의 열쇠들을 꺼내기 위해 동일한 형태와 규범을 설정하게 된다. 우리가 이러한 모든 것들을 이용한다면, 그것은 모든 것에 똑같이 공동의 빛이 비춰지게 되며, 다른 것은 가능하지 않게 될 것이다.

III. 결과적으로 하나님이 성서 가운데 계시하며 명시하며, 약속한 그것을 그는 모두에게 계시하며, 명하며, 약속하게 된다. 만일 우리가 계시한 것들에서, 모든 것을 믿고, 명시한 모든 것을 시행하며, 모든 약속된 것들을 희망하면, 그래서 우리는 같은 모든 것을 믿으며, 시행하며, 기다리게 되는 것이 아닌가?

34. 우리가 지금 미래의 학교들에서 단지 하나님의 책들이 명시되고, 단지 그것들을 공동체 안에서 공적인 일들의 조정에서처럼, 교회 안에서 양심의 조정에 이용되도록 안내하면, 모두를 위해 사물의 같은 모습과 지성의 같은 빛이 필수적으로 생기게 될 것이다. 우리가 한때 언어들을 고려하여 구별하며, 각자가 그의 바빌론을 건설해야만 했던 것처럼, 그렇게 우리는 같은 방식으로 우리가 하나님과 시온으로 되돌려지자마자 곧, 하나님의 기술을 통하여 설립한 예루살렘을 바라보게 될 것이다(시122:3).

3. 우리가 단지 모든 것의 확실한 진리를 찾는다면

35. 몰래 스며들어 왔으며, 깊이 뿌리를 내린 논쟁들이 문제가 되는 만큼, 우리가 스스로 그것들을 제거하는 일에 대항하여 방어하지 않으며, 경직된 선입관들을 통하여 일치로 향한 길들을 막지 않을 때, 그것들은 그렇게 거대한 부분들에서 제거된다. 쉽게 불화를 제거하게 했던 것처럼, 기독인들 가운데서 현존하는 몇 가지 종교적인 질문들에서 나는 아래에 계속해서 그것을 보여주게 될 것이다. 만일 우리가 단지 작은 질문들에 거리를 두며, 우리에게 다 확실한 신앙의 교리들을 확고히 고수하며, 진리를 분리하지 않고, 그것들을 모든 것에서 전체적인 것으로 찾으며, 낱말들의 이중성과 거기서 기인하는 자극을 피하기와 직접적으로 일들을 바라보기를 결심하게 될 때이다. 그러나 주로 우리가 배고픔과 음식과 자만심에 대한 염려를 내려놓고, 종교 안에서 신앙과 그리스도와 하늘보다 아무것도 다른 것을 바라보지 않을 때이다.

우리가 여러 가지 고려할 점들을 관찰한다면, 그것들 때문에 사람들은 대략 주장하거나, 또는 논쟁하게 된다(추정의 논쟁적인 질문들이 생겨날 수 있는 천문학의 영역에서 하나의 예)

36. 비록 세계 전체를 둘러싸고 있는 하늘처럼, 그의 운동이 열대에서보다 적도

(Aequator)에서 다르게 보이며, 폴란드인들에게서는 거기서부터 온전히 달리 보임에
도 불구하고, 하나가 참되며, 하나와 하나의 단순한 운동과 함께 자체를 맴돌기 때문이
다. 그것은 그렇게 영적인 하늘인 교회와 함께 역시 그러하다. 단지 하나의 신적인 문
서가 있으며, 그 문서는 영으로부터, 온전히 그리스도의 영으로부터 충만해졌다. 만일
사람들이 영(靈)을 역시 거기보다 여기서 다르게 이해한다면, 마침내 사람들은 상호 간
에 반박할 수 있을 것이며, 그것들이 단지 합리적으로 올바른 토대에 기인할 때, 역시
대립적인 성서의 해석들은 조화를 초래할 수 있을 것이다. 비슷한 방식으로 새로운 달
과 만월과 월식에 대한 예언들이 천문학자가 완전한 월식에 대해 기록하며, 다른 이들
이 그것에 대립하여 단지 부분적으로(더 크게, 또는 더 작게) 인정하는 만큼 논쟁할 수
있을 것이다. 어두움은 한 번에 따라 아침에, 두 번째에 따라 저녁에, 세 번째에 따라
정오에, 네 번째에 따라 한밤중에 시작한다. 그렇지만, 모두는 지정학적인 길이와 구
별되는 지역들의 정도에 따라 진리를 기록하는 일이 가능하다. 그러한 방식으로 대립
하는 견해들은 실제적인 논쟁의 경우들로서 평신도에게, 그리고 이로써 화해할 수 없
게 나타난다면, 그것은 전문가에게서 화해하는 일은 어렵지 않게 이해하게 될 것이다.

부수적인 일

우리는 그 같은 것들을, 즉 동일한 문서가 여러 출발점에 따라 여러 가지 해석들을 허
용하는 것이 우리의 영역에서 희망할 수 있을 것이며, 그리고 진리를 손상하는 일 없
이 이러한 것이 기대된다.

만나의 비유

37. 사람은 광야에서 이스라엘인에게 하늘로부터 내렸던(출16:20) 만나(Manna)
에 관한 지혜의 책이 알려주는 여기 비슷한 경우가 앞서 놓여 있음을 가정할 수 있을
것이다. 그것은 각자가(신적인 허락과 함께) 그의 기쁨과 입맛에 따라 준비할 수 있었
다. 만일 유대인들중 한 사람이 음식으로서 만나를 한 다른 사람처럼 다른 방식으로 준
비할 수 있었을 것에 대하여 논쟁했다면, 반발하는 것처럼 나타나게 되었을 것이다. 그
렇게 한 사람이 하나님의 말씀에서 이러한 것을, 다른 이는 저 방식으로 큰 환희를 준

비했던 것을 인내하려 하지 않았다면, 그것이 그렇게 우리에게는 어울리지 않을 것이다. 그렇지만 역시 항상 계시 안에서 건강한 믿음을 의무상의 존중과 기꺼이 준비하는 순종과 함께 짝 지운 것을 인정하는 곳에서 하나님은 인내하신다.

화해는 화해자인 그리스도를 통하여 가능하다,

38. 만일 사랑을 통하여 결합하였으며, 소망의 왕관이 씌워진 그 믿음보다는 하나님에 의하여 다른 그 무엇을 아무것도 찾을 만한 것이 없다는 사실을 우리가 단지 결단했다면, 나는 우리가 서로 형제가 되는 것을 확신하며 희망한다. 그렇지만 우리는 모두 이러한 능력들이 흘러나와야만 하는 동일한 원천적인 것들을 소유하자! 나는 새로운 것에서 항상 반복한다. 즉 우리는 시계 장치처럼, 서로 일치할 수 있는 것이 그렇게 많지 않은 사람들을 교사로 세우는 일을 중지하자! - 그것은 더없이 분명하다! 우리는 하늘의 시계에 의해서 그러한 경우인 것처럼 자신을 바꾸지 않고도 피할 수 없는 모두를 위하여 동등한 일들로부터 직접 더 잘 인도하게 하자! 로마나, 콘스탄티노플이(얼마 전에 몇몇이 썼던 것처럼) 화해 없이 머물 수 있으며, 칼빈주의나, 또는 루터 주의가 (그것은 지역적으로 제한된 가르침들이다) 화해 없이 머무를 수 있다. 만일 그리스도가 화해자라면, 기독교는 화해될 수 있을 것이다. 그는 유일한 자요, 스스로 진리이다. 그러므로 그는 그와 하나가 되지 않을 수가 없다. 우리는 그분과 여러 면으로 결합 되었기 때문에 역시 그렇게 될 수 없는 것은 아니다.

화해의 10가지 근본토대

39. 지금 우리는 화해의 10가지 근본토대를 제시하게 된다. 우리가 그것들에 대하여 알게 된다면, 논쟁들은 온전히 제거되거나, 또는 적어도 매우 감소 될 수 있을 것이다.
  I. 감각과 지성과 하나님의 증거들 앞에서 분명하게 증명하게 하는 것은 아무도 그것에 이의(異意)를 제기하지 않아야 한다.
  II. 감각과 이성과 하나님의 증거 앞에서 증명되게 하지 않는 것은 아무도 한 분 다른 이에게도 강요하기를 감행하지 않아야 한다.
  III. 아무것도 부정하게 하지 않은 것을 진실하게 명시된 것으로, 확실한 것으로 주장해서도 안 된다.

IV. 아무것도 방어하게 하지 않는 것은 옳게 명시된 것으로 아무것도 부정하지 않아야 하는 일이다.

V. 사람이 진실로 설명할 수 없으며, 옳지 않은 것으로 표현되어 반박할 수 없는 것을 하나님과 시대가(사람은 그것을 그렇게 기다릴 수 있는) 드러내지 않는 한, 우리는 결정하게 하지 않아야 한다.

VI. 만일 승인을 통한 한 가지 일에서 부정을 통한 것으로(또는 반대로) 곤란한 문제들과 무의미한 것들이 더 많이 생겨난다면, 우리는 극단적인 질책을 피하게 된다.

VII. 만일 우리가 양자를 허용하거나(양자의 대립적인 주장들이 진리에 관계되기 때문이다), 또는 우리가 그 하나도, 또 다른 어느 것도 허용하지 않는다면, 그러한 경우에 사건을 해결하는 것은 가장 개연성을 가진다. 그 이유는 대략 일찍이 주목하지 못했던 제3의 것이 발견되었기 때문이다.

VIII. 그렇지만 만일 이러한 제3의 가능성이(진리의 중간적인 정황) 넉넉하고 분명하게 드러나지 않는다면, 우리가 하나나, 다른 극단을 선택하기보다 중심을 움직이고 있다면, 잘못 인도하는 위험이 적은 것을 우리는 더욱더 미미한 것으로 인정하지 않아야 한다. 예를 들어, 만일 당신이 하나에서 3가지로 분파된 길에서 올바른 길을 발견하지 못하여 더 중립적인 길로 택하게 되면, 가장 위험이 적게 위협받게 될 것이다. 당신이 잘못된 길에 있다는 것을 인지한다면(누군가 당신에게 그것에 대해 주의를 갖게 하거나, 또는 다른 표시를 통하여), 당신은 하나의 표면적인 길에서 다른 영역으로 바꿔야만 하는 것보다 그에게서 더 쉽게 왼편, 또는 오른 편으로 갈 수 있을 것이다.

IX. 대략 이론 가운데서 화해하지 않을 때, 사람들은 그것을 실천적으로 그렇게 시도해야 한다. 그것은 양자의 이론들이 더 좋은 실제를 생성하는데, 진지하게 주목하는 것을 뜻한다(나는 철학이 그들 가르침의 진리를 실제로, 그들 이론의 전제들에서 바른 처리 방법을 유도하는 시도를 통하여 증명해야 하는 것을 생각했다. 신학자들은 예배를 가장 큰 열정과 함께 관철하며, 하나님을 그들 방식으로 경배하는 확실성과 함께 중생으로 인도하는 일을 통하여 그들 교리의 진리를 증명할 수 있을 것이다. 정치가들은 마침내 정당한 평화와 그들의 전제들에서 유도하는 안식을 만들어야 한다).

X. 사람들은 한 질문에서 역시 이러한 방식으로는 어떠한 결과에도 이를 수 없을 것이다. 그리고서 사람들은 그것들을 구별하게 해야 하며, "그것은 지금까지 불분명하다"란 표어에 따라 되돌려 보내야 한다. 그리고 사도의 규칙에 따라 이것을 시행해야 한다(빌3:15). 우리가 이처럼 더 철저하게 거론하는 데 유효한 질문들의 목록들을 함께 제시한다.

우리가 이러한 근본토대 위에 서 있다면, 거기서 위대한 희망이 성장하게 된다.

40. 우리가 이러한 토대 위에 서 있다면, 우리는 논쟁들이 제거되는 일을 분명히 수행할 수 있을 것이다. 어떤 나머지 것이 남아 있으면, 공적인 미움과 불확실성이 멀어질 때인데, 그것은 단지 해가 덜 될 것이다. 그것들은 제거되게 될 것이다. 그 이유는 사람들이 그것에 대하여 명백히 근거나, 갈림길이 출구 없이 자유로이 구성하는 곳에서 여러 일들 가운데서 일치할 수 없게 되기 때문이다. 그렇지만 이것은 단지 몇 가지 작은 논쟁점들에서 있게 될 경우이며, 그것들에서 사람들이 그것을 통하여 위험한 갈림길로 빠지는 그 어떤 위험이 생기지는 않는다. 그러나 홀로 구원이나, 또는 진리의 왕도는 항상 장애 없이 중심으로 인도하며, 가장 좋은 목표들로 안전하게 인도되었다. 모두가 동등한 것을 인정하는 진리가 그 같은 방식으로 분명하지 않고, 사람들이 그 같은 불화 가운데서 있지 않을 경우, 이것은 한 사람에게, 그것은 다른 사람에게는 더 잘 나타나게 될 것이다.

그렇지만, 여기에 3가지 공동의 길을 주목하는 것이 중요하다.

41. 우리는 이처럼 1. 전체성, 2. 단순성, 3. 자발성의 길에서 모든 논쟁의 화해를 위해 힘써야 한다.

1. 전체성

42. '전체성'은 우리가 모든 논란이 된 질문들과 그것에 대하여 현존하는 이해들에

대하여 보편적인 이해에 따라 허용될 수 있는 모든 것을 허용하기 위한 것이다. 그 이유는 그리스도가 모든 책과 그룹들과 이해들이 틀림없이 진리와 선한 것들에서 한정된 몫을 역시 가장 모순적인 일들에 대하여 말할 정도에 이르기까지 지니고 있기 때문이다(그것은 하나님에게서 위임되었거나, 또는 사람들로부터 확정되었던 일들에 대한 것을 뜻한다). 사람들은 이것도 행하고 저것도 버리지 않아야 한다(마23:23)! 그 이유는 그들 주제를 방어하기 위하여 한 면이 이성의 한계 안에서 소개되었기 때문이다. 그것은 분명히 감각과 지성과 또는 신적인 증거를 통하여 이루어졌다. 그렇게 오류에 다다르게 했던 원래 고유한 진리는 진리를 스스로 더 잘 설명하게 될 것이다. 중심에 놓여 있는 진리가 유효하며, 그것들이 더욱이 더 분명히 되게 하는 실제로 첫 모습에서 모순적인 주제들이 있다는 것을 나는 잠시 후에 밝히게 될 것이며, 신학에서 나아온 예들에서 증명하게 될 것이다.

2. 단순성

43. 만일 우리가 과제들의 다양성으로 되돌아갈 때(그들의 하찮은 일 때문에, 우리는 무한한 것 안에서까지 분열하고 나누게 된다), 그것들에서 지혜와 구원의 요점들이 우리에게 단지 중요한 가장 본질적인 것을 염려한다면, 단순성은 우리를 화해시킨다. 거기서부터 단지 하찮은 것이 존재하며, 그것들은 분명하고 확실한 진리를 포함하게 된다. 그 이유는 힐라리우스(Hilarius)[80]처럼, 하나님은 하늘에서 섬세한 질문들 때문에 우리를 경고하며 부르는 것이 아니기 때문이다. 그러므로 그들은 그 견해들이 분열되게 하는 것이 아니라, 오히려 연합할 수 있게 될 것이다. 그리고서 우리는 논쟁적인 물음들에서도 여러 섬세한 것들에 대한 입증으로 널리 퍼트리는 것이 아니라, 그리스도가 제시한 규범을 주목하게 될 것이다. 그러나 그것은 시작에서부터 그와 같이 있지는 않았다. 우리가 이러한 모범들과 그것들의 관철을 지향한다면, 마침내 여러 질문이 한 번에 해결 될 것이다. 예를 들어, 그것들이 더 잘 평가되도록, 그리스도는 교만한 자들에게 다시 어린아이들이 되기를 명하셨기 때문이다(마18:3). 그것은 품위 없는 것으로 간주 되는 것을 뜻한다. 무지함, 또는 잘못된 권력(폭군들의)에 굴

---

80) 힐라리우스, 픽타비엔시스(Hilarius, Pictaviensis, A.D.313-367), 교회의 교부, 포이티어(Poitier)의 감독.

복하는 무지 가운데 빠진 자들이 비슷한 방식으로 왜 무력함을 향하여 소리쳐야 하는지? 유식한(학자) 자들이 더 잘 배우려 하며, 사람이 자기를 다스리지 않고 자신이 다스려지게 되도록 다른 이들에게 권세를 위임하는가? 대략 유사한 것을 그리스도가 해석해 준다(요9:39-41).

3. 자발성, 또는 자의성

44. 화해(和解)에서 우리는 사람들이 다만 솔직히 말할 수 있는 그것을 우리에게 상대적으로 고백하기를 준비하기 위하여 역시 무조건 자발성을 주목해야 한다. 우리가 중재의 의미를 따라 언급된 방식으로 찾기 때문에(대략 논쟁적으로 보이는 곳에서), 이것이 온통 쉽게 다다르게 하는 희망이 생긴다. 대체로 각자가 그의 관점과 그의 근거가 거절된 것이 아니라, 단지 보편적인 이해에 동화된 것을 본다면, 건강한 지성을 가진 어떤 사람이 온통 불안하게 되는 것이 아니라, 오히려 그러한 불안에 머물러 고수하기를 바라게 될 것인가? 만일 그가 공동의 일치에 접근하며, 모든 다툼의 종결을 발견하게 될 때, 자신과 다른 사람에게서처럼 진리에서 피를 흘리지 않는 승리, 즉 기대하지 않았던 승리를 누가 바라지 않을 수 있을 것인가?

중도의 길을 발견하는 것이 필요하다.

45. 모든 논쟁 된 주장들이 바로 중간의 관점을 만나는 길을 발견하는 것이 필요하다.

부수적인 일

하나님이 그의 사역들과 말씀들을 대립적인 것들에서 적용된 방식으로 함께 이끌었던 것처럼, 그들 생각에서 대립하는 것들을 일치로 가져오기를 이해하지 않는 거기서 홀로 불화와 오류가 생겨나기 때문이다. 나는 하나님의 행위들과 말씀에서 그 하나가 그에게 더 많이 약속한 것을 선택하는 거기서 나타나는 것을 말한다. 그것은 그에게 하나의 다른 의미가 있는 것으로 보이며, 그것에 반하여 더 다른 것은 대개 다른 것과 처음 것을 경시하는 쪽으로 넘어간다. 그 하나가 다른 것을 필요로 하면, 양자는 그들의 이해들로부터 버려두지 않기 위하여 여기저기로 돌리게 될 것이다. 마니카에우스(Man-ichaeus)[81]는 빛과 어두움, 영혼과 몸, 화해할 수 없다는 것 때문에, 시작부터 함께 현존했었던 두 개의 서로 분리된 나라를 전파하였다. 즉 말하자면, 어두움의 나라와 빛의 나라였다. 이러한 방식으로 그는 대립적인 관점과 투쟁을 모든 영원에까지 널리 퍼뜨렸다(그가 모든 사물의 근원을 원리와 하나님께로 되돌리기를 원치 않았기 때문이다).

이것은 예들에서 보이게 되어야 한다.

46. 사람들이 "마찬가지로 역시"와 "그 하나도 아니며, 그 다른 것도 아닌"이란 원칙의 도움으로써 논쟁을 조절할 수 있을 것처럼, 몇 개의 다툼의 질문들의 예들에서 보이게 되기를 시도해 본다(유럽의 기독인들 가운데 가장 큰 미움과 함께 투쟁 되었던). 만일 우리가 지상의 다른 백성들과 종교를 화해로 충고하기를 생각하고, 대립들이 하나의 중립적인 관점에 접근되었다면, 우리에게서 모순의 표면적인 경계에 대한 논쟁이 무성하게 자라는 것과 그러나 논쟁이 사라지는 것은 우리에 의하여 시작되고, 나타나보이게 해야만 한다.

1. 성령의 원천에 관하여

47. 질문은 다음과 같다. 로마 가톨릭교회가 믿는 것처럼, 성령이 동시에 아버지와 아들에게서 나오는가? 또는 희랍정교회가 믿는 것처럼 단지 아버지에게서인가? 나는 그 양자 모두를 대답한다. 그 이유는 아들을 통하여 아버지로부터 나아오기 때문이다. 모든 것이 나아오는 하나의 유일한 원리를 확정하기는 신성에 의하여만 유효하며, 그리고 모든 것이 그것을 통하여 존재하는 영원한 원리의 유출을 확정하기도 신성에 의해서만이다. 그 이유는 이 양자가 하나이기 때문이다(무한한 것에서 무한한 것의 유출은 단지 무한한 것으로 유출할 수 있기 때문이며, 그것은 "스스로 자체 안으로"를 뜻한다). 이러한 영(靈)은 양자로부터 나아오며, 그리고 그들과 함께 하나의 통일을 이룬다.

---

81) 마니차에우스(Manichaeus, 또는 Mani, Manes, A.D. 216-276), 페르시아인, 기독교와 유대교와 조로아스트교의 요소들에서 생겨난 종교교리의 창시자.

2. 하나님의 섭리(攝理)에 관하여

48. 하나님의 섭리가 시작에서부터 미래적인 일들의 원인인지, 또는 아닌지? 이러한 질문이 목소리를 낸다. 첫 번째 것은 주장하며, 몰리나(Molina)[82]를 방어한다. 두 번째는 아우구스티누스(Augustinus)이다. 우리는 첫 번째 것도, 역시 두 번째 것도 안전한 것으로 주장할 수는 없는가? 그 이유는 말하자면, 섭리 안에서 스스로 원인이 항상 첫 번째는 두 번째와 함께 두 번째는 첫 번째와 함께 하나로 진행되기 때문이다(아무것도 미래적이지 않으나, 모든 것은 현재 적이며, 말씀의 고유한 의미에서 선지식이 중요하지 않으며, 간단한 직관이 중요하다). 왜 우리는 이처럼 섭리가 그렇게 생겨나며, 어떻게 사건이 생겨나는지는 말하지 않아야 하는가? 그렇게 우리는 양자의 주제들이 간단히 승인되거나, 부인된다면, 거기서 따르는 엄청난 것들을 피할 수 있을 것이다. 연결하는 사건들을 위해 그것들이 동시에 현존한다는 조건이 분명하다. 우리는 그렇지만 역시 양자를 모두 말할 수 있을 것이며, 더욱이 다음과 같은 방법으로, 즉 하나님이 미리 알았던 것은 한번 일어나야만 했다. 그리고 마찬가지로 항상 일어나야만 했던 것을 하나님은 미리 알았다. 그리고 양자는 필수성과 함께. 그 이유는 전지(全知)한 자의 섭리에 아무것도 빠져나갈 수 없는 것처럼, 그렇게 역시 전능하신 자의 앞서 결정하는 능력에 빠져나갈 수 없을 것이다. 무엇 때문에 계속되는 괴변들인가?

3. 칭의(稱義)에 대하여

49. 칭의에 대한 관점의 대립은 다음과 같이 화해(和解)하게 한다. 기독인들은 하나님의 심판 앞에서 의롭게 된 자로서 인정되도록 그리스도로부터 우리에게 주어지게 된 것에 대하여 논쟁한다. 오시안더(Osiander)[83]에 따르면, 이것은 영원한 "그리스도의 의"(義)로, 그것을 통하여 그는 하나님으로(단9:24,렘33:16), 거기서 주(Herr,主)는 우리의 의(義)를 뜻하게 된다. 요한 피스카토르(J.Piscator)[84]에 따르면, 그것은 그가 우리를 위하여 희생하시며, 우리를 위하여 신적인 의(義)에 넉넉히 행하신 인내하는 순

---

82) 몰리나 루도비쿠스(Molina Ludovicus, 1536-1600), 스페인의 예수회파 신학자였다.

82) 몰리나 루도비쿠스(Molina Ludovicus, 1536-1600), 스페인의 예수회파 신학자였다.
83) 오시안더 Osiander Hosemann, 1498-1552), 프로테스탄트 신학자.
84) 피스카토르(Johann Fischer-Piscator,1546-1625),헤어보른 대학에서 코메니우스의 스승이요, 프로테스탄트 신학자.

종이다(롬3:25, 4:25, 5:9-10, 히9:12, 14, 22, 28). 개신교의 학자들은 익숙하게 역시 그리스도가 온전히 거룩함에 적합한 삶을 이끌게 된 것을 통하여 신적인 법에 상응했던 그리스도의 행동하는 순종으로 이해한다. 소치누스(Socinus)[85]는 마침내 단지 사랑의 의를 인정하게 된다. 그것을 통하여 우리가 모방하는 것으로, 우리는 단지 의로운 자로 간주 되었으며, 요1서3:7절에 따라 실제로 의롭게 되었다. 아무도 너희를 유혹하지 않아야 한다! 의롭게 행하는 자는 그리스도가 의로운 것처럼 그렇게 동등하게 의롭다. 이러한 경우에 어느 편이 정당한가? 나는 대답한다. 이 모든 일은 신적인 말씀의 증거를 통하여 확인되었다. 이처럼 모든 것은 하나님이 이것을 말씀하는 것처럼, 그런 의미에서 참이다. 만일 우리가 그것을 단지 영원한 지혜의 모든 목적을 연결하기를 이해한다면, 우리는 온전하고 확실한 진리를 소유하게 될 것이며, 실제로 전체에, 그리고 확실하게 칭의의 항목을 파악하게 될 것이다. 이로써 우리는 역시 구원의 확고한 닻을 소유하며, 모든 시험과 슬픔 가운데서도 완전한 위로를 소유하게 된다. 우리가 하나님의 본성에 참여하도록(벧전1:4-9), 하나님이 (그의 아들 안에서) 우리들의 본성에 참여하신 것을 우리는 단지 믿는 것이다. 이러한 참여는 하나의 연결하는 참여 없이는 있을 수가 없다. 그래서 신적인 덕행들에 대한 참여가 아니라면, 도대체 어디서인가? 그들 가운데 하나님-인간의 의(義)가 우리에게 상실된 죄 없음을 획득하고, 상처받은 의에 충족한 것을 행했기 때문에 고난받는 것처럼. 그가 무죄함을 유지했던 그 의를 통하여 그와 같이 영향을 미치게 된다. 우리는 믿음을 통하여 그리스도의 의에 이르게 된다. 그리고 그리스도의 의(義)는 복음을 통하여 봉헌되었다. 그리고 그렇게 우리는 그리스도의 이러한 희생이 우리에게 장점으로 유용하게 된다는 것을 믿는다. 그래서 우리는 그의 피를 통하여 죄로부터 정결하게 되었으며, 그렇게 그의 죽음을 통하여 영원한 죽음으로부터 해방되었음을 믿는다. 우리는 고난받는 그리스도의 의를 통하여 우리에게 그러한 분명한 믿음을 적용하게 된다. 우리가 그의 말씀을 따라 그의 덕행들을 본받기 때문에 역시 행하는 것을 얻게 된다. "나는 너희에게 내가 행한 그것을 너희가 역시 이루도록 너희에게 본을 보여주었다." 이러한 본받음은 사랑을 뜻한다. 그 이유는 그것은 사랑에서 한 새로운 생명으로, 그리스도를 본받으려는 열렬한 동경에서 일어나기 때문이다. 믿음은 그의 모든 훌륭한 것들과 함께 그리스도를 포착하며, 사랑은

---

85) 소치누스(Socinusk), 비교 제1장 각주 2.

포용하며, 소망은 그를 붙들게 된다.

2.

50. 우리가 믿음을 통하여, 또는 행위를 통하여 의롭게 되었는지 과도한 논쟁들이 문제이다. 대답은 양자를 통해서라고 소리한다. 성서는 말하자면, 상세히 양자를 주장한다. 첫 번째는 −롬3:24,28이며 갈2:16이며, 다른 것은 − 약2:24이다. 당신은 말한다. 이처럼 부분적으로는 믿음을 통해서이며, 부분적으로는 행위를 통해서이다. 나는 대답한다. 우리는 그것을 거절해야만 한다. 그 이유는 성서가 그 어떤 곳에서도 이처럼 말하지 않기 때문이다. 단지 한 번이요, 단순한 칭의의 선행(先行)은 하나님의 행위를 설명하며, 그렇게 나누게 하지 않는다. 그러나 우리 편에서 두 가지 조건이 있다. 그것들은 똑같이 필요하며, 총체적인 결과에 대한 관계에서 전체 안에 서 있다. 즉 우리가 하나님의 자비를 온전히 파악하는 그 믿음은 그리스도를 마음에 두고 생각하며 그를 믿는 자들에게 주어진 것이며, 우리가 진실하며, 꾸며대며 거짓으로 보이지 않거나, 또는 부분적으로 생각하며 믿는다는 것을 총체적으로 입증하는 행위이다. 그 이유는 하나님이 그리스도를 통하여 획득된 죄인들의 용서를 우리에게 보증하기 때문이다. 이것은 모두에게 숙고하며, 믿음으로 불러내는 성령에게 순종하는 자들에게이다 (다음의 3가지 점들이 우리의 칭의와 구원의 토대를 표현한다. 즉 우리의 구원을 원하시는 하나님의 자비, 아버지와 함께 우리를 화해하시는 그리스도의 공로, 하나님 안에서 우리를 새롭게 하시며, 거룩하게 하시는 성령의 작용이다). 그래서 그것들은 우리 편에서 3가지로 요구된다. 1. 하나님이 원하는 것을 진실로 원하는 것, 즉 그것은 영원한 구원을 뜻한다. 2. 구원에 영향을 주는 그리스도를 믿는 것, 3. 우리가 벌써 구원에 참여하고 있는 실제가 스스로 나타나 보이도록 온전히 새로운 생명으로 거듭나게 되는 것 등이다. 그렇게 무장된 자는 바울과 야고보, 또는 성서 전체를 읽을 수 있을 것이다. 그는 반발하는 것은 아무것도 발견하지 못하게 될 것이며, 매일 믿음의 더 큰 빛과 사랑의 더 큰 불꽃에, 그리고 더 큰 소망으로 상승하는 일치와 조화와 내적인 삶의 즐거움을 발견하게 된다.

3.

51. 계시록 안에 있으며, 이러한 말들에서 표현을 발견하게 되는 성서의 마지막 증거는 우리를 이러한 주제에서 그렇게 화해하게 하는 것이다. 즉 어린 양의 혼인이 가까우며, 그의 신부는 준비되었다. 그리고 깨끗하고 아름다운 세마포로 너희를 옷 입게 하는 것이 너희에게 주어졌다. 값비싼 세마포는 거룩한 자들의 의(義)이다. 여기서 다수(多數)에 관한 말이 있는 것을 주목하면, 구원의 의복과 의의 외투는(하늘의 신랑이 그의 신부를 장식하는 사61:10) 분리되지 않고, 전체로서 이해하는 것이 의심 없이 해석된 "의로운 자들"을 가리킨다. 그렇지만 "칭의" (Justificatio)란 도대체 무엇을 뜻하는가? 그것은 법정(法庭)의 언어에서 나온 말이며, 법적인 논쟁에서 방어의 능력을 뜻한다. 말하자면, 한 사람이 재판 방식을 놓칠 수 없는 것 때문이 아니라, 의롭게 된 자로 인정되어야만 하는 그것이다. 이러한 말은 한 사람이 유죄로 판단되거나, 무죄로 선언되었던 하나님의 심판대 앞에 서게 될 때, 여기에 매우 적합하게 사용되었다. 거기서 신실한 영혼이 가득한 장식 가운데 있는 그들 신랑에게로 이끌려질 수 있도록 모든 의(義)가 우리에게 소유한 것으로 적용된 것을 증명하게 된다.

52. 그리스도의 의(義)는 성서에서 3가지 모습으로 전파되었다. 1. 사제(司祭)로서 인내하면서, 2. 교사(敎師)로서 행동하면서, 3. 그의 교회를 다스리는 영원한 왕(王)으로서이다. 그것은 만일 다음과 같은 질서 안에서 가치를 초래하게 되었다면, 완전한 권리로써 그렇게 온전히 우리의 소유가 될 것이다.

1. 첫 번 자리에 우리는 사제로서 그의 생명이 우리를 위한 대속물로 주어진 그리스도의 의를 우리에게 적용하게 해야만 한다(마20:28). 이것이 믿음을 통한 칭의이다.

2. 그렇다면 우리는 고난받는 그리스도의 의(義)를 우리에게 작용하게 해야 하며, 그의 거룩한 삶의 가장 정확한 본받음을 통하여 그 의(義)를 유지하도록 힘써야 한다. 그것이 행위를 통한 의(義)가 될 것이다.

3. 결론적으로 우리는 그리스도의 신성(神性)에 이르기까지 전진해야 하며, 우리들의 일에서 역시 거기서 보호를 찾아야 한다. 우리가 그를 통하여 하나님을 믿게 되도록(벧전1:21), 하나님의 아들이 인간 본성에 참여했던 것들을 통하여, 그가 우리를 다시금 하나님의 본성(本性)에 참여자들로 만들었다(벧후1:4). 그것은 우

리의 믿음과 우리의 소망이 궁극적으로 닻으로 고정해져 있음을 뜻한다. 그것이 우리가 하나님 사람인 그리스도의 중재를 통하여 몫을 가지는 본질적인 하나님의 의(義)를 통한 칭의(稱義)이다. 또는 달리 표현된 것으로, 이러한 세 번째 단계는 그가 스스로 계신 것처럼(요1서 3:2), 우리가 그렇게 되도록 소망과 신뢰를 통한 칭의이다. 그것은 그리스도 안에서 요한이 이따금 하나님에게서 탄생한 자는 죄를 짓지 않는다는 것을 인상 깊게 전파하는 우리들의 품위의 최고 정점(頂點)인 것이다(요1서3:9과 다른 곳).

53. 이쪽으로 이끌어진, 그리고 여러 가지 다른 사도들에게서 이용된 표현의 차별성을 우리는 그들이 향했던 여러 청취자에 대한 고려와 함께 해석되어야만 한다. 그 이유는

  I. 바울이 믿음을 통한 칭의를 강조한다. 그는 말하자면 신뢰로부터 율법의 행위로 잘못 이끌게 되었으며, 희생의 의미와 그리스도의 공로를 이해하기를 거절했던 회개한 유대인들과 함께 행동할 것을 가졌다.

  II. 야고보는 행위를 통한 칭의에다 중점을 놓았다. 그는 말하자면 믿음 안에서 확고하게 있었으며, 복음의 가르침을 믿음을 통한 칭의로만 남용했던 기독인들과 함께 행동하였다.

  III. 요한은 (그는 마지막 사람으로서 기록하였고, 기독교의 비밀을 그의 절정으로 이끌었기 때문이다) 그들이 단지 그리스도를 본받는 자들일 뿐만 아니라, 역시 본질적으로 스스로 하나님의 아들들이며, 믿음, 소망, 사랑을 통하여 자신을 하나님께 드러내기를 열망하기 때문에 기독인들에게 그의 품위를 보여준다.

  IV.베드로에 의해서(그들 한복판에 머물렀으며, 스타일의 존엄함을 통하여, 그리고 그의 증거의 비중을 통하여 돌출하는) 사람들은 모든 3가지 진술의 단계들을 관찰할 수 있을 것이다. 그 이유는 그가 1. 그리스도를 통한 죄인들의 정화에(벧전 1:18-19, 2:24. 3:18) 기초한 믿음을 통한 칭의를 강조하기 때문이다. 2. 삶, 또는 행위를 통한(벧전2:21,24) 칭의를 강조하기 때문이며, 3. 그리스도를 통하여 우리에게 중재된(벧전1:14-15, 4:14, 1:14) 하나님을 통한 본질적인 칭의이다.

성찬식에 관하여[86]

54. "이것은 내 몸이요, 이것은 나의 피이다!"란 말씀은 성찬식(Eucharistie) 논쟁의 근본토대로 잘 알려졌다. 누가 그것을 말하는가? 거기에 기록된 그분, 즉 그가 그것을 말씀했으며, 그것은 이루어졌다(시33:9). 그의 말씀들은 진리요, 영이요, 생명이다(요6:63 등등). 우리는 이처럼 그가 항상 말했던 것을 언제나 믿어야 하며, 그것에 대해 의심하지 않아야 한다. 그의 말씀과 그의 믿음은 항상 만나야 한다. 그것들은 서로 분리해서는 안 된다. 그리스도가 그것을 말했기 때문에 우리는 그렇게 그것을 믿기를 원한다. 그가 말했던 것처럼, 그리고 우리가 말씀에 따라 그를 믿었던 것처럼, 그것은 우리에게 이루어진다고 한다. 즉 모든 일은 그가 믿는 대로 가능하다(막9:23). 마찬가지로 당신이 믿었던 것처럼, 당신에게 이루어진다고 한다(마8:18). 여기에까지 우리에게서 일치가 생겨난다.

우리는 어디서 일치하지 않는가? 어떻게 빵이 몸이 되며, 포도주가 그리스도의 피가 되는지 그 방식의 해석에서이다. 그리스도가 그것에 대하여 발표하지 않았기 때문에, 우리는 역시 각자의 표현에서도 포함하지 않아야 하는가? 방식에 대하여 후에 연구하는 것은 불신앙의 사건이거나, 또는 적어도 원인이며, 거기서 말하는 유대인에게서 그 경우였던 것처럼, 즉 이 사람이 어떻게 우리에게 살을 먹도록 줄 수 있는가?(요6:52). 너희가 방식에 대한 것을 뛰어넘어 항상 말하게 되는 것, 그것은 진실할 것이며(그것이 전제들에 따르는 것이라면), 올바르게 이해될 것이다. 사람들은 그것을 물질의 변화(Transsubstantiation)로 부를 수 있을까? 그것을 믿어라, 그러나 물리적인 것에서가 아니라, 형이상학적이며 신학적인 의미에서(Hugo Grotius)이며, 사제의 손에서가 아니라, 그것을 품위 있게 영접하는 자의 입안에서 이루어진다(옛 왈도파[87]형제들이 기꺼이 말하려고 손보았던). 당신은 물질과 함께(Consubstantion)라는 개념에 우선권을 주는가? 그것이 단지 다시 신체적인 것이 아니라, 동시에 거룩하며 신비적으로 이해되었다면, 대체로 그러한가? 그것은 터툴리안(Tertullian)[88]과 고대 교부들이 마음에 들어 했던 것처럼, 상(像)에 관하여, 관념(觀念)에 관하여, 표지(標識)나, 그리스도의

---

86) 그로티우스, 휴고(Grotius, Hugo, 1583-1645), 네델란드의 사상가, 법학자, 신학자, 외교관.
87) 발덴져(Waldenser), 왈도파 형제로 불리는 사람들인데, 반 교황적이며 종교적인 대중운동, 1170년경 petrus Waldus에 의하여 만들어졌다.(비교 제1장 각주 2번).
88) 터툴리안(Tetullian, A.D. 160-240). 고대교회 교부.

몸과 피의 입증에서 말할 수 있는가? 사람들은 드러난 표지뿐만 아니라, 그들이 소개하며 앞서 이끄는 일들과의 연결에서 이것을 이해하는 만큼 그것은 할 수 있다. 거기서 보라, 이러한 모든 것은 옳다. 만일 우리가 단지 인간적인 지혜를 가르칠 수 있는 말들과 함께 말할 뿐만 아니라, 성령이 가르치는 말들로써 영적인 일들을 영적으로 세운다면(고전2:13), 그리고 만일 우리가 믿는 자들의 이러한 신비적인 음식에서 그리스도가 앞서 보내신 토대를 미리 보낸다면, 그것은 포도나무의 덩굴이 그의 신자들인 포도나무에 대한 믿음을 뜻한다(요15:6,27,35 등).

5. 예정(豫定)에 대하여

55. 어려운 질문은 예정(豫定)에 대하여 반박하는 견해들과 화해(和解)하는 것이 될 것이다. 그러나 역시 거기서 벌써 제거하지 않는다면, 그렇지만 "하나도 아니며 역시 다른 것도 아닌", 그렇게 또는 양자 원칙의 중재를 통하여 사람들은 논쟁을 완화 시킬 수 있을 것이다. 그 하나도 아니며, 다른 것도 아닌 그 원칙이 중요한 만큼, 즉 우리가 이러한 깊지 않은 것에서 벗어나려는 것이 우리의 일이 아니라는 것을 전파한다면, 그 것은 저주받은 자들의 수를 탐색하는 일이 우리에게 거절되었기 때문이다. 즉 우리는 좁은 문을 통하여 스스로 들어가기를 노력하는 것을 가질 뿐이다(눅13:23-24, 벧후 1:5-12. 4 에스더 8:55 등). 몇몇을 선택하는 양자의 가능성을 우리가 눈으로 파악한다고 할지라도, 단지 우리가 냉정하게 판단한다면, 의견의 상충에 어떤 근거도 줄 수 없게 될 것이다. 이것이 원칙적으로 모순이 아니라는 것 때문에, 그들이 논쟁하지 않는 한, 양편들은 양자를 가르치는 것이 거기서 선행하게 된다. 말하자면, 그들이 구원의 최종 근거를 설명하면, 양자는 모든 것을 하나님의 자비로 되돌리게 된다. 그 경우의 원인에 대해 그들이 말하게 될 때 그들은 홀로 사람들에게 책임을 돌리게 된다. 마찬가지로 만일 그들이 믿음과 선한 행위에 대하여 사람들을 경고한다면, 그 일이 마치 인간의 의지(意志)에 의존했던 것처럼(하나님을 대항하는 순종이나, 저항), 양쪽은 그 것을 그렇게 행하게 된다. 만일 그들이 반대의 경우에서 위로를 부여한다면, 그들은 공로가 아닌 자비로써 위로하게 된다. 양편은 그들이 논쟁하지 않는 만큼 다 정당하다. 그렇게 그들은 논쟁하기를 중단할 수 있을 것이다. 한편은 다른 편을 표면적으로 몰아가지 않아야 한다. 양자는 우리가 그것을 그리스도에 의해서, 그리고 사도들에 의해서

보는 것처럼, 이것이나, 또는 저것을 강화하기를 기회가 강요하는 것처럼, 두 가지 방식으로 말할 수 있을 것이다.

이의(異意)들의 해소(解消)

56. 만일 우리가 여러 장소와 구별된 시대에, 그리고 사람과 상황의 차이에 따라 동일한 비밀에 관하여 역시 대립적으로 말한다면, 복음의 가르침이 조화롭지 않으며, 늘 같은 것이 아님을 염려해야 할 어떤 근거도 없다. 그렇지만, 우리는 이러한 일에 관한 것, 즉 지나치게 성서 자리들의 긴 목록을 제시하게 했던 것과 모순적인 것을 벌써 완료 시켜놓은 성서 안에서 그렇게 적중하는 예들을 가지고 있다(경건한 헌신으로 그들의 화해를 위해 여러 신학자의 작업이 이루어졌다). 두 사도가 가시적으로 명백하게 반박하는 것처럼, 우리가 이제 막 칭의와 관련하여 기억했던 것이 한 예로서 도움이 될 것이다(야고보는 역시 믿음을 통한 것뿐만 아니라, 행위를 통해서라는 이해를 대변하는 동안, 우리는 믿음을 통하여 의롭게 되었지, 행함을 통해서는 아님을 바울은 설명한다. 롬3:28, 갈2:16, 약2:24). 이들 사도가 예루살렘의 공의회에서 함께 있었으며, 우리가 믿음을 통하여 이해하는 그리스도의 은혜에 대한 가르침에 율법의 행위에 대항하여 고백했음에도 불구하고, 그들은 같은 비밀에 대하여 구별하며 대립적으로 말하는 것을 두려워하지 않았음을 보라! 그 이유는 바울이 야고보가 율법의 고삐를 인용하며, 기독교의 자유를 남용했던 자들을 대항하여 공의회의 의미를 해석했던 동안에 유대교에 기울어졌으며, 율법 행위의 공로를 자랑했던 자들에 대항하여 공의회의 결정을 강조하였기 때문이다. 구별된 시대와 상황들에서 여러 가지로 말하는 것이, 왜 가능하지 않아야 하는가? (성서의 예를 따라). 즉 "상황들을 구별하라, 당신은 성서의 입장들과 화해하게 될 것이다."라는 것은 올바르게 말해졌다. 우리가 여러 시대에 여러 가지로 말하는 것을 우리는 왜 역시 화해하지 않아야 하는가? 여러 시대에, 그리고 여러 상황 가운데서 여러 가지로 말하고 행동하는 것은 왜 허락되지 않아야 하는가? (성서의 예를 따라). 이러한 가르침의 견해가 인간의 공로들에 관한 견해를 통하여 매우 어둡게 되었기 때문에, 루터 시대에 사람들은 믿음을 통한 칭의를 정당하게 강조하였다. 그러나 지금은 복음의 은혜를 통하여 모든 율법과 행위들로부터 자유롭게 믿었기 때문에, 야고보와 함께 행위를 통한 칭의를 새롭게 강조하지 않는 것이 왜 더 나은 것

이 아니어야 하는지? (그렇지 않다면, 성화나 중생이 그리스도에 대한 하나의 본질적 인 균등이 아닐지?)

부수적인 일

유사한 복음들에서 믿음을 통한 칭의를 헛되이 행함 없이 다르게 전파하는 다른 사람 들은 불에다 기름을 붓는 모습처럼, 행동하는 일이 아닌가?

예정(豫定)에 대한 논쟁의 한 다른 해결

57. 예정에 대한 논쟁들의 완화(緩和)는 절대적인 것과 질서화된 하나님의 능력 사 이의 구별에서 유추해 볼 수 있을 것이다. 하나님은 절대적인 권세의 능력을 모든 것 에서 행사할 수 있다. 그러므로 그는 아브라함에게서 역시 돌들에서 아들들이 깨어나 게 할 수 있을 것이다. 그러므로 그는 인류 전체와의 관계에서도 점토(粘土)에서 도공 (陶工)처럼 같은 능력을 지니게 된다. 그는 질서화된 힘을 통하여 상황들과 대상에 어 울리는 것 외에 아무것도 수행하지 않게 된다(욥34장 10절에서부터 읽기, 욥37:22-23절). 이러한 이중적인 권능이 예정의 행위에서 만나는 것을 우리가 말했다면, 어떠 할까? 이것은 우리가 한편으로, 하나님의 고귀함을 두려워하며 경외해야 하는 것처럼, 그리고 다른 한편으로, 그의 길들을 정당화하는 것처럼, 놀라면서 배우도록 하는 목적 에서 발생한다. 그 이유는 성서에 인용된 엘리후(Eluhu)의[89] 입장에 따라, 그리고 9장 에 따라(19절에서 끝까지) 스스로 욥이 행한 것처럼, 그의 피조물에게 부당한 것은 아 무것도 예정하지 않기 때문이다.

하나의 다른 해결

58. 역시 이것은 그의 양심 이론(異論)에 저항하지 않는 것을 누군가가 생각할 경 우, 그는 말해야 한다. 당신은 한 인간이며 신(神)이 아니라는 것을 생각하라. 하나님은 하늘에 계시며, 당신은 땅에 있기 때문이다(전5:2). 우리의 믿음은 지성이 관통할 수

---

89) 엘리후(Elihu), 성서의 욥의 친구들 가운데 한 사람.

없는 비밀을 소유할 수 있을 것으로 그렇게 나는 말한다. 그가 대략 미래의 삶을 보존해야 한다면, 그것은 지성에 접근할 수 없는 것이 있을 수 있다. 여기에 그가 다음과 같은 의미로 말하는 아우구스티누스(Augustinus)의 겸허함이 찬양을 얻게 된다(그것은 역시 본받게 되는 것을 정당하게 해 준다). 즉 하나님이 모든 사람을 구원하기를 원하신다는 것을 나는 안다. 그 이유는 그가 그것을 스스로 증언하기 때문이다. 곧 지금 나는 아무도 구원받을 수 없다는 그것을 안다. 그것은 믿음을 통해서이며, 그 믿음은 하나님의 선물이다. 그가 모두를 구원하기를 원한다면, 왜 모든 사람에게 믿음을 주지 않는가? 나는 그것이 왜 계시(啓示)되지 않았는지를 알지 못한다. 마찬가지로, 나는 하나님이 자비를 베풀기를 원하는 자들에게 자비로울 것을 믿으며, 그리고 그가 원하는 자들을 고집불통으로 만드는 것을 믿는다. 이것을 사도가 증언하기 때문이다. 그렇지만 나는 하나님의 말씀을 인지한다. "나는 원하였다. 그러나 너희가 원치 않았다." 우리가 요약해 보면, 역시 이러한 항목에 대하여 사람들은 그것이 바울로부터 허락되었던 것처럼(롬9:9-11), 그러나 그렇게 당신은 심연의 깊이에 따라 압도되었으며, 말하기 "오 당신은 깊으시며! 그에게는 영원토록 영광이 있으리라 아멘."

유아 세례에 대하여

59. 유아 세례에 대한 논쟁은 같은 원칙의 도움으로써 제거될 수 있을 희망이 남아 있다. 말하자면 사람들이 유아 세례의 자격이 규정들을 통해서도, 분명한 보기들을 통해서도 증명되지 않는다는 것을 '재세례파들'에게 인정하게 될 때, 사람들은 양자 방식의 어떤 것도 반박할 수 있을 것을 그들이 고백하기 때문이다. 그 이유는 온 집이 세례받았다는 것에 대하여 말하는 곳에서 아이들이 세례받도록 자세한 금지도, 예외도 없기 때문이다. 그리스도가 제시하지도, 금지하지도 않았던 그들 얼마의 수(數)에서 하나의 일이 중요하다는 것이 알려졌다는 것이다. 그것이 이처럼 유아 세례가 상세히 금지되지도 않았다는 것을 인정하게 되면, 그 때문에 우리는 그것이 특별히 강요되지 않으며, 그리고 사람들이 양방향에서 사용되거나 오용될 수 있을 한 사건이 결정되지 않은 채 남게 되는 것을 허용하게 된다. 이것은 지금 첫 기독인들에 의한 것처럼, 우리에게서도 마찬가지다. 여기에 사람들이, 벌써 한번 죄에서 청결하게 되었다면, 새로운 것에서 더럽히지 않도록 하는 거기서 자신을 위한 그러한 근거를 보고 있었지만, 그러

나 세례를 죽을 때까지 어떤 위험 없이 미루지 않도록 하는 것이 포함된다(콘스탄틴 대제에게서처럼.[90] 이러한 위험을 과도하게 회피하려던 다른 사람들은(그들이 세례받지 않고 죽음에 이르게 되는 것이 우연을 통해서 그들에게 직면하지 않도록) 출생 후에 동시에 아이들을 세례받게 하며, 그들을 오늘날까지 그렇게 세례를 받게 하고 있다. 그것은 이처럼 양극단을 피하기 위한 최선의 방식이다. 그것은 세례 없이 죽는 자들을 판단하는 것이 아님을 뜻한다. 그 이유는 그들이 성례가 이루어지지 않은 것을 판단하는 일이 아니라, 아직도 세례가 생애 기간에 미루는 일을 미미하게 평가하였기 때문이다.

이의(異意)

60. 그러나 '재세례파'들이 유아 세례에서 발생하는 다른 손상에 대한 강조와 함께 비난한다. 말하자면, 아이들이 교회로 인도되었을 때, 그들이 이루어질 수도 없는, 그러나 만일 그들이 먼저 성인으로서 완전한 자의식으로써 하나님께 맹세했다면, 하나님과 함께 하나의 계약을 체결했다는 사실을 알지도 못하고, 이해하지도 못하던 사람들이라는 것이다. 사람들은 그것을 인정해야 한다. 그러나 이러한 손상에 대립하여 하나의 다른 수단이 있는데, 역시 초기의 기독인들이 적용하기를 돌보았던(그것이 남용되지 않았던 만큼), 그리고 사람들이 몇몇 교회들에서 경건하게 사용했던 견신례(堅信禮, Konfirmation))란 의식이다(역자주: 한국 장로교회는 이것을 입교 예식으로 부르며, 유아 때 세례받은 자의 신앙을 청소년기에 이르러 그들의 신앙을 확인하고 견고해진 의미를 부여하여 교회공동체의 일원으로 영접하는 환영식이다). 거기서 청소년 기독인들(성만찬에 참여가 허락된)은 세례에서 체결한 계약을 새롭게 하며, 자기의 입으로 육체와 세계와 악마에게 거절을 말하며, 하나님께 완전한 순종을 맹세한다.
그것은 좋은 일이며, 사람들은 모세가 하나님의 계명을 따라 행했던 것을 따라 본받는다. 모세는 그 백성을 새로운 것에 관하여 가르쳤던 동안, 그 백성은 그의 유아기와 청소년기에 율법의 선포에 함께 있었으며, 그러나 그 당시에 일어난 것을 기억할 수 없었으며(몇몇은 더욱이 후에 탄생 됨), 그들이 원수와 함께 만났어야 했을 때, 모세는 하나님과 그들 사이에 언약을 새롭게 하였다(신5:1, 29:1 등등). 거기에 더 많은 것들

---

90) 콘스탄틴 대제(Konstantin der Grosse, 274-339), 로마의 황제, 기독교를 국가종교로 천명함.

에 관한 말씀이(새 언약) 있다. 즉 계약이 종결되었던 사람들과 계약을 반복하여 행했던 것에 대한 말이다. 그것은 왜 우리와 우리의 자녀들에게 주는 명령이 아니어야 하는지? 그렇지만 우리가 어린아이들처럼 홍해를 통한 그리스도 피의 도움으로 인도되었다면, 그것은 우리가 한 백성이 되도록 선택받았으며, 하나님께 봉헌되도록 법이 우리에게 주어지게 되었다. 그러나 그 당시에 우리에게 하나님은 이해를 위하여 어떠한 판단 능력도, 보기 위하여 그 어떤 눈도, 듣기 위하여 그 어떤 귀도 주지 않았기 때문에 (비유로 신29:4에 언급된 것처럼), 육체와 세상과 여러 오류 등과의 투쟁이 시작되는 거기서, 하나님과의 언약은 벌써 청소년 나이에 등장하는 아이들과 함께 새롭게 되어야만 한다. 만일 그와 같은 것이 참된 방법으로 확인될 수 있었다면, 그들이 이것을 복종하는 경건에서, 기쁨에서가 아닌 모순에서 그들이 행하는 것을 수행하는 만큼 재세례파들이 논쟁적으로 요구할 수 있다는 것을 나는 알지 못한다? 이러한 의미에서 오콜람파드(Occolampad)[91]는 올바르게 기록하였다. 즉 "하나도 아니며, 다른 것도 아닌 것을 판단하는 것은 아이들도 세례받는 것이 아니며, 성인들도 세례받는 것이 아니다." 그렇지만 제세례파는 이러한 일에서 그들이 그들 공동체 안에서 벌써 한번 우리들의 교회에서 세례받게 된 자들을 새로이 세례받게 하는 것은 더 좋을 수 있을 것이다.

의식(儀式)들에 대하여

61. 어떤 이들이 하나님의 경배를 한 사람에게 장식하며, 그들이 다른 이들을 부담되게 하기를 원하지 않는 의식에 대한 우리의 논쟁을 완화하기를 원한다면(우리의 책임도 그것을 원한다), 역시 이러한 "양편"(BEIDE)이라는 원칙의 적용을 통하여 이것들이 제거되게 하는 희망이 그렇게 생기게 된다. 그 이유는 양편(의식들을 원하며 반대하는)이 자체를 위해 그리스도의 모범을 취할 수 있기 때문이다. 그리스도는 모세가 하나님의 명령에서 도입했던 의식들도, 귀머거리와(요9:6-7) 맹인(막7:34)을 치유한 예들에서 적용했던 것도 역시 거절하지 않았기 때문이다. 그 당시 그리스도가 수행했던 일은 기록되었는데, 그는 하늘을 우러러보며, 탄식하며, 땅에다 침을 뱉어, 눈에다 흙을 발랐으며, 확실히 말씀을 사용했으며, 다른 경우에도 그는 간단히 영향을 미쳤는데,

---

91)　외코람파디우스(Hohann Heussgen, Oecolampadius, 1482-1541), 스위스의 개혁자.

예를 들면 믿음대로 되리라(마8:13 등등)는 말씀으로 직접 사건에 임하였다. 벌써 그는 특히 의식들이 효력을 가진 것이 아니라, 이해의 경계들 안에서 효력을 미치는 그것을 통하여 우리를 가르쳤다. 도대체 그는 어디서 의식들을 이용했는가? 어떤 감정의 화를 불러일으키지 않기 위해서 가난한 자들의 눈앞에서, 또는 세심한 주의를 깨우는 것이 요구되는 곳에서 그랬다(의식들이 감각을 일깨우며, 그러므로 그것들은 감정들을 자극하는 힘을 소유하기 때문이다). 그는 그것들의 사용을 어디서 중지하는가? 그는 사람들이 오직 하나님을 가장 잘 영(靈)과 진리(眞理)로 경배하는 것을 알고 있었거나, 또는 깨달은 사람들 가운데 있었던 곳에서였다. 언제, 어디서, 어떻게 우리가 그것들을 사용해야 하거나, 또는 중지해야 하는 것처럼 그렇게. 지금 우리가 평화스럽게 어떤 의식들을 적용하고, 또는 중지해야 하는지에 일치한다면(그것들이 이용되어야 할 때), 나는 사건이 큰 잡음 없이 시행되는 것을 확신한다. 왜 모든 경건한 사람들은 일치하지 않아야 하는지, 또한 1. 우리는 몇 가지의 의식들을 유지해야 한다는 것, 2. 우리가 가치가 있는 의식들을 선택하는 것은 그것이 어떤 몸짓을 유지하는 것 때문이 아니라, 완전한 존엄(尊嚴)이기 때문이다. 3. 그것이 내용 없는 것이 아니라, 사건의 본질에 근거하며, 그것들의 가시화를 위하여 우리는 그 의식들을 이용하게 된다. 4. 그것들이 사건을 밝히고, 그것들을 장식하며, 귀찮게 하지 않는 것처럼 그렇게, 어둡지 않으며, 감추지 않도록 오히려 많은 것보다 적어야 하는 그것이다.

화해자 그리스도를 통한 화해는 단순하다.

62. 우리가 서로 단지 인간적이며 이해적으로 대화가 이루어질 때, 공동의 보편적인 진리에 균등하게 하지 않았던 것을 믿음과 이성에서 그렇게 멀어진 어떤 기독인도 그것을 믿지 않는 예들이 가득하다. 만일 우리가 그러나 지금까지 모든 것에도 불구하고 서로 화해할 수 없었다면, 공동의 구원자이신 예수 그리스도가 우리와 화목해야 하는데, 그것은 아버지로부터 하늘에서, 또는 땅 위에 있는 모든 것이 그의 중재를 통하여 화목하게 되도록 그에게 과제가 부과되었다(골1:20). 모든 것이? 이처럼 우리가 지금 땅에 머물러 있는 우리에게 역시. 자신과 함께? 이처럼 역시 상호 간 우리와 함께 스스로, 대체로 우리가 한 분 하나님 안에서 하나이면, 우리는 역시 서로 하나로 있게 될 것이다. 또는 그리스도가 그에게 위임된 과제를 성취하지 않는가? 현세의 알렉산더

(Alexander)[92]가 아시아에 대한 통치에 능력을 발휘할 수 있도록 그는 인간적인 뛰어난 기교로써 아무도 해결할 수 없었던 고르디우스의 얽힌 매듭(역자주: 어려운 문제를 가리킴)을 칼로 잘랐다. 그래서 우리의 하늘의 도움의 사람이 (알렉산더란 말은 이러한 의미를 지니고 있기 때문이다) 모든 우리의 문제를 해결할 수 있게 될 것인가(비록 그들이 끝없이 많은 일에 혼합되어 있다 할지라도)? 그는 그것을 결정적으로 할 수 있으며, 우리는 그것을 볼 것이며, 더욱이 폭력과 칼과 교활함을 통해서가 아니라(이러한 바빌론의 무기들과 함께 물러가라!), 하늘의 솜씨를 통해서이다.

그리고 어떻게?
1. 우리가 그리스도를 본받았기 때문에

63. 그렇지만 우리는 그가 말씀하는 것을 들어보자: 수고하고 무거운 짐 진 자들아, 다 내게로 오라! (거기서 생겨나는 분열과 증오와 전쟁이 함께인 것처럼 그렇게 어리석은 질문들과 다툼들로써), 그리고 내가 너희를 쉬게 하리라. 사랑하는 주님, 어떤 방식으로? 너희가 내 멍에를 메라, 그리고 나에게서 배우라, 나는 마음이 온유하며 평화롭기 때문이다. (그것은 내가 너희를 무한한 논쟁의 기회를 제시하는 선악에 대한 지식의 나무로 인도하는 것이 아니라, 하나님의 계명을 성취하는 홀로 토대가 주어진 생명의 나무로 인도하게 될 것을 의미한다). 그리고 너희의 영혼이 쉼을 발견하게 될 것이다. 어떤 쉼이 멍에 가운데 있는가? 그는 대답한다. 나의 멍에는 온유하고 내 짐은 가벼움이라.(그것은 바로 내가 가르치는 그것이다. 하나님과 이웃을 사랑하는 것이 순수한 사랑이다. 사탄이 가르치는 것은 세상과 육신을 생각하는 일이다. 그것은 방심과 불만과 무한한 오류와 실수들과 헛된 염려의 가시들을 의미한다). 이처럼 너희 기독인들아, 만일 우리가 참된 기독인이라면, 우리는 오직 길이요, 진리요, 생명이신 그리스도를 따른다(요14:6). 그의 가르침은 단 한 번이다. 우리가 신앙의 항목에 대하여 말해야 하는 것처럼, 그분의 입과 사도의 입에서 배운다면, 우리는 논쟁하는 것도 잘못된 길로도 인도되지도 않을 것이다. 역시 그의 생명도 단 한 번이다. 그가 행하신 것을 우리가 행하며, 그가 이루지 않았던 것에서 우리를 지키면, 우리는 여기서 곧 서로 화해하며,

---

92)   현세의 알렉산더(Irdischer Alexander), 그것은 그리스도를 뜻한다.

동시에 함께 유일한 길을 걷게 될 것이다. 화해하지 않고 있는 한 사람 기독인은 역시 실제로 하나의 수치인 것처럼, 부끄러운 것이 될 뿐이다.

2. 실천적인 것에서 이론적인 질문들의 변화를 통하여

64. 동일한 선생이 전파했기 때문에, 이처럼 그들이 너희의 행실들을 보고 인정하도록 너희의 빛을 사람 앞에 비취게 하라, 그리고 마찬가지로. 이와 같이 행하며 가르치는 자는 하늘에서 큰 자로 불리게 될 것이다(마5:19). 우리가 거기서 나아와 계속되는 수단을 현재 복된 화해의 방향으로 이끌게 되면, 무엇이 있게 될까? 이것은 실천적인 것들에서 모든 이론적인 질문들이 바뀌게 되는 것을 뜻한다. 평화와 구원에 대한 무한한 수확을 얻기 위하여 그것은 분명히 성공될 것이다. 예를 들면,

I. 그가 임재하심을 우리가 안다면, 그리스도가 어떤 방식으로 우리에게 임하시는지를 탐구하는 것은 우리에게 무엇이 유익한가? 그가 우리에게 은혜 가운데서 함께 하도록 행해야 할 것을 왜 우리는 더 잘 질문하지 않는지?

II. 그리스도가 승천하신 그 하늘은 어디인지? 차라리 이것을, 우리는 어떻게 이러한 하늘로부터 길을 잃어버리지 않을 수 있는지?

III. 성령이 어디서 오는지를 왜 우리는 염려해야 하는지? 차라리 그가 우리에게 어떻게 오시며, 그리고 모든 영원 가운데서 어떻게 우리와 함께하는지?

IV. 칭의의 방식에 대하여 논쟁하는가? 당신은 그것에서 무엇을 얻는가? 당신이 의롭게 되도록, 오히려 모든 가능한 것들을 행하라. 바울이 믿음을 칭찬한다면, 이처럼 마음으로부터 사랑하는 구세주를 믿어라! 야고보는 행위를 추천하는가? 이처럼 순수한 마음으로 모든 것을 시행하라. 만일 당신이 모든 것을 성취했다면, 그리스도가 가르친 것을 행하고, 무익한 종으로서 하나님의 자비의 발 앞에 당신을 내려놓아라(눅17:10).

V. 마음이 내킨다면, 사람들은 세례에 대하여 논쟁할 수 있을 것이다. 당신은 벌써 한번 죄로 부터 정결하게 씻겨졌다면, 신체적인 부정함을 통하여 오점이 남겨지지 않도록 영향을 미쳐라.

VI. 성만찬에 대하여 이분이 어떻게 그의 몸을 먹도록 내어 줄 수 있는지? 주제를 넘

어서는 것들이 탐구될 수 있을 것이다(요6:52). 당신은 베드로와 함께 말해 보라, "나의 주여 영생의 말씀이 계시매, 우리가 뉘게로 가오리까?"(요6:68). 이처럼 믿어라, 그리고 당신은 먹게 될것이다.

VII. 예정(豫定)의 깊지 않은 지식의 탐구가 우리들의 과제인가? 그러므로 사랑하는 형제들이여, 너희의 부르심과 택함 받음을 확고하게 하려면, 더욱더 많은 열심으로 행하라(벤후 1:10).

간략하게 잘 정리하면, 다른 이들이 열심을 가지는 것에 대하여, 당신은 그것을 행동에 다 옮겨라, 그렇게 할 때, 당신은 논쟁들과 불화들을 피하게 될 것이며, 껍질들 가운데서 핵심을 놓치지 않게 될 것이다. 이 모든 것을 행하게 되면, 우리는 모든 것에서 평화와 안식의 길을 얻게 될 것이다. 오! 당신, 빛과 평화와 안식의 거룩한 길이시여! 포괄적으로 하나님의 경외함을 일깨우고, 그는 선과 악의 나무로서 몰상식들 안에서 결코 그것들을 남용하지 않으며, 성서를 생명의 나무로 사용하기를 가능하게 할 것이다. 우리는 이 모든 것을 행하자, 그리하면, 우리가 진리 안에서 있는 모든 그리스도의 제자들이 될 것이며, 그분 안에서 모두가 스스로 하나로 있게 될 것이다.

이러한 화해의 목표

65. 그러나 기독인들 가운데 화해에 대한 이러한 진술들은 무엇을 겨냥하고 있는가? 첫째로, 우리는 바빌론의 혼잡들에서 빠져나오는 것과 (그들 가운데서 이러한 우리들의 논쟁들이 넓은 공간을 받아들이게 되는 것) 우리가 하나님을 찬양하도록 필요성과 가능성과 간결성에 대하여 기뻐하게 하는 것이며, 둘째로, 우리가 평온 가운데서 우리에게 화해하기를 모두가 시작하기 위함이며 셋째로, 우리가 이내 곧 생기게 되는 새로운 철학과 새로운 정치와 새로운 종교를 영접하도록 더 잘 준비하기 위함이다(그리고 보편적인 안식에서처럼 그렇게 실제로 범세계적인 빛과 평화에서 참된 보편적인 원칙들에 관하여 우리를 인도하는). 하나의 장애(障礙)는 아직 제거해야 하는 것이 남아 있다. 즉 그것은 일들과 함께 경솔하게 다루려고 하는 습관(習慣)이다.

제9장

무분별한 것의 제거에 대하여,
그것은 사물들과 함께 맹목적이며 피상적이며 폭력적인
관계를 뜻한다.

지금 순서에 나타나는 것으로 옮김

장애들이 제거되도록 사물의 개선을 시작해야 하는 것을 우리는 벌써 제5장에서 살펴보았다. 우리는 하나님과 인간들에 대한 관계 안에서 무분별한 행위에 대한 길들을 차단 하기를 시작했다. 우리가 역시 일들로써 무분별하게 관계하는 모든 사람을 잊어버리는 일이 남는다. 이처럼 아직 밝히는 것이 남아 있다.

I.   사물들을 무분별하게 다루는 것은 무엇을 뜻하는가?
II. 이것이 어떤 수단들로써 개선되는 것인가?
III. 그리고 어떤 방식으로?

사람들은 일들을 3가지 방식으로 다룰 수 있을 것이다.

2. 일들과 함께 무분별하게 처리하는 것은 1. 눈과 손과 마음도 없이 세상을 통하여 가는 것이나, 또는 사물들이 어떤 상태에 있으며, 그것들과 함께 무엇이 발생하는지를 인지하지 못하는 것, 2. 또는 자기의 눈이 아니라, 타인의 눈으로 사물들을 바라보는 것, 3. 또는 마침내 일들을 각자 주어진 목적대로 사용하지 않고, 각각 다르게, 경험 없이, 난잡하고 폭력적으로 사용하게 되는 것을 뜻한다.

1. 사물들을 인지하지 못하는 것

3. 일들을 인지하지 못하는 것은 둔감(鈍感)이 첫 단계요, 많은 악(惡)의 원천이다. 그 이유는 세계가 사건들로 가득 채워졌으며, 모든 것이 우리 때문에 발생하기 때문이다. 사람들은 이처럼 무엇이, 왜, 어떻게 그러한 일들이 발생하는지를 주의하지 않는다면, 일들은 무익하게 주위에 방치되어 머물게 될 것이다(더미 가운데서 흩어짐), 이것뿐만 아니다. 일들 가운데는 곳곳에서 선한 것과 함께 있는 악한 것, 악한 것과 함께 있는 선한 것이 서로 혼합되어 있음을 발견하게 된다. 누군가 예리한 눈을 갖지 않는다면, 그가 그것들을 미리 볼 수 없었기 때문에, 그에게 해(害)가 되는 상황에 이르게 될 것이다. 게다가 반대로 그것들이 미리 발견되어 졌다면, 그에게 유익한 것일 수 있을 하나의 일은 소홀히 할 수 있을 것이다. 한 사람 맹인, 또는 붕대로 싸맨 눈을 가진

사람이 무엇인가에 충돌하지 않으며, 넘어지지 않는다는 것은 불가능한 일이다. 당신이 그가 추락하는 것에서 확실히 안전하기를 원한다면, 그에게 닫힌 눈을 열어주어라.

즐거움을 주는 것과 무의미한 것 외에

4. 과도히 많은 일에서 당신은 특별한 관심을 그리워할 것이 아니라, 그것들을 올바르게 이용하는 자질이다. 사람들은 그것들을 말하자면, 단지 즐거움을 주는 것일 수 있으며, 허망하게 헛된 일들에 사용하는 것일 수 있다. 그것들을 진지하게 사용하는 것이 중요하다면, 사람들은 거기서 행동하지 않고 머물러 있게 된다. 단지 율동에서 적게 나타나거나, 한 구절을 한 음절만 간략하게, 또는 길게 낭독하는 배우는 야유를 받아 쫓겨나게 된다고 키케로(Cicero)[93]는 말한다. 이러한 사건에서 백성은 스스로 가장 냉담한 일을 주목하게 되는 것처럼, 우리는 단지 그것을 본다! 음악이 동반된 춤추는 움직임에서도, 맛을 자극하는 수단들에서도, 천하게 그리고 사라진 다른 일들에서도 그것은 비슷해 보인다. 당신은 어떻게 그렇게 무감각하게 넘어지는지를 보게 될 것이다. 인간의 열성은 그가 대부분 효력을 발휘해야 하는 곳에서 바로 좌절한다.

2. 타인의 눈들로써 관찰하는 것

5. 다른 이들은 역시 이러한 사건에서 열심히 충만하며, 그들에게서 아무것도 중요한 것이 빠져나가지 않도록 노력한다. 그렇지만 그들이 그 일을 직접 살펴보자마자 곧 거절하게 된다. 그 이유는 그들이 그 일을 개별적으로 관찰하고, 진단하며, 연구하는 시간을 갖지 않으며, 다른 연구가의 추종자가 되어 이러한 것을 주장했거나, 부정한 그 모든 것을 참된 것으로 여기고 따르기 때문이다. 그것은 도서관 전체를 온통 찾아 연구하며, 책 안에서 지혜를 찾고, 일들에 대한 타인의 관점들로써 그들의 이해를 채우는 사람들이다. 그들은 마치나 한 사람이 코에다 색안경을 끼고 있는 것처럼 그렇게 행동한다.

---

93) 비교. 제2장 각주 1.

3. 사물들은 그들에게 적합하지 않은 목표들을 위해 부정하게 이용되었다.

6. 무분별하게 행동하는 3번째 방식은 사물들(그들이 파악했거나, 또는 파악하지 못한)이 그들의 판단에 따라 섬기기를 원하는 그것들을 보여준다. 그리고 저 사물들의 본성이 요구하는 것처럼, 그렇게는 아니다. 그렇게 그들은 열쇠가 나무를 쪼개며, 도끼가 문을 부수고 열며, 황소가 토끼를 사냥하며, 물고기를 잡는 그물이 노루를 잡는 등등을 갈망한다. 그것은 그 어떤 것이 모든 임의적인 것들에 도움이 되지 않는, 거기서 일어날 수 없는 그 무엇이 이루어져야 하는 것을 뜻한다. 죽어야 할 것들의 많은 수는 그것에 대하여 주목하지 않는다. 그들은 역시 전횡적인 발언에 따라 사물들에 대한 관계에 따라 처리한다. 나는 그렇게 원하며 그렇게 명령하며, 나의 의지가 논증의 근거임을 밝힌다. 그 같은 방식으로 미숙하게 이루어 낸 일들은 성공하지 못한다. 그것들은 하찮은 것처럼 그렇게 나태하게 돌보며, 사건들과 이해의 모든 법칙에 대한 대립 관계에서 내버려지며, 망하게 된다(우리가 벌써 인간의 자질 세계에서 보여준 것처럼).

거기서 3가지 해로운 것들이 나타난다.
1. 동물적인 무관심

7. 이러한 무분별함의 3가지 뿌리에서 3가지 악이 무성하게 자란다. 첫째, 몇몇 사람들은(역시 백성 전체) 어떤 책들도 소유하고 있지 않거나, 읽지도 못한다. 그들은 역시 그 어떤 지혜에 살아 있는 지도자를 생각하지 않으며, 동물들처럼 희미한 감각적인 삶을 살게 된다. 이러한 야만성(野蠻性)이 극복되지 않으면, 어떠한 개선도 가능하지 않을 것이다. 세계는 영원히 지루하며, 감정 없이 비이성적으로 머물 것이다. 세계는 어두움에서 더듬고 만지게 되며, 곳곳에서 부딪치며, 여러 가지 구덩이에 넘어지게 된다.

2. 복잡한 문제들의 미로

8. 이해와 힘씀과 행동들의 끝없는 휩쓸림인 두 번째 단점은 지시 들의 아주 거대한 다수(多數)에서 유래한다. 그 이유는 몇 사람이 생소한 흔적들 안에서 변화하는 것보다 달리 원하거나, 행할 수 없기 때문이다. 그들이 길을 잘못 인도하는 지도자를 가

진다면, 그들과 함께 잘못 인도되는 것보다도 더 다른 가능성은 없게 된다. 그들이 더 많은 지도자를 따른다면, 그들은 여러 가지 갈림길에서 잘못 인도되어 실망해야만 한다. 의견들 가운데서 불화를 통하여 더욱더 분열하며 힘을 잃어버렸던 교육받은 백성들은 그것에 대한 하나의 증거를 말해 주며, 그들은 점점 더 많은 책과 학교들과 연구물들을 소유한다. 우리가 이처럼 사물들의 개혁을 위한 공간을 얻기를 원한다면, 이러한 미로를 파멸하거나, 종결하는 것이 먼저 그렇게 요구된다.

3. 불행의 몰락

9. 사물들이 나쁘게 적용될 때, 3번째 악이 발생한다. 즉 세계의 집이 하나님과 함께 설치했던, 역시 그러한 과도함에 의하여, 사람들의 다수가 결핍으로 고통받게 될 것이다. 그 이유는 그들에게 기쁨을 대신하여 곤경을, 건강 대신에 질병을, 장수 대신에 이른 시기의 사망이 주어지기 때문이다. 이러한 위협이 제거되지 않는다면(그것이 영향을 미치거나, 손해를 입히게 된다), 하나의 완전한 개혁은 불가능하게 될 것이다.

인류가 이러한 3가지 악(惡)에서 자유롭게 되는 방법은

10. 무엇이 이처럼 행하는 것인가? 불행의 3가지 종류에 대항하여 사람들은 3가지 수단을 제공해야 한다.
1. 맹목성에 대항하여 사람들은 손으로 인도해야 하며, 눈에 약을 사용해야만 한다.
2. 시각(視覺)의 착각(錯覺)에 반하여 어두움들을 제거하며, 더 밝은 빛을 만드는 것이 요구된다.
3. 일들의 올바른 사용은 남용(濫用)에 대항하는 것이 도움을 준다.

1. 감각의 지속적인 연습을 통하여

11. 우리가 인간적인 본성을 지혜로운 지도를 통하여 위험한 파멸과 맹목성에서 어떻게 보호하며, 우리가 모든 감각기관을 어떻게 열리게 해야 하는지, 범교육학(Pampaedia)은 그것을 밝혀주며, 우리는 그것을 여기 22장에서 순서를 따라 다루게

될 것이다. 말하자면 모든 것에 항구적으로 감각기관과 이해력과 믿음의 연습에 대한 기회가 모두에게 제시되도록, 우리는 심사숙고하여 동시에 청소년으로부터, 그리고 모든 지혜의 무대들을 통하여 중단되지 않게 안내되었다.

2. 모든 사람이 직접 사물들로 인도되었기 때문에

12. 어두움으로부터 시각(視覺)의 착각이 생기며(사람은 그것들에서 목표도 목표로 향한 길도 모두 볼 수 없는), 각자가 무엇인가 다른 것을 가리키며 천거하기 때문에, 모든 사람은 진리의 확실한 빛을 통하여 직접 사물로 인도된 그 어떤 다른 도움을 줄 수가 없게 될 것이며, 만일 돌아가는 길 없이(무한히 많은 길이 있는) 바로 길이 난 그 길로 앞서 나아가게 될 때라도 그렇게 될 것이다. 이로써 나는 진리의 빛을 찾는 자들이 진리의 원천(原泉)에서 하나님에 의하여 그것을 찾게 되는 것(그의 생각과 말씀과 행동에서)을 생각한다. 그것들은 참된 하나님에 의한 것이 아니라, 그의 참된 지식 밖에 있는, 그리고 지혜롭게 생각하며, 어리석은 자들이 된(롬1:22) 것에서 찾지 않아야 한다. - 말하자면, 이교도적인 철학자들에 의한 것인데, 역시 지금까지 보지 않은 자들에 의한 것이 아니라, 먼저 찾으며, 수천 번의 방식으로 이것과 다른 저것을 시험해 본 자들에 의한 것이다. 그것들은 혼란을 해결하는 것보다 먼저 혼란케 하는 것에 적용되었다. 이처럼 정신적인 지도자들은 이교도적인 철학과 책들의 무한한 혼잡에서 해방하는 일이다.

이교도적인 철학을 기독교적인 것에서 구별하는 필요성에 대한 해명

13. 이교도적인 철학에 대항하여(교회의 자녀들이 미끼를 통하여 유혹하는), 우리는 한편 사도들의 저항(골2:8)을, 다른 한편 투덜대면서, 더욱이 더 후기의 지혜로운 자들의 탄식처럼, 똑같이 고대 교부들의 노고를 인도한다. 이것이 그 누구도 감동을 주지 않는 것은 실제로 놀랍다. 우리가 이것을 달리 준비하지 않을 때, 보며 계속 보게 될 결과로써 오늘날에 이르기까지 견뎌내지 않았기 때문이다. 불레셋 사람의 지옥 같은 증오가 덮쳤으며(창26:15.18), 우리의 하늘 아버지가 우리에게 해명했으며, 이러한 효모(인간적인 상상들)가 쏟아 없어지지 않았으며, 지혜의 첫 원천들을 미리 열려 지지 않았던 동안, 세계가 말하자

면, 학교들과 교회들과 정치적인 일들을 개선하려는 것은 헛되이 수고하게 될 것이다. 우리는 이러한 사건을 더 좋게 검토하는 기회를 발견하도록 거기서 얼마간 지체하기를 원한다.

근거 1.

14. 이교도적인 철학은 마음에 드는 그림들로 장식된, 그렇지만 그것들은 그들 범위와 물건의 용량에는 상응하지 않는 하나의 궁정에 비교된다. 그것들은 빈틈으로 가득하며, 그리고 (더 나쁜 것은) 사물 대신에 빈번히 흉물들을 제시한다. 그것은 어떤 낮의 시간도 알지 못하며, 단지 짙은 연기만 내는 촛불로 밝힌 한 집이 중요하다. 이교도의 철학은 한 편으로 불충분한 출발점들을 가졌으며(신적 계시가 결핍됨). 다른 한편으로 어떤 적합한 경험들이 아니며, 그렇지만 단순히 기술과 결합한 것으로, 그 완전하고 통일된 학문을 설명하지 못하는 단지 초보적인 관찰을 가진 것뿐이다. 거기서 사람들이 부정하는 것처럼, 마찬가지로 방어할 수 있는 명제들로 형성된 모든 것은 (원천에서처럼 결과에서도) 하나의 보잘것없는 전체를 형성하였다. 이처럼 실제로 완전하게 성숙하지 않은 영원히 유아적인 철학이 문제이다. 우리는 그것들과 함께 그것들을 통하여 영원한 유아들로 머물러야 하는가? 그 같은 것은 무가치한 것이다.

근거 2.

15. 그것은 세네카(Seneca)가 근거 없이 말하지 않았기 때문에, 즉 작은 것에서 지혜로운 – 그것이 희랍철학이었다. 그리고 우리가 말하는 철학은 희랍의 지혜이며, 그것은 이처럼 작으며, 큰 부분에서는 무가치하다. 그것은 인간의 본성을 주목하지 않으며, 홀로 부수적인 일들과 함께 지성만을 다루며, 최상의 목표인 하나님과 하늘에 관해서는 회피한다.

근거 3.

16. 우리가 형식에 따라 판단하면, 각자의 사상 출구들이 임의대로 형성하며, 모든 것은 그의 상상력 법칙을 따라 명시하는 저자들의 차이들 때문에 채색된 얽힘이 문제이다. 이것은 생명의 진지한 필요성을 위하여 어떤 장점을 제시하는가? 전혀 그렇지 않다. 희랍의 미(美)의 신(神)들은 실제로 미의 신이지만, 더 이상 아니며, 실제를 위해

서 결실이 없이 곰곰이 생각하며 번뇌하는 자로서 공헌하는 것은 어떤 것도 알지 못하는 결실 없는 동정녀이다. 그것이 단지 이러하다면! 그것은 그들 노래의 잘못된 달콤함과 함께 잠들게 하며, 부주의한 사람들을 뒤집히게 하는 경적을 울리는 '사이렌'(역자 주: 희랍의 신)인 것이다. 우리 안에 거하는 하늘 아버지의 딸인 참된 지혜가 생각들로 차고 넘치는 동안(영원 이래로, 저 창조된 지혜처럼 비슷하게 사물의 증거인), 동시에 인간 세계 창조의 여신이요, 자연 세계의 흉내 내는 여인인 셈이다.

근거 4

17. 그 밖에도 참된 지혜가 위로부터 순결하고 평화스러우며, 온화하고 온전한 자비와 선한 열매로 머물러 있는 동안(약3:17), 모든 것을 뒤흔들기를 힘쓴 논쟁을 즐기는 신학(神學)은 이러한 그리스화 된 투쟁적인 철학의 결실이다. 이처럼 다툼과 변화무상의 여성 교사(약3:15-16)의 현세적이며 동물적이며, 악마적인 것과 함께 어리석고 황량하며, 말 많은 무지한 여성과 계속 길을 간다(잠9:13). 그 이유는 그리스도가 권속들 가운데서 다툼들이 아니라, 양보심을 원하기 때문이다. 니고데모가 무엇인가를 이해하지 못한 경우에,[94] 그는 질문할 수 있지만, 그러나 저항할 수는 없을 것이다! 부활하신 그리스도는 도마에게[95] 손들과 옆구리를 보여주었을 때, 그는 침묵하거나, 또는 나의 주 나의 하나님! 하고 소리칠 수 있었다. 공허한 말들은 유대교의 풍습으로서 유효할 수 있을 것이다(요6). 다툼을 즐기는 것은 그리스도의 일도 아니며, 하나님의 공동체(교회)의 일도 아니다(고전11:16).

18. 이처럼 교회가 완전하고 분명한(순수하며 조용하고 평화스러우며, 완전한 선한 결실) 참된 철학과 같이 참된 신학을 소유할 수 있다면, 왜 우리는 이러한 생소하고, 부분적이며 어두운 (동물적이며, 다투는 것) 것들로부터 그만두지 못하는가? 약속된 축복의 올바른 유산이 벌써 탄생 되었다면, 이러한 애굽과 희랍과 아랍의 지혜가 망각에 귀속되며, 창녀가 비난받는 이들과[96] 함께 쫓겨나게 된 것에 관하여 교회의 구원은 더 안전하게 의존한다. 그렇지만 숨겨진 진리를 발견할 수 없는 파라오의 마술쟁이들

---

94) Nikodemus(니고데모), 신약의 모습, 바리새인, 비밀히 예수를 경외하는 자.
95) 그리스도의 말씀을 의심했던 예수의 제자 도마(믿지 않은 도마).
96) 하갈: 성경 이야기에 따라 그녀와 함께 아브라함은 유산으로서 인정하지 않았으며, 거기서 비난받던 아들 이스마엘.

은 침묵해야 한다. 비밀들의 참된 해석자인 요셉이[97] 거기에 있지 않은가? 유대인들은 애굽에서 떠나왔으며, 그러므로 사람들은 애굽의 고기냄비들을 더 이상 필요로 하지 않는다. 하나님은 스스로 그의 백성을 만나(Manna)로 먹이게 될 것이다. 그들의 쟁기와 곡괭이를 새롭게 하려고 이스라엘의 아들들이 불레셋 사람들에게로 가야만 했을 때, 그것은 좋지 않은 시기들이었다. 그 이유는 이스라엘 안에 그 어떤 대장간도 없었기 때문이다. 그렇지만 하늘의 다윗이 다스렸을 때, 사람들은 불레셋의 도움이 더 이상 필요하지 않았으며, 우리는 이처럼 노예의 모습을 벗어버리게 된다!

서적들의 다수에서 떨쳐버리는 것은 동시에 유효하다.

19. 이스라엘은 그러나 완전한 자유의 시대가 시작되자마자 곧 낯선 멍에로부터 해방되어야 할 뿐만 아니라, 역시 여러 가지 쌓여있는 고향의 짐들로부터 해방되어야 한다. 도대체 어떤 무거운 짐들이 문제인가? 다른 것 아래서 무한히 벌써 견딜 수 없는 세계의 정신 안에서 생겨난 책들로부터였다. 문서의 발견(인간적인 망각에 대항하는 유일한 수단)은 분명히 평가될 수 없는 하나님의 선물이다. 그리고 우리는 그것을 거대한 감사로써 지혜로운 사람들이 바로 그들의 가장 좋은 생각들을 후대의 세계를 위해 최상의 문서 가운데 보존했던 것을 수용해야 한다. 그러나 벌써 솔로몬 시대 이래로 유포되었던 가장 유익한 일들의 흐려진 남용이 견딜 수 없도록 아주 넓게 퍼져갔다. 생각하는 것이 무한한 방식으로 흩어졌기 때문이며, 그래서 비록 세계가 수천 년 존립한다 해도, 미래적인 일치를 위해 어떤 희망도 생기지 않게 된다. 그러나 모든 것이 이러한 한가지 길로 앞서 나아가게 한 것처럼 그렇게, 우리가 모든 책을 한쪽으로 제쳐놓고, 홀로 그의 3권의 책들과 함께 하나님을 지도자로 선택하면, 우리는 하나님의 마음과 입과 손이 일치 가운데 있는 것처럼, 그러한 확실성과 함께 조화가 이루어지게 되는 것을 희망해도 좋을 것이다. 거기서 교회의 아들들이 이러한 측량할 수 없는 노력에서 자유롭게 되는 가능성을 발견하며, 새로운 것에서, 공동의 아버지인 하나님께로 인도하기 위하여, 여러 어려운 미로(迷路) 대신에 황홀의 낙원을 찾기 위하여 배회하는 것에서 집으로, 자신과 고향으로(사물의 본질로) 되돌아오는 것처럼, 그의 충고는 엄청

---

97) 요셉: 라헬과 함께 아브라함의 아들 요셉(애굽의 요셉.

나게 거룩한 것이다(솔로몬의 전도서 12:12에서 말하는 것처럼).

홀로 거룩하고 영예로운 사물의 적용을 통하여

20. 만일 우리가 사물의 모든 남용을 회피하고, 그것들이 올바르게 이용되도록 파악하는 것처럼, 그것에 대하여 그렇게 주목하게 된다면, 일들과의 무분별한 관계에 대항하여 최후의 구원 수단은 그것을 표현하게 될 것이다. 거기서 그 방향으로 지금까지 여러 번, 사람들의 이면에서처럼 사물들에 대한 배경과 함께 적용되었던 전횡의 원칙으로써, 즉 나는 그렇게 원하며, 그렇게 나의 의지는 근거가 충분하다는 것을 명한다!

그것을 대신하여 극도로 거룩한 표어가 등장하게 된다. 그것은 하나님과 사물이 원하는 것처럼, 나의 의지는 지성으로부터 영향을 미쳤다!

그것은 우리가 사물을 아무것도 다르게 사용하지 않으며, 양심의 지성이 충고하는 목적대로, 하나님이 그것을 명하시고, 규정하는 것처럼, 본질 스스로가 요구하는 것보다 다르게 처리하지 않음을 뜻한다. 우리가 이것을 정확히 유지할 때, 참되고 분명한 철학을 통하여 우리를 이끌게 하는 것이 필요하게 될 것이다. 자 힘차게, 그것들로 우리를 그렇게 서두르게 하자!

제10장

모든 것을 새롭게 기초하려는 필요성에 대하여, 말하자면 우리가
그것들의 도움으로써 더 이상 멀리 우리 행복의 목표를 회피하며,
그것을 놓치지 않도록 하려는 보편적인 철학,
보편적인 종교, 보편적인 정치에 대한 것이다. 어디서
이것이 보존되며(44), 어떻게 그것이 세우는 것인지(46).

모든 옛것은 새롭게 하는 것이며, 또한 어떤 의미에서

네아펠(Neapel)과 시칠리아(Sizilia)의 왕 프리드리히[98]는 명목상 그의 왕의 문장(紋章) 안에 "...옛 질서는 되돌아오는 것에서"란 의미 있는 문구를 가진 불에 타버린 한 권의 책을 가졌었다. 그것은 그가 새로운 모든 것을 불태우기를 원했던 것인지는 분명하지는 않다. 그러나 우리는 이러한 표어가 그리스도의 의미에서 우리에게 적용해 보기를 원한다. 유명한 말들로써 시작들로 규정했던, 그리고 슬며시 끼어들었던 오해와 관련해서다. 시작에서부터 그것은 이처럼 존재하지 않았다(마19:8). 그것은 그리스도의 말씀에 적합하게 옛 원칙으로 회귀한 후에 하나의 새로운 빛이 생겨나야 하는 것을 뜻한다. 보라, 내가 모든 것을 새로이 하리라. 우리는 이처럼 우리를 위하여 스스로 그리고 시작하는 시대를 위하여 이러한 표어를 더 포괄적으로 기초하기를 원한다.

옛 질서들은 새로운 것이
생겨나도록 다시 돌아오게 할 수 있다 ─────── 통일된 조화 가운데서

모든 것은 새로이 형성되었다. 그리고 어떤 의미에서

2. 어떤 방식으로? 우리가 모든 것을 새로이 세우게 된 후에, 그러나 하나님의 영원한 지혜의 옛 생각들에 따라. 즉 모든 것, 그것은 무엇을 뜻하는가? 우리가 벌써 시작이래로 말하는 모든 인간적인 질서들, 교육, 종교, 정치, 그리고 인간적인 관계들의 연결 수단인 언어 등이다. 옛 생각들은 무엇을 뜻하는가? 그것은 영원에서 흘러나온 것들인데, 하나님이 그의 세계를 충만케 했으며, 그것을 통해서 그의 뜻에 따라 모든 것이 형성되었으며, 그것들에 따라 그가 인간적인 일들의 범주를 다스리기를 원하시는 것이다. 즉 빛과 평화와 생명의 아이디어들이다.

모든 인간적인 일들에서 어두움을 몰아내기 위한 빛의 생각, 인간적인 일들의 모든

---

98)   로마의 황제 프리드리히 II.(1194-1250) 호헨스타우펜의 세대에서 시칠리아의 왕이요, 독일 왕이었다.

다툼과 논쟁을 멀리하기 위한 평화에 관한 생각, 다수가 벌써 살아 있는 몸에서 생기며, 그렇게 많은 죽음으로부터 인간 세대를 해방하기 위하여 생명의 생각이다.

인간적인 가시덤불을 떠나도록 우리에게 명하게 되었다.

3. 사물들의 그 같은 개선에 대한 이러한 충고는 사람에게서 나온 것이 아니라, 선지자의 입을 통하여 말씀하시는 하나님에게서이다. 즉 "묵은 땅을 갈고 가시덤불 속에 파종하지 말라"(렘4:3). 그 이유는 철학과 종교(또는 신학), 그리고 정치(법의 실재)는 그것들이 지금까지 성립한 것처럼, 실제로 우리 안에 놓여 있는 신적인 씨앗들이 능력 있게 된 것보다 먼저 질식된 가시덤불과 같아졌기 때문이다. 그것은 엉클어진 미로(迷路)가 되었으며, 거기서 해방되기 위하여 아리아드네(Ariadne)[99]의 두 팔이 충분하지 못했다. 마침내 그들은 고르디우스의 매듭(역자 주: 고르디우스가 묶은 매듭을 풀면 왕이 된다는 신탁(神託)을 듣고 알렉산드 대왕이 한칼에 끊은 고사에서 유래) 처럼, 그것을 해결하려는 어떤 통찰력도 충분하지 못할 만큼 그렇게 혼돈되었다. 지금 신적인 지혜의 낙원이 모든 면에 접근하며, 전체를 볼 수 있게 되도록 인간적인 기술을 통하여 세워진 미로를 파괴하고 가시덤불을 떠나는 것보다 아무것도 다르지 않다. 드디어 고르디우스의 매듭은 하늘의 알렉산더의 칼로 끊어내어야 할 것이다(단순성과 자발성의 칼과 함께). 만일 그것이 사물들과 단순한 이해력에 적절하면, 그 철학은 그렇게 더 단순할 것이다. 그것이 단순성과 선한 양심의 원천인 하나님께 상응하면, 종교는 단순하게 될 것이다. 만일 그것이 단지 인간적인 일들에서 평화를 완성하는 그들 목표에 도움이 될 때, 그 정치는 더 단순할 것이다.

하나님의 조종을 통하여 우리 안에 놓아둔 뿌리들을 주목하는 것이 조언 되었다.

4. 그것은 우리들의 목적인 정당하게 되기 위하여, 모든 유익한 것을 완성하는데 충분한 보편적인 자질들과 함께 보편적인 개념들과 보편적으로 강요하는 충동들과 본능들과도 함께 마침내 우리에게 제공했던 것을, 신적인 지혜가 우리 안에 온통 스스

---

99) 아리아드네. 크레타섬의 왕의 딸, 미노스(Minos). 그녀는 테세우스에게 두 팔길이를 주었다. 그것의 도움으로 그는 엄청난 미노타우루스의 요새에서 탈출했다.

로 이러한 일들의 근본토대를 설치해 주었다. 이러한 3가지 영향력들 안에서 사람들은 그것들을 바르게 적용하는 한, 이처럼 철학과 종교와 정치 안에서 세계적인 조화에 인식하고, 갈망하며, 완성하는 모든 것을 위한 토대들과 규범들이 포함되었다. 모두가 본성으로부터 같은 정도로 힘쓰는 일은 의심할 것 없이 좋은 것이다. 모두가 본성으로부터 같은 정도로 느끼는 것은 의심 없이 참되다. 그리고 무엇을 목적으로 모두가 본성으로부터 도구들을 붙잡는 것인지, 그것은 의심 없이 가능하다(또는 가볍다). 그와 같은 일들에서 우리는 하나님의 은혜를 통하여 완전하고 참된 철학과 전체의 참된 종교와 전체의 참된 세계질서를 알리고, 기초하며, 확정하기 위하여 충분한 그 같은 종류의 장비를 소유한다.

거기서부터 모든 일의 전체는 증거를 입증하며, 하나님은 계시한 말씀을 통하여 그것을 확인한다. 우리가 이처럼 개인적인 소원과 직관들과 수고들과 관련하여 (그것들이 최고로 선하며 진실하며, 쉬운 것이 아니라는 점에서 앞서 나아간다), 일치 안에서 만나며, 발견하지 못하게 된다면, 보편적인 진리들과 충동들과 자질들과 관련하여 일치가 지배하는 동안에 이것은 최상의 예술가인 하나님이 최상의 진리와 최상의 선과 가장 표면적인 간결성의 기본적인 특성을 확정했다는 것을 그렇게 증명한다. 만일 우리가 단지 보편적인 진리를 신뢰하며, 보편적인 행복의 요구보다 아무것도 아니며, 보편적으로 가능하며, 적합한 것으로서 아무것도 완전한 것을 시도하지 않는다면, 잘못된 영(靈)의 관념들과 의지의 실수와 그리고 무익한 노고에 대항하여 가장 안전한 보호가 이와 같이 주어지게 될 것이다. 우리는 모든 이러한 규칙들을 주목하게 될 때, 모든 것 안에서 일치가 지배하게 될 것이며, 평화와 행복이 곳곳에서 다스리게 될 것이다.

부수적인 일

바빌론을 멸하려는 하나의 다른 길은 우리에게 남아 있지 않다.

일들의 전체적인 개선을 위한 10가지 조건들

5. 우리가 사물들의 보편적인 개선의 아이디어를 더 잘 파악하고, 우리 안에 불타는 동경심을 그것들에 따라 불을 붙이도록, 우리는 내적으로 붙잡고, 보편적인 개혁의 조건들에 대하여 깊이 생각하게 된다. 나의 이해에 따라 이것은 모든 것에서 찾는

것인 범세계적인 선한 것의 조건들에 관한 것이다. 이러한 선한 것은 다음과 같은 것이어야 한다.

I. 벌써 그의 전체 내용 때문에 마음에 들도록 대립적인 것들로써 채우지 않는 단순하고 청결한 것이어야 한다.

II. 벌써 그의 매력 때문에 마음에 드는 것이 질서화되고 혼란스러운 것이 아니어야 한다.

III. 자체에서 자극된 것은 매혹적이며, 훌륭하며, 그러므로 자의적이지만, 강조되지는 않아야 한다.

IV. 각자가 전체에 참여할 수 있도록 전체적이며, 부분적인 것은 아니어야 한다.

V. 스스로 그의 일들을 소원하는 그 누구도 그것을 놓치지 않도록 필수적이며, 단지 임의적인 것은 아니어야 한다.

VI. 각자가 전체에 참여할 수 있게 전체적이며, 부분적인 것은 아니어야 한다.

VII. 아무도 실망하지 않고, 각자가 만족하도록 진실해야 하며, 가시적이지 않아야 한다.

VIII. 아무도 해를 입지 않도록 신실하며, 불확실하지 않아야 한다.

IX. 모든 것은 확정적이면서, 다른 것으로부터 측정되지 않아야 한다. 그래서 모든 것을 위한 규범과 정도는 부분적으로 선한 것이다.

X. 태양 아래서 영예로 생겨날 수 있는 모든 것은 적절한 노력을 만족시키도록 하늘 아래서 마침내 모든 욕구의 끝이어야 한다.

I. 선하지 않은 것과 선한 것이 분리되도록

6. 첫 번째 조건은 우리가 바라는 선한 것은 우리가 관찰하고, 검토할 수 있는지, 선한 것으로 보이도록 깨끗하고, 어떤 악한 것과도 혼합되지 않기를 요구한다. 곳곳에 무지와 오류들과 아첨과 미신과 혼잡한 것들과 폭력이 밀접하게 섞여 있으므로, 지금까지 통상적인 철학과 신학과 정치가 제시된 모습의 실체(實體)는 스스로 모순된다. 하나님이 한때 유대적인 교회와 이스라엘의 국가에 관하여 말했던 것은, 즉 "네 은은 찌꺼기가 되었고, 너의 포도주에는 물이 섞였도다"(사1:22). 우리가 지금까지 닮아갔던 것처럼, 그것은 그 같은 것이 우리에게서도 전파되기를 강요한다. 우리는 이처럼 철학과 종교와 시민적인 제도가 마침내 순수한 금과 은처럼 그렇게 침전물 없이 포도주에

같아지도록 필수적인 방법으로 노력해야만 한다(하나님의 황금 보고(寶庫)로 도왔으며, 모든 조화(Panharmonie)의 새로운 불에서 7배로 밝게됨).

II. 순수한 선(善)이 완전한 질서 가운데로 옮겨지도록

7. 두 번째 조건은 이러한 우리의 새로운 선(善)은 올바른 철학과 참된 종교와 참된 정치가 온전히 정돈되며, 혼잡과 어두움이 흔적도 없이 사라지게 하는 것이 아니라, 단지 그것들이 점점 더 마음에 들도록, 빛과 기쁨을 구해내는 일이 요구된다. 물론 더러운 것들은 역시 덮으며 무질서를 통한 혼잡이 남아 있을 수가 있다(보화가 흩어지거나, 역시 부정한 것을 통한 실수가 있을 수 있다). 그러나 그것이 새로이 정돈되며, 청결해질 때, 그것은 이목을 끌게 될 것이며, 선한 것이 선한 것으로 세워질 때(유용한 것에 대한 호감), 그것은 더 큰 사랑을 일깨우게 된다. 그러나 만일 지금 그것들이 현존해 있는 것처럼, 우리가 세계의 일들을 적당하게 실행하면, 거의 전적으로 합당하게 형성된 것으로 발견할 수는 없을 것이다. 대략 초기에 생겨난 것처럼, 그것은 거의 그렇게 지속되지 않으며, 점차 땜질한 정도에 머물게 되었는데, 그 이유는 역시 재료 전체에서 빗나간 것들과 오류들이 함께 자랐기 때문이다. 거기서 솔로몬의 잠언이 생겨난다. "구부러진 것은 곧게 할 수 없으며, 이지러진 것을 셀 수도 없도다"(전1:15).

혼잡한 것들의 원인 제거를 통하여

8. 우리가 혼잡들의 원인을 찾는다면, 주로 지금까지 우리가 소유하고 있는 철학들과 마찬가지로 의견들과 도서들, 종교들, 그리고 사회적인 시설들이 여러 사람에게서 여러 가지로 누더기가 되었다는 것과 전체적인 조화(調和)의 법칙에 따라 그것들을 정리하는 어떤 시도도 없었다는 그러한 것이 주된 일이 될 것이다. 그것은 최근에 유명한 철학자 데카르트에게서 탐구되었는데(방법론에 대한 논문),[100] 그 작품들은 여러 기술자의 손에 놓아준 것으로, 그들이 서로 조화를 이루지 못할 때, 완전한 것으로는 거의 성공할 수 없는 것이었다. 그는 이것을 한 집을 예로 들어 보여주었는데, 한 사람이 그

---

100) 비교 제1장 각주 2번.

집의 토대를 놓았을 때, 다른 이들이 여러 시기에 걸쳐 벽들을 덧붙여 쌓았기 때문에, 그것은 달린 더 큰 집이 되었다. 마찬가지로 처음에 별다른 의미를 지니지 않았던 마을들이었던 옛 도시들이 시간이 지남에 따라 구부러진 거리를 가진 더 큰 도시로 성장했던 것이 도움을 주게 된다. 거기서 개관(槪觀)을 얻게 되었는데, 그것은 맹인이 건축했거나, 또는 지각의 은사를 지닌 사람들의 의지에 의한 것으로, 먼저 우연한 사건을 통하여 생겨났으리라는 것이다. 그는 첨부하기를 철학에 의한 것도 비슷하다는 것이다 (사람들은 역시 종교와 정치에 의한 것도 말할 수 있을 것이다). 그 이유는 단지 하나, 또는 다른 것이 때에 따른 정황들에서 절반 정도 수행되었고, 기록되었으며, 완성되었기 때문이거나, 또는 침묵하면서 습관화되었기 때문이었다.

그것이 성장 되었거나, 완전한 개선을 허용하지 않는 것처럼 그렇게 효력을 가진다(여러 결핍이 스스로 인정되었음에도). 이러한 판단은 매우 정당하다. 그 이유는 부분적인 발견물과 함께 저술했거나, 또는 그것들을 손에서 손으로 전수했던 옛날과 새날의 가공자들이 실제로 단지 부분적인 것을 완성하면서, 전체와의 조화를 생각하지 못했기 때문이다. 그렇지만 하나님은 지금 그것에 대하여 깊이 생각하는 기회를 제공한다. 만일 우리가 모든 무질서와 혼잡을 제거하며, 조화로운 질서 가운데서 형성하기를 이해하지 못한다면, 우리는 감사하지 못하게 된다.

III. 본성의 고유한 자유가 인간에게서 새로워지게 되는 것

9. 세 번째 조건은 하나님이 그것을 새롭게 하는 것처럼, 우리의 행복이 단지 온통 선하고 아름답게 부여되었을 뿐만 아니라, 역시 그것은 아무것도 강요된 것이 아니며 표면적으로 나타남에 대한 배경도 아닌, 자체에 매력과 즐거움을 지닌다는 것이 요구된다. 모든 것은 자체에서 원했던 것처럼 나타날 수 있을 것이다. 그 이유는 그것들이 타의 지성을 통한 것보다는 그들 자체를 통하여 더 잘 인도하게 하며, 다른 것들보다 더 좋게 위임되어 질질 끄는 것보다 더 쉽게 이끌게 되는 일은 인간 본성에서 아주 고유한 것이기 때문이다. 역시 항상 그 어떤 통치가 개입되는 곳에서 우리의 정신은 곧 저항의 의지를 느끼며, 그리고 예방하게 된다. 정신이 자체의 지도를 통하여 신실하게 전진할 수 있는 곳에서, 그는 인도자를 버리게 된다. 한 아이를 보라! 그가 첫걸음을 온전히 스스로 뗄 수 있게 되자마자 곧 그는 자신을 더 의지하며, 지탱하기를 원한다. 더

성인이 된 자는 교사의 지도를 참으려고 하지 않는다. 지금 우리는 바로 생각의 자유와 종교적인 고백의 자유와 정치적인 삶의 자유가 인간 세대에게 되돌려진 것을 겨냥해야 한다. 나는 말하건대 자유는 가장 영예로운 인간적인 재물(보물)이 분명하다. 그것은 사람과 함께 만들어졌으며, 인간이 몰락하지 않아야 한다면, 그것은 분리할 수 없도록 인간과 결합 되었다. 그러므로 하나님은 요한의 증거에 따라(요8:36), 역시 사도의 증언에 따른 것처럼(갈4:31과 갈5:1.13.17), 인간이 저주에서 벗어나기를 원하는 자들에게 그 자유는 되돌리도록 허락한다. 우리가 인간을 모든 강요하는 교리들과 문화들과 순종의 속박으로부터 해방하기 때문에, 우리는 이처럼 인간의 본성을 자유로 되돌리도록 인도한다.

IV. 모든 것은 다시 보편적인 것으로, 그것은 공동의 것이 되는 것을 뜻한다.

10. 네 번째 조건은 모든 종파와 편당의 관심 자들이 제거되어야 한다는 것이 요구된다. 그것은 필요하다.
  I. 필수적인 상태가 제거되는 것이 아니라, 모든 것이 개선된 것(선한 의사처럼 비슷하게 아픈 지체를 제거하는 것이 아니라, 치료하는 것).
  II. 일과 학문과 언어가 제거되는 것이 아니라, 모든 것이 개선되도록 하는 것.
  III. 백성과 언어와 철학과 종교나, 정치가 억압받거나, 어두워지게 되는 것이 아닌. 즉 모두가 밝혀지며 조화 가운데로 데려와야 한다. 이것은 그와 같다.
  1. 모든 철학은 하나의 철학이며, 더욱이 가장 좋은 교사 중에 최상의 교사는 그리스도가 되는 것.
  2. 모든 종교가 유일한 가장 좋은 대제사장들 가운데서 한 분 그리스도가 되는 것.
  3. 모든 정치적인 질서들이 통치자 가운데서 가장 좋은 그리스도가 되는 한 분.

철학과 종교와 정치가 선한 것을 포함하는 모든 것

11. 우리가 동경하는 이러한 최후의 개혁은 그렇게 파당과 종파의 본질로부터 우리를 소환하게 될 것이며, 모두를 전체로 연합하게 될 것이다. 그것이 참된 가톨릭주의이다. 그 이유는 우리가 철학과 신학과 정치 안에서 편당의 제거에 따라 모두 가톨

릭적인 것이 되기 시작하기 때문이다. 그것은 우리가 플라톤주의자, 아리스토텔레스파, 스토아학파 등등이 아니라 철학자들이며, 루터파, 칼빈파, 교황파 등등이 아니라, 기독인들이며, 오스트리아 사람, 스페인 사람, 프랑스 사람 등등이 아니라, 선한 세계의 시민으로서 모두가 자유로운 국가(하나님 나라)에 속한 자들이다. 그것을 항상 원하는 자는 마찬가지로 개인적으로 자유로우며, 동시에 공동체에서 섬기는 자들이다. 자신을 플라톤주의자, 후스파, 루터파, 희랍인, 또는 로마인 등등으로 칭하는 것은 불완전함의 고백을 표현하는 것이다. 거기서는 그 누구도 전체의 조화로운 진리를 소유하지 않았으며, 그것은 단지 부분적인 것을 가진 것뿐이다. 그 이유는 그가 하나를 붙잡거나, 또는 다른 것과의 비교에서 완전하며 균형 잡힌 것이나, 또는 더 분명한 것을 소유하는 것을 믿었기 때문이다. 그러나 지금 진리가 모두에게 분명한 곳에서, 우리는 부분적인 고백들을 통하여 그것을 갈라놓게 하는 것을 부끄러워해야 했었다. 전체는 부분들 위에 있으며, 진리는 생각 전에 사물, 즉 개연성 위에 존재한다. 그 이유는

이것이 가장 정당한 것이기 때문이다.

12. 우리에게 바라보는 것이 주어진 일들의 전체처럼, 곳곳에 연결되어, 모든 틈새가 없는 역시 그들의 관찰자들이 통일을 표현해야 하며, 곳곳에서 서로 도와야 하며, 그 어디에서도 방해하지 않아야 한다. 산도 강도 아닌, 바다도 한번 분리되지 않고, 오히려 연결되는 지구가 하나의 통일인 것처럼, 역시 지상의 지배자도 거주자도 모든 면에 따라 평화와 일치 가운데 결합하여 하나의 통일로 존재해야 한다. 그것들은 더 이상 그들에게 지구의 아랫부분에 종속된 것으로 인하여 다투지 않아야 한다. 하나님은 마침내 모든 것의 창조자이시며, 보존자이신, 단지 한 분이신 것처럼, 역시 그분을 경외하는 이들이라는 것이다.

지금 모든 사람은 이 일에 초대되어야 한다.

13. 그 이유는 공공복지와 구원과 안전에 대하여 우리에게 충고하기를 시작하는 것처럼, 그렇게 우리 모두가 우리에게 하나님의 동일한 학교에 학생이며, 동일한 하나님의 집에 형제들이며, 동일한 하나님의 공동체에 구성원들로 생각하자마자 곧, 죽음

의 일들에 대해 먼저 더 잘 정리되도록 유사성으로서 우리는 그것을 인정해야 하기 때문이다. 초대되지 않았거나, 허용되지 않았으며, 속하지 않았으며, 그리고 공동의 재산과 빛과 평화 그리고 생명을 이용할 수 없을 그 누구도 제외되게 해서는 안 된다. 그렇게 나누진 것들과 분열된 것들은 지금부터 모든 시대에 이르기까지 대략 모순된 일들로 보아야만 한다. 보편적인 선생의 입에서 나오는 표어가 우리 모두에게 적용된다고 본다(마5:54), 말하자면 하나님이 모두를 위한 태양이라는 것!

V. 필요한 모든 것은 도입되며, 그러나 임의대로 방치되지 않도록 하는 것

14. 다섯 번째 조건은 이러한 최종 세계의 개혁을 통하여 기대되는 우리의 모든 새 것은 필수적이며 자의적인 것이 아니라는 사실이 요구된다. 그것은 많은 사물의 표면적인 것들과 모든 인간의 신분들과 경제적이며 정치적이며 교회적인, 그래서 역시 대체로 개별적인 것들이 되며, 모든 가능한 뒤틀린 것들은 숨기고 제거되어야 한다는 것을 뜻한다(여러 무익한 생각들, 동경들, 노력들). 그것은 벌써 사람들이 부족할 수 있는 많은 것이 있는 것처럼, 그 시대에 해당하는 일이다. 역시 많이 일하는 마르다(Marda)는 한 가지가 필요하다는 것을 인정해야 한다. 말하자면 그리스도의 발아래 앉아서 그의 입에서 나오는 말씀을 듣는 일이다(눅10:42). 세계는 지금 여러 경건으로부터 단순성으로 되돌려지게 해야 한다. 범세계적인 개혁의 길은 이것을 경고하며, 우리에게 단순한 환상과 소홀히 한 것에 대한 모든 표면적인 것을 붙잡는 것을 뜻한다.

VI. 모든 것은 전체적이며, 부분적인 것이 아니라는 것

15. 여섯 번째 조건은 학문과 다스림과 하나님 경배의 모든 것을 잘게 부수기를 가르친다. 그것은 모든 3가지 상태들이 개선되기를 보여주며, 더욱이 그렇게 그에게서 모든 것이 개선되리라는 것을 보여준다. 나는 모든 학교와 교회와 법정들을 생각한다. 그리고 3가지에 대한 전망에서 나는 가장 작은 것이 한 번이 아니라, 이것이 인간적인 행동에서 가능한 만큼, 수집했던 저 불일치에 관하여 깨끗해지지 않은 채 남아 있는 모든 것을 생각하게 된다. 그 이유는 사람이 무엇인가 부정한 것들을 방치하기 때문에 그렇게 역시 깨끗한 부분이 새로운 것에서 부정하게 될 것이다. 그러므로 이처럼:

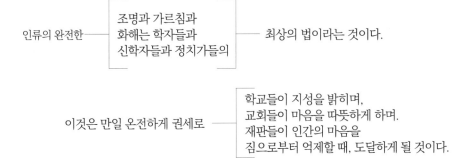

인류의 완전한 ── 조명과 가르침과 화해는 학자들과 신학자들과 정치가들의 ── 최상의 법이라는 것이다.

이것은 만일 온전하게 권세로 ── 학교들이 지성을 밝히며, 교회들이 마음을 따뜻하게 하며, 재판들이 인간의 마음을 짐으로부터 억제할 때, 도달하게 될 것이다.

이것은 모든 것을 관계 안에서 이루게 되며, 그 어디에서도 따로따로 개별적으로 나누어지지 않는다. 그 이유는 하나님이 3가지 모습으로 나타남에도 불구하고, 참된 하나님은 한 분이시기 때문이다. 그리고 하나님의 모사(模寫)인 인간에게서처럼 3가지 종류의 생명 정신이[101] 그들로부터 각각으로 3가지가 살아 있으며 지속하는 생명에 영향을 미치기 때문이다. 그렇게 역시 저 3가지의 생명은 하늘 아래서 그의 질서를 따라 영혼의 행복에 작용하는 것을 구별하는 것이 있게 될 것이다.

항상 사람이 있는 그곳에 학교와 제단과 심판대가 있게 된다.

16. 역시 항상 인간의 공동체가 탄생하는 곳에 각자의 가정 살림에서 그러한 것처럼, 가르침과 종교와 다스림이 있게 된다. 더 큰 사회적인 질서 가운데서, 마을에서, 작은 도시에서, 도시에서 지역에서 역시 주도하는 지혜와 종교와 정치의 결정적으로 소개된 것들이 주어져야 한다. 그렇다면 먼저 그의 모습 안에서 그리스도 왕국의 온전한 개선이 보이게 될 것이다. 그리스도가 모든 사람에게 영원한 교사와 제사장과 왕이 되었기 때문이며, 그를 사람들 가운데 곳곳에서 그의 이름을 고백하는 우리 모두 그의 승리에 따라 기꺼이 희생제물이 되는(시110:3) 그의 백성임이 분명하게 되도록 그의 교직과 제단과 심판의 자리가 세워져야만 한다. 그가 온통 그의 3가지 살아 있는 영(靈)을 통하여 충만하며 다스리는 우리가 살아계신 그리스도의 몸이 될 것이다. 말하자면,

---

101) 코메니우스는 아마도 베이컨과 데카르트를 통하여 중재된 것을 넘겨받았다. 그것은 아리스토텔레스에게서 나아온 것이며, 파라셀수스에게서 수정된 가르침인 3가지 ㅈ어신에 관한 것이다. 즉 자연과 생명과 동물의 정신(spiritus naturalis, vitalis, animalis). 그리고 그것은 자연과 식물과 생물 안에 작용했던 것이다.

지혜와 지성의 정신과 함께 다른 것들을 밝히며, 하나님의 영(靈)과 열매로 다른 이들을 하늘로 인도하는 것처럼, 충고와 힘의 정신과 함께 다른 것들을 지도하는 것이다. 마침내 그는 그렇게 지도하게 하는 모든 신실한 자들을 다스리며 인도하게 될 것이다 (사11:2). 진실로 개혁된 교회는 살아계신 하나님과 땅 지배자의 성전이 되리라는 것은 분명할 것이다. 즉 그가 전파되는 곳곳에서 그의 등불과 그의 제단과 심판자의 보좌를 소유하게 된다.

VII. 모든 것이 철저하게 외적인 전시만을 위하여 설립되지 않도록 함.

17. 일곱 번째 조건은 벌써 오늘날부터 영혼들에 빛과 평화와 구원을 단지 여러 방식으로 재미있게 공상하는 것들을 제시하는 것으로서 초래하는 모든 연구에서 보다더 좋은 것이 요구된다. 목초지 위에서 노래하면서 뛰어놀기만 하며, 그들의 전 생애를 무익하게 낭비하며, 미래의 굶주림의 길을 준비하는 한가한 매미를 흉내 내는 일에 누구에게도 빠져들게 해서는 안 된다. 우리는 참된 노동을 이행하자! 실망과 꾸밈과 텅 빈 외관을 벗어버리라! 세계는 참되고 엄격한 치유의 수단이 필요하다! 그것은 지금까지 거의 모든 것을 착수했던 개선들에 영향을 미치는 것처럼, 그것들이 말하자면 소중하며 쉬운 손길로써 종양으로 덮여 유착되지 않도록 깊은 것의 상처를 치료해야 한다.

그리고 모든 장점은 서로 결부되어 있을 것이다.

18. 이러한 일곱 번째 조건은 하나의 총체적이며, 완전한 개선을 보증한다. 그것은 말하자면 3가지 신분을 개선하는 그 같은 것이어야 한다. 그래서 역시 각자가 그것들로부터 우선 그 자체의 행복에 공헌한다면, 자신을 위한 빛과 평화와 구원의 3가지의 충만을 소유하게 될 것이다. 그 이유는 고유한 것이 철학을 위해서는 빛을 향한 노력이며, 그렇지만 동시에 국가 지도자들이 가정했던 질서의 훈육처럼 신학자들을 돌보기 위한 양심과 함께 결합 되었다. 신학은 하나님의 얼굴을 찾고 끊임없이 그의 눈 앞에서 변화하기를 힘쓰는 과제를 갖게 될 것이다. 신학은 철학자들이 사물의 빛과 정치가들이 통일의 법을 제시하는 것을 경멸하지 않는다. 국가의 기술은 자체에다 평화의 길과 함께 저술하게 될 것이며, 그렇지만, 그것은 철학으로부터 사물의 빛을, 그것

에 대비하여 신학으로부터 더 나은 삶에 대한 희망과 속한 방식에서 하늘로 향한 길을 보존(保存)하게 될 것이다.

이론 가운데서 뿐만 아니라, 실제와 적용 안에서도

19. 이러한 전체성은 새롭게 설정된 모든 것이 실체이며, 외관이 아닌, 행동의 개선이며, 저 유명한 플리니우스(Plinius)[102]격언의 정신 안에 말들이 있지 않다는 것이 요구될 것이다. "여러 가지가 아니라, 많은 것"(non multa sed multum). 이로써 계몽된 시대에 사람들이 적은 명령을 아는 일을 그렇게 정돈하는 것을 나는 말한다. 그렇지만 그것을 위해서 모든 것은 실천적으로 취급한다. 적게 말하는 것과 그러나 이루어지는 것을 지닌 모든 것은 성취하는 것이 행복의 토대가 될 것이다. 모든 것은, 학교와 교회와 정치적인 일들이 잘 정돈된 행위로써 채워지도록 정리되어 져 있게 될 것이다. 그래서 각자는 그의 자리에 있으며, 그가 그 방향에 속하지 않은 것은 행하지 않는 동안 그의 의무를 충족하게 된다. 그것은 우리가 한편으로 주시하지 않고, 행하지 않으며, 게으름을 허용한다면, 다른 새로운 호기심과 과도한 많은 일을 주게 되리라는 것을 뜻한다.

VIII. 모든 것은 안전하고 위험하지 않다는 것

20. 보편적인 행복의 여덟 번째 조건은 개혁된 시대에 모든 해악 된 것과 파멸들, 뿌리와 함께 위험들과 염려를 멀리하게 되는 것이 요구된다. 이것은 하나님의 약속에 따른 것이다. 즉 사람은 그 어떤 손해도 입히지 않게 될 것이며(하나님의 무리 안에 허용된 거친 동물들, 바시리스카, 역자주: 사람을 노려봄으로써 죽인다는 전설의 뱀 등을 가리킴) 나의 온전한 거룩한 산에서 멸망되지 않을 것이다(사111:9). 수치들이 어디서 생겨나며, 두려움과 불신이 어디서 생기는가? 그것은 외관을 가지며, 그것들은 3가지 원천에서 나온다.

---

102) 플리니우스, G.Caecilius Secundus(AD.61-114). 로마의 작가, 귀화자.

위험과 손상은 우리들의 업무 가운데 3가지 원천을 소유한다.

1. 거기서 손상을 일으킬 수 있는 것은 제거되지 않았다는 것. 2. 질서와 섬김에 의한 혼잡에서. 3. 모든 것의 일치가 보존되지 않은 거기서, 그리고 거기서 유래하는 다른 것의 이면에 대한 하나의 교만에서. 이러한 실수의 각각에 대해 우리는 그것들을 뿌리 뽑는 것과 그것들을 쉽게 도망하는 것이 가능하게 되도록 개별적으로 일러주어야 한다.

1. 선한 것과 악한 것의 섞음에서

21. 선한 것과 악한 것의 섞음을 나는 그것이 단 한 번 토대로부터 제거되지 않았다면, 인간적인 일들을 위해 언제나 파멸을 초래했으며 초래하게 될 첫 번 원인으로 표시한다.

이스라엘인들의 경우(보기)

우리는 이스라엘 백성을 예로 밝혀본다. 하나님은 그 백성에게 우상을 숭배하며, 위협했던 7개의 백성을 멸망시키도록 넘겨주었다. 그렇게 그들은 보호되거나, 가엽게 여김을 받거나, 그들과는 어떤 계약 관계도 맺지 않아야 하며, 그들의 아들과 딸들로 친척 관계를 맺지 않아야 했다(그들이 이방 신들의 섬김에 유혹받지 않아야 하며, 그들을 대항하여 하나님의 진노를 일깨웠다. 그래서 하나님은 그들을 멸망시켰다). 그들과 함께 이것을 기꺼이 행하라. 주님은 말씀하셨다. 그들의 제단을 헐며, 주상을 깨뜨리며, 아세라 목상을 찍으며, 조각한 우상을 불사를 것이니라. 너희는 거룩한 주님의 백성이니라(참고, 신7:1-6). 그러나 그들이 어떠했는가? 정확히 그 반대로 행동하였다. 그들은 우상 섬김과 불신앙의 모범들에 전염되어 하나님을 떠났던 일이 발생하였다. 그것에 대하여 하나님은 그들을 강하게 벌을 내렸고, 그들을 저 새로이 강화된 백성을 통하여 뿌리를 뽑았다.

신약에서의 한 예(보기)

22. 그러나 그것이 신약 가운데서는 우리에 의해 어떠한가? 우리는 그것이 사도들

로부터 그리스도의 영(靈)을 통하여 금지된 것임에도 불구하고, 복음의 빛과 함께 만족스럽지 않게 이교도의 철학을 도입하였다. 우리는 예배에서 의식의 단순성과 함께 불만족스럽게 전체 유대교를 새롭게 하였다(이처럼 의식들의 화려함). 즉 우리가 더욱이 이방인들의 경건하지 않은 희생 제사들에서 많이 빌려왔었다. 그리스도가 도입했으며, 사도가 시행했던 주도권의 형식으로써는 만족스럽지 않게, 우리는 폭력과 감옥과 칼과 교수대와 고문실 들에 관심이 집중되었다. 다만 국가뿐만 아니라, 역시 교회, 학교, 가정, 그리고 모든 것을 우리는 온통 다툼의 것들로 가득하게 했다. 이러한 손상들이 미래에도 적용되지 않도록, 우리는 이처럼 그리스도에게서 유래하지 않은 모든 것에서 오직 그리스도의 것이 순수하게 남게 되도록 분리하기를 원했다.

2. 신분과 직분의 혼돈에서

23. 나는 신분과 섬김의 혼잡을 여러 손상에서 기인하는 두 번째 원천으로 명명한다. 그렇게 세상의 권력을 영적으로나, 또는 영적인 것이 세상의 것에 종속하기를 시도하면, 그것은 그렇게 이루어진다. 그 이유는 그들이 하늘나라에 대한 열쇠 위에서 권력으로써 불만스럽게 되며, 역시 그들에게 넘겨주지 않았던 세상 권세를 추구하게 되면, 국가의 지도자들이 그들에게 넘겨지지 않은 교회지도부를 자체적으로 찢어놓으며, 교회가 그들로부터 의존되도록 요구하는 죄를 그렇게 범하는 것처럼, 교회의 사람들도 똑같이 죄를 범하기 때문이다. 그렇지만 여러 구별된 직분들이 중요하다는 것과 양자는 하나님으로부터 제정되었다는 것은 잘 알려져 있다. 그 같은 혼잡은 전적으로 제거하는 것이다. 각각의 신분은 그가 무엇이든지, 움직이지 않고 그대로 머물러야 한다. 그가 왕이었으며, 하나님으로부터 벌을 받았음에도 불구하고(역대상26:16), 사제의 직무에 개입했던 우시아(Usias)[103]처럼, 그리고 그가 사제였음에도 불구하고 세상의 일들에 개입했던 아비아토(Abiator)[104] 처럼(왕상1장과 2장), 그러하다.

---

103) Usias(우시아스), AD. 8세기경 유대의 왕.
104) Abiator(아비아토), 다윗과 솔로몬 시대에 구약의 제사장.

분리되어 혼합되지 않게 머물러 있어야만 했다.

24. 인간 사회에서 3가지 신분은 그들에게 속한 자들과 함께 구별되게 해야 하는 것은 그것이 보여주는 것처럼, 하나님은 그것을 자체에 구체적으로 설명하기를 원했다. 그가 하나님의 사람인 그리스도를 왕의 직분과 사제와 선지자의 직분을 완전한 범위에서 부여하였음에도 불구하고, 사람들은 특별한 방식으로 하나님 아버지에게는 권세와 나라를, 하나님의 아들에게는 화해와 사제직을, 성령에게는 마음과 가르침의 밝힘을 주신 것으로 여겼다. 사물들의 전체적인 개혁에서 이처럼 타 영역에 등장하는 것은 제거되어야 한다. 신분과 등급들은 같아야 하며, 직분들은 개별적으로 분명히 구별되어야 한다.

인간 사회의 3가지 신분은 자체 가운데 선한 보화가 나누어져야 하는 것처럼

25. 그러나 어떻게? 너희들 가운데 신적인 은혜의 보화가 하나님의 의도에 따라 그것들과 함께 경영하기 위하여 나눈다. 세상의 신분은 자신과 나머지 신분들이 동등한 자격으로, 그리고 경제적으로 먹이기 위하여 다스림 가운데서 땅의 보화를 가진다. 사제 신분은 점점 더 많이 스스로 자신, 그리고 하나님의 전 백성이 내적인 영원한 보화들과 함께 풍족하게 하려고, 천상의 구원 은혜가 풍성한 보화를 다스린다. 학자들과 교사들과 학교 감독들의 신분은 그들이 매일 매일 자연과 성경의 보화들에서, 인간 정신의 보물 창고에서처럼 돕기 위하여, 그리고 자신과 전 인류를 항상 더 많이 풍성하게 하려고 지혜의 보화를 소유하게 될 것이다.

역시 여러 가지 이행들

26. 모든 것이 사람과 관계된 것이지만, 사회의 신분들은 혼합되지 않은 채 머물러 있다. 그 이유는 1. 학자들은 모든 것을 그들의 범주 안에서 형성하며, 모두가 모든 것을 이해적으로 수행하는 것을 주목하게 된다. 2. 사제들은 모두를 경건으로 인도하게 되며, 각 사람을 그의 무리 가운데로 인도하게 된다. 그래서 온전히 하나님께 자신을 드리지 않는 자는 아무도 거기에 미치지 못한다. 3. 국가의 직분은 어떤 불화도 심

묵하지 않고, 더 큰 불화를 허용하지 않도록 모두를 평화 가운데서 그의 보호 명령을 유지하게 될 것이다.

비유로서 우리들의 몸의 기능들

27. 비록 그들의 설비와 관련하여 말하자면 일치하지 않음에도 불구하고, 우리의 몸 안에서 모든 지체가 여러 가지 기능들을 지닌 것처럼 그렇게 그들은 공동 구원의 동일한 목표를 향하여 일치로 힘쓰게 될 것이다. 신장과 간이 이러한 피를 깨끗하게 하며, 모든 지체가 생명의 활력소를 가진 영향을 공급하는 몸 안에 위와 간의 임무는 온몸에 피를 공급하는 것과 피와 자연력을 분배하게 된다. 그것에 반해 두뇌는 영혼의 능력을 발전시키는데 협력하며, 몸 전체에 능력을 제공하는데 협력한다. 그리고 인지능력과 운동력을 중재하는 일에 도움을 준다.

솔로몬의 성전 건축에서 노동 조직의 비유로서

28. 천상의 솔로몬은 그의 유명한 성전 건축에서 처음에 7만 개의 짐 운반기(말하자면, 세계적인 행정관청의 엄청난 신분)와 레바논의 산에서 8만의 정원사(모든 것에서 모든 것을 만드는 그러한 사람들)들처럼, 그리고 무엇이 어떻게 이루어져야 하며(왕상5:15-16), 소유하게 될 하늘의 왕 이름으로 배열을 분배하는 3300명의 감독은 마침내 그렇게 성취하게 될 것이다.

3. 모두의 일치가 모든 것과 함께 보존되지 않기 때문에

29. 인류에게서 그의 안식을 빼앗긴 3번째 파멸로서 나는 다른 것들에 비하여 하나를 품는 교만에 기인한 불화를 언급하였다. 그 이유는 어느 곳에는 정치인들이 다른 신분을 드러내며, 다른 곳에서 교회의 사람들이 정치인들의 신분에 대하여, 그리고 철학자들은 모든 것을 혼자 지배하는 자로서 자신만만한 것처럼 거들거린다. 계속해서 역시 하나 같은 신분 안에서 다른 이들에 대해 하나가 자신을 내세우며, 두둔함을 통하여 그들이 위에서 다른 이들을 내려다볼 수 있는 높은 자리를 얻으려고 노력한다. 다른

이들은 이것을 어렵게 인내한다. 그 이유는 그들이 그들을 우러러보기를 원치 않았기 때문이다. 그들은 먼저 밀쳐 넘어뜨리려는 일이 준비되었다. 거기서 다양한 불만과 미움과 소요와 그 무엇이 항상 나타나게 된다. 사물 상태의 개선에서 모든 다른 것을 정돈하는 일이 필요할 것이다. 먼저 나는 3가지 신분들의 일치에 대하여 말하기를 원한다.

3가지 신분들 가운데 일치가 절대로 필요한 것처럼

30. 세계적인 통치의 선두에 있는 자들은 교회와 학교들을 대표하는 이들과의 일치를 가장 세심한 것에서 유지하고 지탱해야 한다. 그 이유는 그들이 동일한 대상, 즉 동일한 하나님의 백성을 돌보기 때문이다. 거기서 그들은 다른 이가 세우는 것을 한 사람이 파괴하지 않도록 화합하며, 만장일치로 처리할 수 있을 것이다. 두 번째로 과제들이 여러 가지라면, 그것들은 서로서로 분리된 것은 아니다. 우리의 몸 안에서, 3가지의 생명력들(자연적인 것, 식물적인 것, 영적인 것)이 속한 유기체들 안에서 더욱이 천성적으로 소유하고 있는 것처럼, 그러나 분리되지 않은 채 생겨난다. 그렇게 그들의 분배가 역시 여러 궤도로 귀결된다. 세 번째로 각 상태는 특별한 질서 안에서 상대적인 협력이 필요하게 된다. 신적인 말씀에서 섬기는 자들은 직무들에서 각 개인의 영혼(靈魂)이 그들에게 두려움에서가 아니라, 의식적으로 겸손함으로써 그들의 권위를 유지해야 한다.

부수적인 것들

관청들은 다시금 말씀을 섬기는 자들에게 안전을 보장해야 하며, 그들이 하나님의 말씀을 증언하며, 그리스도를 대신하여 다스림을 수행할 수 있도록 경의를 표해야 한다. 경건하고 현명한 지혜의 관리자들은 모두가 익숙하며 모든 것을 사랑에서 질서로, 동경에서 공동의 구원을 수행하는 것에 다다르게 될 것이다.

31. 하나님이 그의 백성 가운데 세계와 교회 일들의 다스림의 기관을 세웠을 때, 그는 양자 혈통의 형제들, 즉 모세와 아론을[105] 선두에다 세웠다. 의심 없이 하나님은

---

105) Moses 이스라엘 백성의 지도자요, 법의 부여자이다. Aron, 모세의 형, 대 제사장, Maria(Mirjam), 모세와 아론의 자매, 예언자.

그들에게서 그들 후계자를 위하여 요구되는 일치와 상대적인 사랑과 도움을 밝히기를 원했기 때문에, 그것을 행하였다. 거기서 그들은 하나는 다른 것 없이 수행하지 못하는 오른손과 왼손처럼, 일치된 마음으로 행동해야 했었다. 왼손은 확고히 붙잡고, 오른손은 노동하기 때문이다(한 직무가 수행될 때, 사제들은 그의 권위를 지지하고, 반대로 적용되기도 하였다). 우선권에 질문이 던져졌을 때, 그것은 세상의 직무에도 해당한다. 아론이 나이가 더 많았음에도 불구하고, 모세를 주님으로 불렀던 것에서처럼, 역시 하나님이 모든 것을 모세의 중재를 통하여 시행했기 때문에, 역시 사제 신분의 제정에 관한 것도 그러했다.

그리고 그들과 한 무리가 되었던 자매 마리아에게서도

32. 그들이 같은 부모의 3번째 아이인 자매 마리아(미리암)를 가진 것이 깊은 의미가 없는 것은 아니었다(출6:20), 그녀는 거기서 하나님이 말씀하신 예언자였다(민12:15), 그리고 하나님의 찬양을 선포했던(출15:21) 젊은 여인들의 무리가 앞에 나섰다. 그 여인은 모세에 대항하는 그들의 이의제기와 오만함으로 문둥병에 걸렸으며, 그들의 거주지에서 쫓겨났음에도 불구하고, 그녀는 새롭게 이 거주지로 되돌아오게 되었다(민12:15). 이것은 무슨 의미를 지닌 것인가? 그것은 근거 없이 일어나지 않았다는 것, 게다가 미가서(6:4)에서 하나님의 말씀을 눈여겨보게 된다. "내가 너를 애급 땅에서 인도하여 내었고, 모세와 아론과 미리암을 보내어 내 앞에 행하게 하였었느니라." 그들 두 형제와의 동반자로서 직무 가운데 등장하는 마리아의 모습과 함께 인간 사회의 세 번째 상태가 등장하는, 말하자면, 학식 있는 자들, 즉 다른 이들을 만들어 주는 자, 청소년의 지도자, 인류의 교사들을 우리는 인정하기를 원하지 않는가(우리가 아는 것처럼, 철학자 세네카는 이러한 이름과 함께 그들을 존중하였다)? 분명히 문둥병과 함께 그녀의 쫓겨남과 그리고서 다시 건강 회복과 새롭게 됨과 함께 구체적으로 설명된 그것은 철학에 대한 것보다 더 좋게 적중되었다.

부수적인 일들

너무 턱없이 드러내었으며, 하나님의 계시 된 지혜에 거역하기를 원했던 철학은 새로운 백성의 숙영지에서 나아오는 그리스도의 명령에는 제외되었다(고전2:8). 그렇지만 그것은 만일 자신을 낮추고, 정결하게 하며, 영원한 지혜의 섬김 안에 순종으로 돌아올 수 있다면, 다시 인도되어야 한다.

모세와 아론과 마리아(미리암)에 대한 경고

33. 이처럼, 너희 숙영지와 상자와 공동체를 관리하는 모세, 아론, 마리아(미리암)는 너희가 세계의 광야를 통하여 하늘의 고향으로 순례하는 하나님 백성의 면 전에 세워졌음을 기억해야 한다. 그리고 너희가 저쪽에서 일어났던 것처럼, 이 광야에서 몰락되어야 한다는 사실을 기억하라. 너희가 스스로 상호 간에 쉬운 불화와 불만과 소요와 다른 것을 억제하도록 너희가 지도자로서 그들 선두에 서서 전진하는 저들에게 일치에 대한 한 모범으로서 앞으로 가라(그는 어떤 면에서 역시 자신을 들어낼 수 있으며, 질서를 방해하고, 불만감을 퍼뜨리는 다탄스, 아비람스, 코라흐스[106]와 다른 것들이 있기 때문이다). "보라, 형제들이 연합하고 동거함이 어찌 그리 아름답고 사랑스러운지."(시133:1). 그것은 황금에서 나아오는 삼겹줄로 존재하게 될 것이다.(전4:12). 그것은 끊어지지 않도록 형제와 자매 사이에 띠를 기억하며 산다. 그리고 하나님의 나라에 마음과 영혼이 있으며, 같은 아버지와 같은 어머니, 그리고 하나님과 교회의 너희 후손들이다! 오만으로 부풀려진 한 사람은 게다가 다른 이를 더 잘 경멸하며, 하나님에게서 설정된 질서를 방해하기를 중단하기를 결심해야 한다. 보라 그것이 문둥병이다. 만일 당신이 스스로 예언자 마리아(미리암)이거나, 또는 우시아(Usias) 왕이라면, 당신은 그것을 피하지 못한다. 하나님은 질서의 하나님이기 때문이다. 거기서 그 하나님은 장차 어떠한 혼잡들도 인내하지 않으신다.

일치와 평화는 역시 같은 상태에서 보존되어야 한다.

34. 같은 상태에서 상호 간의 일치가 중요한 만큼, 헤시오드(Hesiod)[107]가 노래했던 것은 지금까지 그렇게도 참이었다. 즉 도공(陶工)은 도공에게, 그리고 대장장이는

---

106) Datan, Abiram, Kohrah, 모세에게 대항하여 반기를 들었던 공모자들이었다.
107) Hesiod(Hesiodos), B.C.8/7세기, 희랍의 시인.

대장장이에게 미움을 받았다. 그렇게 역시 학교는 학교에게, 교회는 교회에게, 국가는 국가에게. 역시 이웃들과 친구들과 형제들 사이에서 사랑은 흔하지 않았다. 일들이 갈라지며, 논쟁 되었으며, 각자는 스스로 자신에게 이웃이었으며, 폭력과 흉계 앞에서 안전하지 못했던 곳에서, 각자는 각자에게 쉽게 의심을 사는 모습이 되었다. 그러나 하나님은 부분적인 것과 얽혀진 것과 폭력적인 것을 제거하려고 계신다면, 그리고서 역시 상호 간의 불신과 거기서 생겨나는 찢김을 제거하는 것이 가능하게 될 것이다.

IX. 모든 것에 적용될 수 있는 보편적인 조언이 규범들에서 적절히 수행되도록 하는 것

35. 보편적인 복지의 아홉 번째 조건으로서 나는 보편적인 선(善)이 스스로 모든 것에 표준이라는 것과 아무것도 다른 것에 측정되지 않는다는 것을 확정하였다. 특히 그 아래서 사람들은 한편으로 목표로 인도하지 못하는 것이 그 어떤 것도 선한 것으로 인정되지 않게 되었던 개별적인 선(善)을 이해한다. 다른 한편으로 보편적인 선의 본질적인 구성 요소들이 자체 스스로 상호 간의 평가와 완성과 안정을 위한 표준이 되리라는 것으로 이해한다. 이것이 달성되었는데, 1. 학자들이 먼저 스스로 가르친다면, 그 어디에도 오류가 몰래 스며들지 않도록 사제들과 권력자들과 마침내 요구하는 모든 사람을 가르치게 될 것이다. 2. 사제들은 그들의 신분 안에서 진실로 경건하게 될 것이며, 그리고서 학식 있는 자들과 권력의 소유자들 가운데서 경건처럼 곳곳에서 연습하게 되기를 주목할 것이다. 3. 권력의 소유자들은 먼저 자체 가운데 질서가 보존될 것이다. 그리고서 학식 있는 자들의 상태에서, 사제권에 의해서, 그리고 마침내 모든 3가지 신분들 안에서 그리고 질서에 관하여 회피하는 것이, 곳곳에서 불가능하게 되도록 유지될 것이다. 간략하게, 학식 있는 자들은 밝히기를 원하며, 사제들은 거룩하게 되기를 원하며, 권력자들은 모든 것들과 같이 혼잡에서 보호하기를 원한다.

상호 간에 알맞게

36. 여기에 역시 그들이 상호 간에 알맞은 안내들과 행동을 위한 후원들과 그들 투쟁을 위한 무기들을 소유하는 것은 역시 여기에 속한다. 그것은 세계의 직분의 종류가

거기에 속한 강제 수단과 함께(벌금, 감옥, 사형) 칼이 뜻하는 그것이다. 교회의 직분자들을 위해서도 하늘나라의 열쇠는 그들의 단계적인 조치들과 함께(경고, 위협, 출교) 동일한 것을 뜻한다. 학식 있는 자들을 위하여 진리에 자신을 복종하도록 각 인간적인 지성을 증언하는 동일한 논증과 반박할 수 없는 증명들이(Apodeixes) 설명된다.

X. 3가지 신분들의 보편적인 개선은 완전하게 되어야 한다(그것은 땅 위에서 가능한 만큼).

37. 마지막 조건은 보편적인 재산(그것은 우리의 전제에 따라 보편적인 철학, 보편적인 종교, 보편적인 정치가 존재하게 되리라는 것)이 이 땅 위에서 동경하는 것들의 종말을 초래하는 것을 말하게 된다. 만일 참된 철학이 지성 가운데서 올바른 불을 붙일 때, 그 안에서 그것을 통하여 각자는 거룩함에 적합하게 철학지를 원하며, 사람들이 하나님의 책들 가운데서(자연의 책, 계시의 책, 그리고 지성의 모퉁이 안에서), 역시 항상 향하는 곳으로 빛이 가득하게 되도록 모든 책과 상상들이 제거될 때, 그것은 도달되었다. 올바른 종교는 영(靈)에다 하나님의 참된 연결을 초래하게 해야 한다. 그것을 통하여 각자는 우리로부터 온전하게 하나님 앞에서 변화하며, 그리고 만일 스스로 표면적인 협력 수단과 인간적인 훈육(訓育)이 멀어진다면, 벌써 하늘의 기쁨들이 땅 위에서 부분적인 것이 될 때이다. 마침내 완전한 정치는 완전한 평화를 선사할 수 있을 것이다. 그래서 모든 강요(强要)의 폭력들이 제거된 후에 다른 불의를 첨부하는 것이 누구에게도 엄습하지 못하게 된다.

이러한 완전함이 요구되는 것

38. 그것은 만일 철학이 모든 일을 인간적인 지성에다 종속시키며, 정치 역시 인간적인 지혜의 힘을, 종교가 모든 것과 모든 사람을 하나님께로 인도하는 것처럼, 종속시킬 때 성취되었다. 이것이 성취되었다면, 철학은 모든 것을 바라보는 신적인 지혜의 참된 거울이 될 것이다. 정치는 모든 것이 잘 정돈된 신적인 지혜의 살아 있는 모범이 될 것이다. 그리고 종교는 하나님의 자비를 풍성하게 나누게 될 것이다. 그러므로 그 자비는 모든 것 위에 부어지게 된다. 보편적인 철학의 특징들은 보편적인 조화(調和)와 자연과 함께 인간적인 행위의 화음(和音)이 될 것이다. 그러나 목표는 사물의 충

성한 충만처럼 일들 가운데서 빛이 될 것이다. 보편적인 정치의 내용은 인간적인 지혜가 수공업의 안전을 소유하는 것을 발전시키는 것이 될 것이다. 그들의 목표는 사물의 세계 안에서 안식처럼 땅 위에 평화다. 완전한 종교의 인장(印匠)은 신적인 의지와 함께 인간의 완전한 일치가 될 것이다. 목표는 모든 이성이나, 땅 위에 하늘보다 더 높은 양심의 평화가 될 것이다.

그리고 어떤 질서 가운데서

39. 벌써 거론된 것처럼, 그들의 목표 설정에서 일치하며, 그것들을 성취하는 것이 서로 협력이 이루어지게 될때, 이러한 3가지 영역들(철학, 정치, 종교)이 먼저 완전하게 되리라는 것은 거기서 밝혀져야 한다. 그것은 인간이 복된 영원의 하나님께로 인도되는 것을 뜻한다. 이것이 가능하지 않기 때문에, 그는 먼저 여기 땅에서 하나님의 마음으로 인도되어야 한다. 그렇지만 그것은 하나님의 인식과 자아에 대한 인식 없이 도달하지는 못한다. 인간은 창조의 낮은 단계를 넘어서 단지 이러한 높은 단계에 인도될 수 있는 것이다. 그러므로 철학은 사물의 질서가(그것이 대우주 안에 주어진 것처럼) 인간적인 지성(知性) 안에 들어오도록 첫 번째 자리에 있어야 한다. 대우주의 것들에 비슷한 소우주로서, 인간을 질서의 법칙으로 인도하는 정치가 뒤따라야 한다. 마침내 이러한 영역들에서 동경의 끝도, 완성의 최고 단계도 다다르지 못하기 때문에, 종교는 하나님의 영원에 이르기까지 사람들을 자신 스스로와 모든 것을 넘어서 들어 올리게 해야 한다.

그리고 마침내 인간이 하나님과 비슷하게 되도록 최종 목표와 함께

40. 그러나 하나님이 인간을 그의 영원한 구원으로 인도하도록 사람들에게 단지 하나님을 소개하는 것으로 충분한 것처럼 그렇게 하는 것이 아니라, 인간이 벌써 땅에서 하나님과 비슷하게 되리라는 것. 더욱이 피타고라스(Pytagoras)는 철학이 신(神)을 닮게 하는 것으로 정의하였다. 그러나 그는 아주 장황하게 표현하면서, 단지 철학에서 홀로 수행할 수 없음을 인식하고 있었다. 그것은 철학이 사람들에게 지성(이해)의 빛을 통하여, 종교는 마음의 순결성을 통하여, 그리고 정치는 지도를 통하여 행위를 위하여 하나님을 닮도록 정치와 종교가 협력해야 하며, 작업이 나누어져야만 했다. 게다

가 그것은 사람이 선한 것과 악한 것을 알면, 그가 단지 선한 것을 원하며, 악한 것은 단호히 원치 않을 때, 그리고 그가 스스로 열심히 선한 것의 선택과 악의 거절을 결단할 때, 이르게 될 것이다.

그것은 말하자면, 눈과 자석(磁石)과 수금(하프)을 통한 것처럼 이루어진다.

41. 사람은 모든 것을 보는 눈처럼 온전히 참된 철학을 통하여 그렇게 될 것이다. 그는 구별하고 판단하게 되는데, 곳곳으로부터 자신과 다른 이들과 함께 하늘을 향하여 정돈하는 자석처럼 참된 종교를 통하여 그렇게 될 것이다. 그러나 온전히 화음 가운데 있는, 그러나 더욱이 여러 줄에서 생겨나는 하프(수금)처럼 온전히 참된 정치를 통하여 그렇게 된다. 그리고서 먼저 각 사람과 온전한 인간 사회의 모든 부분이 빛과 안식과 평화 가운데 있게 될 것이다.

그것들의 결과로: 지금까지 사물들이 그들의 목표에 도달하지 못했기 때문에 모든 것은 새롭게 될 것이다.

42. 그렇지만 철학과 정치와 종교는 대략 그 같은 방식으로 도달되어야 한다면, 그것들이 새롭게 되리라는 것은 요구되는 필수적인 일이다. 우리가 지금까지 소유하는 것들은 그들의 유익성을 잃어버렸으며(우리가 그것들을 그들 목표를 둘러보고 판단할 때), 그리고 더 나쁜 것은 그들이 그것을 반대로 변화시켰기 때문이다. 기존하는 철학은 사물들 이면에 정신적인 불확실성을 중지하기보다 오히려 증대하기 때문이다. 지금까지의 종교적인 고백들은 하나님을 대항하는 많은 것들, 즉 그 고백들이 하나님과 화해하기보다 더 많이 선동하게 된다. 우리가 그것들을 많은 수로 가지는 것처럼, 세계적인 다스림들의 방식은 그들이 이것들을 안심시키는 것보다 더 많이 인간적인 일들을 엉클어 놓게 한다. 그러므로 모든 영역을 개선하는 것이나, 또는 토대로부터 그렇게 각자가 그의 목표를 바로 철저하게 추종하는 것이 더 잘 형성하게 하는 것이 필요하다. 즉 그것이 각자의 방식으로 빛을 만들기 때문에, 철학이 필요하며, 종교는 하나님 사랑과 하나님 경외가 필요하며, 정치는 평화가 필요해진다. 이로써 각자는 이러한 영역에서 진리에 대한 것이 아니라, 분명한 진리를 소유해야 하며, 금속에 의한 빈

개가 아니라, 하늘의 번개를 위한 것이며, 말하자면, 온전히 진실하며, 모든 것을 놀라게 하며 쳐부수는 하나님의 번개이어야 한다. 그렇게 분명히 나는 말한다. 새로운 보편적인 철학과 종교와 정치는 그것들이 그들에게 대립하는 가르침들을 반박하지 않게 하는 것이어야 한다. 그 이유는 그것이 과도히 존재하게 되기 때문이다. 거짓 철학과 거짓 종교와 거짓 정치가 말하자면, 조잡한 그림자가 동시에 굴복되도록 하는 것이기 때문이다. 그렇게 이방 철학과 기독교 철학 사이에 신학과 정치 사이에서 동일한 차이가 보이게 될 것이다. 즉 그것은 다윗의 무기가 승리로, 참된 개선으로 이끄는 동안, 골리앗의 것은 사치와 드러난 경악으로 이루어진 골리앗의 무기와 다윗의 무기 사이에 대두된 차이와 같다.

땅에서 마지막에 존재하는 모든 것, 그것이 최상의 것이다.

43. 최후의 세계 시대에 모든 것은 마지막 것들로, 그것은 최상의 모습들로 번성하는 것을 뜻하는 그것이 필요하다. 이처럼 지혜에 대한 사랑으로서 철학은 충분하지 않으며, 그것은 지혜 스스로 현존해야만 한다. 그리고 단지 그들의 그림자가 아니라, 그들의 몸이어야 하며, 그것에 따라 지혜가 아니라, 모든 지혜(Pansophia)이어야 한다. 비슷하게 정치나, 또는 폴리아르키(Poliarchie, 도시나 나라를 다스리는 지식)는 충분하지 않다. 세계의 이러한 마지막 시대는 판아르키아(Panarchia)를 요구한다. 그것은 어떻게 전 인간 사회가 평화와 번영하는 정황을 보존할 수 있을 것인지에 대한 지식이다. 즉 그것이 단지 그 언제인 것처럼, 또는 언제일 수 있을지에 대한 지식이다. 마침내 종교도 충족한 것이 아니라, 그것은 모든 영혼이 각자 가능한 방식으로 모든 신적인 덕성들과 함께 하나님을 연결하는 범세계적인 종교가 필요하다. 그 이유는 영원한 아버지의 활동에 의한 것처럼, 마지막에 모든 것이 좋았기 때문이다(창1:31). 그렇게 그것은 아들과 성령의 사역이 마지막에 가장 좋은 것으로서 증명하는 것은 불가결한 것이다.

이러한 관계들의 혁명적인 변화는 누가 초래하는가?

44. 이러한 아주 포괄적인 일들의 회복은 어디서 시작되는가? 일들의 최후 모습에

관하여 말했던 그 유일한 것은 "보라 내가 모든 것을 새롭게 하리라"(계21:5)! 한 말씀에서 확인된다. 다른 면으로부터 그것은 불가능하다. 그렇지만 인간이 수행했으며, 행하는 그것이(역시 그들 고유한 멸망의 개선) 1. 대략 산발적인 것이라면, 각자는 단지 자신을 위하여 일하기 때문이며, 2. 대략 혼잡한 것이라면, 아무도 생각들을 완전하게 보지 못하기 때문이며, 3. 대략 강요된 것이라면, 우리가 그것을 행동의 수단과 함께 비 행위에 영향을 주는 것을 이해하지 못했기 때문이다. 이것은 지금까지 만일 인간적인 계획들과 함께 인간적인 능력을 통하여 아우기아스(Augias)의 외양간을 청소하기가 시도되었을 때, 항상 보여주었다. 그것은 그 어디에서도 진실하지 못하며, 완전히 청소되지도 않았다! 그렇지만 하늘의 헤라클레스가 올 때는! 그가 알패우스(Alpheus)의 강을 흘러 들어가게 했었다면! 그리고 작은 개울뿐만 아니라, 전체적으로 가득 흐르는 강이 될 것이다(새롭게 한 III 장 20항 이하를 보라).

그의 신실한 자들의 신실한 협동 가운데서

45. 그것은 그리스도가 요구했기 때문에, 그렇지만 우리는 모든 것들의 가장 거룩한 하나님의 이름으로 그와 함께 일하게 된다(앞의 인용 5항)! 우리는 하나님의 성전 안에서 나아오는 저 거대하고 힘 있는 급류 안에서 모든 면에다 부어 주며, 그가 항상 이르는 곳으로(겔47:1.12), 모든 면에 따라 모든 것을 치료하며 살아 있게 하는, 그리고 그가 철학의 모든 사탕무와 교회의 동산들과 공중 질서의 들판을 관통하여 흐르도록 하나님의 모든 원천을 유도해 보자. 전체의 철학은 모든 우리의 감각기관들 안에서 세 가지 모습의 신적인 빛의 흐름보다 아무것도 다르지 않다는 것, 전체의 정치는 모든 우리의 일들 안에서 하나님의 세 가지 모습의 빛 흐름과 다르지 않으며, 그리고 종교는 우리의 마음에 세 가지 모습의 신적인 빛의 흐름보다 아무것도 다르지 않다는 것.

어떤 방식으로? 우리가 모든 것을 그리스도의 모범을 따라 그렇게 세계적인 것과 단순성과 자발성으로 되돌리는 것이다.

46. 그러나 어떤 방식으로? 우리가 곳곳에 낙원의 삶을 새롭게 했으며, 말씀과 모범을 통하여 가르쳤던 그리스도의 흔적을 따라 걸어보면, 1. 전체성(Universalitaet), 즉

그것은 모두를 섬겼으며, 모두를 위하여 희생제물이 되셨으며, 모두에게 복음을 설교하도록 명하신 것을 뜻한다. 2. 단순성(Einfachheit)인데, 그것은 의식들의 그 어떤 사치도 허락하지 않으며, 사람들을 사물들의 많은 것에서 유일하고 꼭 필요한 것을 인도하는 것을 뜻하며, 3. 마침내 자발성(Freiwilligkwit)은 누구에게도 폭력이 필요하지 않으며, 각자에게 자신에 대하여 스스로 승인하는 처리와 그가 자신을 스스로 부인하며 하나님을 따르게 될 것을 각자에게 말씀과 모범을 통하여 충고하는 것을 뜻한다.

이것은 완전한 개혁의 유일한 방식이기 때문이다.

47. 모든 사람이 이것을 고려 하기를 시작하며, 그것에 따라 행동했던 것에 이르게 하였을 때, 그것은 인간 세대가 1. 하늘의 열린 자유 안에서 개체의 감금 상태에서 나아오며, 2. 평탄해진 길 위로 엉클어진 것들의 미로에서 나아오며, 3. 폭력성의 가시들에서 나아와 백합들의 향기로 동반하는 것을 뜻하였다. 그것은 모두가 무한한 업무의 갈기갈기 찢김에서 해방되는 것과 홀로 삶의 견딜 수 없는 과제들을 성취하며, 혼잡 대신에 단지 더 안전한 것을 의지하며, 여러 가지 압박들과 투쟁들 대신에 모든 것에서 무탈하도록, 마음에 드는 삶을 인도하는 목표와 함께 일어나는 일이다.

그것의 바깥에 있는 모든 것은 바빌론이다.

48. 열망하지 않은 것은 무엇인가? 개선자인 그리스도에게 독특하지 않은 길들이 문제가 아닌가? 적대적인 길을 걷거나, 완고하게 질책하는 그가 적그리스도는 아닌가? 그것은 부분과 혼잡과 폭력에서 함께 땜질된 것은 바빌론이 아닌가? 우리가 그의 함정들에서 빠져나가도록 바빌론에서 멀리 벗어나자! 시온(Zion)이 건설될 수 있도록, 오히려 우리는 바빌론을 파괴하자, 그리고 이것이 온통 우리가 공동의 권리를 모든 것에서 보편적이며, 단순하게 절반이 가벼워지며, 용이성 때문에 자발적으로 형성하는 그것이다.

부수적인 일

전체성은 주로 지혜에 속하며, 종교의 단순성과 통치의 자발성도 같은 맥락에 있다.

49. 제발 주목해 봅시다! 전체성과 단순성과 자발성(바빌론에 대한 그리스도의 미래적인 승리의 저 3가지 군기)이 모든 3가지 비록 신분들에, 즉 지혜의 상태와 종교의 상태, 정치의 상태에 속함에도 불구하고, 첫 번째 고유성은 특별한 방식으로 첫 번 것에 관계한다. 두 번째는 두 번째 것에, 그리고 세 번째 것은 세 번째에 관계한다. 이것은 우리들의 지혜, 또는 새로운 범 세계적인 철학이 모든 인간적인 사고를 위해 낮의 빛이 모든 사람의 눈에 공동의 것처럼, 그렇게 공동 적이어야 한다. 종교는 그렇게 순수하며, 그들의 대상이 하나님인 것처럼, 단순해야 한다, 그리고 사람들의 통치는 영혼이 우리들의 몸체 위에 지배하는 것처럼 그렇게 부드러워야 한다.

사람은 곳곳에서 자발성을 향하여 노력해야 한다.

50. 사람이 이러한 목표에 도달하기를 원하면, 1. 교육에 더 근접하는 것과 전체적인 정신교육을 시작하는 일이 요구된다. 그러므로 책과 지혜와의 만남이 사람으로 탄생한 모든 이들에게서 감각과 언어의 유용처럼 익숙한 것이다. 2. 마찬가지로 사람들의 아들들이 하나님의 아들로서 가능한 것처럼, 참되게 재탄생한 의미에서 교회 섬김의 개선이 필요하다. 3. 마침내 역시 인간 사회의 전 몸체가 가장 참된 평화와 가장 좋은 질서 안에서 보존되도록 세계의 일들의 그 같은 방식의 시설들이 필요 되었다. 간략하게 사람들의 계몽은 책들과 수고로운 수많은 노동 없이, 하나님 아들들의 중생이 아침에 이슬이 식물들에 생기는 것처럼, 어려운 이의제기 없이 실행되며, 그리고 사람들이 칼과 다른 폭력 앞에 두려움 없이 평화를 더 사랑하게 되는 만큼의 것이다.

이러한 자발성을 위한 토대는 "모든 빛의 이론"(Panaugia)을 서술하게 될 것이다. 그것은 지성 안에 완전한 빛의 중계를 뜻한다.

51. 이러한 보편적인 자발성의 토대는 곳곳에서 공동의 3가지 빛이 될 것이다. 그것은 감각의 빛과 지성의 빛과 신적 계시의 빛이다. 이러한 빛에 같은 방식으로 철학자들과 정치인들과 신학자들이 따르게 된다. 그들은 단지 전적으로 어떻게 그것이 그것들을 파악하는 영역들의 분별에 적합하게 이용하는지를 구별한다.

I. 철학자들은 일들에 대한, 즉 자연에서 모든 것이 그에게 할당된 질서를 보존하는 것처럼, 아무것도 우연히 발생하지 않는다는 것을 확인하기 위하여 그들의 관심을 향하게 한다. 그들은 스스로 배우며, 다른 것들을 가르치며, 사물들과의 고유한 대화에서 잘못 이끌지 않는다는 것 등이다.

II. 정치인들은 사람들에 대한 그들의 관심을 향하게 한다. 즉 사람들이 동일한 공동의 빛 가운데서 모든 것에 대한 인간적인 자유의 법칙들을 따르게 한다. 이러한 법칙의 지혜를 주목하기를 그들 스스로 따르면서 다른 이들을 가르친다.

III. 동일한 보편적인 빛 가운데서 하나님을 관찰하는 신학자들은 모든 것이(특별히 그렇지 만 그의 모사(模寫)요, 인간의 의지인) 그의 통치에 복종하게 될 것을 돌보게 된다.

그것은 모든 것을 밝히기를 약속한다.

52. 이러한 가득한 하나님의 빛을 통하여 철학자들은 모든 사물을 연구하게 되며, 정치인들은 모든 인간의 행위를 조정하며, 신학자들은 땅에서 일어나며, 하늘을 향하게 되는 모든 것을 연구한다. 그러므로 철학자들은 사람들이 곳곳에서 빛 가운데 머물러 있도록 빛의 운반자가 될 것이다. 정치인들은 사람들이 평화 가운데서 살도록 지키는 자들이 될 것이다. 그리고 신학자들은 사람들이 역시 과제를 성취하도록, 항상 하나님을 위하여 일하며, 그분을 즐기도록 돌보는 자들이 될 것이다. 요약하여, 하나의 온전하며 분명한 보편적인 철학은 사람들이 사물과 관련하여, 그림자가 아닌, 정치는 온전히 인간적이며, 맹수들이 아닌, 종교는 온전히 하나님의 것이 되게 하며, 세계로 타락하지 않도록 노력하게 될 것이다. 만일 그것들이 올바르게 기초 되었다면, 그들은 이것을 하나님의 도움과 함께 성취하게 될 것이다.

그리스도는 세상의 빛이기 때문이다.

53. 어떤 힘을 통하여? 시작에서부터 모든 것을 정리했으며, 타락한 모든 것을 스스로 새롭게 했던 영원한 빛의 힘을 통해서다. 홀로 이것은 새롭게 된 모든 것들을 보존하는 힘을 가진다. 빛을 위한 그것은 무엇인가? 말씀이 기인하는 예수(Jesus)인데,

"나는 세상의 빛이라. 나를 따르는 자는 어두움에서 배회하지 않고, 생명의 빛을 가지게 될 것이다"(요8:12). 예수 그리스도(Jesus Christus), 그는 축복받은 하나님의 아들이요, 우리를 새롭게 하는 자요, 모든 것에 작용하며, 영향이 미쳐지게 된 참된 빛이다. 그리고 그는 세상에 오는 모든 사람에게 밝혀주시는 참된 빛이다. 그는 스스로 역시 영원한 아버지의 말씀이며, 그 말씀을 통하여 그의 입과 선지자와 사도들의 붓과 함께 우리에게 말씀하시며, 육신이 되셨으며, 살아 있는 모범을 통하여 모두에게 진리를 보이시는 우리 가운데 거하시는 분이시다.

모든 것이 그에게서, 그를 통하여 그 안에서 인도되었다.

54. 세상의 어두움을 몰아냈던 이 빛을 보라, 우리에게 마침내 가득한 광채의 모든 것을 약속하신다. 그러므로 그를 따르는 각자는 그늘에서 배회하지 않고, 생명의 빛을 소유하게 될 것이다. 이처럼 너희 철학자들과 정치인들과 사제(司祭)들 모두는 마침내 모든 어두움을 극복하고 세상의 빛을 주신 그에게로 서둘러라. 그것은 오류와 잘못과 결핍에서 보호하며, 순수한 철학과 정치와 종교를 소유하는 것을 뜻한다. 그분이 너희에게 너희의 눈앞에서 펼쳐졌으며, 너희의 지성 가운데 친숙한 음성을 통하여, 그리고 말씀의 지시를 통하여 지혜의 친숙한 시범을 통하여 너희를 그가 가르치게 될 것이다. 마침내 세계는(이러한 거룩한 자들의 왕국에서, 단7:18) 거룩한 자들의 철학과 종교와 정치를 소유하게 될 것이다.

계속되는 진술들의 순번

55. 지금 우리는 벌써 개별적인 영역들, 즉 각각의 영역이 그의 한계들 안에서 완전하게 이해적이며, 분명하며, 그렇지만 상호 관련의 참작 가운데서 설명해야 하는 것처럼, 보편적인 철학과 보편적인 정치와 보편적인 종교로 넘어가기를 원한다(모든 것이 온전히 당연하게 나타나도록). 거기서 우리는 항상 먼저 모든 것에서 노력하는 눈앞에 고귀한 목표를 분명하게 인도하게 된다. 그리고서 가능한 만큼 이러한 목표에 이름의 수단이 적고 간단하게, 그러나 넉넉하게 마침내 쉬운 방식이 실제가 스스로 어떻게 흐르게 되는지, 어떻게 수단을 적용하는지가 될 것이다.

제11장

인간의 정신을 완전한 상태로 옮기는
새롭고 보편적인 철학에 대하여

1. 계몽된 시대의 근본토대는 모든 것을 인간의 지성에다 완전하게 정돈하고, 역시 항상 있어야 하는 곳인 눈으로 참되게 인도하는 보편적인 철학이 될 것이다. 이것은 모든 것을 직시하고, 정돈하는 하나님의 지혜(知慧)가 하나인 것처럼 역시 인간의 지혜(신적인 지혜의 모사)가 학문과 기술과 자질들에서 나누어지지 않고, 하나의 통일을 묘사하도록 하는 목적에서 이루어진다. 또는 얼마나 우리의 지성은 그의 빛이 저 빛의 모사(模寫)가 되도록 하는 영원한 정신의 모사(模寫)인가!

이와 같이 거기서 보편적인 철학은 가능한 대로, 구별된 목표와 수단과 적용에 따라 모든 사물의 구별을 인식하기 위하여, 지금까지 인간적인 이성이 눈을 감고 있게 했던 모든 오류를 제거하고, 혼과 영과 소유의 모든 자비에 도달하고, 보존하며, 증대되도록 현세적인 삶에서 인간에게 인식하고 말하며, 완수하도록 기꺼이 주어진 그의 완전한 지식이 될 것이다. 그것이 그렇게 비슷해졌다면, 거룩한 자들의 철학으로 불리게 되는 것은 가치 있는 일이다. 하나님의 지혜와 능력은 그들의 가장 훌륭한 교사이신, 예수 그리스도이시다.

2. 우리는 철학이란 말을 사람들이 감각과 지성으로서 인식할 수 있는(신적인 계시 없이), 아직 일반적인 이해 안에서 그의 지식으로서 지혜에 대한 사랑을 뜻한다는 피타고라스의 의미에서 사용하는 것이 아니라, 오히려 그것은 참되고 안전하며, 모든 사물의 모든 과학적인 지식을 포함하도록 넓은 의미에서 지혜의 전체를 위하여 사용한다 (그것들이 이성에다가 하나의 완전하고, 그의 비춤 가운데서 흩어지지 않은 채, 보편적인 빛을 불붙이도록 감각의 경험과 건강한 사고, 또는 신적인 계시를 통하여 획득되고, 강화되며, 확인되었는지), 각자는 존재하는 모든 것이, 그 상태에 있는 것처럼 그러한 방식으로 볼 수 있는 것이다.

이로써 철학은 동시에 오류와 거짓됨에 대한 구원의 수단이며, 국가와 교회의 모든 질병에 공헌할 하나의 수단이다. 그러므로 우리가 어두움이 없도록 모든 것을 빛의 원천으로 인도하기 때문에, 어두움을 위한 그 어떤 공간도 우리의 일들에서 남지 않도록 하는 것이다.

3. 그것은 대상과 주체와 사용의 보편성에 대한 배려와 함께 정당하게 보편적인 철학으로 불리게 되었다. 대상에 대해서는 그것들이 모든 것을 연구하며, 정돈하며,

모든 것을 통하여 증명해야 하기 때문이며, 주제를 고려하여: 섬세한 사색의 좁은 강바닥을 통하여 흐르는 지금까지의 철학은 일반적인 이해의 법칙에 따라 우리의 모든 것을 형성하고, 모든 것들을 돕도록 하는 한편, 아주 적은 것이었기 때문이다. 하나의 유익은 인류의 전 삶을 위하고, 땅 위에서 모든 그의 필요를 위하여 거기서 생겨난다.

4. 동시에 그것은 새로운 것이 될 것이다. 그것은 지금까지의 철학보다도 더 보편적이며, 쉽고, 친숙한 것이야 하기 때문이다. 그것은 옛것처럼 짐작하는 것들로부터 끝없는 혼돈이 아니라, 진리의 전투대형이 될 것이며, 시끄러운 재잘거림이 아니라, 하나의 지혜로운 관찰이 될 것이며, 모든 것을 휩쓸어 가는 급류가 아니라, 홍수로서 이웃의 벌판을 풍성하게 해주는, 자유로이 흐르는 나일강과 같은 것이 될 것이다. 마지막으로 우리는 우리의 지혜가 공중에 매달려 흔들리지 않도록, 진리의 영원한 바탕들과 생각들과 연결되도록 하는 새로운 철학을 바라는 것이다(아마도 옛것을 새롭게 하는 철학). 우리는 이러한 진리들을 새로운 사상들에 따라 찾고, 발견된 것에 따른 판단에 대장장이가 벌겋게 달은 쇠와 내리치는 쇠망치를 손에 든 것처럼, 화가가 형태와 그리는 붓을, 문자의 형태를 다만 눈과 정신에 뿐 아니라, 역시 손과 펜에 가진 작가처럼 시도들에 대한 표준으로서 손에 잡아야 한다.

5. 새로운 철학은 이처럼 우리에 의해 하나의 새로운 마지막 목표를 소유한다. 그것은 모든 일들의 참된 생각들이 발견되며, 계속해서 만들어지며, 밝혀지게 되는 동안에, 이러한 생각으로 되돌아온 것과 동조하는 것과 동조하지 않은 것이 동시에 보이게 되도록 하며, 그리고 조화의 길을 갖게 되도록 하는 충돌하는 것들의 화해를 뜻한다. 역시 통상적인 교육을 받은 사람들이 자주 눈먼자처럼, 그것이 실제 그러한지는 후에 판단할 수 있기 위하여 한 가지 일에서 진리에 적합한 것을 알지 않으면서, 색채에 대하여 판단하는 것이 지금 실제로 힘들게 한다. 그들은 숫자도 없이 계산하며, 양도 없이 측정하며, 무게나 저울도 없이 달아보기를 원했던 동일한 일을 하게 된다. 고대에 사람들은 몇 가지의 경우들에서 표준의 필요성을 바르게 알았다. 예를 들면, 십의 수에 대한 계산이 60이란 수에 근거했던 사람들 등등 — 기계학자들. 마찬가지로 논리학자들은 삼단논법에 의해 그렇게 표준으로서의 상부 원리를 먼저 말하고, 그들이 후에 다루어진 일을 그것에서 정돈하며, 그리고 결론에 상응하게 결과를 먼저 통보

하는 방식으로 처리하였다. 비록 그들이 단지, 대략 어떠한지를 그렇게 질문으로 처리한다 해도, 그들이 무엇이, 어떻게, 왜, 이따금 등등과 같은 질문에 의하여 그렇게 처리하지 않는지?

6. 거기서 하나의 종속된 목표가 강제하면서 생겨난다. 그들이 모두 하나님의 학생들이기 때문에, 모두가 책 없이 지혜롭게 될 수 있을 가득한 빛에서 생각하기의 지도를 뜻한다. 그러므로 이러한 방식으로 무지와 당황함이 사라지며, 그렇게 최종 결과로써 땅 위에 모든 논쟁의 화해가 따르게 된다는 것이다.

7. 이러한 새로운 철학의 과제는 모든 얽혀진 질문과 모든 것에 논쟁하기를 좋아하는 잘못된 신앙인들의 궤변적인 술수를 해결하는 것이다. 그리고 힘들이지 않고 논쟁하거나, 또는 잘못된 가르침에 영향을 미치는 원인을 제거하는 것이 아니라, 태양이 흐르는 강물 위에 얼음을 녹이는 것처럼 그렇게 처리하는 것이다.

8. 3가지 완전한 하나님의 책들은 완전한 철학을 위한 완전한 수단을 말해 준다. 달리 말하면, 새로운 철학을 위한 근본 바탕은 1. 감각과 2. 이성의 빛의 작용하에서, 3. 신적인 계시의 작용을 통하여 수용되고, 그것들이 보완되고, 바로잡아 준 일들의 본성이다. 모든 물은 바다로 흘러 들어가며, 모든 것들이 그에게로 되돌아온다(Eccl.1). 모든 지혜의 강물을 흘려보내며, 그것들이 되돌아오게 되는 3가지 근본적인 하나님의 책들은 범(모든)지혜의 태양을 나타낸다. 그것들이 원리들을 도출하기 때문에 거기서 흘러나오며, 그것들이 모든 결과를 다시 첫 원리로 되돌리기 때문에, 그것들이 다시 돌아오게 된다. 거기서 지금 참된 철학은 우리를 가르치게 될 것이다. 1. 내적으로 이성의 지도하에 있는 우리의 정신을 뜻하며, 2. 외적으로 우리를 둘러싸고 있는 모든 올바른 개념들을 뜻한다. 3. 내외적으로 우리가 주의 깊게 읽을 때, 하나님이 그의 말씀으로써, 우리가 그분 영(靈)의 은혜를 경건하게 부를 때, 그의 추진력으로써, 우리가 그것들을 열심히 준수할 때, 그의 판단이 함께하는 것을 뜻한다.

9. 이러한 3가지 책들은 우리의 철학의 첫 바탕을 나타낸다. 그것들 안에 지금까지 들어내지 않은 보화들이 숨어있기 때문이다(우리가 매일 요구해야 하는). 그것들은 사

물의 본성 가운데 많이 숨겨져 있다. 역시 성서의 거룩한 책 가운데, 비밀 한 것들의 더 크고, 더 깊은 부분이 알려지지 않은 채 머물러 있는 것이다(시락서 24,38). 마찬가지로 가장 순순한 생각들의 새롭고 가치 있는 보화들이 우리의 정신에서 매일 협조 되었다. 그것은 예수를 떠나려 했던 유대인들에게 예수가 말해 준 것이다. 너희가 성서를 연구하라! 우리는 모든 하나님의 책들에서 그것들을 확대하게 해주어야 한다. 자연과 문서 원본과 천성적인 진리들의 체계는 신비적인 의미와 신적인 지혜의 여러 가지 놀이를 밝혀내는 성숙한 지혜의 아들들에게 하나의 Abc를 설명한다.

10. 거기서 사람들은 새로운 철학의 근거에 있어서 세 가지 새로운 도구를 필요하게 된다. 1. 물질의 세계에서 일들의, 하나의 목록을 가진 윤리적인 세계에서처럼 그렇게 인간적인 할 수 있음의 능력들 세계의 전체적인 설명이다. 이것은 조잡한 물질이 생기게 될 것이다. 2. 모든 필요한 것들이 재빨리 발견될 수 있도록(그것은 집을 짓는 건축을 위하여 장식된 돌들을 나타낸다), 천성적인 개념, 충동과 자질들의 정돈된 요약하는 서술(동시에 알파벳의 목록서와 함께). 3. 가장 정확한 번역들과 완전한 색인을 가진 성서들의 제시(대조표) - 이것은 은과 금과 보석에 비교되었다.

11. 인간의 책들은 도움이 될 수 있다. 비록 새 시대 것보다 고대(古代)의 것이 새롭고 아름다운 관찰을 허락하지 않는다고 할지라도, 특별히 범지혜에 도움일 될 것이다. 새롭고 완전한 철학은 형식적인 관계에서 모든 사람에게 보여주는 범지혜 자체보다 아무것도 달리 표현되지 않기 때문이다. 즉 영원의 깊이에서 하나님이 스스로 밝혀주는 것처럼, 하나님에게서 더 나은 생각과, 그 생각에서 나온 천사의 세계, 천사들의 세계에서 나온 물질적인 세계처럼, 그리고 자연이 지혜가 주는 인간적인 자질들을 위한 법칙들, 경건의 지혜와, 영원한 축복 가운데에서의 경건으로 넘어가는 지혜이다. 만일 우리가 지금까지 우리의 범지혜 가운데서 그 어떤 형성된 철학이 생겨나게 하지 못하면, 우리는 그것을 찾아야 한다.

12. 역시 도울 수 있을 것이다. 1. 최고의 산 위에 있는 최고의 탑이, 2. 자연 사물에 관하여 우리가 창조주의 지혜에 관하여 정확한 지식을 갖도록, 지상에 계곡의 가장 중심으로 인도하는 가장 깊은 수직의 굴. 그러나 어떤 방식으로? 우리는 전적으로 지

상의 여러 가지 기후대 안에서(여러 가지 지역들 안에 있는 것 내면에), 상대편에 놓여 있는 지구의 절반 위에서, 한편으로 기후 상태가(바람, 비, 간만), 다른 한편, 이러한 출현 들을 위한 원인이 일반적으로 별들에서 유도되게 하는 것인지, 또는 어떻게 그리고 부분적으로 다른 원인이 더 크게 영향을 미치는 것인지를 우리가 알도록 식물과 생물체의 성장을 관찰하는 것이다.

13. 이러한 행동 방식은 다음과 같이 이루어진다.

I.모든 빛이 정신 속에 지니는 것이 이롭거나, 또는 기여되는 모든 것이 고려되었거나, 또는 아무것도 무시되지 않게 된 것.

II.모든 것이 질서에 적합하게 고려되도록 하는 것. 왜냐하면 지금 모든 책과 도서관은 인간적인 개념처럼 사람들이 마치나 여러 세기 동안에 그리고 여러 지역으로 생겨난 것처럼, 그들은 삶의 불안한 과정에서 교육된 것처럼, 그들이 감각적인 인지와 사고와 혼잡된 행동의 현저한 미로 가운데서 머물렀던 것처럼, 차곡차곡 직선적으로 쌓였기 때문이다. 모든 것이 마지막에는 혼잡된 것보다 달리 아무것도 남아 있지 않게 된 것이다. 거기서 개선이 증명되게 해야 할 것이다. 1. 그들의 질서에 적합하게 빛의 근원들을 열어 주고, 2. 그것들이 어떻게 상호 연결되어 있는지를 보이는 것이다. 3. 그들이 더 넓게 물을 부어 줄 수 있도록(에스겔의 물), 거기서 흐르는 순수한 개울들을 결론적으로 연결하는 것이다. 이와 같이 모든 것은 제시되어야 한다. 철학과 빛의 일꾼들이 어둡게 묘사되지 않도록 해야 한다.

III.1. 철학 가운데서 분명히 증명된 것으로써 아무것도 논쟁할 수 없는 것이 유효하게 되도록 모든 것이 상호 연결 안에서 관찰되는 것, a. 이성의 빛의 소리를 통하여, b. 그것들이 자연적으로, 또는 노동을 통하여 생산된 것인지 스스로 사물의 증거를 통하여, c. 신적인 증거를 통하여, 분명히 증명된 것으로서 더 이상 논쟁 없이 효력을 갖도록 모든 것이 상호 연결 가운데서 관측되도록 하는 것이다. 2. 전제들은 모든 미결된 질문들에서 충분한 것이 행하여지고, 그 어떤 논쟁도 무의미하게 되지 않도록 그것들을 통하여 전 체계가 해명되도록, 모든 것 가운데 제시되어야 한다. 3. 철학적인 사고는 삼단논법들의 중재와 논쟁을 통하여 시행되지 않고, 관찰과 증명의 도움으로 시행되는 그와 같은 것이다.

14. 철학 하기의 가장 좋은 방식은 존재에 대하여 깊이 숙고하는 생각에서 나타난다. 각각의 개별적인 존재하는 것들은 자체 안에 전체의 상(象)을 가지고 있기 때문이다. 그러므로 사물의 본체와 우연성, 결핍, 변질, 연결, 구형(求刑)[108]을 연구하고 해석하기를 이해하는 그 전체는 빛 가운데 있게 될 것이다. 거대한 출현들이 가장 작은 것들에서 어떻게 서로 연결하고 있는지에 대한 방식처럼, 본체와의 연결에서 지체와 모습과 병행을 인식하는 것이다(여기서 그 전체는 자연적인 근원인지, 또는 '할 수 있음'을 통하여 만들어진 것인지, 감각들에서 생겨나는 각 대상을 정의하는 하나의 연습이 속해 있다). 예를 들면 관악기는 함께 설정되어 기술적으로 공기의 흐름을 생산하기 위한 도구이다. 즉 1. 많은 공기를 담고, 서로 이끌 수 있는 공기자루, 2. 가능한 대로 공기를 불어 넣고, 내어 품는 개폐기, 3. 서로서로 잡아당기고, 함께 누를 수 있는 손잡이를 말한다.

15. 보편적인 철학의 빛 가운데서 논리는 사라진다. 그것은 빛 가운데 머물러 있는 진리의 광채를 통하여 소멸되었다. 빛 가운데 있는 정신은 이성적인 시도를 통하여 앞서가지 않기 때문이다. 그는 진리를 처음부터 끝까지 바라보기 때문에 현재 존재하는 것으로서 하나의 사물이 있는지, 또는 달리 존재할 수 없는지를 본다. 논리 자들의 거대한 지식욕과 인간들의 천박한 단순한 신앙(누군가가 말하기를)은 두 가지 극단을 보여준다. 그 극단 사이에서 지혜로운 경건이 움직여야 한다. 그것은 하나님이 창시 자라는 것을 아는 모든 것을 믿어야 한다. 동시에 그것은 이성적 근거를 갖지 않고서는 아무것도 믿지 않도록 모든 것을 파악하도록 해야 한다. 헬몬트(Helmont)[109]는 현대 논리학이 남편(이성의 빛)을 떠나서,` 다른 이와 침실을 함께 하는(감각인지의 대상), 그리고 인류 안에서 전쟁을 불러일으키는 창녀 헬레나(Helena)라고 부른다. 우리는 간음으로 그의 종말을 극적으로 보냈던 트로야(Troja) 전쟁을 알고 있다. 이스라엘의 지파들이(교회의 아들들이) 미디안 사람들로부터 유혹을 받게 했다. 그러므로 히로니무스(Hieronymus)는 삼단논법의 기술을 애굽 사람들이 회개로 이끌지 않고, 더 악하게 되는 방향으로 인도하고, 그렇게 그들이 멸망을 준비했던 애굽의 재앙과 비교하였다. 헬몬트(36쪽)는 논리적인 증명의 인도를 벼룩으로 비교한다. 이와 같이 다만 창조되지

---

108) Substanz, Akzidentien, Kombinationen, Grundbegriffe der pansophischen Metaphysik.
109) Helmont, Jean Baptist van(1577-1644), flamischer Artzt, Philosoph, Chemiker.

않는 지혜(각 사람을 밝히는)는 참된 앎을 선사한다(역시 더 많은 참된 믿음을). 그 수단은 게다가 간청하며, 찾고, 두드리는 길이다(Helm. 37,21 쪽).

16. 사람들은 일반적인 논리의 도움으로 진실한 것을 증명하거나, 혼잡한 것을 올바른 질서 가운데로 가져올 수 있을 것으로 생각하는 자들은 잘못이다. 이점들은 하나님이 지혜의 고삐를 찍어 눌러 놓은 이 세상의 사물 가운데서 직접 찾는 것이 중요하다(수. 양, 무게). 즉 이성적인 인간이 말할 수 있는 것보다 사물의 관계 안에서 올바르게 적용된 수와 부피와 무게를 더 잘 발견하도록 허락한 고유한 사고의 지시들 가운데서 찾는 것이 중요하다. 전통적인 논리는 사고에 도움을 준다. 그러나 마음대로 날아오르게 하는 날개는 아니다. 그것은 처음 사고하는 초보자에게 도움이지, 사고의 더 높은 단계에서는 아니라는 뜻이다. 그것은 서둘러서 그의 길을 끝내려는 한 주자(走者)를 포박하는 것처럼 비슷하게 방해하는, 그래서 높은 곳으로 달리는 그를 붙들게 된다.

17. 설명된 각 사건에 대하여 찬성과 반대로 논쟁을 할 수 있는 것은 고대의 괴변가들의[110]기술이었다. 그러나 많은 사람은 오늘날도 역시 진리가 분명히 감소 되거나, 적어도 결과나, 각각의 유익이 없이 만드는 결과를 위해 열심히 노력하고 있다. 너희들이 2천 년을 장소와 공간과 목적을 자체 내에 가지고 있는 것들에 대해서 논쟁했다면, 땅이 돌고 있는 것인지, 하늘이 돌고 있는 것인지에 대하여 지금까지 여러분들이 얻은 것은 무엇인지 너희 학자들이여, 말해보시오! 너희 정치가들이여, 여러 수천 년 동안 가장 좋고, 평화가 가득한, 그리고 보편적인 번영을 지탱할 정치적 형태에 대하여 논쟁했기 때문에, 여러분들이 지금까지 확실한 것을 얻은 것이 무엇인지를 말해보시오! 너희 신학자들이여, 사람들이 창조주를 경외하고, 하늘로 가는 가장 바른 길을 발견할 수 있는 것처럼, 너희가 가장 좋은 방법에 대하여 6000년간 논쟁한다면, 더 이상 논쟁하지 않는, 가장 좋은 것을 발견했는지를 말해보시오! 여러분의 일들이 얼마나 공허하고 무가치한 일이었나를 보시오! 너희가 이제 마침내 한번 지혜롭게 될 수 있음을 주목하십시오! 사람들이 모두 마침내 어떻게 지혜로울 수 있는지를 배우시오! 여러분들이 유일하고 확실한 토대를 고집하는 한 개연성만을 가지고, 너희와 다른 이를 기만하

---

110) Sophisten, griechische Weisheitslehrer aus dem 5.Jh.v.Chr.und philosophische Richtung.

는 일을 중단하시오! 자명하게 분명히 증명할 수 있는 것이 확실한 것이다. 논쟁자들은 그것을 위해서 말하며, 대항하여 말하기도 한다. 그들은 전적으로 논쟁만을 끝없이 증대시키고 있을 뿐이며, 새로운 것은 더 이상 생각하지 못한다. 그들은 더 이상 찾을 수 없도록 미로만을 넓혀갈 뿐이다. 오늘부터 각자는 그것에 대하여 아는 것과 앎에 대한 행동이 뒤따르게 되도록 그가 어떻게 보여줄 수 있는지를 많이 알게 되기를 바란다. 하늘도 땅도 만들지 않았던 신들은 멸망할 것이다. 행동을 생산하지 않는 지식이란 사라져야 한다. 기독교의 신앙적인 행위로 이끌지 못하는 믿음이란 사라져야 할 것이다. 인간의 일들을 평화 가운데 견지하지 못하는 정치란 사라져야 한다.

18. 그렇지만 우리의 철학이 증거의 힘을 얻도록, 이로써 모든 상세히 논증된 수학이 불화와 분리를 어떻게 제외하는지, 역시 그것이 철학의 다른 부분들에서도 그러한 경우가 되도록, 그것을 온전히 수학적인 방식으로 해명하는 것이 더 나을 것이다. 권위들을 제기하는 것이 수학에서 어리석은 일인 것처럼, 역시 다른 곳에서도 마찬가지다. 반박할 수 없는 그 어떤 증명도 제시하지 못하는 한, 유크리드(Euklid)[111]에 대하여 아무도 믿지 않기 때문에, 왜 사람들은 아리스토텔레스나, 다른 사람을 믿어야 하는가? 나는 하나의 지도를 거절하지 않는다. 비록 그가 자신과 그의 행위들에 대하여 그 어떤 계산을 하지 못한다고 할지라도, 자신과 행위에 대하여 책임지는 것 외에 한 독재자를 나는 인식하지는 않는다.

19. 모든 것 가운데 있는 모든 것: 아무도 그가 그의 지혜를 해설서들에서 관계하는 명예보다 더 멀어지게 하지 않아야 하며, 그는 하나님의 세 권의 책들의 전 텍스트를 인식하고, 전체와 개체의 보편적인 의미를 인식하며, 모든 것이 모든 것을 통하여 증명하기를 이해하는 것이다. 이러한 것이 이루어질 수 있도록 스스로 검토하는 것보다 다른 이들로부터 더 잘 확신하도록 학교들을 저 피로감으로써 전염시켰던 태만의 잔을 비우는 일이 필요하다. 반대로 모든 것을 스스로 검토하고, 낮 선 소식은 믿지 않는(그가 시험들의 불 가운데서 충분히 성립되지 않고, 오류가 없는 것으로 발견되는 한) 것이 중요하다. 그것은 일반적인 지혜의 깃발이 되어야 한다! 그것의 목표는 우리

---

111) Euklid(Eukleides)(Wende vom 4.zum 3.Jh.v.Ch.), griechischer Matematiker.

가 마침내 책들 없이 지혜에 이를 수 있도록 하는 것이다(나는 인간적인 책들로 이해한다: 왜냐하면 사람들이 하나님의 책들을 외면할 수 없기 때문이다). 그것은 동시에 진보의 증거, 즉 완성의 증거이어야 한다. 더 이른 시대들은 교양을 힘쓰는 그들의 노력을 보면서, 유아기와 학년들에서 같아지게 하는 것이 분명해진다. 성숙한 년령에 이를 때, 그것은 끝마쳐야 한다. 아무런 도움 없이 걸어가도록 할 수 있게 하려고, 아이는 팔 아래를 지탱해 주면 달리면서 걸을 수 있기 때문이다. 글씨를 쓰는 것에서 초보자는 한번 줄 없이 쓸 수 있게 하려고 열을 필요하게 된다. 미래의 수영선수는 코르크로 된 수영 대를 차고 수영을 한다. 그것은 마침내 그것 없이 수영할 수 있도록 하려는 것이다. 미래의 문법학자는 언어 규칙의 도움으로써 그 표현법을 익힌다. 그는 그것 없이 할 수 있도록 하기 위함이다.

20. 두 번째로, 사람들은 본성이 허락하거나, 또는 허용하는 것보다 달리 어떤 일과 교제해서는 안 된다. 우리는 금속을 녹여야 하며, 나무를 쪼개며, 동물을 길들이며, 사람을 확신시켜야 한다(왜냐하면 인간은 자유롭게 창조되었고, 어떤 피조물을 통해서도 역시 창조주를 통해서도 강요되지 않아야 하기 때문이다). 그가 무엇을 행하든지, 그는 온전히 하나님 자신처럼 자유의지로부터 이루어야 한다. 그는 하나님과 비슷한 하나님의 모사로 만들어졌기 때문이다.

21. 우리가 철학의 방식에 대하여 말했던 것을 간략하게 요약하기 위하여, 아무것도 철학적인 것이 아니며, 이처럼 범지혜(Pansophia)로 설명될 수 있다는 것을 우리가 의식하도록 하는 것이 좋을 것이다. 그것은 완전히 정돈되고, 분명하며, 참된 것이다.

I. 우리는 진리의 모든 면이 드러나도록, 일을 모든 관점 아래에서 관찰한다.

II. 부분들의 조화가 가시화된다면,

III. 마지막으로 더 이상 해체될 수 없도록 모든 것이 진리의 띠를 통하여 관계가 이루어질 때.

22. 그렇게 우리는 실제적이며, 새롭고 전체적인 철학 방식과 마찬가지로 목표와 수단을 다루었다. 지금 말해진 모든 귀결점에서 유도하는 것은 쉽게 이루어진다. 말하자면,

I. 거룩한 자들의 철학이 그들의 형식적인 면에 따라 설명하는 것. 그것은 역시 하

늘과 땅과 바다와 모든 피조물과 함께 하나님의 한 모사(模寫)로서 영혼과 함께 있는 인간의 친근한 대화와 같은 것이다. 그것들은 자신과 창조주에 대하여 알려주며, 그렇게 많이 할 수 있는 것이다. 마지막으로 어떠한 사물과 어떠한 감각의 인지들이 우리에게 가르칠 수 없는 것이거나, 또는 우리가 충분히 우리와 피조물 안에서 분명히 발견할 수 없는 그것을 우리에게 가르치도록 하나님의 계시와의 대화가 중요하다.

II. 철학과 범지혜 사이에 차이는 어떤 것인지: 부분들과 전체 사이에서처럼 하나의 그런 차이다. 다만 다른 사람이 모든 것을 열 수 있는 열쇠를 가지고 있는 반면, 어떤 이가 한 성(城)에 거주하면서 몇 개의 방을 열 수 있는 열쇠를 가진 것과 다르지 않다.

III. 마찬가지로 이교도의 철학과 우리의 기독교 철학 사이에 차이처럼 이다. 그것은 말과 의복에 따라 많은 사람이 얼굴을 아는 한 도시의 주민 사이에서처럼, 그렇지만 그는 실제로 그들이 누구인지를 알지 못한다. 그들이 어떤 직무를 소유하고 있는지, 그들이 어떤 위치에서 집에서나, 교회에 즐거워하는지를 모른다. 그리고 모든 국가의 법과 헌법의 모든 것과 부분의 것을 아는 한 시민 사이에서처럼 같은 것이다. 그가 어디로 가며, 무엇을 보고 있는지, 그의 자리에 있는지 없는지, 수행을 제대로 하는지를 구별할 수 있는 것과 같은 것이다. 이방인들은 계시들이나, 하나님의 증거들을 지지할 수가 없기 때문이다. 그렇게 그들은 창조의 참된 목표들을 알 수가 없었다. 그들은 희미하게 추측하기 때문에 실수할 수밖에 없었다. 그러므로 그 시대에 아리스토텔레스나, 또는 고대 철학자 중의 한 사람이 완전한 철학을 기초할 수 없었다. 그리고 세상의 절반이 모든 신적인 계시들과 오늘날 일반적으로 알려진 경험을 수단으로 획득한 인식의 많은 수가 알려지지 않은 채 머물러 있게 되었다.

계속해서: 아리스토텔레스학파의 철학은 스토어학파[112]의 사람이었던 소인배들로 관계를 짓고 있었다. 우리는 더 높은 목표들에 이르기를 원한다. 말하자면 하나의 모세와 솔로몬과 기독교적인 지혜이다. 그것은 질문되는 소인배의 것이거나, 단순한 스토아적인 완고한 것들을 가르치려는 것이 아니라, 자연과 구

---

112) Stoa, Philosophische Schule im alten Griechenland und Rom.

원의 지식을 가르치려는 것이며, 충분하지 못한 낯선 가르침을 강의하고, 증명하며, 반증하는 것이 아니라, 사물의 연구와 조사와 관찰을 통하여 스스로 히말리야 삼나무에서 이끼까지 그 죽을 것들을 가르치는 것이다...... 지혜는 말들을 통한 것보다도 지혜로운 행위를 통하여 더 많이 알려준다. 그것들이 역시 작은 것들을 가르칠 때(수학에서 예로), 이것은 생각들의 놀이 때문에 쉽게 이루어지는 것이 아니라, 삶에 대한 유익과 함께 진지하게 이루어지며, 다만 가르치기 위해서가 아니라, 그들에 의하여 얼마간 기회 있는 대로 피상적인 관찰로부터 진지한 사물로 진전하도록 그러한 대상을 가르치기 위한 것이다.

23. 그러한 철학을 통하여 우리의 정신이 훈련되고 교육된다면, 그는 필히 빛 가운데 있게 될 것이다. 생각과 사물과 신적인 증거들의 광채가 그를 여러 면으로 배어들어 가게 될 것이기 때문이다. 즉 그가 향하기를 원하는 곳으로 그같이 깨우쳐진 정신이 기쁨의 광채 안에 서 있게 될 것이다. 일들이 그만큼 도움이 되었다면, 철학은 지금까지 신학의 시녀의 이름을 얻게 되는 것이 아니라, 정치와 마찬가지로, 같은 신분의 자매가 될 수 있을 것이다. 이 세 가지는 가장 참된 의미에서 세 가지의 고상함을 묘사하게 된다. 즉 하나의 각각은 다른 양자에게 모든 것을 주며, 반대로 양자로부터 다른 모든 것을 보존하게 되는 것이다.

제12장

인간 세대를 완전한 상태로 인도하는 보편적인 정치에 대하여

1. 평화가 가득한 시대의 근본토대는 하나님의 보편적인 정치로 있게 될 것이다. 그것은 가능한 인간적인 지혜가 인간 본성의 인도에 따라 완전한 방식으로 그 효력을 초래하는 만큼 그러하다. 즉 그것은 정치의 힘을 통하여 모든 것이 평화 가운데 유지되도록 하는, 어떤 사람도 그 어디에서도 불안해하지 않도록 하며, 안식 가운데 살며, 가능한 대로 자유로이 보편적인 자유를 누리도록 하는 것이다. 역시 인간의 공동체(작고, 더 크고, 가장 큰)가 하나님의 지혜를 통하여 기초한, 그리고 스스로 아름다운 질서 가운데 유지되는 세계처럼, 일치 가운데 존속되도록 하는 것이다. 즉 각자 살아 있는 건강한 몸과 각각의 식물적이며, 동물적이며, 인간적인 몸체나, 또는 각각 할 수 있음을 통하여 만들어진 대상, 시계, 마차, 배 등등이다. 사람들은 그것을 다니엘서에 나타난 대로(단7,18,22,27), 거룩한 자들의 정치라고 불러도 좋을 것이며, 거룩한 자들의 왕국이요, 그의 머리요, 통치자이신, 왕 중의 왕이신 예수 그리스도가 다스리시게 될 것이다.

(정치의 개념은 낱말의 근원적인 의미에 포함된 것보다는 여기서 넓은 의미로 적용되었다. 그것은 그리스말 πολισ-회중, 국가- 란 말에서 파생된 것이며, 특히 서로의 대화 가운데서는 농촌 시민들과는 구별하여, 도시 시민들의 문화화 된 행동 전체를 뜻한다. 왜냐하면 πολισ란 말은 πολεω로부터- 나는 향한다, 나를 돌이키다 라는 뜻에서, 유도되었기 때문이다. 그리고 일반적으로 공손하고, 덕스럽고, 사람들의 교제에 이용되기 때문에, 우리는 여기서 인간과의 교제 가운데 지혜롭게 행동하고, 그것이 어떠하든지 간에 하나의 인간적인 공동체가 잘 다스려지도록 하는 정치적인 행동은 곧 기술로 표현하였다. 거기서 정치는 모든 면에 안식과 안전과 더 좋은 상태를 뜻하는 것으로 이해한다).

2. 사람들은 정치를 보편적이거나 전체적으로 부르는 것은 옳은 것이다. 그것은 모든 사람에 의하여 모든 것이 모든 면에서 평화로 유지되게 하며, 증대하고, 수와 규모에 따라 더 높아지며(그것이 하나님의 자비를 통하여 마침내 평화의 거대한 번영을 가져다준 것을 인정할 때만), 전 인류가 투명하고, 빛을 발하는, 그리고 모든 면에서 환히 비취는 바다가 될 때까지, 그럼에도 승리자가 하프를 가지고 동물 위에 서서 하나님을 찬양하는(계15,2), 그 바다 위에 썰물과 홍수가 없지 않으며, 소음과 가시들이 없지 않은 것이다.

3. 그것이 역시 하늘과 땅의 아주 오랜 생각들에 적합하게 형성되었다면, 그것은 그와같이 바르게 새로운 정치로 불리게 되었을 것이다. 만일 낙원에서의 죄 타락이 이들을 파멸되게 하지 않았다면, 천사의 일부가 오만해지는 것과 저항 하기를 시작하기 전에, 그것이 지금까지 선한 천사의 통치 아래, 사람들 가운데서 다스려진 것처럼, 이와 같이 그것이 하늘에서 존속했던 것처럼, 그들 가운데서 홀로 질서와 평화와 안식이 지배하였을 것이다.

4. 이러한 정치의 목표는 전쟁의 제거에 따라 세계의 민족들과 전쟁에 대한 원인들에서 스스로 일치 가운데 모이는 일이 있게 될 것이다. 왜냐하면 지금까지는 불화의 시대였기 때문이었다. 지금은 평화의 시대가 있게 될 것이다. 그리고 지금까지 엘리파스 (Eliphas)와 빌다드(Bildad)와 조파르(Sophar)[113]라는 세계의 지혜들은 항상 평화에 한마음이 된 욥[114]과 논쟁을 시작했었다. 벌써 지혜로운 사람 엘리후[115]가 먼저 나타나고, 평화에 대하여 충고한다(욥34,4). 그런 후에 하나님이 개입하시고, 그의 권위를 통하여 다툼을 끝내며, 님로드[116] 왕궁이 끝나도록 모든 것을 질서 가운데로 회복한다(38장 등 등). 그것은 야생동물들에 대한 것처럼, 인간들에 대한 사냥을 뜻한다. 그 대신에 각자가 안식 가운데서 무화과와 포도나무 아래서 앉아 있게 될 솔로몬의 다윗 왕국을 들어낸다.

5. 새로운 정치의 바탕은 하나의 내적인 감각을 통하여(영을 통하거나, 또는 오성의 빛을 통하여), 감각 경험의 동시 작용을 통하여(거기서 얻어진 보기들의), 그리고 신적 계시의 느낌을 통하여 검토된 인간 본성이다. 그러므로 기독교적인 정치가는 감각 없이, 지성 없이, 신적인 권위 없이 무엇인가를 마음대로 처리한 것에 대하여 부끄러워 해야 한다. 왜냐하면 인간의 본성은 자유로이 만들어졌기 때문이다. 그리고 어떤 방법으로도 그것은 스스로 손해가 된 부분에서 고통을 받는 것 없이 강요할 수 있거나, 그것을 희망해서도 안 된다. 모든 것에서 역시 자유로운 우리의 이웃과 같이 만들어졌기 때문이다. 이러한 동등권은 다음과 같은 원칙으로 요약되었다.

---

113) Elifas, Bildad, Sophar, biblische Gestalten, Freunde des Hiob(욥의 세 친구).
114) Hiob, Gestalt des alten Testaments.
115) Elihu, Freund des Hiob.
116) Nimrod, Gestalt aus dem Alten Testament, Jäger, König; Reich Nimrods, die erste auf Gewalt gegründete Staatsordnung.

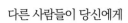

다른 사람들이 당신에게	행하거나 행하지 않는다는 것을, 당신은 원하거나 원하지 않는 것을
그것을 당신은 이웃에게	덧붙이거나, 첨가하지 않는다.

이것은 신적이며, 도덕적이며, 시민적인 법칙과 권리의 총체를 모든 민족에 의하여 표현한 것이다. 우리가 모든 것에서 이러한 법칙을 따르기를 원한다면, 법 실재와 모든 정치적인 조치들은 모든 것에서 쉽게 이루어질 것이다. 그러므로 사람들은 어떠한 특별하고, 구별된 법칙과 법의 경우들을 강요하지 않을 것이다. 이러한 의미에서 사도는 의인에게 어떠한 법도 주어지지 않았다는 것을 전파한다.

6. 수단은 세 가지이다.
1. 현저히 살아 있으며, 분명한 보기들
2. 모든 것에 유효하고, 확실하며, 이해적이며, 분명한 법칙들
3. 적절한 적용
왜냐하면 지배하는 모든 것이, 다스리는 모든 것들과 가르쳐진 모든 것들에서
1. 행하여야 할 것이 무엇인지, 행동을 통하여 보이는 현저한 예들을 통하여,
2. 사람들이 법칙에 충실하게 살아야 하는 경고를 통하여,
3. 주목과 개선과 훈육을 통하여
그리고 신하들이 의향을 가질 때는
1. 선한 모범들을 따르는 것,
2. 올바른 법칙에 순종하는 것,
3. 자신을 고치고, 완전하게 하는 것.
그렇다면, 인류의 세대로부터 폭력행위는 사라지게 될 것이며, 모든 것이 매끄럽게 되며, 모든 것이 번성하게 될 것이다.

7. 선행(先行)의 방식들
1. 모든 것이 협력의 수단으로 사용되어야 한다. 평화와 안식에 공헌하기를 원하는

모든 것이 빠지게 해서는 안 된다. 모든 것이 평화로운 방식이 되도록, 개가 한 번 짖는 것이 아니고(외경, 유딛드2:15절이 뜻하는 것처럼), 그리스도의 나라에서 평화의 충만에 대해 말해진 것이 실현되리라는 것이다.

2. 앞섰던 자들이 다른 신들이 되는 질서가 지배되어야 한다. 모든 국가에 다른 이들을 종속시키는, 즉 한 판사가 한 법정에서 다른 이들을 판단하는 최상의 권력이 있게 된다(모든 공적인 일들이 정돈되도록 한 공동체에 하나의 시계가 있는 것이 유익한 것처럼). 낮은 계층에 대한 더 높은 단계의 감독이 언제나 있어야 하며, 이것은 한편으로는 개인적인 관계에서이며, 다른 한편으로는 칭해진 대변인과 비밀한 관리자의 협력에 의한 것 등이다(모든 사람과 모든 것에 대하여 1. 백성과 2. 가난한 자와 3. 수공업 자들 4. 상인들, 5. 아이들과 6. 아내들과 7. 공직자들을 위하여 관리인을 세우는 일이다. 역자주: 여기 관리인(Ephoren)들은 스파르타에서 매년 5명씩 선출된 관리자를 말한다. 만일 모든 지혜로운 사람들이 그 어떤 직무를 갖게 될 때 지역의 공동체를 위한 것뿐만 아니라, 역시 학교와 교회와 각 가정에서 좋은 효과가 나타날 것이다. 그러므로 곳곳에 질서와 의(義)가 다스리게 되도록 그들이 상호교대로 지킴이와 감독자로 묘사하였다). 이루어지는 모든 것이 법과 정의의 경계 안에서 시행된다는 것이다.

3. 곰곰이 생각하지 말고 진실하고 확고하게 행동해야 한다. 배려가 아니라 행동과 노력을 통해 우리가 정치는 그림자나 이념을 닮아가는 것이 아니라, 법과 정의의 끈으로 묶인 살아있는 몸, 보상과 처벌을 통해 함께 유지된다. 경건하고 명예로운 행동은 기쁨과 악을 가져온다. 해야 할 것은 분명해 질 끔찍한 것을 표현하는 것이다. 정치는 이론이 아니라 도덕적 세계에서의 실천이다. 그리고 가능한 만큼 모든 것이 통일로 되돌리는 것이다.

8. 시민의 관계들이 어떻게 형성되는 것인지, 우리는 신적인 형상의 생각에서 가장 잘 취하게 된다.

1. 각 사람은 하나님께 대하여 어떻게 행동해야 할까요? 그는 역시 자기 자신과 이웃에 대하여 그렇게 행동할 수 있을 것이다.

2. 하나님이 그의 형상과 어떤 관계에 있는지 우리는 역시 그것을 나타내야 한다. 그는 모범으로서 우리보다 앞서가신다. 올바른 시민적인 행동의 생각들은 자연

의 영역에서 유도하게 한다(사업가는 개미에게서, 정치가는 벌들에서 교훈을 받는다), 즉 인간적인 노동에서도 마찬가지이다. 그것은 때때로 우연적인 유사한 것들로 중요할 뿐 아니라 진리 가운데서도 중요하다. 하나님의 결단을 통하여 만들어진 그것에 대한 거울들의 형상이 중요하기 때문이다. 이러한 피조물의 행동들은 진지한 자연이며, 역시 그것은 우리의 것이어야 하는 것처럼 온전히 실제적인 일들로 인도한다. 그러므로 각자 살아 있는 유기체는, 하나님에게서 주어진 일치의 생각을 가장 단순한 방식으로 형성된 몸의 체계로서 묘사한다. 그러한 범주에서 각자의 몸체는 시민적인 질서에 접목되어야 한다.

9. 우리가 이처럼 사람들과의 교제를 쉽게 행하며, 흡족해하며, 더 확실하게 이루어지기를 바란다면, 사람들에게서 하나의 신중한 태도가 아니라(특별히 마키아벨(Machiavell)과 아키토펠(Achitofel)[117]의 제안에서가 아니라), 하나님에게서, 건강한 지성과 자연을 통하여 습득하도록 주어진(한 몸의 지체들을 예로, 하늘로부터 등등) 모범들로부터 배우는 것이 필수적으로 이루어지게 될 것이다. 이방인으로서, 그리고 우리 사람 중의 몇몇이 이끌었던 다른 정치가 중요하다. 즉 아키토펠, 지바(Siba), 하만(Haman)[118]과 같은 사람들에게서 진행된 정치를 말한다. 그것들은 화해시키는 사람들보다는 먼저 방해꾼들이다. 그것은 다윗과 솔로몬의 가부장 칭호들의 정치를 소생시키는 것이 더 나은 것이다(시편101).

10. 이처럼 우리는 목표와 수단과 새로운 정치의 방식을 관찰하였다. 이러한 전제들에서 유도하게 한다. 1. 거룩한 자들의 정치는 그들의 형태적인 면을 따라 무엇인가? 대답: 거룩한 자들의 정치는 합당하고, 평화스러운 모든 사람의 공동생활보다 다른 것은 아무것도 없다. 아무도 해하려고 꾸미지 않고, 각자에게 속한 것을 보증하고, 그 고유한 일들에 헌신하며, 다른 사람들에게도 가장 좋은 상태로 그들 자신 것을 유지하게 하는 뚜렷한 노력과 정확한 자질을 가진 자들의 활동을 묘사한다. 2. 이러한 정치와 우리가 범지혜의 논문 가운데 상세히 설명했던 것과의 사이에 차이가 무엇인가? 대답: 이

---

117) 아코토펠(Achotofel), 다윗의 조언자, 마키아벨(Machiavelli, Niccolo,1469-1527); 그는 무자비한 권력 정치의 대리자로 유효하다.
118) 지바(Siba)는 성서의 왕 사울의 섬기는 자. 그는 신뢰할 수 없는 한 사람의 상징으로 언급되었다. 하만(Haman)은 페르시아와 메데의 왕 Ahasver(Xerxes)의 장관이었다.

론과 실제 사이에서처럼, 왜냐하면 우리의 일반적인 정치는 그 형식적인 관계에서 도덕적인 세계의 실현보다 아무것도 더 달리 묘사되지 않아야 한다. 3. 현재의 것과 이러한 새로운 정치 사이에 어떤 차이가 있는가? 대답: 지금까지의 정치는 심히 고통스러웠고, 아주 교활하게 이끌어졌었다. 왜냐하면 사람들이 하나님과 공공 복리를 위하여 주목하기보다는 자신과 그들의 개인적인 관심들을 더 많이 주목했기 때문이다. 마찬가지로 자연적인 단순성을 여러 모습의 교활함으로 변하게 하고, 일반 공공의 복지를 위한 염려를 사적인 것으로 바꾸어 버리는 일을 저질렀기 때문이다. 그것의 결과는 안식이 아니라, 의심과 시기와 미움과 봉기와 전쟁, – 요약하면 곳곳에 협박과 폭력이 난무하게 되었다. 그러나 이러한 새로운 정치에서 사람들은 모든 것을 근원적인 원리로 되돌려주어야만 한다(전체성, 단순성, 자발성). 그렇게 되면 모든 것이 질서 가운데 있게 될 것이다. 더 섬세하게 정치적인 교훈이 다르게 기록되고, 가르쳐지면 질수록, 더욱더 모든 것이 반대로 사람과 세상 가운데 있게 될 것이다. 인류의 일은 예부터 내려온 풍습과 함께 있는 것이다. 그것은 다음을 뜻하는데, 즉 우리는 하나님이 벌써 성서에서 가르치고 요구하는 근원적인 낙원의 단순성으로 무조건 돌아가야 하는 것이어야 한다. 그것은 하나님이 어떻게 그의 왕국을 세우셨던지 거기서 분명하게 될 것이다(신 17). 그것은 왕권이 남용되지 않아야 함을 뜻하며(거기서 삼상 8장), 그렇지만 원칙에 적합하게 모두 함께 구성된 것은 단순한 것보다 더 느껴지게 되는 것이다. 하나님과 함께 생각하기와 하나님을 의지하는 것과 하나님이 결과로 이끄실 신적인 지혜인 순수한 황금을 말하는 동안, 결과적으로 인간의 영리함은 폭력의 철로 혼합된 더 미끄러지는 진흙 창이다. 이처럼: 사람들과 함께 인간들의 교제는 여러 면으로 쉽고, 흡족하게 되도록, 보편적인 정치는 지금까지의 모습보다는 자연적인 자의성의 법칙에 따라 더 쉽게, 그리고 모든 마키아벨리의 기술개념[119] 없이 하나의 전체적인 일이 될 것이다.

만일 우리가 하나의 그러한 방식의 정치를 원한다면, 교활한 사람들로부터 그것을 배우는 것은 적절하지 못한 일이다(앞에 제시된 페이지를 볼 것).

11. 거기에 대해서 사람들은 역시 다음과 같은 질문에 대답할 수 있을 것이다. 즉 아직도 전쟁은 주어지게 될 것인가? 대답: 나는 그것이 첫 시작에서는 그렇지 않았기

---

119) 마키아벨리의 기술 책략, 하나의 실용적이며, 오직 권세획득과 권세 유지를 지향한 정치를 가능하게 하는 전술적인 계략.

때문에 부정한다. 전쟁(戰爭)이란 아버지께서 그 시대에 전쟁을 제거하신 것이 아니라, 참으시고, 방향을 이끌었던 하나의 악마적인 행위다. 그리스도로부터 본보기와 예언으로서 무엇인가 달리 제시되었다. 그가 우리의 다툼들에서 얼마간 인내하시며, 견디셨던 것이며(눅2,34;마10,34), 그가 마침내 그것들로서 끝을 내시며, 영향을 미치게 될 것과 사람들은 어디에서나 쉼이 보장되며, 결과적으로 아무도 전쟁하기를 가르치는 자는 아무도 없을 것이다. 지는 존재하지 않을 것이다. 왜냐하면 늑대들과 호랑이와 사자들이 그들의 난폭함을 없애게 될 것이며, 그리스도의 무리와 함께 어울릴 것이기 때문이다. 하나님이 부분적으로 전쟁을 허용하고, 부과하는 것처럼, 보일 수 있다면, 그가 그것을 시인하기 때문에 발생하는 일이 아니라, 의(義) 때문에 그것을 허용하는 것과 인간에 대한 그의 진노를 확실히 나타내신 것이 분명한 것이다. 비록 그가 1. 전쟁을 이끄는 것에 대한 규칙과 방식을 규정했다고 할지라도, 그는 그것을 후에 동의하지 않으셨기 때문이다. 그는 스스로 하나님의 택한 백성 중 하나에게 도입한 것이 아니라, 폭군, 님로드(Nimrod)는 2. 성경 가운데서 전쟁들은 하나님의 진로와 징벌의 표현들 아래에서 기근과 질병(흑사병)처럼 헤아렸다. 3. 거룩한 복음은 은혜를 약속하셨다면, 각 나라들에 평화를 전하고, 그리스도가 왕으로서 평화의 성주로 불려 졌으며, 그와 함께 평화가 가득한 시대를 약속하셨다.

12. 미래의 통치 형태에 대하여 지금까지 그 어떠한 일치된 것은 없다. 지금까지 사람들은 정부의 더 나은 가장 좋은 방식에 대하여 논쟁하였다. 그렇지만 모든 선한 것들은 올바른 정도를 보존하고 있다. 모든 악은 과도함과 남용에 의존하고 있다. 하나님은 그렇게 군주로서 세계를 유도하신다. 그러나 천사와 인간들을 통하여, 그리고 각 피조물은 고유한 삶의 정신을 유도하시며, 물론 모든 것은 가능한 대로 방법을 사용하게 되었다. 귀족주의(Aristokratie)는 백성을 질서에 적합하게 그들 중심으로 선택한 자를 통하여 다스린다. 민주주의는 그들이 지배하고, 결정하는 몇몇 각각의 사람들을 선택한다. 관계들의 새로운 상태에 의하여 무엇이 적합한 것인가? 모든 통치 형태는 세 가지의 신분들 가운데서 번영하게 된다. 군주주의는 그리스도가 왕과 감독과 철학자들 위에서 다스리시게 될 것이기 때문이다. 귀족주의는 곳곳에서 가장 좋은 사람들이 선두에 서 있게 될 것이기 때문이다. 민주주의는 각자가 그의 집에서, 그의 양심에서 자신과 모든 다른 이들에게 예외 없이 왕이요, 제사장이요, 선생이어야 하기 때문이다.

13. 오, 인간 사회가 얼마나 행복한 공동체가 될 수 있을까! 오 당신은 영광이 풍성한 나라요, 그의 머리요, 통치자이신 그리스도여, 신하와 왕들과 제사장들과 선생들이 될 것이라! 모든 것이 평화 가운데 번영할 것이며, 최고의 통치자가 인간의 일들에 대하여 평화의 제후가 되시며, 다스리는 자가 가장 좋은 개체들이며, 최고의 본체와 화해하는 것과 스스로 비추어 주심을 배우도록 신하들이 스스로 유도하는 곳에서, 이것들은 원하고, 힘이 더해 지리라. 사람들은 아마도 다윗의 시를 반복하여 노래할 수 있을 것이다. 즉 의와 평화가 서로 만나며, 등등. 각자가 포도나무와 무화과나무 아래서 앉아, 평화 가운데서 그의 자비와 하나님의 선물을 향유하게 될 솔로몬의 시대는 다시 돌아왔다.

제13장

인간의 마음을 온전함으로 인도하는
새롭고 보편적인 종교에 대하여

경건한 시대의 근본토대는 보편적인 종교이거나, 또는 하나의 복되고, 흡족하며, 가능한 만큼 창조되지 않은 정신과 함께 창조된 인간의 완전한 하나님과의 관계일 것이다. 그것은 인간이 그의 최고선(善)으로서 하나님께 매달리는 불타는 사랑 가운데서, 그리고 하나님과 모든 것이 하나님께 예속된 것으로 붙잡는 한, 그가 항상(축복과 고통 가운데서, 삶과 죽음 가운데서) 그분의 축복을 누리며, 전적으로 멸망에서 구원하는 가장 아름다운 소망으로 인간이 하나님과 함께 자신을 연결하는 살아 있는 믿음에 의존하게 된다. 그것은 거룩한 자들의 종교로 불리게 되는 것이다. 그의 가장 좋은 선생과 모범은 모든 것의 가장 거룩하신 그리스도이다. 그러한 종교는 자격을 지니며, 진실하고, 홀로 기독교적인 것으로 불리게 될 것이다.

종교(Religio)란 말은 겔리우스(Gellius)[120]가 추측했던 것처럼, '레린쿠베레'(relinquere)란 말에서 온 것인지, 또는 키케로(Cicero)가 판단하는 것처럼 '렐레게레'(relegere)에서 온 것인지, 락탄티우스(Lactantius)[121]에 따르면 '렐리가레'(religare)에서 온 것인지는 여기서 통상적인 것보다는 더 깊은 의미로 사용되었다. 겔리우스는 말하자면 "아테네풍의 밤들"이란 책 4권에 그렇게 써 놓았다. 그 책 제9장에 '그의 거룩함 때문에 우리에게서 멀어지고, 나누어진 그것이 종교적이다'. 이러한 표현은 '레린쿠베레'란 말과 관계된다(유출하다, 떠나다). "신들의 본성에 대하여"란 첫 번째 책에서 키케로는 다음과 같이 쓰고 있다. "신의 경배에 속한 모든 것이 주의 깊게 연구되고, 읽게 된 것들이 '렐리게레'에서 온 '렐리기오지'(종교성)라 부른다(전체를 읽음). 락탄티우스는 "종교 교과서"란 네 번째 책, 28장에서 그것에 대립하여, "우리는 우리의 창조주 하나님께 다만 그를 인정하고, 그를 따르도록 순종을 보여줄 목적으로 탄생 되었다. 경건의 이러한 띠를 통하여 우리는 하나님에게 매였고, 그분과 결합" 되었다(religati). 거기서 '종교(宗敎)'란 이름이 나온 것이다. 역시 키케로가 설명한 것처럼 '렐레게레'(relegere)에서가 아니다. 이러한 마지막 해석이 가장 개연성을 가진다. 보편적인 종교는 열거된 모든 의미를 더욱이 가장 완전한 단계에서 포함하게 될 것이다. 한편 이것은 모든 것이 하나님께 공로를 돌리기 때문이 아니라, 다른 한편 그의 거룩한 법칙들이 중단 없이 읽어내며, 유지되었기 때문이며, 마침내 사람들이 갈라놓을 수 없는 믿음과 사랑과 영원한 소망의 띠로 묶여 놓기 때문이다.

---

120) Gelius, Aulus(um 123-um165n.Ch.), römischer Schriftsteller.
121) Lactantius, Lucius Caecilius Firmianus(gest.326 n. Chr.), kirchlicher Autor.

2. 그러므로 그것은 정당하게 보편적인 것으로 불리게 되었다. 먼저 대상의 보편성 때문인데, 그것은 하나님이 인간에게 계시하신 모든 것을 설명해 주기 때문이다. 둘째로 대상의 확대 때문인데, 그것은 믿고 행하는 데 필요한 것이 무엇인지를 전 인류에게 가르쳐 주기 때문이다. 마침내 모두가 하나님의 경배자가 되도록 하는 보편적인 유용성 때문이다. 즉 1. 오류 앞에서 확실한, 그리고 모든 계시 된 것들을 믿는 하나의 밝혀진 지성을 통하여, 2. 순전히 파렴치한 것에서부터 그에게 위임된 모든 것을 완성하는 거룩하게 된 마음을 통하여, 3. 약속된 모든 것을 결실 없이 기다렸던(요1서 4,18), 벌써 땅 위에서 복 받은 자들을 통하여, 왜냐하면 그들은 이 땅에서 삶의 노력에 따라 죽음의 문을 통하여 영원한 삶으로 풍성한 승리자로 나타나게 될 것을 알고 있기 때문이다(요1서 3,2.14).

3. 그것은 족장들에게 부여된 옛 종교를 볼 때, 하나의 새로운 종교로 불려도 좋을 뿐 아니라, 후에 모든 족속 가운데서 멸망되어질, 그리고 우리가 파국을 직면하지 않는 세계를 원한다면, 하나의 개선이 필요한 종교를 고려하여 새로운 종교로 불려도 좋을 것이다. 보편적인 종교는 그것이 온 땅에 확산하는 것을 목적하기 때문에, 지금까지의 모습보다는 더 전체적인 종교가 될 것이다. 그것은 역시 하늘의 온전히 아름다운 것에서 시작되기 때문에 더 단순하며, 간결하며, 매력적인 것이 될 것이다. 그것은 하나님의 비밀을 완전히 새것으로 연구하는 것이 아니라(신명기 29,29절에서 거절하는 것), 신적인 계시의 의미에서 완전한 열성이 일하게 될 것이다. 그것은 사람이 풍성한 유용성과 같이 하나의 간략한 이론을 가지게 될 것이며, 그것에 대한 믿음과 사랑과 소망의 풍부한 실천을 지니게 된다(덕에서 덕으로 앞서가는). 여기에 새로운 보편적인 신학은 양심적인 결단의 결의론(Kasuistik)이 필요한지? 질문이 가능하다. 대답: 사람들은 딤전1,9절에 따라 그것을 거부할 수 있을 것이다. 즉 그것은 그리스도가 사랑의 보편적인 법을 제시했을 때, 의로운 자에게 어떤 법이 주어진 것이 아니며, 그리스도가 개별적인 것과 작은 일들에 해당하지 않았다는 것을 뜻하기 때문이다. 그것이 유지되어야 한다면, 전체성과 단순성과 자발성의 원칙에서 양심의 경우로 되돌려져야만 할 것이다. 1. 규칙은 적게 주어져야 하며, 2. 그것은 경우들의 해결에 충분한 것들을, 3. 각자 경건한 사람이 만족을 줄 수 있도록 그렇게 밝히면서. 이처럼 그들은 모든 양심의 생각들을 제거해야 한다.

4. 보편적인 종교의 근본토대는 하나님의 본체(本體)이다. 그 본체는 믿음으로 수용되고, 역시 내적인 빛과 감각적인 경험의 도움과 함께 신적인 계시들을 통하여 밝혀지는 것이다.

5. 보편적인 종교의 목표는 하나님과 인간을, 인간과 하나님을 연결하는 것이다. 즉 1. 하나님이 모든 것을 위한 모든 영예를 시간적이며, 영원한 모든 것 가운데로 이르도록 하며, 2. 하나님의 자비가 인간에게 모든 것과 모든 것을 통하여 현재와 영원히 분명해지도록 하며, 3. 모든 나머지 것들이(모든 피조물과 함께 있는 하늘과 땅), 양자의 동일한 목표들에서 일하게 되도록 하기 위함이다. 한 말씀과 함께: 목적은 영혼을 하나님께로 인도하고, 하늘의 삶을 땅에서 시작하게 하는 것, 즉 하나님이 성령과 진리 가운데서 표면적인 의식 없이 경배 되도록 하며, 우리의 종교가 관계 안에서 빈틈없이 바로, 그리고 혹이 없이 안전함 가운데 위험 없이 존립 되도록 하기 위함이다. 그것은 이처럼 모든 양심의 가책을 제거해야만 할 것이다.

6. 수단은 본질적이며, 도움이 될 만하거나, 또는 부수적인 것이 될 것이다.
 I. 아버지와 아들과 성령, 하나님에 대한 믿음, 소망, 사랑은 본질적인 일이다. 아버지는 구원을 결정하셨고, 아들은 구원에 대한 공로를 이루셨으며, 성령은 그 구원을 보증하시며, 확증해 주신다.
 II. 모든 것이 본질적인 것을 각인하기 위하여 도움을 주는 것은, 즉 질서의 보존에 하나님의 말씀, 열쇠의 직무와 봉인(封印)에 성례이다. 그 이유는 그리스도가 교사로서 그의 말씀으로 우리를 지키시며, 열쇠의 직무를 통하여 그는 우리 위에서 한 분 왕처럼 다스리며, 그리고 성례를 통하여 그는 한 분 사제처럼 우리를 정결케 하신다.
  이러한 삼중성을 통하여 그리스도의 교회는 동일한 학교요, 왕국이요, 거룩함이 되어 야 한다. 거기서 믿음, 사랑, 소망이 나온다. 믿음은 사람들과 함께 모든 과거의 것들을 연결하며, 사랑은 모든 현재의 것들을 연결하고, 소망은 미래적인 것들을 연결한다. 믿음은 성령의 조명(照明)이요, 사랑은 마음의 순종이며, 소망은 영혼의 순결이다.

III. 관습들의 확고한 결단들은 부수적인 수단을 묘사한다. 그것들은 보편적이며, 지역적인 교회들 안에서 이러한 일과 관련하여 정착된 것들이다.

7. 처리하는 방식은 하나님을 참작하여, 그리고 수단을 고려하여 달리 비슷해졌다. 하나님을 참작하여, 가장 깊은 체념이나, 또는 자기부정이 요구된다. 그것은 역시 당신이 거기서 얼마간 머무르며, 이러한 직접적인 결합을 통하여 불변적으로 지도되도록 당신을 유일한 하나님께 넘겨주기 위하여 역시 인간들과 사물들의 권세에서처럼, 영원한 시험자요, 사탄과 세계의 권세에서 해방될 뿐만 아니라, 고유한 능력을 통하여 자유하게 되는 것을 뜻한다.

여기 안에서 종교의 토대가 성립하며, 이것은 대부분 갈망하는 일이다. 유대인과 터키인들과 아리안족들 때문에 우리는 하나님 아버지와 그리스도와 성령을 염두에 두면서 그러한 방식의 자기부정이 무엇을 뜻하는 것인지를 정확히 보여주어야 한다. 우리가 자비의 얄팍한 것들에 우리를 넘겨준다면, 우리는 믿음의 정상에, 사랑의 열정에, 그리고 구원의 확실성에 이르게 할 수 있는 것이 아무것도 없다는 사실을 분명히 해야 할 것이다. ---

수단을 참작하여 다음과 같은 것이 요구된다.

I. 모든 수단은 준비하며, 주목하며 결단코 등한히 되지 않도록 하는 것. 일반적인 것 안에서 보편적인 종교는 모든 협력 수단에 대하여 처리해야 하며, 가능한 한 본질적인 것에 대해서 완전하게, 가능한 한 섬길만한 것에 대해서는 단순하게, 의식(rituell)적인 것에 대하여는 자발적으로 처리해야 한다.

II. 그것들은 질서를 따라 차례로 따르도록 해야 하는데, 무지함의 제거에는 먼저 믿음이, 그리고서 순종을 일깨우기 위하여 사랑이, 마침내 당신이 마지막에 "나는 무익한 종입니다"(눅17:10)라고 말하지 않도록 소망이다.

III. 당신은 결국 죽지 않도록 영예롭고 진지하게 앞서 전진하기 위하여, 1. 말씀과 함께, 그렇지만 말씀 없이, 2. 열쇠들과 함께. 그렇지만 열쇠들 없이, 3. 성례들과 함께, 그렇지만 그것들 없이 그러하다. 표면적인 모습에 관해서는 다음의 글들을 보라. 종교는 그 어떤 웅장하며 정제된 탁월한 수단을 요구하는 것이 아니라, 단지 지옥과 사망의 공격을 견딜 수 있는 진실하고 참된 것을 요구하기 때문이다. 종교는 많은 돈이 요구되는 영예로운 집이 아니라, 그것은 간단하며, 그가 믿음의 토대들을 놓고, 소망의 기둥들을 세우고, 지붕으로서 인내를 그 위에 펴는 한, 각자는 자문과 건축가 없이 온전히 세울 수 있는 것처럼, 안락하고 안전하게 머무르는 것에 적용되었다. 사랑은 빛을 안으로 들여 오며, 단순하게 벽을 세울 것이며, 일할 수 있는 방을 배분하게 될 것이며, 당신이 삶과 죽음의 폭풍들 앞에서 보호되는 거기서 안전하게 거할 수 있도록 간구의 기도가 문을 열게 될 것이다.

보편적인 종교의 이러한 진실성과 정직성에 표면적으로 속하는 것은 1. 믿음의 사건들에서 행동과 소망의 영역을 위해 유효한 교리의 미미한 수이다. 하나님은 우리를 많은 섬세한 질문들을 통하여 자신에게로 부르지 않는다는 것을 힐라리우스(Hilarius)[122]는 말하기 때문이다. 2. 종교가 쉽고 사실과 관계되어 있도록 의식들의 단순성, 3. 자발성을 돕는 엄격한 질서 등이다.

이 모든 것은 인간 안에 연결하는 것이 내적으로 요구된다. 1. 이론적인 관계에서 순수한 진리는 각자에게 오류 없이 분명하게 된다는 것. 2. 실천적으로 하나님의 계명은 홀로 미신적인 것 없이 효력을 지니고 있다는 것. 3. 적용(사용을 고려하여), 그것은 거짓된 소망 없이 하나님의 참된 언약을 뜻한다. 부수적인 것. 종교의 이론은 간략한 것이며, 전체적인 삶은 실천(Praxis)이 온통 길며, 적용(Chresis)은 영원까지 끝없이 애정의 풍부한 것이다.

8. 종교를 연습하는 최선의 방식이 만들어져야 한다.

I. 그것들의 총체적인 특성들은 믿음, 사랑, 소망을 위한 대상들로 설명하는 스스로 하나님의 생각들에서. 사분데(Sabunde)[123]와 토이취 신학[124]을 보라.

II. 하나님의 설립들에서, 그것은 필요한 구약과 신약의 문서들을 뜻한다.

  1. 구약의 그 어떤 작은 부분도 잃어버리지 않도록 양쪽의 문서들이 필요하다는 것을 철저하게 증명하는 것.

  2. 어떤 방식으로 그러한 것이 이루어질 수 있는지, 보이는 것, 즉 그것은 의식들과 형 태들의 상징적인 해석을 통하여 이루어지는 것을 뜻한다. 예를 들면, 그렇게 스스로 희생제물이 되신 가장 위대한 제물은 모든 제물을 통하여 구체화

---

122) Vgl. Kap.VIII, Anm. 13.(비교, 8장, 각주 13번).
123) Roymund de Sabunde(Ende 14.Jh.-1432), Prof.der Theologie und medizin an der Universitaet von Toulon(로이문드 데 사분데, 14세기 말-1432, 툴론 대학의 신학과 의학 교수였다).
124) Theologie Teutsch, Theologia Germanica, ohne Angabe eines Verfassers von Luther 1516 herausgegeben(토이취 신학, 게르마니아 신학, 1516년 Luther에 관한 언급 없이 출판된 책).

된다. 그러나 그것을 위한 생생하고 실제적인 보기는 그리스도가 자신을 희생하신 일에서이다. 하나님의 명령은 그를 위해 동물들을 죽여 제물로 드려야 할 것과 동물적인 것은 우리 안에서 희생되어야 하는 것을 유사하게 의미한다. 즉 그것은 그가 새롭게 살게 되도록 옛사람이 죽는 것을 뜻한다(사망에 판결된 자가 희생제물을 통하여 사는 것처럼). 철과 교묘한 기술적인 것을 사용하지 않고 땅에서나, 또는 한 돌에서 한 제단이 거짓으로부터 자유스럽게 부드럽고 온유하며 약한 순수한 마음은 동시에 돌처럼 영웅적이며, 불변적으로 유사하게 묘사하였다.

3. 먼저, 그리고서 한 사람도,,다른 사람도 도달할 수 없었던 완전함에 도달되었다.

9. 보편적인 종교에 관하여 우리는 그것이 완전하며 정돈된, 진실하다는 것을 요구한다.

1. 종교는 본질적인 것에서도, 섬길만한 것에서도, 그리고 부수적인 것에서도, 경건의 의미가 세워질 수 있거나, 세워져야 하는 그 어떤 것도 결핍되지 않을 때, 완전하게 될 것이다. 그것은 믿음의 비밀들이 확고하게 그리스도의 영 안에서 부어져야 한다는 것이다. 즉 기독인과 이웃에 대한 사랑은 참되고 순수한 행위를 통한 것처럼, 순수한 감정을 통하여 충만하게 생산되었어야 한다. 모든 것의 소망은 한 분 하나님에 대한 신뢰뿐만 아니라, 역시 온전히 그에게 의존하며, 그를 위하여 모든 일에 전력을 기울이기를 준비하며, 그러나 누구에게도 느껴지게 할 수 없도록 그렇게 만들어 내는 것이다.

2. 질서는 만일 우리가 의식을 같은 방식으로 수행하도록 노력할 때, 종교 안에서 보존 되어 있다. 보편적인 그리스도 나라의 핵심은 당신이 모든 교회를 판단할 것을 본다면, 그리고 만일 당신이 그들 가운데 그리스도가 다스리시며, 그의 믿는 자들 가운데서 벌써 영생이 어떻게 준비되는지, 보는 것처럼, 모든 부분의 교회들 안에서 모든 일과 사람을 고려하여 그러한 방식의 질서가 확고히 설정되었다면, 유지되었다.

3. 모든 실체와 단지 그늘이 아니라는 그쪽으로 우리가 활동할 때, 모든 것은 참되리라는 것이다. 그것은 믿음이 맹목적이 아니라, 날카롭게 바라보아야 하며, 하

나님의 비밀한 것들의 본질이 해명될 수 있는 것을 뜻한다.

사랑은 인위적으로 존재하는 것이 아니라, 순수히 내적으로 선한 행위에서처럼 그렇게 각자와 모두를 위하여 나타나게 된다.

하나님에 대한 소망은 죽거나, 잠자지 않으며, 모든 살아 있는 것에서, 그리고 여러 곳에서처럼 자극하며, 유일하며 참된 하나님 안에서 뿌리를 내리는 것이다.

10. 거기서 나와 넉넉하게 발생하리라고 나는 잘못 생각한다.

I. 이러한 우리의 새로운 종교는 무엇이며, 그것은 무엇을 요구하는가? 대답: 그것은 언제나 하나님과 교제하며, 하나님과 대화하며, 하나님과 행하는 것 외에 아무것도 다른 것들을 요구하지 않는다. 그것이 어떠한지, 그것이 창조되지 않은 영(靈)과 지음을 받은 피조물들의 공동체로서 그것이 어떠한지, 우리가 동일하게 그들의 생각에 따라 암시했던 영적인 세계의 실현에서 나아와 주로 성립한다. 그렇지만 기독인이 여기 땅 위에서 얼마만큼 어떻게 하나가 되도록 이르게 할 수 있는지, 거기서 전진하면서 그의 창조주 아버지와의 교제가 유지되며, 그와 끊임없이 한 아들처럼, 사랑과 순종의 영(靈)과 함께 각 사람과 모든 사람이 하나님의 왕국과 땅 위에 하늘과 같이 되도록 하는 목표에 결부되도록 할 수 있는지? 그러한 것은 믿음, 사랑, 소망의 3가지 연습을 통하여 이루어진다는 것이다.

1. 믿음의 연습, 비록 그것이 감각적인 인지에 모순되며, 이해력에 불합리하게 나타난다해도, 우리가 모든 계시 된 것을 믿을 때이다. 그래서 믿음의 빛을 통하여 그것은 그의 영(靈)을 밝혀줄 것이다.

2. 사랑의 연습, 비록 몸과 피에 반하여 아주 무감각하다 해도, 명령으로 주어진 모든 것을 완수하는 것이다. 전적으로 우리 안에서 그가 모든 것 안에서 신적인 의지로서 조화를 이루도록, 그 의지가 변형되었다.

3. 소망과 인내의 연습: 비록 기대된 것이 텅 빈 것으로 나타난다 해도, 약속한 모든 것을 바라는 것이다. 성서는 이것을 모든 희망하는 것들에 대립하여 '소망'이라 부른다. 그것은 항상 하나님을 기쁘게 하는 것처럼, 자체의 의지를 부정하고, 그분에게 단념하는 일이다. 먼저 그러한 상태에 이르게 되면, 우리의 믿음은 절정에 이르게 된다. 그러한 방식으로 깨우쳐진 사람은 믿음이 불붙게 되었으며, 하나님 안에 깊이 몰입되었기 때문이다. 그래서 그는 빛과 사랑과 신적인

행복의 토대를 이루었으며, 동시에 하나님 안에서 변화되도록 빛을 비출 수 있을 것이다.

II. 현재 적이며 이러한 새로운 종교 사이에 어떤 차이가 생기는가? 대답: 보편적인 종교는 그것이 전 하늘 아래서 확산으로 결정된 것이기 때문에, 각자 다른 것들보다도 더 세계적인 것이 될 것이다.

III. 이러한 종교와 영적인 세계에서 나온 것 사이에 어떤 차이가 있는가? 대답: 앞서 제시된 페이지를 보라, 이론과 실제 사이가 어떠한지? 영적인 세계에서 이론은 더 강하게 주목되었다.

하나님 은혜의 사람을 반쯤 부러워하며, 종파를 만들며, 믿음의 사건들 안에서 다른 이견들 때문에 박해를 시작하며, 피를 흘리며, 마침내 하늘 대신에 땅을 찾는 자비 가운데서 겸손한 신뢰 없이 하나님께 제사를 드리는 가인의 종교는 이처럼 지금 그렇게 멸망해도 좋을 것이다. 아벨의 종교는 겸손한 믿음, 행동하는 사랑, 그리고 하늘과 영원으로 지향된 소망이 벌써 지속되어야 한다. 종교에 대한 너희들의 반신적인 논쟁들, 지금까지 진리가 발견되며 얽혀 있는 것을 풀기보다도 더 먼저 잃어버리고 엉클어지게 한 너희 스콜라주의적인 논란들은 사라져라!.

양심에 대한 정부 당국의 법은 적그리스도의 본질적인 성향처럼 제거되어야 하며, 신적인 일들에서 인간의 권위들은 매장되었다는 것이다. "나는 길이요, 진리요, 생명이니"라고 자신에 관하여 말한 그분이 가르침의 직무를 내적으로 소유해야 한다. "그가 그것을 스스로 말씀했다"는 그리스의 격언에 근거하여 선지자의 말은 승리할 수 있을 것이다. 즉 이처럼 주님은 말씀하셨다. 거기서 우리는 주석 없이 진리를 배우자! 모든 잘못된 종교성과 우상을 섬기는 것들과 아첨하는 말들과 육체적인 욕구들 등등은 던져버려라! 하늘 생명의 여교사인 종교는 육체적인 욕구를 통하여 얼룩진 자격상실의 모습임을 인식하라!

11. 이러한 종교를 분명히 고백하며, 거룩하게 돌보게 되는 백성은 보편적인 교회인 하나님의 회중에 속한 자들이 될 것이며, 그 교회는 모든 사람이 참된 하나님의 올바른 경배에 가장 사랑스러운 것을 유혹받게 될 것이다. 그들의 광채가 믿음의 밝음에서 흘러나오게 될 것이다. 그것은 생명의 거룩함을 통하여 장식되었으며, 소망의 달콤함을 통하여 마음에 들게 되었다.

12. 지금까지 우리는 특별히 각 영역의 목표들과 수단들과 처리 방식들에 관한 것 같이, 그렇게 철학과 정치와 종교에 관하여 구별하여 언급하였다. 말하자면 3자매들이 닮아있는 3분의 카리티넨(Charitinen)[125]들의 상호 포옹이 첫 순간에, 그리고 그들의 공동작업이 하나의 일로 인식하는 것이 가능하도록, 나는 함께 여기 첨부된 병행하는 통찰력에서 이것을 구체적으로 설명하려고 결단하였다.

무엇이 찾아졌는가?

1. 철학은 무엇에 대하여 노력하는가? 지성(知性)에서 아무것도 벗어나지 않으며, 그것을 실망하거나, 고통받는 일이 없도록 참된 인식을 통한 일들과 정신의 평화에 따라 노력한다. 정치는 무엇에 대하여 노력하는가? 그 누구에게도, 어떤 손해도 발생할 수 없도록 모든 사람과의 평화에 대하여 노력한다. 종교는 무엇을 찾고 있는가? 아무도 그의 진노를 알지 못하도록 하나님과의 평화를 찾는다.

무엇을 통해서인가?

2. 어떤 수단을 통해서인가?
철학은 감각과 사고와 계시의 중재를 통하여서이며 그러나 먼저 첫 번째 요소인 사물의 본성 자체를 통해서이다.
정치는 감각과 지성과 계시의 중재를 통해서이며, 그렇지만 주로 인간 본성 자체를 통해서이다. 종교는 감각과 지성과 계시의 중재를 통해서이며, 그렇지만 주로 신적인 계시 자체의 중재를 통해서이다.

어떤 방식으로 이루어지는가?

3. 어떤 방식으로?
철학은 그것이 사물을 생산하는 것만큼 모든 인식의 수단을 이용할 때이다.

---

125) Charitinen, drei altgriechische Goettinnen des Liebereizes und der Freude(사랑의 매력과 기쁨의 3 고대 희랍 신들).

정치는 각 사람에게 적용하며, 모든 사람이 서로 적용할 때이다.

종교는 모든 것에서 하나님을 균등하게 할 때이다(헤르메스 트리스메기스토스,[126] 당신은 만일 모든 시대와 모든 공간을 뛰어넘을 때, 만일 당신이 하나님과 동등하지 않게 된다면, 하나님을 파악할 수가 없다).

4. 보편적인 철학의 의미는 일들이 뜻하는 논쟁이 직관들 가운데 있지 않고, 우리가 모든 본질적인 것에서 일치가 존재하도록 모든 사람의 유익에 본성적인 개념들을 조화에 이르도록 하는 것이다.

보편적인 종교는 그것이 영원의 목표들과 수단에 대하여 어떤 모순에도 이르지 않을 모든 개별적인 것에서 최상의 선(善)을 주목하고, 그것을 향하여 노력하는 천성적인 본능들을 주도하게 될 것이다.

보편적인 정치는 모든 사람의 천성적인 자질들이 질서 가운데 유지하도록 힘쓴다. 즉 그들 욕구와 그들 행위와 함께 모순 가운데 있지 않고, 그의 고유한 노동에서 각자는 쉼 가운데서 온전히 시행되는 것이 아니라, 전적으로 공중의 쉼을 지지하며 확대되도록 하는 것에서였다.

5. 새로운 철학은 그것이 플라톤주의자와 아리스토텔레스 주의자와 아카데믹학파와 스토익 학파[127]와 헬몬의 추종자와 데카르트 추종자[128]에게서 확언하는 것을 그렇게 형성되게 해야만 한다. 지혜롭게 존재하는 것은 낯선 사상들의 사슬에서도 아니며, 고유한 것의 환상들 가운데서도 있지 않음을 뜻하기 때문이다. 정치가 세계의 모든 나라와 모든 공화국과 모든 작은 공동체들이 올바르게 이해되어 허용하는 것을 그렇게 형성하는 것이다.

종교나, 신학은 그것이 각자의 신앙고백과 각각 종파들의 대변자에게, 즉 기독인, 유대인, 모하멧의 추종자들에게 하나님과 영원한 축복을 향한 독자적이며, 유일한 길로서 인정하는 것이 그렇게 존재해야 한다.

---

126) Hermes Trimegistos(der Hoechste), griechische Bezeichnung fuer den aegyptischen Gott Toth, der in der Zeit des roemischen Kaisertums mit dem griechischen Gott hermes gleichgesetzt wurde. Er galt als Erfinder des Schrift und der Wissenschaften. Zugerechnet wurden ihm viele Schriften aus dem Bereich der Alchymie und der Geheimwissenschaften(hermetische Schriften). Comenius bezieht sich des ofteren auf sie(에짚트의 신 토스를 위해 희랍의 표현헤르메스 트리스메기스토스(최고자), 그는 로마 황제의 시대에 히랍의 신 헤르메스와 함께 동등하게 설정되었다. 그는 문서와 언어와 학문의 발견자로서 유효했다. 많은 문서가 알키메데스와 비밀학문들의 영역에서 그에게서 나온 것으로 여겼다. 코메니우스는 이따금 그것들에 관계하고 있다.

127) 플라톤 추종자, 아리스토텔레스 학파, 아카데미커, 스토익 학파들은 플라톤과 아르스토텔레스와 스토익의 가르침의 추종자들을 가리킨다.

128) 헬모니아너, 옐몬의 추종자들이다(비교 XI장, 각주 2번) 그리고 까르테시아너, 데까르트의 추종자를 가리킴(비교, I장 각주 1번).

6. 하나의 그러한 철학은 우리가 단지 각자의 일(자연적이거나, 또는 기술적인 것)을 자체 안에서 스스로, 그들의 본질을 통하여 그들의 구조 안에서, 그들의 건축과 그들의 병행주의에 통일적이며, 진실하며, 선하게 포착될 때, 쉽게 쓰이게 한다. 그런 후에 역시 모두는 때에 따라 그들의 특성들(우연적인 것들)을 완성함에까지, 그리고 모든 실수가 퇴화할 때까지, 그것들이 생겨나며, 사람들이 그것들을 방해할 수 있는 것처럼, 인식될 수 있을 것이다. 게다가 역시 그들의 연결들과 구형체(球形體)에서도 그러하다.

우리가 사람을 한 다른 사람과 다른 이에 대한 관계 안에 놓는 한, 그리고 항상 이것은 그들이 사람인 것에 관한 관심으로써 그도 사람이며, 다른 이도 사람과 함께 있는 만큼 그렇게 사람을 중심점으로 스스로 자신에 관계한다면, 그렇게 참된 정치는 존재하게 될 것이다. 우리가 하나님을 하나님 안에서, 그리고 우리 안과 하나님 안에서 우리를 스스로 중심점으로 바라볼 때, 역시 그렇게 참된 종교가 존재하게 될 것이다. 그렇지만 여기 곳곳에 보편성과 단순성과 자의성이 얼마나 위대한가!

7. 철학과 정치와 종교는 가능한 모든 결핍, 즉 모든 과잉된 것들과 엄청난 것들을 배제해야 한다.

8. 철학에서의 결핍들: 그것은 참되고 완전한 지혜에 대하여 필요한 것을 알지 못하는 것이다. 한 철학자를 위하여 예를 들면, 얼마나 멀리 벼룩(역자주: 쓸모없는 것)이 날뛰어 오르는지, 참으로 쓸모없는 것을 아는 일이다. 정치에서의 결핍들: 참되고 완전한 평화에 대한 필수적인 것은 역시 결핍한다. 종교에서의 결핍들: 그것은 믿음과 소망과 사랑의 필수적인 본질이 결핍하는 일이다.

9. 철학에서 과도한 것 : 지혜에 도움이 되지 않는 그 어떤 것을 다루는 일이다(또는 유익한 일을 사용하는 것, 유익하지 않은 것을 피하는 것). 정치에서 과도한 것: 삶에서 실천적인 적용에 과도한 것과 사람들이 불만을 호소하기 전에 먼저 그것을 제거하라! (이러한 규칙은 소유와 건물과 의복과 음식과 도구들을 생각하여, 표준을 말해야 한다). 종교에서 과도한 것: 믿음, 소망, 사랑에 도움이 되지 않는 것, 그것을 사람들은 종교(신앙) 안에서 쓸데없이 인내한다. 과도한 의식들은 멀리하라!

터무니없는 언어도단의 언동들

10. 변질된 것들:

철학에서: 거짓 철학, 오류들, 완전한 속임과 착란의 도서관들, 그 대신에 정신적인 사육, 괴변, 이해력의 폭력 ...

정치에서: 군주주의, 폭군, 독점주의. 사육 대신에, 모든 방식의 폭력들, 추방들, 교도소들, 처형들, 전쟁들....

종교에서: 말씀과 성례와 열쇠의 다스림에 대항하여 사탄은 내세운다. 1. 어두움에서 지배할 수 있도록 무지나, 이단들, 즉 그들이 무익하거나(결핍된 해명 때문에), (결핍된 적용 때문에) 해가 되는 문서의 빛에 대하여 잘못된 확신들. 2. 미신이나, 또는 속인의 신분, 위선 등이며, 3. 도덕 안에서 나태함(흔들린 교육), 또는 다시 폭군과 분열 ... 우리는 거기서 소리를 내야 하며, 곳곳에서 중립(해결)의 길을 찾아야 한다. 1. 나태함과 문서의 남용 사이에서, 2. 불신앙과 미신 사이에서, 3. 양육의 나태함과 손상을 입히는 엄격함 사이에서. 진리와 양심의 질문 안에서의 폭력은 교수형에 해당한다. 예를 들면, 파문, 스페인식 종교재판, 비밀 고해 등이다. 보편적인 철학과 정치와 종교 사이의 평행주의는 다음과 같은 금언들을 통하여 열거되었다. 정의와 함께 시작하는 것이 가능할 것이다. 그러나 그것은 다음과 같은 것이 포함되어야 한다. 1. 원했던 목표, 2. 수단, 3. 진행 방식. 대략 다음과 같은 것들?

1. 보편적인 철학은 모든 일을 지향하며, 그리고 각 사람이 건강한 이성으로서 파악할 수 있는 인간 정신의 빛이다. 그 정신은 빛에서 그렇게 하나님의 모든 책에서 생산을 돕는다. 특별히 각 부분처럼, 마찬가지로 우주 전체의 모든 본질적인 부분들과 그들의 연결 부분과 함께 부분들의 배열이 형성되어 나타나는 것, 가능한 것과 불가능한 것 사이에서처럼 그렇게 올바른 것과 불의한 것 사이, 악한 것과 선한 것 사이에 그것들이 모든 것을 모든 면으로 보존하고, 구별하기 때문에, 모든 것은 대체로 그들의 목표에 도달해야 하는 것을 돕게 된다.

   보편적인 정치는 모든 인간적인 행위가 항상 적중되는 곳에서, 오류와 파멸로 인도하는 것을 서로 대립하지 않고, 전 인류사회 공동의 복지에 서로 도와 조화 가운데 이르도록 모든 인간적인 일들에 적용되는 인간 정신의 빛이다.

   보편적인 종교는 우리가 진실로 거룩에 적합하게 하나님과 함께 소유하는 각 공동체를 고려하도록 그렇게 하나님께 적용된 인간 정신의 빛이다.

2. 경건한 사람들의 철학은 그의 영혼과 피조물과 신적 계시와 함께 인간의 한 대화 보다 아무것도 더 다르지 않은 것을 서술한다.

경건한 사람들의 정치는 인간들 가운데 상호 간의 대화와 모든 인간적인 공동체 들의 연결 수단보다 아무것도 더 다른 것이 아니다.

경건한 사람들의 종교는 하나님과의 현존하는 교제, 하나님과의 대화, 그리고 하 나님과 함께 하는 행위와 아무것도 다르지 않다.

3. 철학의 마음은 예리한 통찰이 될 것이다.

종교의 마음은 단순성이 될 것이다. 정치의 마음은 경각심이 될 것이다.

4. 철학은 책들과 지식과 인간의 계몽을 고려하여 일들의 의미와 함께 다루게 된다. 질서에 의한 인간을 보존하기 위하여 왕권과 권위를 가진 정치. 사람들이 믿음, 소망, 사랑에 대하여 불타게 되기 위하여, 그 안에서 그것들을 보존하기 위하여 양심과 하나님으로써 종교.

5. 철학의 수단, 또는 도구들은 필요와 선택에 따라 하나님과 인간들의 모든 책을 서술한다. 악한 것과 유익하지 않은 것과 해되는 것들 외에 그 어떤 것도 제외하 지 않는다.

종교의 수단과 도구들은 우리가 기도할 때, 앉으며 서며, 무릎을 꿇거나, 얼굴을 숙이는 등등에서처럼, 필요와 제시하는 기회들에 따른 모든 방식의 의식들이다.

6. 보편적인 철학은 모든 사람에게 계몽하는 자들이며, 보편적인 정치는 다스리는 자들이며, 보편적인 종교는 행복을 주는 자들이다(역자주: 여기 계몽하는 자, 다 스리는 자, 행복을 주는 자들은 모두 여성으로 표현하였다).

7.

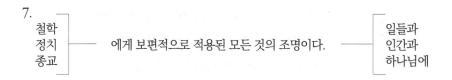

철학
정치 ── 에게 보편적으로 적용된 모든 것의 조명이다. ── 일들과
종교 인간과
하나님에

그리스도는 영접해야 하며, 청취 되어야 한다. 그는 홀로 모든 사물의 생각들과 작용 을 알기 때문에, 모든 피조물의 다스림을 우리에게 가르치는 우리의 교사로서 철학 가 운데서, 평화와 그의 만족이 솔로몬 시대보다 더 크게 되도록 모든 사람을 질서 가운

데로 데려오며, 세계를 평화의 법으로써 조정하는 주님이요 왕으로서. 정치 가운데서, 우리가 영원한 기쁨의 목장에 한 무리가 되도록(요10), 하나님과 함께 우리를 그리고 우리와 함께 스스로 화해하시는 최상의 감독이시며, 대제사장으로서, 종교 가운데서 (요10) -

9. 보편적인 철학은 인간적인 노동의 세계를, 보편적인 정치는 도덕적인 세계를 그리고 보편적인 종교는 영적인 세계를 실현한다.

제14장

보편적인 언어에 대하여: 1. 왜 그것이 도입되어야 하는가?
2. 누구를 통하여, 3. 어떻게?

보편적인 언어를 도입하는 것은 바람직 한 일이다.

우리는 (10장 10항에서) 모든 철학은 유일하신 최상의 교사이신 그리스도 아래서, 하나의 철학이 되기를 염원하였다. 즉 모든 종교는 최상의 대제사장이신 그리스도 아래서, 하나의 종교가 되기를 염원했으며, 모든 정치는 유일한 최상의 통치자이신 그리스도 아래서, 하나의 정치가 이루어지기를 염원하였다. 그렇지만 우리가 세계의 완전한 구원을 바라지만, 우리는 보충적으로 모든 언어가 유일하며 가장 좋은 교사이신 성령 아래서, 유일하고 가장 좋은 언어가 만들어질 수 있기를 염원하였다.

1. 우리는 각 영역에서 가장 좋은 것을 희망해야 하기 때문이다.

2. 일들의 보편적인 개선에서 가장 좋은 것보다 무엇인가 다른 것을 열망하는 것은 가능하지도 않으며, 당연하지도 않다. 그렇지만 각 영역에서 가장 좋은 것은 단지 한 번 주어질 수 있을 것이다. 이처럼 우리는 역시 단지 하나의 언어를 염원해야 하며, 게다가 그것이 사물과 그들의 이름을 가장 잘 표현하고 각각의 생각을 능숙하며 분명하게 하나의 정신으로부터 다른 것들 안에다 넘겨주도록 그들의 목표에 가장 잘 상응하는 게다가 가장 좋은 것을 희망해야 한다. 하나의 그러한 언어를 우리는 범언어론(凡言語論, Panglottia) 1장, 6장, 7장 그리고 8장에서 서술하였다.

2. 마지막 시대에 모든 것이 새롭게 존재해야 하기 때문이다.

3. 하나님 교회의 최종 상태에 대하여 말씀하신다. 즉 보라, 나는 모든 것을 새롭게 하리라(계21:5). 그러므로 철학과 종교와 정치뿐만 아니라, 또는 3가지 영역의 총체가 새롭게 되어야 하며, 역시 그들의 번역자요, 연결자인 언어가 새로워져야 한다. '새 술은 새 부대에', 라고 그리스도는 다른 자리에서 말한다. 새로운 몸에 새로운 의복을, 이처럼 역시 새 빛과 새로운 등불에 대해서도 말씀한다!

3. 그리스도가 모든 것의 개선자임을 보이도록

4. 아담에게 부여된 것, 그렇지만 그가 완성하지 못한 것은 두 번째 아담이 진리 가운데서 완성해야만 한다. 아담이 낙원에서 사물들의 정확한 특징의 명칭들을 형성하도록 그것들을 언어적으로 부르기 위하여 그에게 위임된 것을 수행했을 때, 이것이 이성에 적합한 것, 즉 지성을 통하여 이끌어진 사물의 관찰이었다. 이러한 일들은 더욱이 시작되었다. 그러나 죄 타락을 통하여 그 일은 물론 중단되었다. 마침내 그것은 결과적으로 인간 세대를 넘어서 파멸적인 것이 된 가장 나쁜 혼잡한 것들인데, 언어의 무한한 혼란이었다. 만일 우리가 지금 하늘의 아담을 통하여 참된 지혜와 참된 종교와 참된 정치의 낙원으로 새롭게 도입되었다면, 죄 타락을 통하여 장애를 입게 된 이러한 권리에 새롭게 부름을 받는 것이 필요하다. 그리고 혼잡으로 되돌아가는 것은 결코 더 이상 가능하지 않으며, 항상 더 큰 빛에 이르도록 하는 것이 가능하게 되도록 사물의 언어적인 명칭을 합당하게 종결하는 것이 필요하다.

5. 이것이 그렇게 이루어지지 않는다면, 잃어버린 정신적 자산의 갱신은 완전하게 되지 않을 것이다. "주님은 땅 위에 왕으로 있지 않을 것이요, 그날에 주는 홀로 한 이름도 갖지 않을 것이라"(스가랴 14:9), 사람들은 아직 한 광야에서처럼 주위를 맴돌게 될 것이다(스가랴14:10). (역자주:코메니우스는 하나의 언어가 만들어지지 않을 때를 생각해서, 스가랴의 말을 반대로 인용하였다). 역시 산과 높은 곳과 습지와 바다가 올바르게 이해된 일이 아니며, 개념들과 말들이 분리될 것이다. 그러나 온전히 쉽고 사랑스러우며 조화로운 세계적인 언어가 주어졌을 때, 보편적인 개선이 뒤따를 수 있을 것이다.

4. 백성들 사이에 연결이 완전하게 되도록

6. 이러한 소원들과 노력이 우리의 마음에 들게 되도록, 게다가 사랑이 인류에게, 그리고 모든 면의 상대적인 관계에 따라 동경(憧憬)이 이끌어져야 한다. 우리는 한 피로 맺어진 형제자매들이며 하나님의 한 집에 함께 사는 공동의 주민들이다. 그러므로 우리는 서로 왕래해야 하며, 함께 말해야 하며, 서로 도와야 하며, 충고해야 한다. 언어의 차별 때문에 우리는 이것을 행할 수가 없다. 그것이 도대체 얼마나 불합리한 것인

가! 세계에는 우리와 같은 동등한 본성을 지닌 많은 야만적인 백성들이 있다. 모두는 최고의 선(善)을 그리워한다. 그리고 우리는 그들이 지혜롭게 되도록 할 수가 없다. 모두는 알지 못하는 하나님을 섬긴다(그들의 제단들, 성전, 축제와 의식이 보여주는 것). 그렇지만 우리는 바울이 아덴 사람들에게서처럼 참된 하나님을 전파할 수가 없다. 마침내 그들은 시민적인 헌법을 찾으며, 그들 삶의 평화를 찾는다. 그들은 그것들을 발견할 수가 없다(그들은 모순 가운데서 그들의 목표를 향하고 있기에). 그리고 우리는 그들의 불충분한 것을 어디서 찾아야 할지, 어떻게 그들이 그들의 길을 개선할 수 있을지, 우리는 보여줄 수가 없다. 이처럼 거대한 결핍에 대항하여 구원의 수단이 필요하게 될 것이다. 이것은 공동의 언어를 사용하는 것보다 더 다른 것일 수가 없다. 그렇지만 그것은 자연적이며, 물 흐르듯 하며 게다가 공동으로 이용될 수 있을 경향을 지닌 그 어떤 언어가 발견되지 않는다면, 이 세계에 도입될 수가 없다.

7. 언어를 향한 동경은 그리스도의 우주적인 나라를 통하여 증대되어야 하며, 그것의 한계들은 홀로 세계에서 끝나는 것이다(시 2편과 72편). 이처럼 언어는 이러한 무한성의 표지일 수 있을 것이다. 오늘날 백성들이 사용하는 언어들은 그들의 경계선 안에 포함되었다(몇 가지는 이것들을 충족하지 못하며, 다른 것에 둘러싸여 있다. 그리고 몇 가지는 경계들을 넘어서면, 그것들은 단지 이웃에서 유효하게 된다). 그러므로 우리는 단지 세계의 경계를 통하여 속박되었으며, 전 인류를 넘어서 퍼진 하나의 우주적인 언어를 찾아야 한다. 새로운 통치자들은 승리한 백성들에게 그들 자체의 언어 안에 법칙을 부여하도록 돌보아야 한다. 그것들은 전적으로 그들의 언어를 배우는 것이 필요하다(희랍인들. 로마인들, 페루의 왕, 터키인들 등등이 행했던 것처럼). 우주의 새로운 통치자인 그리스도가 그의 세계에 언어를 넘겨주지 않는가? 그의 군주국 최고의 존엄은 한 언어를 제공하는 일에 적합하다. 그 언어는 전적으로 밝혀지며 지혜로워야 한다.

6. 백성들과 생각이 새롭게 연결되게 하는 목적과 함께

8. 언어들의 나누어짐을 통하여 백성들뿐 아니라, 역시 생각들도 분열되었다. 대체로 우리가 언어적인 관계들 안에서 분열된 것은, 역시 지성들 가운데서 나타났기 때문이다. 그리고서 그러한 모습은 의지 안에서, 그런 후에 노력하는 행동 가운데서도 나타난다. 그

결과로 모든 것은 분열되었으며, 미움과 투쟁 가운데로 빠져갔다(어떻게 우리가 오늘날까지 탈출 길을 찾아내지 못했는가?). 언어들의 재통합은 이처럼 생각과 백성들의 통합으로 인도한다(3장). 그러므로 우리는 바울과 함께 모든 사람이 혀로 말하며, 더 좋은 예언하기를 염원해야 한다(고전14:5). 그것은 그들이 모든 백성을 다스리는 그리스도가 봉헌된 신비로운 지혜로운 예언적인 언어의 도움으로써 말한다는 것을 뜻한다.

7. 모든 사람이 영적인 사건들에서 더 쉽게 연결하기 위하여

9. 언어가 생각의 통역자이며, 지혜의 중재자인 것은 잘 알려졌다. 보편적인 언어는 모든 것 안에 있는 모든 것의 보편적인 통역자이며, 보편적인 지혜의 가장 안전한 중재자가 될 것이다. 영원한 지혜자, 그리스도가 지금까지 흩어진 백성들에게 복음을 전파하게 했기 때문에, 그는 분리되었던 언어와 함께 그의 교회를 선물하였다(행2:6). 모든 백성과 세대들과 족속들과 언어들에 영원한 복음이 약속되자마자 곧 새로운 선물이 뒤따른다는 것을 우리가 소개할 수 있을까(계14:6)? 백성들이 지금 마침내 새롭게 온전히 그리스도의 나라에서 회집되어야 하기 때문에, 그들 모두는 영(靈)과 언어(言語)의 띠를 통하여 연합하는 일이 요구될 것이다.

8. 완전한 자유의 상징으로서

10. 보편적인 갱신(更新)의 시대가 이르게 된다. 모든 것은 새로운 것으로부터 자유 안에 제정되어야 한다. 이처럼 하나님이 니므롯(창10:8-9)을 통하여 온 땅을 뒤덮었던 종들의 멍에를 제거할 때, 역시 백성들에게 힘으로 강요되었던 그들의 상징들과 언어들이 제거되어야 한다! 전 인류에게 충만한 자유로 향한 문이 열어졌을 때, 역시 상대적인 이해의 문이 합리적이며 조화로우며, 온전히 마음에 들며, 유창하며 분명한 언어가 개봉되었다. 이러한 언어는 견고하게 이용되었다면, 인간들의 세대는 불만 앞에서 다행스럽게 보존되었다.

9. 그리고 하나님과의 화해에

11. 역사는 성자들에게서 인간 세대를 위한 언어들의 구별성이 하나의 징계로 설명하는 것을 드러낸다. 그 어려움은(역시 그것이 단지 그들 중 둘, 또는 셋을 배우게 되는 것인데) 하나님 징계의 특이한 흔적을 위해 붙들게 되어만 한다. 우리가 통상적으로 벌써 하나님과 화해되었기 때문에, 서로 이해하게 되며, 우리에게 고향인 모두가 세계의 동등한 자격을 가진 시민들이 되도록, 언어를 사용하기 위하여 안전하고 자유스러운 공동의 언어를 우리 모두에게 자신의 것으로 주어지도록 겸손한 간청을 통하여, 그리고 단지 모든 가능한 길들에 대하여, 역시 이러한 은혜를 얻도록 이러한 경우에 찾지 않아야 했는가? 그렇다면 먼저 우리는 진실로 생각과 말하는 것에서 하나가 될 것이다. 그렇게 하나님의 약속은 역시 성취된다. 즉 "그들은 모두 나를 알아야 한다. 큰 자와 작은 자 모두이다. 내가 그들의 악행을 용서하고, 다시는 그 죄를 기억지 아니하기 때문이라"(렘31:34).

10. 언어가 중단되리라는 예언이 성취되도록

12. 그리스도가 예언들이 중단되며, 언어들이 중지되며, 지식이 중단된다는 것을 사도의 입을 통하여 예언하였기 때문에(고전13:8), 그것은 그렇게 분명히 성취되어야만 한다. 이러한 말씀들이(고유한 의미에서) 미래적인 영원에 관계된 것임에도 불구하고, 그렇게 이러한 마지막 교회의 개선은 벌써 시작하는 영원의 전주(前奏)를 말한다. 거기서 그것들은 역시 예언들과 언어들과 부분적인 지식이 중단되는 그런 관계 안에서 하나의 놀이다. 먼저 예언들이 모두의 면 전에서 성취될 때(계10:7), 사람들은 그것들을 더 이상 추측하여, 그리고 병행된 입장들의 도움으로써 해석되지 않게 되어야만 할 것이다. 우리가 모든 조화(Panharmonie)의 수단을 통하여 완전한 지식에 이르자마자 곧, 그 어떤 부분적인 연구가 필요하지 않으며, 아무도 다른 것을 더 많이 말하지 않게 될 것이다. "주님을 알라, 모두가 그를 알게 될 것이기 때문이다"(히8:11).

11. 새로운 언어에 대하여

13. 우리의 희망은 역시 그리스도가 그를 믿는 모든 자에게 하나의 새로운 혀를 약속하시는 것을 강화할 수 있을 것이다(막16:17). 이러한 진술은 사람들이 이전에 성령의 부어지신 사건 후에 알지 못하는 언어를 말했던 사도들과 다른 믿는 자들에 관하여, 그들이 새로운 언어를 말한 것이 아니라, 다른 언어 즉 구별된 언어를 말하게 된 깊은 의미를 지닌다(예, 행 2장과 4장). 거기서 이처럼 새로운 언어에 대한 약속은 독립적이다. 그것은 거기서 하나님의 은혜를 통하여 독자적으로 성취되어야 한다.

12. 거대한 바빌론의 붕괴에 관하여

14. 바빌론의 붕괴는 세상의 종말 전에 예언되었기 때문에(계15:1), 역시 항상 생겨나는 모든 혼란이 제거되는 것은 불가피한 일이다. 언어들의 많은 수는 항상 혼란의 구성요소일 뿐 아니라(이것을 헤아릴 수 없이), 역시 그들의 우주적인 연결에 한 수단이다. 그것은 우리가 헤아림과 의미들 가운데서 왜 결단코 일치할 수 없었던 지의 주된 원인을 말해 주었다. 감각기관들의 도구와 사고의 작업장은 더욱이 하나님의 은혜를 통하여 우리에게 보존되어 있었기 때문이다. 그렇지만 우리는 같은 일들에 대하여 같은 방식으로 알릴 수가 없었기 때문이며, 거기서 현저한 불일치들이 생겨났기 때문이다. 이것은 단지 완전히 다른 언어들에서 일어났을 뿐 아니라, 역시 하나와 언어와 같은 언어의 사용에서도 무한한 결핍과 불분명한 것과 이중적인 것들과 알려진 것처럼, 그와 같은 것 때문에, - 스스로 학식 있는 자들이 중단하지 않은 논쟁을 만들어 내었다. 그러므로: 바벨론 전체는 우리와 함께하시는 하나님의 자비를 통하여 멸망될 수 있을 것이다.

13. 백성들의 최종적이며 보편적인 재결합에 대하여

15. 대체로 세계의 마지막 시간에 이방인 앞에서 지금까지 세계의 시장에서 한가하게 서 있는 최후의 사도들이 주님의 포도원에 모이기 위해, 그 사도들이 일어서게 될 수 있을 것이다. 그렇지만 그들은 그들 사도의 마지막 봉인과 함께, 새로운 언어로

써 등장하게 해야 한다. 나머지 믿는 자들은 성령의 협력 가운데서 이러한 하늘의 사건을 뒤따라야 한다(막16:17).

누가 새 언어를 유포해야 하는가?

16. 아마도 새로운 질문이 생겨날 수 있을 것이다. 이와 관련하여 바빌론의 무너짐에서 누가 공헌하게 될 것인가? 누가 여러 언어와 함께 그들이 익숙한 것을 떠나며, 무엇인가 익숙하지 않은 곳으로 들어가도록 백성들을 설득할 것인가? 나는 대답한다. 우리가 요구하는 것처럼, 새로운 언어가 만들어지게 된다면, 말하자면 온전히 합리적이며, 조화로우며, 맘에 들며 분명하게 그 언어가 곳곳에서 그렇게 그것을 통하여 느끼게 된다! 세계에 있는 모든 백성은 그것을 맛봄에 이르게 될 것이다. 철학자들과 신학자들과 세계의 권세들은 모든 백성에게 이르도록 우정 관계 안에서 노력해야 한다. 평화의 빛과 하나님의 총애가 모든 사람 가운데 확대되게 하는 모든 일에 달려 있기 때문이다. 로마인들이 제국을 더 쉽게 보존하며 조정하기 위하여(비록 지속적이지 않음에도 불구하고) 모든 백성이 그들의 언어를 수용했던 것을 이루기에 그들의 과제로 여겼다면, 그렇게 우리는 더욱더 정당성을 가지고 그리스도의 영원한 나라가 모든 나라에서 이루어지게 되도록 노력한다. 그러므로 바벨론 전체는 멸망할 수 있을 것이며, 어떠한 부분도 거기서 남지 않게 될 것이다!

우리는 그것을 어떻게 행할 수 있을까?

17. 누군가가 어떻게 할 수 있는지를 질문했을 때, 나는 그렇게 대답했다. 즉 우리가 지금 유창하게 언어를 가르치고 배우는 것처럼(낱말들의 상호번역과 낱말의 연결들, 그리고 문장들을 통하여), 사람들은 새로운 언어를 가르칠 수도 배울 수도 없을 것이다. 그렇다면 어떻게 해야 하는가? 스스로 보며(autopsia), 스스로 말하며(autolexia), 스스로 행함(autopraxia)을 통한 낙원(에덴동산)의 방법을 통해서이다. 새로운 언어를 습득하는 자에게, 그가 고유한 감각의 도움과 함께 그것을 적용하도록 사물들이 직접 보고, 듣고, 맛보며, 만지는 것이 제공되어야 한다. 그리고서 각자는 말해지고, 그가 스스로 그것들을 말하기가 요구되었다면, 그것들을 자신의 직관(直觀)과 언어적인

진술의 도움으로써 반복하는 것이 같은 방식으로 같은 사물을 파악하고, 언어적으로 표현하는 것은 분명할 때까지 그에게 위임되었다. 그리고서 이러한 언어 안에서 마땅한 방식으로 저술되었으며, 사물의 정확한 설명들이 포함된 세계적인 책들이 전 세계의 모든 백성에게 보내졌으며, 학교에 도입되었다. 그것은 이로써 성취되었다. 아이들의 머리는 모든 것을 놀면서 파악하게 되며, 그러한 유혹하는 일들과 개념들 그리고 언어의 조화를 통하여 배움에서 기쁨과 함께 계속하는 것이 자극되었다.

새로운 언어와 함께 새로운 도덕이 쉽게 도입되게 한다.

18. 모든 기대에 반하여 우리는 하나님이 약속하신 것이 어떻게 성취하는지를 더 빠르게 보게 된다. 즉 그가 백성들에게 순수한 입술을 주었으며, 그 모든 것이 주님의 이름을 부르며, 그에게 한마음으로 섬기는 것(스바냐3:9). 말하자면, 누군가 한 백성의 언어의 열심과 함께 가정할 때, 오늘날도 그에게 그것은 이루어진다. 즉 그가 관용구들과 고유한 표현과 잠언으로써 이 백성의 풍습과 도덕을 자체에 흡수하고(그것들의 돌출하는 행렬에서 주어진 언어를 표현하는) 그것들을 따라 하기를 시작한다. 같은 방식으로 사람들은 여러 면의 합리적인 개념들과 함께 공동으로 역시 합당한 개념들과 사상과 욕망과 노력을 적용하도록 만들어 준다.

말하자면 낙원은 전적으로 새로워지게 한다.

19. 그리고서 새 아담이신 그의 나라를 시작하는 그리스도 아래서 아담의 아들들에게 낙원이 열리게 될 것이다. 역시 이것은 새롭고 엄청나게 모든 환란의 홍수가 극복된 것에 대한 직관적인 증거가 될 것이다.

사람이 경건하며, 겸손하며 지혜롭게 진전될 때

20. 그렇지만 빛의 사람들은 그렇게 그리스도의 영광과 자신을 기쁘게 하기 위한 것이 아닌, 이러한 위대한 일을 관철하기를 겸손과 일치 가운데서 시작하기를 원한다. 그렇지 않으면, 그들은 다시 거대한 바빌론으로 넘어지게 되며, 고난을 받으며, 새로운

분열에 영향을 미치게 된다. 이것이 방해되도록, 나는 계속해서 앞서 충고들을 나누었다(범언어론 8장). 즉 모든 사람이 범지혜의 가르침들에서 완성되기 전에 이것이 그 누구에게서도 사적으로 시도되지 않도록 하려는 것이다. 그것에서 나는 열매를 주목하지 않았으며, 하나의 충고는 다만 한 충고로 머물러 있는 것이며, 단지 하나님이 이러한 일에서 통찰을 허락하는 만큼 그것이 어떻게 가능하며 간결한지를 보여주었다. 하나에서 더 많이 또는 더 좋은 것이 나누어져야 한다면, 나의 충고는 하나님의 뜻과 인간적인 판단에 따라 뒤로 남겨둘 수도 있을 것이다.

21. 질문: 새로운 언어가 더 이전에 저 우리의 조상들에게서처럼, 마찬가지로 파멸되지 않을까? 나는 대답한다. 그것은 그렇게 될 수가 없을 것이다. 왜냐하면 1. 그것은 온전히 합리적으로 자체에서 이해적일 수가 있기 때문이다. 그래서 사람들은 어렵게 길을 잃을 수가 없다. 2. 누군가 길을 잘못 간다면, 길을 잃지 않은 자가 그를 쉽게 고쳐주게 될 것이며, 또는 그는 조화로운 협력과 함께 쉽게 생각하게 될 것이다. 왜냐하면 이러한 언어는 그것이 다시 지혜를 새롭게 할 수 있도록 아주 합리적이며 조화로우며, 지혜롭게 존재해야 하기 때문이다. 그것은 언어 안에서 단지 한 세대, 3가지 경우, 3가지 시대, 개인적인 대명사들에 의한 것 외에 그 어떤 의미들이 아니며, 모든 동사의 6번, 6번의 형식들은 주어(본질적인 것)로서 일하며 고통을 당하면서, 정해지지 않은 방식으로, 하나를 정하기 때문이다. 3. 동일한 책들은 모든 것을 동일한 언어로 모두를 위해 번역되었다. 4. 지혜자 모임의 결단을 통하여 무엇인가 변경되었다면, 그것은 누구에게도 대항할 수 없다. 5. 그래서 이러한 방향이나, 저러한 방향으로 흩어지게 되는 것은 가능하지 않을 것이다(바벨탑에 의한 것처럼). 왜냐하면 세계를 떠나는 것이 불가능할 것이기 때문이다. 6. 하나님이 그 같은 방식의 무질서를 허용하는 것은 두려워하는 것이 아니다.

제15장

한번 정당하게 설정된 모든 것을 확실하게 하는 필요성에 대하여,
그리고 시대의 행복을 위한 하나의 결합체를 묘사하는
3가지 최상의 단체, 또는 재판정을 통한 것에 대하여. 그것들이
어떻게 조달되어야 하는지?

한번 잘 설정된 사건들은 방어한다.

우리가 모든 것, 즉 철학, 종교, 정치가 진실로 보편적으로 지니는 일들이 잘 개선되자마자 곧, 학자들은 인간적인 정신에다 심는 것처럼, 진리들을 모으며, 밝히는 기회를 유지하게 될 것이다. 사제들은 세계의 영혼들을 하나님께로 인도하게 될 것이다. 그리고 정치인들은 곳곳에서 평화와 안식이 보존되도록 힘쓸 것이다. 모두는 말하자면 각자가 그의 자리에서 우선하여 전 세계 인류의 안녕에 도움이 되도록 거룩한 열의로 경쟁에 참여하도록 호소하게 될 것이다.

이것은 모든 앞섰던 자들에게 위임될 것이다.

2. 키케로(Cicero)의 격언은 아름답다. 즉 충분한 중재 없이 알려진 잘못된 생각을 보호하거나, 또는 모든 것을 깊이 고려하지 않고 방어하려는 한 현자(賢者)의 품위는 모순적이다. 마찬가지로 다른 이들을 경건의 본성으로 인도하는 신학의 사람들은 거룩하지도 않은 그 무엇을 행하거나 허용하는 것은 그들의 품위에 적절하게 유지하는 모습은 아니어야 한다. 평화를 도모해야 하는 정치인들은 더 나아가서 논쟁하는 것들에 기회를 제공하며, 그것들에서 인내하거나, 또는 방어하는 것은 그들의 신분에 불일치한 것으로 간주할 수 있을 것이다.

그렇지만 그들이 이러한 과제를 특별히 수용하도록 전문가들이 선택되어야 한다.

3. 모든 것을 행하는 그것은 아무도 실행하지 않기 때문에, 그렇지만 그것은 바로 그들이 일상의 업무로서 이러한 과제에 전념하며, 일들의 개혁에 무가치하다는 것은 그 어떤 것도 허용되지 않도록 더 높은 파수꾼들로부터 관찰하는 탁월한 사람들이 선택되는 것이 필요하게 될 것이다(그것은 아무것도 거짓이며, 비 경건한 것이거나, 또는 비평화적인 것이 스며들지 않는 것을 뜻한다).

열매는 다시 어두운 것들이 나타나는 것을 달리 물러나게 할 수 없다.

4. 이러한 것이 발생하지 않으면, 확고한 것이거나, 또는 내구성이 있는 것은 아무 것도 기대할 수가 없다. 그 이유는 그것들이 선한 질서 가운데서 주의 깊게 보존되지 않을 때, 역시 우선하여 질서화된 일들이 느슨하게 되며, 풀어지며, 마침내 손해를 입고 혼돈 가운데로 넘어지는 것에 관하여 모든 시대의 역사는 증언 해주기 때문이다.

이스라엘 사람들이 현명하지 않아 이루지 못한 것은 우리에게 지혜를 교훈한다.

5. 약속의 땅으로 이주한 후, 그들에게 해가 되는 자들을 다시 경고하며, 그들의 나머지 적을 주시해 보는 일을 주의하지 않고, 무기를 내려놓고, 그들 가정경제의 염려에 주의를 기울였을 때, 그들에게 이러한 행동이 어떻게 나쁜 결과를 초래하게 되었던지를 우리가 이스라엘인들을 주목해 보자! 우리는 이러한 것들에서 주의를 기울여야 할 수천 가지의 다른 놀랄만한 예들을 배울 수 있을 것이다. 학자들이 인간 사회를 형성하며, 사제들이 그 사회의 백성들이 하나님을 경외하며, 통치자들은 백성들을 지도하는 것을 예방하는 것이기 때문에, 그리고서 나태함과 무감각함, 또는 권태한 모습으로 되돌아가지 않도록 하며, 일반적인 잠을 자는 동안에 새롭게 그의 왕겨를 뿌리는 어떠한 기회도 적(敵)이 얻지 못하도록 우리는 그들 편에 경계 근무를 세우기를 원한다.

벌써 한번 잘 설정한 일들에 대하여 지키는 자들이 세워지도록

6. 학자들은 깨어 지키는 자로 예약되어야 한다. 즉 그들은 사람들의 정신 속에 무지와 오류들이 남아 있는 것을 몰아내게 되도록 경고를 통하여 그렇게 행동하도록 가르친다. 사람들은 사제(司祭)들에게 무신론과 쾌락론과 무관심에 붙잡힌 것을 몰아내도록 그들을 도와주어야 한다. 지키는 자들은 권세를 가진자들에게 불화의 씨앗들이 열성의 남용을 통하여 원점으로 되돌아가지 않도록 힘이 그편으로 주어져야 한다. 그리고 그것이 적절한 시기에 근절하게 될 경우, 이것은 항상 단지 모두의 공적이며 개인적인 복지에 해당한다.

그들의 주된 과제들

7. 우리가 두려워하는 위험에 대항하여(인류의 질서와 복지에 해당하는 일반적인 일들에서, 이완과 붕괴가 나타났던), 우리는 현저한 지킴이들이 한번 잘 설정한 일들에 대하여 정당하게 되도록 그와 같은 수단을 제시한다. 그것들은 학교들이 올바른 방식으로 정신을 밝히는 것과 교회들이 올바르게 마음을 따뜻하게 하며, 정부들은 공적인 안식을 질서에 적합하게 보호하며, 질서의 이탈이 스며들거나, 또는 새롭게 강화되는 것을 허용하지 않는 것을 현저히 주목하게 될 것이다(앞부분의 제5장 25항을 보라!).

이러한 높은 직무의 필요성

8. 우리는 더욱이 각 학교와 교회와 국가에서 질서와 법의 지킴이를 세우게 될 것이다(나는 학교의 감독자들, 장로들, 평의회 위원들). 그렇지만 곳곳에서 그 어디에도 중단되지 않는 그들 영역에서 최상위에 있는 자들에게까지, 넓은 등급이 필요하며, 그리고 그것은 우리가 보편적인 구원의 영원한 토대들을 놓아야만 하는 곳에서 특별히 필요하다.

부수적인 일들

공동체 안에서 살아 있는 개인들처럼 하나의 가족, 가족들처럼, 하나의 공동체, 공동체들처럼 하나의 지역, 지역들처럼, 한 왕국, 그리고 모든 국가의 공동체 전 인류의 한 국가가 형성되기 때문에, 그렇게 역시 각 집, 각 지역교회, 각 지역, 각 나라, 마침내 전 세계가 그들의 재판관석을 소유할 수 있습니다. 유사하게 학교와 교회들의 질서와 성과에 대한 감독은 그것들이 함께 작용하며, 그들의 도움으로써 그 모든 것이 구원의 한계 안에 보존되도록 최고의 단계에까지 형성되어야 한다.

9. 그것은 인간적인 복지의 파수꾼들을 단 한 분이 아니라, 더 많은 분에게 제시해야 한다. 즉 그리스도가 우리에게 마태에 의하여 잘 알려진 영원한 지혜의 말씀(마 23:8,9,10)으로 교훈했던 것처럼, 그가 명령했기 때문에 사람들 가운데 그 어떤 통치

권과 지도권과 지혜를 단 한 분의 것도 제시하지 않아야 한다. 말하자면, 그는 누군가 땅 위에서 칭하는 것을 금지하였다.

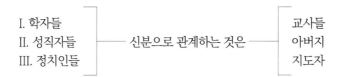

우리 모두 함께 하늘의 아버지와 그가 우리에게 유일한 선생이요, 지도자로 주었던 그리스도에게 의존하는 것을 형제관계로 결합 한 것을 배우는 것보다 아무것도 달리 도입되지 않도록.

10. 3가지 신분의 체계들 안에서 각자 이처럼 준비되었다. 그들 각각 안에서 3기지 신적 신분의 사명 자(Hetmes Trismegisrtos)인(인간을 향한 3가지 모습으로 형성된 신적인 의지의 가장 위대한 중재자, 최상의 예언자, 최고의 사제, 최고의 왕) 그리스도가 조정하게 될 것이다. 그러나 질서를 보존하기 위하여 복종 단계의 서열을 통하여 곳곳에서 그리스도의 학교, 그리스도의 성전, 그리고 그리스도의 나라가 안전하게 보존되어 있도록 하나는 다른 것들에 앞선 자로 있게 될 것이다.

3가지의 법정

11. 사람들은 학자들과 제사장들과 통치자들 가운데서 발생하는 모든 논쟁이 중단되게 해야 할 3가지 법정이 제정하지 않아야 하는가? 조심스러운 돌봄을 통하여 그들 불화와 반목을 모든 3가지 신분들 안에서 미리 제지하며, 평화와 안식 가운데 머물게 되도록? 우리는 개선된 관계들 안에서 내적 구성을 다른 것으로 바랄 수는 없을 것이다.

그것들은 그들의 적절한 명칭을 통하여 구별되어야 한다.

12. 그것들을 구별되게 부르는 것이 역시 필요하다. 그러므로 빛의 협의체로서 학

자들의 법정, 종교재판소로서 교회의 법정, 그리고 마침내 법원으로서 정치인들의 재판정을 표시되게 해야 한다.

I. 빛의 평의회

13. 빛의 평의회는 각자를 가르치는 전 세계의 그 어디에서도 요구되지 않는, 누군가 무지한 채 머무는 이들이 적어지며, 모두가 하나님에 관하여 가르쳐지도록 하는 것이 책임이다. 그것은 벌써 오류들과 어떤 망상들을 혼합할 수 없도록 모두가 스스로 진리를 보는 세상에서 모든 사람의 눈이 이러한 빛을 향하게 되도록 기회를 제공하는 것을 뜻한다.

II. 신성한 것의 종교재판소

14. 말 방울과 모든 주발 등등 주님의 신성한 존재에 속한 것이 어떤 파문도 더 일어나지 않도록 세계 종교재판소에 제소하는 일이 포기되었다(스가랴14:20). 예루살렘은 온전히 안전하게 온전히 거주하게 될 것이기 때문이다(11절). 그것은 온 땅에 충만한 가운데서 그리스도에게 넘겨지는 것을 뜻한다. 즉 더 이상 추하게 되는 것들이 없으며, 문서도 없으며, 찌르는 것이나, 유화한 것들도 없으며, 화를 입지 않으며, 역시 자신을 돌이키는 자는 거룩에 적합한 생각들을 위한 재료를 발견하게 되며, 모든 것이 거룩한 표징들로 채워지게 되는 것을 뜻한다.

III. 평화재판소

15. 어떤 백성도 다른 백성을 대항하여 일어나지 않으며, 투쟁이나 무기의 생산을 가르치는 자가 없으며, 칼과 쟁기로 낫과 쟁기를 보습으로 개조하지 않았던(사2:4 등등), 칼과 창이 더 이상 없는 것게 하는 일은 마침내 평화재판소에 책임이다.

(모든 학식 있는 단체들이 부정해야 하는 것처럼)

16. 거기서 모든 학식 있는 단체들(지금 이탈리아에 있는 하나님의 린케이 아카데

미아, 프랑스에 있는 장미들의 단체, 독일에 있는 유익한 단체 등등)[129]이 "빛의 평의회"로 개조되어야 한다. 그 이유는 모든 빛의 영원한 아버지는 그들을 스스로 빛의 통일과 결합으로 부르기 때문이다. 말하자면 그분은 주님이 그의 백성의 상한 곳을 감싸며, 상처를 치료하게 될 때, 그 기간에 달빛이 태양처럼 빛나게 될 것이며, 지금의 것보다 7배 더 밝게 할 것이며(사30:26), 세계의 밤에도 그렇게 되리라는 것을 말한다(스14:7).

최상의 종교국에 대한 모든 교회의 종교감독 기관들

17. 모든 재판소, 또는 가독교회의 장로회들(그리스도인, 로마인, 에티오피아인, 개신교인들에게 있는 것처럼)은 재판에서 자리들이 다윗집의 자리들로 있기 때문에(시122:3, 5), 유일한 도시로서 영화롭게 형성된 예루살렘에서 모범이 된 것처럼, 보편적인 교회의 한 종교회의로 연결되어야 한다. 그 아래에서 그의 나라를 다스리는 다윗의 아들을 이해하라, 그는 보좌들 위에 앉아 있는 그러한 자들, 즉 전 세계의 교회를 뜻하는 이스라엘의 12지파들을 다스리게 될 것이다(눅22:30).

세계 최상의 모든 법원

18. 세계의 모든 재판정은 그리스도의 법정이 되어야 한다. 세계의 모든 나라가 그에게 넘겨지게 되면(시72:11; 단7:14; 계11:15), 그 왕은 의로 다스리시며, 제후들은 권리를 얻게 될 것이다(사32:1).

귀족(로마)들은 최상의 것에서 선출되었다.

19. 사람들은 귀족들이 최상의 것들 가운데서 선택되었다는 것을 주목하게 될 것이다. 말하자면, 지혜의 영역에서 가장 지혜로운 자들이, 종교의 영역에서 가장 경건한 자들이, 그리고 권세의 영역에서 가장 권세 있는 자들이 선택된 것에 대해서이다. 거기서 역시 다른 이들은 필요로 하는 특성들을 고려하게 된다. 한 지혜로운 자는 그가

---

129) 학자들의 단체들: 신의 스라소니 아카데미. 1603 로마에서 설립되었다. 꽃놀이나, 장미의 아카데미아는 1323년에 톨루스에서 설립됨, 독일의 유익한 단체는 1617년 설립됨.

동시에 경건하며, 능력 있는 자라면, 그가 단순한 지혜자인 것보다는 경건하고 능력이 있다면, 한 사람 지혜자는 지혜있는 자들을 더 잘 인도하게 될 것이기 때문이다. 지혜와 경건 없이 능력만 가진 자 보다 동시에 지혜롭고 경건한 능력을 지닌 자는 권세자들을 더 잘 다스리게 될 것이다.

인간의 일들을 가장 잘 돌보기를 원할 때

20. 빛의 협의체 회원들이 전 인류의 교사이신, 세네카가 모든 철학자에 대하여 말했던 것을 실제로 진실하게 말하게 될 것이다. 보편(세계)적인 종교감독 기관의 구성원들은 실제로 참되게 그리스도가 너희는 세상의 빛과 땅의 소금이라고 말했던 그러한 인물들이 될 것이다. 그리고 범 세계적인 통치자들은 실제로, 그리고 참되게 다윗이 땅의 위병이요, 땅의 보호자들이라고 말했던(시47:10) 그들이 될 것이다.

모두는 한마음과 한 영혼이어야 한다.

21. 너희의 가장 큰 특권은 그들이 지성과 의지와 자질들에서 행동이 생겨나는 마치나 세계의 한마음과 한 영혼인 것처럼, 전 인류의 복지를 위해 가장 큰 일치와 단결이 될 것이다. 몇몇 철학자들은 지금까지 세계영혼의 존재에 대하여 의심하였다. 한 정신의 빛과 평화와 열성으로 섬기는 자들과 그들이 세계에다 생명과 구원을 불어넣는 것을 볼 때, 그들은 의심하기를 중단하게 될 것이다.

그들이 하나님 안에서 온전히 일치된 능력과 함께 시작하는 것

22. 마지막 세계의 시대에 빛과 평화와 행복을 출산하는 조력자가 되며, 산들의 모든 꼭대기 위에 있는 하나님의 집이 드러나도록(모든 백성이 거기서 귀결되는 이러한 빛과 평화와 행운을 보아야만 하는 것) 그들이 일치단결하여 함께 일하기 때문이다. 삼손[130]과 헤라쿨레스 처럼, 그들이 엄청난 것들을 길들일 것이며, 그 어디로 괴물이 몰

---

130) 삼손, 구약의 모습, 이스라엘의 사사(심판자).

래 잠입하면, 그들은 불 칼을 가지고 낙원의 문에서(새롭게 된 교회) 지키게 될 것이며, 모든 부정한 것들을 몰아낼 것이다. 그들은 노아처럼,[131] 멸망에서 보호되어야 할 생존하는 모든 것은 빛과 평화와 구원의 방주로 모이게 될 것이다.

얼마나 많은 것들이 필요할 것인가?

23. 사람들이 이러한 마지막 행운의 시민 수(數)를 생각한다면, 모든 왕국이나, 모든 공화국, 둘, 셋, 넷, 또는 더 많은 빛의 파수군들, 적잖은 경건의 파수군과 마찬가지로 많은 평화의 파수꾼들이 차지하는 것이 가장 좋게 보일것이다. 이러한 동료들의 각각은 자체의 대표자를 가지게 될 것이며, 그들 모두는 다시 아시아의 대표자, 아프리카의 대표자, 등등을 가지게 될 것이다. 이들은 철학이 곳곳에서 진리의 보루요, 경건의 원산지와 보루인 종교와 전 세계 안전의 원산지와 요새인 정치가 함께 있게 되도록, 세계의 위원회, 즉 전 인류의 교육자인 세계의 빛과 지상의 호위병과 함께 있을 것이다.

그들이 머무는 중심지는 어디인가?

24. 그들이 함께 거주할 장소가 필요한지에 대한 질문이 던져질 수 있을 것이다. 나는 그들의 몸이 역시 여러 장소에 머물러야 한다고 생각하지 않는다. 그렇지만 그들은 영(靈) 안에서 함께 거할 수 있을 것이다. 각자는 그들이 거주하는 장소에서 같은 일을 수행하며, 그들은 그리스도의 나라가 성장하는 것처럼(빛과 평화와 거룩함에서), 매년 정보를 교환할 수 있을 것이다. 그것은 특히 학자들에게 해당하는데, 그들 각자의 영역에서 생각들과 백성들의 교환은 특별히 공적으로 고유한 것이 될 것이다. 비용들은 처리되며, 교회와 왕들과 정치인들의 지식과 함께 수단이 보증 될 것이다.

---

131) 노아, 그는 인간 세대와 동물 세계를 홍수에서 구원했던 방주의 건설자.

가장 최선의 교환을 위한 모임(총회)

25. 매 십년, 또는 50년에 결정적인 장소에 세계총회로 최상의 구성원들, 또는 그들 파송된 자들이 그사이에 쌓인 빛과 평화와 하나님 은혜의 열매들에 대하여 알려주고, 그리고 마침내 이러한 그리스도의 대리적인 통치를 분명히 하기 위하여 모든 상황에 대하여 서로 생각들을 교환하기 위해 모여야 한다. 그것은 또한 교회의 새로운 책임자, 또는 새로운 군주들이 드러나는 것이 생각되어 새로운 적그리스도가 나타나지 않도록 하기 위함이다.

26. 그렇지만 우리는 이러한 동료들의 과제를 개별적으로 이러한 인간적인 고귀함의 번영이 얼마나 모든 세계질서의 토대와 기둥이 될 수 있을지 감행하기를 시도해 보자.

제16장

학자들의 세계 연합, 빛의 평의회

그의 과제는 의식과 존재 사이에 관계들을 주도하는 그 안에 존재한다. 그것은 아무것도 과도하게 강조되거나, 또는 도로 밀쳐지거나, 궤도를 벗어나 빠져가거나, 그의 가능한 단계와 상태와 여건들을 뛰어넘지 않도록 인간적인 총체적인 지식에 대하여 총지휘하게 되는 것을 뜻한다. 즉 이것은 사물들에 대한 인간적인 이성의 다스림을 확대하는 것과 총체적인 백성들과 세계관들에 대한 지혜의 빛을 확대하는 것과 역시 항상 더 크고 더 좋은 것으로 옮기기 위하여 이루어지게 되는 일이다. 사람들은 이러한 동맹을 역시 인간 세대의 교육장들로, 교회의 하늘로, 그리고 마찬가지로 세계의 거대한 등불들로 부를 수 있을 것이다.

2. 그 때문에 그것들은 주의를 기울여야만 한다.

I.   빛의 봉사자로서 스스로 자신에 대하여
II.   그것이 깨끗하며, 개진되어야만 하는 빛 스스로에 대하여
III. 빛의 작업장들로서 학교들에 대하여
IV.   빛을 운반하는 자들로서 학교장들에 대하여
V.   빛의 가위들로서 가르침의 방법에 대하여
VI.   빛의 깔때기들로서 책들에 대하여
VII. 빛의 깔때기 제작자들로서 인쇄기들에 대하여
VIII. 새로운 빛이 가장 광채를 드러내는 협력의 수단으로서 새로운 언어들에 대하여
IX.   세계 전체에 대한 빛의 확산을 돕기 위한 단체들로서 여분의 양 평의회들에 대하여
X.   마침내 빛의 원천으로서 그리스도 자신에 대하여

우리는 지금 각자 주의를 기울여야 할 이러한 부분의 영역을 관찰하게 해 봅시다!

Caput XVI.

De Eruditorum Vinculo Universali.
COLLEGIO Lucis.

Horum erit præcipue Commercia Mentis cum inter
s. e. Omniscientia humana directorium habere ut ne ex
cedat vel deficiat, aut exorbitet; eor quocunq gradu, h.
rey, rejus, hos: ad extendendum Mentis humanæ imperium
m'es; propagandæq Sapientiæ lumen per universas gentes
et Mentes, semper jam in majus et melius. Posset etiam Ge
neris Humani Pædagogeum et Cohun Ecclesiæ item lumina
ria Mundi majora dici.

  2. Attendere itaq debebunt

I. In Seipsos, tanquam Lucis ministros.
II. In Artem ipsam, opera sua depurandam et dilatandam.
III. In Scholas, tanquam Lucis officinas.
IV. In Scholarum præsides, tanquam Luciferos.
V. In docendi Methodum, tanquam Lucis emunctorium.
VI. In Libros, tanquam Lucis infundibula.
VII. In Typographos, tanquam infundibulorum horum paratores.
VIII. In Linguam novam tanquam splendidissimum novæ Lucis
vehiculum.
IX. In reliqua duo Collegia, tanquam Lucis per omnia mera:

라틴어 원본에 코메니우스가 직접 작성한 제16장의 글(프라하 국립도서관 소장)

I. 그들은 스스로 어떻게 주의해야 하는가?

3. 그들은 자신 스스로 먼저 온전히 특별하게 주의를 기울인다. 그 이유는 그들이 다른 이들을 교양해야만 하는 것처럼, 먼저 스스로 그렇게 되도록 노력해야 하기 때문이다. 먼저 대부분 스스로 각성한 자들로 있는 것, 세계의 참된 빛들, 즉 태양의 빛처럼 그것들의 빛인 달들을 말하는 것이다. 그리고 일곱 날의 빛처럼(사30:26), 그들의 빛이 일곱 배인 태양들처럼, 죽어야 할 자들의 가장 지혜로운 자들의 솔론(Solon)[132]과 솔로몬의 참된 모습들이다. 모든, 숨겨진 것과 계시 된 것들의 창조적인 지혜가 특히 그들에게서 가르쳐졌다(Sap.7:21). 그들은 전 세계의 유익한 것에 불을 붙인 혼을 불어넣었던 도서관들이며, 살아 있는 연극공연장이며, 하나님의 참된 횃불들이다. 만일 이러한 샛별들이 나태와 경솔함을 통하여 불빛을 꺼버리거나, 어둡게 한다면, 어떻게, 인간적인 공동체의 남아 있는 몸체로써 무엇이 발생하는가? 그리스도는 그것에 대하여 다음과 같이 대답했다. 너희 안에 있는 빛이 어두움 이라면, 그 어두움은 얼마나 크겠느냐?(마6:23).

II. 지혜의 빛에 대해서는 어떻게?

4. 그런 후에 그들은 스스로 사물의 온전한 다양함과 모든 것에 대하여 아름답게 불붙이며, 세계가 뻗쳐 있는 만큼 백성으로부터 백성에게 밝게 청결하며, 유효하게 확대되어야만 하는 지혜의 빛을 주목한다. 하늘의 태양처럼, 그에게 주어진 한 지역을 위해 만들어 낼 뿐 아니라, 그것이 모두에게 퍼지기 때문인데, 즉 낮이 온통 쉬지 않고, 북쪽으로 기울어지면서, 모든 것을 위하여 확산하게 된다. 그리고 모든 것이 회전 가운데서 밝혀진다(에크 I,5), 그러므로 유일한 백성이나, 또는 몇몇 백성들의 소유가 아니라, 낮부터 한밤까지(설교 I,5) 인간 세대의 범주 전체를 싸고도는 마침내 밝은 광채로써 지금 퍼져나가는 정신의 태양인 지혜이다. 이러한 빛의 사도들은 그것을 보며, 관찰하게 된다. 그들은 그렇게 모든 민족의 어두움 가운데서 아침의 노을을 퍼뜨리며, 그래서 말하자면 그리스도의 의의 태양의 떠오름이 스스로 뒤따를 때까지

---

132) 아텐의 정치가이며, 범 제정자, 그리스도 이전 BC..560년 사망함.

미래를 밝혀준 세계의 빛의 운반자들이 될 것이다. 그것이 떠오르자마자 곧, 그들은 부분적인 지식의 불타올랐던 그 어떤 별도 교회의 창공에서 꺼지지 않도록 하며, 교회의 태양이 스스로 지거나, 또는 달이 물러가지 않도록 정신의 어떠한 어두움이 되돌아오지 못하게 하며, 약속된 것처럼(사60:20) 너희의 주(主)가 영원한 빛을 위하여 머무르도록 힘쓰게 될 것이다.

III. 학교들에 대해서는 어떻게?

5. 세 번째로, 그것들은 시작된 것들을 지키며, 보호된 것들이 항상 지속하는 빛을 통하여 밝혀지는 것을 인간 세대의 모든 백성과 모든 공동체에 의하여 시작되도록 학교들인 빛의 작업장들에서 조심스럽게 주의를 기울이게 될 것이다. 태양처럼, 그들의 위성들이 빛으로 충만하고, 전 세계의 영역들이 빛을 발하기 때문에(만일 빛이 부재하며, 어두움 가운데 머물러 있는 육체들 아래에서 어두움을 찾고 있는 것 외에), 지구가 그들에게 위탁된 것처럼, 저 모든 학교는 그렇게 밝히게 된다. 그 학교들은 교회와 시설들의 책임자들에 의하여, 학문과 지혜가 가르쳐지지 않는 곳, 즉 가정과 마을과 도시와 작은 지역에서 교육이 이루어지도록 곳곳으로 밀치고 들어가게 된다. 그것은 그렇게 이루어지게 된다. 즉 가장 작은 정착지 주민들의 적절한 수(數)로 모든 마을에 보통학교와 모든 도시에 인문학교와 각 지역에 아카데미(대학)가 존재하는 것, 그리고 그 학교들 곳곳에서 학자들과 교사들과 관리인들과 감독자들, 마침내 일정한 기간에 조정하며 모든 것이 잘 시작되며, 그 어떤 착오가 생길 때는 그것들을 고치는 장학관제도가 설치되었다.

IV. 학교의 교육책임자들에 대해서는 어떻게?

6. 그리고서 학교들은 역시 교육의 책임자들, 즉 교사들, 석사학위자, 교수들, 교장들, 감독자들, 장학관들을 세워야 한다. 그리고 그들이 주목해야 할 것은 모두 지금 그들의 과제를 바르게 성취하는 일인데, 그들이 가능한 한 조심스럽게 그들의 의무를 수행하는 것과 그들 과제의 올바른 성취에 대하여 무지를 일깨우도록 힘쓰는 것, 나태를 독려하는 것, 고칠 수 없는 것은 멀리하기를 주의하는 것들이다. 거기서 그것

들은 빛의 작업장들에서 밝혀지지 않고, 냉담하며 수용하지 못할 것은 아무것도 없게 될 것이다.

V. 수업방식에 대해서 어떻게?

7. 특별히 그들은 어떤 것이 청소년의 교육과 교양에 적용될 수 있는지, 그것들이 숨겨진 목표들로 바로 이끄는 길인지, 부드러우면서 자극적으로 인도하는 것인지, 또는 그것들이 잘못된 길을 통하여 평탄하지 않은 입장에 대하여 가시나무 넝쿨을 통하여 여기저기에 이르게 하는 것인지, 수업방식에 대하여 주목하게 된다. 그 이유는 말하자면 벌써 하나님은 청소년에게 모든 학교가 놀이 가운데로 변화하기를 자비를 베풀며, 재능을 보여주었기 때문이다. 아직도 짓누르는 방앗간이나, 정신을 고문하는 형태로 되돌려진 모습은 견뎌내지 못한다. 모든 것들이 기쁨의 동산으로 바뀌게 하는 것은 학교에서 모든 것이 −가능한 만큼− 강요의 조치들 없이 돌보게 되는 것과 그것들 없이 그렇지만 임무가 변질되지 않도록 보호조치를 취하는 한 최고의 열성과 함께 빛의 교사 진의 구성원들이 그것을 돌보게 될 것이다.

VI. 교재들에 대해서는 어떻게?

8. 그러나 그들의 지혜를 전개하는 하나의 넓고 큰 분야는 그들에게 교재들에 대한 돌봄을 열어준다. 그들의 과제는 1. 책들이 어떤 백성과 어떤 언어로도 결핍되지 않도록 돌보는 것이며, 2. 그것들이 좋아지게 하는 것이며, 3. 그것들이 거짓 없이 다량으로 나타나며, 쉽게 만들어지게 하며, 4. 그것들이 지금까지처럼, 경멸하고 무익하게 던져져 있게 하지 않으며, 온 백성에게서 읽히며, 이해되게 하며, 5. 그것들이 빛의 증대에 따라 정결하고 완전하게 되거나, 또는 역시 새롭게 만들어지도록(모든 빛의 새로운 통로들) 하는 것 등이다.

9. 그것들은 특별히 전 하늘 아래서 보편적인 그리스도의 통치와 표지에 대하여 모든 백성이 성문법과 권리들을 가지도록 돌보게 된다. 그것은 (1) 그들 자체의 언어와 (2) 더 정확한 번역으로, (3) 아름답고 값싼 출판으로 제공되는 거룩한 문서들을 뜻한

다. 말하자면 아하스베루스[133]가 그의 통치에 종속된 모든 백성에게 문서와 언어로(에스더8:9) 그의 임무들을 알려주기를 원했던 그것보다 더 많은 것이다. 하나님의 영이 모든 사람에게 함께 하며, 모든 것을 일러주도록 역시 더 표면적인 수단이 필요하다. 스페인의 왕은 그의 백성들에게 스페인어로 그의 임무들을 제시하며, 프랑스의 왕은 프랑스 언어로 알려준다. 이처럼 성령(왕의 대리자인 그리스도의 교회에서)은 그가 복음이 처음전파될때 시작했던 것처럼, 모든 백성에게 각각의 언어로 말씀하신다. 이처럼 구원의 신비들이 왜 하나의 라틴어로 전파되어야 했는가? 사도 적이며 보편적인 감독권이 없다는 것에 원인이 놓여 있다.

VII. 인쇄업자에 대하여

10. 개혁하는 시대의 주된 도구가 책들이었다는 것은 필수적인 일이다(천사의 말에 적합하게: 이러한 시대가 시작되었을 때, 책들은 하늘의 면 전에서 모두가 보게 되도록 등등 펼쳐지게 되었다(에스드라 4권, 6:20). 책들이 빛으로 운반하는 그것들은 책을 인쇄하는 업자들이다. 이러한 것을 주목하는 과제는 이러한 기술이 뒤따르는 시대에 최상의 거룩한 하나님의 선물로서 효력을 가지며, 유일한 하나님의 찬양과 인류의 공적인 유익에 적용되도록, 미래적으로 해(害)되는 남용이 적용되지 않고 개선되어야만 하는 것이 무엇인지를 그들이 보게 되도록 빛의 평의회 구성원들에게 책임이 놓여 있게 된다.

a) 그것을 위한 사회적인 책무를 지니는 자로서 만일 이러한 기술을 수행하는 것이 어떤 다른 이에게 허용하지 않았다면, 하나의 그렇게 큰일을 각 임의의 사람에게 넘기는 것은 의심 없이 위험하다. 대체로 돈을 찍어내는 권리가 유일하게 황제에게 결정되었다면, 그리고 사적인 사람에게는 허용되지 않았다면, 비록 그것이 단지 외국무역의 도구를 설명한다 해도, 수천 번의 더 큰 유익과 수천 번 더 위험스럽게 남용될 수 있는 일에서, 무엇이 일어나지 않아야만 할까? 어떤 사람이 어떤 어리석은 쓸모없는 일로써 더럽혀도 좋은 종이를 생산한 것은 아무도 믿지 않아야 한다.

b) 단지 관청과 교회와 빛의 평의회 구성원들로부터, 그리고 세계가 온전히 이러

---

133) Ahasverus는 페르시아와 메디엔의 왕이었다.

한 방향으로 길을 잘못 벗어난 것에서 보존되도록 지혜롭고, 슬기로우며, 경건하게 그것을 뛰어넘어 방어된 더욱이 특별히 학식 있는 사람들이 제정된 거기서 그러한 인쇄업자들이 허락되었다.

c) 빛의 이러한 작업장들이 비밀리에 유지되었거나, 또는 그 어떤 어두운 외곽지대에 놓여 있도록 허용하지 않으며, 빛의 고백자들이 거주하는 곳, 즉 거기서 앞서 진행하는 유익한 일로서 충분히 확인된 전문 학술단체에서 허용된다. 그것은 동시에 공공의 사용에 공적인 유산으로서 좋은 황금이나 은의 돈이 공공의 화폐로 각인된 것처럼 (지혜와 함께 공적인 무역의 공적인 도구) 만들어졌기 때문이다.

d) 모든 일의 신뢰성과 신실함이 더욱더 분명해지도록, 어떠한 도서 인쇄업자라도 (경건한 학식 있는 자가 방어한다고 할지라도), 그 자체의 생각에 따라 단지 그 어떤 것도 자신의 판단으로 시작되지 않게 해야 하며, 그가 무엇 때문에 공적인 과제를 위임받게 되었는지(왕, 제후, 공화국, 교회, 대학, 또는 빛의 평의회), 오직 그것에 근거해야 한다.

e) 새로운 지식과 첨부와 삭제나, 개선이 요구될 경우, 그 어떤 기회가 허용되지 않도록 한 번도 출판되지 않은 책은 그들의 동의 없이 다시 출판되지는 않아야 한다.

f) 본질적인 구성요소들에 대해서는 아주 많은 부수적인 획득(밝혀진 한 시대의 가치를 진 것임에도 불구하고)은 사람들이 주의 깊게 노력할 때, 공적인 도서들 가운데서 철자법의 오류를 피하는 것이다(그것은 후에 모든 것이 인쇄된 책들이 될 것이다). 이러한 영예를 통하여 지난 빛나는 세기의 과정에서 안트베르펜의 인쇄업자 플라티누스(Platinus)[134]는 두각을 드러내었다. 즉 그는 면밀한 주의로 책을 출판하였는데, 책 한 권에 한점의 오자도 엄청난 일로 여겨 주의를 기울였다고 한다. 모든 인쇄업자는 그러한 주의를 기울이는 일에 모범을 따라야 한다. 그 이유는 첫째, 그 자체에 아름다우며, 둘째, 독자가 역시 가장 미미한 문서 표시들로 분명히 오류에서 안전하게 되는 데 유익하며, 셋째, 그것이 가능하기 때문이다. 말하자면 모든 것이 가능한 대로 그렇게 잘 만드는 것이 영예롭다.

g) 만일 (1) 사람들이 실수 없이 글쓰기를 잘할 때, 즉 깨끗하게 내려쓰며, 항상 다시 관리되었을 때, 만일(2) 식자공(植字工)이 철자법에서 안전한 학식을 가진 젊은이라

---

134) 16세기에 플앙드르 출신의 인쇄업자인 Platinus Christopher(1514-1589년경)는 모범적인 출판물의 인쇄와 장비를 고려하여 안트베르펜과 라이덴에서 그의 출판한 것들을 통하여 노력한 인물이다.

면, 만일(3) 수정자가 더 많이 끈기 있고 부지런하며, 눈 감기를 허용하지 않을 때, 이 것을 행하는 방식은 간단하다. 플라티누스는 전력을 기울였는데, 원고를 첫 수정에서 교정한 후, 그는 개인적으로 모든 것을 다시 한번 보았으며, 그런 후 두 번째 수정에서 다시 검토하기를 요구하였다. 이 사람이 다시 한번 오류를 발견했다면, 그는 그것에 대한 대가를 금전으로 지불해 주었다. 사람들은 역시 집중력의 다른 자극을 적용할 수 있을 것인데, 말하자면 수정자의 이름을 분명하게 책의 마지막에 가시적으로 달아주는 일이 될 것이다. 이러한 방식을 우리는 분명히 이탈리아에서 출판된 책들에서 주목하였다. 만일 그가 그의 신중성의 찬양이나, 또는 그의 나태함의 수치가 공개적으로 표현되어야 하는 것을 느낄 때, 졸고 있는 호머(Homer)가 되는 것을 그는 말하자면 그렇게 지키게 될 것이다.

h) 내가 많이 충고했던 것이 아주 무의미한 것으로 나타날 수 있을 것이다. 그렇지만 그것은 완전하게 수정된 일들 상태의 아이디어에 속한다. 그것은 다음과 같다. 원인 없이(그리고 더욱이 필수적인 원인) 아무것도 발생하지 않아야 한다면, 무엇 때문에 책자의 타이틀이나, 대 주제에서 꽃들과 나무들과 새들과 뱀들이 발생하며, 더 나쁘고 심하게 일그러진 괴물은 무엇인가? 그것을 무엇인가 이성적인 것으로 변화시키지 않는 그러한 작가들과 인쇄업자들은 합리적으로 행동하게 될 것이다. 그 이유는 그들이 그림들로써 치장된 문자들의 넘겨받은 관습을 제거하기를 원하지 않았기 때문이다. 예를 들어 그들은 문자 패톤(Phaeton, 역자주: 두 말이 끄는 두 사람용 마차)을 P로, 하늘로 올라간 엘리야를 문자 E로 바꾸는 것 등. 마찬가지로 책의 타이틀인 회화한 작품과 작품 전체의 내용을 해석하는 상징체(Embleme)[135]를 소개하기를 시작하는 그러한 사람들이 그것을 행하게 된다. 이것은 말하자면 합리적이며 보편적인 모방처럼 아름다운 품위를 지닌 것이 된다.

i) 마지막으로 학문적으로 학식을 가진 자들에게 연결하기 위하여, 그들의 신적인 작품을 자유롭고 세계에 개방적인 의미로 촉진하기 위하여 수공업자들의 신분을 빼앗는 도서 인쇄업자들에게 충고하는 것이다.

11. 출판자들이 종이가 증대되게 할 것이 아니라, 지혜가 증대되도록 애원하고 의

---

135) Embleme, 한 진술의 의미를 해명해야 하는 상징적인 묘사들(비교 서론 각주 23번).

무화하도록 해야 하는 일이며, 프로필을 목표로 끼워 넣을 것이 아니라, 정신의 계몽을 끼워 넣어야 하는 일이다. 대체로 그들이 진리 안에서 빛의 봉사자들이어야 하며, 플루토(Pluto)의[136]종들과 어두움과 혼잡들의 중매인이 아니어야 한다. 그 일이 생겨나지 않도록, 빛의 협의회 구성원들은 역시 이러한 것이 통제 영역의 한 부분이 되도록 기억해야 한다.

12. 새로운 빛의 가장 영예로운 운송 수단은 새로운 언어이기 때문에, 빛의 평의회 구성원들은 그것들을 완성하며, 백성들 가운데 확대하는 돌봄이 그들의 책임이라는 견해에 있다. 예를 들어 새로운 학문과 수공업과 지구의 각처에서 발견하는 것들의 모든 지식은 모든 국가와 백성들의 공공 유산이어야 한다. 세계의 무역에서 비록 표면적인 재산의 획득에 스스로 봉사하는 것이 아니라, 먼저 새로운 언어의 중재를 통하여 하나님의 빛의 확산이 일어나게 해야 한다.

13. 그들은 이러한 목적에 역시 통상적인 양 협의회들과 함께 친절하게 빛의 모든 면의 확산을 돕는 자로서 함께 일하게 된다. 모든 지식은 그것들이 무기를 연마하는 기술자와 대장장이처럼 그것들의 곡괭이와 쟁기와 낫을 날카롭게 하는 한, 구원의 충고들을 통하여 능력을 따라 그들을 돕게 된다. 그것들은 신학자들과 정치가들 가운데서 생겨난 모든 얽혀진 것들을 교회의 공개토론에서 스스로 결단해야만 하는 양심의 일들 외에 아무것도 남아 있지 않게, 그리고 정치적인 공개토론에서는 폭력행위들이 평화스럽게 되도록 하는 것, 그리고 폭력행위에 대항하는 구원의 수단 외에 아무것도 남지 않도록 해결한다, 책들을 쓰는 것은 미래적으로 정치가들의 일도 아니며 신학자들의 일이 아니라, 빛의 평의회 구성원들의 일인 것이다. 그들의 과제는 이론(Theoria)이기 때문이다. 즉 그 일의 과제는 실천(Praxis)이다. 결과적으로 그 어떤 이론적인 계획은 정치가와 신학자들을 위해서 빛의 평의회 구성원들이 간청해야 할 필수적인 일이다. 그렇지만 빛의 평의회 구성원들은 저들로부터 실제에 입증된 것이 아니며, 양자로부터 진단되었으며, 허락되지 않은 것은 그 어떤 것도 발표하지 않아야 한다. 정치가들은 주권을 보존해야 하며, 안식과 질서를 주시해야 한다. 신학자들은 말씀과 천국열

---

136) Pluto(Pluton)는 로마의 재물의 신이다.

쇠와 성례를 거행해야 하며, 그들이 한 분 하나님에게 확고하게 연결되어야 하는 영혼들을 주시해야 한다. 그렇게 과제의 영역들은 분명하게 분리되었다.

14. 모든 것들의 최상위 노력은 그들이 영(靈)과 백성의 빛 이신 그리스도에게 모든 영역에서 복종하는 것과 백성들이 그의 빛 가운데서 변화하며, 세계의 저녁 후에 밝은 빛이 되시며, 앞서 진행되는 새벽과 같지 않으며(사가랴 19), 그리고 물이 바다처럼, 땅이 지식의 빛으로 충만하게 되리라는 것 안에서 생겨난다.

제17장

국가 통치자들의 세계적인 연합, 평화재판소

모든 단계와 모든 신분에서 각자 스스로 다스림에 의하여, 또는 역시 통상적으로 제시하는 기회에 의하여 다양한 관계를 지닌 인간적인 공동체를 모든 관점에서 간단 없이 보존하기 위하여 인간적인 지혜를 염려하는 일은 이러한 연합기관의 책임이다. 사람들은 역시 전 세계의 백성에서 백성으로 확대되는 정의와 평화에 대한 책임이 그들의 과제라고 말할 수 있다. 그들 협의회는 역시 세계 권력들과 세계 원로원, 또는 세계 아레오파고(Areopago) 법정의 이사회로 칭할 수 있을 것이다. 즉 가장 적절하게는 이러한 통치자들을 왕국들의 평화 재판관(평화의 최고 심판자)들로 부르게 될 것이다. 키케로(Cicero)는 로마의 상원의원을 지구상의 위원들로 불렀다. 그러나 이러한 명칭은 이러한 세계재판소에 대한 더 큰 권리와 함께 적합할 것이다.

2. 그들의 특수한 과제들은 다음과 같이 주목 된다.
I.   아주 특별하게 정의의 규범들과 모범들로서 자기 스스로에 대하여
II.   그리고서 인간 사회의 모든 신분에서 스스로 정의에 대하여
III.   특히 정의의 자리로서 법정들과 관청들에 대하여
IV.   정의 사제들로서 재판관들에 대하여
V.   이런 것과 저런 것을 다루는 것처럼, 법의 관철에 대하여
VI.   권리들을 포함한 법들과 책들에 대하여
VII.   법의 해석자들, 해설가들, 공증인들에 대하여
VIII. 보편적인 동등성과 안전성의 도구들처럼, 양과 무게와 주화와 공중 노상 등 등에 대하여
IX.   질서의 올바른 보존에 도움을 주는 자들로서 다른 양자의 평의회에 대하여
X.   마침내 영원한 의(義)의 수호자이신 하나님 스스로에 대하여

Caput XVII.
De Politiarum Vinculo universali
DICASTERIO PACIS.

Horum erit invigilare Prudentiæ Humanæ in regn.
dij seipsi, per omnes gradus et Status, aut etiam
(qui intervenire solent) casus: ad conservandam Hu-
manam Societatem, suis cum Commerciis, omni ex parte
imperturbatam. Sive, præesse Justitiæ et Paci à gente
ad gentem, per Orbem universum propaganda. Posset
et Potestatum Orbij Directorium, et Senatus Orbij, vel
Areopagus Orbij, commodissimè autem Directore, in se
gnorum Menarcha (Pacis Arbitri summi) dici: Cicero
Senatum Romanum <u>Orbij Terræ Consilium</u> appellavit.
sed appellatio hæc meliori jure huic Orbis Dicasterio
tribuetur.

2. Speciatim horum officia erunt
1. Attendere sibi ipsi valdè tanquam Justitiæ normis
et exemplaribus.
11. Tum Justitiæ ipsi, per omnes Humanæ Societatis Ordines.
111. Imprimis autem Tribunalibus et Curiis, tanquam Jus-
tra sedibus.

라틴어 원본에 코메니우스가 직접 작성한 제17장의 글(프라하 국립도서관 소장)

I.

3. 그들의 첫 의무는 그들이 다른 것들을 형성하기를 원하는 것처럼, 전체적으로 올바르고, 평화스러우며, 사랑스러우며, 일치하며 인간적인 공동체의 참된 연결 수단과 모든 사람과 모든 것을 안식의 극(極)으로 향하게 하는 참된 자석들, 인류 안에서 총체적인 질서의 살아 있는 기둥들과 받침대들, 멜기세덱[137] 방식의 정의를 다시 세우는 왕들, 솔로몬과 같이 부활한 왕들, 모세 방식의 부활한 자들, 형제간의 다툼들을 보살폈던 조정하는 자들, 죽음을 면치 못한 자들을 가장 완화하게 하는 자들, 아마도 한번 노동자들의 무거운 짐 아래서 매우 압박을 받을지라도, 그리고 모든 것을 견뎌내기 위한 최선의 능력들, 바로 사자들의 본성들이 특히 스스로 그렇게 있는 것이다.

II.

4. 그러나 강철처럼 일치의 모범으로써 앞서서 빛을 발하며, 사랑을 그들 모두에게로 흐르게 하는 것으로 충분하지 않습니다. 역시 보편적인 평화의 충고들이 어떻게 따르게 되는지, 그들은 관찰한다. 그들은 이처럼 전쟁들과 불안들과 살해들, 또는 그들의 전제들로 되돌아가도록 지키기 위한 지금 모든 것을 영원한 망각에 묻히게 되도록 하는 공적인 복지의 최상의 지킴이들이다. 여기 경계에 임명된 자들이나, 또는 단지 그의 백성에 대하여 임명된 자는 유일한 백성에 대한 경계뿐만 아니라, 전 세계인에 대하여 경계하게 된다. 영원한 방해로서 그리스도(눅17:26-27)와 사도들(살전5:3)이 예언했던 것처럼, 마침내 곳곳에 평화가 가득했던 처음 세계의 상태가 세계의 마지막 전에 되돌아가는 목적과 함께 발생할 수 있는 모든 전쟁에 대항하는 일이 전적으로 발생하게 된다.

III.

5. 세 번째로 그들은 이러한 목적에서 평화 보존의 공공 작업장들, 평의원들, 법정들, 위원회의 모임들을 관찰한다. 즉 그것은 불의와 논쟁들과 소송들이 앞서 발생하거

---

137) 멜기세덱, 구약의 제사장과 "의의 왕"의 모습.

나, 또는 점차 무엇인가 다시 문제가 발생할 때, 아무도 상처받지 않도록 그것들을 대화로 평정하며, 또는 상처가 되는 두려움에서 탈출 장소와 방어와 보호가 약탈당하는 것을 보지 않고 각 백성에게 정의가 지배하게 되며, 이들이 격려되도록 하기 위한 것이다. 그것에 대하여 다음과 같은 특별한 과제가 관계된다. 즉 한 백성은 신적인 축복을 통하여 매우 증대되고, 이로써 백성의 자체 무리를 통하여 제한되어, 모두를 먹여 살리기 위하여 고향 땅이 충분하지 않음이 겹겹으로 쌓이게 되었다. 그래서 이것은 그들이 지금까지처럼 이웃을 습격하고 몰아내며, 살해하며, 다른 이의 불행의 대가로 그들의 행운을 찾지 않고, 오히려 외국 땅에 식민지를 세우기를 미리 예견하고 보호하는 평화 심판자들의 과제이다. 그들은 모두에게 좋고, 그들이 전적으로 사랑의 법과 동시에 지구를 화합으로 가득하게 되도록 돌보아야 한다. 그러나 그것은 강도 행위를 통하여 혼란스럽게 하지 않아야 하며(최근에 스페인과 포르투갈과 프랑스와 영국, 네델란드[138] 등이 행했던 것처럼), 아브라함이 롯과 함께(창13:8이하) 행한 모범을 따라 평화 심판자의 중재를 통하여 이루어지게 하는 것이다.

IV.

6. 공적인 심판자들은 일들의 보편적인 안식의 정황이 그것들을 요구하는 것처럼, 그것이 모든 것을 고유한 모범을 형성하고 안정시킴으로써(3장에 언급된 것처럼), 평화의 심판자들은 그것을 감독한다. 그 누구도 이러한 것들로부터 그의 재판에서 그 어떤 무엇인가 부조리한 것을 참는 것이 아니라, 모든 사람을 인간적으로 함께 살게 되도록 가르치며 강제해야만 한다. 사람들은 법의 침해와 불안과 범죄들을 벌하기보다는 오히려 예방해야 한다. 논쟁들에 대한 그 어떤 가능성이 제시될 수 있는 것이 이루어질 때(국경의 다툼들 등등에서처럼), 사람들은 그들이 이러한 일로 폭력행위와 미움과 다툼을 시작하지 않도록, 그리고 그렇게 인간의 품위가 손상되지 않도록 가르치고 경고한다. 이성을 통하여 주도되게 하는 것과 또는 무엇인가 해결하기가 어려워지게 되면, 법의 판결을 시도하는 것이 인간의 고유한 일이기 때문이다. 무엇인가 동물적인 행동의 흥분과 진노와 폭력과 무기로 일들을 끝내려는 것은 더 이상 인내하지 않게 되었을 것이다.

---

138) 스페인...네델란드 등. 코메니우스는 유럽의 해양 권력들이 식민정책과 정복 정책을 슬쩍 비꼬아 말한 것이다.

V.

7. 모든 인간의 공동체들에서 평화와 안식이 어떻게 보존될 수 있을지, 더욱이 가능한 만큼 폭력의 적용 없이, 금고형과 칼과 밧줄을 통한 사형집행들과 십자가형 등등 보기에서처럼, 이러한 거룩한 최상의 국가법이 그리스도의 왕국에서 사형집행들을 통하여 신성이 모독 되지 않도록 역시 수단을 검토하게 된다. 누군가는 극단적으로 개선되지 않을 때, 그것이 공적인 손상을 저지르지 않도록 제어하지 못했던 나쁜 점에 익숙해지지 않은 것처럼, 수단을 찾고 발견해야 하는 책임이 저들에게 돌아가게 될 것이다.

VI.

8. 그러나 이러한 방식의 폭력행위들이 중단될 수 있도록, 그들은 그 어떤 백성과 국가와 가정 안에서 관계들이 지금까지처럼 그렇게 쉽게 혼란스럽게 되지 않도록 주어진 시점에 적용을 발견하는 인간 사회가 보통 불안한 상태로 옮겨진 모든 돌발 사건들이 치유의 수단과 함께 그려진 것들을 그들은 돌보아야 한다. 그것은 항상 벌써 일찍이 법이 주어졌으며, 그리고 법들과 시민들의 법령과 공동체의 법령들이 부여되었거나 수용되었을 것이라는 견해가 생겨날 수 있을 것이다. 그렇지만 이것은 단지 무엇인가 단편적인 것들이었다. 그것은 관습이 불변적인 법 규범보다도 더 자주 도움이 되었지, 돌발 사건들을 충분히 해결하지는 못하였다. 그러므로 모든 경우에 전 인류에게 도움이 되는 완전한 보편적인 법이 불가피하게 만들어져야 한다. 물론 그것은 자연법과 신적인 법들에서 취해져야만 한다. 거기서 인간적인 본성과 신적인 빛에 참여하는 모두는 의무를 지닌다. 그들은 역시 불확실한 권한들을 스케치하여, 그들에게 보편적인 충고들을 주게 된다. 마찬가지로 그들은 법의 규범에서 영원히 근절된 모순적인 법령들을 적어놓는다(사66:24). 학자들은 법과 정의의 불변적인 구법들인 그러한 방식의 책들을 저술하는 그것을 전 세계의 이러한 평화 심판자들은(평화에 대한 최상의 변호인들) 충고하며, 요구된 것들은 완전한 형태로 현존할 때까지, 그것을 존속하게 될 것이다. 그들은 그러나 역시 아무도 무지의 핑계로 사라지게 할 수 없도록 이러한 법이 모두에게 잘 알려지게 하는 것과 그들 모두는 다섯 손가락처럼 신뢰 되도록 그들은 그것에 대해 돌보게 된다.

9. 그들은 이러한 목적에 법 본질의 종속된 검열관들을 자체에 두게 될 것이다. 그들은 이들에게 모든 법의 행위를 형성하도록 이러한 정의와 법의 규범들을 넘겨주게 된다. 그들은 매년 한 번씩(하나, 또는 다른 의미 있는 사람의 끌어당김으로) 모든 법정을 시찰하며, 법 변호인들을 주목하게 된다. 그들은 올바르게 행동하며, 오류들을 개선하며, 올바른 좁은 길에서 모든 것을 견지하는 재판장들을 강화해 준다.

IX..

10. 문제들의 해결과 평화에 대한 이러한 최상의 관리인들은 그들이 영향과 보호와 능력을 통하여 나머지 양자의 신분들을 도우며, 지지하며, 능력들로 지지하는 거기서, 즉 교회의 섬김의 특히 지역 장로회(Komsistorium)의 권위가 여러 면으로 방해받지 않고 있으며, 세계의 명인들이(특히 빛의 협의회) 모든 면으로 그들의 섬김을 적지 않게 방해 없이 수행할 수 있도록(세계에 빛을 가져가기를) 돌보는 것처럼, 그렇게 특별히 노력하게 될 것이다. 그들은 그것들을 백성들에게 보내기 위하여 우리에게 좋은 책들과 요구되는 다른 필수적인 수단들을 만드는 이처럼 필수적인 조건들을 보증하게 된다. 그리고 그들은 그것들이 유익하게 사용될 수 있도록 도입하기를 관철한다. 그것은 그들의 호의와 존경과 비용을 위한 수단을 그들이 분명하게 하는 것을 뜻한다.

X.

11. 평화의 심판자들이 그 자리에 앉아 있는 최상의 목표는 그들이 왕중왕의 일을 방어하며, 전적으로 세계의 모든 왕국의 왕관들을 하나님과 어린양의 보좌 앞에 내려놓는 일이 있게 되는 것이다. 각자 통치자가 그에게 합리적인 선거나, 통치권의 유산을 통하여 주어지게 된 정부에 참여로써 만족하게 될 때, 이것은 성취되었다. 다른 이들의 통치 후에 그는 재촉하거나, 역시 그들의 영역을 방해하는 일을 하지 않아야 한다. 세계적인 정부는 새로운 아담인 그리스도 이외에 사람들의 그 누구에게도 속하지 않는다. 첫 아담을 통하여 잃어버렸던 땅에 대한 모든 권세를 하나님 아버지께서 새로운 아담에게 주었기 때문이다. 지금 한 사람이 세계적인 통치를 힘쓸 때, 그는 바빌론을 찾으며, 그 혼잡을 새롭게 하는 것이다. 그렇지만 그리스도의 나라에서 건설하는 자

는 거룩한 자들의 왕국인 시온(Zion)을 세우는 것이다. 이러한 공익의 파수 군들은 땅을 밟았던 부정한 동물들의 잔재와 벌써 한때 멸망되었던 적그리스도의 나라가 도래하지 않는 것을 유념하게 될 것이다. 그들은 저주받은 여리고(사6:26)를 새롭게 세우려고 시도하는 자를 저주하게 된다. 그리고 하늘과 땅의 통치자가, 그의 봉사자 말을 다시 확인하게 되며, 곧바로 벧엘[139](Bet-el)에서 (그것은 스스로 하나님의 집에서 나아옴을 뜻하는 데) 나옴에도(왕상16:34) 불구하고, 히엘(Hiel)의 집을 저주하게 된다.

12. 먼저 이것은 여러 시대를 넘어 하나님 아버지께 보내진 전 교회들의 많은 간청과 기도의 성취일 것이다. 즉 "당신의 나라가 임하시오며, 당신의 뜻이 하늘에서처럼 땅에서도 이루어지이다." 그것이 자신의 힘으로 성취되는 것이 아니라(그것은 인간의 일이 아니기 때문이다), 그의 시대에 모든 것을 행하시며, 그분이 바르게 이루시는 바른 수단으로 관철했던 그분의 권세를 통하여 성취하신다. 그에게 사역의 도구로 사용되는 축복이 있을지어다! 그들이 하나님의 나라와 그의 의를 구하기 때문에, 그 나라를 발견하게 될 것이며, 그리스도의 통치 가운데서(아버지가 벌써 다스릴 것을 제시하였기 때문이다) 그들이 이 땅에 왕들로 존재하게 될 것이다(계5:10). 그것이 거룩한 자들의 나라가 될 것이다(단7:22-27). 지금부터 영원까지 평화의 왕으로 살아계실 것이다! 아멘, 할렐루야! 아멘 할렐루야!

---

139) 벧엘(하나님의 집)의 힐(Hiel)은 BC. 9세기경 하나님으로부터 저주받은 것으로 보여졌던 파괴된 여리고(Jericho)를 건설하였다.

제18장

범세계적인 교회의 연합으로부터 전세계적인 교회 대표자 총회

총회의 과제는 하나님과의 영혼들의 결합이 어떤 단계에서, 어떤 상태로, 어떤 조건들 가운데서, 언제나 결핍된 것이 없는지, 또는 교회 안에서 그리스도의 통치가 보존되어, 확대된 것과 전 세계에서 성도들의(머리 이신 그리스도 아래서 모든 지체의 복종을 통하여) 상호의 관계가 여러 면으로 불명예 적인 일 없게 인식되어 있음을 유념하는 일이 될 것이다. 이러한 평의회는 역시 보편적인 장로회, 세계교회의 협의체 (Synedrium), 시온의 경계 근무 등으로 명명될 수 있을 것이다.

2. 그것들은 다음의 것들을 주시하는 일이 책무로 주어졌다.

I. 다른 이들을 경건으로 인도하는 자기 스스로에 대하여,

II. 그런 후, 그들이 항상 더 청결해지며, 교회의 몸 전체에 대하여 퍼지도록 믿음과 경건에 대하여

III. 경건의 작업장들로서 하나님의 집들과 모든 거룩한 집회들에 대하여,

IV. 경건에 대한 감독자로서 교회적인 대표자들에 대하여,

V. 그들이 모든 것들을 바르게 사용하는지, 하늘을 펴며 땅의 기초를 정하는 기술에 대하여(사51:16),

VI. 거룩한 책들과 경건의 그루터기에 대하여

VII. 이러한 책들의 저자들과 전파자들과 이용자들에 대하여

VIII. 기독교의 가장 영화로운 장식품인 경건의 일들에 대하여, 특별히 손님의 환대에 대하여

IX. 주님의 사역에 협력자와 같이 통상적인 양자의 평의회원들에 대하여

X. 끝으로 홀로 영생에 대하여 밝히며, 행복하게 하며, 지속하는 경건의 내적인 교사인 거룩한 성령에 대하여

우리는 이러한 영역들의 각각을 별도로 유의해야 한다.

I.

3. 첫 번째 관계에서 그리스도의 이름으로 교회의 정점에 서 있는 모두가 세계의 빛과 땅의 소금으로 불리게 되리라는 것과 자신들이 앞선 자들의 앞선 자로서 모든 소금 위에 소금으로서 모든 빛 위에 빛으로 머물도록 노력하는 것이 요구될 것이다. 그것은

그들이 각자의 관점에서 깨끗하고 순수하며 모든 면에서 거룩하고 온전하며, 전적으로 어린양과 비둘기들이며, 그같이 경건한 사람들로서 발견되어야 하는 것을 의미하며, 그들에게서 그 누구도 그 무엇이 인지될 수 없으며, 그 어떤 죄도 발견될 수 없음을 뜻한다(렘50:20). 즉 온전히 다윗과 같이, 주님의 마음을 향한 사람들이 그들의 형제들을 위하여 그들의 영혼을 다 바치기로 준비된 모세와 바울의 열정적인 헌신에 관한 것이다.

II.

4. 두 번째로, 그들이 그렇게 높은 기대로써 세워졌을 때, 그들은 교회의 전 영역에서 모든 것이 제 자리에 있는 것과 거기서 그 어떤 면으로도 불의와 잘못된 것을 앞서 행하지 않음을 보게 될 것이다. 그것은 그 어떤 사제(司祭)도 다른 이들을 대립하여 일어서지 않으며, 어떤 교회도 차이로 인하여 다른 것을 대립하지 않음을 의미한다. 그가 그 일로 다른 이에게 화를 입을 때라도, 역시 그 누구도 분열의 기회가 생기게 되도록 그 같은 이를 경멸하지 않으며, 그를 소외시키거나, 다른 이를 판단하거나, 또는 교회에서 제외하지 않는다. 벌써 만일 교회의 아름다운 몸체에 따라, 벌써 그렇게 존재하는 것처럼 지체들 사이에 그 어떤 논쟁들이 발생할 수 있다면, 자격이 없어지게 될 것이기 때문이다. 전체 교회가 오점이나, 주름살을 갖지 않도록(엡5:27), 오히려 전 기독교는 의와 거룩함으로 이끌기를 힘써야 한다.

III.

5. 세 번째로, 그들은 각 백성과 사람들이 함께 사는 곳곳에 세워져, 하나님을 향한 경배가 이루어지도록 경건(신앙)을 연습하는 작업장들인, 하나님의 집들을 돌보는 일에 주의를 기울여야 한다. 이것은 사도가 경고했던, 말하자면 미신을 고치는 일이나(손으로 만든 성전에 하나님의 내주하심, 행17:24), 또는 하나님이 영(靈)과 진리(眞理)로 숭배될 수 있는 것이 아니라(요4:23), 그들이 하나님의 집에 들어가 하나님의 이름을 찬양하며, 사랑과 선한 행위들로 서로 독려하며, 교회의 모임이 서로서로 위로와 격려하는 일들로(히10:24-25) 성도들이 기뻐하는 그러한 장소가 되게 하는 것이다. 이처럼 작은 마을에서 역시 작은 가정이 그러한 모습을 보인다 해도 사람들은 그것을 중단하지 않아야 한다. 많은 도시에서도 많거나 적지 않은 모두를 받아들이기 위해서 사

람들이 필요로 하는 많은 것을 여러 거룩한 교회들이 제시해 주어야 한다. 그들은 어떤 특별히 호화로우며, 단지 아름답게 보이는 것이 필요하지 않으며, 세속적인 것에 접촉되지 않아야 한다.

IV.

6. 네 번째로, 교회의 목사들은 각자 그의 양무리들을 흡족하게 돌보며, 더욱 나빠짐과 손상되는 쪽으로 이끌게 될 가능한 모든 기회를 멀리하도록 힘쓰게 될 것이다. 거기서 나는 이방의 관습들과 향응과 술자리와 간음하는 일과 방종의 향연들(Baccahnalien)의[140] 추잡스러운 축제들과 감각적인 관능적 쾌락의 비슷한 자극물을 요약하여 사람들이 확정할 수 있는 홍수전 시대의 잔유물, 소돔과 애굽과 바빌론 이래로 우리에게 도래하였으며, 지금 그러나 지옥으로 넘겨져야 하는 부정한 것들의 모든 찌꺼기를 가진다. 사람들은 거룩한 시온과 교회의 모든 도로가 그 같은 악마의 도구들로부터 청결하며, 미래적으로 깨끗하게 보존되도록 노력해야 하며, 그리고 그것은 대략 부정한 것과 불신앙적인 것이 전 세계가 알지 못하는 사이에 몰래 숨어들어 오게 하는 일이 허용되지 않았다.

V.

7. 그들이 교회의 온전한 동산 안에서 권력을 통한 강요 없이 자발적인 경건이, 또는 훈육의 맹목적인 열쇠를 통하여 이것이 단지 가능한 만큼, 꽃피우는 그들의 목표를 힘쓰게 될 것이다. 그러나 그것이 불가능하다면, 이러한 것을 통해서인데, 그것은 그들이 열쇠의 직무가 무분별함이나, 불충분함에서 남용되지 않도록 주의를 기울임을 뜻한다. 게다가 비 기독인처럼 교만함을 과시하는 자들에게 백성을 대항하여 정신적인 권세를 핑계로 행세하거나, 또는 그의 나라에서 메시아(Messia) 주권의 배신자들이며 파괴자들이며 맥 빠지고 게으른 사람들이 하늘나라에 대한 열쇠의 직무를 가진 교회에 위임된 공손함을 무력화했다면, 그러한 상태에 이르게 될 것이다. 이러한 권세

---

140) 바카날리엔은 후에 광란의 축제와 결합한 바카스 신(Dionysos)의 영예에 대한 원천적인 축제들을 가리킨다.

가 하나님의 지식을 넘어서 일어나, 그것이 모든 불손함을 나타내는 곳애서(고후10:5) 효력을 갖지 못하게 된다.

8. 그렇지만 신적인 빛에 대항하는 한 사람이 다투며, 그 자체와 생소한 구원의 적이 되기를 원할 때는 사도가 말하는(고후10:4-7) 저 권세가 충만한 하나님의 번개가 내려지게 될 것이다.

9. 그들은 역시 감독하는 일로 종속된 교회를 매년 한 번씩 방문하게 될 것이다. 그럴 때, 그들은 질서가 흔들렸으며, 역시 경건에 대한 특이점이 나타난다면, 각자가 그에게 속한 자들과 함께 그의 자리에서 만족하거나, 또는 개선에 영향을 미치도록 감독하며, 경고하며, 격려하게 될 것이다. 그들은 새롭게 이단이나, 시모니(Simonie, 역자 주: 돈으로 성령을 살 수 있다고 생각하는 사람)[141] 이단이 싹트지 않거나, 또는 여기저기에 디오트레페스(Diotrefes)[142]가 나타나지 않도록 돌보게 된다.

10. 누군가 그리스도와 그의 교회에 속한 자로 자신을 붙들지 않고 인접해 있거나, 또는 자기 백성 가운데 머무는 것을 분명히 한다면, 그들은 이들이 양무리로 돌아오게 되도록, 또는 돌아오기를 최고의 열성으로써 노력하게 될 것이다. 그것은 그들 불신자들이 돌아오는 것과 믿는 자들을 항상 더 많이 일깨우는 것과 각성한 자들을 거룩하게 하는 일에 모든 노력이 행하여지게 될 것이다.

VI.

11. 그들은 벌써 한번 확고히 얻어진 수확이 새로운 것에서 흔들리지 않도록, 말하자면 모든 곳에서 불타는 경건한 열성의 모든 가능성을 수행한다. 그 때문에 그들은 그들의 의무와 종교적인 서적들을 위해 돌보는 마음을 가지고, (빛의 평의회 협력과 함께) 새로운 것들을 함께 연구하기를 고려한다. 나는 그것들의 올바른 모습을 교

---

141) 교회의 직무를 돈으로 매입하는 자(Simonie).
142) Diotrfes는 신약에서 유래한 모습으로, 손님의 환대를 베풀지 않는 순회하는 설교자이며, 그들 가운데 땅에 머무는 것을 부당하게 여기며, 인정하지 않는 자를 가리킨다.

회 전체의 관심 속에 놓여 있는 서적들을 생각한다. 그것은 특별히 다음과 같은 것들이 될 것이다.

I. 신적인 문서의 원본들이다(모국어와 라틴어로, 그러나 역시 새로운 보편적인 언어로). 그것들은 원천적인 자료와 함께 마지막 문자들에 이르기까지 일치해야 한다. 그 이유는 지금까지 모든 것이 바빌론에서처럼 응크러졌기 때문이며, 역시 하나님의 책들이 무한히 많은 오류로 북적거리는 라틴어 성경(Vulgata)에서 알 수 있는 것처럼, 역시 하나님의 책들이기 때문이다.

II. 언약궤 (십계명 두돌판을 넣어둔)의 양 끝에서 두 개의 서로 적용된 케루빔(Cherubim, 역자주: 발과 날개를 가진 천사)들: 즉 그것은 양자의 언약서 안에서 밝혀진 그리스도 안에 구원 신비의 정확하고, 중단되지 않은 병행주의를 설명한다. 신약은 구약 안에 감추어져 있으며, 구약은 신약 안에 감추어진 것을 아우구스티누스가 말했던 것은 이로써 부분적으로는 단지 진실이 아닐 수 있을 것이다(민20:25;히7:23-24;사35:4; 딤전3:16;미6:8;마5:7,9,15).

III. 그것들이 밝히는 문서에 역시 3가지 다른 해석들은 (1) 문서 자체를 통해서, (2) 이성의 빛을 통해서, (3) 감각적인 경험과 선택된 보기들을 통해서이다. 언어들의 최근 방법(XXIII).

IV. 역시 항상 믿음과 경건(신앙)과 소망에 관해서는 친숙하고 풍요한 것으로 발견될 수 있을 문서들 가운데 전승된 일들의 가장 위대한 완전함 가운데 있는 색인(INDEX).

V. 지금까지 보다도 더 정확히 문서들 가운데 포함하는 낱말들의 목록.

VI. 페룰람(Verulamies v, Bacon)[143]의 의미로 천상의 송풍기들.

VII. 양심에서 생겨나거나, 또는 발생할 수 있을 모든 의심스러운 것이나, 또는 모든 질문이 바로 그리스도의 말씀들과 행위들을 통하여(그리고 선지자들의) 해결될 수 있을 하나의 보편적인 인과신학(因果神學). 에라스무스(Erasmus)[144]는 그것에 대하여 큰 부분에서 그의 "신학의 개요"란 책에서 한 좋은 예를 제시하였다.

---

143) Francis Bacon von Verulam(1561-1626), 영국의 철학자요 정치가, 그의 작품 가운데 9번째 책, "De dignitate augmentis scientisaum"지식 증대의 가치에 대하여".
144) 비교, 제1장, 각주 1번.

12. 그들은 교회 안에서 보편적인 것 외에 그 어디에서도 일부의 규정들을, 그리고 그것들에 대하여 대립 가운데 있는 것을 열심히 주목하게 될 것이다. 그 이유는 그러한 것이 불화와 분열에 동기를 부여할 수 있기 때문이다. 한 교회나, 또는 교회의 한 교사가 대략 유익한 것을 찾아낼 때, 그는 그것을 종교 대표자들 회의(Konsistorium)가 평가하도록 제출해야 하며, 그 일이 너무 어려워질 때는 그 지역의 본거지에 있는 지도부에 의뢰하고, 그다음에는 범세계적인 종교 대표자회에다 문의할 수 있을 것이다. 일이 잘 진행되는 것으로 보일 때, 그것은 동의가 이루어져서, 단지 사적인 이해에 따라 검토되는 것보다 더 많이 비중과 유익을 얻게 될 것이다. 이러한 제언의 요약은 즉 사도의 동의와 함께 예언자들의 영적 지도자들이 그 예언들에 종속된다는(고전14:32) 최상의 지성소들처럼 평가해야 한다는 것이다. 즉 그 어떤 생각과 이해와 관습이 개체를 위해 한정되며, 그의 소유로 있는 것이 아니라, 그리스도의 웃옷이(또는 교회의 내적이며 외적인 모습) 꿰매지 않고, 위로부터 아래에까지 한 덩어리로 엮어지도록 모든 것이 일반적이며, 공적인 것이 되도록 해야 한다.

VII.

13. 종교 대표자회의(Konsistorium)의 구성원들은 그리스도의 교회에 유익한 이러한 비슷한 서적들이 빛의 평의회를 통하여 만들어지며, 사람들 가운데 유포된 것에 대하여 돌보아야 한다. 동시에 그들은 그것이 어떻게 교회에 사용되며, 그것들이 바르게 이용되었는지를 주시해야 한다. 문서작성자들과 유포자들 등을 위해 그들은 필수적인 수단들을 조달해야 한다.

VIII.

14. 가난한 자들이 교회의 한 보화(寶貨)로서 우리에 의하여 돌보게 되기를 그리스도가 간곡히 당부한 것이기 때문에, 사람들이 그들을 적절하게 돌보는지를 감독하게 된다. 그들은 가난한 자의 집들의 시설에 대하여, 그리고 그들 가운데 유지되는 질서에 대하여, 숙식 업소들의 청결에 대하여, 백성 가운데 곳곳에서 바람직한 풍습에 대하여 주의 깊게 지켜보게 될 것이다.

IX.

15. 그들에게 위임된 신적인 말씀의 권위를 통하여 그들이 존경을 얻게 되며, 그들에게 그것을 끈기 있게 지키며, 모든 사람과 함께 그들을 위하여 기도하기 때문에, 그들은 나머지 양쪽 계층들에게 주님의 봉사자로서 자신을 마음대로 사용한다. 그것은 그들이 모두를 관리들과 시의회 위원들과 재판장들 아래에 세우며, 그들 모두에게 하나님의 가시적인 임재와 권세로서 경의를 증언하는 동안에, 그들이 영예 가운데 빛의 지도자들이요, 작업장들로서 모든 교사와 학교들을 보존하게 되는 것을 뜻한다. 그들이 이러한 노력을 다른 이들에 의하여 도달되도록, 장로회의 구성원들은 스스로 특히 성실하게 관리들에게 종속되며, 빛의 봉사자들인 학교와 교육의 앞선 자들이 되며, 그들은 직업의 동반자들처럼 존경하게 될 것이다. 그렇게 그들은 그 사람들과 연합하여 모두로부터 존경스럽게 취급받게 될 것이다.

X.

16. 모든 것 가운데 있는 모든 것: 그들은 이러한 목자의 보호 아래서, 보편적인 교회의 모든 성도를 평화 가운데서 건강한 목장을 누릴 수 있음에 대하여 책임을 다하기 때문에, 그리스도 영혼들의 감독직의 책무를 방어하는 것을 그들의 의무로서 인정하게 될 것이다. 그들은 조심스럽게 그 아무도 진리 가운데서 새로운 것을, 그러나 옛것의 잘못된 의식을 도입하지 않는 것을 존경하게 될 것이다(그리스도와 함께 시작된 것이 아니며, 전체 교회가 승인한 것도 아니었다). 사람들은 그것에 대하여 일찍이 주목하지도 않았다(콘스탄틴[145]아래서, 이교도적인 것이 교회 안으로 들어오는 출입을 목격했을 때). 그러므로 교회 안에서 그렇게 많은 비겁한 행위들이 있게 된다. 우리는 그것들이 새롭게 거주권 방식으로써 교회로 되돌아오는 것을 주의해야만 한다.

---

145) 비교, 제3장, 각주 23번.

[10항에 대한 논평들]

불신자들은 그들이 사람들의 학생이 아니라, 스스로 하나님의 학생이라는 사실을 보고 느끼도록 "그분이 우리에게 그것을 말했다"고 할 때까지 성서의 권위를 통하여 믿음으로 인도되게 해야 한다. 믿는 자들은 성서의 조화로운 해석을 통하여 구원의 완전한 통합이 그들에게 분명할 때까지 밝혀져야 한다. 그래서 각자가 그의 선생에게 "우리는 지금 당신의 말 때문에 믿는 것이 아닙니다"라고 사마리아 여인처럼 말할 수 있을 것이다.

밝혀진 것들이 생생하게 실체적인 실천(Praxis)에서 이론(Theoria)의 확인을 통하여 사용(Chresis)을 각자가 그의 구원을 미래와 그 자신 밖에서 인식할 뿐만 아니라, 그것을 벌써 그의 내면에서 보며, 그 내면에서 움직이게 되도록 정당화되게 해야 한다. 모든 것은 우리가 모범적인 기독인들이 되며, 그리스도 안에서 온전히 중생하는데 달려 있게 될 것이다.

위선자, 불 신앙자, 이단자 그리고 변절자 등등의 성향을 온전히 돌이키게 할 수 있는 것.

폭력을 통해서는 아무것도 거기에 이르게 하지는 못한다. 영적인 직무는 폭풍과 지진이 아니라, 온유한 바람 소리와 함께 다가오는 홀로 성령의 책임이기 때문이다.

회개(개종)는 정돈된 과정에서 귀결하는 것은 명백하다.

1. 그것은 교회 봉사자의 지혜에 맡겨졌으며, 그에게 간곡히 당부 되었기 때문이다. 그렇지 않다면, 죄인의 개종(改宗)이 중요한 만큼 신앙의 가르침, 즉 온전한 첫 번 사제직의 이익은 쇠퇴한다. 개종이 직접 하나님을 통해서 이루어지면, 그것은 놀랄만한 일이다. 그렇다면 사제는 아직 어떤 의미를 가진 것인가? 항상 영적인 직무(섬김)의 목표와 유익은 죄인이 개종을 준비하도록 하는 거기서 찾아야 한다. 즉 죄인이 끈기 있게 회개하며, 구원에 이르도록 회개하라!

2. 성서는 규칙들과 모범사례들을 규정해 주기 때문이다.

3. 범(모든)지혜의 규범에 대한 이러한 신적인 기술은 역시 되돌아가게 하기 때문이다. 한 사람이 일반적으로 지식과 행위에 기초하는 이러한 구성요소를 이용하

면, 그것은 하나님의 권세를 통하여 한 결과에 이르게 된다. 개종해야 하는 자들은 1. 분명히 개종을 준비하며, 기꺼이 응하여 이루어지게 해야 한다. 2. 개종해야 하며, 3. 개종 안에서 확신해야 한다. 한 사람을 개종하거나, 또는 변화되게 하는 것은 몸을 개조하는 것으로부터는 구별되지 않는다.

말하자면 다음과 같은 변화가 즉 (1) 그의 근본 구성요소들 안에서 더 이전 존재의 해체를 통하여, 그것은 죄의 해체와 붕괴를 통해서이며, (2) 자신 안에 해체된 재료를 자신 안에 이끌며, 동화시키는 새로운 씨앗을 마음에 들여왔기 때문에, (3) 점차적인 양육을 통하여 힘을 북돋우기까지 일어나게 된다.

큰 죄를 지은 자들은 당신이 그들을 설득할 때 회개한다.

1. 그들이 고집하는 죄의 크기로부터, 그리고 가장 엄격한 징벌의 크기에 관하여 설득할 때,

2. 단지 개종이 시작되자마자 곧, 전 세계의 죄들을 근절하기에 넉넉한 하나님 자비의 크기에 관하여 설득할 때,

3. 그들이 하나님과 천사들에게 그리고 스스로 자신을 준비하는 기쁨의 크기에 관하여 설득할 때인데, 개선된 타락이 더 클수록 타락이 더 작은 것들에 의한 것보다 하나님과 천사들에게 더욱더 마음에 들기 때문이다.

그 외에도 벌써 본성에서 말하자면 습관이 된 것을 제거하려는 것은 참으로 어렵다. 만일 처음에 단지 힘 있게 영향력을 행사할 때, 그것이 대립적인 습관을 통하여 제거될 수 있다는 것을 보이는 것이다.

참회(懺悔)가 끝나지 않은 자들의 개종은 영적인 질병(영혼의 죄)의 치유보다 아무것도 달리 실현되지 않는 회개를 통하여 이루어지게 된다. 병자의 질병에 의하여 스스로 치유되는 것처럼, 또는 한 의사나, (의심된 경우들에 의해) 의사들의 협의회에 위임된 것처럼, 역시 우리 경우에도 개인적이며 공적인 회개가 사제들이나, 교회 전체를 통하여 이루어지는 것이 있다. 질병에서 요구되는 것처럼, 1. 질병이 정확히 인식되었다는 것, 해로운 과즙들이 완전히 청결하게 되었다는 것, 3. 새로운 수행 능력을 위한 본성을 강화하기 위한 수단. 마찬가지로 그것이 여기에 있다. 질병의 올바른 치유로 건강이 이전보다 더 안전하게 돌보게 되는 것처럼(그 이유는 건강해지는 것은 젊어지는 것을 의미하기 때문이다). 인간은 그렇게 그의 타락과 회개를 통하여 어렵게 시험받은 하나님의

자비 가운데서 깊이 안식하게 된다. 마찬가지로 그러나 새로이 다시 돌아오는 질병의 하나는 우리의 경우에서처럼 역시 더 위험하게 된다.

회개는 1. 완전하며, 2. 유예 없이(시95:7), 3. 참되다는 것이다. 한 사람이 과거의 실수를 슬퍼하고 울면서도, 그가 울었던 그것을 다시 행하게 되면, 그것은 바보처럼 어처구니없는 일이 될 것이다. 자신을 고발하면서도 그것을 개선하지 않는다면, 하나님은 그를 시험하며 벌을 내리기를 더 많이 자극하지 않게 됨을 뜻한다. 한 사람이 그의 죄를 탄식하지 않으면, 그는 병적으로 더 위협받게 될 것이다. 그 이유는 그가 질병의 진지함을 느끼지 못하기 때문이다. 그것에 대항하여 죄에 대한 참된 고통은 그의 엄격한 정의를 판단하기를 원했던 하나님이 악을 무효화 하는데, 영향을 미치게 된다. 다윗이[146]"내가 범죄 하였습니다."라고 흐느끼면서 말했을 때, 그에게 동시에 그 죄는 용서되었다. 그리고 그가 고통스럽게 죽어가는 백성에 대한 고통에서 그에 대한 갑자기 불어닥친 불행이 다가올지 모른다는 것을 간청했을 때도, 동시에 그에게 용서되었다. 역시 니느웨의[147]주민에게도 그러하였다. 불신자들이 개종하기 위하여 사람들은 교수법과 파이스틱(Peistik)[148]안에 포함된(가르치며 확증하는 이론) 학문적인 통찰을 연결해야만 한다. 예를 들어 그들이 그들에게 적이 아니라, 그 이면에 한 친구가 서 있는 것을 느끼도록 호의적인 친절성을 통하여 사람들이 그들에게 접근을 평정하는 것이 요구되었다. 그것은 그들에게 원수가 아니라, 친구로 있는 것이다. 바울은 그렇게 이방인들에게서처럼, 유대인들에게도 지나치게 친절하게 말했다. 2. 진리의 가르침이나, 또는 심기는 오류가 제거된 것과 함께 결단코 시작하지 않으며(그 이유는 뿌리를 내린 나무는 쉽게 뽑히지 않기 때문이며, 진리를 위한 자체의 설득이 고수되었기 때문에, 그는 우리의 설득에 반대하기를 시작하는 적으로서 간주한다. 즉 만일 당신이 순수한 진리를 초래하게 된다 해도, 찬성처럼 바로 그렇게 조심성을 방해하는 것을 우리가 곧 두려워하고 미워하게 된다), 사람들이 그들 자체의 전제들로부터 드러내는 것이 요구된다. 그런 만큼 우리는 진리를 보완하며, 오류를 반박하는 그들에게서 다른 생각들을 유도하게 된다. 역시 바울은 아덴에서 지혜롭게 알지 못하는 신(神)과 함께 시작했으며,

---

146) 이스라엘의 두 번째 왕인 다윗은 1013-973(BC.)년에 통치하였다.
147) 티그리스 강 원편에 아시리아의 수도 니느웨(Ninive)는 BC.612년 메데와 바빌론으로부터 파괴되었다.
148) 교수법과 파이스틱(Peistik)은 가르침과 확증의 이론이다.

우리의 것들의 몇 가지는 이것을 피르지니엔(Virginien)[149]을 흉내 내지 않았다. 그들이 경배하는 하나님은 우상의 모습 안에 거주하지 않는다는 것을 가르치기를 벌써 그들이 발견하지 못했을 뿐만 아니라, 그분이 불 가시적인 세계의 창조주라는 것을 그들은 반대로 참된 하나님은 중요하지 않다는 것을 주장하였다. 그들은 사람들이 그들에게서 청취하기를 거절하는 화를 그렇게 거절하였다. 거기서 진리가 가르쳐지기 전에, 오류들을 더 일찍 버리는 것은 옳지 않다.

유대인들의 개종에 대하여

사람들이 인간적인 위로와 함께 돕기를 원할 때, 그들이 설득하게 하며, 믿게 하는 것보다 영향을 더 크게 미칠 수 있는 것은 아무것도 없다.

1. 하나님은 영이시며 영으로 경배 되어야 한다는 것.
2. 표면적인 의식들은 내적인 하나님 경배에 밝게 해주는 관계를 지닌다는 것.
3. 거기서 표면적인 경배는 내적인 것 없이 어떠한 효력도 없다는 것, 그래서 그것은 직관적이라는 것(이사야 1장, 55:1-3; 히브리어 문서 50에서 증명하게 하는 것, 역자주: 코메니우스의 라틴어 원문에는 Pf. 50으로 표시됨).
4. 선지자들과 메시아와 사도들, 즉 그들은 일들의 일(Opus Operarum)[150]을 근본 토대로서 간주했기 때문에 그들의 소유를 거절했던 것.
5. 그들은 의식들을 역시 기뻐했을 때(그것은 영원하다), 그렇게 그들은 법을 유지할 수 있을 것인데, 그러나 그렇게 그들이 동시에 그 의식들 가운데 포함하는 비밀을 성취하며, 그리고서 하나님이 그들에게로 돌아오는 것을 느끼게 될 것이다.

터키인들의 개종에 대하여

그들의 어두움의 원인은 다음과 같다.
1. 그들은 지식을 퍼내 올 수 있을 어떤 책들도 소유하고 있지 못한 것.

---

149) Virginien은 1609년 이후 아메리카의 원주민들의 기독교 선교의 잘못된 실제에 대한 비판적인 비꼼을 의미함.
150) Opusoperantum, opus operantis는 신학적인 전공언어의 표현:성례가 "일 중의 일"로 주목할 때, 그것이 분배되는 일에 고려 없이 작용한다. 즉 사제가 죄인의 신분에서 수행한다면, 일 중의 일이 중요한 것은 효력을 잃게 될 것이다.

2. 사람들은 외부의 책을 읽거나, 타 종교에 대하여 논쟁하는 것을 허락하지 않는다는 것. 이것은 모하메트(Mohammed)[151]가 사형의 형별로 금지하였다.

이처럼 다음의 것들이 좋을 것이다.

1. 그들에게 빛을 심을 수 있는 좋은 서적들을 제공하는 것.

2. 그것들을 언어들과 학술들의 구실 아래서, 그들에게 간접적으로 추천하는 것. 이러한 목표에서 언어들을 향한 입문과 사물들을 향한 입문[152]은 좋은 도움이 될 수 있을 것이다.

질문: 그러한 개종이 양심의 자유를 따라 존립이 가능할 수 있는지, 또는 양심이 자유로워야 하는 일이 속해 있음에도 불구하고, 양심은 이러한 방식으로 폭력이 가해진 것은 아닌지?

대답: 양심의 자유가 모두를 위하여 허용되어야 하는지, 지금까지 모든 면에서 그 질문이 다루어졌다면, 우리는 사람들이 "모든 것" 가운데서 이해하는 것은 무엇인지를 물어야 한다. 대체로 사람들이 그 가운데서 역시 이에 대하여 고집불통이며, 타락되었으며, 불신자였던 전문지식이 없이 교육받지 못한 사람들을 생각한다면, 하나님의 분부 때문에 부정하면서 대답해야 한다. 즉 "당신은 이웃의 황소나 당나귀를 잘못 가게 한다."(출 23:4;신22:1). 그렇지만 그들이 무지와 고집불통과 또는 불신앙을 통하여 묶어진 곳에서 양심의 자유에 관한 말은 있을 수가 없을 것이다. 권리와 정의의 완전한 지식이 없는 자유는 자유가 아니다, 그것은 가장 역겨운 고집이다. 그렇지만 질문이 하나님의 말씀에 따라 창조되고 조정된 양심에 관하여 던져졌다면, 우리는 누군가 다른 이의 양심을 지배하거나, 그에게 이것이 허용되도록 하는 권리를 남용하는 것에 대하여 보호해야 한다. 사도의 규범에 따라 우리는 거기서 홀로 그리스도에게 통치권을 넘겨야 한다.

---

151) Mohammed는 AD.570-632년까지 생존했으며, 이슬람의 창시자이다.

152) Janua linguarum, Janua rerum(언어들에 대한 문), 1631년 여러 언어로 번역되었고, 코메니우스가 생존 시 미국에까지 전해졌던 코메니우스의 언어작품과 언어 가르침의 작품. Janua rerum(사물에 대한 문)은 범지혜의 형이상학의 본질적인 기본원칙의 교재. 범세계적인 교육에 도입함.

제19장

지혜로운 실행을 위한 전제들의 밝혀짐에서 개혁이 잘 번창하도록
세계적인 개혁의 시작과 전진에 대하여

선한 계획들은 실현되어야만 한다.

우리가 바라는 일들이 어떻게 이루어져야 하는지, 그것들을 이성으로써 시작하는 것이 어떻게 이해적인지는 벌써 분명해질 수 있다. 그러나 우리는 그 같은 축복된 상황을 믿어도 좋을까? 그리고 그것은 언제인가? 이것은 물론 죽음의 목전에 숨겨진 채 남아 있다. 그렇게 가까이 가능한 것의 영역에 놓인 것이 실제로 변화된 것을 하나님의 자비로부터 기다리는 것은 대략 우리를 더욱더 적게 억제하게 한다. 우리들의 소요들의 바빌론이 곧 파멸되게 할 수 있을 방향으로 모든 것이 애쓰는 것을 벌써 이전에 우리가 보고 있다(유프러스 강이 아주 메마르게 되었을 때). 사람들이 더 이상 하나님의 영(靈)에 대항하지 않기를 결심하기를 원했다면, 그리고 기대하는 것을 넘어 아우기아스(Augias)의 외양간을(역자주:그리스의 아우기아스(Augias) 왕이 30년간 외양간을 청소하지 않은 무질서한 상태를 뜻함) 재빨리 청소하는 일을 행하였다면, 모든 열정으로 신적인 알패우스의(역자주, 강물의 신) 강한 급류를 외양간으로 흘러들어오도록 그 일을 모두가 수행했다면. 세계에 유익한 것으로부터 존재하게 할 수 있을 계획들이 어떻게 실현될 수 있을지, 이처럼 그 방법에 대해 우리는 심사숙고 하기를 시작하자. 그리고 이것을 재빨리 실현하자!

실현은 통상적으로 재빨리 시행된다.

2. 앞서 진행하는 준비가 정상적으로 수행되었을 경우, 역시 가장 큰 계획의 실현이나, 관철은 항상 특별히 가볍게 된다. 그래서 역시 가장 큰 변화들은 재빨리 앞서 진행되도록 도움을 주게 된다. 당신은 모범들을 원하는가? 그것들은 모든 시대에 중단되지 않은 채 존재한다. 나는 몇 가지 의미 있는 것들을 기억한다. 온전한 창조와 영원한 침묵의 종결을 위해 6일이 소모되었다. 영원한 생각들이 앞서 나아갔다. 홍수를 통하여 인간 세대의 파멸은 하나님의 인내가 12년을 허용한 후, 40일간 지속되었다. 그렇지만 항거하는 애굽 왕 파라호(Pharaho)는 주님 따르기에 대항했던 사람들과의 오랜 투쟁 후에 그의 모든 군대와 함께 한밤에 익사하였고, 이스라엘은 한밤중에 해방되었다. 여리고의 붕괴는 한 시간으로 충분했다. 그러나 앞서 백성은 언약궤와 함께 7일간 그 도시를 돌았다. 불신을 끝내며, 죄성(罪性)을 무효화하고, 불의를 제거하며, 그

리스도의 희생을 통하여 영원한 의(義)를 성취하여 유일한 신비의 한 주간이 위임되었다(단9:27). 그러나 악의 누룩은 4000년 동안 참고 견딘 후였다. 마침내 세계 전체의 체계 파괴를 위해, 시대 경과의 종결을 위해, 영원을 개척하기 위하여 각자 가능한 준비가 이루어진 세계의 시대 전체가 지나가 버린 거기서 영원의 새로움을 위해 결단의 한 날이 확정되었다.

그것이 하나님의 영예를 요구하는 것처럼, 최후의 개선은 진실로 그렇게 관철되도록

3. 아주 오랫동안 인내하셨던 그분이 마침내 우리들의 혼잡함을 바빌론의 무너짐으로 인도하셨을 때 보다, 하나님께 더 많이 적절했던 그 무엇이 있는가? 멸망이 점차 진행되는 것, 즉 그들이 몰락 가운데 처하여 있을 때까지, 어떻게 멸망에 떨어지는지, 사람들에게 눈에 띄지 않게 하는 것은 사탄에게 달린 일이었다. 하나님은 그의 심판을 영예롭게 이루신다. 그래서 사람들은 하나님을 찬양하며, 그의 구원을 힘쓰게 된다. 바빌론은 점차 예루살렘에 복종하였다. 먼저 예루살렘에 배상의 의무를 지게 했다면(왕하 24:2), 하나님의 집에서 그릇의 한 부분을 옮기게 했으며(역대하24:13), 마침내 예루살렘은 스스로 불길에 휩싸였다. 하나님은 그들의 행위로 아이들 없이 과부들만 남은 예루살렘을 한날에 파괴하였다(사47:9;계18:8).

땅 위에 모든 권세가 그리스도에게 넘겨지는 것과 그분이 그 권세를 넘겨받게 되기를 기대한다.

4. 더욱이 그리스도가 말씀하였다. "하나님의 나라는 볼 수 있게 임하는 것이 아니라"(눅17:20). 그러나 그는 언제 메시아의 나라가 시작하는지를 물었던 바리새인들의 생각에 대한 동기와 함께 이것을 말했다. 그들은 말하자면, 그의 영광 때문에, 그리고 찬란함을 감탄하는 것과 무기로써 세계 나라들을 굴복시키며, 그 자신의 권세를 확고히 하는 현세적인 왕으로서의 한 메시아를 원했다. 그리스도는 이것이 그러한 경우가 아니라는 것을 분명하게 말씀하시며, 그의 나라는 그를 믿으며, 세상으로부터 멸시받지 않는 그들의 마음 가운데 실현되기 때문이다(V.21). 그는 실제로 그와 같이 그것을

성취하였다. 그렇지만 그는 모든 것이 올바르게 준비될 때, 거기서 어느 날 세상의 모든 나라가 우리 주님의 것이 되며, 그리스도의 것이 되리라는 것을 명하셨다(계11:15)

우리가 어떻게 이러한 일들에서 함께 활동하게 되는지는, 보편적으로 그리고 개별적으로 논증되었다.

5. 우리가 협동으로 이러한 일들을 돕기를 원할 때(우리의 의무인 것), 그리고 우리의 혼잡들의 바빌론을 재빨리 파괴하기 위하여 겨냥하기를 원한다면(모든 것은 시온이 되도록), 그것이 성공되도록 어떤 방식으로 이루어지게 해야 할지? 게다가 나는 이 장(章)에서 무엇인가 보편적이면서, 개별적인 것을 표명하기를 원한다.

실현의 개념을 통한 보편적인 해명

6. 개념의 분석은 3가지 관점에서 실현에 대하여 보편적으로 우리에게 가르쳐 준다. 1. 실현이 무엇인지? 2. 그것은 무엇을 통하여 실행되는지? 3. 그것이 어떻게 일어나게 되는지? 등에 대한 것이다.

실현하려는 것은 무엇인가?

7. 실현은 우리가 시도하며, 결정된 것을 어떤 이들의 도움과 함께 일을 끝까지 이끌어가는 것을 뜻한다. 올바른 실현은 이처럼 다음과 같은 구성요소를 지니게 된다. 1. 어떻게 그 일이 관철될 수 있을 것인지에 결정이 앞선다. 그 이유는 앞서 진행하는 정상적인 결정 없이 관철되는 행위는 경솔하기 때문이다. 2. 행위가 스스로 위임된 어떤 사람들, 즉 아무도 그들이 위임되지 않았다면, 아무도 그것을 시행하거나, 또는 성실하게 수행하지 않기 때문이다. 3. 지혜로운 규정을 따라 착수하여, 이끌며, 끝마치는 행위의 실천 자체이다. 어리석게 시작하여, 이끌며 완성하는 과제들은 실현될 수가 없다.

보편적인 것 안에서의 실현은 3가지 조건들을 가진다.

8. 그렇게 개선의 실현은 역시 3가지가 함께 작용하게 될 것이다. 말하자면 우리가 이러한 공동의 일과 함께 시작하는 것은, 1. 모든 사람이 함께, 2. 모든 것을, 3. 다방면으로 수행하는 일이다.

a) 우리가 그 일을 모두 함께 시작한다는 것

9. '모든 사람이 함께'라고 나는 말한다. 이러한 첫 번째 조건은 모든 면의 일을 시작하는 민첩성을 들어내는 일이기 때문이다. 만일 휴일이 임박했거나, 또는 왕이 오시게 되면, 역시 가장 큰 공동체들은 한번, 그리고 동시에 깨끗하게 되도록 돌보는 것을 우리가 보게 된다. 각자는 그의 집 앞에서 해당하는 몫을 청소한다. 우리는 하나님의 이름으로 지금 이처럼 함께 모두를, 즉 학자들과 제사장들과 정치인들이 시작한다. 그리고 역시 세계의 보이지 않는 부분의 것이기는 하지만!

b) 동시에 모든 것을

10. 나는 모든 것을 말하며, 우리는 벌써 고장 난 것으로서 알려진 그것을 단번에 착수해야 한다. 그 이유는 민첩성의 두 번째 조건이 단지 가지게 하는 모든 것을 동시에 손에 쥐게 되는 것이기 때문이다. 병행하여 착수된 것은 어떤 사물이 이처럼 중요한 것인지? 우리가 인간적인 일들을 즉시 시작에서부터 나누었던 3가지에 대한 것으로, 즉 교육과 종교와 정치이다. 이처럼 학식 있는 자들은 자신의 것과 생소한 정신을 해명하며, 신학자들은 참된 하늘의 불로써 자체와 타인의 마음을 불타게 하며, 그리고 정치인들은 정의의 올바른 법에 따라 그리고 그들 가운데 자체와 타인의 영역에서 이것을 더 잘 다스리도록 하기 위함이다. 앞의 10장 10항 참고.

c) 다방면으로

11. 나는 우리가 일들의 개선을 모든 면에서 착수해야만 하는 것을 말한다. 그리고

우리가 이러한 작업을 1. 진실하게, 2. 그렇지만 두뇌를 넘어 목이 아니라, 적절한 질서 가운데서, 3. 마침내 끈기 있게 끝까지 인도해야 하는 것을 나는 원한다.

1. '진실하게'란 무엇을 뜻하는지

12. 나는 우리가 이러한 세계적인 개선이(그리고 세계의 종말 전에 최종적인) 실체가 헛된 것이 되지 않도록 진실한 마음으로 그 일이 이루어져야 할 것을 말하게 된다. 그래서 우리는 진실로 하나님께로 향하며, 평화 가운데로 인도되어 생명의 최상 목표인 영혼의 안식이 진리 안에 이르게 되는 것이다.

2. 잘 정돈된 것

13. 우리가 성급한 행동을 통하여 개선하는 것보다도 더 이상 혼잡하지 않도록 선한 질서 가운데서, 작업을 시작해야 한다는 것을 나는 말한다. 그렇지만 어떤 질서 가운데인가? 사람들이 그 안에서 자신과 다른 것, 즉 선한 것과 악한 것을 보기 때문에, 그것은 피하고, 선한 것을 선택하며, 특히 최고의 선(善) 이신 하나님을 선택하도록, 먼저 정신이 필수적으로 계몽되어야 한다. 그들이 최고의 선 안에서 사랑으로부터 감동되며, 진실로 그들의 동경을 통하여 그분과 연결될 때, 그들은 역시 더 쉽게 서로 하나가 될 것이다.

a) 먼저 철학이 대상이며, 그다음은 종교이며, 마침내 정치가 개선되는 일이다.

나는 먼저 철학이 새로워지며, 정신 안에 그것이 심어지게 되며, 그런 후 종교와 그 위에서 정치가 새로워지는 것을 온통 이해 해 보자. 이러한 질서를 위한 토대는 인류가 하나님부터, 하나님과 함께 하나님께로 향하여 있는 일들과 함께 보다는 먼저 하나님과 함께 있는 일이 아닌 하나님과 함께하는 것으로서 먼저 화해(和解)를 발견할 수 없는 거기에 생겨난다. 그렇지만 그가 참된 지혜의 빛을 통하여 이르게 되는 것을 자신이 스스로 인식하고 이용하기를 배우기 위하여, 역시 아무도 스스로 자신과 함께로서 먼저 조화를 발견할 수는 없을 것이다.

b) 교재들과 학교들과 개별 사람들과 마침내 신분 전체가
개선될 수 있도록 하는 수단들

14. 앞으로 인간적인 신분들이 개선될 수 있도록, 개별 사람들이 먼저 개선되어야
만 한다. 사람들을 개선하기 위하여 인간성의 작업장인 학교들이 필요한 것이다. 학교
들이 개선될 수 있도록 우리는 인간을 교육하기 위하여 거기에 속한 도구들로서 교재
들이 필요하다. 교재들이 사용되도록 우리는 그것들을 만들고 이용하기 위한 개선된
방법이 필요하다. 마침내 그 방법이 개선될 수 있도록 스스로 사물의 질서가 절대적으
로 필요하다. 일들이 신적인 재능을 통하여 하나의 질서로 처리되었기 때문에, 그 방법
은 불변적이며, 인간의 정신에 불변적인 법칙으로 규정되어야 한다. 이처럼 그렇게 사
물의 질서가 하나님으로부터 길이와 부피의 단위를 그들에게서 결정하는 것처럼, 그
것들이 경계들 내에 포함된 것처럼, 그리고 그것들은 우리의 이해에 불변적인 목표들
로 규정되는 것처럼, 인간적인 무질서를 진실로 개선하기를 소망하는 모든 것의 토대
이다. 그 이유는 일들의 법칙에 따라(나는 그것을 반복한다), 일들을 가르치는 방법은
그들의 도움으로써 교재들과 학교들과 인간 사회가 사람들의 도움과 함께 학교들을 통
하여, 그리고 그것들을 통하여 마침내 인간 세대가 스스로 개선될 수 있도록 개혁되어
야만 하기 때문이다. 그것은 신적인 축복의 충만과 함께 (단계적인 방법으로 진행했던
선행을 통하여) 학교와 교회와 국가들에 빛과 평화를 되돌리게 될 것이다.

c) 먼저 개인들이, 그리고서 가정들이 학교들 등등이 개선되게 하는 관철

15. 개선을 관철하고 유지하며, 항상 더 많은 질서 가운데로 확대하는 일이 중요한
만큼, 그렇게 수행하는 것은 가장 유리한 일이 될 것이다. 즉 1. 각자가 스스로 자신을
하나님의 기쁨에 따라 개혁하기를 시작하는 것, 2. 가족 전체가 그 일에 일치하며, 3.
사립학교와 공립학교들이 그것에 따르며, 4. 그리고서 교회들이 또한 그러하며, 5. 계
속해서 국가들이 그들의 크고 작은 공동체들 안에서 그렇게 하며, 6. 마침내 이 땅의
주민들 모두가 그렇게 되는 일이다. 세계의 왕국들 모두가 그와 같은 방식으로 확고한

질서 가운데로 함께 성장하며, 이러한 신적인 완성을 힘쓰게 될 것이다(땅에서 바라는 것). 만일 우리가 먼저 돌과 나무를 개별적으로 가공하게 하는 지혜로운 건축가를 모방한다면, 일들과 우리들 행운의 더 나은 발전 상태의 이러한 순서의 결과들이 등장하게 될 것이다. 그리고서 벽들이 세워지며, 그런 후에 둥근 아치형의 지붕을 통해 그것들이 연결하며, 마침내 모든 것 위에 지붕을 놓으며, 건축 부분들의 거대한 수(數)에서 한 집이 세워지도록 작용하게 된다.

3. 끈기와 함께

16. 나는 우리가 개선에 대하여 그것이 그들의 모든 부분과 단계들에서 끝나지 않는 한, 끈기로써 일해야만 한다는 것을 말했다. 모든 것이 더 큰 완성에까지 앞서 전진하며, 그리고 평화와 안식이 각자의 영혼과 가족과 각 학교와 교회와 각 국가에서 출구를 발견하는 것처럼, 빛과 주님의 거룩함에까지 되돌아가지 않도록 하기 위함이다.

17. 그러나 언제, 어떤 방식으로 이것이 시작하는가? 더 일찍이도 아니며, 다르게도 아닌, 인간적인 일들로(그것이 세계를 허용하는 한), 한편으로 결핍들이(그것은 단편적인 것과 분열이다), 다른 한편 과장된 언동들(그것은 엉클어진 것들과 목록이다), 계속해서 한계를 뛰어넘는 것들(그것은 폭력들과 거기서 나아와 기인하는 끔찍한 것들이다)이 제거되었을 때까지다. 즉 철학에서 나아오는 망상들, 그것에서 기인하는 논쟁들, 종교에서 나아오는 위선적인 것들, 정치에서 나아오는 거짓말, 약탈, 사형처벌과 같은 음흉한 행동 들이다. 만일 우리가 우리의 협동을 거절하지 않을 때, 그것은 하나님의 손을 통해 일어나게 된다. 우리가 단지 사람들의 모든 어두운 동굴들 안에 신적인 태양이 나타나게 한다면, 어두움은 중단될 것이며, 연약한 빛의 인간적인 촛불들이 인간적인 관여 없이 스스로에게서 꺼지게 될 것이다. 우리가 이교도적인 신성한 것들에서 우리 하나님의 언약궤를 짊어지며, 그리고 우리가 우리의 권세를 통해서가 아니라, 하나님의 능력을 통해서 모든 괴물(Dragon)[153]을 넘어뜨리는 것을 보게 될 것이다. 우리가 모세의 뱀(하나님의 지팡이 하늘로부터 위임된 통치의 주권)을 군주주의자들(Machiavelisten)[154]

---

153) 드라곤(Dragon) 필리스터와 가나안 사람들의 신성
154) 마키아벨주의자(Machiavellisten)들은 마키아벨리즘의 가르침의 대변자이다.

의 투쟁에서 던졌을 때, 그리고 우리가 그들이 삼키게 된 것을 보게 될 것이다.

다음과 같은 대상의 배열

18. 사물이 어떻게 시작되는지, 우리는 개별 상태에 대한 배후를 검토해 보기로 한다. I. 방해로 작용하며, 상태를 변질시키는 어떤 현상들이 거기에 있다. 그리고 그것들을 어떻게 제거되게 할 수 있는지? (그것은 어떤 결핍과 과장들, 그리고 어떤 미신이 파멸에 영향을 미치며, 장애 받게 되며, 어떻게 사람들이 그것을 제거할 수 있을지를 뜻한다). II. 우리는 어떻게 계속해서 상태를 개선하고 장애를 개선하기 위하여 수단들을 계속해서 적용해야 하는지, III. 마침내 새로운 것의 패망에 빠지지 않으며, 망하지 않도록 한번 이만큼 완성으로 개선되었던 모든 것이 견고해질 수 있도록 완성하는 것이다.

19. 그러나 모든 것은 지성과의 조화 가운데 있으며, 모든 것은 더 이른 것이 더 늦은 것의 전 단계라는 것이 눈에 띄게 되도록, 어떻게 이러한 회복에서 순위가 도입될 수 있을지, 지금 우리가 밝혀보자(벌써 15항에서 확고하게 된 것), 만일 우리가 보여준다면, 개혁이 어떻게 준비되어야 할지를 나는 말한다.

   I. 사람들이 주어진 영역에서 고안하기를 바라며, 전체성을 보증하는 것을 실현할 수 있는, 말하자면 가장 좋은 것은 어떠해야 하는지, 그 목표는 그렇게 잘 제시되어야 한다.
   II. 가능한 대로 적게, 그러나 각별하게 단순성을 보장하는 믿을 만하며, 속이지 않는 협력 수단을 제공하도록 하며,
   III. 사람들이 어떻게 수단을 가능한 한 쉽게 적용할 수 있으며, 자발성을 확실하게 하는 방식. 그리고서 먼저 모든 부분적인 것과 복잡한 것과 폭력적인 것이 제거될 수 있게 될 것이다.

다음 장에서 우리는 항상 먼저 개혁이 이루어지도록 목표를 확고히 설정하게 된다. 그리고서 목표에 이르게 될 것을 안전하게 하는 협력 수단을 준비하며, 마지막으로 관철의 방식이 일들에서 진행되는 것보다 아무것도 달리 남지 않도록 한다.

소견들:

제1항에서:

플리니우스(Plinius)[155]가(자연 역사에 대한 서문에서) 언급하는 것은 진실하다. 옛일들에서 새로운 것, 새로운 중요한 것에, 초라한 영광에, 더러운 유혹에. 불확실한 신빙성에, 모든 자연에, 그리고 그것들에 속한 모든 것들을 자연에 내주기는 어렵다. 그리고 크라테스(Crates)나, 모나스(Monas)[156] 안에 헤르메스 트리스메기아스(Hermes Trismegias-역자주: 그리스의 신 헤르메스와 이집트의 신 트리스메기투스가 혼합주의로 결합되어 형성된 신, 또는 반신(半神)으로, 3번 위대한 헤르메스를 가리킨다). 즉 익숙한 것과 현재의 것을 떠나기와 그리고 예부터 내려온 것과 새로이 시작하는 것으로 돌아가기는 매우 어렵다. 그 이유는 우리가 기뻐하는 분명한 것과 아직 분명해지지 않은 것을 사람들이 믿기란 어렵기 때문이다. 그렇지만 그리스도가 일들의 마지막 상태에 관하여 말한 것은 믿어야만 한다. "보라, 내가 모든 것을 새롭게 하리라(계21:5). 모든 일이 믿는 자에게 가능한 것"(마9:23)을 우리는 그의 권능과 협동을 신뢰하기 때문이다. 모든 것은 그의 범주에서 믿는 자에게 가능한데, 단지 우리의 결핍된 신뢰가 하나님의 능력을 방해하지 않는다면, 모든 것에서 더 많은 모든 것이 믿는 자에게 가능한 것이다.

제4항에서:

제2장에서 언급된 것처럼, 여기에 모든 모범상이 속한다. 사람들은 성서에서 더 많은 것을 발견하게 될 것이다. 예를 들어 미디안 광야 시대에서처럼 (삿7장), 이사야 9:2절에서도 그리스도가 승리로 기록된 것은, 기드온[157]이 그의 선택받은 자들과 함께 한 날에 칼의 능력을 통하여 적의 많은 수를 제압한 것이 아니라, 그 적들이(하나님의 나팔소리와 횃불의 출현으로 서로를 대적하여 돌진했던 것을 뜻한다. 다윗은 아침노을의 이슬처럼 그리스도의 백성이 탄생하리라는 것을 예언했다(시11:3; 사49:17, 66:7-8절 말씀을 역시 보라). 신비적인 바빌론은 불을 통하여 멸망되어야 한다는 것이 하나님

---

155) Plinius, Secundus, Gaius Maior(AD.23-24-79) 로마의 정치가요, 장군이며, 박식한 사람이며, 저술가였다.
156) 코메니우스는 Crates나, Monas를 Hermes 와 Trismegistor 안에 기록되어 있는 것을 인용한다.
157) 기드온(Gideon) 구약의 인물이며, 미디안 족속과 전쟁한 인물.

의 심판을 기억하게 되는 것은 당연하다(눅12:49;계18:3). 불이 작용하는 것보다 더 빠른 것은 무엇인가? 이전 세계의 멸망에는 수개월 작용했던 물이 이용되었다. 그러나 소돔은 우리가 번개의 내리침에서 경험하는 것처럼 불의 도움으로 한 시간 안에 파괴되었다. 이것을 모방하기 위하여 알려진 것처럼, 최근에 성벽들과 산들을 파괴하는 화약이 발명되었다 (길게 수공업에 저항하지 않게 된). 오, 그렇지만 사람들이 하나의 지혜를 생각해 낼 수 있다면, 어떻게 그러한 능력들을 바빌론의 파괴에 이용할 수 있을까!

각자가 그의 내면에 신적인 열성의 불꽃들과 함께 그의 작은 바빌론을 불태우는 일은 왜 하지 않는지! 각자가 비슷한 방식으로 자신 위와 아래에 있는 바빌론을 불을 붙이며, 파멸했었다면, 가정의 바빌론과 학교의 바빌론 등등. 이러한 일은 왜 기대를 넘어서 더 재빨리 수행해야 하지 않을까?

제13항에서:

그러므로 우리는 7권의 제언서 작품의 표제지(標題紙)에다 전면의 그림을 그려보게 하려고 한다. 1. 모든 빛이 하나님의 빛에서 불타며, 모든 면으로 부어지게 하는 것. 2. 의와 평화가 서로 입 맞추며, 땅 위에 모든 것이 번창해지는 것. 3. 땅 위의 모든 주민이 하나님을 찬양하기를 힘쓰며, 모든 예언이 땅 위에서 성취되는 것(시46:9;100) 등등.

Panorthosia의안 겉장의 그림. 코메니우스의 제안에 따라 19장의 마지막에 동시대적인 그림 요소들에서
재구성한 것임(F. Hoffmann)의 문서실 보관

제20장

각자는 스스로 자신에 의하여 개선을 시작해야 한다.

사람들은 그들 다수가 경솔해졌다.

파멸의 의미 있는 한 부분은(근본토대가 아니라면) 사람들이 그들 외형적인 소유에 더욱 열심히 몰두하며, 그들 행동을 근본원리로 삼고 있는 것에서 발생한다. 즉 나는 스스로 나에게 이웃이며, 그러나 내적인 재물들로는 그들 다수의 사람을 돌보지는 않는다. 거기서 세네카(Seneca)의 격언이 생겨난다. 한 사람은 그 한 사람을 돌보며, 다른 이는 다른 사람을, 그러나 자신을 위해서는 아무도 돌보아 주지 않는다. 그는 온전히 정당하다. 그것은 적어도 사람들의 다수에 의하여 그런 상태를 띄고 있다. 많은 사람이 다른 이들을 보살핀다. 그러나 아무도 스스로 자신에게는 아니다. 많은 이들은 다른 이를 교훈한다. 그러나 아무도 자신에게는 아니다. 많은 이는 다른 이들에게 자선을 베푼다. 아무도 스스로 자신에게는 아니다. 지금 이러한 호소가 중단되도록, 각자는 먼저 스스로 자신에게서 개선에 이로운 것이 무엇인지, 그 모든 것과 함께 시작해야 한다.

각자는 왜 개선을 자신에게서 시작해야 하는가?

2. 이것은 먼저 그들이 시작해야 하는 곳에서 한 범주를 두드리기 위하여 확고한 중심점을 발견하는 일로써 시작되는 것을 뜻하게 될 것이다. 각자 개인이 자기를 위해 개선하지 않는다면, 보편적인 개선은 진전되지 않을 것이기 때문이다. 전체는 개별적인 일들에 함께 놓여 있다. 공적인 개선은(그것은 변화를 뜻하는데) 사적인 사람에게서는 착수할 수 없으며, 사적인 것은 그렇다! 여기서 사람들은 누구에게도 그가 전적으로 합리적이며, 스스로 자신과 그의 하나님과 함께 행하며, 그 안에서 생기 회복을 발견하는 일들로써 나타나기 때문에, 자신 안에, 자신을 위하여 낙원을 만들며, 자신 안에 왕국을 세우며, 그의 하나님께 제단을 세우는 것을 사람들은 아무도 막을 수가 없을 것이다.

특별히 다른 사람들의 개선에 한정된 것들

3. 특별히 다른 사람들의 선두에 서 있으며, 다른 이들이 질서 가운데로 데려와야 할 것들이 먼저 개선되도록 노력해야 한다(가정의 아버지들과 어머니들, 교사들, 교회의 목사들 등). 한편 올바른 사랑이 자체에서 스스로 시작하기 때문이며, 다른 한편, 그

것이 스스로 질서적이지가 않을 때, 정돈할 수 없다는 것, 그리고 역시 어떤 거대한 일들을 수행해야 하는 자가 먼저 자체 내에 힘을 모으기 때문이다. 적지 않게 그가 어떤 자세를 취하는지, 역시 각자 개인은 진리의 모든 것 안에 찬성하며, 경건을 찬양하며, 질서에 순종하기와 그리고 이것을 벌써 행동하는 준비된 잘 짜맞추어진 나무와 잘 준비하여 다듬어진 돌처럼, 새로운 예루살렘의 도시를 건설하기에 그가 잘 적용되도록 항상 그렇게 준비해야 한다.

개선의 목표

4. 당신의 자체 개선의 목표는 당신이(하나님의 도움과 함께) 영(靈)과 몸에서, 그리고 영원히 행복하게 되는 상태로 옮기는 일이 있게 될 것이다. 당신은 그 상태에 이르게 될 것인데, 즉 당신이 곳곳에서 평화와 안식, 도움과 피난처를 필요한 일들로부터 다만 당신의 이웃과 함께 사는 모든 이들에게 평화가 유지되도록 하며, 완전한 신뢰를 그분의 은총에서 바랄 수 있도록 하나님이 그렇게 섬김을 나타내는 것처럼, 모든 것을 친구들에게 더 잘, 그리고 원수에게는 하나를 가지도록 당신의 필요가 요구하는 것보다는 많지 않게, 또는 덜 얻기 때문에 대체로 기대할 수가 있도록 당신이 사물들과 사람들과 하나님과 스스로 그렇게 관계할 때이다.

스스로 개혁의 3가지 뿌리는 3가지 모습의 사랑이다.

5. 첫 번째 개혁의 뿌리는 적절한 3중의 모습인 사랑에 달려 있다. 즉 자신과 이웃과 하나님에 대한 것이다. 자신에 있어서 경솔함을 통하여 파멸에 빠지지 않도록 하는 것이며, 이웃에 있어서는 당신 자신의 모범을 통하여 이웃들이 파멸하지 않도록 하는 것이다. 그리고 하나님께는 그분이 많은 이들의 구원을 통하여 얻게 되며, 당신의 협동을 통하여 구원될 수 있을 역시 당신과 그들의 저 영광과 명예를 빼앗지 않도록 하는 것이다.

개선의 형태

6. 특히 당신 자신에 대한 이러한 개선의 형태는 스스로 자신에 대한 사랑이 이기

적인 모습이 되지 않도록 조절하는 거기에 존재한다. 그래서 당신은 몸과 혼의 파멸이 아니라, 주로 혼들의 보존에 남자답게 과보호되어 사랑하지 않게 된다. 그러므로 당신 안에서 몸과 재물과 다른 안락함에 대한 염려를 억제하게 하며, 그 목적을 위해 영혼에 대한 열성, 즉 지혜와 영원한 구원을 확대하게 하며, 자신과 이웃과 하나님에 대하여 덕스러운 태도로써 당신을 능력 있게 한다. 특히 의미 안에 계신 하나님을 항상 기억하며, 그분이 항상 당신을 보고 계심을 분명하게 한다. 천사가 항상 당신의 모든 행위의 증언자들로 함께함을 잊지 말라. 당신이 항상 수행하는 것은 양심으로 생각하라. 그 이유는 지키는 자요, 경고하는 자요, 미래의 고발자요, 심판자처럼 당신을 주시하기 때문이다. 만일 이웃의 한 분이 당신을 만날 때, 당신의 두 번째인 자신(Ich)처럼 그를 존경하라. 그는 두 번째인 하나님과 같은 분이기 때문이다. 그는 하나님의 모사(模寫)이며, 하나님은 당신이 그분에게 어떻게 존중을 보이는지를 보게 될 것이기 때문이다. 이러한 덕행의 연습이 참인지를 바라보며, 매일 점검하며, 의(義)의 재판정 앞에서처럼 어떤 일들에서도 당신을 보호하지 말라. 그럴 때 먼저 당신은 내적인 안식과 평화스러운 소유의 열매를 하나님 안에서 당신 자신과 모든 일에서 목표들에 이르게 될 것이다.

개선의 목표

7. 그 이유는 이러한 첫 개선인 자아 개혁의 목표는 각 사람이 스스로 자신 밖에 존재하는 일들의 능력에서 자유롭게 될 것이며, 그가 스스로 하나님께로, 여기와 모든 시대에도 모든 일이 그에게 잘되는 자유로운 생각과 원함과 일들로써 행동하는 곳으로 되돌아가게 될 것이다.

수단

8. 그러한 개선의 수단은 다음과 같이 존재하게 될 것이다.

1.

먼저 a) 모든 것에 나태하며 b) 모든 것에 호기심을 가지며, c) 주의 깊게 구실을 삼으며, 아첨하게 되는 장애물들의 제거이다.

2.

당신이 단지 스스로 자신에게 향하는 것은 다음과 같은 특성들에 반대로 작용하기 위하여, 두 번째 수단의 삽입은, a) 스스로 당신에게 지속적인 불안과 두려움을 통하여, 사망을 발견할 수 있을 것이며, b) 당신의 순수한 사랑과 경의를 통하여 하나님의 모사(摹寫)인 당신의 이웃에 대해서는 그 누구에게 그 어떤 방법으로도 상처를 입히지 않게 하며, c) 스스로 하나님께는(그의 뿌리에 대한 한 나무처럼, 그것에서 분리되었을 때, 그 나무는 시들고 완전히 말라지며, 죽어가야만 한다) 당신이 그분 안에서 항상 번영하도록, 마음으로 그분을 사랑하게 된다.

3.

세 번째로, 당신이 이러한 특성들로 강화되었기 때문에, 그것을 위해 힘쓰게 될 때, 사람들은 그것을 달성하게 된다. 즉 a) 당신의 고유한 능력의 왕으로 있는 것과 b) 그에게 행동적인 사랑을 증언하며, 자발적인 한 사람 봉사자가 그의 이웃에게 욕망과 감정들로 섬기는 것이 아니라, 모든 그의 원함과 행동과 인내로 지금부터 영원히 c) 그의 하나님께 온통 그의 몸을 맡기는 당신을 섬기기를 그것은 강요한다.

방식들

9. 관철의 방식은 쉽게 세 가지 모습에 매달리게 된다. 첫째로 먼저 스스로 자신에게 주의를 기울인다. 특히 중심에서부터, 그것은 솔로몬의 신적인 조언에 따라 당신 마음의 첫 감동에서 시작되는 것을 의미한다. 모든 노력으로써 너의 마음을 지켜라, 거기서 생명이 나오기 때문이다(잠4:24). 그렇지만 마음 가운데 상념들이 생겨나며, 그 상념들에서 상상력이, 그 상상력에서 그것들을 길들이지 않는다면, 무엇인가 불안을 느끼는 모습들이 생기게 된다. 무엇인가 좋지 않은 것이 시작되는 것을 느낄 때, 마음의 첫 충동을 주시하며, 당신의 생각들을 곧 다른 곳으로 향하도록 어쨌든 힘써야 한다. 2. 두 번째로, 당신의 행동들을 위하여 꾸준히 가장 고상한 모범을 직접 붙잡으며, 당신이 잘못된 길로 가지 않도록 모세의 가르침을 주목하라. 즉 이 산에서 너에게 가르쳐진 모범을 따라 보면서 행하라(출25:40). 어떤 모범에 대한 것인가? 모세는 천막 설치의 모범을 세 부분으로 나누어 가르쳤다(솔로몬은 그것을 따라 후에 예루살렘 성전을

건축하게 됨). 그것들은 a) 외부적인 공간, b) 내부적인 공간, c) 거룩한 영역 등이었다. 그것이 우리에게 어떤 의미를 보이는 것인지는 다른 곳에 묘사되었다. 물론 하나님의 모든 사역의 최고요, 가장 원천적인 모범은 창조되지 않은(후에 성육신 됨) 신적인 지혜인 예수 그리스도이시다. 만일 당신이 그분을 어떤 경우에라도 눈앞에 간직하는 일이 익숙해질 때, 당신이 스스로 행해야 한다면(그가 그와 같은 것을 행하며 어떻게 행하였는지), 그의 약속의 참된 일을 경험하는 일이 일어날 것이다. "수고하고 무거운 짐 진 자들아, 다 내게로 오라, 내가 너희를 쉬게 하리라 나는 마음이 온유하고 겸손하니 나의 멍에를 메고 내게 배우라 그리하면 너희 마음이 쉼을 얻으리라"(마11:28-29). 만일 당신의 고향이 저 높은 곳에 있으며, 여기 땅에서는 단지 나그네요, 손님으로 있음을 기억한다면, 마침내 당신은 자신에 대한 개선은 대부분 가볍게 스스로 이루어지게 될 것이다. 그리고 여러 가지 수고들로 애태우는(마르다처럼) 삶보다는 꼭 필요한 한 가지로 즐기는(마리아처럼) 삶이 얼마나 복된 것인지, 당신은 과도한 일로 어려움을 겪지 않게 될 것이며, 당신의 행위를 통하여 직접적인 행복을 경험하게 될 것이다. 너희는 다양한 일들에서 적게 선택하며, 그러나 가장 좋은 것을 택하라, 그리고서 그것을 잃지 않도록 바라보라! 거기서 당신은 행복하게 될 것이다.

하늘에 계신 유일한 아버지와 당신과 하나님 사이에 중재자로서 구원에 인도자이며, 동반자이신, 그리고 성령의 조언자이시며 위로자이신 예수 그리스도를 소유하라, 당신에게 구원이 분명하게 임하게 될 것이다. 바로 곁에서 하나님은 유일한 당신의 후견자이시며, 가장 의미 있고 신실한 친구로 보호하시는 분이시다. 다른 것들로부터 너를 보호하며, 헛된 일들에 정력을 다 소모하도록 내버려두지 않고 지켜주신다. 몸을 덮으며, 수치(羞恥)를 당하지 않도록 적절한 집과 요리, 또는 건강한 음식은 가장 좋은 것이다. 간단히 잘 표현하면, 중심에는 안식이 자리 잡고 있으며, 가장자리에는 소용돌이가 치는 일이다. 역시 당신이 행하는 것은

I. 적은 일들을 골라내라, 다양한 것은 흩어져 있기 때문이다. 즉 많은 것들에 집중하지 말라!

II. 그러나 가장 좋은 것을 택하라, 가장 좋은 것은 좋은 것이 아주 적기 때문이다.

III.당신이 그것에서 멀어져 있지 않도록 하며, 새롭게 다양함과 허무 가운데 휩쓸리지 않도록 그것들을 꼭 붙들어라!

자아 개선의 3가지 조건들

10. 한 사람이 개인적인 개선에 대하여 질문한다면, 나는 개선이 필요하다는 것을 말한다. 1) 총체적이며 모든 것에 완전하게, 2) 모든 것의 질서 가운데서, 3) 모든 것 안에서 진실하게 하는 것이다.

1. 개선이 전체적이며 완전하며, 총체적이야 한다는 것

11. 개선되지 않은 것이 아무것도 없도록 당신 스스로 존재하는 것처럼, 당신 안에, 주위에 있는 모든 것이 하나님의 기뻐하심을 따라 개선되도록, 그 때문에 그것은 전체적이어야 한다. 확인하게 되는 역시 가장 작은 것들, 즉 근본 토대들로부터 당신의 오류의 바빌론 전체를 파괴하는 것이 당신의 책임이다. 그것을 위해서 당신 안에 하나님이 기뻐하실 예루살렘을 세우는 것이다. 많은 것들이 당신을 불안하게 하며, 마르다와 같이 배회하는 일은 중단해야 한다. 당신에게서는 가질 수 없는 더 좋은 부분을 마리아처럼 선택해야 한다. 하나님이 사랑하신 그리스도를 당신에게 맞추기 위해 한 가지는 꼭 필요하다.

2. 당신은 모든 것, 조금 있는 것, 전혀 아무것도 없는 것이 되리라는 것

12. 내가 더 정확히 표현해야 하는가? 당신이 모든 것, 조금 있는 것, 전혀 아무것도 없는 것이 되도록 완전하게 개선하라! 즉 당신 안에 있는 모든 것, 인간 사회에서 조금 있는 것, 하나님 앞에서 아무것도 없도록 해야 한다.

사람으로서 모든 것은 당신 안에 스스로

13. 인류의 바른 부분으로서, 참된 하나님과 그리스도의 모사(模寫)로서 스스로 당신 안에 모든 것이 되라고 나는 말한다,

14. 하나의 모든 존재가 우주의 모사(摹寫)라면(우리가 범지혜의 부분 안에서 보았

던 것처럼) 인간 사회의 모든 지체(肢體)는 그같이 한 부분이 되었던 당신이 모두가 알고, 원하며, 완성하기를 인식하고 할 수 있도록 인간 사회 전체를 묘사해야 한다. 또는 당신이 다음과 같은 사람이 되도록, 즉

1) 모든 비이성적인 피조물들 위에서 고귀해진, 한 분 선한 사람이 되며,

2) 가능한 대로 많은 사물의 관계를 파악하는 한 분 선한 언어학자가 되며,

3) 사람들이 하나님의 뜻을 따라, 그의 생명과 그의 건강을 보존하는 것처럼, 길들을 아는한 사람 선한 물리학자와 의사가 되며,

4) 자신 스스로 모든 것에서 다스리기를 아는 한 분 선한 윤리학자가 되며,

5) 사람들이 삶에 필요한 것들을 얻으며, 올바르게 사용하는 길과 방법을 아는 한 분 선한 경제학자가 되며,

6) 정당하게 사람들과 대화하기를 아는 한 분 선한 정치가가 되며,

7) 온전히 하나님께 헌신 되어, 그분의 목전에서 온전히 변화하는 마침내 한 분 기독인이 되는 일이다.

당신이 한 인간이며, 인간 본성들의 장점들에 참여하기 때문에, 그것은 당신의 전체적인 소유가 될 것이다.

하나님과 그리스도의 모사(模寫)로서

15. 당신이 하나님의 모사라면, 하나님과 유사하게 되도록 살아있는 활동을 통하여 경건하게 되어야 한다. 그것은 그분이 거룩하며 우리의 하나님이신 것처럼 거룩하며, 자비로우며 관대하며, 모든 사람에게 친절하며, 편견 없이 정당하며, 참된 경건을 가르치는 것을 뜻한다.

16. 당신이 그리스도의 모사라면 (믿음과 순종과 사랑의 포옹을 통하여), 당신이 아니라, 그리스도가 당신 안에 살며, 인간의 육체 가운데 그렇게 살도록 인간의 육체 가운데 그렇게 살게 되도록 그분이 당신을 온전히 소유하게 하라. 그가 당신 안에 사는 것처럼 온전히 너 자신을 그리스도에게 위임하라. 하나님의 충만 가운데서 그와 함께 만족하게 될 것이다. 그분이 하나님을 통하여 우리의 선생으로, 영원토록 선지자와 사제와 왕으로 만들게 된 것처럼, 그렇게 그의 인도 가운데 너 자신에게 한 분 왕이시다.

그리스도 외에 그 누구에게도 자신을 주지 않아야 하며, 하나님으로부터 가르쳐진 선생이 되며, 매일 더 좋은 일들을 가르치며, 매일 영적인 제물을 가져오는 거룩한 사제가 될 것이다. 하나님은 예수 그리스도를 통하여 기뻐하신다(벧전2:5).

인간적인 사회 안에 조금 있는 것

17. 당신이 사는 사회에서(경제적으로, 교회와 학교 관계로) 어떤 것이 있도록 노력하라. 그것이 당신을 재촉하지 않는 소명 받은 목적이다. 그 이유는 뿌리가 한 나무에서 줄기와 다투지 않거나, 또는 줄기가 가지들과 함께 마찬가지로 가지들이 서로서로 위나 아래에 있는 질서 관계에서 다투지 않기 때문이다. 그가 서 있는 곳에 좋은 부분이 서 있으며, 그 나무가 그의 능력에 따라 전체를 지탱하는 만큼, 나무는 몸에서 지체들과 바위와 돌과 나무 덩치에 의존하여 나머지 부분들처럼 그렇게 전체에 유익하게 된다. 인류나, 그 어떤 나라와 한 공동체와 교회와 학교와 가족은 그의 부분들 가운데서 확고하게 연결된 한 나무와 몸체와 가족보다 더 다른 것이 무엇인가? 그러므로 당신이 지향해야 할 그곳에 서 있어야 하며, 다른 것을 향하여 애쓰는 것 없이 당신 위치의 과제들이 성취되도록 이러한 사물들의 입장이 불변적이며 동일한 것으로 존재해야 한다. 그렇게 당신은 살아있는 나무의 가지요, 몸에 살아있는 지체이며, 하나님의 성전 건축을 위한 잘 다듬어진 돌이 될 것이다.

하나님 앞에서 아무것도 없음

18. 당신이 하나님 앞에서 아무것도 없는 존재가 되려고 힘쓸 때, 마침내 당신은 온전히 변화되었다. 말하자면 당신이 자체의 허무감을 인정하며, 당신을 깊은 겸손 가운데서 미미한 존재로 여길 때인데, 당신은 자기 스스로에 대하여 아무런 선한 것이 아무것도 없음을 인정하고, 당신이 준비되어 있을 때, 하나님은 신적인 은사들의 잘못된 사용 때문에, 각자의 수치와 경멸을, 그리고 그 밖에도 역시 짊어지고 있는 것, 당신의 실수에 대하여 지속적인 탄식과 함께 사죄를 수행하는 것이다. 당신은 아무것도 없으며, 그러나 그분(하나님)이 당신 안에 모든 것임을 인식하고, 자신을 하나님께 온전히 맡길 때, 자랑하는 것을 꺾으시며, 겸손들을 높이시는 당신은 하나님의 손길이 이루시

는 것을 그렇게 보게 될 것이다.

2. 개선이 정돈되게 하는 두 번째 조건

19. 당신의 자아 개선은 그렇게 완전하게 될 것이다.

1.

당신이 먼저 당신 안에서 매일매일을 통해 더 큰 하나님의 인식과 하나님이 관계하는 것들의 모든 것이 꺼지지 않는 불을 붙이도록 힘쓸 때 정돈되어 있을 것이다.

2.

두 번째로 그(하나님이)가 그(당신) 안에서 그의 성전으로서 머물게 되도록, 당신의 마음을 온전히 하나님께 넘겨줄 때이다.

3.

세 번째로, 당신이 어떠한 방법으로도 육신의 즐거움을 이루는 것이 아니라, 하나님이 기뻐하시는 것을 이루는데 스스로 자신을 다스릴 때이다.

당신의 정신(영)은 하나님이 당신을 가르치는 것을 매일 듣는 하나님의 학교가 되며, 당신의 마음이 매일 제물을 바쳤던 거기서 하나님의 성전이 되며, 당신의 매일 하나님의 판단이 선포된 하나님의 심판 자리가 되도록 실현하라.

3. 개선이 참되고 진지하게 되도록 하라!

20. 그렇지만 당신은 이 모든 것이 당신 안에서 실체와 행위가 되며, 그림자와 무가치한 것이 되지 않도록, 이런 의미에서 참되고 진지하게 당신을 변화하게 하는 것이 요구될 것이다. 하나님의 뜻을 따라 단지 개선된 것으로 나타나 보이는 것, 즉 어떤 노력도 하지 않고 그렇게 있게 하는 것은 오히려 죄를 짓는 일이 될 것이다. 그것들은 그렇게 지나갈 수 있으며, 땅 위에서 아첨하는 자들과 우상들로서 나타나게 될 수 있으며, 하나님의 면 전에서 하나의 수치가 될 수 있을 것이다. 모세가 산에서 그의 손으로 직접 받아왔던 율법의 돌판들은 하나님의 손으로 직접 만들어져(출32:15-16), 양면에

새겨졌었다. 새로워진 기독인 당신은 당신과 다른 이들에 대하여 하나님의 손길을 통하여 곳곳에서 하나님과 이웃에 대하여 동일하게 나타내도록 안팎으로 기록된 이러한 돌판과 동등하다. 그것은 참되게 만들어진 것을 뜻한다. 그 이유는 하나님이 진리와 하나님의 모든 사역이 진리 가운데서 이루어졌기 때문이다.

그렇게 개선되어 존재하는 것은 어느 정도를 뜻하는지,

21. 그렇게 진실로 당신 안에서 스스로 변화하면, 당신은 참으로 자신(모든 노력과 감정들과 행위들이 중요한 만큼)과 다른 이를 하나님의 모사로서 표현하며, 지도하는 자질을 지니게 된다. 그런 후에 역시 더 많은 사람이 가족과 학교와 공동체 안에서 다른 사람들의 도움과 함께 한 사람을 살리며, 다스리며, 승리하도록 시작해 보자! 왜 당신은 생명 없이 부진(不振)해야 하는가? 왜 당신은 항상 타인의 통치를 견뎌야 하며, 항상 타인의 의지(意志)에 종으로 머물러야 하는지(그 이유는 역시 당신의 몸체가 생소하게 머물러 있어야 하기 때문이다)? 왜 당신은 항상 기뻐하며, 마침내 자신과 당신을 둘러싼 모든 것에 대하여 승리자가 되는 것보다 불행하며, 신음하며, 고통을 호소하기를 더 원하는가? 합계와 모든 행운의 핵심은 새로운 탄생과 하나님을 닮게 되는 것이다.

그렇지만 개선된 자는 얼마나 복된 자인가!

22. 이러한 하나님의 일과 하나님의 도움을 자체에 스스로 완성하는 자는 복되도다. 바로 그것에 의해 그는 벌써 참된 하나님의 모사(摹寫)이며, 그가 호흡하며, 안식하는 우주의 창조자 모습처럼 그의 창조자의 살아있는 하나의 거울을 묘사하게 된다. 그 이유는 다른 사람들을 지배하는 그것은 그를 섬기는 일이기 때문이다. 다른 이들에 의하여 한없이 닮았으며, 변덕스럽게 대항하는 자기 몸의 지체들이 스스로 개선된 자들에 의하여 거룩한 안식 가운데서 그들의 섬김을 수행한다. 그 이유는 눈들은 보지 않아야 하는 것을 보지 못하도록 주의하며, 귀들은 듣지 않아야 할 것을 듣지 않도록 주의하며, 혀는 말하지 않아야 할 것을 말하지 않도록 주의하며, 목은 참지 못하게 하려는 그것을 삼키지 않도록 주의하며, 마음은 스스로 갈구하지 않아야 할 것을 열망하지 않도록 주의하며, 지성(知性)은 사람들이 생각하지 않아야 할 것은 취급하지 않도록 주

의를 기울인다. 반대로! 모든 사람은 곳곳에서 하나님의 뜻이 이루어지도록, 천사들에 의하여 천사들을 통하여 하늘에서 이루어지는 것처럼, 땅에서도 당신 안에서 당신을 통하여 이루어지도록 힘쓰게 된다. 사람보다 더 복된 일은 무엇이 있는가? 그는 자신 안에서 그 어떤 불행도 느끼지 않는다. 하나님은 은혜의 깊은 감정과 함께 그것을 성취한다. 거룩한 천사들은 그가 벌써 그들 공동체 안에 옮겨진 것처럼, 기꺼이 그의 편에 서 있다. 그들은 그에게 아무것도 악한 일이 일어나지 않도록 지키며, 기쁨의 찬양과 함께 그의 성과들을 동반하게 된다.

개선되지 않은 사람은 얼마나 불행한가?

23. 자신과 자신 안에서 이러한 반전(反轉)의 일 외에 사람들은 어떠한 구원도 안식도 행운도 바랄 수 없을 것이다. 개선되지 않은 사람이 구원을 역시 그 어디에서 찾을 때, 그는 그것을 발견하지 못하며, 그러나 그는 찾음에서 지치게 될 것이다. 즉 지친 채로 그는 후회하게 될 것이며, 참회(懺悔)를 통하여 그는 고통을 하소연하게 될 것이다. 그 때문에 그는 의심하게 될 것이며, 의심을 통하여 멸망하게 될 것이다. 빛은 단지 빛 가운데 있으며, 단지 평화는 평화 가운데, 모든 것은 단지 한 분 하나님 안에 있다.

참된 개선의 찬양

24. 당신이 누구인지 거기서 노력하라, 그리고 당신을 주목하는 천사들과 경건한 자들이 당신의 몸에 말하자면 기록된 것으로 읽을 수 있도록 하나님의 도움으로써 하나님의 뜻을 따라 변화하라. 즉 여기에 하나님의 형상이 빛난다.

제21장

개혁의 부분으로서 가정의 개선

먼저 개별적인 가정의 개선은 왜 요구되는가?
1. 사람들은 단계적인 방식으로 전진해야 하기 때문이다.

첫 단계는 우리 각 사람이 그가 이웃으로서 자신의 주위에 있는 그의 가정(家庭)이 개선되어야 하는 – 하나님의 기쁨으로 스스로 개선하는 – 것이 표현될 것이다. 특히 그것은 행동 자질이 먼저 가까운 주변으로 확대되기 때문이다. 그 외에도 가족으로 구성된 국가들과 교회들이 개선될 수 있기 때문이다. 특별히 한 사람이 직업으로부터 한 공동체나, 교회의 선두에 서는(각자의 관계에서 역시 항상) 영예를 가진다면, 그는 먼저 그의 작은 자신 집 안에서의 교회를 온전한 상태로 옮기는 것을 필수적으로 생각해야만 될 것이다. 그는 쉽고 안전하게 작은 것에서 더 큰 것으로 잘 진행할 수 있게 될 것이다.

2. 가부장 제도의 모범들이 그렇게 충고하기 때문이다.

2. 가부장 제도들은 결점(缺點)이 있는 인간적인 관계들의 개선을 원할 때는 가족에 의하여 시작했던 좋은 모범을 제시해 주었다. 아브라함이 우상 섬기는 자들의 공동체(마을)를 떠난 후에 그는 하나님이 스스로 증언하는 것처럼(창18:19), 그의 아들들과 권속들에게 주님의 지식과 그들 여로(旅路)의 행위에 대한 보호를 법과 정의, 인애(仁愛)로 심어주기를 힘쓰게 되었다. 위대한 하나님의 축복이 나누어진 야곱은 그의 가족과 그의 부(富)인 재산이 증대되었을 때, 하나님과 씨름하는 투쟁을 통하여 기운을 차리게 되었으며, 승리의 타이틀을 얻는데 이르게 되었다. 그가 그의 형, 에서(Esau)의 마음을 확인했을 때, 그리고 그의 집이(딸의 상실한 덕행과 아들들의 살인 행위) 치욕적인 일을 당했을 때, 그는 온 집을 고치려는 마음을 바꾸게 되었다(창35:2.3.4.). 통치의 짐을 넘겨받는 것을 한정적인 것으로 보았을 때, 특히 그의 집을 정화하기를 다윗이 어떻게 결심했던지를 백 한번째의 시(101편)는 잘 보여준다.

3. 그렇지 않을 때, 학교와 교회와 국가들의 개선은 역시 진척되는 일이 무의미하게 되기 때문이다.

3. 이러한 다른 거룩한 사례들은 일반적으로 전혀 유의하지 않았다. 배만 채워지기를 염려하는 곳에서 여러 가족은 돼지우리와 가축들의 우리보다 더 달리 묘사되는 것에 이르게 된다. 역시 그것은 부부 사이에 부모와 자녀 사이에, 주인과 종들 사이에 참된 일치와 진실성과 덕성이 존재하지 않기 때문에, 혼란스럽게 이루어지게 된다. 이렇게 쌓여있는 악은 역시 공적인 일들이 위협 가운데로 빠지게 되며, 말씀의 영적인 능력과 공동체를 다스리는 능력(천국 열쇠)도 세상의 혼잡들을 제지하기 위해 세상의 칼의 능력을 충족하게 하는 일에 어떤 영향도 미치지 못하게 된다. 우리가 이처럼 더 나은 상태를 동경한다면, 우리는 이러한 멸망의 잡초를 씨앗에서 질식시키기를 유념해야 한다.

가정들을 개선하는 것이 어떠해야 하는지, 그 형태
I. 잘못의 제거를 통하여

4. 그러나 어떻게 해야 할까? 열정과 손상과 해로운 것들이 가정에서 제거되게 하는 다윗의 사례가 우리에게 좋은 것을 교훈하게 될 것이다. 다윗은 시편 101편에서 이렇게 말한다. "나에게 속한 자들에 의하여 나는 주의하여 공정하게 행하리이다"(2절). "사악한 마음이 내게서 떠날 것이니, 악한 일을 내가 알지 아니하리로다"(4절). "자기의 이웃을 은근히 헐뜯는 자를 내가 멸한 것이요, 눈이 높고 마음이 교만한 자를 내가 용납하지 아니하리로다"(5절). "내 눈이 이 땅의 충성된 자를 살펴, 나와 함께 살게 하리니, 완전한 길에 행하는 자가 나를 따르리로다"(6절). "거짓을 행하는 자는 내 집 안에 거주하지 못하며 거짓말하는 자는 내 목전에 서지 못하리로다"(7절), "아침마다 내가 이 땅의 모든 악인을 멸하리니, 악을 행하는 자는 여호와의 성에서 다 끊어 지리이다"(8절). 왕들과 제후들과 백작들과 귀족들과 시민들과 그리고 항상 집을 다스려야 하는 자가 이러한 말씀을 들어야 한다. 즉 이들이 그들의 집안에서 악을 제거하도록! 그들이 이 말씀과 거룩한 열정으로 따르며, 그것으로 시작하도록 하기 위함이다.

그것은 나병 환자들의 집안 청결에 관한 비유로 역시 교훈을 준다.

5. 아마도 그것은 이러한 일에서 다른 면에 관하여 교훈을 주는 유익한 것일 수가 있다. 더욱이 모세에 따르면 나병 환자의 집이 어떻게 청결하게 되는지에 대한 것이다 (레14:34절 이하).

1) 집주인의 의무는 그의 집을 주의하여 돌보는 일이다(34).
2) 그가 전염병을 인지하게 되면, 그는 아무 행동 없이 바라만 볼 것이 아니라, 제사장에게 고하여 방책을 찾아야 할 것이다(35)
3) 사제들의 의무는 와서, 관찰하고, 검토하는 것이다(36-38).
4) 부정한 돌을 제거하게 해야 하며(39-40),
5) 계속되는 전염을 극복하기 위하여 그 집의 남아 있는 부분의 벽의 회칠을 제거하며(41),
6) 긁어낸 돌들의 자리에다 다른 것을 채우며(42),
7) 그가 나병이 되돌아와 머물러 있음을 발견하면, 그는 부정한 것을 위하여 집 전체를 밝 혀야 한다(44).
8) 그는 집 전체를 완전히 폐쇄해야 한다.
9) 사제가 전염병이 확산하는 것을 확정하지 못하면, 그는 집이 깨끗하게 된 것으로 밝혀야 한다(48).
10) 그는 마침내 하나님께 감사가 돌려지도록 돌볼 책임을 짊어지게 된다(49절 이하). 우리들의 경우에다 적용하면, 깊은 의미는 분명해질 것이다.

II. 모든 것이 질서 가운데로 옮겨졌기 때문에, 그리고 이것은 한편으로, 사람들을 고려하여

6. 실수들이 제거된 후에 모든 것은 선한 질서 가운데로 옮기는 것이 요구된다. 즉 사람들과 사건들과 행동들이다.

7. 가족 안에서의 구성원들은 1. 부부가 함께, 2. 부모와 자녀들, 3. 주인들과 종들, 4. 가정 살림에 부수적인 구성요소로서 일꾼들이다. 부부들은 다시 남편과 아내이며,

아버지와 어머니, 여주인과 남자 주인이며, 아이들은 아들과 딸들이며, 권속들은 남종과 여종들이다. 모든 각 개별적인 모두의 과제와 일들은 범교육학(Pampaedia)에 밝혀둔 설명에서처럼, 도덕적인 세계에 관한 것이다. 사람들은 그것을 새로운 것에서 도입할 필요가 없으며, 대략 보편적인 것으로 사용하면 된다. 그것은

1. 각 사람은 그의 과제를 알아야 한다. 그러므로 그들은 그것에 대하여 가정적인 의무의 목록에서나, 또는 특별한 임무를 따라 가르쳐주어야 한다.

2. 아무도 잊을 수 없도록 사람들은 시대에 따라 각자를 위하여(방이나, 다른 자리에서) 그가 시행하거나, 주시하는 의무의 목록을 게시하는 것을 반복하거나 눈앞에 안내해야 한다.

3. 반복은 더욱이 일찍이 그것이 관철되었는지, 저녁에 확인되었던 동안에 이날의 노동에서 발생하는 한 경고를 통하여 매일 이루어져야 한다.

4. 게으름은 누구에게도 허용되지 않아야 한다. 모두는 아이들에서 작은 아이들에게 이르기까지 노동해야 한다. 그들이 아무것도 진지하게 행하지 않는다면, 그들은 더 잘 놀아야 하며, 일하지 않는 비행(非行)으로 몰아야 한다.

요컨대: 한 집은 그가 부족함이 없이 꿀로 가득하며, 개미의 무리처럼, 모든 그의 주민들을 위한 항구적인 일자리가 되도록 가득한 벌들의 벌통처럼 위협 없이 존재할 수 있을 것이다.

다른 한편 일들에 대한 배려

8. 집안에서의 일들은 주거 공간들, 의복, 생계 수단, 그리고 여러 가지 가구들이다. 거기서 다음 것들을 주목하는 것이 필요하다.

1. 아무것도 과도하게 짐 되지 않게 하는 것.

2. 집에는 필수적인 것이 결핍되지 않게 하는 것.

3. 가구는 많은 것은 아니지만 꼭 필요한 것이 있어야 한다. 그것은 요구되는 모든 것이 필요한 것처럼, 낭비적이며, 아무것도 자연스럽지 못한 것이 아니라, 안락하게 이루어 져야 한다.

4. 각각의 일은 각 장소를 가져야 하며, 각각의 장소는 그들의 일을 가져야 한다. 당신이 집 전체에서 동시에, 그것이 필요할 때는 어디서 찾아야 하며, 어디에 있는

지 알도록 하며, 당신은 속한 일이 거기에 있는지, 없는지 모든 각도에서 그 일을 바라보게 해야 한다.

활동에 대한 배려와 함께

9. 집에서의 활동들은 한번 모든 일의 현재의 직무 수행을 묘사한다. 다르게는 각 한 사람에게 특별히 배당된 노동의 과제들이다. 그것들이 혼잡하지 않게 수행될 수 있도록 그것에 대한 주의가 요구되었다.

1. 그 누구에게도 할당되지 않은 그 어떤 가족경제를 위한 필수적인 활동은 없다.
2. 가정에서 그 누구에게도 한정된 노동이 할당되지 않은 사람이 없도록 하며,
3. 그리고 이것은 신체적이며 정신적인 자질들에 적절하며, 그 누구에게도 그가 그 일에 적응력을 소유한 것보다, 그의 능력으로서 많이도 적지도 않고 넉넉하게 배당되어야 한다.
4. 모든 것은 누구도 자신이나, 다른 이에게 방해되지 않고, 쉽게 손으로 진행되도록 적절하게 계획되어야 한다.

이것은 3가지 질서 가운데서 이루어짐

10. 만일 각자가 가정에서, 1. 학교, 2. 작은 교회, 3. 작은 국가로 존재할 때, 각 가정의 개선은 가장 잘 이루어지리라는 것을 나는 가정 질서의 수용된 묘사에서 말하게 될 것이다.

I. 각 가정은 하나의 학교의 모습을 갖게 된다는 것

11. 각 가정이 학교가 될 수 있는 각자 집에 거주하는 자가 매일 무엇인가 유익한 것을 덧붙여 배우기를 힘쓸 때이다. 이것은 한편 하나님으로부터 인데, 모든 가족이 하나님 말씀의 한 부분에서(아침이나 저녁의 기도에서)이며, 다른 한편 사람들로부터 특이한 사건과 그 어떤 바람직한 일들에 대한 선한 가르침의 강의를 통하여서이다. 만일 식탁에서 유익한 대화가 이루어지게 될 수 있으면 좋을 것이다(아버지가 동기를 부여

하면). 아침 찬송 때, 또는 성서 읽기에서, 또는 다른 일에서(이날에 그 어디에서 가져온 새로운 것의 하나에), 그에게 의미를 주었던 것이며, 그리고 성찰이나, 소식의 모습을 지닌 것이면 좋을 것이다.

II. 하나의 교회로

12. 각 가정은 만일 매일 모두가 하나님께 기도를 통한 찬양을 하기 위하여, 그리고 신앙의 열성을 강화하기 위하여 모이게 되면, 하나님의 교회가 된다. 그것은 그들이 아침의 노동 전에, 그리고 일과 후 저녁에, 그 중간에 시편이나, 찬송을 부른다면, 교회의 모습은 쉽게 이루어지게 될 것이며, 만일 그들이 하나님의 말씀을 덜 적용한다면(그들 제단에 천상의 불처럼), 그리고 그런 후에 그들이 마음과 눈과 손을 하나님의 자비를 간구하며, 사랑과 경외와 하나님을 영화롭게 하는 순종으로 불타오르는 때일 것이다. 여기에 역시 사람들은 아침 기도에서 이날을 악한 것과 공허한 것에서 몸을 억제하는 울타리처럼, 십계명을 첨부해야 하는 것과 저녁 기도들에서 평안한 잠을 갖기 위하여 그리스도 안에서 매일 승리의 트로피로서 신앙고백(사도신경)을, 그리고 역시 하나님 안에서 신뢰의 강화를 위해 첨부하는 것이 포함된다.

III. 한 국가에서

13. 각 가정의 공동체는 만일 모든 분배된 직무 수행들 사이에서 모두로부터 정당하게 수행된 것이 보살펴질 때, 한 국가의 모습을 소유하게 될 것이다. 그리고 다른 것에 대하여 하나가(아이들에 대한 노년 세대) 그들의 손안에 모든 권세가 그들에게 속한 자들에게 놓여 있는 보호자와 상관으로서 왕들이나, 성주들, 시의회 위원, 또는 가정의 아버지들로서 높은 단계에 이르기까지 제정되었을 때이다. 역시 한정된 기간에(앞서 정해졌거나, 필요에 따라 일자가 정해진) 그들이 고소자로서, 피고소자, 증인들, 재판자로서 과제를 위임받는 것에 익숙해지도록, 청문과 재판을 도입하는 것이 요구되었다.

가족들을 질서 가운데 보존하기 위한 조직들

14. 잘 질서화된 가족 안에서 질서와 시행 방법들에 대한 많은 것. 이러한 조직들은 다음과 같이 표현된다. 1. 성문법들, 2. 법의 보존에 대한 감독, 3. 그것들이 유지되지 않을 경우, 법칙과 처벌의 유지를 위한 보상.

1. 성문법들

15. 성문법들은 아무도 무지로 인하여 실수할 수 없거나, 또는 무지가 나쁜 행위에 대한 핑계로 이용할 수 없도록 전 가족을 위해 공포되어야 한다. 그들은 단지 한번 읽는 것으로 끝나지 않고, 그의 책임이 무엇인지, 각자가 알 수 있으며 알아야 하도록 벽보를 통하여 각각 눈에 익숙해지게 해야 한다. 사람들은 그러한 법들을 여러 가지 방식으로 필요에 따라 적어놓게 해야 한다. 나는 한때, 나의 작은 가족을 위해 다음과 같은 것들을 표시하였다.

I.   각자는 하나님을 순수한 마음으로 섬기라. 그 이유는 주님은 우리 가운데 아첨하는 자, 잃어버린 아들이 되지 않도록 마음을 보시기 때문이다.

II.   각자는 기쁜 마음으로 하나님을 찬양하라. 그 이유는 그가 우리에게 매일 그의 선물을 공급하기 때문이다(시68:20).

III.   각자는 겸손한 마음으로 하나님께 사죄를 구하라. 그 이유는 우리가 그의 면 전에서 모두 죄인들이기 때문이다.

IV.   우리가 매일 하나님의 경배에서 아침과 저녁에 만날 때마다, 그를 경배하며, 다르게 복종하는 것으로 하나님을 찬양하라. 그 이유는 그가 경배 되기를 원하는 우리의 제물들이 이것이기 때문이다.

V.   각자는 하나님과의 계약(세례 시에 맺은)을 기억해야 하며, 깊은 경건으로 하나님의 계명을 붙들게 된 것을 주목해야 한다. 그 이유는 하나님은 멍청한 자들에게서 기뻐하지 않기 때문이며, 당신이 맹세한 것은(순종) 성취하기 때문이다(전5:4).

VI.   각자에게 위임된 것을 그는 행해야 하며, 완수해야 한다. 그리고 더욱이 가시적일 뿐 아니라, 진리 가운데서이며, 사람을 위해서가 아니라, 하나님의 뜻을 위해서이다.

VII.   질서를 보존하기 위하여 각자는 다른 이들을 경외해야 한다(특히 젊은이들이 노인들을).

VIII.   너는 이웃에게 실수하는 것을 보며, 그를 경고하라!

IX.   경고를 받은 자는 그것을 마음에 간직하라, 감사하며, 실수를 개선하라, 동시에 그에게 보답하라, 그 이유는 한 손은 다른 손을 씻기 때문이다.

X.   한 사람이 경고를 견디기를 원하지 않을 때, 그리고 개선하지 않을 때, 상부에 알려져야한다.

XI.   각자는 상관들의 명예를 유지하며, 그들 가운데서 아버지를 조롱했던 샴(Cham)이[158] 아니며, 아버지를 부정했던 압살롬(Absalom)이[159]안 되도록 그들 순종을 통하여 영예롭게 하라(하나님을 대신하여).

XII.   모두 서로서로 영예로우며, 정직하며 평화롭기를 빈다. 나는 내 집에 숨겨진 긴장들 이 공공연한 불화처럼 먼일이기를 원한다.

XIII.   아무도 작은 일들과 모략하는 것들을 집에서 밖으로 옮겨가지 않아야 하며, 다른 곳으로 가져가지 않아야 한다. 한 사람이 다른 이에게 무엇인가를 경고할 것이 있다면, 그는 그것을 얼굴과 얼굴을 대하고 행하여야 한다.

XIV.   이웃의 소유를 신중히 여기며, 지켜라. 당신에게 속한 것이 아니면, 자기의 것으로 삼지 말며, 낯선 것이 해쳐지도록 허용하지도 말며, 주의를 기울여 속이지 말며, 당신이 그것들을 해되는 것에서 지킬 때, 하나님의 축복과 이웃의 사랑이 당신에게 유익하게 될 것이다.

XV.   누구도 이유 없이 집을 떠나지 말거나, 또는 이유가 있을 때도 한 사람이 있는 장소와 그가 움직이는 것이 항상 알려지도록 돌보는 자들의 허락 없이는 아니다.

XVI.   모든 것들이 적절히 머물게 하라. 점심과 저녁 식사 외는 그 어떤 것도 맛있는 것이 없는 것은 건강과 덕성의 관심 가운데 놓여 있다.

XVII.   역시 항상 (온 집에서) 무엇인가 더 좋은 것으로 바꿀 수 있는 것을 보게 되면, 그의 양심으로 집의 주인이나, 아내에게 그것은 보여야 하는 것이 책무이다.

---

158) 샴(Cham)은 성서에서 노아의 아들이다.
159) 압살롬(Absalom)은 다윗의 아들이다.

XVIII. 타인들이 오면, 각자는 그들에게 친절하게 대하여야 하며, 질문들에 대하여 솔선하여 대답해야 한다.

XIX. 한 사람이 무엇인가를 준비하기 위하여 파송되었을 때, 그가 무엇 때문에 파송되었는지, 그리고 곧 주의 깊게 이쪽으로 저쪽으로 달리는 것 없이 그에게 위임되지 않은 일들을 파악하기를 정확히 살펴야 한다.

XX. 돌아온 후에 곧 당신이 그것을 어떻게 살폈던지를 설명하라, 그리고 동시에 너의 업무로 돌아가라.

2. 법의 준수

17. 단지 많은 모범이 있다. 가정적인 질서의 법은 다르게 저술되게 한 것은 아니다. 오히려 그것을 대체로 허용하기를 허비하지 않았다. 그러나 그것은 법의 파수꾼이 함께 주어져야 한다. 그것은 법이 모든 것에서 이행되었는지 감독을 뜻한다! 그것은 가정의 아버지가 스스로, 또는 위임을 받은 감독자들을 통하여 실행될 수 있을 것이다.

3. 보상들과 처벌들

18. 그러나 역시 처벌들은 한 사람이 그의 의무를 손상되게 하는 것이 강행되었을 때, 빠질 수 없다. 그리고 마찬가지로 특별히 꼼꼼함과 열심을 위하여 특별한 편의들에는 적게 적용된다. 지금 그것은 아이들과 고용인에게 놀이에서 위안과 음식들에서 편의들이 허용되었던 자리에서이다. 특히 수확에서, 포도 수확과 비슷한 것에서처럼 열심으로써 중요한 노동들이 허용되었을 때이다.

잘 정돈된 가족의 찬양

19. 전체 안에서: 집의 거주자는 모든 사람은 가족 안에서 단지 질서와 단정한 태도가 외부에도 영향을 미칠 수 있으므로, 그렇게 행동을 잘해야 한다. 부부들은 가능한 만큼 밀접하게 연결되었으며, 부모와 아이들은 의협심을 통하여 두드러지게 되며, 주인과 종들은 온전히 호의 안에 연결되었으며, 모두는 삶의 방식과 도덕을 통해서 흠잡

을 데 없이 나타난다. 그리고 하나님과 천사들 앞에 내적인 경건을 통하여 알려졌다. 그렇게, 하나님의 기뻐하심을 따라 개선된 가정의 문턱에 대하여 기록되어 있을 수 있는 것은: 여기에 덕행과 질서와 일치함과 사람들과 함께하는 하나님이 거주한다. 악한 것 그 어떤 것도 출구를 찾게 해서는 안 된다.

제22장

왜 사람들이 참으로 개혁의 부분으로서 학교들의 개선을 가속적으로 시작해야 하며?(1-10), 그리고 어떻게 해야 하는지? (11-13), 분명히 장애들의 제거를 통해서(14-20), 개선들에 관한 도입을 통해서(21) 그리고 개혁의 강화를 통해.

1. 사람들은 공적인 상태의 개선을 학교들에서 시작해야 한다.

지금 나는 우리에게서 학교들이 설립되어야 할 것을 격려하려는 것이 아니라, 그 학교들이 역시 개선되어야 할 것을 말해 주려는 것이다. 그 이유는 그것들이 다른 세계 시대 안에서와는 다르게, 그러한 개선의 열성이 유럽을 넘어 확대되었기 때문이다. 그렇지만 각 나라는(독일과 네델란드 안에서 역시 각 지역) 하나의 고유한 대학을 가진 다면, 그리고 즉 하나님이 주의 백성이 예언하며, 주님은 그의 영(靈)을 그들 위에 내려 주기를 원했을 때"(민11:29)의 모세처럼, 그들 모두가 부르짖은 것처럼, 개별적인 학교들이 수없이 많다. 우리가 만일 세네카의 지혜를 두려워하지 않아야만 했다면, 우리 는 이것을 원했다. 즉 어떤 이들이 교육에서 얻었던 것을 그들은 행실에서 그것들을 다 잃어버렸다. 학교들을 통하여 증대된 현대교육은 대체로 어떠한가? 높은 단계에 이른 다면, 우리는 철학자들과 의사들과 법률가들과 정치인들을 얻게 된다. 그것은 땅의 주 민들과 찬미자들과 그들의 무가치한 것의 제공자들을 뜻한다. 그러나 우리는 역시 신 학자들을 보존하게 된다. 나는 대답한다. 그러나 역시 이들은 벌써 이득과 무가치한 것 을 사냥하는 활동에 내세워졌다. 이처럼 그렇게 우리는 학교와 연구와 기괴한 명예심 과 징벌을 가지게 되었으나, 지금까지 그 어떤 기쁨은 유포하지 못했다.

그리고 왜 그러한가?

2. 어떤 학교들이 더 좋은 세계의 상태를 요구하는지, 그것은 벌써 범지혜의 학교 를 생각한 것에서 진행되어야만 했다. 왜 부분적인 개선이 학교의 영역에서 일들의 거대하고 전반적인 개선을 위한 전주(前奏)가 되어야 하며, 그것이 어떻게 귀결될지? 지금 우리는 숙고해 보아야 한다.

1. 모든 일을 위해서는 지성의 빛이 요구되기 때문이다(그것들의 작업장은 학교를 말한다).

3. 일들의 개선은 학교의 개혁과 함께 시작해야 한다는 것은 학교들이 빛의 생산 장이라는 그 상황이 먼저 이것을 증명한다. 그리고 인간적인 일들에서 질서나, 무질서

의 첫 번째 원천인 것처럼, 빛이나, 지성의 어두움과 지식이나, 사물의 무지(無知)가 사적이며 공적인 삶에서 무엇인가를 움직이는 그 첫 번째의 것임을 진실로 설명해 준다.

2. 사람들이 먼저 사람을 유혹하려는 사탄의 시험들을 대항하여 우선하는 것에서

4. 두 번째로, 사탄의 첫 번째 수치스러운 공격들은 먼저 차단되게 해야 한다. 사탄이 먼저 인류의 뿌리요 첫 피조물을 시험 가운데로 인도했으며, 이것은 역시 그가 그들에게 주었던 독(毒)을 통하여 모든 후손을 망하게 했던 것처럼, 그렇게 사탄은 각 개인에 의하여 전체 생명이 파멸되도록 가장 초기의 세대를 겨냥한다. 사탄이 감각이 여린 세대를 파멸한 후, 그는 부모들의 관대함보다도 더 기꺼이 동의하는 어떤 도구들을 소유하지 못한다. 하나의 좋지 않은 교육은 악한 복수의 여신 퓨리 (역자주: 로마신화에 나오는 Furie)보다도 더 나쁜 파국을 설명해 주지 않는다. 그 여신의 광란을 통하여 교육은 아이들에게 다리를 부러뜨리며, 그들에게 귀를 막으며, 그들에게 눈을 찢어서 틈을 낸다. 그것을 통하여 교육은 아이들을 절름발이로 만들며, 무감각한 자들이 되게 하며, 눈먼 자들이 되게 한다. 나는 육체보다 영혼이 더 귀하며, 인간은 그의 근본적인 장비에 대하여 더 많이 끌어 올리면 올릴수록 손실이 더욱더 크다는 사실을 말하게 된다. 그의 생애 시작의 첫 부분을(무위도식과 속박받지 않음과 게으름과 풍요함으로) 체험하는 자는 삶 전체를 잃어버릴 것이다. 그렇지만 습관적으로 끝은 시작에 의존되어 있다. 그리고 시작이 그러한 방식인 것처럼, 모든 것은 그러하다. 새로운 항아리가 어떤 냄새를 접하는가, 그것은 오래 보존된다.

3. 나머지 신분들에서 개선이 성공할 수 있도록

5. 세계는 그 어떤 방식으로 청소년의 개선을 통한 것보다 더 나은 도덕으로 인도하게 하지는 못한다. 그렇지 않으면, 그 어떤 다른 것의 개선도 우리에게서 성공적일 수는 없다. 마찬가지로 만일 우리가 그리스도의 세례를 통하여 아이들을 서약하게 해 놓고, 그들이 다시 황폐해지게 한다면, 모든 세계의 다스림은 실패해야만 하며, 모든 이들의 교회 봉사도 그렇게 되고 만다. 그들이 먼저 성인들이 되었다면, 우리는 그들

을 교회의 섬김에서 도덕의 목적과 하나님께로 향하는 것으로 넘기게 된다(그들이 세례를 받게 되었으며, 그리고 이러한 언약에 참여자로서 흠 없는 자들이어야 했기 때문에, 그들은 그 일에 벌써 적용되어 있었어야 했음에도 불구하고). 거기서 하나님이 그것으로써 조롱받게 하지는 않는다. 그러나 우리는 진지하게 취하지 않아 헛수고만 하게 된다. 세네카(Seneca)는 이러한 일에서 적절하게 말한다. 즉 누군가 한 미치광이에게 그가 어떻게 말하기와 행동하기를, 그리고 그가 공중 적이며, 사적인 생활에서 행동할지를 가르치려 했다면, 그는 그가 경고하는 자로서보다 스스로 더 큰 어리석은 자이다. 검은 쓸개즙과 어리석음의 근원을 먼저 제거하는 것이다. 같은 일이 우리의 경우에서도 요구된다. 다른 경우에 경고의 모든 말들은 헛되다(편지 95). 세계의 신학자들과 정치인들과 철학자들은 이처럼 그것이 어떻게 존재하는지 그 규정들을 헛되게 만든다. 먼저 그것은 판단력 가운데서 감각의 복종을 통하여 경각심과 견고한 순종으로 되돌려지게 해야 한다.

4. 역시 지성의 상태가 더 많은 행운과 함께 개선될 수 있도록 하는 것

6. "더 적은 손실은 더 쉽게 개선하는 것이다"란 유명한 진리에 따라 판단력의 복종과 그 같은 방식의 통치를 위해 먼저 예민한 연령대를 개선하는 일에 이르게 된다. 그 이유는 아이들은 먼저 짧은 시간에 세상에 등단한 손님들이기 때문이다. 거기서 그들은 여러 일들과 함께 나쁜 습관들을 아직은 얻을 수가 없다. 그들은 나쁜 것에 뿌리를 지닌 어른들로부터 영향을 받는 동안에, 양면을 따라 아직도 구부러지기 쉬운 상태에 놓여 있다. 즉 "완전히 파멸된 것, 그것을 개선하는 것은 가치가 없는 일이다." 그 이유는 성인들은(특히 노인들) 여러 일에 관여했었기 때문이며, 그들이 무엇을 아는지를 알아야 하기 때문이다. 그들은 이처럼 전염되었다. 그리고서 그들이 스스로 나쁜 짓을 행하면, 그들은 되돌리기는 어려우나 거의 불가능하지는 않은 습관을 얻게 된다. ("...악한 것 안에 단단해진 것을 당신은 바로 물들 때보다도 더 먼저 부러뜨리게 될 것이다"). 그 이유는 상반된 습관이 점차 상반된 것에 익숙해진 것보다 더 달리 끌어들이게 하지 않기 때문이며, 상반된 연습에서 옛사람들은 더 많은 시간이 남아 있지 않기 때문이다. 더 좋은 시대에 대한 전체의 희망은 홀로 청소년의 올바른 교육과 그것과 함께 질서에 적합한 그렇게 학교의 설비에 집중한다.

하나님이 목격자이시다.

7. 그러므로 하나님은 단지 젖을 떼며, 품을 떠난 자들을 가르칠 수 있도록, 세계의 깊은 타락에 대하여 알려준다(사28:9-10). 그 이유는 씨앗이 사내아이들을 만들며, 포도즙이 처녀들을 번창하게 한다(스가랴 9:17). 그래서 그는 그 때문에 일들의 개선하는 일에서 그의 손은 작은 자들에게로 돌이키게 될 것이다(스가랴13:7). 그리스도는 말씀하신다. 어린아이가 내게로 오게 하라, 그리고 그들을 막지 말라. 그 아이는 하나님의 나라이기 때문이다. 아멘. 진실로 내가 너희에게 이르노니, 작은 아이처럼, 하나님의 나라를 영접하지 않는 자는 그곳으로 들어오지 못하게 될 것이다(막10:14-15). 게다가 구원자 예수는 새것을 낡은 것에 맞추지 말 것을 선언한다(말하자면, 규칙들, 습관들, 삶의 방식). 그는 새 포도주를 위하여 새 부대를 준비할 것을 명령하였다(마9:17). 그러므로 역시 새 빛은 새로운 촛대가 필요하다.

5. 세상에 대하여 빛의 널리 퍼뜨림이 앞서 더 빨리 진행되도록

8. 학교들의 설립이 가속화되어야 하는 다른 이유는 하나님이 이 세계를 위하여 궁극적인 것으로 불붙이기를 원하셨던 그 빛이 다시 꺼지지 않게 하는 일 때문이다. 그것은 오히려 그의 빛을 가능한 대로 널리 세상 끝까지 확대되어야 한다. 그 이유는 복음이 이방인들에게 전파하는(시68:12) 그 사람들의 무리가 우리에게서 나아가기 때문이다. 그래서 이러한 것이 먼저 연습 되며, 영(靈)의 무기로써 무장되도록 하는 것이 필요하다. 그리고 사람들은 적절한 시기에 빛의 봉사자들을 만들어 내기를 시작한다.

6. 우리가 하나님의 추종자들로서 부름을 받게 되도록 하기 위함

9. 교회의 개혁과 세계질서의 개혁에 앞서 빛의 작업장들인 학교들이 개선되게 하는 일을 우리가 성취하면, 우리는 하나님의 추종자들로서, 저 지혜의 모방자들로서 인정받게 될 것이다. 즉 그분은 세계 창조와 완성에서 빛과 함께 시작하기와 역시 그것에 따라 나머지 피조물들의 창조를 위해 그것을 사용하기를 기뻐하셨다. 그렇지만 우리를 이러한 길로 앞서 진행하게 하며, 우리는 그것을 후회하지 않게 될 것이다. 그 이

유는 우리가 지성의 빛과 지혜와 그의 광채가 동시에 권세와 함께 학교들에서 교회로, 세계적인 질서로 사건들의 전체 범주로 확대되는 것과 하나님의 도움으로써 모든 것이 더 좋게, 더 아름답고, 우아한 완성으로 개혁되는 것을 보게 될 것이기 때문이다.

7. 가부장들과 선지자들의 추종자들처럼 그렇게

10. 이것이 올바른 빛인 하나님의 빛이어야 한다면, 역시 그들이 내세우게 된 방향으로 삶과 행위를 통하여 그들의 지혜를 입증했던 오늘날 학교들이 자신들을 자랑하는 소수가 앞에 재빨리 지나가며 비상하게 지혜로운 솔로몬과 전적으로 평판이 좋은 선지자의 아들들을 배출했던 나단과 엘리사[160]의 학교들처럼, 우리의 학교들이 되기를 우리는 그렇게 노력해야만 한다. 그리고 가부장들의 학교들이 이러한 목적으로 설립되었던 것은 분명할 것이다. 그 이유는 영웅적이며 지혜로우며, 마음이 굳으며, 의로우며, 순수했었던, 즉 세티, 에녹, 야벳, 아브라함,[161] 요셉 등등의 모범적인 인물들이 증언하는 것처럼, 사람들은 그들에게서 배출되었기 때문이다.

학교들은 이처럼 동시에 그렇게 설립하는 것이거나, 예속된 상태로 옮기게 하는 것이다.

11. 그렇지만 우리는 청소년을 어두움에서 구해내어 그들이 빛 가운데서 도움을 얻도록 시도해 보자! 이것은 전적으로 지체되는 것 없이 학교들을 설립하는 일이다. 즉 그들이 그 어디에서 결핍한 상태에 이를 때라도(여리게 성장하는 나이에도 염려가 발생하는 곳에 인간의 공동체가 생기지 않도록) 그것을 막기 위한 일이다. 그러한 일이 벌써 발생한 곳에서도 그들은 신중함과 함께 예속된 상태로 옮겨져야 한다. 그러나 어떻게? 나는 그것을 다음과 같이 말하게 될 것이다.

---

160) 나단은 다윗과 솔로몬 시대의 성서에 나타난 선지자, 아마도 솔로몬의 교육자이며, 엘리사는 이스라엘 왕국에서의 선지자, 알려진 엘리야 선지자의 후계자였다.
161) 셋은 아담과 에바의 3번째 아들이며, 에녹은 이스라엘의 지혜 자이며, 유대의 문서에서 문자와 수학과 천문학의 발명자이다. 야벳은 노아의 3아들 중 두 번째이다. 아브라함은 족장으로서 하나님의 사람의 모범이었다.

곳곳에 직권을 가진 장학사들이 세워져 있어야 한다.

12. 특히 공동체와 각 지역교회의 직무에서 학교의 관리인들인 경건하고 지혜롭고, 열심인 사람들이 수에서 둘, 셋, 또는 넷이 선발되도록 하는 것이 요구된다. 그것은 마을공동체의 크고 작음에 따라 이루어져야 한다. 이들은 학교들을 돌보며, 나라 전체에 있는 청소년들의 복지에 기여될 수 있을 일들은 아무것도 놓치지 않아야 한다.

설치하는 목적은?

그들이 자의식적으로 철저하게 선한 결과를 완성할 수 있도록, 그들을 직무의 권한과 함께 설치하는 것이 필요하다. 동시에 책무에 요구되는 비용은 지불해야 한다.

먼저 결핍의 제거

13. 이것들은 착수될 것이며, 노력하게 될 것이다(우리가 벌써 아는 것을 사람들이 각자의 진실한 개선에서 시작하는 것처럼).

    I.   결핍에 대한 근거들이 제거되도록
    II. 개선에 대한 조치들이 주도되도록 하며,
    III. 개혁이 확정되도록 하며.

거기에 있는 것처럼
1. 잘못된 목표설정들

14. 우리는 학교들에서 결핍을 위한 원인에 대하여, 먼저 그것 때문에 교사와 학생들이 그들 목표를 놓치는 잘못된 목표설정들을 헤아린다. 그 이유는 학교들의 참된 파송으로서 내가 하늘을 심고 땅을 기초하며, 시온, 즉 "너는 나의 백성이다"(사51:16)라는 것을 말하는 것보다 더 다른 것은 아무것도 말해지지 않아야 하기 때문이다. 그것은 그들이 교회와 국가를 위하여 성장하는 새로운 백성을 준비하며, 실제로 하나님의

백성을 만드는 것을 뜻한다. 그러나 누가 대체로 그것에 대하여 주목하는가? 학교들의 많은 수가 표면적인 광채(光彩)와 이득(利得), 또는 그들이 문서와 학문에서 건져내는 그 어떤 수익들을 그들의 목표물로 붙들고 있는 것이 아닌가? 그렇지만 이것은 무엇을 뜻하는가? 베른하르두스[162]는 그들 다수의 사람은 그가 비열한 호기심으로 여기는 것을 알려고 지식을 갈망하거나, 또는 무가치한 것으로 부르는 것이 무엇인지 알아보려는 것, 또는 그들이 자신에게 빈약한 수익을 뜻하는 돈이나, 명예를 위한 그들의 지식을 팔도록 하는 것을 깨달았다. 실제로는 경멸해야 할 것들로 혹평하였다. 그렇게 하나님의 아름다운 선물인 지혜를 이익 추구 때문에 남용하는 것! 대체로 학교들은 이러한 부끄러움에서 해방될 수 있을 것이다. 그 이유는 학교들은 신적인 지혜의 중재자로서, 보편적인 평화와 구원의 생산장으로서 설립되었기 때문이다. 그 방향에 세워진 모든 학교는 영원을 섬기는 것이 그들 인생의 사라져가는 시간을 그렇게 잘 이용하는 것임을 배울 수 있을 것이다.

2, 적합지 않은 교사들과 학생들, 그리고 훈육에 대한 감독자들

15. 그 밖에도 그들의 생각에 상응하지 않은 잘못된 협력 수단과 사람들과 일들과 활동들은 학교들 안에서 손실에 영향을 미친다. 해당 대상들은 교사와 학생과 감독들이다. 교사들은 경건해야 하며, 그들이 무엇을 위하여 다른 이들을 만들어야 하는지, 스스로 닮게 되도록 선한 행동과 교양에 대하여 처리해야 한다. 학생들은 기꺼이 배우려고 해야 하며, 그들이 성장하는 그러한 사람들이 되는 일에 최상의 노력을 기울여야 한다. 감독관들은 권위를 가지고, 그러한 상태에 있지 않은 것이 무엇인지, 그러한 상태를 어떻게 개선해야 하는지, 온전한 열심과 경각심을 가지고 임해야 한다. 여기에 대체로 좋지 않은 모범을 제시하기 때문에, 나쁜 풍습과 교양으로부터 불신앙적이며 세상의 영향을 받은 사람들은 허용되지 않아야 한다. 또는 그들이 벌써 몰래 숨어들어 왔다면, 하나님 자녀들의 생명을 깨우기 때문에, 온전히 스스로 개선하며, 새롭게 하지 않을 때는 그들을 즉시 멀리해야 한다. 학생들이 중요한 만큼, 그렇게 무절제와 둔감함과 게으름에 넘어지지 않도록 그것에 우선하여 주의를 기울인다(그 이유는

---

162) Bernhardus von Clairvaux(1091-1153), 프랑스의 수도원의 첫 수도원장, 그는 시토(Clairvaux) 교단의 신비주의자요, 교회교사(지도자).

이러한 나이는 왁스(밀납)처럼, 선한 것과 나쁜 것으로 향하기가 쉽기 때문이다). 감독 관들은 마침내 그들이 의무를 성취하지 않을 때는 다른 이를 통하여 제거하며 더 활동 적인 분들로 대체해야 한다.

3. 이교도적인 문서들

16. 협력 수단들 가운데서 (경건성과 덕성과 지성(교양)을 심기 위하여) 서적들은 첫 번째 자리를 취한다. 그렇지만 그것들이 대략 불신앙적인 것, 미신적인 것, 청결하 지 않은 것, 잘못된 견해를 가진 것, 어리석은 것, 조잡한 것을 제시한다면, 그들은 학 교들의 해악으로 간주해야 한다. 그러나 그렇게 지금까지 기독교 학교들이 즐겼으며, 그리스도의 양 우리를 더럽혔던 이교도적인 서적들의 다수(數)가 비슷하게 되었다. 지 금이 그것들을 중단해야 할 시기이다. 지금 에스라(Esra)에게 향한 찬사의 말이 벌써 유효하다. 즉 사람을 세웠던 한 행위는 최상의 공동체가 자신을 보이기를 시작하는 거 기서 어떤 자리도 발견할 수 없다(4.에스드라10:54). 벌써 오랜 기간, 다곤(Dagon) 신 (神)과 블레셋 사람들이 이스라엘의 언약궤 옆에 서 있었다. 그리고 더욱이 우리가 하 나님의 계명에 대항하는 우리의 불순종을 통하여 이교도에게 기독교의 가장 내면의 성소 안에 출입구를 허락했던 그 시간부터. 지금 벌써 하나님의 궤는 그들의 능력을 보일 수 있으며, 모든 다곤(Dagon)을 무너뜨리며, 내던질 수 있을 것이다. 하나님의 성소를 소유했던 사마리아인들을 사자들이 삼켜야 한다! 특별히 지금, 하나님은 우리 가 매우 어두운 이교도적인 밤의 희미한 작은 불빛을 주목하지 않도록, 신적인 지혜를 새롭게 할 분명한 기회를 교회에 허락했기 때문이다. 우리와 우리의 아이들에게 그렇 지만 지혜의 분명한 빛이 솟아올랐다. 마침내 이러한 불신앙적인 교양이 망각 속으로 빠져갈 때, 기독교 학교들에는 구원이 이르게 되었다(이교도의 직관들에 관계된, 또는 그것들을 따라 흉내 내기 위하여 더 작은 문제들에서 작은 것들로 땜질되었던), 그 이 유는 전적으로 그리스도의 지혜가 정신들 가운데서 더 많은 공간을 얻게 하기 때문이 다(홀로 올바르고 구원을 초래하는 것과 여러 가지 진리를 제공하는 것이 아니라, 위대 하고 불변적인 진리를 제시하기 때문이다). 만일 영(靈)들이 저 무한히 작은 것들에서, 그리고 유익하지 않은 지문들로써 헛되이 쓴다면, 그것은 다른 것이다(사람들이 결코 해결하지 못하거나, 또는 그렇지만 그것들이 해결되었다면, 그것들이 결코 해결될 수

없는 것처럼 실제로 아주 많은 유익을 준다). 그렇다면 그들은 말하자면 우리에 갇힌 동물보다 달리 아무것도 더 묘사될 수는 없다. 사람들은 그들 가운데서 비약(飛躍)을 만들지만, 그러나 그 위치로부터는 오지 않으며, 눈의 기쁨에도 아니며, 그리고 지성과 영혼을 위한 장점 없이도 아니다. 작고 하찮은 것들과 함께 계속될 뿐이다! 사회구조의 근본 변화에 있는 우리가 실행을 성취해야 한다.

4. 뒤틀리고 엉클어진 가르침의 방법

17. 우리는 학교들에서 역시 여러 가지로 방법의 뒤틀림을 멀리해야 한다. 예를 들면, 전체 청소년을 학교들에다 넘기게 되는 것과 사람들이 재배하기를 시작한 싹들은 새롭게 비문화적인 것들로부터 파멸되지 않게 하는 것이다. 학교에 넘겨진 것들은 건강하지 않으며, 단지 한정된 시간에 있으며, 그 밖에 것들은 스스로 자신에게로 넘겨진 채, 주위를 스쳐 지나가게 하며, 시간을 낭비하며, 황폐하게 된다. 마찬가지로 방법은 대부분 정신에 대한 환희보다 더 경악인 비 자연스럽고, 강요되며, 폭력적이다! 그들은 학교들에서 동산보다도 더 미로이며, 놀이터보다도 더 많은 강제노동의 장소로 만들고 있다. 이러한 일이 미래에 더 이상 인내 될 수 없으며, 즉 우리는 존재했던 것보다 더 좋은 것으로 설립해야 하며, 학교들에서 실제로 모든 파멸적인 것은 몰아내야 한다.

18. 물론 습관적인 것들을 포기하기는 사람들이 그것들을 적용했을 경우, 그것이 적합하지 않은 것에 자신을 의식화하기는 쉽지 않다. 참으로 나는 지금까지 학교들의 다수가 노동 장소들과 같은 땀 흘리는 것과 때리는 일과 상처의 공장들로 느끼고 있다. 단지 본성의 충동을 통하여 움직여진(가능한 경우에, 그리고 그것은 가능하다!), 그것들이 자체 안에 스스로 움직이는 기계들이나, 물매 돌로 변하는 것은 얼마나 마음에 들게 될지! 학교들은 돌들을 조각하는 선생들이 열심히 철로 만든 망치들로써 들볶기를 애썼던 조각가들의 작업장들과 같았다. 그들은 그렇게 그들 쓸개와 학생들의 인내를 부추겨야만 했었다. 지금 우리는 벌써 학교들이 하나님의 아들들이 탄생 되며, 교사들에게 산고의 섬김을 수행하며, 자신들이 지혜의 작은 후예들을 즐기는 사랑스러운 과제가 있는 곳인 교회들의 아이 침상을 위한 염려의 짐을 짊어지게 된다.

5. 연극처럼 꾸며진 논쟁들

19. 연극처럼 꾸며진 논쟁들은 학교와 교회들에서 끝나야 한다. 대부분 말씀(Logo)의 기계와 말(Algo)의 기계가 중요하다. 그것은 개념적인 낱말이 아닌, 또는 이해되지 않은 일들에 대한 논쟁을 뜻한다. 그 이유는 우리가 낱말들 모두를 같은 의미에서 파악한다면, 그리고 사물들, 그것들이 어떤 상태에 있는지를 이해한다면, 어떤 불확실한 것이 없다는 것이 벌써 분명할 수 있기 때문이다. 사물들은 항상 같은 방식으로 모든 것을 존재하게 하며, 이해하는 것은 모든 것에 동일하다. 그러나 기만이나, 짐작들의 피어오르는 연기는 길 안에 세우며, 낱말들이나, 사건들은 그것들이 다른 것에 대한 것보다 더 다른 것을 위해 뒤집는다. 그것들이 더 바르게 일어나면, 그것은 투쟁을 판단하지 않고, 통상적으로 식별 가운데 생겨나는 증명이 판단한다. 세네카(Seneca)의 40개의 편지에서 보라, 그것은 말씀의 기계가 아주 적은 유익을 가지는 것을 보여준다. 그 이유는 논쟁들 외에 아무도 말들에 대하여 많이 제시하지 않기 때문이다. 그렇지만 개념들의 경쟁적인 다툼이 중요하다. 그러므로 사건들 사이를 구별하는 것이 필요하다.

동시에 미사여구를 늘어놓는 연설들

20. 여기서 사람들이 연설들로 부르게 되는 달변(達辯)의 연설을 연습하는 것들을 헤아리게 한다. 그것들은 잠니터(Samniter)[163]의 창들의 모습에 아주 유사하다. 그들은 예비 전투에서 흔들어 대었지만, 그러나 정작 전투에서 스스로 항복하였다.

6. 고삐 풀린 도덕성

21. 참된 지혜에 대한 발전에서 학교들을 향한 길에 있는 장애들 가운데, 우리 시대에 먹는 것과 복장과 다른 외형적인 풍습들 안에서 몰염치한 포식들이 있었다. 즉 그것들은 거침없는 관대함에 따라 오만과 애씀의 측량할 수 없는 파장들과 요구된 목표에 대한 대립 가운데 있는 온전한 이것이다. 그들의 정신은 내면으로 향해야 했던 것

---

163) 잠니터(Samniter)는 로마의 잠니터-전쟁에서 굴복했던 중-남이탈리아의 종족을 가리킨다.

들이(그렇지만 집중력은 사고(思考)의 특성이다) 외적인 것들로 향하지 않는 것과 그들로부터 흩어지게 되어졌으며, 사랑으로부터 감각적인 일들에 사로잡혔던 것에 대하여 주시해야만 한다. 그들은 이처럼 화려한 복장보다도 오히려 단순한 것, 풍성한 음식보다는 오히려 만족할 만한 것이어야 한다. 즉 점잖은 것보다는 먼저 거칠며, 표현들과 사회적인 형태들은 인위적인 것보다는 단순함이 더 좋다는 것이다. 그들은 오히려 조용히 연구해야 하며, 소리가 시끄러운 교제는 피해야 하며, 사람들보다도 하나님 앞에서 중요한 일들을 더 많이 수행하기와 사람들과의 대화보다도 하나님과의 대화를 더 힘써야 한다. 모든 것은 그들이 내적으로 파괴하며 약하게 하는 것처럼, 밖을 향한 정력 소모를 통하여 스스로 잃어버리지 않고, 그들이 내면에서 지속하는 자신과 하나님 안에서의 중심점을 찾도록 전적으로 강화하는 일이 발생한다는 것이다. 그렇게 그들은 허락되지 않은 각 사물 안에서 단지 거절하게 될 뿐만 아니라, 역시 생명을 그리워할 수 있는 것들에서 허락된 것을 단념하게 될 것이다. 예를 들면, 만일 빵과 자연의 선물이 넉넉하다면, 육체와 물고기와 새들의 음식물 등에서이다. 마찬가지로 그들은 깨끗한 물이 있다면, 포도주와 맥주를 단념할 것이다(모든 것은 덕성의 한 표지요, 스스로 자신과 사물의 다스림에 가장 확실한 길의 표시인 것). 이것이 지혜로 향한 길이라는 것, 그것은 디오게네스(Diogenes)[164]와 세네카(Seneca)의 시대에서처럼 비슷하게 피타고라스(Pytagoras)가 가르쳤을 뿐 아니라(그의 추종자들이 단지 식물과 물을 소모하며, 스스로 모범을 보여주기를 원했다), 역시 하나님이 스스로 금욕과 열심과 기도들을 통한 것처럼, 지혜의 찾음을 통하여 다니엘과 그의 친구들을 탁월한 모범을 만들었던(단1:12) 것을 가르쳤다. 거기에 지혜의 가르침이 첨부되어야 하는데, 그것은 지혜의 기록에 몰두했던 모두는 수공업자들과 단순한 사람들 사이에 살아야 하는 자들이 아니라, 하나님의 "나치뢰어"(Naziraeer)[165]들처럼 세상의 소음들로부터 단절된 가운데 살아야 하는 것이었다. 그래서 학교들은 지속적인 감독 가운데 있으며, 계속되는 연습들 가운데 훈련받는 수도원들과 동등하였다.

---

164) 지노페(Synope)의 Diogenes(BC.400-323년경), 키니즘 사상의 철학의 철저한 대변자였다.
165) 나지뢰어(Naziraer)는 하나님께 봉헌된 엄격한 금욕으로 구별하여 살았던 자들이었다.

II. 개선에 수단이 적용될 수 있도록
1. 더 순수한 목표들

22. 우리는 지금 학교들의 파멸에 대한 원인을 관찰하였다. 이제 우리는 그것들에 대한 적용된 협력 수단을 찾기를 원한다. 그리스도의 신실한 봉사자들인 교회의 목자들이 부모와 아이들의 정신 가운데 심으려고 했던 것들은 더 순수한 목표들로서, 그 첫 번째 자리를 차지하게 된다. 우리가 그것을 범교육학(Pamapedia) 7장에서 상세히 밝혀 놓은 것처럼, 하나님의 영예와 이웃의 행복을 향한 것보다 물질적인 이익을 향하여 아무리 노력하지 않는다 해도 성실한 여성들을 향한 다른 세대와 영예를 위하여, 그들은 아이들의 교육적인 돌봄에서 나타나는 적용된 남성들을 따라 둘러보게 될 것이다. 그렇지만, 하나님은 각 노동자가 그의 보수(保受)가 가치를 지니고 있음을 선포했기 때문에, 청소년 교육과 함께 적절하게 그들의 생계 수단을 힘쓰는 모두에게 허용하고 방해되지 않으며, 열심히 그들의 책무를 성취하도록 수고비의 지불(支佛)을 돌보는 것은 불가피한 일이 될 것이다.

2. 좋은 교재들

23. 노동자들이 고용되었을 때, 사람들은 그들에게 역시 선한 도구들이 손에 쥐어 주어야 한다. 그것은 좋은 교재들과 빛의 교수법들이다. 하나님의 도움으로써 나는 말하는데, 잘 출판되었거나, 출판될 도서들은 하나님 책들(자연, 정신, 성경)의 간략한 서술들과 그것들이 범교육학(Pampaedia) 6장에서 제시된 것처럼, 그 같은 것들 안에서 기분 좋은 서론(序論)이 묘사된다. 그래서 이러한 책들의 도움과 함께 바로 그 책들의 강연들과 이해로 인도된 모든 기독인은 마침내 그들이 벌써 오래 있어야 했던 것을, 말하자면, 하나님으로부터 그리스도의 의미를 지닌 것을(사54:13, 요6:45, 고전2:16) 가르치게 될 것이다. 그것은 하나님에게 적합한 지혜로움을 뜻하며, 아마도 하나님과 함께 무언의 웅변을 통하여 말하게 되는 것을 뜻한다(지금까지 밝혀지지 않은 하나님의 비밀들이 인간적인 지식의 호기심이 말하기 좋아하는 것보다 더 잘 말하는 것). 그리고 마침내 그들은 그리스도처럼 하나님의 일들을 성취해야 할 것이다. 창조의 시작에서처럼 비슷하게 어두움의 혼돈이 빛의 자극을 통하여 몰아내게 되었으며, 세계 곳곳

에 새롭고 아름다운 모습을 부여하게 되었던 것처럼, 지금 역시 그것은 그렇게 이루어진다. 보편적인 것을 개혁하는 시대에 사람들이 어두움을 몰아내기 때문에, 하나님의 3가지 횃불이 모든 사람의 마음 위에 높이 솟아오른다. 이러한 목표로 하나님의 책들(자연, 정신, 성경) 가운데서 우리들로부터 언급된 서론들과 그것들 안에서 역시 크고 작은 것, 포함한 것이 직접적이거나, 간접으로 인도하게 된다.

3. 더 쉬운 교수법

24. 세 번째로, 온화하고 마음에 드는 현저한 것과 마음에 드는 것과 고유한 스스로 바라봄과 말함과 행함을 통하여 책들에서 지혜를 중계할 수 있는 그렇지만 신실한 방법론이 요구된다. 그것들에 대하여 범교육학(Pamapedia) 안에는 더 많은 것이 포함하고 있다. 높은 단계의 학교들에 관해서는 솔로몬의 지혜가 그들 학교의 영예를 묘사하게 되기를 소망한다. 그것은 저자들의 건성으로 말해놓은 것과 공개적인 학술 논쟁과 미사여구를 늘어놓는 논쟁들은 제거되어야 하는 것을 뜻한다. 일들은 사물들을 통하여 배운다. 그 이유는 다른 이들의 이해들이 한 가지를 설명한다면, 그것들은 손에서 손으로 오류에 이르게 되기 때문이다. 그것들이 하나님 책들의 원문 안에서 지식을 찾지 않고, 인간의 밝힘 들 안에서만 찾게 되면, 그것들은 그래서 증명되게 하는 것이 아니라, 오히려 논쟁을 불러일으키게 된다. 그렇게 어떤 이교도적인 철학의 이러한 관습은 마지막일 수 있으며, 솔로몬의 철학이 시작될 수 있을 것이다. 사건들은 자체를 통하여 그 안에서 그것들이 세계의 기계 안에서, 우리 지성의 체계 안에서, 그리고 하나님의 입에서 요구하는 것들에서, 하나님의 기술(은총)을 통하여, 서로서로 결부된 것처럼, 보이게 되어야 한다. 높은 학교들은 지식에 관한 것과 히말리야의 삼나무들을 넘어 이숲(Ysop)에 이르기까지, 동물들과 새들에 관하여, 기어다니는 동물들과 물고기들에 관하여 가르칠 수 있을 것이다(왕상4:33, 욥12:7). 즉 그들은 세계의 구성 방식과 요소들의 힘에 대하여, 시작과 끝과 중간 시대에 관하여, 태양과 시간 차별 상태의 변화들에 관하여, 동물의 범주와 별들의 위치들에 관하여, 생명체의 본성과 맹수들의 입에 관하여, 정신적인 능력들과 인간적인 사상들에 관하여 등등을 가르쳐야 할 것이다. 마침내 그들은 역시 모든 것의 건축자들에 관하여, 지혜에 관하여 가르쳐진(잠7:17), 명백하거나 숨겨진 것들을 가르치게 해야 할 것이다. 요약하여, 학교들에서 곳곳에서 둔감한 흉내들은 중단해야 하

며, 생생한 관찰은 출입구를 발견할 수 있을 것이다! 학교들의 모든 학생이 신뢰할 만한 유익이 흐르도록, 더 확실한 증명의 인도들이 시작되는 거기서 불확실한 논쟁들은 사라져야 한다. 그러므로 배우는 자는 그가 사건들을 불분명한 짐작들이 적용되지 않은 것을 보게 되며, 그리고 각자가 그가 항상 알고, 참으로 알며, 부지런히 자기의 지혜를 수집하는 것은 그것에 신실하게 고백하며, 타인의 지혜에 감동된 자가 되지 않음을 느낀다. 이처럼 우리의 높은 학교들에서 잘 알려진 요구를 주목하게 된다. 즉 증명을 제시하라!   만일 누군가 예를 들어 의사로서 진력할 때, 그는 환자를 건강하게 하기를 증명해야 한다. 먼저 그에게 치료에 대한 자격이 인정되어야 한다. 그렇게 역시 철학의 영역에서도 그에 반하여 어떤 이의들이 없다는 것이 증명될 수 없는 것은 허용되지 않아야 한다. 항상 배우며, 언제나 진리의 인식에 이를 수 없거나(딤후3:7), 또는 영원한 아이들의 인식에 결코 이르지 못하는 여성처럼 아니라, 아이였던 것을(고전13:11) 거절했던 남성들의 모습처럼 기독교 백성의 상태가 낡아지지 않도록 말이다.

4. 도덕성의 엄격한 훈련

25. 엄격한 도덕적인 교육을 통하여 학교들은 하늘을 위하여 결정된 사람들이 그들의 선한 변화와 함께 땅 위에서 한 가지와 모든 것을 배우는 그것의 지식이 하늘에서 구성요소를 가지는 온유와 지혜 안에서 일들을 보이는 것이(약3:13) 개선되어야 할 것이다.

5. 특히 그들이 홀로 그리스도에게서 가르침과 지도를 넘겨받는 겸손과 침묵

26. 청소년이 그들의 배움에서 미래적으로 알곡 대신에 짚(껍데기)을 수확하지 않도록 피타고라스(Phytagoras)의 침묵을 새롭게 하는 것은 극히 다행스러운 것이 될 것이다. 많은 사람이 참된 학생보다도 더 일찍 선생이 되지 않도록 전적으로 힘쓰게 해야 할 것이다. 그러나 세상에서 지혜는 사라졌다. 그 이유는 침묵에 대한 자질이 파멸되었기 때문이다. 피타고라스 것이 아니라, 전도서에서 솔로몬이 추천했던 솔로몬의 침묵이 필요하기 때문이다(전5:1-2). 그렇게 유럽 학교들의 모든 지혜는 가득한 다변(多辯)의 어리석고 황량한 여성으로 변했다(잠9:13). 그렇지만 당신은 피타고라

스의 침묵이 나쁜 부름을 소유하는 것에 이의(異意)를 제기하게 될 것이다. 그 이유는 "그가 그것을 말했습니다"란 말이 그에게 제공되었기 때문이다. 그것은 진실합니다. 그러나 다만 아무런 품위를 지니지 못한 사람에 관해서는 솔로몬이 어리석으며, 농담 조의 무의미한 여성과 함께 비교하는(잠9:13) 참된 지혜의 말씀은 그들의 잘못된 지혜로부터 구별할 수 없게 될 수 있다. 피타고라스가 인간적인 경솔한 태도를 제어하기를 원했던 겸손에 익숙해지도록 청소년에게 제시했던 것이 어느 정도 매우 지혜로웠다. 이러한 것에 이르기 위해서 그는 학생들에게 5년간의 침묵을 부과하였다. 이로써 그는 교사의 권위를 통하여 모순에 대한 버릇없는 판단과 기울어짐을 길들이기를 추천하였다(인간 본성의 가장 가깝게 놓여 있는 실수들). 그것은 어떻게 사람들이 습관적으로 생각하는지, 그렇게 비이성적이지는 않았다(그 이유는 그가 실제로 가장 지혜로운 철학자 중 한 사람이었기 때문이었다). 더 먼저 다른 철학자들은 이러한 규정을 경멸적으로 거부했으며, 자신과 학생을 위하여 자유를 잘못 생각하는 것, 지혜로 생각했던 것과 바보들이 되었던(롬1:22) 것에 이른 만큼(성령이 그들로부터 전파했던) 항상 역시 방어하려고 책임을 짊어졌던 비이성적인 행동을 취했다. 역시 모세와 선지자와 그리스도와 사도의 법들은(우리가 사건을 올바르게 생각할 때) 사람들이 자체의 궤변적인 행위들에 남용하는 것과 최고의 교사이신 하나님과 그가 우리에게 교사로 주었던 그리스도에게 듣는 것을 습관화하기를 겨냥하였다. 그러나 우리 기독인들이(이교도적인 철학자들처럼 비슷하게) 그것에 대하여 주목하지 않았기 때문에, 가장 나쁜 습관과 다툼과 힘과 반복된 불화를 얻었다. 그러므로 논쟁과 다툼과 미움과 종파와 투쟁과 상호 간의 파멸을 끝없이 취하게 되었다. 사람들이 이러한 악에 대항하여 효력 있는 수단을 찾는다면, "그가 그렇게 스스로 말했다"고 한 저 피타고라스의 원칙 외에 다른 것을 거의 발견하지 못한다. 거기서 벌써 만일 우리가 다윗이 말했던 것처럼 유사하게(시33:9) 그를 전파했던 그것에 대하여 하나님을 생각했다면, 피타고라스의 원칙이 중요한 것이 아니라, 신적인 원칙이 중요하다. 그 이유는 그가 그렇게 말하며, 하나님이 벌써 성서 가운데, 자연에서, 또는 우리 각자의 양심 가운데서 말하자면 하나님이 그것을 그렇게 이루시기 때문이다. 지금 이러한 사탄의 누룩이(하나님의 말씀에 대한 논쟁) 육체적인 낙원 안에서 인간적인 사고의 누룩 가운데 혼합시킨 사탄을(창3:1) 새로운 백성의 새로운 누룩이(고전5:7)라는 근거로부터 새롭게 된 교회의 낙원에서 근절되게 해야만 한다. 우리의 학교들에서 최고의 교사이신 그리스도가 가르치게 되자마자 곧 미래적으로 모두가 침묵하게 되도록 기독교적이거나, 또는 신적인 침묵이 학교들에서 이처럼 피타고라스의 침묵보다 더 힘 있는 침묵이 부과되게 해야 한다. - 그리스도가 말한 것이 만일 증명되었다면-, 학교들에서 항상 하늘의 말씀을 반복하는 것보다 그 어떤 다른 것이 그 누구에게도 다른 것으로 머물지 않도록 하게 될 것이다. 너희는 그(그리스도)의 말을 들어야 한다(마17:5)! 첨부할 것이 있는데, 모든 세계는 그(그리스도) 앞에서 잠잠할지어다(합2:20). 모든 육체는 주님 앞에서 침묵하라(스가랴 2:13). 나는 반복한다. 하나님의 백성 가운데 미움과 적대감에 대항하는 것처럼 그렇게 학교들에서 벌써 만들어진 불화에 대항하여 가장 표면적인 수단은 하나님이 말씀하시면, 사람들은 침묵하는 그것이다.

III. 견고함에 대한 수단들은 강화되어야 한다.

1. 지혜로운 학교의 교장들

27. 개선된 학교들을 견고하게 하려는 수단들은 다음과 같이 표현될 수 있다.

A. 그들의 과제에서 지혜롭고, 지속적이며 신중하게 신경 쓰는 학교의 감독이다. 만일 누군가를 규칙적으로 주시하지 않으면, 한번 우수하게 완성된 시계들이라도 잘 회전할 수 있는 것이 아니라, 그것들은 역시 잘못 표시될 수 있다. 즉 이전 상태에 있거나, 머물러서게 된다. 학급들을 감독하고, 작업을 정돈하고, 지도하며 개선하기 위하여 모든 학교에 최상의 지도부가 설치되어야 한다. 그러나 역시 이러한 학교장은 단지 한 사람이며, 그 일에 혼자이다. 그가 일의 비대함을 통하여 지치며, 싫증이 나며, 눈을 감는 일이 생겨날 수 있을 것이다. 그리고 요구되는 것을 외면하여 인지하지 못하는 일도 발생할 수 있다. 그러므로 역시 곳곳에 감독자를 세우는 것은 좋다. 그는 시시때때로 학교를 방문하며, 깨어 있는 감각들과 함께 실행하고 있는 것과 모든 것의 일들은 어떻게 성취되는지를 관찰하게 된다. 그들이 본성으로부터 자극하며, 신뢰를 받고, 그들의 열심을 다른 자리에서도 유지했다면, 참된 유익을 초래하게 될 것이다. 그들이 경건하며 보편적인 유익을 진심으로 행하는 것처럼, 수업방식을 잘 알고 학교의 정황을 지도하는 것이다. 그렇게 체질화된 채, 우리는 정신 집중하기를 힘써야 한다. 그들의 가장 탁월한 책무는 학교가 손실로 고통을 받지 않도록 주의를 기울이는 것이 될 것이

다. 즉 1. 방법과 작업의 전망 가운데서, 2. 법과 훈육의 전망 가운데서, 3. 교사와 학생들의 필수적인 대화의 전망에서이다. 그들은 이처럼 이 영역에서의 상태가 어떠한지에 대하여 주목한다. 한편으로 그들은 이루어지는 모든 일에서 신실한 조력자들이 되는 것이며, 다른 한편 교회와 관청의 목격자이다.

2. 급료들

B. 교사를 위한 정당하고 규정화된 교사들을 위한 급료. 여기서 교사들은 공적인 회계 부서, 즉 한 장소의 관청에서 지급되게 하는 것이 좋은지, 또는 부모가 사적으로 학교에 필요한 돈을 지불해야 하는지에 대한 질문이 가능하다. 그 대답은 양자 모두이다! 교사들이 그들의 생계비를 그곳에서 지불하도록, 그리고 가난한 학생들은 무료로 수업받을 수 있도록 공적인 회계 부서에서 사전 지불이 뒤따르게 해야 한다. 그렇지만 학교의 수업료는 열심을 위한 격려가 되어야 한다. 사람들은 먼저 교사들이 그의 학생들을 여러 면으로 아주 넓게 그가 그것이어야 하는 것처럼, 후원되었다면, 수업이 이루어지고, 공적인 시험이 치러진 후에 그해의 마지막에 먼저 그것을 계산하게 될 것이다. 이것이 그 경우가 아니라면, 그는 나쁜 결과에 대한 부끄러움 외에 아무것도 얻지 못한다. 일이 그렇게 이행되었다면, 어떻게 교사들이 열심에, 그리고 부모들은 선한 선심에 사기를 북돋우게 되었는지, 넉넉한 기회와 자극이 주어지게 될 것이다.

3. 가정방문과 시험들

C. 가정방문과 시험은 정기적으로 해마다 한 번, 또는 두 번, 그리고 다른 경우에 특별히 자주, 엄격하게 이루어지게 해야 한다. 방문하는 일과 감독하는 일들은 매년 어떤 년 중 기간에 설정된 시험 기간과 진급된 기간에 이루어지게 될 것이다. 다른 경우에는 그들이 마음이 내킬 때, 또는 함께 합의가 이루어질 때, 기회 있는 대로, 기대하지 않은 때에도 그들은 나타나게 된다. 한 학교에서 그들은 어떤 상태에서 사람들과 책무들이 만나게 되는지를 보여준다.

4. 특별한 보상들

D. 우선권을 위한 특별한 보상들과 학교들의 번영을 위하여 열심을 자극하는 것. 감독관들은 청소년을 위한 근면한 교사들이 적절한 생활비의 지원으로 기뻐하도록 책임을 져야 한다. 오히려 그들이 자신의 열심을 뚜렷한 방식으로 증명하도록 특히 뚜렷한 좋은 대우를 생각하게 된다. 비슷하게 학생들 가운데 경쟁이 이루어지게 하는 것에도 관심을 가진다. 때때로 그들은 특별히 부지런한 학생들을 지지하며, 다른 이들을 격려하기 위하여 대우하게 된다. 이것은 규칙적으로 공적인 시험들과 더 높은 단계로 옮기는 시기에 이루어져야 한다. 그러나 역시 특별한 열심히 앞서거나, 특별한 자질을 보일 때, 다른 계기들에서도 이루어질 수 있다. 그렇지만 아이들의 활동성을 상(賞)과 대가(代價)로써 자극하도록 역시 그리스의 저 고귀한 백성을 돌보라, 그들이 대체로 숙련과 능력을 자극하기 위하여 경쟁을 유발했거나, 또는 무기 사용에서 군사적인 자질들의 획득을 연습했던 것들에서이다. 먼저 이 모든 것은 지혜의 훈련장들에 있어야 한다! 개별적인 자리와 위치가 옮겨질 때, 선물들을 사서, 나누기 위하여 몇 개의 금화들을 사용하는 것이 유감스럽지 않다면, 열심을 깨우기 위하여 책들이나, 다른 유혹 물이 중요하다.

5. 각 학교는 작은 것 안에 있는 한 국가가 되도록

31. E. 각 학교는 법칙들과 그들 보존에 근거 된 하나의 작은 국가라는 것이다. 한편으로는 한순간의 유익을 위하며, 다른 한편으로 삶의 진지한 과제들을 위하여 준비된 사람들이 학교에서 배출되도록 미래적인 유익을 위한 것이다.

학교는 역시 작은 모습 안에서 하나의 교회가 되도록

32. 그러나 특히 사람들은 작은 모습 안에 있는 교회들처럼 보이는 모든 기독교 학교는 열정으로 가득한 경건의 작업장들이 되도록 노력해야 한다. 이러한 목적에서 모든 교회와 가정과 학교들에서 하늘과 땅이 온통 하나님 찬양으로 울려 퍼지게 하며, 150편의 시편을 따라 각자의 영(靈)이 주님을 찬양하도록 권장된 음악을 가르쳐야 한

다. 이러한 시편 찬송은 그 때문에 최고의 것이며, 시의 구절은 거기 마지막에 있다. 그 이유는 찬송을 노래하는 자들에게 그것이 어떠한 시대에도 부족하지 않음에도 불구하고, 이 마지막 시대에 땅에서 단지 찬양의 노래들이 울려 퍼지게 해야 하기 때문이다. 지금 일상적으로 매일 모든 학교에서 시편의 찬송을 그렇게 연습하게 된다! 유아기의 첫 번째 학교에서 아이들의 노래가 있게 되며, 더 높은 단계의 고귀한 자들 가운데서, 그리고 고령자의 최후 작품들(역자주: 백조들이 죽기 전에 노래한다는 고대 그리스의 신화에 따라)에 이르기까지 있게 된다. 이교도적인 지혜의 여신(역자주: 그리스 신화에 예술을 관장하는 지혜의 여신)들은 그들의 노래로써 기독교적인 학교들을 지배하였다. 그 노래들은 제거되어야 한다. 하나님의 영광을 선포하는 거룩한 음악이 그의 자리를 차지해야 한다.

그렇게 준비된 학교들의 찬양

33. 그렇게 준비된 모든 학교와 그 학교의 입구는 다음의 문구로 장식할 자격이 있다. 여기에 빛과 사람들의 아름다운 것들에 의한 하늘 지혜의 기쁨이 머무른다. 미래적으로 귀족과 비(非) 귀족, 고위층과 낮은 계층을 위하여 수취와 고통이 될 수 있으며, 여기에 삶을 위하여 교육되게 하지 않는 것이 가능하게 될 것이다.

학교 교재들의 개선에 대하여

사람들은 새롭고 보편적이며 올바르며 합리적이며, 신성한 교양에 대하여 학교들이 지금까지 이용했던 것들보다 다른 교재들을 사용하게 될 것이다. 테렌즈(Terenz), 페르길(Vergil), 키케로(Cicero) 등등.

그것은 다음과 같은 원인들을 보여준다.

1. 고대 작가들은 아이들을 위하여 글을 쓴 것이 아니라, 성인들을 위하여 셨다. 2. 그들은 우리와 우리 시대를 위하여 우리에게 잘 알려지게 해야 하는 친숙하며, 필요한 일들에 대하여 작성하지 않고, 우리가 지금 잘 모르거나, 영원히 불평하지 않도록 그

들이 지식을 취하여 유익이 되는 것보다는 사람들이 먼저 유의하지 않아야 할 사건들에 대하여 기록하였다. 즉 우리는 무익한 것만 배우기 때문에, 필수적인 것을 잘 알지 못한다. 3. 사람들은 고대 저자들이 문체(文體)의 절반을 읽는다고 말한다면, 거기에 더 많은 수(數)의 대답들이 있다. 먼저 외국어를 배우며, 그것을 정복하는 것이 그럴만한 가치를 가진 것인지? 질문한다. 말하자면 (그들이 벌써 자체의 백성 가운데서 더이상 이해되지 않은, 그리고 역시 매일 유럽의 국가들, 이탈리아, 스페인, 프랑스, 영국 등등, 효력을 가지는) 라틴어를 배우는 것은 그것 때문에 거의 모든 청소년 시절을 다 잃게 되는 것이 아닌지? 역시 질문한다. 사람들은 앞서 그 당시 일들이 어떻게 관계했던지를 파악해야만 한다. 즉 그것을 통해서 배움의 작업이 가중된다. 아우구스투스(Augustus) 황제의 역사를 알지 못하는 자는 페르길(Vergil)[166]의 전원시(田園詩)를 이해하지 못한다. 도미티안(Domitian)[167] 아래에서 공적인 풍습들이 어떻게 파멸되었던지, 알지 못하는 자는 유베날의 자티렌(Satiren des Jvenal)[168]을 역시 이해할 수 없을 것이다. 5. 벌써 더 이상 존재하지 않는 것을 배우는 것이 도대체 어떤 의미를 주는 것인지? 현재를 주목하고, 미래를 전망하는 것이 수천 배 더 좋은 것이 아닌가? 그것은 삶의 직업에서의 각자와 자신 안에서의 일이 그것들(현재와 미래)에서 준비되도록 하는 것을 뜻한다. 단지 가장 중요한 일들이 우리 백성과 이웃 백성들 안에서 짊어졌던 주된 사건들과 함께 세계의 역사와 동시대의 역사처럼, 가장 생각할 만한 것에 있는 것은 단지 다른 것으로부터 과거에 관해 아는 것은 충분하지 않은가? 우리가 백성(그리스와 로마)의 역사에 고정하고, 모든 가능한 개별적인 것들, 즉 작은 것들, 어리석은 것들, 수치스러운 것들은 허풍스럽게 전파하지 않은 것은 아니다. 드디어 이교도의 서적들은 문제이며, 그것들은 하나님이 그의 백성에게 엄격하게 금하신 것을 그들은 헤아리게 된다.

그렇게 기독인의 마음과 학교와 교회들에서, 홀로 그리스도가 다스리게 해야 한다. 다곤(Dagon)이 언약궤 앞에 서 있지 않아야 하며, 무너뜨려야 한다. 그것은 다음을 뜻한다.

   I. 이교도의 서적들은 멀리해야 한다. 그 이유는 그것들이 구원의 어떤 비밀들을 포함하지 않기 때문이며, 단지 허무한 사건들만을 다루고 있기 때문이다. 그것

---

166) Vergihus Maro BC. 70-19, 로마의 시인.
167) Domitianus, Titus Flavius AD. 51-96, 로마의 황제.
168) Jvenal, Decimus Juniaus AD. 50-127년경 로마의 시인이며, 특히 풍자 시인.

들이 그 어떤 도덕적인 번영들을 포함한다면, 사람들은 그것들을 검토해야 하며, 우리의 정원에다 유익한 것만 옮겨야 한다. 여리고는 불태워져야 하며, 그러나 그 성에 있던 황금과 은은 주님께 봉헌되어야 한다는 것이다(수6:24).

II. 세상의 정신으로만 기록된, 그러나 기독교적인 서적들도 역시 멀리하는 것이 필요하다. 그 이유는 1. 그것은 원천적인 것에서 나온 것이 아니라, 작은 개울들에 연결된 것이기 때문이다. 태양이 비추면, 사람들은 소나무의 넓은 판자로 가리는 것이 필요한가? 2. 보통 이러한 작은 개울들은 지그재그로 흘러가게 된다. 그러나 큰 목표를 향하여 바로 가는 것은 더 좋은 것이다. 3. 그것들은 단지 굽이쳐 흘러가지 않는다. 그것(개울)들은 역시 진흙탕 물이다. 물을 직접 원천에서 마시는 것은 건강에 더 좋은 것이다. 이교도적인 지혜는 그려진 문장과 같다. 그것들은 더욱이 기쁘게 하지만, 그러나 영예와 가치를 동시에 지닌 황금 왕관의 기독교 지혜가 동일하게 머물러 있는 동안 어떤 결과를 초래하지는 않는다. 이교도적인 철학들의 그 어떤 것이 기독교적인 것에 가장 유사한 것인가? 플라톤과 스토아 철학처럼(고전13:1) 지식에서보다 덕성에 더 많이, 이론적인 지식에서보다 실제에 관계된 지식으로 더 많이 인도하는 그것. 또는 너는 그 책들의 강연을 통하여 이전에 배웠던 것보다 더 좋은 것이 될 책들을 읽어도 좋은 것을 주목해야 한다. 그러나 역시 지나간 세기에 학교의 사용을 위해 저술된 기독교적인 서적들은 그렇게 충분하지 않을 것이다. 그리고 그들의 많은 수가 범세계적인 정신 교양을 위해 필수적인 특성들을 결핍한 거기서 더욱 그러하다고 본다. 1. 일들과 인간적인 정신의 이해력의 범위에 상응하는 완전함. 2. 그것들이 어떤 상태에 있으며, 한가지는 다른 것으로 어떻게 흐르고 있는지, 일들의 연결성이 분명하게 되는 그 같은 방식의 질서. 3. 분명한 확실성과 함께 실천(Praxis)과 사용(Chresis, 적용)이 영향을 미치게 된 그러한 확실한 진실성. 그러나 일반적으로 1. 그것들은 단지 개별적인 일과 학문을 포함하며, 2. 그것들은 임의로 변경하는 방법을 통한 지성을 엉키게 한다. 3. 그것들은 진리의 띠를 통하여 묶는 것보다 개연성을 통하여 지성을 더 많이 자극한다. 현저하고 다면적인 불완전성과 변화성과 부조리를 통하여, 그들의 모순과 투쟁을 통하여 엉클어지게 되었으며, 개인들과 학교들과 공동체들과 교회들, 그리고 세계는 그것들로 인하여 더 혼란해졌다. 그래요, 잘못된 추측들과 오류들에서 그것들은 이러한 가시덤불 가운데서 변화하는 것을 위하여 탈출 길을 발견하는 일은 어리석음 정도의 절반이 더 무너지게 되었다..

무엇이 충고 되어야 하는가? 하나님의 원천들에서 솟아오르는 신적인 물들이 다만 순수하게 흐르며(겔47:4-7), 이러한 말의 언급은 다른 것들에서 부여되지 않았다. 우리가 더 좋은 것을 택한다면, 하나님의 원천들에서 직접적인 것을 선택해야 한다. 사람들은 원천에서 흘러나오는 물의 흐름을 스스로 마신다. 그 같은 더 달고, 더 빠르고, 더 안전하게. 더욱 단것은 여기서 모든 것이 조화롭고, 분명하며, 마음에 흡족하기 때문이다. 더 빠르게는 이러한 원천들이 항상 곳곳에서 존재하고 있기 때문이며, 그 물이 언제나 흐르고 있기 때문이다. 더 안전하게는 아무도 강에서와 바다에서보다 오히려 원천(原泉)에서는 넘어지지 않기 때문이다. 하나님의 원천들(하나님의 책들)은 오직 모든 학교가 그들의 흐름과 함께 온통 흐르고 있음을 밝혀야 한다.

이러한 나이에 벌써 모두가 "하나님에 관하여 가르쳐진" 존재로 머물러야 하기 때문이다(사54:13, 렘31:14, 요6:45). 그것은 하나님이 홀로 교사일 수 있음을 뜻한다.

이처럼,

     I. 우리는 단지 하나님의 책들을 주목해야 하며,

     II. 단지 하나님으로부터 우리는 해석을 기다려야 하며,

     III. 우리는 모든 것을 하나님의 영광을 지향해야 한다. 그러므로 1. 사람들은 홀로 하나님의 책들에서 발췌나, 개략적인 것들을 만들어 내야 한다. 2. 내용과 형태에 따라 다르게 선택된 책들이(엄격하게 선택된) 허용되었다면, 그것들은 신적인 것에 정돈하는 것인데, 예를 들면, 이야기하면서 서술한 것들, 인간적인 정신의 금광에서 장려된 등등의 지식들.

제23장

잠정적이며 부분적인 교회들의 개선

나는 부분적으로 세계적이며, 필수적이어야만 하는 종교의 전체 대상을 고려하여
거론하는 것이 아니라, 주제들을 고려하여 말하게 된다. 그것은 개별적인 교회가 될 것
이며, 다른 것들을 따라 하나가 될 것이다. 그들의 개선이 온전하게 정돈되어 진실하게
진행된다면(또는 수단이 어떻게 현명하게 적용하는 것인지, 개혁의 목표, 수단이 어떻
게 현명하게 적용하는 것인지, 필수적인 수단과 방법이 분명하게 유지될 때), 그것들
은 지혜롭게 개혁될 것이다.

2. 우리는 교회의 완전한 개혁을 원한다. 그 이유는 그러한 것이 지금까지 주어지
지 않았기 때문이다. 더욱이 지난 세기들에서 기독교회의 개혁에 대한 시도가 있었다.
그렇지만 단지 지역적이며, 지역의 여건에 따라, 그리고 전체적인 생각은 지니지 못
한 채, 또는 그것에 대한 별다른 관심은 없이 차별적으로만 이루어졌다. 그 이유는 로
마의 교황과 그의 추종자들은 여러 번 개혁하기를 시도하였기 때문이다. 그러나 그들
이 무엇을 개혁하였는가? 질서와 풍습들은 외면하였다. 유익한 것은 미미하게 피상적
인 일들에만 한정되었다. 언제나 그것들은 그 이전에 있었던 것들보다도 더 큰 혼잡한
상태로 빠져들어 갔다. 더 큰불로써 후스(J.Hus)는 개혁하기를 시도하였다. 그러나 그
역시 무엇이 이루어졌는가? 특히 영적인 사건들 안에 세상 통치가 개입되었다. 루터
(M.Luther)는 어떠했는가? 주로 칭의(稱義)의 신조에 관한 교리였으며, 그것과 연결된
일들에 한정되었다. 그는 복음의 가르침이 남용될 수 없게 할 수 있는 중요한 해독제인
"교회의 훈육"(Kirchenzucht)은 망각하였다. 루터의 계승자인 칼빈(J.Calvin)은 무엇
을 했던가? 특히 주님의 만찬과 교황제도에서 그대로 남아 있었던 미신적인 의식들에
대한 신조(信條)의 개혁에만 관심을 가졌다. 어떻게든 교회적인 일들의 개선을 시도하
기를 그들의 의무로 인정했던 다른 사람들은 종교의 그 어떤 한 면을 정화하기를 들볶
았던 것 외, 다른 것은 아무것도 행하지 않았다. 하나님이 그것들을 요구하는 것만큼(
사1:16-17), 그렇게 완전한 개혁은 지금까지도 완성되지 않았다. 우리는 단지 악한 것
을 제거하려 했으며, 결단코 동시에 선한 것을 배우려 하지는 않았다. 예레미야 선지자
에 따르면(렘1:10) 하나님은 단지 파괴하고 망하게 하는 것뿐 아니라, 새로이 심으며
건설하기를 명하셨다. 그러나 이전의 종교개혁들 가운데서 무엇이 이루어졌는가? 교
황의 상부 통치권은 제거되었다. 그렇지만 그리스도의 통치는 여전히 확립되지 않았
다. 그것은 역시 아직도 남겨놓은 과제가 되었다.

3. 교회의 모든 개혁은 지금까지 부분적으로만 이루어졌다(위클립,[169]후스, 루터, 쯔빙글리,[170] 칼빈, 메노,[171] 소치니, 역시 교황을 통하여 몇 차례), 그러나 그들은 그리스도를 통한 맹인 치유의 첫 번째 행위가 되고 말았다(막8:22-23). 지금 그리스도의 두 번째 행위에 상응하는 완전하고 전체적인 개혁이 요구되는데, 그것은 눈먼 자인 맹인이 모든 것을 완전히 보았으며(막8:24-25), 예리한 시력(視力)이 그에게 다시 회복되었던 바로 그것이었다. 또는 하나님의 공동 세대로서 그들 가운데 모인 백성들이 형제들처럼 하나님의 아들들이 알고, 최상의 시편 130편을 노래하도록 '백성들에게 그 시작을 보증하기 위하여 다윗의 열쇠를 가지고 문을 열었던 전 세계에 빛과 평화와 구원을 제시하는 형제 사랑(Philadelphia)의 교회처럼, 적어도 완전한 종교개혁에 비슷해야만 한다. 그럴 때, 노래 중의 노래인 "나의 유일한 완전한 비둘기"란 구절(애가서6:9)이 참된 것으로서 증명될 것이다.

그러나 누가 그들을 그같이 꾸미게 될 것인가? 그는 분명히 신랑인 그리스도이시다. 그에게서 그것은 이루어진다(엡5:27,사6:10). 계시록 19장에서 이것은 역시 신부(新婦)로 선언되었다. 어린양의 결혼식이 이르렀으며, 그의 신부는 준비되었다(7절). 깨끗하고 아름다운 세마포가 입혀지도록 그녀에게 주어졌기 때문이다(8절). 이것은 고결한 기여자로서 신랑에게, 그녀의 신랑 선물의 감사한 접수자로서 신부인, 그같이 신부와 신랑에게 속한다. 교회는 그렇게 벌써 스스로 그들의 축제의 복장을 생각하며, 역시 그렇게 그들 친구와 아들들, 신랑의 동행자들이다. 마찬가지로 우리 모두 저 신부의 거룩한 채비를 보는 일이 제시되었기 때문이다.

4. 언제 누가 그 같은 방식으로 범세계적인 개혁을 시도하는가? 나는 대답한다. 모든 것 안에서 어떤 방식으로든 모든 것의 개선에 대하여 우리가 그것을 바라는 것처럼, 범세계적인 개혁을 위해 모두는 저 보편적인 총회, 또는 교회의 공의회와 일치 가운데서 시도한다. 그것에 관하여 계속 아래 25장에까지 계속됨.

5. 그렇지만 그 대신 우리는 이러한 보편적인 개혁의 전주(前奏)를 시도해야 하며,

---

169) Wikliff(Wiclef),John(1320/39-1384), 영국의 교회개혁자.
170) Zwingli,Hudrych(1484-1531), 스위스의 취리히의 교회개혁자.
171) Simon, Menno(1496-1561), 재세례파에서 시작된 메노니텐의 종파의 창시자.

그리고 이것은 이 장에서 다루어진 부분적인 개선을 통해서 이루어지게 된다. 모든 종교가 하나님 말씀의 규범에 따라 개선될 때, 그것들은 완전하게 될 것이다. 그것은 본질적이며, 섬기는 잠정적인 일들, 등등을 뜻하게 된다.

　　6. 종교개혁은 만일 각 교회가 한 학교의 질서를 모방할 때, 그 질서대로 행하여야 한다. 그것은 그들의 구성원을 3학급으로 나누게 될 것이며, 그것들에서 각각은 말씀 전파와 열쇠의 다스림에 속하는 봉사 등등. 질서에 적합하게 시행될 것이다. 아이들과 성인들은 그들이 넉넉하게 발전되지 않는 한, 첫 번째 합창에서 그들이 충분하게 진전되지 않는 한, 종교적인 교양 없이(시작하면서) 합치게 될 것이다. 그들은 공동으로 함께 만나야 하며, 교회 안에 나머지 회중이 모여있는 거기에, 이것은 그 시간에 해당한다. 사람들은 그들과 함께 더 쉬운 찬송이나 시편을 노래하게 될 것이다. 그것들이 교회의 발전과 그 교회에 전념한 하나님의 돌보심을 알도록 하며, 보편적인 주제에서 하나의 구체적인 경우를 유도할 수 있거나, 또는 동시에 그런 방식으로 거룩한 원본의 낱말 의미가 어떠한 다른 가르침과도 반대가 되지 않도록 사람들은 그들과 함께 충분히 토의해야 하는 자료를 감각적인 것들에도 더 접근될 수가 있을 것이다. 성서의 역사는 하나님이 인류를 떠나지 않았다는 것, 그것에 반하여 사람들이 항상 자신을 외면하게 했던 그것들이 인간들의 지성(知性) 가운데 심어지도록, 그들에게 한정된 모범들의 도움으로 가능한 만큼 철저하게 설명되어야 한다.

두 번째 합창에서 벌써 개별적인 역사를 아는 진보적인 자들이 있다. 그들은 그것들에서 조화의 비교를 통하여 알아야 한다. 여러 가지 비유를 통하여 구약에서 앞서 형성되었으며, 신약 안에 분명히 전파되었던 다만 중재자 그리스도에 대한 믿음과 구원의 길로 항상 있었던 것을 그들이 깊게 파악할 때까지 그것은 구약과 신약의 병행주의를 뜻하게 된다. 그것들은 그렇게 간략히 양편(역자주: 구약과 신약) 언약의 조화를 인식할 수 있으며, 모든 것을 병행 관계로 밝힐 수 있을 것이다. 더욱이 우리에게서 이따금 대립적인 관계로 보일 수 있는 그것이 역시 여러 가지 방식으로 생겨날 때, 그들이 항상 같은 것을 발생하게 했으며, 일어나게 하는 것과 그분이 항상 동일한 하나님으로 계셨던 것을 파악하기 시작하자마자 곧 거기서 그들 안에 감탄할 만한 빛이 발전하게 된다. 세 번째 합창에서 마침내 완전한 것들이 있다는 것이다. 그것들은 우리의 마음 가운데서 지배하는 그리스도의 비밀을 인식해야 하며, 그것은 단지 성경 전체의 풍자를 통해서뿐만 아니라, 역시 아나고기(Anagogi)[172]를 통해서이며, 마침내 그것이 교회의 모든 세기를 넘어서 마치나 유출된 것처럼, 그들이 그렇게 하나님의 왕적인 통치를 더 이상 인식하지 못하며, 그들이 마치나 그 안에서, 그리고 스스로 저 안에 이르게 된 것처럼 마침내 실천(Praxis)을 통해서였다. 거기서부터 사로잡힌 채, 그들은 대체로 더 높은 양심과 기쁨의 그들 내면의 안식에서 모든 이성을 획득하게 된다. 그들 각자가 스스로 자신에서 개선을 시작하며, 각 기독인의 마음이 표현되며, 표현되어야 하는 성령의 전(殿)을 청결할 때, 교회의 개선은 역시 온통 정돈되어 존재하게 될 것이다. 거기서부터 성전은 작은 것 안에 있는 하나님의 교회로서 더 다른 어떤 것도 있지 않아야 하는 그의 집과 그의 가족으로 전진한다. 어떻게 이러한 청결이 이루어지는 것인지는 앞서 다루어진 장(章)에서 언급되었다.

7. 교회의 개혁은, 교회가 신적인 말씀의 명령과 규범에 적합하게, 에스겔 개혁의 모범에 따라(겔 29.3.), 또는 그리스도의 초대교회 모범을 따라 더 좋게 관철될 때, 올바르게 존재하게 될 것이다. 즉 기독인들이 1. 규범으로서 하나님의 말씀을 소유하며, 다른 책들을 주목하지 않을 때, 2. 현세적인 일들로써 무거운 짐을 지지 않으며, 단지 불가피한 것을 돌보게 되었을 때(그리고 이것은 공동 소유에서, 행4:32), 3. 서로서로 격려하는 일을 통하여, 성례의 향유를 통하여 불태우거나, 또는 순교의 시험들을 통하여 마음을 강하게 했을 때, 또는 역시 자연의 일들과 인간으로부터 창조된 것의 생각들을 따른 때이다. 그것은 몸의 공동체를 향하는 것을 뜻한다(고전14). 그 이유는 교회가 진실로 그리스도의 살아계신 몸이기 때문이다. 그분은 자체 안에 생명과 조화로운 행위의 영(靈)을 소유하고 계신다. 감각(感覺)은 검열관의 임무를 수행하며, 지성(知性)은 가르침의 것, 의지(意志)는 목자의 것을 취하며, 나머지 지체들은 백성의 것을 인지한다. 동시에 가정(딤전2:15)과 주도된 나라와 학급으로 나누어진 한 학교 공동체(히12:12) 등의 생각에 더 적합하게 행동한다. 또는 역시 1. 모세 언약궤의 아이디어에 따라, 2. 솔로몬 성전의 생각에 따라, 3. 에스겔 성전의 생각을 따른다. 그것은 저 위대한 성전의 모범을 표현하며, 그 안에서 모든 부분적인 교회들의 시민은 한 목자 아래 양의 우리 안에서 개별 울타리의 작은 양처럼 모이게 된다. 저 개혁은 진실하게 되며,

---

172) Anagogi(아나고기)는 결정적인 사고와 행위에 영향을 미치는 적용(Chresis, Anwendung, 사용)을 뜻한다.

I. 손실의 모든 원인이 제거될 때,

II. 선한 상태에 영향을 미치는 모든 수단이 설치될 때,

III. 그들의 안전을 위해 모든 수단이 첨부될 때, 세심하게 될 것이다.

8. 특히 교회와 기독교 종교의 본질적이며, 봉사적이며, 잠정적인 수단에 해당하는 모든 악한 상황은 중지되어야 한다. 예를 들면, 1. 우상의 숭배, 2. 몰래 스며드는 미신, 3. 의식의 많은 수, 4. 성직매매(시몬이 성령을 돈으로 사려고 한 행위, 행8), 5. 바리새인 적인[173] 위선, 6. 에피큐로스의 향락주의와 삶의 세계성.

I. 근본적으로 몰래 숨어들어온 우상숭배와 미신, 무신 사상, 바리새주의, 그리고 위선, 향락주의,[174] 삶의 태도에서 세계성, 불신앙, 의심 등은 교회를 방해한다. 역시 항상 믿음, 소망, 사랑 같은 것을 제거하거나, 축소하게 하며, 혼잡하게 하거나, 어둡게 한다. 부당한 것을 끌어들이거나, 불안하게 한다. 이러한 오류들은 먼저 중지시키거나, 또는 제거하는 것이 마땅하다.

9. II. 섬길만한 사건들에 관한 것은 교회의 타락을 말해 준다.

a) 교회들 안에서처럼 학교들에서 논쟁에 따른 논쟁적인 설교들, 탐욕. 비록 교회가 논쟁을 통하여 불평하는 반대자들 한 가운데 처하여 있다 할지라도, 설교단 아래에 있는 사람들이 잘못된 교리를 망각하게 하는 일은 옳지 않다. 그 이유는 그것이 유익하지 못하며, 그것에 대한 최상의 위험한 사건들이기 때문이다. 권투선수가 자신과 스스로 싸운다면, 그는 어떻게 학생들에게 공격적으로 때리며, 상대적으로 감내하며, 방어하는 기술을 가르쳐야 할까? 거기서 벌써 두 경쟁자가 오류를 멀리하고 진리를 방어하기 위하여 서로 만나는, 학교의 논쟁들은 더 유익하다. 이것은 외국 언어에서처럼, 그리고 연습에 많은 어려움들로써 벌써 반이 이루어지기 때문이며, 거기서 그렇게 교회를 위한 유익이 아니라, 여러 손상이 발생하게 된다. 상응하게 교육되었으며, 교회의 가르침에 정리되었던 사람들은 믿음대로 살기 보다는 믿음에 대

---

173) 바리새주의(Pharisertum), 바리새인들은 원천적으로 유대교에서 하나님 율법의 준수 여부를 감시하는 감독들이었다. 신약에서 그들의 자랑, 그들의 아첨은 종교적인 환상주의자들처럼 비난받았다.

174) 에피큐라이스주의(Epikuraismus), 에피큐어 철학의 추종자들(Epikur,BC.311-270). 그들은 이성적인 삶의 모습을 통한 행복을 추구한다.

하여 먼저 논쟁하는 신자들을 가르치기 때문이다. 이것은 믿음의 가치를 떨어뜨리는 일보다 아무것도 더 다르지 않음을 뜻한다. 이처럼 논쟁들은 대립의 종결을 초래하는 것이 아니라, 논쟁의 벽과 부추기는 분노를 일깨우며, 다른 이들을 향한 다툼을 더 생산하게 된다. 그리고서 백성들은 혼란하고, 불안하며, 우리가 이 시대에도 경험하고 있는 것처럼, 상대를 미워하는 분노로 가득하게 될 것이다. 정황들이 이처럼 반대자와의 만남을 요구한다면, 사람들은 용건을 다르게 준비해야 한다. 즉 그리스도의 법에 따라, 그들의 반대자들과 만나며, 그들에게 백성의 면 전에서 입을 닫게 했던 초대교회의 교부들처럼 그렇게 사도의 모범을 따르는 방법이 요구된다. 숙달된 토론을 할 수 있는 것은 분명한 능력이다. 그렇지만 하나님의 면 전에서 거룩하게 사는 것이 더 아름답다. 논쟁은 말하자면, "지식을 부풀린다"고 사도가 말했던 저 위험과 유사한 일이다. 거룩한 삶은 "사랑이 개선해 줍니다"란 잠언에 더 가깝다.

b) 거룩한 일들과 함께 모든 상행위(商行爲)는 온전히 중지하는 것이다. 우리는 복음은 무보수라는 데 대한 염려를 지닌다(고전9:17-18). 그것은 가르침과 세례와 만찬, 장례 등등 대가(代價) 없이 하는 일이어야 함을 뜻한다. 그리스도는 모든 장사치와 상인들을 예루살렘에 있는 성전에서 몰아내었다(막11:15-17). 그는 그것을 지금 우리에게서도 참지 않을 것이다. 마술쟁이 시몬은 사도의 교회에서 거룩한 것들의 상행위(商行爲)를 시도하였다(행8). 그러나 그가 새로워지는 것이나, 또는 그것에서 사면되지 않는 것을 시도할 때, 그가 역시 비난받게 된 것을 각자 알게 되도록 그는 저주받게 되었다. 그리스도가 활동의 시작에서 상(商) 행위자들을 몰아냈을 때, 바리새인들은 그를 경멸하였으며, 그러나 그 남용을 계속 하였다. 그가 그것을 활동의 마지막에 두 번째로 행했을 때, 그들은 가득한 진노와 분노로 그(예수)를 죽였다(마21:12,15). 그러나 그는 죽은 자들 가운데서 부활하셨으며, 하늘로 올라가셨으며, 세 번째 개입하셨으며, 그리고 그들을 보좌의 권세로써 다스리면서 멸망시켰다. 그렇게 그는 기독교의 시작에서 새 교회 안에서 역시 베드로의 진노하는 말씀을 통하여(행8) 시몬인 그에게 불쾌하게 여기는 것을 알렸다. 그렇지만 비열한 교회의 백성, 특히 그들이 "베드로의 계승자들"로 칭했던 것처럼, 그것에 대해 주의를 기울이지 않았을때, 그(그리스도)는 상당한 기간 전에 위클립(Wicliff), 후스(Hus), 루터(Luther), 칼빈(Calvin)을 그러한 일들에 대항하여 등장하게 하였다. 그것을 통하여

새로운 바리새인들의 세대가 진노하게 되었으며, 그들은 그의 섬김 가운데서 그리스도를 폐기하기를 시도하였다. 결과적으로 그들은 마침내 많은 사람을 죽였다. 그렇지만 보라 그분은 일어나시며, 그의 원수들을 멸하게 하신다! 항상 그리스도를 고백하며, 그의 칼처럼 그의 힐책을 알아 차리지 못하는 자는, 그렇게 어떠한 시몬도 하나님의 집으로 인도되지 않으며, 다른 것을 행하기를 허락하지 않는다.

c) 양심 위에 군림하는 권세의 박탈들.

d) 성직자의 독신

e) 훈육을 대신하는 종교재판

f) 신분들의 혼합(영적인 것들은 세상의 사건들에 혼합하지 않는 것)

g) 현세적인 것: 세상 적으로 악명 높은 모든 것은 기독교인들에게는 멀어지게 되어야 한다. 그렇지만 특히 영적인 것들로부터는 아니다. 교회의 섬기는 자들은 엘리사(Eliseus)를 게하시(Gechazi)와 동일시하지 않아야 한다(현세적인 재물들은 욕망하기보다 먼저 경멸한다). 그들은 대략 현세적인 재물을 다스린다면, 쌓아놓은 것이 아니라, 나누어야 한다. 은과 의복을 쌓아놓으며, 양과 소와 포도원을 사기 위해(왕하5:24), 돈궤를 집으로 가져오는 자는 게하시로서의[175] 의미를 지녀야 할 것이다. 금속들은 땅에서 유래하며, 마음을 번거롭게 하며, 땅으로 이끌어가게 한다. 그렇지만 신학자들을 위해서 땅에 관한 마음을 하늘로 높이 들어 올리는 것이 중요하다.

이처럼 삶은 가르침보다 더 일찍 개선되어야 한다(사1:16-17, 요7:17). 그 이유는: 1. 사람은 가장 쉬운 것들과 함께 시작해야 한다. 2. 하나님과의 화해에 관하여, 3. 사람은 선과 악의 똥배로부터 생명의 나무로 되돌아가야 한다. 4. 그리스도는 행동하는 것들보다는 가르침(교리)에 서 적게 질문한다(시50, 마21, 롬2:16). 그러나 지금 심판이 그리스도의 일이며, 우리는 그것에 따라 심판받게 된다.

10. III. 때가 적절한 일들에서 과도한 의식들, 현저한 표지들, 미신적이거나, 또는 무가치한 것들인 거룩한 장소와 날들의 경배, 교회의 우상을 섬기는 이름들, 그림들, 다른 일들의 무수한 것들은 제거하는 일이 요구된다. 전체적으로 본 것은: 어떤 방식으로든, 하나님의 교회에 역시 항상 해치는 것. 그것을 파멸시키며, 오염되게 할 수 있는

---

175) Gechazi(Gezi), 그(게하시)는 보물을 훔쳤던 선지자 엘리야의 봉사자였다.

것. 우리는 그것의 개선들이 어떻게 성취되며, 실제적인 개혁이 시도되는지, 생각하는 것처럼, 그렇게 작동하게 하며 제거되게 해야 한다.

11. 그러나 어떻게? 당신은 어떤 형태나, 어떤 아이디어를 가장 좋은 것으로서 준비하였거나, 또는 준비하는 교회를 추천하는가?

개선의 형태는 아마도 에스겔의 개혁에서(겔29:3), 또는 그리스도의 초대교회 모델을 따라 도출하게 한다. 즉 기독인들은 1. 하나님의 말씀을 규범으로 소유했던 곳에서, 다른 책들은 주목하지 않은 채, 2. 현세적인 일들로써 혹사하지 않았으며, 단지 필요한 것을 돌보았던 곳에서 (그리고 이것은 공동 소유의 현존하는 것들에 의하여, 행4:32), 3. 서로서로의 경종들을 통해서 위로했으며, 성례의 영접에서 감동했으며, 순교의 시험을 통하여 힘을 얻었던 곳에서였다. 그렇지만 교회가 세워야 하는 가장 좋은 형태를 사람들은 추론할 수 있을 것이다. 평의회의 생각에서, 자연 대상들과 인간적인 노동 대상들의 모범에서, 예를 들어, 1) 몸체로부터(고전14): 교회는 실제로 그리스도의 살아 있는 몸이다. 그것은 자체 안에 생명의 호흡과 조화로운 행위들을 가진다. 감각들은 여기에 검토의 과제를 넘겨받으며, 지성은 교사의 것을, 의지는 목자와 지도자 것을, 다른 지체들은 백성의 과제를. 2) 또는 가정(딤전2:15)의 아이디어에 관하여, 3) 공동체의 아이디어에 관하여, 그 이유는 이러한 말씀이 히브리어 편지에서 이용되었다. 4) 잘 설립된 왕국으로부터, 5) 발전의 단계에 따라 학급으로 분배된 학교에 관하여, 즉 초보적인 학급과 진보적인 학급과 완성적인 학급에서. 또는 a) 모세의 언약궤에서처럼 형상들과 모범들을 따라, b) 솔로몬의 성전을 따라, c) 에스겔의 성전을 따라. 사람들은 그 아이디어를 최종적으로 역시 항상 그 어디에서 끌어올 수 있을 것이다. 사람들이 교회의 개혁을 인간들의 법을 따라서가 아니라, 하나님의 법을 따라 설립한 것을 조심스럽게 주목하자마자 곧 그것에 좌우하지 않는다. 그 이유는 교회가 하늘로부터 땅 위에 이식된 식민지이기 때문이다. 그것은 거기서부터 그들의 설비와 법칙들을 넘겨받아야 한다. 그것(교회)은 그의 고향을 아덴이 그의 경사도를 아시아 쪽으로 받아들이는 것[176]에 대해 불평할 수 없도록 표현해야 한다. 오히려 그리스도는 우리에게 기도하기를 가르쳤다. 당신의 뜻이 하늘에서 이루어진 것처럼, 땅에서도 이루어지이다. 그것을

---

176) 킬리킨(소아시아)에 있는 희랍인의 열등감으로 퍼지게 된 견해의 암시를 말함.

위해 우리는 노력해야 한다.

12. 이러한 법칙들과 신적인 말씀의 규범에 따라 교회들은 본질적이며 봉사적이며 때가 적절한 일들을 고려하여 개선되게 해야 한다.

13. 하나의 시작은 현세적인 것과 함께 만드는 것은 불가피한 일이다. 그 이유는 홀로 의식들이나, 예배 의식을 개선하는 것은 철저히 고침을 필요로 하는, 즉 아름다운 옷을 입히거나, 또는 아름다운 침상에 눕게 하는 한 분 환자를 뜻하기 때문이다. 그리스도는 내적인 일들을 다스리며, 적그리스도는 외적인 일들을 다스린다. 그렇게 당신이 단지 외형적인 것들인 예전 의식, 현란한 것, 부와 직무, 권세, 통치를 찾는다. 그렇다면, 당신은 적그리스도며, 그리스도의 대리인인 하물며, 섬기는 자는 아닐 것이다. 교회는 하늘의 왕국이다. 그것은 땅과는 일반적으로 가질 것이 아무것도 없다. 그들 섬기는 자들은 벌써 아무것도 가질 것이 없다. 교회의 손상들은 단지 피상적으로 문을 잠그는 것이 도움이 되지 않으며(이것은 어떤 참된 결과로도 인도하지 않는다), 그것들은 뿌리에서부터 치료되어야만 한다. 사람들은 보편적이며 신적인 모든 치료 수단보다 아무것도 다른 것에서 그것을 기대할 수 없을 것이다.

14. 사람들은 거기서 마음에다 믿음, 소망, 사랑을 심는 것에서 시작해야 한다. 그리고 각자는 우리의 믿음과 우리의 사랑과 우리의 소망이 전체적으로 질서화되며, 명백하게 참이라는 사실을 동경하는 진리 안에서처럼 그렇게 모든 것을 새롭게 하신 그분(그리스도)의 형상을 따라 우리 자신을 개선하기를 노력해야 한다.

만일 우리가 교리 적으로 알지 못하는 것 없이, 무엇인가 다른 것을 첨부하여 섞은 것이 없이, 모든 계시한 것들을 믿을 때, 그 믿음은 온전하게 될 것이다. 만일 다른 것에서 나아온 한 가지가 조화롭게 진행될 때, 그 믿음은 잘 정돈되어 있게 될 것이다. 만일 지성(이해력)이 이것을 믿는 것이 필요하다는 사실을 현저하게 인지할 때, 그 믿음은 분명하게 될 것이다. 그리고 그것을 다르게 붙들게 되는 일은 불가능하게 된다.

만일 우리가 하늘로부터 부과된 모든 것을 미신 없이 시행할 때, 그 생명은 성취될 것이다.

만일 우리가 후에 정돈된 것으로 완성하는 더 중요한 일을 더 일찍 수행할 때, 바르.

게 정돈되었다. 만일 우리가 언제나 위선적인 것 없이 바르게 행동할 때, 참된 것이다.

만일 모든 신자가 모든 약속된 것들을 누릴 수 있기를 힘쓸 때, 그 소망은 온전하게 될 것이다. 만일 우리가 붙들었으며, 벌써 소유하고 있는 그것이 우리가 붙들어야 하는 것에 대하여 확실성을 우리에게 보증할 때, 정돈되었다. 만일 그것들이 슬픈 일이 뒤섞이는 것 없이 온전히 기쁨으로 이루어질 때, 참된 것이다.

15. 여기에 청소년 기독인의 가르침에 섬겨야 할 신앙 교육적인 훈련들이 속해있다.

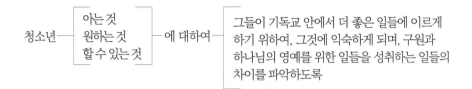

청소년 — 아는 것 / 원하는 것 / 할수 있는 것 — 에 대하여 — 그들이 기독교 안에서 더 좋은 일들에 이르게 하기 위하여, 그것에 익숙하게 되며, 구원과 하나님의 영예를 위한 일들을 성취하는 일들의 차이를 파악하도록

16. 섬길만한 일들에 관해서, 우리는 다음 것들을 힘써야 한다. 1. 하나님의 말씀이 우리 가운데 풍성히 머물도록 하는 것. 한 사람 기독인은 성경을 자신 곁에, 또는 적어도 집에 가지고 있어야 하며, 그것으로 그가 하루에 한 번은 성경을 대하고, 하나님과 대화하기를 힘써야 한다. 만일 각자가 첫 번이나, 두 번째 충고자를(감각과 지성) 손에 지닌다면, 아무것도 선한 것이 결핍되지 않도록 역시 왜 세 번째는 아닌가? 한 사람에게 성경을 사려는 돈(수단)이 없다면, 교회는 몸이 개별 지체를 보호하는 것처럼, 그를 돌보아만 한다. 거기서 우리는 성서 읽기 교본(Brevier)을 만들게 된다. 책 인쇄 기술의 발견 전에 한 번도 성경 전체를 대하지 못하는 상태에서, 이렇게 선택된 부분을 만드는 것이 유익한 장점이 될 수 있었다. 이것은 더욱이 유익한 책들이기도 하였다. 지금 하나님의 책들의 빛과 충만을 고려하며, 반대로 이러한 단편적인 것들의 상태로 다른 것들을 외면하는 것이 사도의 방법에 어긋나는 일은 아닐지? 그것은 말하자면, 성인들에게 딱딱한 음식에서 우유를 다시 먹이며, 벌써 선생이 되어야 했던 자들에게 신적인 말씀의 초보를 가르치는 것을 뜻한다(히5:12). 각자는 태양을 따라 시기와 시간의 확인에서 바라보는 것처럼, 각자는 하나님의 의지들에서 분명하게 하기를 원하는 성서의 신적인 태양을 그렇게 보아야 한다.

17. 2. 하나님 말씀의 설교는 전체적이며, 백과사전적이어야 하며, 그리고 한해의

과정에서도 이것은 주 간격으로, 개별적인 설교에서도 그래야 한다. 개별교회의 예배들은 신앙과 종교의 전체 범주가 한 해 동안에 온전하게 다루어지며, 매 주일에는 종교 전체의 발췌를 모든 기독인의 변화가 온전해지도록 다루는 것이 배분되어야 한다. 여기에 형이상학적인 원칙은 근본 토대이다. 각 부분은 전체의 본질에 가능한 대로 상응해야 한다. 그렇게 역시 종교들의 각 부분은 전체 종교의 형태를 소유해야 한다. 그러므로 a) 매년 모든 면에 따라 종교의 전체 범주가 다루어지게 되었다. b) 누군가(전체 교회가 더 잘 공동으로) 경건한 열심히 변화할 때마다(성찬의 때에), 믿음은 그때 새롭게 되었다. c) 매 주일은 전체의 날을 넘어서(예를 들면, 아침에, 죄들의 인식과 고백에 대한 격려, 그런 후 축하하는 찬양이 따른다. 그리고서 신앙고백, 계속해서 교회의 필요를 위한 간청과 선한 결단을 위한 도움을 간청. 마침내 하나님의 모든 뜻을 이해하고, 시행할 정신이 벌써 준비되었다면, 신적인 말씀의 전파 등). d) 그렇게 역시 매 설교에서 특별한 것에서. e) 역시 매 아침 기도와 저녁 기도에서. f) 마침내 역시 하나님을 향한 각자의 탄식은 다음의 구성요소를 지녀야 한다. 1. 자체의 무자격에 대한 고백, 진노에 대한 두려움, 하나님의 자비가 필요함을 간략한 감정과 함께 사죄하는 것. 2. 그리스도를 통한 신뢰를 붙듦. 3. 선한 결단의 불꽃 또는 겸손, 믿음, 순종.

그렇게 사람들은 이처럼 매 주일 설교에서 믿음, 소망, 사랑을 새롭게 해야 한다. 이처럼 역시 신앙고백(사도신경)과 십계명과 주기도문은 마찬가지로 천국 열쇠 권능의 힘을 통하여 그리스도의 언약과 회개하지 않는 자들에게는 위협이, 자신을 돌아보는 자에게는 각자의 마음에 주어지게 된다. 주일 설교 전에 십계명은 각자의 영(靈)이 기도(祈禱)에 불붙게 되도록 반복되어야 한다. 계속해서 사도신경에서 위로가 성경의 언약들과 완전함의 선포를 통하여 강화되어야 한다. 그런 후에 기독교적인 의무들에 대한 새로워진 경고들이 따르게 된다. 설교 후에 경건과 행동 양식에, 가난한 자들을 위한 기부금에, 그리고 온전히 거룩한 날에 주간 전체에 표명하는 것인 선한 행위들에, 역시 하나님이 보내실 때, 십자가 아래에서 견딤에 대한 격려의 말씀이 따른다.

   18. 사람들이 하나님의 말씀을 듣는 것처럼 그것에 적합해야 한다. 그리고 이것은
1. 당신이 사람으로서 설교자가 아니라, 하나님의 사자(使者), 또는 전령(傳令)에 속한
   자라는 것. 이와 같이

a) 겸손하게: 주여, 말씀하소서, 당신의 종이 듣겠나이다(삼상3:9).

b) 그것이 귀에 이르는 것처럼, 소리가 분명히 마음에서 나아오도록 주의 깊게,

c) 순종적으로, 또는 들은 것을 따라 행동하는 의도에서. 지금 마음으로 말하라. 주님이 하신 모든 말씀을 우리는 행하기를 원한다(출24:3).

2. 마치나 당신을 위한 것이 아니라, 다른 한 사람을 위하여 생각된 것처럼 당신이 무엇인가를 듣지 않도록. 당신은 바로 어떤 상태에 있는지 하나님의 음성이 당신에게 유효한 그 말씀을 들으라. 하나님이 말씀하는 것에 관해서나, 또는 그것에 대하여 당신이 그러한 방식 으로 존재해 있을 것처럼. 즉 구두쇠, 간음한 자, 부도덕한 자 등등.

3. 당신은 하나님의 말씀을 호기심에서 가득한 것으로 듣는 것이 아니라(청취를 갈망하는), 경건한 사람을 향한 동경의 마음으로 들어야 한다. 이처럼 당신은 하나님의 말씀을 학식 있는 자로서 읽거나 듣는 것이 아니라, 더 거룩한 자로서 읽고 듣는 것이다.

만일 이러한 당신의 결단이 더 확실하며, 하나님 앞에서 겸손으로 성령의 은혜를 따라 탄식과 함께 따를 때, 하늘의 이슬이나, 단비가(사55:10) 쓸데없이 당신에게 내려오지 않을것이다. 만일 당신이 하나님의 말씀을 서서 듣게 되면, 당신은 표면적으로 집중력과 경외심을 표면적으로 확인한다(출19:17,38:8-10, 삿3:20, 눅4:16.20).

19. 게다가 적용이 나타나게 되는데, 그것은 하나님의 말씀이 설교 되었으며, 청취되었던 것처럼, 목사의 가정 심방 동안에 주목하는 것이 유효함을 뜻한다.

20. 그렇지만 여기에 오늘날의 말씀 전파가 그리스도와 사도가 적용했던 것과 일치하는지의 물음이 가능하게 될 것이다. 그 이유는 그들의 언어가 성령으로부터 내적으로 충족되었으며, 그들의 말이 직접 하나님의 말씀을 표현하였기 때문이다. 만일 우리가 우리의 판단에 따라 말한다면, 모든 것이 하나님에게서 나아오는 것을 확실하게 할 수 없을 것이다. 말하자면 그것은 인간의 연약함이 혼합된다. 그러나 우리가 그것을 논리적인 분석을 수단으로 해부하기와 그것을 수사적으로 해석하기를 본문에 충실히 할 때, 그것들이 역시 그렇게 붙잡히도록 그리스도와 사도의 모범이 우리에게서 진행된다. 나는 대답한다. 즉 하나님이 하나님의 율법을 백성에게 읽도록 한 것보다 아

무엇도 다르게 제시되지 않았다는 것이 사실이다. 그렇지만 에스더가 단순히 낭독할 뿐만 아니라, 역시 해석했다는 것은 역시 사실이다. 역시 그리스도가 말씀의 한 부분을 선지자들의 글에서 읽은 것과 그것이 실천적인 적용을 통하여 밝혔다는 것은 누가(Lukas)로부터 알려졌다.

4. 만일 이처럼 사도가 복음에서 봉사자에 관하여 요구할 때, 그는 거기서 올바르게 진리의 말씀을 나누는 성실하고 나무랄 데 없는 일꾼으로서 자신을 보여야 한다(딤후 2:15). 그래 이것은 다음과 같은 것에서 이해하게 한다.

1. 진리의 말씀을 통하여 교회의 목사들이 즐거워하는 것은 그들이 백성에게 하나님의 말씀을 읽는 것을 뜻한다.

2. 그것은 단순한 것이 아니라, 그들이 진리의 말씀을 나누어 주는 것인데, 그것은 옛 본문들을 분석하고, 말하자면 그것들을 해부하는 것을 뜻한다. 그 이유는 성령이 직접 말씀을 부여해 주지 않았던 그것들을 오류 앞에서 내적으로 보존하는 것이 확실하다. 만일 그들이 먼저 그들 상상력의 공허함에서 자신을 이끌리게 하는 것처럼, 하나님의 말씀을 붙들 때이다.

3. 거기서 설교는 성경 본문에 대하여 분명한 기술을 표현하는 것이 인식된다. 그 이유는 사도가 임의적인 방식으로 분석하기를 명하신 것이 아니기 때문이며, 그가 하나님의 말씀을 바르게 나누기를 부끄러워하지 않아야 하는 한 사람이 되기와 바르게 분석하는 그리스도의 봉사자를 뜻하기 때문이다. 사람들은 하나님의 은사를 특별한 영감으로부터 기다릴 수 있는 것이 아니라, 그것의 배움을 통하여 얻게 되는 것이 필요하다. 그것은 독서와 심사숙고를 통해서 이루어지는 것을 뜻한다(딤전4:13.15).

4. 그것이 나타나는 것처럼 이러한 기술은 다음의 조건들 가운데서 생겨난다.

a) 성경 전체가 유익한 것이기 때문에(딤후3:16), 사람들은 그들 부분이나, 작은 부분이 아무도 알지 못한 채 존재하지 않도록 그것들을 기독 백성들 앞에 온전히 알려야 한다. 이것은 가르침에서 전체를 보존하는 것을 의미한다. 그것은 만일 사람들이 그것들을 부분적으로 해석하면, 실수들이 될 것이다.

b) 사람들은 각각의 일이 어떻게 생겨나며, 그렇게 성립하는지, 그것들이 생겨나는지를 알기 때문에, 그리고 하나님은 그의 말씀을 유일하게 한 시대에 전파한 것이 아

니라, 구별되고 단계적인 항상 빛의 더 큰 흐름과 함께 여러 시대에 전파했기 때문이다. 그래서 하나님의 문서를 질서에 따라 아는 것과 그것이 시대 순서에 따라 어떻게 전파되었는지 지식을 앞서 가져오는 것은 가장 좋은 것이 될 것이다. 비슷하게 역시 선지자들이 살았으며 기록했던 것처럼, 그것들이 정돈되지 않은 것처럼 질서 가운데로 가져오는 것도 좋을 것이다. 서신들과 복음서들의 개별 부분들을 혼란스럽게 가져오게 될 때는 실수가 생길 것이다.

c) 사람들은 기독인의 크고 재빠른 진보를 목표하기 때문에, 구원과 종교의 전체적인 범위가 한번 매년 전체로 다루어질 수 있도록 모든 것을 나누는 일은 좋을 것이다. 거기서 한해에 온통 몇 개의 항목이 언급되지 않고, 다른 것들이 언급되었던 것은 역시 실수일 것이다.

d) 실현의 방식은 다시 두 가지로 보인다. 그것은 신적인 말씀의 해설이(한 해 동안에 종결된 완전한 해석) 하나님 책들의 배열에 따르든지, 또는 종교적인 재료들의 배열에 따라 관철된 것을 의미한다. 첫 번째 방식은 일들이 생겨나며, 이러한 방식에서 아무것도 주의하지 않은 것처럼, 가장 잘 인식된 그 안에서 자격을 가진다. 하나님의 문서 전체는 그것이 포함하는 모든 것과 함께 매년 다루어지게 될 것이다. 두 번째 방식은 종교의 신앙교리 전체가 정확히 그리고 질서 있게 파악될 수 있도록 믿음의 항목을 먼저, 다음으로 사랑의 항목을, 마지막에 소망에 관한 것을 다루는 것은 우선권을 지닌다.

e) 결론: 사람들은 항상 양자의 방식을 연결해야만 될 것이다. 모든 성도의 모임에서 사람들은 먼저 하나님의 말씀을 함께 읽어야 한다(만일 간략한 해설의 요구나, 또는 그것들이 그렇게 먼저 진행하는 개관을 통하여 깨우치며, 이론적인 관찰로 넘어갈 수 있도록 청취자들이 그 안에서 경험하는 각 책과 각 장으로 앞서 제시된 것과 함께 더 잘). 그리서 제시된 주제가 조직적으로 다루어진 설교가 따르게 된다(여기서 성서의 연결되는 독서와 조직적인 해석이 풍성한 얻음을 초래하는 것이 이루어지는 교회의 문서에서 보충하는 것이 필요하다).

f) 성서 지식은 만일 거룩한 책들이 매년 전체가 다루어졌다면, 분명 얻음이 많을 것이다. 그리고 이것은 전체 교회공동체의 현존재 안에서 영적인 소득일 것이다. 그렇게

말하자면 주일의 첫 시간은(앞서 진행된 찬송 후에) 단지 아주 간단하고 분명한 장(章)의 내용과 교훈들과 함께 온전히 독서에 전념하게 되는 일이다. 비슷하게 매일(아마도 저녁은 제외하고), 두장 내지 3장을 읽을 때, 가능할 것이다. 전체 성경은 1360장을 포함하고 있으며, 우리는 거기서 외경은 제외한다. 그러면 1180장이다. 우리가 역시 역사적인 책들에서 지정학(地政學)적이며 계보학(系譜學)적인 언급들을 빼고, 기도를 위한 시편들을 이처럼 매주 18장, 대략 100장이 남았을 때, 즉 일요일 아침에 6장, 저녁에 2장, 화요일, 수요일, 목표일 금요일에 두 장, 만일 누가 예배에 빠질 때. 그는 상응하는 장들을 집에서나, 또는 여행 중에도 읽어야 한다. 사람들이 성경을 간략하고 선택된 주해들과 함께 이해해야 한다. 사제들이 이것들을 미리 읽는 것이다.

g) 그렇지만 내가 바라는 것은 해석이 필요한 곳에서 곧 해석되어 성경이 예배에서 읽혀지게 되는 것이며, 그것은 주로 3가지 이유에서인데, 1. 이러한 방법은 당신이 먼저 전 장을 읽은 후에 그것을 반복하여 밝히는 데 이르는 것보다 더 빠른 것이다. 2. 그것은 더 편하고, 성공을 더 약속하게 된다. 독서에 의한 이해처럼, 관계에서 앞서 진전하기 때문이며, 어려움이 나타나자마자 곧 관계에서 그렇게 횃불과 빛을 인도하게 된다. 3. 하나의 선한 예를 에스라가 보여준다(느8:8).

h) 그렇지만 게다가 두 사람이 요구하게 될 것이다. 하나는 텍스트에 대한 것이며, 다른 것은 그의 해석을 읽는 것이다. 그 이유는 1. 독서가 더 쉽고 참을 수 있게 될 것이다. 만일 한 사람이 말하자면, 그들의 해석과 함께 많은 장을 중단없이 읽어야 한다면, 그는 피곤하게 될 것이다. 2. 역시 한목소리가 텍스트를, 한 다른 소리가 해석을 읽게 되면, 청취자가 많은 주의를 기울이게 될 것이다. 3. 사제는 참으로 모든 것에 주의를 기울일 수 있을 것이며, 침묵을 유지할 수 있을 것이다. 그러한 훈련은 통일을 강화하게 될 것이다.

i) 그 밖에도 성경의 정확한 서술은 주간에 단지 설교가 개최된다면, 더욱이 간략하게 그러나 아주 정화하게 주의 깊게 작업이 이루어질 때. 말하자면, 주일 오전에 성경을 읽은 후우선권을 가지게 될 것이다. 우리의 독서방식은 믿음, 소망, 사랑의 보편적인 조항이 결정적인 계획에 따라 전반적으로 고찰되도록 하는 것이 이루어졌다. 년 중 휴일

들은 그리스도 사역의 전파와 찬양들에 사용하도록 남겨둘 수 있을 것이다. 그 같은 방식으로 교회 사람들 전체가 거기에 참여한다면, 기독교의 본질에 기인하는 일들이 보편적인 이해로 해명되게 될 것이다. 그리고 아무도 무엇인가를 통하여 다른 것을 벗어나지 못하게 되었다. 그렇게 믿음의 빛은 생각 가운데서 불꽃이 일어나게 되어야 한다. 사랑의 불꽃이 불타게 되며, 사람들은 점차 영원을 향한 소망이 드러나게 될 것이다.

j) 그것이 고린도전서(고전14:26-40)에서 정확히 기록된 것처럼, 만일 사도적 방식의 설교와 예언들이 새롭게 될 때, 마침내 연습이 살아나게 될 것이다. 그것은 사제가 주일 오후에 회중들의 모임에서 찬송과 두장 정도의 성경 독서 후 오전에 취한 설교 주제에 대하여 시험하는 것과 이것저것을 묻는 것을 뜻한다. 그런 후에 동시에 한 성도가 그가 원하는 것을 질문할 수 있도록 허락해야 한다. 즉 그가 이것이나 저것을 바르게 이해하고 있는지, 그리고 이러한, 저러한 방식으로 대답할 수 있는지, 이러한, 또는 다른 입장이 그것에 대해 관계가 있는지, 또는 비슷한 것인지를 분명하게 해주기 위한 것이다. 그리고서 각자에게(젊은이들과 함께 시작하면서) 그것에 대해 대답하는 것이 가능하게 되도록 해야 한다. 아무도 신고하지 않는다면, 사제는 그것을 행하는 것이 의무였다. 한 사람이 대답하며, 그리고 그에게 적용되어 나타나는 것이 대략 다른 이에게 빠져들어 간다. 그리고서 그는 영적인 것을 늘 설득하며, 개선하며, 그리고 성서에서 증명되었던 그것을 공동의 평가에 제공 해야 한다. 마침내 사람들은 간략하게 이러한 구절들이 경건에 어떤 관계를 갖게 되는지를 말할 수 있을 것이다. 사람들이 그러한 대담과 함께 또는 견해의 교환과 함께 대략 1시간 반 정도 보냈다면, 모임은 기도와 감사와 찬양과 함께 끝내게 될 것이다. 교회들은 그들의 종교적인 연습들과 함께 이러한 방식으로 취급해야 하는 것은 분명히 학교들이 있으며, 그 방식에 따라 학교에서 설립되어야 하는 것에서 벌써 앞서게 된다.

k) 사람들이 성서의 독서뿐만 아니라, 역시 학교들의 모범에 따라, 발전의 단계와 그룹에 따라 조정했다면, 그것은 목적인 적합할 것이다. 말하자면,

I. 초보자를 위해서는 단지 역사적이며 교리적인 부분들이 제시되어야 하며, 강연으로도 제시되게 해야 한다. 사람들은 그들의 이해력을 초월하는 것은 잠정적으로 접어두어야 한다. 즉 내용의 언급과 함께, 그들이 그것을 이해할 수 있는 것처럼, 마찬가지로 가장 간편한 해석과 함께 취하게 된다.

II. 역시 진보하는 자(중급자)들을 위해서, 그렇지만 특별히 선지자와 사도의 문서들에서 믿음, 소망, 사랑의 항목은, 그러나 양심의 결단들을 위하여 거기서 나오는 예들을 지도하기 위하여 역사적 책들에서도 역시 그래야 한다. 창세기 3장의 보기에서 즉 하나님은 아담과 하와를 왜 그들이 그렇게 행동했는지 책임을 물었다. 그가 곧 판단을 알려준 뱀은 아니었다. 거기서 기독인들의 이러한 학급을 위한 하나의 가르침이 나타난다. 누가 유혹을 받아 죄를 지었는가? 그는 변호해야 하는 것을 알아야만 한다. 완전한 의식과 함께 죄지은 자는 확증과 함께 판단되었다.

III. 온전한 자(상급자)들을 위한, 즉 가장 깊은 토대와 가장 내면적인 핵심이나, 전체의 핵심과 같은 최상의 정점을 알기 위해 모든 것. 이러한 목적에 성서는 지혜의 그러한 해석과 함께 제시되었다. – 특별히 노래들과 계시록의 노래처럼.

l) 그것에 대하여 역시 말씀 선포에, 또는 설교들에 주목하는 것이다. 하나님의 말씀을 사람 들은 강연해야 한다.

I. 초급자들에게는 교리문답식으로,

II. 진보자들에게는 체계적으로 매년 한 번 믿음의 항목의 설명을 통하여 이루어져야 한다. 여기에 우리가 기꺼이 저술된 것을 보기를 원하는 설교집(성서주석)이 자리하게 된다.

 (1) 실천신학의 전 체계가 철저하게 이용되도록 믿음과 행함(사랑)과 소망의 영역에서 나누 어졌다.

 (2) 성서와 선지자들과 복음서들과 사도들의 전 보화의 창고가 철저하게 이용되도록, 그것이 낱말들과 관용구들과 사상들과 생각할 만한 말씀들과 구정들과 모범들이 중요한 만큼 그렇게.

 (3) 그 안에서 기록된 언어의 전체적 풍성함에서 퍼내진 것에서 사람들이 그 어디에도 있는 모든 것을 통하여 하나님을 드러내는 것에서 벌써 언어의 충만이 사물의 충만을 표현하도록, 그리고 이러한 방식에서(믿음의 순종으로) 사람들이 감각이 유혹되어, 그리고 믿음으로부터 사로잡히게 될 것이다. 이것이 분명하게 되도록 사람들은 2배의 색인을 첨부할 수가 있을 것이다. 1. 낱말 사전처럼 알파벳의 순서에 따라, 2. 성서의 배열에 상응하게 그래서 각각의 진술들과 각 사상과 각 보기와 해석과 적용과 전체에 대한 관계들이 표시된다. 모

든 것이 현존한다는 것을 보여주게 되도록 이것은 그 때문에 3. 적합한 것처럼, 알려주는 자들로부터 판단될 수 있는 것. 4. 그들이 찾는 것을 적게 가르친 것들로부터 발견될 수 있게 해야 한다. 그것은 유익할 것이다.

1. 전체를 위한 노력의 지지에

2. 문서의 연구에 자극함에

3. 모든 진리와 여러 비밀한 것들에 도달하기 위하여, 기독교적인 삶의 모든 과제에 대하여 가르쳐지게 되도록 하려고, 하나님의 자비를 통하여 우리에게 충만히 흘러들어오며, 교회를 넘어 부어지는 소망의 사랑스러움을 통하여 사람들이 감격하게 되기 위하여.

4. 일치의 길을 쉽게 발견하기 위하여(부분적인 노력을 통해서 결코 발견하지 못하는).

III. 마침내 설교들[177]이나, 또는 완전한 자(상급자)를 위한 성서에 대한 조직적인 주석서들(히5:4) 완전하게. 부수적인 일들로는 단편적인 텍스트를 사람들은 버려야 할 것이다. 그리스도의 영은 교회 전체에서, 그의 나라에서 다스려야 할 것이다.

m) 초보적인 자들이 진보적인 자들 가운데 수용되기 전에, 모두가 사건들을 암송하고, 그것들을 잘 이해하도록 해석하고 그것들의 열쇠들로 이끌어진 역사적인 텍스트를 제공하면, 이것은 지금 탄생한 하나님 자녀들의 우유(젖)가 될 것이다.

진보적인 자(중급자)들에게 사람들은 그들이 보편적인 신조 항목의 전체 체계를 고려하여 교리를 이해하도록 사도의 서신들과 함께 선지서와 거룩한 문서들을[178] 제시하게 된다.

한 설교의 자리에(또는 침묵하는 백성에 대한 인사말) 사람들은 하나님을 통하여 도입되 었으며, 그리스도와 사도들로부터 이용되었던, 그러나 사람들이 불분명한 표현이나, 잘 알려지지 않은 사건에 직면했다면, 가능한 간략한 해명들이 첨부된, 말하자면 문서에서 사람들을 읽는 방식이 적용되게 하는 것을 갖게 된다. 빠듯한 첨부물들과 함께 사람들은 3장, 4장, 또는 역시 5장을 온통 음미할 수 있을 것이며, 성서 전체는 한 해 동안에 한번-또는 두 번 다루게 될 수 있을 것이다. 거기서 모두

---

177) 설교들(Homilarium), 교회의 월력에서 주일의 복음서들과 서신서들 해석의 수집.
178) 거룩한 책들은 성령의 생명과 활동의 서술들을 포함하였다.

에게 다음과 같은 유익이 성장하게 될것이다.

 1. 모두가 하나님을 통하여 가르침 받게 되었으며,

2. 모두가 신적인 의지를 더 밝게 더 알게 되는 것이 인식될 것이다.

3. 교회 안에서 논쟁들이 적어지게 될 것인데, 모두가 하나님의 입술에 달려 있기 때문이다.

4. 성서의 독서를 통하여 청취자들은 아직 그렇게 깊이 숙고한 설교보다도 더 많은 것을 얻게 되는 것을 보게 되면, 교회의 봉사자들을 위해 노동은 감소 되며, 수확은 더 커지게 된다.

5. 그것을 통하여 교회의 봉사자들은 실제를 돌보기 위하여 시간을 더 많이 얻게 된다.

6. 역시 청취자들에게 하나님이 한 사람으로서 듣는 것보다도 더 좋아지게 될 것이다.

7. 간략하게, 하나님의 영이 너희 안에 거주하는 것을 사도가 밝히는 것이 그렇게 성취된다.

부수적인 것들, 각 청취자는 하나의 성서를 소유하는 것이 필요하다. 모임에 그것을 가져 와서 거기서 성서 안에서 말씀을 확인한다. 교회의 교부들은(크리소스토모스(Chrysosto-mos)[179] 각 가정의 아버지가 한 성서, 즉 적어도 신약의 구입을 요구하였다. 한때 그것은 매우 어려운 일이었다. 어떠한 책을 인쇄하는 일이 흔하지 않았기 때문이다. 그러나 오늘 날 그것은 더 가볍다. 독서와 쓰기를 잘 아는 각 사람이 한 권의 책을 기꺼이 가진다면, 왜 성경은 아니겠는가? 그것은 하나님의 아들들을 위해서 버터와 꿀일 것이다.

신앙의 진보자(중급자) 들이나, 또는 온전한 자(상급자)들은 그것이 사도적인 공동체 들 안에서 돌보게 되었던 것처럼, 거룩한 생각들을 공동으로 찾는 일이 그것으로써 파 악하게 될 것이다(그것은 하나님 가족의 옛것과 새것이 될 것이다).

한 소모적인 상태를 통하여 마음에 드는 것들을 발견하는 분명한 동기들에 의한 축제 적인 설교는 경건한 열심을 일깨우는 일에 도움이 될 것이다. 게다가 모든 기독인은 각 자가 좋아하는 것을 파악하도록 허용되게 해야 할 것이다.

n) 섬기는 자들의 3가지 방식이 있는 것이 거기서 분명하게 앞서가게 된다.

---

179) 크리소스토모스(Chrysostomos, Johannes, A.D. 347-407), "황금의 입"으로 불린 교회의 교부.

1. 아이들의 번성기를 하나님께 바치며 학교들에서 신앙의 초보자들을 위하여, 어린 시기에 성서를 알아가기를 배우게 하는 것. 그것은 신앙 교리를 문답으로 가르치는 교사들이 될 것이다. 부수적인 일은, 그것이 신앙을 배우는 초보자들의 고유한 학급이 그에게 속한 과제들과 연습들로써 정돈하는 장점에 관한 것이다.

1. 벌써 어린 나이에 거룩한 일에 바쳐지고, 신적인 일들을 연습 하지 않은 것은 손해가 되기 때문에, 그렇지 않으면, 첫 생애를 잃게 된다. 2. 그들이 더 큰 설교들로 이끄는 일은 무의미하다. 그들은 이해하지 못하며, 그것은 다음 시대를 위해서 매우 유감이다. 3. 그것은 역시 잘못이다. 부주의로 머물러 있는 습관을 얻게 되는 것 때문이다.

 2. 성인들과 가정의 아버지들은 목회자들이다.

 3. 이러한 삶을 보내는 늙은이를 위해서는 노인들이다.

o) 첫 그룹은 주일날에 그들 훈련에 6-8시까지 될 것이며, 두 번째는 8-10시까지, 세 번째는 진보적인 자들은 10-12까지 사용할 수 있다. 초보자와 진보적인 자들은 같은 시간에 할 수도 있으며, 그러나 여러 장소에서 만날 수 있으며, 학교에서의 첫 그룹은 교회에서 두번째 그룹이 될 수 있다. 진보자들을 위한 설교는 특별한 시간에 특별한 장소에서 개최되어야 한다. 거기에 역시 초보자들과 진보적인 자들은 그들의 시간을 교대하지 않는 한, 참여할 수 있을 것이다. 진보적인 자들은 7-9시까지, 초보자들은 9-11시까지 만날 수도 있을 것이다. 규칙: 그가 지난날들의 과제를 성취하지 않았다면, 그 누구도 더 높은 단계로 진입하지 않게 해야 한다. 최종적인 자리로 옮김은 단지 하늘의 높은 학교에서 이루어질 수 있을 것이다(고전1:5-7). 그렇게 각 교회는 그들 자체의 질서와 교재들과 과제들, 훈련들, 시험들, 방문들 등을 소유하는 참된 하나님의 학교가 될 것이다.

P) 다음의 것은 설교들에 대하여 여기서 깨닫게 되는 것이다, 즉 설교의 영혼은 그 같은 방식의 살아있는 적용과 내면화라는 것, 그것이 감정의 삶을 움켜 지며, 청취자를 움직인다는 것, 그렇지 않으면, 우리는 울리는 이다. 그리고 설교 전체는 야고보의 거울처럼 청취자를 위하여 있게 될 것이다(약1:23-24). 설교자는 물론 그가 다른 연설가와 함께 종교적인 연설가로서 공동성을 지니며, 그에게 독특한 것을 물론 알아야 한다.

그에게 독특하다: 즉 1. 각각 거룩한 본문을 다루는 것, 2. 참되고 원천적인 의미가 분명하게 되도록 텍스트를 분석하고 해석하는 것, 3. 보편적인 원칙이나, 또는 보편적인 항목을 해결하는 것, 4. 교회 현재의 필요성에 대한 이러한 원칙을 적용하는 것. 이처럼 청취자가 총체적으로, 표면적이며 내면적인 일들이 중요한 만큼 전체 안에서 그들의 입장과 각 각 특별히 아는 일이 필요하다. 여기서 설교집은 가장 좋은 모범이 될 것이다. 다른 것들과의 공동적인 과제들은 1) 적용된 안내를 통하여 방청권을 묶는 것, 2) 정황을 통하여 주어진 재료를 다루는 데 이름을 밝히는 것. 3) 하나의 주제를 설명하는 것, 4) 그것들을 증명하는 것, 5) 이의(異意)들을 대처하는 것, 6) 결론을 이끄는 것, 7) 거기에 모든 논리와 수사법을 적용하는 것.

그렇지만 설교자는 농담하는 행위에서 보호되어야 한다. 그 이유는 그가 신적인 일을 다루기 때문이다. 사람들은 그리스도로부터 그가 조롱했다는 것을 읽어 보지 못했다. 히로니무스(Hieronymus):그는 눈물에 감동을 주는 사제지만, 웃음을 초래하는 자는 아니다. 그리고 크리소스통(Cryisostomos): 그는 교회 내에서 웃음거리를 불러일으키는 일은 악마의 소행이라고 말했다.

21. 종교적인 논쟁들에 관한 것은 교회 안에서 그것들이 과연 필요한지? 질문을 던질 수 있을 것이다. 나는 대답한다. 역시 다툼들은 질병의 징후처럼 어느 정도의 시간이 필요하다. 그것들은 항상 있는 것은 아니다. 이러한 병적 가려움은 옴처럼 교회를 전염시켰다. 그러므로 우리는 지속적인 논쟁과 학문의 요구를 통하여 서로 부풀리게 되며, 거기서 그리스도가 우리에게 제공한 더 좋은 대화의 형태들을 - 평화스러운 생각과 인내와 기도와 탄식 등 - 잊어버렸다.

지난 세기에 사람들은 모든 가능성에 대하여 논의하였다. 역시 한 분 하나님이 계시며, 하나의 계시가 있는지에 대하여도 논의되었다. 모두가 같은 방식으로 동일한 것을 보게 되는 빛이 드러나자마자 곧, 전쟁들과 무뢰한 일이 중단되도록 하나의 범세계적인 개선이 이처럼 필요하다. 우리 모두 하나의 더 좋은 길을 들어가게 될 때(더 좋은 것으로서 나는 관상기도(觀想祈禱)를 추방한다), 힐라리우스(Hilrariius)[180]의 격언이 뜻하는 것을 우리가 마침내 파악하는 것이, 대체로 그렇게 이루어진다. 즉 하나님은 어

---

180) 힐라리우스(Hilarius), 비교 제6장 각주 13번.

려운 질문 때문에 우리를 하늘에서 지체로 부르지 않았다. 그리고 브로카르두스(Bro-cardus)[181]는 우리가 지금까지 그것들을 소유했던 것처럼, 대체로 확고히 설정된 것 (새로워진 교회 안에서)은 그 어떤 어려움과 해결할 수 없는 질문들을 포함하지 않는다.

논쟁의 자리에 무엇이 제시될 것인가? 나는 대답한다.

1. 충고하는 일: 공동체 안에서 규칙적인 상담들과 종교회의에서 교회지도부의 상담들은 이단들과 종파들이 생겨나는 것을 방해한다. 그 이유는 아무도 싹트는 의식을 숨기지 않게 될 것이기 때문이며, 각자 평화스럽게 제기되었다. 이것이 한 장소에서 가능하지 않아야 한다면, 다른 교회들에서도 개별적이거나, 또는 모두에게 평론(評論)이 제시되어야 한다. 논쟁의 질문들이 대체로 제거되지 않았다면, 전체 교회는 그 일을 진지한 청원과 책무들과 함께 하나님에 대한 논쟁과 분열들의 혼잡함이 없이 다음 세대들에게 대답을 넘겨주어야 한다.

2. 영(靈)과 능력의 증명(고전2:4): 그러한 영(靈)과 능력의 증명은 니케어(Nicaea)에서 한 철학자에 대한 승리를 얻기 위해 투쟁했던 학식 없는 노인의 경우에서 보여주었다. 사전에 교육되었으며 사울의 무기로써 골리앗을 이기리라고 신뢰하지 않았던 그가 다섯 개의 물맷돌로 승리를 신뢰했던 다윗에 의하여 발견한다. 교회의 봉사자들은 이처럼 세상의 풍습에 따른 감옥이 아니라, 현대 철학의 방식에 따라 논쟁들도 아닌, 오히려 단지 기도와 말씀들이 필요한 것이다.

3. 그렇지만 몇몇 논쟁들이 허용되어야 한다면, 어떻게 그것들이 천성적이어야 하는지, 어떤 목적에 유익하며, 누구에게서, 어떻게 그것들이 이루어져야 하는지를 생각하는 것이 중요하다. 그것에 대하여 영적인 일들의 세계 안에서도 마찬가지다.

설교자의 의무들에 있어서(앞서 진척된 면들에서)

신적인 말씀의 결실 없는 청취는 그리스도에 따르면 3가지 원인을 가진다(눅 8장). 1) 부주의함, 2) 마음에 두지 않음, 3) 사람들이 그들의 삶을 계명에 따라 정돈하지 않고, 몸과 세계로부터 지도받게 하는 것. 그것을 통하여 그들은 한 분 하나님과 진실하고 선한 것에 대항하여 죄를 짓는다. 그 이유는 말씀과 마음이 일치하지 않고, 넉넉하면서

---

181) 브로카르두스(Brocardus, Jacobus, 16세기 말), 종교적인 작가.

참되게 결실을 초래하도록 적용하지 않았기 때문이다.

그러므로 설교자의 과제는 다음 것에 대하여 주의하는 것이다. 즉

1. 설교자들이 아마도 그들의 의지에 반하게 경청하기를 강요하기 때문에, 그들이 청취자를 통하여 집중력을 기울이게 하는 것.

2. 그들이 생생하게 자극물로 찌르는 것처럼 마음 깊숙이 밀고 들어가는 것과 양심을 자극하 려는 것

3. 그들이 사람들을 믿음의 행위로 유도하려는 것. 이것이 이루어지지 않는 곳에서 유혹과 속임이 지배하게 된다.

설교한 것들에 대한 소견들

1. 각 설교는(각자 거룩한 만남) 기독교 전체의 모든 근본적인 토대가 되는 신앙의 원칙들을 함유해야 하며, 말하자면 그것들은 믿음, 소망, 사랑인데, 매년 전반적으로 음미하게 해주어야 한다.

2. 청소년의 모임은 그것과 분리하여 개최될 수 없으며, 성서 텍스트를 대신하여 사람들은 성서에서 그들의 시험을 비오라리움(Viiorarium), 로자리움(Rosarium), 마누알레(Manua-le)[182]에 따라 해석해야 한다.

3. 그들이 일들을 신중하게 인지하며, 이해하는 것에 습관화되도록 많은 시간이 거룩한 찬송 들과 그것들의 해석을 위해 사용되게 해야 한다.

4. 글을 쓸 줄 아는 모두는(그리고 모두가 할 수 있는 것이 요구될 것이다) 설교를 적어두게 해야 한다. 1. 영(靈)을 소중하게 보존하며, 설교의 주제에서 벗어나지 않도록 하기 위해서 이며, 2. 기억력의 지원에, 그리고 더 쉬운 반복에(교회와 집에 또는 다른 기회들에서), 3.설교자들이 그들이 강연한 모든 것이 신중하게 청중을 위하여 가치 있게 되리라는 생각들로부터 격려가 되도록 하기 위함이다.

5. 어떠한 설교도 모든 사람이 모든 것을 이해했는지, 그에 대한 검토(시험) 없이 끝나지 않게 되었다.

6. 설교는 간략하고, 분명하며, 영향이 커야 한다. 간략하게 머무는 길은 아무것도 두번 반복하여 말해지지 않도록 단번에 앞서 진행하며, 단지 유용한 진리가 실행되도

---

182) Violarium, Rosarium, Manuale. 코메니우스는 모국어 학교를 위한 그의 교수학 가운데 언급된 교재들에 의존한 것이다(6-12).

록 하는 참된 것에서 진행되며, 순간적이며 명백하고 확실한 유익을 겨냥하지 않은 아무것도 중재되지 않을 선한 것에서 진행한다.

기독인들에게 역시 아주 많은 일이 있을 수 있지만, 이러한 삶의 시대를 위하여 주어진 오직 생명의 책으로서 성서의 독서를 추천한다. 성서의 읽음은 그렇지만 얻는 것 없이 진행 되어서는 안 된다. 그 이유는 우리가 성서의 독서에서 인식될 수 있는 모든 것은 믿음의 증대이거나, 또는 사랑의 불을 붙임에, 또는 마침내 소망의 강화에 유익하기 때문이다. 이것이 일어나지 않으면, 성서의 독서는 무익하다(딤전1:5-6). 그것은 그들이 예배에 참여할 것을 모든 기독인에게 가르치고 훈계하는 그 같은 일에 적합하다. 근거는: 1. "두셋이라도 내 이름으로 모인 곳에 나도 그들 중에 있느니라"고 한 그리스도의 약속(마18:20)이며, 2.그러한 모임은 하늘의 공동체 모습이다. 3. 이러한 관습은 사람들이 무신론과 신앙의 열광   주의, 자기 만족감, 안일함과 이완성(弛緩性)을 극복하게 해준다. 그렇게 다윗과 다른 성자 들이 모임들에 참여하기를 열심히 소망하였다. 그리스도는 그들을 저평가하지 않았으며, 사도는 그들이 열심히 모이기를 힘쓰도록 명하였다(히0:25). 그것들을 반대파 앞에서 불안으로, 일들의 핑계, 또는 나타냄 가운데서 있는 자, 그는 스스로 충분하다고 나태하게 여기며, 그것에서 종교적인 열성이 흔들리며, 그의 양심은 굳어지게 되는 것이다. 신체적인 연습을 게을리하는 자에게도 그것은 마찬가지다. 그것은 불쾌감을 보이며, 그 불쾌감으로 식욕 상실을 보이게 되며, 그것에서 질병이 발생하게 된다. 4. 하나님은 광야에서 그렇게 많은 만나(Manna)가 많이 있어서, 그것으로 일 년 동안이나, 또는 한 달 동안 풍성하게 되기를 원치 않았으며, 오히려 사람들이 매일 한 번만 모아서 사용하도록 하셨다(그렇게 그 것들은 매일 새로운 축복의 행위에 참여의 몫이 되었으며, 그들은 기적으로 생각하였으며, 그것들 통하여 더 큰 기회를 깨닫게 되었는데, 그 기회는 그들의 삶이 누구에게 의존되어 있는지에 대해 깊이 생각하는 일이었다). 비슷하게 그는 역시 우리를 현세의 삶에서 충분한 빛을 주는 것이 아니라, 우리가 매일 교회 안에 그의 알굴 앞에 모여, 그의 입술에 집착해야 한다.

22. 세 번째로, 천국열쇠의 직무(능력)는 완전하며, 편당이 없다는 것이다. 역시 여기에 풀고, 묶는 것이 어떻게 조정되며, 받아들이고, 적용하는 것인지, 또는 수행자들이 모든 것을 교화(敎化)에 도움이 되도록 어떻게 주의를 기울여야 할지, 하나의 이론

(theoria)이 주어져야 했다.

23. 넷째로, 성례의 거행은 공적이어야 한다. 역시 여기에 성례들이 어떻게 거행되며, 영접하는 것인지, 또는 사람들이 어떻게 거기서 행동해야 할지를 기초하는 이론이 될 것이다.

24. 그리스도의 교회 안에 말씀과 열쇠와 성례의 권능에서 교회의 봉사자들을 통하여 시대마다 실수들과 나태와 오류들이 발생하기 때문에, 교회의 다른 지체들보다 더 많이 그것들의 개선이 요구되었다. 완전히 개혁된 교회 봉사자들의 과제로부터 우리는 그들이 세상과 세상의 일들로부터 조정하며, 그것들을 하늘과 영원으로 인도하는 첫 번째 자리를 그들에게 맡기게 된다. 하나님의 첫 번째와 마지막 의도는 세상으로 파송된 사람들이 그 어떤 확정된 자리들을 준비하지 않게 하는 것이다. 광야에서 도시들이나, 집들을 건축하는 것은 유대인에게는 허용되지 않았다. 그들은 단지 움직이는 천막들을 소유하였다. 여기 이 세상에서 기쁨을 즐기는 것과 너무나 턱없이 이 세계의 일들에 관계하는 것은 온전히 목표를 그르치는 것을 뜻한다(수입이 좋은 일과 안락한 삶을 찾는 것처럼 그렇게 부(富)와 탁월한 자리를 찾는 것). 그러므로 그것은 양자의 세계 시대에서 그러한 일들과 함께 거룩하지 않은 세상의 것에 타락하며, 불신앙의 사람들로 취급되었기 때문에, 벌써 의심해야 한다. 세계의 첫 시대에 그것은 그의 후손들과 함께 가인(Kain)이 있었다(창4:17.21.22). 그런 후 더 후에는 참(Cham)의 후손들이었다(창10:8-12). 역시 그것은 주님 예언의 말씀에 따라, 세계가 마지막 날에서 그들의 원천적인 본질로 되돌아가기 때문에 일어났다. 그러므로 사람들은 그들의 영원을 의심하며, 현세의 삶의 육욕에다 자신을 바치게 된다(눅17:26-30, 벧후3:3-4). 세계의 종말이 점점 더 가까우면, 더욱더 신중하게 사람들은 이러한 일들에서 경고하며 임박한 영원을 준비해야만 한다. 그들이 하늘로 인도하는 지도자들이 되었다면, 교회의 봉사자들은 다음과 같은 일을 수행한다.

1. 그들은 가르침의 방법을 개선하며, 저 탄식의 원인이 그리스도임을 수용하게 되도록 그리스도의 모범을 따라 자신의 삶의 태도를 통하여 이것을 개선해야 한다(행1:1). 즉 그들은 축복을 말하나, 행하지 않는다. 사제들은 그들이 단지 비난할 여지

가 없을 뿐만 아니라, 역시 모범적이어야 한다는 것을 알아야 한다. 그 이유는 그리스도가 말씀하셨기 때문이다. 너희는 세상의 빛이요, 땅에서의 소금이다. 빛은 그렇지만 자체 안에 그 어떤 어두움도 갖고 있지 않다. 소금은 단지 그 같은 것으로 파괴할 수 없는 것은 아니다. 그것은 역시 파괴 앞에 다른 사물들을 보호하며, 시작되는 부패가 그의 부식을 통하여 파괴되었다. 이처럼 사제들도 단지 말씀으로써만 아니라, 역시 이것이 더욱더 능력 있게 그들의 삶과 함께 가르칠 수 있을 것이다. 비록 그들이 침묵한다 해도, 가르쳐야 한다. 그들이 언제 어디서부터 그만두어야 할지, 그들의 모범을 통하여 다른 이들을 가르치게 되도록, 비록 그들이 아무것도 행하지 않는다고 해도, 그들은 모범이다. 그들이 이처럼 다른 이를 개선해야 한다면, 그렇게 그들은 스스로 자신에 의하여 시작될 수 있으며, 오히려 가르치기를 힘씀으로써 삶이 개혁될 수 있을 것이다.

2. 그들은 가장 풍성한 수단을 제공하게 될 것인데, 그것들은 보편적으로 읽을 수 있으며, 이해적인 하나님의 책들(자연, 정신, 성서)이 될 것이다.

3. 그들은 모두를 감독하게 될 것이다. 만일 그들이 다른 이들을 개선하게 되면, 그들은 먼저 스스로 개선해야 하며, 선한 모범을 주어야 한다. 그렇게 그들은 대체로 사람들과 함께하는 것보다도 하나님과 함께 더 많이 왕래하게 해야 한다. 오히려 땅의 일보다 하늘의 것과 함께 교통하게 된다. 그들이 그것을 위한 힘을 소유하도록, 그들은 지금부터 세상의 일들과 함께 파악하는 것과 이 세계의 직무들과 부와 명예를 얻는 것, 칼과 삼단논법으로써 투쟁하는 것들에서 자신을 지켜야 한다. 오히려 그들은 투쟁을 이끌 수 있을 것이다. (1) 백성을 위한 간절한 기도들로써, (2) 하나님의 말씀으로써, (3) 그리스도 열쇠의 능력으로, 그들은 나머지 무기들을 철학자들과 정치인들에게 넘겨야 한다.

먼저 그는 하늘을 향한 길을 말해 주며, 세상의 일들로부터 하늘의 일들을 위한 염려로 향하는 그리스도에게로 인도하는 그리스도의 참된 봉사자로 있게 될 것이다. 사마리아 여인처럼(요4:29), 세례요한처럼(요3:28-29), 또는 나다나엘(요1:47)의 이면에 빌립처럼, 더 많이 집어내는 봉사자들은 그들이 직무를 잘 수행하지 않았다는 것을 인정할 수 있을 것이다. 그렇지만 그들이 그리스도를 위한 학생들을 모집한 것이 아니라, 자신을 위하여 모았다면, 그들은 도둑이며, 강도들이며(요10:1), 그렇게 지금부터 모두는 중단해야 할 것이다. - 그 이유는 교회의 봉사자들 가운데 많은 후견인이 있지만, 아버지들은 적으며, 용병들은 많이 있지만, 그러나 목자들은 적기 때문이다. 그리고 목자들 가운데는, 오히려 그들이 단지 현세적인 재물을 찾기 때문에, 그들에게 위임된 양무리보다 그들의 배를 즐기는 과도한 비중을 지닌 자들이기 때문이다, 오늘부터 그렇게 모든 것은 개선되어야 하며, 먼저 신적인 구원의 영원에 끝나는 하나님의 양무리가 은혜의 목표지에서 보호되는 목자들로서 보존되어야 한다. 만일 그들이 무리를 돌본다면, 그들은 그들에게 위임된 목자의 지팡이가 폭력으로써가 아니라, 강요 없이 다스려야 한다.

25. 부수적인 일들과 의식 안에서 하나의 개혁이 요구된다.

1. 개념들의 사용. 사도들의 개념 세계는 되돌아올 수 있을 것이다. 그리스도를 바라봄에서, 서로의 형제들 관계에서, 교회 밖에 있는 자들의 관계에서도 신자 모두를 우리는 학생들로 부른다. 이처럼 그 누구도 한 분의 아버지는 아니다. 우리는 모두를 믿는 자들로 있게 될 것이며, 우리는 하나님을 대항하거나(사63:8), 또는 교회를 대항하여 불신자들로 있지 않도록 하는 그러나 보편적인 의미에서다. 그렇게 이처럼 아무도 이름을 따라 신자 또는 불신자가 아니라, 기독인. 또는 비 기독인이 될 것이다. 지금부터 아무도, 나는 바울파며 게바파며, 나는 아볼로파로 말하지 않아야 하며, 나는 기독인임을 말해야 한다. 아무도 자신을 희랍인 로마인, 에티오피아인, 또는 스키타인 보헤미아인, 스위스 사람이 아니라, 모두가 시온의 자녀들이다(시67).

2. 의식(儀式)들의 남용

기적을 초래한 그리스도는 이따금 의식들을 사용하였다. 그러나 자주는 아니었다. 그리고 능력들은 동일하게 머물러 있었다. 그 이유는 말씀과 인격이 일치했기 때문이다. 그리스도는 이러한 방식에서 무엇을 해석하기를 원했던가? 아마도 단지 본질적인 것이 현존 하자 마자 곧 의식들에 덜 의존된 이것이다. 즉 그것은 하나가 적용하며, 다른 하나는 적용하지않을때, 그 하나가 다른 것들을 대립하여 부당하게 보이지 않아야 함을 뜻한다. 그 이유는 양자의 경우 안에서 모두 선하기 때문이다. 의식들이 적용되었다면, 성령은 그가 의식 없이 바로 사건에 임하게 되는 한편, 감각적인 인상들의 도움과 함께 나타나게 된다. 이처럼 의식들은 그렇게 참된 의미에서 아직 견고해지지 않은 초보자들에게 유익하게 된다. 즉 진보적인 자들은 그것들을 필요로 하지 않는다. 그 이유는 (1) 연약한 자들에게 많은 수가 표현되며, 그리고 그것은 2) 완전한 것을 자기 것으로 삼기에는 아직 위험함으로. 그들이 그것들의 의미를 내면화하며, 다른 것들은 그것들에서 파악되게 함으로써 모든 것에서 적용되었다.

3. 교회의 관리(행정), 또는 섬김의 단계는 그가 어떤 자리와 상태에 서 있으며, 그의 의무가 무엇인지를 각자가 알도록 질서에 따라 정돈하는 것이다. 섬김의 단계를 사람들은 말씀에 섬김과 질서의 섬김에서 분배할 수 있을 것이다.

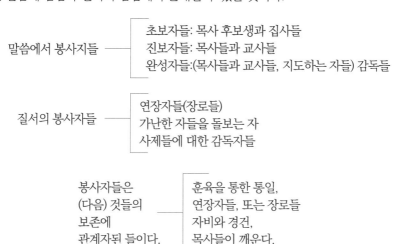

말씀에서 봉사지들 ── 초보자들: 목사 후보생과 집사들
진보자들: 목사들과 교사들
완성자들:(목사들과 교사들, 지도하는 자) 감독들

질서의 봉사자들 ── 연장자들(장로들)
가난한 자들을 돌보는 자
사제들에 대한 감독자들

봉사자들은 (다음) 것들의 보존에 관계자된 들이다. ── 훈육을 통한 통일,
연장자들, 또는 장로들
자비와 경건,
목사들이 깨운다.

목사 후보생(Akoluthen), 또는 사제직의 계승자는 공동생활에서 가르침을 받아야 한다. 목사 각자는 한 가지나, 두 가지를 지속해야 하며, 가르쳐야 하며, 각 감독은 그룹 전체를 가르쳐야 한다. 그리스도는 먼저 은거(隱居)하는 가운데서 두 사도를 가르쳤다. 그러나 삶의 공동체 안에서 가르쳤다. 그리고서 그들을 항상 멀리, 더 가까운 장소와 지역으로 파송하였으며, 마침내 그는 온 세상으로 그들을 파송하였다. 한 예를 보기로 하자, 어떤 순서에 따라 그들이 가르쳐져야 했는지는 다음과 같다.

1. 모두는 같은 학교에서, 그리고 동역자들 전체 안에서.
2. 아주 멀리 목회자들로부터
3. 그리고서 먼저 그들에게는 전권이 부여되어야 한다.

이러한 모든 후보자는 거룩한 책(성서)들을 읽어야 할 뿐만 아니라(동시에 제자들은 후보자들로 영접되자), 그들이 모든 하나님의 말씀을 온통 받았음을 분명히 하기 위하여 역시 자체적으로 적어두어야 했다. 대체로 이것이 한 왕에게 명해진 것이라면(신17:18-19), 그리고서 아직은 사제(司祭)에게 더 많이 주어졌기 때문이다. 안수를 받기 전에 시험받는 자(강도사)들은 이러한 거룩한 과제를 위하여 견실한 준비를 위하여 이러한 사본을 예외 없이 가장 좋은 증거로 요구해야 한다. 이러한 사본이나, 또는 적어도 복사본을 그들은 이따금 새로운 것에서부터 읽어야 하며, 각 독서에서 주목할 만한 가치를 다른 물감으로써 첨부해야 한다. 그러한 책은 시험에 의하여 요구되어야 한다.

교회의 목사들은 학교에서나, 또는 세상의 행정 부서에서 찾아져야 할 것이 아니라, 교회 안에서 찾아져야 한다. 사람들은 다른 이들을 위하여 선한 예를 설명하며, 그들이 힘 있게 경고하기를 이해하는 완전한 청취자들(교회의 회중)에게서 선발될 수 있을 것이다. 그 이유는 아무도 그가 스스로 소유하지 않고는 무엇인가를 다른 사람에게 줄 수 없기 때문이다. 사람들은 경쟁을 위한 한 학교에다 수행 능력의 경쟁자로서, 즉 수공업자들에게 하나의 수공장인을, 또는 군인들에게는 한 사람 군인을 아무도 선두에다 세우지 않는다. 그렇게 역시 백성에게서 70명 제자를 선택하였고, 그들에게서 사도들을 뽑으신 그리스도가 그것을 행하셨다. 또는 그 같은 모습으로: 사제직을 위한 후보자들은 유산된 소유와 재산으로 그들 부모와 함께 살게 된다. 거기서 그들은 훈련과 훈계들에 의한 사제권에 협력해야 하며, 교회 정치 지도자들(장로회, Konsistorium)의 회합에 참여해야 한다. 그것은 다만 평가를 듣기 위해서뿐만 아니라, 어떻게 그들의 판단 능력이 날로 증가하는지를 보이기 위하여, 역시 그들 스스로 보고하기 위해서이다. 즉 이것은 그렇게 형제 연합교회 안에서도 이루어지는 것과 같은 방식이다. 이러한 순서들에서 후에 목사들이 선택되어야 한다. 남아 있는 자들에게서 목사들의 협력자(협동 목사), 가정들의 풍습들과 돌봄에 대한 감독자의 역할이 이루어지게 된다. 목사 각자에게 30, 40, 50개 가정에 그들을 가르치며, 훈계하거나, 또는 목사에게 예시하는 전권(全權)으로써 위임될 수 있다. 예를 들어 한 공동체가 1500 가정을 소유하게 되면, 그것은 30명의 조력자나, 교회 장로들이 주어져야 한다.

그들은 자신의 지시를 통하여 남은 교회의 성도를 지도하도록, 경건과 품위에서 탁월하며, 진리의 빛을 통하여 강한 다른 이들이 교회의 장로들로 선출되어야 한다. 사람들은 각자가 그의 돌봄을 10분의 가족, 최고로 20가족에게 베풀게 되도록 많은 수를 임명해야 한다. 각 마을에는 한 명이나, 또는 두 명이 요구된다. 도시들에서는 각 거리에 한 명이 세워질 수 있을 것이다. 그들은 다른 이들을 간접이나, 밀고자로 간주 되는 것이 아니라, 경건의 아버지와 파수꾼으로 여겨져야 할 것이다.

4. 축제일의 날들이나, 확정된 날들, 또는 직분들에 부름을 받은 날들은 하나님이 곳곳에서 그리고 모든 것에서 찬양되며, 특히 그의 주된 사역과 축복의 행위들을 둘러보면서 축하하는 마음으로 시작되게 해야 한다.

   1. 하나님은 구약에서도 그것을 그렇게 설정했기 때문이다.

   2. 하나님의 3가지 의미 있는 일들과 축복행위들을 기념하여, 특히 창조와 구원과 성화의 일들에서이다.

   3. 모든 최고의 삼위 성과 이러한 비밀 계시의 명예에 대하여, 신약에 모든 것이 풍성한 빛으로 비추어져야 하는 것 때문에, 이러한 축제일들은 역시 가능한 대로 축하하는 모습으로 행해져야 한다.

이처럼 그 안에서 매년의 축제일들을 제거했던 몇몇 종교개혁자들이 놓쳤던 것은 잘 개선할 필요가 있다. 예를 들어 그들이 새해를 공적인 명예 없이 시작했을 때이다.

축제와 영예의 방식에 해당하는 것:

   1. 휴일에 모두는 하나님과 이웃과 자신에 대하여 지성과 말씀과 행위로 헌신할 수 있도록 일상의 노동을 중지하는 것이 요구된다. 지성과 함께는 하늘의 일들에 대한 숙고를 통해서이다. 언어와 함께는 하나님의 말씀과 믿음의 비밀에 대하여 하나님의 말씀에서 공적이며 사적인 찬양과 경배에 관한 대화를 통한 일이다. 행위를 통해서는 하나님의 영예와 이웃의 교회에 헌신하는 거룩하게 사는 것과 그것을 실천하는 성결에 적합한 삶과 반복된 의도를 통해서이다. 그렇지만 그러한 것이 지장 받지 않고 가능하게 될 수 있도록 내려놓는 것이다. 1. 수공업, 2. 이 세계의 일들을 위한 모든 염려, 3. 소풍, 산책길, 축제 잔치, 놀이와 모든 무가치한 것들 ---

   2. 공적인 설교에 참여하기 전, 부모들은 집에서 가족들(일꾼 포함)과 함께 성경 읽기와 찬송과 기도로써 경건의 연습을 시행한다. 그것은 그들이 깨끗한 마음으로 하나님의 면 전에 등장하여 거기서 순수한 감정으로 하나님께 마음을 드리기 위함이다.

   3. 예배에는 참석되어야 한다. 그리고 그것은

a) 집은 잠겨진 채, 모든 것과 함께 모든 사람. 1. 하나님은 온 마음과 온 영혼으로 사랑하기를 원하기 때문이다. 교회는 공동체의 마음이다. 그러므로 모두가 그분(하

나님) 안에서 발견되는 것이 요구되었다. 2. 모두는 하나님을 필요로 한다. 그렇게 역시 모두는 하나님을 향하여야 한다. 3. 하나님은 모두에게 안위를 약속하셨다.

b) 성장 세대는 대 예배(주일 공예배)에 참여해야 한다. 신앙의 초보자들은 기초교리 학습에 참여해야 한다.

c) 더욱이 올바른 시간에, 그들은 끝까지 거기에 머물러야 한다.

d) 아무도 이 시간에는 멍하게 앉아 있거나, 둘러보거나, 서로 귀속말로 속삭이거나, 다른 일에 관심을 두거나, 무엇인가 다른 것을 생각하지 말고, 집중해야 할 것은 교회가 시행하는 그것을 행하라는 말이 적합하다.

e) 그렇게 되도록 안내자(감독자)의 역할이 필요하다.

일요일(주일)에 관해서는 특히 다음의 것에 주의해야 한다.

a) 주일은 휴식과 안식하는 주간의 한 날이다. 그러므로 당신은 젊은이와 늙은이들이 그날을 깨어 있는 감각과 함께 즐길 수 있도록 통상의 일들에 대하여 한 주간의 노동일과 전날에 쉬게 하는 것보다도 아이들과 권속들이 더 길게 잠자도록 해 주어야 한다.

b) 주일은 거룩한 한 날이다. 그러므로 그날은 온전히 성령을 봉헌했던(행2:15) 3번째 아침 시간으로부터 예배에 헌신 되어야 한다. 이러한 날에 경건하며, 겸손하며, 냉정히 판단하는 생활과 죄짓는 일을 피하는 것이 필요하다(행2:15). 이날에는 경건하고 검소하며, 단순하게 생활하는 것, 죄를 피하는 것이 필요하다. 집에서, 교회에서 기도와 시편 읽기, 찬송 부르기를 지속하며, 이 일은 매일 두 번, 오전에 3시간씩 8-11시까지, 오후는 점심 후, 한 시간이 나, 2시간 정도 2-4시 사이에 싫증 나지 않도록 해야 한다. 사순절 금식 기간에는 더 많이, 또는 더 적게 조절해야 한다. – 이 날은 다른 날보다 더 거룩 되게 해야 한다. 경건의 행위를 통하여 강조되어야 하며, 대략 가난한 자들을 돕는 일이어야 한다. –

c) 주일은 주님 앞에서 기쁨의 한 날이다. 이처럼 각 가정의 아버지는 그의 가정을 위해 교회공동체, 또는 국가를 위한 각 직무를 가진다. 사제는 교회를 위한 직무를 가진다. 그래서 정당한 고난에 근거가 없는 것이 아니라, 먼저 역시 현세적인 관계 안에서처럼 주님 안에서 기쁨의 행복에 사람들은 하나님의 선물을 베풀며, 기쁨으로 그의 동산이나, 포도원에서 감사의 말과 경건한 대화를 사용하는 것이다. 언제나

하나님의 관용과 찬양을 기억하면서.

4. 교회를 그림들과 상징물들로 장식하는 것은, 만일 사람들이 단지 눈에 장신구를 가진다면, 그렇게 걱정스러운 일은 아니다. 누군가 그것 때문에 마음에 죄의식을 일으킬 근거는 없다. 그렇지만 우리가 눈에 유익을 가진다면, 우리가 주의를 다른 방향으로 돌릴 수 있을 모든 것을 멀리하는 것은 더 적절해 보인다. 지혜로운 법 제정자인 스파르타스 리쿠르그(Spartas, Lykurg)는 백성의 모임이 자유로운 하늘 아래 개최되어야 하리라는 것을 지시했으며(공적인 일들을 넘어 현존하는 곳), 하나님의 영(靈)이 필수적이며, 많은 축복을 받은 국가적인 일들을 따르는 대신에 말하지 않는 그림들을 통하여, 또는 황금색으로 뒤덮은 건물들을 통하여 파괴되지 않도록 천정이 높은 교회 건물이나, 거대한 건축물들 안에서는 개최되게 하는 것은 아니었다. 우리가 이러한 질서를 지혜롭게 생각한다면, 대체로 영혼의 구원에 해당하는 가장 중요한 일들을 취급하는 장소에서 왜 그것이 우리의 경우에 적용되게 해야 하는 것을 인정하지 않는지? 벌써 그것들에서 기뻐했던 자들에게, 그리고 그것들을 바라보지 않은 자들에게 그것들의 내면적인 의식을 그림들이 어떻게 해가 미치지 않을 수 있을까? 무엇인가 경건한 것을 기억하려는 경우가 그림들에 의하여 있는 것처럼, 성경을 이해하는 데 도움을 주는 것은, 예를 들면, 노아의 방주, 모세의 구리 뱀, 촛대를 가진 언약궤의 모습 등등이 있다. 상호관계에 있는 양 벽면에 구약과 신약에서 나아온 그림들과 초상화들과 모범상들이 있을 때는 무엇일까? 예를 들면 1. 놋 뱀 – 십자가에 그리스도; 2. 물고기에서 나와 강가로 돌아오는 요나 – 죽은 자들로부터 부활하는 그리스도. 또는 믿음, 소망, 사랑의 비밀을 밝히는 다른 표징들. 그렇지만 그리스도는 '그리라' 말하지 않고, '가르치라'고 말씀하셨다! 거기서 마음에 기록되어야 하는 것(렘31:33)이 신약성경의 본질에 속한다. 그림들과 유화들은 단지 방향을 돌리기 때문에, 사람들은 필요한 만큼 그것들은 단지 이른 나이를 위해 사용해야만 한다(사람이 감각적인 인지로써 도움을 받아야 하는). 그들의 사용은 이처럼 사적인 자리와 역시 성경의 작은 책자 안에서처럼 아무래도 공적인 하나님의 집에서는 사용되지 않아야 한다. 하나님의 초상화(肖像畵)가 문제가 되는 만큼 사람들은 가시적인 신적인 본체(本體)를 어떠한 가시적인 모습으로도 소개하지 않아야 한다; 단순한 그의 작품을 세상과 교회와 그리고 각자 개체의 고유한 영혼 안에서(깨달음을 통한 경건의 영성) 그리고 그가 스스로 만들었던 상을 통해서도 소개해서는 안 된다. 불 가시적인 신성이 물질로 묘사하는 저 신성모독(세속화)은 우

리에게서 멀리 있어야 한다는 것이다.

교회들(예배당)의 모습은 가장 좋게는 둥글거나, 또는 팔각형 모양이어야 한다. 그것은 그렇게 가장 넓은 것이며, 세상의 큰 성전의 묘사이기 때문이다. 그것은 하나님의 파송을 받은 자(목사)가 모두로부터 보이며 들을 수 있는 것과 거룩한 시편을 동시에 한 목소리로 듣게 하는데 가장 잘 적용한 것을 가능하게 한다. 특별히 큰 도시에서 다른 교회에 여러 가지 이름을 주는 것은 거의 구별에 필요한 일입니다. 몇 개의 장소들에서(암스테르담에서 예를 들면) 그것들은 하늘의 방향에 따른 이름들을 지니고 있다. 교황(가톨릭) 아래서 교회들은 봉헌된 자들, 즉 성자들의 이름을 따라 부르기도 한다. 이것은 미신적이며, 우상 숭배적인 모습이다. 하나님은 내 집은 기도하는 집이라 말씀한다. 성자들에게 기도하는 것은 우리에게 거절되었으며, 즉 이처럼 그 같은 방식으로 그들에게 교회를 봉헌하는 것은 반대한다! 그것은 곧 제거하는 것이 있게 될 것이다. 그러나 어떻게? 그것이 그들 설립에 따라 칭해질 때, 참을 수 있을 것이다. 예를 들면, 솔로몬의 성전처럼, 칼스교회(Karlskirche), 루돌프교회(Rudolfskirche). 또는 상태에 따라 – 위에 있는 교회, 아래 교회, 도시 앞에 교회, 더 큰 교회, 가장 큰 교회. 가장 좋게는 성경에 나오는 장소를 따라(역시 우리의 교회는 거룩한 장소이기 때문이다). 그것은 어떤 장소들인가? 그것들에 대해서는 주님이 보여주었던 것으로, 벧엘, 베들레헴, 도단, 엠마우스, 예루살렘, 헤브론, 마므레, 미스바, 나임, 나자렛, 오렙, 에덴, 파트모스, 라마, 시나이, 시온, 사렙다, 사론, 쉐켐, 타보르, 테코아, 그리스도의 구유, 그리스도의 무덤, 감람산.

매월 한 번씩 회중 전체는 주님의 만찬에 참여해야 한다. 타인을 위한 공동의 기도는 다윗의 모범을 따라(시55:18) 매일 3번씩 개최해야 한다. 그리고 이러한 기도회는 먼저 찬송을 부르고, 성서 말씀의 한 곳을 설명한 후(가르침과 작은 교훈의 말로써), 하나님 나라의 확장을 위한 열망의 기도를 말하고, 보편적인 축복의 기도가 시행되었다. 끝마침에는 영적인 노래나 간략한 시편을 부른다.

여기 이처럼 역시 대체로 호흡하는 자들이 주님을 찬양하는 곳에서라면(시150), 결정적인 목표를 모든 것에다 만드신 그 주님을 찬양하도록 음악은 교회 안에서 아주 거룩하게 표현되어야 한다. 신적인 것에 반하는 남용을 통하여, 불신앙적인 무가치로 품위를 상실하게 된 거룩한 調和(조화)의 사랑스러움을 우리가 사탄에게서 구해내며, 조화(調和)의 창시자가 조화의 멜로디로써 찬양되도록 그것들을 최상의 거룩한 적용으로 우리가 인도한다.

이러한 목표를 위해 각 교회는 하늘 아래에 하나님 찬양의 소리를 울려 퍼지게 할 수 있을 것이다. 그 때문에 모든 기독교의 아이들은 모든 학교에서 음악을 가르치게 해야 한다. 이러한 수업은 모든 아이에게 접근하기가 쉽기 때문이다. 사람들은 음악을 결정적인 시간에 즐거운 기분 전환으로서 대체할 수 있다. 이에 대하여 음악은 아주 유익하며, 역시 그 밖에도 삶을 기분 좋게 하는 양념과 같은 것이다.

교회의 장점으로 이처럼 공동체적이며 개인적인 사용에 한정된 찬송가집들이 모든 백성에 의하여 모든 언어로 많은 수로 출판되어야 한다. 이것은 4가지 음성의 악보와 함께, 즉 아주 쉽고 매력적인 테너와 베이스와 소프라노와 알토 안에서이다. 그렇지만 사람들이 교회에서 가장 즐겁게 노래해야 하는 노래들의 내용에 따른 물음이 분명하지 않다면, 나는 즉 사람들에게서 만들어진 교회의 노래들과 다른 노래들에 반대하는 꺼림이 가득할 때, 어떤 이들은 단지 직접적인 하나님의 말씀으로서 다윗의 시편들을 노래하기를 추천한다고 그렇게 대답했다. 이러한 생각들은 물론 과잉적인데, 첫째로, 다윗의 같은 시편도(성령의 입김에 기인하는), 새로운 노래를 추천하기 때문이며(시96:1;98:1, 149:1), 둘째로, 사도의 입을 통하여 같은 성령도 시편뿐만 아니라, 역시 다른 찬송과 영적인 노래들을 부르기를 추천하기 때문이다(엡45:19;골3:16). 단지 영적이지 않은 것은 교회의 찬송에서 제외되어야 한다. 셋째로, 새로운 교회는 하나님의 은사 안에서 한정되어야 하는 것은 마치 그것이 다윗이나, 아사포제(Asaphose), 에탄(Etan)의 고유한 것이 소유되지 않은 것처럼 (암브로시우스, 아우구스티누스, 프루덴티우스, 세둘리우스 등),[183] 건강한 이성에 반하는 것으로 거절될 수 있다. 넷째로, 하나님은 각 시대에 새로운 은혜를 부여하신다면, 왜 교회는 감사의 새로운 목소리를 크게 내지 않아야 하는지? 계시록에서 요한을 이따금 그렇게 새로운 노래를 기억하지 않았는가(그가 새로운 교회의 발전을 서술했다면, 계5:9과 14:3절)? 땅 위에 이루어질 신적인 심판에서(14장의 더 큰 수확과 포도 수확에서) 그는 괴물에 대하여 승리했었던 저 모세와 어린양의 노래를 부르는 것을 들었다. 우리가 모세의 노래를 소유하는 동안, 해방된 민족이 어린양 신부의 인도자로부터 울리는 소리가 설정되지 않았다면, 어떻게 두 번째 노래인 어린양의 노래를 불러야 하는지? 그리고 이것은 여러 백성 가운

---

183) 다윗 등, 예배 가운데서 음악이 대변했으며, 실제화했던 신구약의 모습들에서 시사하는 것들.

데서 여러 언어로 여러 시편의 소리에 관하여 부르는 일이 아닌가? 이 외에도 다섯째로 고대 교회의 노래들, 옛 교회들에 나누어진 은혜들에서 하나의 옛날 그 당시 유행한 스타일로 새로운 교회에 고귀한 은혜가 주어졌으며, 계속해서 허락된 시편들을 접목하게 된다. 그렇지만 새로운 노래가 불러야 하는 근거로서 성령은 다음과 같은 것을 상세하게 안내한다. 그(하나님)가 기적을 행하셨기 때문이다(시98). 거기서 나아오는 것은 1. 하나님은 새로운 기적을 행하자마자 곧, 이따금 그렇게 찬송 되어야 한다. 이것을 방해하는 하나님을 대항하는 이성과 그의 도구들로 성령을 방어하고 한정하기를 원하기 때문이다. 2. 영광 안에서 구원의 사역이 끝났기 때문에, 기독인들은 그것에 관하여 영광스럽게 노래해야 한다. 3. 만일 그가 새로운 일을 통하여 새로운 찬양의 노래들로 주제를 제공한다면, 역시 우리는 하나님께 감사하지 않으며, 우리와 우리의 이웃에 대하여 불의한 자로 보이게 되는 것이다. -

그러나 질문은 사람들이 역시 악기(樂器)를 사용해야 하는지에 대한 것이다. 대답은 각자의 영(靈)이 주님을 찬양하는 것이기 때문에, 모든 생기가 없는 창조는 하나님의 찬미에 협력하며, 그것에 함께 영향을 미치는 일은 어렵지 않게 추론하게 한다. 벌써 그렇게 다윗은 경고와 모범을 통하여 행동하였다. 우리는 완성으로 발전해 가야 한다. 1. 마지막 단계가 최상의 것이 되도록 시작 단계가 성장해야 한다. 2. 우리가 모든 면으로부터 경건(敬虔)에 동기를 만들어 내도록 하며, 3. 하나님이 모든 면에서 비상하게 많이 드디어 각 종류의 음악을 통하여 역시 최고의 찬양을 영접하도록 하기 위함이다. 그것은 모두의 마음과 입을 통하여 여기서, 또는 다른 곳에 모인 자들이 하나님의 찬양을 울리며, 역시 쟁기로 밭을 가는 자들과 풀 베는 자들과 그리고 여로에 있는 자들로부터도 찬양의 소리가 울리도록 살아있어야 할 뿐만 아니라, 교회 안에서도 역시 음악의 도구들이 제공되어야 하는데, 역할을 맡은 음악과 풍금(Orgel)과 뿔 모양의 악기 등등이 주어져야 한다. 백성은 교회의 종소리를 통하여 예배에 부름을 받게 되었는데, 그것은 벌써 종소리의 울림을 통하여 자신 안에 하나님의 찬양을 들으며 깨우치게 되도록 하기 위함이다. 이처럼 사람들이 모였다면, 설교 전에 저 시편이나, 그에 상응하는 노래들이 연주될 수 있을 것이다. 즉 그것은 주어진 시간에 살아있는 목소리와 움직이는 감각으로 노래하게 되도록 하기 위함이며, 그래서 사람들이 영(靈)으로 예배를 준비할 수 있게 되는 것이다. 그리고 아마도 예배에 출석하지 못한 자들이(집을 지키거나, 병으로, 또는 출타하여), 역시 교회의 탄식과 함께 그들 탄식의 기도를 들음에 연결될 수 있을 것이다. 악기들에 대하여 역시 다음의 근거들은 잘 증언해 준다. 1. 하나님이 모든 것을 그의 영예를 위하여 만드셨다. 모든 것은 사탄의 남용에서 배제되어야 한다. 2. 경배의 음식은 모든 감각에 봉헌되어야 한다(고전14:15). 3, 사도는 상세하게 명령한다. 즉 노래와 찬양뿐 아니라, 역시 시편도 노래하기를 권고한다. 그러나 시(詩)의 이름은 현악기(絃樂器)로 연주되어야 한다. 4. 성령(聖靈)은 마지막 시편에서 교회의 마지막 상태를 말해 준다면, 모든 가능한 도구들을 열거한다. 누구도 하나님보다 더 지혜로운 자가 되지 않아야 한다. 우리가 그것을 은유적으로 이해할 수 있으며 그래야 한다는 것은 진실하다. 그러나 사람이 어디에 근거하는지 그 사건을 이해하지 않는다면, 하나의 은유를 이해하거나, 적용하는 것이 어떻게 가능할 수 있을 것인지? 이와같이 그들이 옛 교회에서 그 자리를 소유했던 것처럼, 새 교회에서도 음악의 악기들이 그들의 자리를 간직해야 한다. 그 이유는 특히 그의 슬픔의 날들이 아직 남아 있기에, 하나님의 면 전에서 그리스도의 새로운 백성이 축제 행사에서 겸손해야 할 이유가 없기 때문이다. 더욱이 바빌론 포로 시대에 수금(Harf)은 걸어 두어야만 했던 일이 발생하였다(시137:2). 그러나 해방된 자들은 기쁨으로 돌아와야 한다(시48:3-6). 이것은 149편에서 서술된 것처럼, 마지막 시편에서 그리스도의 싸움 이후에 선포되었다. 모든 악기가 제시되어 소리를 내게 될 것이다. 그러나 역시 여기에 하나님의 찬양에서 조화로운 울림들 안에 소리 나는 믿는 자들의 입들이 첫 자리에 있게 된다. 악기들을 첨부하는 일은 마음에 열망의 점화처럼 자연스러운 매력을 동행하게 하는 그 같은 것을 뜻한다. 과장하는 것을 멀리하라! 부담스럽게 하는 것도 멀리하라! 기뻐하며, 영광 가운데서 거룩하라. 그리고 그를 좋아하는 것처럼, 각자는 그의 하나님께, 그의 교회에 그리고 하나님의 기쁨에 잠기는 마음에서 즐거워할 수 있을 것이다.

III. 교회의 안전을 보장하기 위한 수단

A. 교회 전체는 정돈된 전열(戰列)의 모습이 되도록(무질서하게 혼란스럽게 내 달리는 돼지무리들과 같지 않은) 목자와 무리로부터 하나의 잘 정돈된 계급조직.

그것은 교회 안에 하나의 행정 부서가 제시되어만 하기 때문이다. 그것은 벌써 거기서 나온다. 1. 하나님은 혼란의 하나님이 아니라, 질서의 하나님이시라는 것, 2. 자연의 본질이 질서라는 것(해, 달과 별들은 그들의 둥근 순환을 알고 있으며,

몸체 안에 지체 각각은 그의 자리와 기능을 알고 있다). 3. 그렇게 하여 교회는 더 큰 지속성으로 존재하도록, 혼잡한 것은 무너지며, 질서화된 것은 남게 된다. 교황 제도 안에서 더욱이 내면적으로 모든 것이 뒤엉켜 있다. 그렇지만 표면적인 규율 만 오래 유지되어 있다. 그 이면에 프로테스탄트들은 그들이 내면적으로 모든 것 을 정돈하여 소유했음에도 불구하고, 여기저기에 표면적인 질서의 불행에 대한 부 족을 경험하였다.

역시 새로운 교회는 통치기관과 질서가 필요하게 될 것이다. 그렇지만 그것은 지금 까지 존립했던 것보다 더 완성된 것의 필요이다. 우리가 이러한 순서를 그들 시대적 인 경과에 따라 관찰할 때, 에베소서에서 하나의 입장이 드러난다(엡4:11). 그리스 도는 먼저 사도직을 제정하시고, 그들에게 그는 선지자 직을 동행하게 하였다. 그리 고서 서신서에 표시된 대 복음 전도자들이다. 그리고서 학교들에서 교사들이 함께 배열된 안수받은 사제직(목사들)들이 주어졌다. 그들 공동의 섬김을 통하여 완전한 교회가 세워져야 한다(엡4:16). 더 이른 시기의 단계들은 벌써 우리 앞서 잘 실현되 었기 때문이다. 지금은 곳곳에서 아름답고 오점   과 구겨짐이 없도록(5:27), 교회 의 완전한 모습을 세우는 시대이다.

결과: 종교개혁 안에서 모든 것을 사도의 단순성으로 되돌리기를 원하는 저들은 교 회가 아직 형성되지 않았을 때, 이러한 비밀(신적인 단계의 결과)을 파악하지 못하 고, 생성의 상태에 있었던 것만 파악하고 있다. 우리는 그것들이 엡4:11,사40,계 21:22에 포함된 것처럼, 성숙한 교회에 대한 예시(例示)들과 언약 들을 찾아보기 로 한다.

그러나 통치의 어떤 형태를 우리는 교회에 주어야 하는가? 우리는 가장 완전한 것 을 발견해야만 한다. 그 이유는 우리가 마지막 사대에 최종의 완전함을 향하여 힘 써야 하기 때문이다. 모든 근거는 귀족정치로부터 완화되었으며, 그리고 민주적인 통치 형태들 안에 이르게 되는 군주적인 정부에 대하여 말하게 된다. 그것은 이렇게 그리스도의 나라에서 모두가 자유로워지는, 그렇지만 하나가 다른 이를, 가장 큰 자 로부터 가장 작은 자에게까지 질서의 주님 안에서 적절하게 종속되어야 하는 것을 뜻한다. 각 공동체의 회중은 한 분 목자(Pastor)를 장로들로 구성된 위원회와 함께 책임을 맡게 해야 한다. 각 지역에서 목사들의 회의(총회)는 여러 감독의 평의회와 함께 한 분 감독을 세우며, 한 제국 안에 감독들의 평의회와 함께 있는 대주교를 세우며, 대주교들의 각 총회는(대륙의 4개 지역 각각에서) 3분의 주교들과 함께 한분 총주교를 세운다. 마지막으로 모든 것의(그것이 필요할 때) 질서때문에 교회의 칭호이거나(pontifes란 명칭은 이교적 원천으로, 기독교적인 것에 속하지 않음), 또는 가장 높은 총주교의 한 사람이 서게 된다. 교회는 이러한 신분이 한 장소인 유럽 어디에 확정 배열되든지, 또는 시기함, 남용, 그리고 폭군을 극복하기 위하여, 이러한 직분을 교대하도록 감행할 수 있을 것이다. 이러한 서열이 그리스도 외에 땅에 누군가에게 인정되어야 하는지는 역시 생각되어야 할 것이다.

우리가 위에서 보았던 사제직의 단계와 교회공동체 구성원의 3가지 계급과 관련하여 이러한 조치가 교회를 잘 정돈된 전열로 만들게 된다.

B. 경건한 지속적인 예배의 연습. 여기 설교와 기도는 공적인 예배의 주된 요소들로서 첫 자리를 취하게 된다. 그 이유는 그것들이 하나님의 뜻과 인간의 뜻에 관계하는 수단을 표현하기 때문이다. 설교를 통하여 말하자면 인간이 하나님의 뜻에 관계하도록 인간의 의지를 일깨우게 되었다. 그가 선(善)일 경우에 믿는 사람이 기도를 통하여 하나님을 움직이려 하는 동안에 그것은 자신으로부터 나아와 선(善)을 파악했거나, 하나님의 뜻에 굴복되었음을 뜻한다.

C. 옛 교회의 모범을 따라 가정을 심방하는 일(2 Par. 17:5-10). 목사들은 매년 적어도 속한자의 장로 1/4의 동행과 함께 성도들의 가정에서의 신앙 상태를 돌보면서 점검해야 한다. 그들이 하는 일은, 1. 성경 독서의 정도나, 또는 교회 역사의 이해에서, 2. 그들이 그것들을 모두 잘 성취하고 있는지, 의무적인 일들에 해당한다.

D. 총회(종교회의)

E. 훈육과 그것들은 법을 어긴 것을 보여주는 자들(법 위반자들, 딤전1:9)이 훈육의 전문가에게서처럼 그에게 복종 되게 하는 훈육과 관철, 그것은 그들이 그리스도와 그의 법에 복종하지 않을 때, 길들이는 것을 뜻한다(갈4:5-6).

훈육은 시행되어야 한다. 1. 매 주일에, 2. 매 금요일 성찬을 시행하기 전. 이러한 경우에 교회의 장로들은 아침 식사 후에 만나며(몸이 단지 거룩한 일에 강건하게 되도록 그것은 이날에 적절하게 겸손해야 한다), 공적인 분노가 주어진 것인지에 대해 다루게 된다. 여기서 그는 무엇인가 그의 형제를 대항하여 제기되고, 그가 개인적인 경고를 무시하는 것과 그를 고발하는 것에 대하여 장로들 앞에서 말할 수 있을 것이다. 장로 대표는 회합에 소화된 자들 앞에서 이 일에 대하여 그를 책임을 묻게 된다. 실수를 고백하고 개선하기를 요구한 것에 대하여 그가 숨기고, 반항한다면, 사제를 부르게 되며, 고발된 자는 오후에 각자에게 말하기와 고소된 자에게 깨닫게 하는 것처럼 그렇게 타이르고, 말하는 것이 허락된 자리에 데려오게 된다.

질문은 역시 사제들에게 표면적인 재판권이 주어지는지? 하는 것이다. 나는 그것을 부정한다. 1. 만일 그들이 잘못으로서 증명했다면, 역시 거짓 선지자들을 죽이도록 주님은 유대인들에게 허락하였다. 그렇지만 그들은 의로운 자들을 죽였다. 2. 그러므로 그리스도는 베드로에게 칼을 칼집에 그대로 넣어두라고 명하신다. 그에게 말씀의 칼이 주어져 있기 때문이다. ==

F. 고정된 수입과 영적 지도자와 가난한 자들의 생활을 위한 그들에 속한 분배.

특별한 경우에서처럼 그렇게 학교와 교회와 가난한 자들이 견디게 되도록 각 교회는 규칙적으로 필수적인 수입과 함께 특별한 제정 회계를 소유해야 한다(거룩하거나, 경건한 목적을[184] 위한 그릇으로 불리었다). 예를 들면,

1. 교회의 섬기는 자들과 가난한 자들을 먹이게 되었던 지속적인 십일조에서(그가 역시 그리스도의 시대에 그리고 아직 오늘날 영국에서 통상적인 것처럼). 역시 손님들과 나그네들을 위하여 사람들은 거기서 지출을 수행할 수 있었을 것이다. 하나님께 드린 십일조는 교회의 보화이며, 그러므로 아무도 자격의 근거에 대하여 시비할 수 없을 것이다. 그 이유는 많이 가진 자는 많이 주며, 적게 가진 자는 적게 주기 때문이며, 그러나 모든 것은 하나님의 사랑이며, 축복하신 것이기 때문이다.

2. 규칙적인 헌금 수집들, 사분기 단위로, 반년, 또는 매월 수집한다.

3. 역시 항상 죽음을 맞이하는 자(부자처럼 가난한 자도)는 경건한 목적을 위하여 하나님이 전체 유산의 1/10을 선물하는 것이 의무화되었다. 우리가 살아있는

---

184) 광주리(Korban), 하나님의 희생제물, 하나님을 찬양한 선물

동안, 그에게 십분의 일을 경건한 목적에 내어놓도록 하나님이 우리에게 부과했다면, 우리가 현세에서 다른 삶으로 옮긴다 해도 왜 역시 그렇지 않겠는가?

4. 특별한 기회들에서 사람들은(기근과 흑사병의 기간에처럼) 특별한 기부금 모집에 부름을 받을 수 있게 될 것이다.

G. 교회의 재산에 관해서는 새로운 보호조치들을 취할 수 있을 것이다. 즉 교회가 현세적인 소유에 대하여 처리하든지(하나님이 레위인들이 단지 그것을 소유로서 가지게 되리라는 것과 교회를 섬기는 자들과 교회 봉사자의 생활비가 자유로운 기금들을 통하여 보장되도록 그의 뜻을 알렸을 때, 벌써 구약에 금지했던 것), 또는 교회의 재물들은 교회 몸을 위하여 사용되도록 하는 것이다. 한편으로 자연적인 것을 위하여(가난한 자들과 필요로 하는 자들과 나그네들을 위하여), 다른 한편, 삶에 중요한 자들에게(몸 전체에 섬기는 그렇지만 단지 사치하는 자가 아니라, 필요로 하는 자를 위하여) 그리고 영적인 목적을 위해서(경건하며, 하나님의 영예를 섬기는 특별한 필요를 위해). 사람들이 첫 번째 방식을 위해 결정할 때, 그것에 대한 보기와 금과 은, 그리고 허리띠를 소유하기(마10:9-10)를 벌써 생애 기간에 금지했던(눅9:3) 그리스도의 명령을 안내하는 것은 가능할 것이다. 지금까지 그 경우는 반대였다! 레위인들이 현세적인 유산을 소유하기를 중단하는 것(민18:20)은 그렇게 지금 마침내 풍습이 될 것이다.

이러한 독(毒)이 그것들 안에서 출구를 찾았으며, 마술사 시몬이 나는 금과 은이 없음을 전파했던 베드로에 대하여 우위권을 얻었을 때, 교회는 나병과 같은 것과 함께 엄습을 당했기 때문이었다. 그렇게 지금 영적인 재물은 세상 것보다 더 가치 있어야 하며, 그리스도의 제자들이 손에 가득한 곡식과 한 덩어리의 빵 때문에 행동하는 것이 아니라, 오직 주님이 돌보시게 되리라는 소망 안에서 행하도록 하늘에 사랑이 땅에서의 사랑보다 더한 것이어야 한다. 그러나 복음을 섬기는 자들의 배은망덕이 지배할 경우, 바울에게 허용되었던 것처럼, 그들의 권리가 강력히 요구될 수 있다는 것이 발생될 것이다.

[이의제기]: 박해가 위협했을 때, 그리스도는 하나의 다른 가르침을 주었다(눅22:35-36)! 적어도 지금 박해의 소나기가 지나갈 때, 교회의 원천적인 모습은 다시 회복되어야 한다! 성직자들은 현세적인 재물을 세상 권세 자들에게 되돌려주어야 한다. 교회가 먹여 살려야 하는 자들에게는 주님이 명하신 것처럼 그들은 제단으로

부터 나오는 것으로 스스로 살아야한다(고전9:13-14). 사도의 정신을 소유한 자들은 이것을 그들의 권리로 남용하는 것보다는 더 잘 사용해야 한다(고전15:18-19). 꿀을 모으기 위함이 아니라, 꿀을 모조리 먹어 치우기 위하여 교회의 꿀벌 집에 밀고 들어오는 위협하는 자들로부터 원인이 된 위험은 역시 감소한다. 세계의 권세는 다시 하늘나라로 향한 열쇠와 하나님으로부터 보존하는 거룩한 비밀을 다스리는 권세가 그들에게 속한 교회에다 다시 되돌려주어야 한다. 그러므로: 수도원과 성당은 개혁해야 하는 것이 요구된다. 그것들은 그 안에서 생겨난 원천적으로 결정되었던 그 상태로 되돌리는 것이다.

1. 그 당시의 다른 학교들의 결핍한 것에서 교육을 보장하는 것,

2. 그 당시 어떠한 책을 인쇄하는 것이 없었기 때문에 거룩한 책들을 베껴 쓰는 것.

3. 남자들로서 보편적으로 유익해지게 되는 경건과 지혜로 교육하는 것, 그리고 그 것이 생계를 이어가게 되는 것.

(이것은 스콜라주의자들, 강사들, 성가대 지휘자, 대학의 학장 등등처럼, 오늘날까지 이용된 회고록들과 주제를 보여준다). 호스피니스무스(Hospinismus)[185]를 보라. 원래 확정된 형태에 대하여(De origine festforum)와 독일 문서 예넨(Jenen)의 출판물 두 번째 부분에서 457과 다섯째 부분 142에서 루터. 사람들은 이러한 일들을 지금은 다르게 관찰하기 때문에, 학교들과 책들과 정치가들과 학자들에게서 결핍되었기 때문에, 저 날들의 필요한 것들이 더 이상 존재하지 않기 때문이다.

1. 각 수도원은 그리스도의 학교요, 범세계적인 지혜의 교사진(평의회).

2. 모든 수입은 가능한 만큼 그렇게 많은 학생에게 그들이 집에 있든지, 여행 중이든지, 또는 적어도 어떠한 기독교 나라에서는 구걸하는 자들이 없도록 가난한 자들과 고난을 겪는 자들의 생계비를 확실히 하기 위하여 주님의 만찬 식탁을 설명한다. 도둑의 3가지 방식(사적이며, 국가적이며, 교회적인)에 관한 스투름(Sturm)[186]이 붙든 것을 첨부하는 것은 유익하다 – 고전적인 편지들(B)I – 공적인 돈들의 횡령은 도둑질에 비교하여 항상 놀랄만한 악한 일로 나타났다. 교회의 도둑질은 횡령과 비교 하여 더욱 놀랍다. 그리고 교회 재산에서 행한 도둑질은 사기꾼과 비교하여 더

---

185) 호스피니스무스, 루돌푸스 티구리누스(Hospinismus, Rudolphus Tigurinus, 1547-1626) 스위스의 성직자요, 종교적인 작가.
186) 스투름(Sturm Johannes, 1507-1589), 인문학적인 교육자.

욱더 부도덕한 것으로 본다. 로마인들은 도둑에게 4배의 벌금을 부과하였다. 그들은 사기꾼들에게 손해를 배상한 후에 추방시켰다. 무엇인가 거룩한 것이나, 또는 성전에 위임한 것을 훔친 자에게는(키케로가 옛 법의 원문을 인용한 것처럼), 그들은 최고의 배신자로 생각하였다. 하나님은 교회의 강도를 언제나 벌하셨다. 그래서 그는 역시 악마들의 성전을 훔친 자들에 대하여 가장 무거운 벌을 규정하였다.

명백한 논증에서 한때 하나님께 봉헌된 것은 단지 경건하며, 그 어떤 다른 목적에 사용되지 않아야 한다는 것이 생겨난다. 예를 들어 수도원들, 평의회원, 십일조 등에서이다. 그 때문에 다음 것을 첨부한다. 나는 큰 기쁨을 느끼게 되는 데, 스트라스부르그 도시가(수도사들을 몰아낸 후) 모든 수입과 지출에 대하여 계산을 할 수 있게 하는 것과 소유에 관해서 교회 재산의 강도를 통하여 손을 더럽히지 않게 한 것 때문이다. 결론으로, 그렇게 세워진 모든 교회는 그들 문 위에 야곱의 유명한 말을 설치하게 할 수 있을 것이다. 주님은 벧엘(BET-El)이다. 하나님의 집과 하늘의 문(창28:17), 온 땅을 위로하는 시온산이 아름답게 우뚝 솟아 있다. 그리고 온전히 그 같은 모습으로 개선된 교회에 계시록(9:8; 21:2,3,9,10)과 시편(시 87:3)에서 나온 찬송들이 관계될 것이다. 영광스러운 일들이 당신 안에서 설교 되었다. 너 하나님의 도시여!

제24장

세계적인 질서의 개혁

학교와 교회들 다음에 아직 양 기관들의 보호자인 국가의 개혁이 남게 된다. 모든 그의 공동체들 안에서 국가의 개선은 만일 그것이 앞서 진행된 교육받았던 자들에 의하여 벌써 시행되었으며, 그들이 같은 길에서 모범을 보여주었다면, 아무런 성과 없이 머물러 있을 수는 없을 것이다. 그것은 만일 다음과 같은 것들이 이루어질 때를 뜻한다.

I. 장애들의 모든 원인이 제거되었을 때,

II. 개선하는 일이 도입되었을 때,

III. 도입된 개혁이 계속 이루어졌을 때.

I. 인간 사회의 목표는 보편적인 안식과 안전이다. 백성의 행복은 모든 공화국과 모든 왕국의 최상위 법이어야 한다. 그러므로 인간 사회를 불안하게 하며, 혼란하게 하며, 괴롭게 할 수 있으며, 또는 보편적이며 사적인 안전의 조직을 붕괴할 수 있을 모든 것은 정돈되어야하는 것이다. 거기서 첫 번째 자리에 다음의 것들이 있게 된다.

I. 전쟁들: 전쟁 안에서는 어떤 구원도 없기 때문이다. 그러므로, 적대관계와 전쟁들을 되돌리는 어떤 기회도 미래에 주어지지 않아야하기 때문에, 하나님이 이사야 2:4절에서 요구한 것처럼, 무기들은 없어야 한다. 그렇지 않을때 불과 칼과 파괴를 통한 국가들의 위협을 초래하는 피비린내 나는 전쟁들이 발생하게 될 것이다. 그러나 총과 화포들로써 발생하는 일은 과연 무엇인지가 질문이 된다. 나는 대답한다. 모든 것은 하나님의 찬양에 사용되며, 사람들을 함께 부르는 일이다. 악기들을 위해 사용하며, 대포들을 녹여 종을 만들 수 있는 동안, 사람들은 무기들을 야생동물을 잡는 일에 사용해야 한다.

II. 살상들: 살해하는 노아 홍수전 세상에서 첫 번째 발생한 범죄행위였다(창9:6). 모든 것에도 불구하고 역시 살해가 후에 아주 빈번히 계속 저질러지는 것을 막지는 못했다. 지금 이러한 광포는 적어도 인간 안에 있는 하나님의 형상이 새로운 것으로부터 그의 광채로 빛나게 될 때까지, 성령으로부터 결정된 세 번째 시대 안에서 중단될 수 있을 것이다. 또는 누군가 이 영역을 무시하게 될 때는 하나님의 계명(창9:6;신21:8-9)이 엄격하게 적용되어야 할 것이다.

III. 종교뿐만 아니라, 역시 국가들을 황량하게 만들었던 종교적인 깡패들. 그것은 기독인들이 종교의 자유를 얻게 되자마자 곧, 수많은 종파를 형성했을 때, 첫 기독교적인 황제들 가운데 로마제국 안에서 보여진다. 그들은 역시 페르시아인과 아라비아인들과 터키인들과 다른 야만적인 백성들이 서둘러 달려들었으며, 나라가 파멸될 때까지 편당에 붙들린 통치자를 필요로 하였다. 거기서 상투어가 생겨난다. 즉 "군주들은 하늘을 얻기 위해 투쟁하며, 그러나 감독들은 땅과 현세의 통치를 장악하려고 한다"는 말이었다.

지금 그것은 다음과 같이 존재해야 한다.

1. 각 신분은 통치 영역들이 혼합되지 않도록 그의 과제들에 전념하는 것이다.

2. 각자는 그의 일을 침묵하면서, 그러나 영향력 있게 완수하는 것이다.

3. 진리와 정의는 법을 통하여 유지되어야 하며, 무기를 통해서는 아니다. 그것은 철강에서 나오는 무기도 아니며, 모든 것은 평화 가운데 유지되게 하는 혀(말)와 열정 무기를 통해서도 아님을 뜻한다. 세상 권세의 의(책)무 중 하나는 곳곳에서처럼, 역시 그렇게 교회 안에서도 논쟁과 대립을 제거하는 일로 여겼다. 그리스도는 우리에게 그가 명령한 것을 완성하는 것처럼, 그렇게 가르칠 것을 명령하셨으며, 논쟁하도록 하신 것은 아니었다. 그는 이처럼 우리에게서 상실한 실천(Praxis)에 가치를 놓았다. 기독교 신앙은 전적으로 평화가 가득하며, 그의 강함은 말들에서가 아니라, 성령의 능력에 기인한다(고전2:4). 호머(Homer)[187]에 의하면(유스티누스[188]가 그의 경고에서 그리스인들을 상기시키는 것), 주피터(Jupiter)가 여신(女神) 아테(Ate')를 하아렌(Haaren)에 의하여 붙잡았으며, 그녀를 하늘에서 내쫓아 전복되어 내려와 모든 시대에 걸쳐 다시 하늘로 돌아오기를 금하였다. 그것이 계시록 12:10절과 일치하지 않는가? 그렇지만 아테(Ate')는 최상의 하늘에서 전복된 비방하는 여인 스스로이며, 교회의 하늘로 숨어들어왔으며, 여기 16세기 이후에 우리 가운데 보이지 않는 끊임없는 논쟁을 꾸며 놓았다. 그래서 하나는 다른 이를 위하여 하나님 앞에서 악마와 비방자, 고소인들이 되며, 하나는 다른 이들에게 끝내기를 원하지 않는 불화를 초래하게 된다. 자 서둘러 주피터의 대리자는 교회의

---

187) 호머(Homer), 그리스도의 서사시인.
188) 저스티누스(Jestinus) 165년에 순교함. 교회교부 중 한 분.

하늘에서 야수(野獸)를 인간이 행하는 일들의 모든 장소에서 몰아내게 하자!

IV. 법정들과 자문 위원회의 장소들에서 간계와 권세가 지배하는 것을 허락하지 않아야 하며, 오직 법이 지배하도록 해야 한다. 그것은 로마의 공개토론(Forum)이 생기지 않아야 하며, 미사여구의 연설 무대가 아니라, 모든 일이 의구심과 열정 없이 다루어지며, 결정되었던 아덴의 아레오파그(Areopag)가 생겨나야 한다. 이것은 어두움에서 일어난다는 것이다(사람들을 고려함 없이 취해질 수 있도록). 법 조항들은 단지 그것들이 올바르게 적용될 때, 인간적인 사회의 연결점이다. 그것들이 한번 무너지면, 인간사회는 손상 없이 존립할 수 없을 것이다.

V. 낯선 이교도의 법과 현대적인 재판 방식은 개선되어야 한다(아래를 보라).

VI. 농사일과 수공업과 무역이나, 자문 들을 통하여 공동체 전체를 섬기게 되는 한, 이처럼 자신과 그의 권속들을 참으로 먹여 살릴 수 없는 자, 즉 일하지 않는 그 누구도 국가 안에서 참지 않아야 한다. 그 이유들은

1. 아무도 무노동을 통하여 범죄자로 전락 되지 않도록 하기 위함이다. 이러한 일과 이처럼 자신의 관심 안에서 각자에게 한계들이 설정되었다.

2. 다른 이들이 악한 예들을 통하여 오염되지 않도록 하기 위함이다.

3. 구걸에서, 또는 떠돌아다니는 것에 대한 어떠한 기회가 싹트지 않게 하기 위함이다.

4. 일하지 않는 몸은 그 어떤 지체도 먹여 살릴 수 없기 때문이다. 그래서 이집트인은 지혜로운 법을 소유했으며, 비록 이들이 부유하다 해도, 그들이 한때 통풍 환자들과 맹인들과 절름뱅이들과 사지를 절단한 자들에게 나태함을 허락하지 않은 중국인들이 아직 그것을 소유하고 있다. 아덴 법(法)의 창시자인 솔론(Solon)[189]은 게으른 자들과 좀도둑들을 대항하여 특별한 법을 허용하였다. 그것은 그가 그들을 대항하는 소송을 유도하는 권리를 보장하는 일이었다. 역시 하나님은 그의 말씀으로 법을 제시해 주었다. 일하기 싫은 자는 먹지도 말아야 한다! 로마인들은 그들이 무가치한 게으른 자들의 보호자들로 불렸던 것

---

189) 솔론(Solon), 16장에서 각주 1번 비교.

처럼, 도시 안에 성전이 아니라, 무위도식은 잘 세워진 공동 본체의 경계선에서 먼 곳에 머물러야 할 것을 분명히 하기 위하여 이탈리아 중부의 강 저편에다 소경들에게 우연히 행운의 장소를 세워주었다.

이러한 모범들에 적합하게 법을 통하여 정돈되어야 한다. 1. 공동복지를 돕기 위하여 부자들은 지혜의 연구에 헌신해야 하는 것. 2. 가난한 자들은 수공업에서 열심히 일해야 한다. 달리 행동하는 자는 처벌되었다. 이러한 것이 이루어지게 하려면, 세계질서의 모순적인 것들과 파렴치한 행위 절반이 제거되었어야 할 것이다. 해적 행위와 도둑질과 도박놀이와 속이는 일들이 없어져야 한다. 거기서 국가 내에 어떠한 걸인도 허용되지 않아야 한다. 집시들처럼 무리 전체가 떼를 지어 다니는 일이 더욱 적어져야 한다. 거기서 각 사람은 표면적인 재물처럼 그렇게 몸과 영(靈)의 유익에 진지하게 행동 할 수 있는 사전 예방책이 만나 지게 되는 것이다.

VII. 역시 모든 기회와 멸망의 수단은 제거되게 해야 한다. 다음과 같이.

1. 그림들과 책들의 부끄럼 없는 도안들은 그 어디에서도 그것들에서 누구도 대면하지 않도록 하는 것이다.

2. 감각적이며 짓궂은 내용을 가진 세상 적인 노래들.

3. 구상된 나쁜 일들(Melusine 또는 Adamis[190]에 대하여), 그리고 대체로 사람들이 무신 주의를 취할 수 있는 세상의 성격을 지닌 모든 문서들.

4.

5. 선술집, 술집, 작은 술집, 음료 가게들은 그 어디에서도 허용되지 않아야 한다.

6. 마찬가지로 다른 사람들의 피를 빠는 자들과 기생하는 자들인 고리대금업자와 투기꾼들과 이와 비슷한 자들은 허용되지 않아야 한다. 놀음 꾼들과 점성술사들, 마술사들, 코메니언들, 줄타기 광대들, 그리고 다른 야바위꾼들 그리고 돈 낭비자들을 허용하는 일은 더욱더 적어야 한다.

VIII. 독점권 자들과 소수의 독점자 들(Oligopole)은[191] 전 세계에서 제거되어야 한

---

190) 멜루지네 아다미스(Melusine Adamis), 많은 수정 가운데 출판된 책으로 많은 사람이 읽은 중세기 소설의 영웅 주제.
191) 모노폴레와 올리고폴레(Monopole und Oligopole), 하나나, 더 많은 상인들이나, 상인사회의 한 영역에서 무역을 유보했던 초기 자본주의의 경제적인 기도들.

다. 계몽된 시대에 도시 안에 적은 사람들과 부자들이 독점권을 설치하며, 그들이 입에서 빵을 도둑질하기 때문에, 온통 다른 이들을 사업에서 밀쳐내는 세기의 이러한 손상과는 거리를 두어야 한다. 그 이유는 사람들은 몇몇 사람이 모든 것에 개입하는 모략의 행동을 견딜 수 없는 것처럼, 한 사람이 관계된 것은 모든 것을 그렇게 정돈하기 때문이다. 그렇게 사람들은 어울리는 열성과 그러나 부지런함과 함께 경쟁하는 다수들이 성취할 수 있는 것을 누군가가 그의 소득으로, 그러나 국가에 대해서는 분명한 손해를 끼치는 일을 사람들은 역시 참을 수 없을 것이다. 그렇지만, 한때 기독인들은 모노텔레텐(Monotheleten)[192]들을 이단자로서 판단하였다. 거기서 오늘날 아무도 독점자로 존재 하지 않아야 한다. 모든 것은 모든 사람에게 공동이어야 한다. 다만 형제들 가운데서 질서는 다스려져야 하며, 혼란은 일어나지 않아야 한다. 이것은 역시 교회를 위해서, 그리고 학교들 안에서도 유효한 일이다. 마가에 의하여(9:38) 제자들은 말한다. 선생이여, 우리를 따르지는 않으면서 당신의 이름으로 귀신을 쫓아내는 한 사람을 보았습니다. 그리고 우리는 그에게서 그일 행하기를 금하였습니다. 이것이 오늘날 그리스도 제자의 살아있는 모습이며, 그들이 연습하기를 배웠던 수공업자 조합에서처럼 그것을 가르치기와 연습하기를 자신과 그들 동료에게 허용했던 교황제도 아래서 뿐만 아니라, 모든 교회 안에서도 그러하다. 만일 이것이 역시 질서의 외관을(국가와 교회와 학교의 일들에서) 일깨운다면, 그 안에서 전제정치에 대한 경향이 그렇게 포함되었다! 그러므로 사람들은 조합을 드러내기를 네델란드에서는 지혜롭게 다루었다. 그것은 역시 교회와 세계 전체에서 그렇게 드러내게 되어야 한다. 한 사람 각자로부터 지성의 경계 안에서, 그리고 보편적인 장점으로 기도(企圖)되었던 모든 것은 모든 사람에서 허용되어야 한다. 그렇지만 그 행위들은 대략 실제로 합당하게, 그리고 보편적인 유익에 기도된 것인지는 증명해야 한다.

인간적인 일들의 불신앙적인 대리인들은 마찬가지로 그들을 조력하거나, 그 편에 서있는 사람들처럼 불신앙적이며 잔인하고 폭력적인 조언자들과는 거리를 두게 해야 한다. 아첨꾼들, 궁정들의 옛 악은 개선된 궁정의 행위들에서 가

---

192) 모노텔레텐(Monotheleten)들은 콘스탄티노플의 가부장인 세르기우스(Sergius)로부터 이끌렸던 한 종파의 추종자들이다. 그들은 그리스도의 정체성을 하나님과 인간으로서 접근하는 그룹이었다.

능하다면, 다윗의 모범을 따라 시편 101편에서 온전히 중지되었으며, 제거되었다는 것이다. 마찬가지로 밀고자들, 가장 경멸적인 신분의 인간 종족은 제거되어져야 한다.

지금의 법질서는 자격이 부여되어야 한다. 베른하르드[193](Bernhardt, 관찰에 대하여)는 다수로 있는 기독인들은 그리스도의 법에 따라 살지 않고, 이교도들에서 유래된 시민법을 따라 산다는 것을 탄식한다. 그의 생각에 따르면, 그것은 그리스도가 양심의 재판보다도 다른 법정을 제정하지 않았기 때문에, 그리고 이것은 교회에서처럼 마찬가지로 사적인 삶에서가정적 이어서 인간적인 타락과 연약함이 그리스도의 법에 모순된다는 것을 언급한다. 만일 우리가 어떤 다른 법정을 필요로 하지 않으며, 누구도 그 자신의 실수에 의식하지 않으면, 그 어느 곳에서도 관계된 법률 변호인에 의하거나, 또는 증인들에 의하여 그의 방어를 찾지 않았다면, 도대체 우리는 어떻게 행복할 수 있을지! 라고 그는 말한다. 이처럼 우리는 그것에서 아무것도 기독교적이지 않는 것을 습관적으로 집행되게 돌보는 가장 기독교적이며 보편적인 정치가 기독교적인 법의 보호를개선하도록 노력해야 한다. 그것을 몇분의 기독교적인 법률가들이 벌써 오래전 인식하였다. 그들 가운데 니콜라우스 피겔리우스(N.Vigelius)[194]는 1579년에 출판한 작은 책 안쪽(판사의 소책자) 머리말에서 그것이 지금 지배하고 있는 것처럼, 법의 실재가 하나님의 영광과 보편적인 안녕에 얼마나 손실인지를 첨부한 것을 보여준다. 그는 책에서 스스로 어떤 단순성과 간결성과 정의와 함께 임의적인 논쟁의 경우들로 법이 언급될 수 있을지를 교훈한다. (여기까지)
그는 제국의 의원들에 대한 첨부된 머리말에서, 타락한 법 판결의 원인을 확고히 제시하며, 다른 것 가운데서 언변의 남용을 소개한다. 기독인들은 기독인이라면 분명히 그들이 그것을 시민법이라고 부르는 그 어떤 인간적인 법이 필요한 것은 아니다. 그것을 알게 하는 일은 벌써 과도히 증명되었다는 것이다. 그 이유는 의로운 자에게는 어떠한 법(法)도 주어지지 않았기 때문이다(딤전1:9).
법의 총체: 네 이웃을 너 자신과 같이 사랑하라! 보편적인 가르침을 설명한다.

---

193) 베른하르트(Bernhardt), 제22장 각주 3번 비교.
194) 피겔리우스 니콜라우스(Vigelius Nikolaus, 1600년 사망), 독일 법학자.

우리가 시민적인 질서의 참된 개선을 원한다면, 보편 적인 안녕과 평화를 여러 가지 방식으로 불안하게 하는 것과 인간적인 사회를 괴롭힐 수 있는 이러한 일들과 비슷한 것들은 첫 번째로 제거되어야 한다. 먼저 그렇게 할때 곳곳에 더 좋은 질서의 도입과 보존을 위한 공간이 존재하게 될 것이다.

II. 더 좋은 질서들의 도입에 대하여

손상을 인식하고 그것을 개선하기를 원하는 것으로는 충분하지 않다. 사람들은 역시 어떻게 더 나은 질서를 도입되게 할 수 있는지에 대하여 숙고해야 한다. 만일 우리가 모든 일에서 더 나은 질서의 도입에 길을 발견하지 못하고, 그 일에 손을 내려놓을 때, 국가적인 일들에서 타락의 근원을 탐색하는 것으로는 별 도움이 안 된다. 그가 새로운 것을 손에 쥐지 않는다면, 더러워진 옷을 벗는 그가 비이성적으로 행동하는 모습인 것처럼, 더 좋은 것을 노력하지 않으면, 그의 집에서 부패한 포도주, 또는 상한 음료를 골라내어 버리게 되는 일이 자신의 가정 살림에 도움이 되지 않은 것처럼, 그렇게 시민적인 질서의 결핍을 확정하기와 제거하기를 노력하는 그 사람은 단지 헛되이 수고하게 되며, 그러나 손상을 제거하며, 더 나은 질서를 도입하는 일을 진지하게 힘쓰게 되지는 않는다. 장애들이 있는 그곳을 좋은 상태로 만들며, 우리가 참으로 정돈되며, 개선된 한 국가를 소유하도록 정치의 혼란 가운데 적절한 질서가 초래되게 하는 것은 우리가 진지하게 노력하는 참된 일이다. 이것은 한 국가의 공동체 안에 사는 모든 사람이 계층으로 나누어지며, 결정적으로 수행하는 유기체들처럼 법들이 그 같은 것에 종속될 때, 일어난다. 이로써 각 사람은 인간 사회의 한 지체이며 역시 종들이며, 개별 지체들이 결정적인 기능들을 위하여 전체의 보존과 관련하여 정해진 것을 우리가 우리의 몸에서 보는 것처럼, 예속한 자가 된다는 것이다. 우리가 자연과학적인 해명들에서 7가지 영적인 자질들에 관하여 설명했던 것처럼, 그렇게 사람들은 역시 7가지의 주된 신분들로 배분될 수 있을 것이다. 그렇게 다음의 자질들과 관련하여 구별하게 될 것이다.

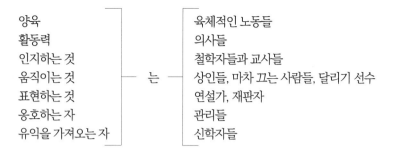

양육		육체적인 노동들
활동력		의사들
인지하는 것		철학자들과 교사들
움직이는 것	는	상인들, 마차 끄는 사람들, 달리기 선수
표현하는 것		연설가, 재판자
옹호하는 자		관리들
유익을 가져오는 자		신학자들

각 국가는 철학자들과 법학자들과 신학자들을 위한 노력이 특히 요구된다. 그러나 1. 불확실한 일들에 대하여 논쟁하는 그런 사람들이 아니라, 확실한 진리를 논하는 자들에 대한 것이다. 2. 약물의 힘을 통하여 질병과 싸우게 하며, 그렇지만 마침내 쓰러지도록 그들의 수입을 고려하여 일하는 그러한 자가 아니라, 사람들이 항상 긴 생명이 지닌 것처럼, 그렇게 건강하고 상쾌한 것같이 총체적인 생활 태도의 진단과 함께 드러내 보이며, 교훈을 주는 그러한 사람들이다. 3. 사람들이 '내 것과 너의 것에 대하여 세련되게 다투는 것처럼, 사람들을 가르치는 그런 사람이 아니라, (각자 그의 자리에서) 올바른 삶을 통하여 모든 것에서도 불의를 만나게 되는 것과 모두가 지속적인 평화 가운데서 모든 사람과 함께 살 수 있는 것을 가르치는 자들이다. 마침내 4. 사람들이 믿음과 사랑을 통하여 항상 어떻게 거룩한 자들의 공동체에 가까이 머무는지, 그리고 회개와 용서를 통하여 어떻게 하나님과 교회와 자신이 이따금 화해하지 않는지를 가르치는 그런 사람을 위해서다. 먼저 지금 그들이 모든 경우에 하나의 해답을 발견한다면, 모든 질문에 대답을 알며, 모두가 그들의 접근에 응답한다면, 모든 올바른 지도자들은 진리에 있어서, 높은 나이에도 평화와 구원과 축복에 대한 것을 소유하게 될 것이다. 마침내 만일 각 시민적인 관청과 각 국가, 또는 각 공동체가 경건(敬虔)과 평화(平和)와 질서를 존중하는 행정업무의 직원들을 가지게 될 때, 모든 것은 질서 가운데 있게 될 것이다. 다른 이들 즉, 지도하는 직무에 세워진 자들은 스스로 경건과 평화와 질서를 사랑해야만 하기 때문이다.

그것은 3가지가 있을 수 있다. 더욱이 1. 본성의 공적이며 사적인 모든 손상을 예방하기 위하여 모든 것에 확고히 설정한 시간에 임하여, 모든 가능한 일들에서 자문을 나누는 시의회의 위원들이다. 무지한 것을 깨우칠 수 있도록 그들에게 특별히 지혜로운 것이 요구되었다. 2. 논쟁이 발생하면, 모두에게 논쟁을 조정할 수 있는 판결사들이다. 그들은 최상의 정의로운 자들이어야 하며, 원치 않은 자들을 강요해야 한다. 마침 내 3. 모든 것이 질서 가운데 있는 것에 대하여 존중하는 최고의 관리, 또는 감찰관들이다. 그들은 모든 것에 통찰력이 있으며, 양쪽의 다른 직무의 권위를 강하게 하기를 그들로부터 요구한다. 그것에 대한 근본 토대는 모두가 선한 것이 무엇인지 알고 원하며 할 수 있게 하는 그것이다. 그 이유는 스스로 빛이 가득하지 않은 것은 아무것도 빛을 가져올 수 없으며, 스스로 방향을 알지 못하는 것은 아무것도 방향을 가리킬 수 없기 때문이다. 지배자가 다른 것에서 지배당하며 지도자가 인도된 일은 건강한 인간 이성에 반하는 것이다. 사람이 태양 안에다 기름을 채워야만 했다면, 태양은 태양이 아닐 것이다. 사람이 원천(源泉)에다 물을 부어야 했다면, 그 원천은 원천이 아닐 것이다. 그렇지만 그들이 오류에 대항하며, 손상에서 보호되어 머무르게 되도록 우리는 높이 세워진 권력자들에게(많은 중요한 일들을 인지하는 것을 갖는) 그들의 계획과 활동에 조력자와 동역자를 소유하도록 승낙한다. 비슷하게 우리의 이성과 몸 위에 지배하는 자에게서처럼, 감각기관들은 - 시각, 청각, 후각, 미각, 촉각 - 한쪽에 자리하게 된다. 이처럼 각 왕과 제후와 시의회 의원(왜 각 사람은 아닌지)이 속하게 될 것이다. 1. 신적인 일들 가운데서 그의 양심과 충고자의 지킴이로서의 설교자들, 2. 인간적인 일들에 대하여 지키는 자인 법에 정통한 자들. 3. 삶의 태도와 관계된 질문들 안에서 암시(그 대답)를 제공하는 철학자들이나, 또는 의사소통하는 사람. 4. 가정적인 관계들 안에서 모든 것이 정돈되어 진행되며, 개별 가족들이 우리가 소망하며 그것에 대하여 제21장에서 방식들을 제시했던 것처럼, 그렇게 공급된다면, 생명과 건강의 충고자와 지킴이들로서 능력을 소유하고 있는 의사들. 이처럼 공동체와 공적인 관청과 나라 안에서 모든 것은 질서 가운데 있게 될 것이다. 이것은 개체들의 지혜로운 자기 훈육에서 모든 것에 의존하기 때문에, 모든 관청은 그것에 대하여 지켜보는 일을 하게 될 것이다. 그래서 모든 개별적인 사람은 국가의 안녕과 평화를 경건하며 의로우며, 분수를 지키는 삶을 통하여 보호되는 것이다.

우리는 일들의 개선에서 평화스럽게, 국가의 행복을 초래하는 의도들을 가장 첫머리에 세우게 된다. 즉 그것들은 가족 안에서 부모들이 특히 다툼을 피하고 일치의 선한 모범을 주기 위해, 그들의 자녀와 권속들 전체에 심어주게 된다. 학교에서 청소년의 교사들은 논쟁을 평화롭게 조정하기와 완고한 불의를 중지하는 것과 정치적이며 교회의 행정 부서에 의견 상충의 길이 개방된 학생들에게 불일치의 나쁜 본을 제공하는 것에서 자신을 보호하는 삶의 규범들을 학생에게 중재하게 될 것이다. 교회 안에서 성직자들과 목사들은 난해한 일에 대하여 종교적인 논쟁의 길에서 빠져나오도록 공중에서처럼 가정에서도 선한 모범을 통하여 빛나게 되도록 사도의 모범을 따라 그들 전체의 양무리를 일치하게 격려하게 될 것이다. 마침내 관리들은 각자 안식 가운데서 그의 일들에 전념하도록 주의를 기울이게 될 것이다. 세상의 관청은 자체가 특히 영적인 것과 함께 선한 협력 가운데 있기와 그들이 선한 법을 통하여 유익이 초래되기를 이해하는 것보다 오히려 모범을 통하여 더 많은 손상을 입지 않도록 상대에게 손을 내밀기를 노력한다. 1. 이것은 분명히 가부장들의 시대에 있었던, 즉 가족들의 첫 탄생자들이 왕들이었으며 사제들이었던 때에 있었다. 2. 이스라엘 백성 가운데서 하나님은 이 양자의 직무를 분리하였다. 그것은 두 형제에 의하여 시작되었다. 그래서 그는 유다지파에게 왕의 신분을, 그리고 레위 지파에는 사제의 신분을 주었다. 3. 그런 후에 왕이 보좌에 앉게 되자마자 곧, 하나님은 그가 법의 책을 레위인에게서 취하여 베껴 쓰도록 명하였다. 4. 모든 논쟁은 사제들이 결정하였다. 그것에 합당하게 살았던 사람들은 행복했다. 예를 들면 다윗왕이었다. 6. 다르게 살았던 자들은 불행했는데, 그가 우시아(Usia)[195]왕이었다. 정치가 교회를 거의 집어삼켰던 곳, 몇몇 개혁된 국가들의 관습에 대립하여, 우리는 역시 주의 깊게 주시해야 한다. 교황제도 아래서 학교의 도움으로써 교회가 국가를 우러러보는 것처럼, 교황제도에서 벗어난 나라들에서 국가는 교회를 우러러보게 되는. 양자의 극단은 개혁되어야 할 것이다. 모세와 아론은 형제적인 일치의 모습으로 되돌아와야 한다.

기독교적인 법들은 같은 방식으로, 기독교적인 관청들을 통하여 사면되었던 경건하며 평화스러운 의도들을 도와야 할 것이다. 하나님의 존경할 만한 법들은 인간의 정신에 타고난 하나님의 법처럼 그렇게 본성에서 그들의 규범을 설명한다. 그 이유는 각 인간적인 지성과 각 의지가 속박되게 하며, 재능있는 자들의 건강한 인간의 지성으로써 그것들에 저항할 수 있는 것이 아니라, 각자 인정하는 것이 강요된 저 악당이 바로 이것이기 때문이다. 또는 역시 평화의 성주이신 그리스도의 법들은 그것들의 총체를 다음과 같이 말한다. 네 이웃을 네 몸처럼 사랑하라, 사람들이 너희에게 행하는 것을 너희

---

195) 우시아(Usia), 제10장 각주 6번 비교.

가 원한다. 너희는 역시 그것을 행하라!, 이러한 법 부여자보다 누가 더 거룩한가? 누가 더 완전한 자인가? 누가 더 지혜로운가? 사람들은 그러한 능력 있는 법 부여자로부터 거룩하고 완전하며 지혜로우며, 의로운 법(法)으로서 무엇을 기다릴 수 있는가? 모든 것이 모두에게 해당하면서 용서되었던 모든 것은 그의 법에서 보호되어야 한다. 즉 결혼과 의복에 대한 것 등등에 대하여.

이러한 법들에 따라 주문된 심판들은 모두에게 접근되는 장소들에서 조절되어야 한다. 1. 심판은 말하자면, 하늘과 땅의 면 전에서, 그리고 하나님의 면 전에서 개최되도록, 2. 모든 가난한 자들과 굴복한 자들과 억압당한 자들 자유로운 통로를 가지는 것, 3. 법들과 함께 마찬가지로 그렇게 권리를 통하여 시행된 권리와 정의와 함께 친밀감을 만드는 모든 기회가 유지되도록. 하나님은 그 때문에 의심 없이 명하였다. 심판자들은 시의회 집들의 벽들 내면에서 말하지 않아야 하며, 모두가 소리치기를 장려하는 성문을 향하여 말해야 한다. 그 외에도 역시 로마의 백성 가운데 사람들이 100명 모인 자리에서, 그리고 바닥의 한복판에 하나의 창(槍)이 꽂혀 있는 공적인 자리에서 재판 과정이 개최되어야 한다.

그리스도의 법에 적합하게 공적이며, 사적인 재판을 도입하는 것은 진실로 기독교적으로 정당할 것이다. 이것은 역시 기독인들이 그들도 이방인의 법정에 소환된다는 것의 책임을 씌웠던 사도(使徒)의 진술에 따라 이루어진다는 것이다. 세상의 구성원들 외에 역시 영적으로 법정에 앉는 것을 하나님은 구약에서도 정하셨다. 그리고 이들이 실수하는 일이(신21:5) 발생하자마자, 곧 이것은 그들이 법의 지식인들로서 심판자들을 개선하려는 것 때문이다. 왜 우리는 우리의 법 부여자이신 그리스도를 부끄러워해야 하는가? 왜 우리는 그의 거룩하고 간략한 것에 앞서 엄청나게 얽혀있는 이교도적인 법들에다 우선권을 주어야 하는지? 여기서 질문이 던져질 수 있는데, 성직자들이 법정에 앉는 것이 신약에 따라 더 의로우며, 더 적합한 것인지? 나는 신약에 그리스도도 역시 사도도 그 같은 것을 결정하지 않았다는 사실을 대답한다. 그 이유는 그들이 낯선 자들의 지배하에 살았으며, 게다가 기회가 없었기 때문이다. 그것은 역시 그리스도가 어떤 의식들을 규정하여 교회 시대와 환경에 따라 넘겨주었기 때문에 역시 이루어졌다. 거기서 기독인들 가운데 성직자들이 종종 매혹당하였거나, 또는 나쁜 경험들과 함께 양자의 경우들에서 자주는 아니었다. 그 나쁜 경험이 지배하기 때문에, 양자의 기능을 분리하여 그냥 두는 것이 더 안전하게 될 것이다. 특히 관리들이 하나님의 법을 알도록 하나님의 말씀이 그렇게 밝게 해명하는 거기에서다. 그들이 범한 것을 개선하는 것이 사제(司祭)들에게 거론되지 않은 채 머무르게 된다. 정의(正義)가 피난처를 발견하도록 공적인 재판들이 모든 주간에 이루어지거나, 적어도 열리게 된다면, 역시 그것은 좋을 것이다. 여기서 역시 사소한 경우들은 권리와 안식이 위협되었을 가시적인 것을 드러낼 때, 의존적으로 이루어지게 할 수 있을 것이다. 그리고 곧 관찰될 수 있는 것은 예를 들면 한 사람이 게으르며 온종일 떠들며 놀며 소일하는 삶을 시작할 때 등이다. 그렇지만 기독인들이 그리스도의 법의 단순성과 건강한 인간 정신의 소리로 되돌리려고 하였다면! 그랬을 때, 사람들은 법의 학문도 법의 대리자도 필요로 하지 않았다. 모든 것은 더 빨리, 더 친절하게 더 쉽게 질서 가운데로 가져오게 한다는 것이다. 그러나 당신은 지금 무엇을 시작하는가? 적어도 나는 명예를 위하여 그것으로 나아가야 한다. 역시 선한 책들은 건강하고 유익한 충고들로써 그러한 선한 계획의 지지에 협력하게 되는데, 즉 정치적 질서의 근거와 제도와 보존에 대한 가장 확실한 진리를 길러오게 하는 거룩한 문서들의 법전의 첫 자리에서, 그렇지만 다른 인간적인 책들 없이는 그것들이 나태하게 하는 것이 될 수 있다. 그것에 대하여 벌써 범교육학(Pampaedia) 부분들 가운데서 충분히 다루어 놓았다. 그 때문에 우리는 이것에 대하여 독자들에게 충고한다. 섬기는 일들과 의무들은 한편으로 공적이면서 다르게는 사적인 본성을 가진다. 거기에 속하여 있는 역시 일들로서 사람들을 위한 것처럼, 공적인 안식과 복지와 계몽을 위한 돌봄을 책임지고 있는 관청들의 봉사는 공공(公共)의 것이다. 공공복지와 계몽과 평화를 증대시켜야 할 사람들은 철학자들과 정치인들과 신학자들의 몫이다. 국가의 관청들은 그들이 지도하는 각 공동체가 백성 가운데서 경건한 생각이 깨어나게 되도록 활동하는 그들의 거룩한 봉사와 안식이 보존되도록 일깨우게 하는 그들의 직무를 소유할 뿐만 아니라, 그들이 아무도(행정당국과 성직 스스로) 무엇인가를 비합리적으로 수행하지 않도록 역시 그들의 중요한 사명들을 밝혀 주는 철학자들(그들 지혜로운 사람들)을 소유하는 것을 돌본다. 그들의 주된 과제들은 아이들의 온통 교육을 생각하여 그 일이 진행되도록 학교들을 다스리는 일이 될 것이다. 그렇지만 이로써 그들의 작업이 끝난 것이 아니라, 모두가 진리의 길에서 온전히 보존되도록 그들의 행위를 모든 면으로 확대하게 된다.

대체로 사람들이 항상 성취해야 하는 그것을, 그들은 먼저 습득한다. 그들이 그것을 배워야 한다면, 아무도 배우지 않은 사람이 없도록 그것에 대한 수단을 준비해야 한다.

모두가 알아야 하는 것을 모든 사람이 함께 배웠을 때, 이것은 유리하게 작용하게 된다. 이처럼 그들은 배워야 한다. 1. 교회의 섬김에 관하여 예배와 교회 안에서 경건, 2. 정치인들로부터 그들 본래의 권리들과 특권들, 3. 철학자들로부터, 그들은 그들 조상의 역사적인 행위와 그들의 특권들이 삶의 가까이에서 쉽게 가르치고 배울 수 있는 학교들에서 고향과 타향의 풍습이나, 또는 연극 공연의 도움과 함께. 그것을 위한 돌봄을 짊어지는 곳은 주로 관청이다. 관청은 한 백성, 한 지역 공동체, 한 가정이 있는 곳에서 경건을 가르치고, 번성하는 일에 주의를 기울이게 될 것이다. 즉 법의 질문들에 대한 가르침은 특히 도시들과 지역 공동체들에서 시행되며, 교양 있는 사람들이 사는 더 큰 도시들에서 3번째 단계의 시행이다. 사람들은 어리석음과 행실이 좋지 않음과 도덕적으로 해치는 일이 허용되는 것을 막아야 하며, 모두가 지혜의 관심과 선한 풍습의 관심으로 알아야 할 그것이 보존되어야 한다. - 역사에서의 모범들.

공공의 건축물들에 대한 돌봄의 책임은 역시 그들에게 위임되었다. 예를 들면,
1. 고아들의 집, 가난한 자들의 집, 요양원, 병원처럼 경건의 훈련에 한정된 교회들과 기관들에 대하여,
2. 지혜의 훈련을 위한 학교들. 1) 관공서들은 그들 활동의 범주에서 곳곳에 있는 학교들을 감독한다. 2) 그들은 교사들을 임명하고, 그들의 생활비를 확정한다. 3) 그들이 교육 생업에 전념하는 기간에 가난한 자들의 아이들을 그것의 도움과 함께 생활하게 되도록 관청은 수단을 준비한다. 4) 그들은 학교의 감독 주무관청, 즉 수도원의 책임자들과 검열관들을 제정한다. 모든 사람에게 깨우침이 선과 악의 지식에 필요가 아니라, 자발적인 것에서, 온전한 준비로 행동하도록 나누어져야 하기 때문이다.
3. 그들을 동시에 죽이는 것이 필요하지 않으며, 서로 도우면서 바로 세우는 것이 필요하도록, 법을 위반한 자들의 극복에 필요한 교도소들.
4. 시계를 통한 시간의 확정. 분명한 시간 분배는 합리적인 행동의 토대이기 때문에, 시계는 도시와 마을과 가정 살림에서 동일하게 존재해야 한다. 그리고 이것은 해시계와 기계적인 시계를 고려하여 정오의 낮시간과 한밤중에 12시가 울리는 곳에서, 12시간의 시계 숫자판과 함께 통일되어야 한다. 그 이유는 홀로 그러한 시계들은 노동과 휴양과 같이 가장 좋게는 해의 출구에 타당하기 때문이다. 한 도시에 더 많은 시계가 주어질 때, 중앙의 한 시계가 다른 모든 것을 위한 표준의 역할을 할 수

있을 것이다. 거기서 모두는 먼저 이것을 바라보게 되며, 그들은 공적인 모임들, 즉 교회의 설교들과 장례식과 결혼식들처럼 등등. 같은 시점(時點)에 개최되도록 그들은 시계 소리를 듣게 된다.

5. 역시 공적인 마을(도시)의 길들을 위한 배려는 다음과 같은 것이 요구되는 자들에게 귀속된다. 1) 간격들의 정확한 측정, 2. 사람들이 어디로, 어떻게 가는지 보여주는, 이사야서에 있는(사4:3-4) 문자대로 충족된 것들에 대한 길 안내들이 편성된 것, 3. 다리들과 나룻배의 길 돌보는 것, 4. 사람이 적절한 가격으로 음식을 얻을 수 있는 서로 적절한 거리에 숙식 업소가 있다는 것, 5. 역시 지도들, 6. 공적인 안전을 위한 것, 7. 첫째로 더위에 의하여 절반 길가의 식수를 위하여, 둘째로 비와 뇌성 때문에, 셋째는 절반은 과일 때문에, 그리고 네 번째, 미화(美花)에 대한 것이다.

청소년 여행자들을 위한 베려는 역시 관청들에 위임되었다. 관청들은 여행자들을 추천하며, 조정하며, 제한하게 될 것이다. 세계가 벌써 열리게 되면, 그들 모두가 집에서만 활동하지 않도록 여행을 추천하게 될 것이다. 그들이 무위도식하는 자들이 없도록 제한한다면, 그들이 돌아온 후에 충분히 준비되어 공동체에 유익할 수 있도록 그것을 조정한다. 이것이 어떻게 비치될 수 있는지, 우리는 동시에 보게 될 것이다.

마침내 최상의 감독과 심판의 직무와 행정 권력은 행정기구의 원로회에 속하게 된다.

1. 아무도 게으름을 부리는 모습으로 살지 않고, 모두가 적절한 자리와 일들로 살게 되는 것.
2. 그렇지만 반대로 아무도 다른 것에서 입으로부터 무엇인가를 빼앗기지 않는 것.
3. 아무도 논쟁과 시기 안에서 그 어떤 모습으로 사는 것이 아니라, 모두가 평화와 일치 가운데서 살게 된다.
4. 땅과 들녘과 숲들과 동산들과 건물들의 어떤 부분도 경작을 쉬지 않는 것.
5. 아무도 집이나, 또는 집 밖에서 다른 것들에 해를 입히지 않는 것. 공중의 안전이 모든 구석진 것에서처럼 길과 골목에서 바르게 유지되어야 한다.

관청은 국가가 그것들을 넉넉하게 소유하며, 기근이 예방되도록 생계 수단으로써 공급을 돌보아 주어야 한다. '네델란드'에서는 어부들에 의하여 다음 세대의 안전과 물고기의 종류를 보존하기 위하여 그들이 사용하는 그물에서 작은 물고기가 온통 잽싸게 빠져나오게 하지 않고, 그물을 촘촘하게 만든 것을 사용하지 않는지, 그물을 조사하는 감독자들을 두고 있었다. 그것은 새끼들을 어미 새들과 함께 모조리 멸절되지 않게 하는 잘 알려진 하나님의 지시와 일치한다.

각 나라에서, 각 공화국에서, 그리고 각 수도의 중심지 구경꾼들에게 기쁨이 되는 하나의 동산을 가지는 것이 역시 좋을 것이다. 그것은 거기서 1) 식물들을 보며, 2) 무기물들과 돌들, 3) 지상과 물과 공중의 동물들을, 4) 마지막으로 가능한 모든 땅의 생산물들을 보는 것이어야 함을 뜻한다. 이유: 1) 모든 민족들 가운데 교육의 상태를 개선하기 위하여 영향력 있는 수단이 중요하기 때문이다. 2) 새 아담이 우리에게 천상적인 것뿐만 아니라, 역시 현세적인 낙원을 열어준 것을 위한(사11:6,9) 표면적인 표지(標識)가 중요하기 때문이다. 3) 사물의 개선을 위로하는 경건한 사람들에게 기쁨으로 섬기게 될 것이다. 각자가 자신 안에 황홀의 동산을 세우도록 몸의 건강에 유익하며, 계속해서 인간의 정신을 자극한다.

수단: 그러나 이 모든 것은 어떻게 가능한가? 나는 대답한다. 1) 그것을 위한 강한 성향을 느끼며, 그의 주된 영향의 범주로서 인정하는 누군가에게 사람들은 그것을 맡겨야만 했다. 2) 그것을 위하여 적용된 장소가 찾아지고 배당되어야 한다. 예를 들면, 동산과 들녘과 숲들과 물고기의 연못들로써 준비된 한 수도원. 3) 그러한 정원을 구경하기를 원하는 사람들의 기부들에서 수입들이 배려되어야 한다.

실현의 방식: 동물들과 맹수들을 어떻게 길들이는가? 이러한 기술은 사람들에게 잘 알려졌다. 스위스의 한분 목사는 개와 고양이와 쥐와 새가 같은 그릇에서 먹기를 가르쳤다. 역시 사람들 가운데 평화와 일치가 이루어질 수 있는 것처럼, 실제 노아 방주와 하나의 가시적인 표지, 즉 그렇지만 이것이 어떤 서막일 수 있다.

사적인 직무 수행들은 사적인 사람들의 일이다. 예를 들어 수공업자, 상인, 영예로운 직업을 수행하며, 그들의 먹거리를 벌어들이는 다른 사람들에서다. 그들은 보편적인 규칙을 중요하게 여긴다.

1. 각자는 그의 직업과 장소에 머물게 된다. 예를 들어 도시에 있는 상인들과 수공업 종사자 들, 마을에 있는 농부들이 머물러야 한다. 귀족들은 귀족에게 하나의 적절한 것, 농부들은 그들에게 하나의 적절한 것, 사제들은 하나의 영적인 봉사를 수행할 수 있을 것이다.

2. 모든 것은 간계(奸計)를 꾸미는 것 없이 이루어지게 된다. 누군가 계약을 통하여 업무수행이 의무화되었다면, 그는 대가나 보수를 재판장이나, 증인에 의하여 공탁한다. 그가 그의 의무를 성실히 이해했다면, 그는 총액을 올리지만, 그것이 일어나지 않는다. 다른 이가 그것을 얻게 된다. 사람들은 간계를 보증받지 못한다. 그럼에도 그것에 이르게 되면, 그것은 장본인에게로 되돌린다. 모든 것이 단지 참되고 성실하게 시행되도록 그것을 통하여 노력이 강화되었다.

3. 모두가 조상들의 풍습을 따라 본래의 단순성으로 되돌리게 된다면, 특히 음식과 의복과 주제 등에 관한 것은 좋을 것이다. – 이것은 충실하게 농사일로써 만족했던 행운의 시간이었다.

> 비록 기근이 역시 크기도 했지만,
> 태평스러운 즐김과 굶주림으로 망쳐놓지 않았으며,
> 아무리 굶주림의 고난이 크다 했어도,
> 곳곳에 깔려 있었던 도토리들로 충족시켰다.

음식은 한 가족을 위하여 공동의 것처럼, 그 음식은 한 사람이 구토할 정도로 과도하게 먹이지 않으며, 다른 이는 굶지 않도록 그렇게 역시 같은 마을에서, 같은 도시에서 모두를 위해 같은 수준으로 제공되어야 한다. 그것은 쉽게 다다르게 한다. 1) 모두가 같은 시간에 점심과 저녁을 취하는 확정적인 것을 통하여(아무것도 특별한 것이 발생하지 않는다면), 2) 아무도 세 번이나, 네 번 이상 음식을 놓아주지 않을 때, 3) 가난한 자들은 도움을 유지한다. 모두가 적절한 시간에 일하며, 그 후에 상응하게 먹이를 취하는지, 보기 위해 대략 주간에 한 번 가정들을 방문하는 공적인 지방관리가 제정되어야 한다. 그들이 음식을 먹지 않았다면(질병이나, 또는 다른 이유로), 아무도 놓치지 않도록 보편적인 재산에서 조치가 취하게 된다. 또는 지방관리가 해당자에게 무엇인가를 보내도록 이웃이 주의를 기울이게 할 수 있을 것이다.

그의 생각에서 옷 입기가 아무에게도 자유롭지 않도록 하며, 그의 나이와 상태와 사회적 지위에 적합하게 복장을 갖추는 옷을 고려하여 법들이 주어질 수 있을 것이다. 그렇게 각자와의 만남에서 곧 마땅한 영예가 부여될 수 있을 것이다. 사람들은 이러한 일에서 대략 정확한 것을 결정하는 것인지, 그것이 적합하지 않을지는 숙고해 보아야 한다.

1. 사람들은 첫 연령대가 죄로 얼룩지는 것을 보호하기 위하여 세례의 기억에서 아이들이 하얀색의 옷을 입는 것.
2. 아이들은 그들의 황금의 순결성을 보존하기를 기억하기 위하여 노란 옷을 입어야 한다.
3. 학자들은 사고의 신선함을 증명하기 위하여 녹색을 선택해야 하며,
4. 성직자들은 하늘을 고려하여 푸른색의 복장을 취하게 된다(그들이 하늘로 향하고 다른 이들을 그곳으로 인도해야 하는).
5. 세상의 공적 직무에 속한 자들은 붉은색이나, 자색을 이용할 수 있을 것이다.
6. 인생의 끝과 무덤을 기억하도록 노인들은 갈색이나 검은색을 취해야 한다.

주제와 관련하여 사람들은 옛 관례로 되돌아가기를 바랄 것이다. 아리스토텔레스(Aristotele)가 필립-안티쿠스(Philipp-Antikus)인 키케로(Cicero)에게. 이러한 영역에서 허영심이 무한한 것으로 성장 되었다. 우리는 이러한 위험스러운 타락의 자존심을 떨쳐버려야 한다.

사람들은 역시 질서들을 기쁨과 즐거움에서 벗어나지 않게 해야 한다. 1) 가정의 집 – 아이들의 놀이, 가족의 축하, 2) 학교에서 – 공적인 모임들에 의한 연극 공연들, 축하 행위, 3) 작은 마을, 또는 도시에서 – 교회의 봉헌, 연극 공연들(그것들은 열매가 없지 않은, 국가적인 역사에서, 조상들의 행위들에서 주어진 것들이나 유익한 것들로 내용으로 삼거나, 또는 성자들이나, 지혜로운 자의 삶을 내용으로 할 때). 4) 제국 안에서- 올림픽 경기들.
연극 공연들은 잘 정돈된 국가 체제 안에서 보존되어야 한다. 그것들은 더욱이 도입되고 보존될 수 있을 것이다. 증명들:
1. 그것들이 적당하게 천성적일 때, 하나의 영예롭고 친절한 청량제가 자신들에 유익하다. 그러나 특별히 하나의 여행과 비슷하며, 몇 해 동안 참여하는 한 다른 사람이 먼저 얻는 아주 많은 정보를 보증하는 그러한 것.
2. 이러한 방식으로 사람들은 모든 엄청난 유익한 인상들을 영향력 있게 정신에 각인(刻印)할 수 있을 것이다.
3. 여기서 공연(公演)된 것으로부터 깊이 감동을 끼치며, 국민의 도덕성이 형성된다. 그

이유는 (1) 거기서 특별한 대상들이 연결되기 때문이다. (2) 선출된 말들, (3) 각인된 연극기술, (4) 아름다운 조화와 비극적인 부조화, (5) 사람들에 대하여 맡겨진 호의적이며 나쁜 하나님의 심판. 모든 것이 행하여진 공연이었다면, 구경꾼은 감동되어야 하며, 말하자면, 황홀경과 감동에 옮겨진 상태에 있어야 한다. 그러므로 잘 공연된 드라마는 아직 잘 설정된 말보다도 더 많은 유익을 초래하는 것을 돕게 된다. 잘 요약하면, 진지한 사건들에 생생한 모범들이 중요하다. 그것들은 모범을 요구한다.

어쨌든: 1. 선조들의 행위가 잘 알려지도록 특히 조국의 역사에서 가치 있는 것이 잘 알려지도록 역사적인 사건들을 공연하는 것이다. 그리고서 역시 국민의 탁월하며 감동을 주는 행위들. 2. 사건들에서는 상상해서 덧붙여진 것이 아니라, 이루어진 것처럼, 그리고 동일한 의복과 풍습과 함께 과거의 것을 상연하는 것이다. 3. 아무것도 외설한 것은 혼합되지 않아야 한다. 그 이유는 그러한 일이 발생했을 때, 하나님의 심판이 공공연한 무대에서 관람자들의 목전에 보여지는 동안, 마치나 장면 밖에서 상연된 것처럼 그렇게 공연하는 것이다.

부부(夫婦) 안에서의 질서

1. 누구에게도 독신은 허락되지 않았으며, 누구에게도 특히 그것이 하나가 아니라면, 결혼하지 않은 채 지내는 것은 허용되지 않았다. 그의 나이와 그의 신분에 따라 그 상태에 다다른 자는 결혼해서 아이를 가져야 한다.

2. 파트너의 선택에서 나이와 신체적인 모습과 건강을 고려하여 동등성(同等性)이 허용되도록 존중되어야 한다. 만일 사람들이 말들의 훈육(訓育)에서 큰 배려가 수반되게 한다면, 왜 사람들은 역시 사람에게도 존중하지 않는가? 부부는 특히 미성숙한 나이에 결정되지 않고, 파트너들은 그들의 신체적이며, 정신적인 발전에서 완전한 성숙에 다다르자마자 곧, 말하자면, 20-30살 사이에 있는 남자들과 18-24살 사이에 있는 젊은 여성에 해당한다. 이러한 충고에 대한 근거는 1) 그들이 삶의 과제를 준비하는데, 더 많은 시간을 갖도록 하려는 것이며, 2) 숙고하지 못한 사람에 대한 기회가 더 적게 생기도록 하며, 3) 그들이 힘차고 건강한 다음 세대에게 생명을 선물하도록 자질을 갖게 하는 것. 스파르타 인들은 늦게 결혼하도록 힘썼으며, 젊은 여성들처럼 젊은 남성들이 노동을 통하여 단련시켰다.

3. 부부(夫婦)가 된 사람들은 명예와 신분에 적합하게 살아야 한다. 그들은 자녀들을 교양 있게 교육해야 한다. 사람들은 이러한 목적에 노인의 지혜로운 사람들을 부부의 감독자들로 세울 수 있을 것이다. 만일 가능하다면, 건강 교훈(실천적인 질문들을 위해서)과 윤리 교사들의 가장 좋은 지식인들. 스파르타인들에게서 한 소년이나, 청년을 대략 버릇없이 행하는 것을 보았으며, 그를 자기 아들처럼 처벌하지 않고, 고치지도 않았던 그는 잘못 충고하는 시민으로 보여졌다. 지참금에 대해서는 마지막 문단들에서 보라. 한 부부를 교섭하여 타결을 보기 위한 수단에 관한 것은 사람들이 가장 적게는 지참금에서, 그리고 가장 많게는 그것을 고려해야 한다. 스스로 풍성한 소유를 가진 후 적어도 남자가 아내를 구한다면. 이러한 경우에 그는 그녀가 재산을 증대하는 것보다 더 잘 획득한 재산을 잘 보존하려는 좋은 살림꾼 여인을 구해야 한다. 가장 많게는 한 아내를 위한 큰 지참금을 가진 부자 신랑이 아니라, 부자 신랑이 선한 도덕과 함께 가난한 신부를 위하는 동안, 지혜로운 남자는 선한 혈통으로부터 선택되는 것이다. 그 이유는 재산을 가진 어리석은 부자가 도덕적인 장점들이 없이 의무도 지우지 않으며, 공동체를 위한 장점과 장신구도 없이 지혜롭고 영예로운 사람들이 굶주림에 시달리지 않도록 그렇게 표면적이며 내면적인 재물들의 지혜로운 비교에 이르게 되기 때문이다. 우리가 추천하는 것이 보존되지 않았다면, 도덕적인 정제(淨濟)에 그 어떤 자극도 존재하지 않는다.

III. 시민적인 질서를 계속해서 형성하기 위한 수단

그것은 획득되어 진 그것을 보유하기 위하여 가장 미미한 숙련은 결단코 아니다. 새로운 이득은 최상의 것은 아니다. 그러므로 우리가 동시에 새로운 상태의 보존에 대한 길들을 찾아내지 않으면, 올바른 시민적인 헌법을 발견하고, 그것에서 수단을 표명하는 것은 역시 충분하지 않다. 그 이유는 그것들이 생겨난 동일한 수단들을 통하여 보존되었기 때문에, 우리는 역시 선한 질서를 향하여 찾는 것의 눈에 파악된 저 요소들을 우리의 경우에 존중해야 한다. 말하자면, 사람들과 일들과 행동들에서이다. 국가나, 더 큰 인간 공동체를 보존하는 사람들은 빛과 평화와 하나님 사랑의 보존자들인 학자들과 성직자들과 통치자들이다. 그것은 다음과 같은 것을 뜻한다. 한 공동체 안에서 모든 사람에 대하여 예외없이(아이들을 포함하여), 모든 질서와 평화와 안식 가운데서 지배하도록 세상의 주무관청이 깨어 있어야 한다면, 그렇게 그 같은 공동체 안에 영적인 주관

처가 (목사 또는 장로들과 함께 목회자들) 모든 사람과 모든 것이 예외 없이 하나님의 경외와 사랑 안에서 보존되도록 경건을 주시하게 된다. 마찬가지로 지혜가 모든 사람 가운데 있으며, 예외 없이 전체 아이들 모두에게 확대되는 하나의 교육과 교양(教養)에 보장되어 있게 하는 일에 대하여 깨어 있는 교육청(학교들의 책임자, 또는 주무자들, 거기에 속한 교사들과 학자들)이 있다. 한 아이도, 역시 가장 가난한 부모도, 모양이 보기 흉한 통나무처럼 그렇게 머물러 있는 것이 아니라, 모든 것을 심고, 보살피며 물을 대며, 갈고 닦은 보석처럼 되도록 하나님의 식물이 가득한 동산으로 위임되어야 한다. 사람들은 우리가 일들로부터 개인적이며 부분적인 지식을 희구하며, 모든 일의 상호 교환적인 조화(調和)를 나태하게 할 때, 신실한 교양에 대한 것을 희망할 수 없게 된다. 개인들이 선한 생각을 따라 사는 것을 허락하는 한, 그들이 자의식 가운데서 분명히 번창하도록 공동 적이며 만족스러운 결합 수단이 없는 한, 그들은 스스로 그들에게 속하여 단지 그러한 연결 가운데서 번영할 수 있을 모든 것과 이것이 끊임없이(역시 죽음 후에도), 땅 위에서 영예롭고 평화로우며, 충만한 것에 대한 어떠한 희망도 제공할 수 없게 될 것이다. 이러한 연결들: 모든 것과 모든 것에 대하여 면제해야 하는 권리들과 법들이며, 그러나 미미하게 수(數)에 대하여 그리고 자연법으로부터 보호되었다. 그 법들은 다음의 것을 위한 것이어야 한다.

1. 모든 영역을 위하여
2. 모두에게 알려지며,
3. 그것들이 실제로 알려져 있도록, 공적으로 진열되어야 하며, 매년 새롭게 낭독되어야 한다.

상호관계들은 세계의 것이라는 점이다. 1) 1/4의 관계들은 매월에 만나며, 일치하는 이웃공동체에 대하여 상의해야 하는 그들 대리인의 중재를 통하여 각 공동체 안에서. 2) 각 지역에서 공공복지를 자문하기 위하여 도시와 공동체의 자문 위원들의 참여 가운데 그 신분을 가진 자들은 주되 도시에서 만나게 된다. 3) 그 밖에도 기억할 만한 일이 발생했던 것을 보도하는 주간 신문들이나, 소식지들이 인쇄되었다. 그것들은 기뻐할 일들로써 기뻐하며, 슬퍼할 일들로써 슬퍼하는 기회가 생기도록 분배된다. 그것들이 빛과 교육의 확대를 위한 도구들이 되도록, 생각할 가치가 있는 것은 고향에서, 그리고 타향에서 발생한 것을 알려야 한다. 1) 학교에서 그리고 교육의 영역에서, 2) 교회에서, 3) 시민의 경제적인 삶에서다.

역시 여행을 위해서도 돌봄은 유지되어야 한다. 그것은 3가지 방식이어야 한다. 1) 그것은 젊은이들의 영을 기쁘게 해야 한다. 그들이 여행을 통하여 완전하고 세밀한 생활양식을 얻을 수 있는 것은 확실하다. 세계는 한 권의 책에서 동등하기 때문이다. 각 대상, 각 공동체, 각 대학, 교육되고, 지혜롭고 경건한 각 인간은 이러한 거대한 책의 한 면을 설명한다. 사람들이 그 책을 읽으면, 거기서 이익을 끌어낼 수 있다. 2) 그것이 국가에 경험하는 것과 모든 면에 교육받은 사람들이 결핍되지 않도록 하며, 3) 이웃에 있는 사람들과 먼 곳의 민족들 사이에 일치와 협동에 지지받게 되며, 보존되었다는 것. 매년 한 사람이나 둘이나 세 사람이 여행하는 일로 보내지게 되는 일이 이처럼 각 나라의 관심 가운데 놓이게 된다. 4) 이들은 그들 땅의 사람들에게 매월 타국에서 편지를 써서 보내게 된다. 5) 그들이 돌아온 후에 그들이 만든 일기책을 내놓을 때, 그들 여행에 대한 설명을 내놓게 된다. 6) 각 제국에서 누군가는 세계로 파송되어야 한다. a) 모든 민족에게서 신뢰를 얻기 위하여, b) 사랑의 마음을 새로이 하기 위해, c) 세계에서 자신에 앞서 진행되는 일을 알리기 위하여. 7) 이것은 파송 받은 자들이 그들의 비용을 사적인 것이 아니라, 공적인 수단에서 지출하는, 즉 공적인 임용을 소유하거나, 또는 손님으로 접대를 누리는 것이 이루어지게 된다. 더욱이 학자들은 학자들에 의하여, 사제(司祭)들은 성직자들에 의하여, 관리들은 직무수행자들에 의하여 이루어지게 된다. 이처럼

1. 이러한 여행자들을 위하여 그들이 크고 작은 도시들에서 그렇지 않으면, 그들의 생계를 가지는 숙박소(호텔)들이 결정되어야 한다.
2. 길들의 안전이 일차 우선적이라고 본다.
3. 모든 십자로에서 길 안내판과 주소들이 제공되어야 한다.

선한 시민들의 질서를 계속 정돈하기 위한 행위들은 감독, 법률제도, 장관들의 독점적인 권한을 설명한다. 그것은 더욱이 모든 공무원의 일이며, 특히 최고 관리(역자주: 고대 스파르타에서 5명을 뽑았던 관리)와 풍습의 검열관이다. 국가의 관심 안에서 그들은 모든 이들의 신분 위에 세워놓아야 한다. 그들의 의무는 보편적인 가정방문을 관철하는 것일 뿐만 아니라, 역시 개인들과 가족들과 학교들 등에 의하여 이루어지게 될 것이다. 만일 각자 가정의 아버지가 그의 집을 사제들과 교회들과 공적 행정부가 그들 종

속된 자들을 감독했다면, 개인들이 약진과 공동복지에 공헌할 수 있으며, 표면적인 것을 위하여 모든 시간을 소비하는 것이 아니라, 더 큰 부분이 거기서부터 우선적인 과제들을 헌정하게 되도록 모든 것을 주의 깊게 만드는 기회가 생기도록 왕(王)은 매년 한 번 그의 왕국을 여행하며, 각 주인이 매달 그의 통치를 검사했다면, 그들의 의무는 좋을 것이다. 이러한 관리들의 의무는 모든 젊은 사람들이 모든 늙은 사람들을 존중하며, 모든 연령 그룹이 노인에게 영예를 증명해 보이도록, 모든 것에서 질서와 예의범절을 존중하는 것이 있어야 할 것이다. 역시 모든 연령 단계 사이에 속한 예의범절을 깨닫게 되도록 하는 것에서이다. 하나의 그러한 국가는 스파르타는 그리스의 속담에 충실하였다. 오직 스파르타에서 늙게 되는 것은 유익하다. 그 반대는 한 국가의 쇠퇴에 대한 징후를 말해 준다(사3:4-5).

한 직무를 가지는 높은 직에서부터 가장 낮은 직분(집정관, 심판자, 재무관리자, 사무국의 고용인들 등)에 이르기까지 모두가 허락된 곳에서 그들에게서 행해진 오류들과 실수 들을 알아채기 위하여 그들의 업무에 대하여 해명서를 제출하는 모든 사람이 이 외에도 한번 매년 보편적인 축제가 개최될 수 있을 것이다. 그러한 것은 그러나 평화가 가득한 마음가짐 가운데서 일어나는 것이다. 그들의 직무 수행이 찬양의 가치로서 인정되었다면, 그들은 감사의 표시를 유지해야 하며, 직무 안에서 그대로 두거나, 또는 진급시키게 되어야 할 것이다. 영예롭지 못하게 업무를 수행한 자들은 자리를 옮기거나, 내보내게 되어야 할 것이다. 다스림을 이해하지 않는 자들이 순종하기를 배우도록). 그들의 자리에는 다른 이들과 더 능력이 있는 자들이 등장하게 된다.

고유한 의미에서 재판 사항은 세계의 심판자들에게 주어진 책임이다. 그들이 한 심판자를 위한 규정을 주목한다면, 그들은 그 일을 잘 다스리게 된다. 그것들은 다음과 같다.

1. 한 사람 재판장은 깨끗한 유리가 자체의 색채를 갖지 않는 것처럼, 그리고 저울이 어떤 무게도 지니지 않는 것처럼, 선입관에 사로잡히지 않아야 한다.

2. 그는 반대편의 입장을 청취하는 일 없이는 아무것도 결정하지 않아야 한다. 거기서 그는 두 개의 접시를 가진 하나의 저울대라는 것, 그리고 두 귀를 소유하고 있음을 잊지 않아야 한다. 하나님은 그가 낙원에서 사탄에 대한 재판에 앉았을 때, 그리고 땅 위에서 가인과 소돔에 대하여 심판할 때 그것에 대한 한 모범을 보여주셨다. -

3. 그는 피고인의 부재 가운데서 고발자(검사)의 소리를 들어야 한다면(고발자, 또는

증인의 신분 때문에), 그는 부재한 자들에 대하여 아무것도 말할 수가 없다. 재빨리 무엇인가를 알리는 자는 곧 무엇인가 뉘우쳐야만 할 것이다. 그가 다른 편의 소리를 듣기 전에 결정하는 자는 부당하다. 비록 그가 의롭게 결정했다 할지라도 그렇다. 그렇게 다윗은 므비보셋에[196]대항하여 오류 가운데 있었다.

4. 그는 선물들을 받아서는 안 된다. 선물은 눈을 멀게 한다는 이유로 그가 그것을 가질 때, 하나님은 그것을 직접 금하셨다. 모든 것을 아시는 그분이 그것을 확인했기 때문에, 그것은 경험들을 교훈하는 것으로 진실하다.

5. 그는 사람들을 생각하여 취하지 않아야 한다.

6. 보상들과 처벌들은 스스로 불의한 사람들이 선물 때문에 시기하여 시행하는 일이 아니며, 처벌에 대하여 불평할 수 있는 것도 아님이 정당하게 분배되게 해야 한다. 세네카는 역시 해당한 자들로부터 주목된 저 번개가 가장 정당한 것임을 알라고 일러 준다. 요약하여,

   1. 통일의 관점에서. 먼저 전체의 일은 가장 정확하게 진단되어야 한다.

   2. 진리의 관점에서. 그것은 의롭게 결정되어야 한다.

   3. 자비의 관점에서. 판단은 결과적으로 수행되어야 한다. 그렇지만 먼저 자비에 대한 경사도와 함께 이루어져야 한다.

실행은 보상들과 처벌들이 정당하게 분배되는 그 안에서 생겨난다. 그러나 모든 면에서 덕에 대한 격려가 생겨날 수 있도록 우리는 도덕적인 태도에 대한 보상일뿐만 아니라, 역시 법규 위반에 대한 처벌이어야 한다. 예들 들어 우리가 귀족 신분 안에서 고귀함을 들어낸다면, 타락한 사람들은 마찬가지로 그들의 품위 안에서 과소평가 될 수 있어야만 한다. 그러한 구별이 정당하게 될 수 있도록, 실수와 속죄 사이에 관계를 존중하는 것이 필요하다. 그것은 3가지 방식으로부터 이다.

1. 몰래 저지른 죄들은 비밀 가운데서, 공적인 것들은 공중 가운데서 처벌되어야 한다. 그 이 이유는 그리스도가 그것을 제시하였기 때문이며(마18). 사도(使徒) 역시 말해 주었다(딤전 5:20). 악이 가능한 만큼 알려지지 않은 채 머물게 되도록 영리함의 계명은 역시 동일한 것으로 추천한다. 악을 알지 않는 것은 더 좋기 때문이다.

2. 한 사람이 저지른 죄로 인하여, 사람들은 보복의 처벌로 불리는 처벌을 받아야 한

---

196) 므비보셋(Mephiboset), 다윗왕 시대에 구약의 모습, 왕의 대리인.

다. 하나님은 인간의 피를 통하여 인간의 피가, 전쟁을 통하여 전쟁들이, 노획물을 통하여 노획물로 처벌하기를 그렇게 명하셨다.

3. 처벌의 크기가 중요한 만큼, 그것은 실수에 적절해야 한다. 그래서 아무도 그가 행한 것으로 더도 덜도 벌을 받지 않아야 한다. 이것을 하나님은 출애굽기에서 언급하였다(출21: 23-25).

그렇지만 사람들이 그것을 수행하는 것보다 모두에 대하여 엄격한 감독을 통하여 엄격한 처벌에 이르는 것이 더 좋은 것임을 아는 것이 더 어울린다. 사람들이 앞서 모든 방식의 행하는 것에 한계를 짓는다면, 이것은 다다르게 한다. 그래서 기독인들에게 우상, 무신론, 살해, 부정함, 도둑질, 중상, 논쟁 그리고 역시 처벌, 단두대 등등은 결과로써 알지 못한 채 머물러 있게 된다.

결론:

하나님의 만족함에서, 그의 행복 조건을 전망하면서 세워진 국가는 정당하게 다음과 같은 표지를 얻게 된다. 여기 지상에 하나님의 왕국이 존재한다. 의와 평화 사이에 입맞춤이다.

부록:

국가는 학교들과 교회들의 피난처이다. 그 이유는 진리의 연습장들로서 학교들과 경건의 훈련에 어떠한 교회도 없는 것에 따라, 어떤 국가도 세워지지 않았기 때문이다. 국가는 이러한 양 기관들(학교와 교회)의 유지를 돌보아야 한다. 우리가 그것들의 개선을 추구한 후에, 그것들이 앞서 행한 결과물의 개선에 대한 시도가 따르는 저 길로 진척할 때, 개혁은 그들의 목표를 놓칠 수 없는 국가의 개혁이 뒤따라야만 한다. 말하자면,

1) 장애들에 대한 원인을 제거하는 것.

2) 개선에 대한 조치를 붙잡는 것.

3) 도입한 것은 계속해서 보존하는 것이다.

제25장

세계의 모임, 또는 전 세계 교회 연합의 공의회,
세계 개혁을 위한 보증

전체 기독교에서 함께 온 감독들이 총체적인 교회의 일들에 대하여 자문하는 저 공의회들이 전 세계의 교회적인 연합(Oekumenisch)으로 부르게 되었다. 하나의 참된 교회의 연합적인 공의회는 그렇지만 계몽된 사람들이 지혜와 경건과 신중함에 달리 죽어야 할 자들을 능가할 때, 먼저 주어질 것이다. 즉 전 세계에서 나오는 철학자들과 신학자들과 정치인들이(모든 거주했던 영역들에서) 마침내 어떻게 인류의 구원이 완전해지게 하며, 확실하게 하며, 펼칠 수 있는지를 자문하기 위하여 함께 모이는 것이다.

2. 이러한 세계적인 회합(총회)의 최상의 거룩한 목표는 나머지 온 세계에 빛과 평화와 구원을 나타내 보이는 것과 하늘에서 임하는 그러한 광채 안에서 가르침을 받은 것이 혼란한 자들에게 마지막을 준비하며, 곳곳에서 더 나은 상태를 도입하기와 마침내 인류 세대 위에 더 이상 어두움과 혼잡과 파멸이 이를 수 없도록 빛과 평화와 구원의 길들을 보증하는 일이 될 것이다. 그 이유는 성경에 따라(우리가 그것을 풍유적으로 표현하기를 원한다면), 그것이 뜻하는 것은 여리고의 벽이 전 민족의 광야의 외침을 통하여(수6:20) 무너져야 하며, 그리고 노획물이 주님의 집 안에 보화로 두어야 하며, 나머지 모든 것은 불태워야 하기 때문이다(수6:24). 그리고 '여리고'(Jericho)가 다시 세워지기를 원했던 저주는 각자에게 돌려졌다. 하나님의 시온이 온전히 이스라엘로 되돌리기 위하여 아간(Achans)들이[197] 찾아지고, 붙잡아서, 멸망되게 해야 한다(수7:18 등). 마침내 곡(Gog)과 마곡(Magog)은[198] 매장되어야 한다(겔39:11 등). 그것들은 숨겨진, 그리고 벌써 발견된 하나님과 그의 백성들과 인류의 적들이다(이들은 말하자면, 곡과 마곡이란 말을 의미하였다). (위대한 은혜의 해가 시작될 것이다. 모든 것이 그 원래의 상태로 되돌리는 일이 보이게 되며, - 민족들의 권리와 자유들 - 한 사람이 소유를 부당하게 지니거나, 또는 정당하게, 그렇지만 부당한 방식에서 각자의 소유는 중지되었다. 아직 그 어떠한 옛 명령은 신적이거나, 자연적인 법들로 효력을 지니지 않아야 하며, 그가 말한 것처럼, 그 어디에서도 대략 명령 되지 않아야 하기 때문이다).

3. 그러한 세계적인 공의회(公議會)는 세계적인 혼란들에 대항하여 전적으로 세계

---

197) 아간(Achan)은 명령에 대항하여 노획물을 만들었기 때문에, 여리고의 소득에 의하여 풍부하였다.
198) 곡(Gog)과 마곡(Magog). 코메니우스는 특히 요한 계시록에 따라 마지막 시대의 사건으로 해석하였다. 거기서 이방인들은 곡과 마곡의 세계 멸망 전에 악마의 명령, 하나님의 백성을 대항하는 투쟁(싸움)에 유혹받게 되었다. 그것에 대하여 천년왕국 사상과의 관계에서 더 많이 질책되었다.

적인 치유의 수단이 필요하다. 그 이유는 하나님은 다른 사람 없이 한 사람만 대략 더 좋은 것에 이르기를 원하지 않으시기 때문이다(히11:40). 이러한 관계에서 지금까지 나는 아직 그 어떤 공의회도 좋게 시작하는 것을 보지 못한다는 잘 알려진 격언이 그 의미에서 우리에게 이르게 될 어떤 근거도 없다. 그 이유는 부분적인 것의 세계가 아직 지나지 않았을 때(그것에 관하여 사도는 고전13:9,12), 행동하며, 다른 것들을 대항한 하나의 파당적인 태도가 고조점에 다다랐을 그 당시에 이 일은 일어났기 때문이다. 그러나 지금 하나님의 자비를 통하여 모든 것이 조금씩 조금씩 온전하게 이루어졌던 시대들이 드러난다(고전13:10-11). 그 당시 그것들은 논쟁에 직면했으나, 지금은 일치에 이르게 되었다. 각자가 이해했던 일들에 대하여 말했기 때문이 아니라, 지혜로운 엘리후(Elihu, 욥34:4)의 시대가 시작되었기 때문에, 세상 물정에 어두운 사람의 시대는 지나간 것이다. 지금 빌닷(Bildad)[199]와 엘리바스(Eliphas)는 의로운 욥과 함께 더 이상 조언을 유지하지 않을 것이며, 그를 밀치고 들어가게 될 것이다. 그것은 단지 가시적으로 지혜로운 사람을 뜻하는 것이 아니라, 하나님이 스스로 말하며, 불화를 끝나게 하는 지혜로운 엘리후(욥34:4)를 뜻한다. 우리가 요구하는 공의회에서 다른 이들을 대항하여 한 편의 논쟁들과 다툼, 거짓, 간계, 결탁으로 교회의 부분이나, 또는 세계의 부분들이 모이는 것이 아니라, 모두가 모든 이들과 함께 모두를 위하여 평화 안에서 공동의 제언(충고) 들을 통하여 공동의 복지를 찾도록 그들 모두가 만나는 일인 것이다. 이처럼 그러한 보편적인 공의회에 의하여 사람들은 무엇을 걱정해야 하는가? 거기서 세계의 모든 민족은 그들 3명의 대사들을 통하여 대변해야 한다. 거기서 모든 피조물은 규범들과 법칙들을 소유하게 될 것이다. 즉 하나님이 스스로 관장하며, 우리는 그의 동등한 자격을 지닌 소유자들이기 때문에, 모든 판단의 능력, 모인 자들의 모든 자의식, 그리고 마침내 하나님의 모든 계시를 따르게 된다.

4. 그러한 하나의 공의회가 엄숙하게 부름을 받게 되는 것은 비상한 기품을 지니게 될 것이다. 이로써 다른 장소에서처럼 사물 세계의 주변 지역에 대하여 흩어진 모든 것은 연합되었으며, 말하자면 작은 전체 안에서 통합되었으며, 적은 전체들 안에서 더 큰 것으로 모든 전체의 총합(總合)에 이를 때까지 하나가 되었다. 역시 여기에 학자

---

199) 빌다드와 엘리파스(Bildad und Eliphas), 제12장 각주 1번 비교.

들의 공동체와 교회들의 총회들이, 그리고 민족들의 작은 통일들로써 지역과 나라들의 회합들이 마침내 전체들의 총합에 이르게 될 것이다. 그것은 사람들이 그것들을 전 세계를 위하여 바랄 수 있는 것처럼, 하나의 회합에, 하나의 통일에, 하나의 공의회로, 세계의 모임으로 함께 모여드는 것을 뜻한다.

5. 문서는 그것이 항상 이러한 일들의 세계적인 갱신(更新)과 민족들의 통일을 예언하는 곳에서 미리 하나님의 그러한 모임을 말하게 된다. 대체로 이러한 말들은 이사야에 의하여 그 무엇인가를 뜻해야 했기 때문이었다(사66:18). 내가 모든 이방인과 언어가 다른 민족들을 불러 모으며, 그들이 와서 나의 영광을 보리라고 한 시대가 이르게 된다. 그리고 에스겔에 의하여(겔39:11,13), 땅 위의 모든 민족이 곡과 마곡을 매장하기 위하여, 더욱이 분명한 날에 함께 오리라는 장소가 기록되었다. 다니엘은 땅을 황폐하게 하는 동물에게 권세를 취하여 멸망하게 되도록 최고의 거룩한 자들을 위하여 노인의 앞자리 아래에(단7:22) 보좌와 심판을 바라보았다(단7:26-27). 바로 이것은 어린 양과 함께 전쟁을 이끌었던 최후 동물의 멸망과 바빌론의 붕괴 후에(계20:4), 요한에게 지시하였다.

요엘(Joel)의 입을 통해서도 하나님은 말씀하셨다. "내가 유다와 예루살렘의 감옥을 되돌릴 때, 그날에 나는 모든 이방인을 함께 데려오며, 여호사밧 계곡으로[200] 이끌어 가기를 원한다"(욜4:1-2). 그렇지만 여호사밧 계곡이 무엇인지는 역대하 20:25절에 앞서 나타난다. 그것은 적들에 대한 승리 후에 모든 백성이 하나님을 찬양하기 위하여 노획물을 나누기 위하여 모이는 한 장소(場所)이다. 그것이 어두움의 나라 멸망과 전 인류의 승리 후에 마찬가지로 빛과 평화와 하나님 사랑의 포획물을 모든 민족 가운데서 나누기를 시작하게 되는 것처럼, 세계의 민족들이 주님을 찬양하기 위하여 함께 오게 되는 하나의 적합한 기회를 표현하게 되는 것은 아닐까?

6. 우리는 하나님이 이것을 모범들과 비유를 통하여 예언하신 것을 믿을 수 있을 것이다. 예를 들면, 1. 모든 백성이 제물들을 가져와서 섬김의 수고를 하지 않기 위하여(레23:23이하), 나팔들의 소리에 의하여 일곱 번째 달의 매 첫날을 함께 모이게 되는

---

200) 여호사밧(Josaphat), 여호사밧 왕이 암몬과 모압인들을 승리했던 예루살렘의 계곡이다. 유대교의 전성에 따라 죄인들에 대한 최후 심판의 장소이다.

것이 기억되었다. 2. 모든 백성에게 엄숙하게 나팔 소리를 통하여 부름을 받게 되어야 하는 은혜의 해를 위하여 자유의 해가 선포되었다(레25:8). 영적인 의미에서 그것은 그리스도가 이루셨으며(눅4:19), 그러나 그것은 온 땅 모두에게 모든 면의 자유가 다시 허용되었다는 것은 적절하다. 라크리우스 소치누스(Laclius Socinus)를 보라. "하나님 나라의 규모에 대하여, 144쪽 3항." 성전이 세워졌을 때, 솔로몬은 이스라엘 온 백성을 불러 모았으며, 하나님의 성전을 봉헌하였으며- 역시 그렇게 여호사밧과 요시야 - 영원한 지혜가 집을 세웠으며, 그들의 여종들을 내보냈다.

7. 우리가 지금 그러한 회합을 누가 소집하는지, 질문을 제시한다면, 나는 다음과 같이 대답한다. 왕들과 기독교 세계의 공화국들이 같은 의견의 결의에 적절하게 특히 콘스탄틴의 모범에 따라 바빌론의 승리와 퀴로스(Kyros)와 다리오스(Darios)[201]를 통해서이다. 그 결정은 폭군들의 패배와 교회 자유의 회복 이후에 기독교의 세계는 불러 모으며, 모든 것이 더 큰 안전과 함께 형성되도록, 거기서 스스로 목표를 삼았으며, 질서를 위한 선한 모범을 주었다. 초대하는 글의 본문은 역대기의 두 번째 책(역하 30:6-10)에서 발췌되어야 한다.

8. 그들이 누구를 소집해야 하는가? 나는 세계가 함께 소집되어야 할 것을 말한다. 그것은 하늘 아래 거주하는 모든 종족과 민족들을 뜻하는데, 학자와 성직자와 정치인의 신분으로 그들 중심에서 선한 사람들이 나타나도록 하며, 이러한 방식으로 대학들과 교회들과 왕들과 공화국의 대리자들, 즉 이처럼 철학자들과 신학자들과 정치인들이 공익(公益)에 대한 공동의 자문(제언)들에 참여할 수 있는 것을 의미한다.
관계하는 일은 스스로 그들 가운데 언어능력이 있는 자들이 요구되는데, 즉 그들은 국가들의 이득으로 결정되며, 그려진 것이 민족들의 언어로 중계되게 하는 능력자들이다. 그러나 만일 모든 민족을 초대할 수 없다면, - 역시 지금까지 불 신앙자들이 - 또는 그것이 외관상 지닌 것이라면, 목적에 적합하지는 않을 것이다. 그래도 기독교 세계가 모이게 되며, 여기부터 다른 민족들에서 나와 계속 아래에 표명된 것처럼, 명령 전달자와 편지들을 보내게 되는 것은 일시적으로 충족할 수 있을 것이다.

---

201) 퀴로스와 다리오스(Kyros und Darios)), 제3장 각주 1번과 2번 비교.

9. 여호사밧이 계곡으로 선택되어야 하는 장소에 따른 질문이 나타나면, 나는 다음과 같이 대답한다. 즉 1. 전체 기독교 세계에서 나아와 쉽게 접근하기가 유리하게 놓여 있는 장소라는 것이 필요하다. 2. 그 장소는 우리가 바라는 그 같은 큰 백성의 무리를 수용할 수 있어야 한다면, 3. 그러한 토론에 요구되는 그 어떤 것도 그에게서 빠질 수 없을 것이다. 최상의 적임지(適任地)에서 지금 이러한 과제를 위해 크고 부유한 베네치아(Venedig)와 같은 바닷가의 한 도시가 보인다. 특히 사람들은 역시 기독인들이 아프리카와 아시아에서 초대된다는 것을 참작해야 하기 때문이다. 브로카르두스(Brocardus)[202]는 문서의 결정적인 자리들에서(나는 확정적인 것처럼 알지는 못한다), 베네치아(Venedig)가 곡과 마곡이 매장되었던 저 도시 하모나(Hamona)[203]일 것이라는 결론을 내린다(겔39:16). 창세기 13장에 대한 그의 주석에서 그는 그와 같이 기독교의 백성이 모이게 되었다는 것을 확고하게 한다.

10. 공의회의 소집에 시기(時期)에 관한 질문이 제기되면, 나는 그 시기가 곡(Gog)이 극복된 후에 동시에 이르렀음을 대답한다. 그리고서 그것이 시작된다. 그러나 우리는 방식에 대하여 생각해야 한다. 세계의 저녁은 벌써 시작되었다. 만찬의 시기가 이르렀다. 마지막으로서 민족들에게 보내진 자들에게 우리는 말해야 한다. 재빨리 가라, 모든 것은 벌써 준비되었기 때문이다(눅16:17). 벌써 세계의 6000년이 끝난다(우리가 그리스도의 출생 후에 1655년으로서 헤아리는 이 해에 벌써 한 익명의 연대기 학자의 정확한 계산에 따라). 지금 새롭게 하는 자로 보내심을 받은 새 아담이 세계에서 파멸된 일들의 개선을 시작하는 위대한 은혜가 풍성한 세계의 해인 교회의 안식인 7천 년이 시작된다.

이처럼 하나님은 가장 영예롭고, 거룩한 자들을 위하여 각 축제의 첫날을 생각하기를 명하셨던 것처럼(레23:35), 그렇게 역시 그것이 항상 가능한 것처럼, 단지 이러한 천년의 시작이 영예롭고 거룩하게 시작되어야 한다. 그렇지만 전 세계에 영예로운 교회의 모임을 통한 것보다 어떻게 다른 것인가? 출23:14에 따라 교회의 결실들이 가져와진 후에 이처럼 교회의 마지막 거대한 축하가 시작될 수 있을 것이다.

교회의 첫 축제는 모세 시대에 그가 백성을 애굽에서 인도해 내었으며, 그에게 법이

---

202) 브로카르두스 야코부스(Brocardus Jacobus), 제22장 각주 12번 비교.
203) 하모나(Hamona)는 성경적인 장소.

주어졌을 때 축하 되었다. 두 번째는 그리스도의 시대에 그가 죽은 자들 가운데서 부활했을 때, 성령을 보냈을 때, 축하 되었다. 세 번째는 성령이 그의 은사들로 충만하게 부어졌을 때, 그가 오늘날까지 교회를 장식했던 신적인 모든 축복과 연합할 때 벌써 시작된다.

어떤 명령과 함께?

어떤 능력과 함께?

누구의 대가로?

어떤 소망과 함께? 모든 교회 안에 간청의 예배들이 개최되었을 때, 가장 좋은 것들과 함께. 담판들의 과정은 온통 아름다운 시작이 형성되었으며, 질서에 따라 진행되었으며, 원했던 결과가 찾아진 것이 결정되었다.

사람들은 시작해야 한다.

(1) 축하의 환영 인사와 하나님의 찬양과 함께

(2) 사람들이 과거를 일반적으로 지워버리기 때문에, 그것은 첨부되었거나, 참았던(학자들과 신학자들과 왕들과 부자들 가운데서) 지나간 다툼들, 논쟁들, 미워하는 것들의 망각과 모든 고통받은 불쾌감들을 통하여 일어난다. 민족들과 언어들과 교회들과 국가들의 지나간 미움을 진정시키는 것은 곡(Gog)의 무기들처럼 그와 같은 것을 매장하는 것을 뜻한다.

(3) 공동의 평화 가운데서 생각들과 관심들이 어떻게 하나 되게 하는지의 길들을 발견하는 것이다. 로마인들이 라틴 사람들에게 패전을 알렸을 때, 그것은 이전 것보다 더 중심에 가까이 있다. 그것에 관해서 리비우스(Rivius)는[204] 알려준다. 그리고서 평화가 종결되었다. 그리고 그들은 폭력으로써 전쟁을 이끌었던 때보다 더 큰 열성으로써 평화의 노력을 시작했다. 화해의 방법에 대하여 사람들은 논쟁적인 사건들의 질문 가운데서 실제적인 화해에 이르기 전 숙고하게 될 것을 가진다.

(4) 마침내 공의회가 계속되는 동안 아침저녁으로 교회들에서, 그리고 공의회에서 스스로 전세계에 오랫동안 멈추었던 공적이며 보편적인 기도들이 소리가 울리게 될 것이다. 포로 생활에서 되돌아왔으며, 성전의 주춧돌을 놓았기 때문에, 모든 종족

---

204) 리비우스 티투스(Revius Titus, BC. 59-17), 로마의 역사가.

과 민족들에게 이스라엘 백성의 모범을 따라 찬송 소리가 울려 퍼졌으며, 기도의 소리가 들렸던 하나님의 일이 벌써 시작되고 있는 것이 전해져야만 한다(에스라 3:10). 지금 세계적인 성전의 주춧돌이, 그것은 교회의 주춧돌을 놓게 된 것을 뜻하는 거기서 모든 교회 안에서 기도하는 것은 당연하다(민족들 가운데 흩어진 교회들이 한곳에 모여져야 하기 때문이다). 여기에 적들에 대한 승리 후에 이러한 세계의 칠 천년 안에서 나팔들의 울림과 여리고 성벽의 붕괴에 대한 소식처럼, 여호사밧 안에 일어난 사건에 대한 하나의 암시가 되었을 것이다(역대하20:25-29).

담판의 출구는 사람들과 대상들과 행위들의 확실한 질서 위에 기초 되었다.

사람들의 질서에 관한 것은 정치가들이 국가의 일들과 성직자들이 교회의 일들과 철학자들이 철학의 일들을 분리하여 다루어지게 되는 일인지 질문이 제기된다. 나는 다음과 같이 대답한다. 아니오! 모두는 공동으로, 그러나 일들의 질서에 적합하게 다루어야 한다. 먼저 학식에 관한 일들이 다루어졌다. 그 이유는 그것들이 통상적인 것들을 밝히기 때문이다. 그리고서 교회의 일들은 사람들이 어떻게 하나님과 교제하며 행동해야 하는지에 대한 것이며, 마지막으로 정치의 일들은 남은 것들의 토대와 정점과 띠로서 중요성을 지닌다. 그리고 이것은 다음과 같은 모든 것이다.

I. 자연의 관념에 따라, 인간적인 노동의 관념에 따라, 그러나 역시 초자연적인 것의 본성에 따라. 예를 들어, 종교 안에서의 논쟁들과 분열들이 화해되었다면, 모든 사람이 창조에서 하나님을 본받게 되어야만 한다. 그것은 (1) 물질을 만드는 것과 혼란, 또는 하나의 무질서한 집단처럼 모두에게 논쟁을 진술하는 것이 필요 된다는 것을 뜻한다. (2) 그리고서 삶의 정신이 들어가게 되어야 한다. 그것은 보편적인 구원에 따라 열정적인 사랑과 동경의 정신이다. (3) 마침내 조화와 시온의 거룩한 길의 보편적인 종교의 빛을 밝히게 하며, 갈림길과 분기점 안에 이르게 하는 것이 필요하며, 또는 (1) 죄의 혼란을 자신이 짊어지며, (2) 사랑의 호흡을 그들 안에 가져왔으며, (3) 마침내 모든 것이 끝나지 않은 동안 자기 자신을 하나님의 희생제물로 불붙게 했던 그리스도를 스스로 모방하는 것이 가능하게 될 것이다.

II. 모든 것이 벌써 정확히 측정되었던 부분들에서 세워지게 되었다(모든 조화의 형태와 규범을 따라). 사람들은 그것에서 지난날 공의회와 지역의 총회를 존중하지 않았으며, 모든 것은 인간 궤변의 무거운 규범들에 따라, 또는 인간 습관들의 법칙을 따라 유도되었거나 관철되었다. 그래서 역시 모든 것이 불안전한 것이었다. 거기서 싸움과 미움과 대립들과 분열들은 사람들이 바벨탑을 건설했을 때(창11), 모든 것이 언어들의 혼잡을 통하여 파기되었던 것처럼, 그렇게 나타났다. 그렇지만 우리의 경우에 모든 것은 솔로몬의 모범을 따 울부짖는 소리 없이, 도끼들과 망치들이 없이 앞서 진행했던 시온의 성전을 건축했을 때, 이루어져야만 하며, 완성되어야만 한다. 그 이유는 모든 것이 영접한 규범을 따르는 것처럼, 주님이 주셨던 모범을 따라 건축되었기 때문이다. 역시 스룹바벨 시대에[205] 모든 것은 옛 토대들과 벽들 위에 세워졌다. -

사람들이 실제적인 주된 담판을 시작하기 전, 이처럼 시행되어야 하는 것들의 전체에서 조건들에 대하여 일치하게 될 것이며, 그리고 중지하고 회피하는 데 유효한 것을 알리며, 공의회의 성공을 위하여 중요한 몇 가지 법칙들을 앞서 확정해야만 한다. 예를 들면,

1. 선입관들을 없애는 방법. 어떤 사람도 자신이나, 그의 종교를 위하여 보편타당성이 필요하다는 것 때문에 스스로 실망할 수는 없을 것이다. 우리는 자체의 완전함에 관한 확신이 우리를 지배하는 동안에 한번 참된 통일과 전체성과 개혁에 이르는 것을 희망하지는 않아야 한다. 그 같은 방식의 선입관들은 파괴하기와 우리들의 사고에서 근절시키는 것이다. 이러한 거룩한 모임에서 모든 사람은 가능한 보편타당한 직관들과 선입관들로부터 자유롭게 등장해야만 한다.

2. 중립성에 대하여. 아무도 하나의 사건을 마치 그의 고유한 것이나, 또는 그에게 생소한 것처럼 바라보지 않고, 공동의 일처럼 바라보아야 한다. 여기에 공익(公益)이 최상의 법칙이라는 사실은 효력을 지녀야 한다.

3. 아무도 관습을 의존하지 않거나, 또는 그 시대의 명령을 의지하지 않는다. 아우구스티누스의 속담은 그것을 겨냥한다. 즉 우리가 바른 정신을 통하여 지성을 이기는 우리를 대항하여 마치 관습이 진리보다도 대략 더 높은 것을 설명하는 것처럼, 관습은 어떤 이의를 드러낼 수 없게 될 것이다! 오류로서 증명했던 한 사건에서 아무도 오랜 적용을 통하여 하나의 규정이 생겨날 수 있다는 것이 그렇게 과감하게 주장되는

205) 체룹바벨(Zerupbabel), 구약에서 나온 모습.

것은 없어야 한다. 신뢰를 상실한 자는 법학자들에게서도 유효한 것처럼, 어떠한 규정들을 만들 수 없을 것이다.

4. 개별적인 신앙고백과 신조들처럼(옛것과 새것), 철학적인 가정들, 시민적이며 교회의 법은 제외 되어져야 한다.

상당함의 근거들에서:

1. 특정 교회들은 중단한다. 그렇게 역시 그러나 미래적으로 불필요한 서로 분리된 교회들 사이에서 현재 불가피하게 나타난 경건파의 기도 문구들은 사라질 수 있을 것이다. 지금 벌써 하나의 유일하고 보편적인 교회가 주어질 것이다. 거기서 역시 단지 보편적인 신앙고백과 더욱이 초보자들을 위해서 소위 말하는 사도 적인 것, 진보하는 자들을 위해서는 신앙의 3가지 조항(믿음, 소망, 사랑에 대하여)이 성서의 말씀들과 함께 표현되며, 그리고 완전한 자들을 위해서는 조화로운 명상들을 통하여 밝혀져야 하는 성서가 제시될 것이다.

2. 장점의 근거들에서, 우리는 근원들에서는 더 가깝게 하며, 반대로 우리는 모든 것으로 향한다. 왜 쓸데없는 우회로들인가? 자연은 모든 것을 바른길로 이르게 한다. 필요한 것을 뛰어넘는 존재하는 것의 증대는 유익하지 않다.

3. 유용성의 근거들에서, 그의 가정(假定)들이 누구에게도 그가 덜 자유롭게 볼 수 있는 색채를 가진 안경이 되지 않고, 거기서 나와 다시 편당으로 분리되는 새로운 기회가 생겨나지 않도록 하기 위함이다. 그것이 역시 항상 어떠한지, 즉 그것은 원천(原泉)이 아니며, 항상 대략 인간의 불완전성을 내포하며, 그것을 통하여 역시 안락 침대가 되는 수로들이다. 그래서 많은 사람은 성경 읽기에서 돌아서게 된다. 신앙고백은 스스로 그렇지만 저 수천의 백성에게서 읽히고 있다. 거기서 성경은 모든 기독인에게 추천되어야 한다. 그것에서 우리는 우리의 선생이 누구인지를 경험하게 된다. 자 어서, 그러면 우리는 어떤 규범들을 소유하게 될 것인가? 나는 대답한다. 하나님의 3권의 책들(우리가 앞서 깨닫게 했던 것처럼)과 그것들의 요약인 범지혜(Pansophia)이다. 그것은 먼저 보편적인 개선에 대한 작품 전체를 통독하는 것이 진실로 더 좋게 될 것이다. 공의회(公義會)의 교부들은 거기서부터 보편적인 개선에 대한 우리들의 충고를 특히 "범개혁론"(Panorthosia)를 검토하며, 평가를 경청하게 될 것이다. 2. 이러한 일이 좋은 것으로 인정된다면, 그것들이 승인되어 아무도 저항하지 못할 것이다. 3.

그것들의 실현에 대한 길들은 숙고 되었다.

토의를 위한 법칙이 존재하게 될 것이다.
1. 처음부터 모두가 모든 것에 대하여 모든 것을 포괄하여 그것들의 이해를 강연할 수 있도록 전체 회의에서 토의되었다.
2. 전체 시간은 온통 모든 강요와 위협적인 폭력은 멀리하며 (1) 자유롭게 이루어져야 한다. (2) 모든 것은 그 같은 방식으로 모두가 그것을 이해하도록 분명하게 낭독 되어야 한다. (3) 평가는 모든 논리적인 귀결들은 이의(異意) 없이 스스로에게서처럼 나타나도록 실행하는 것이다. 그리고 어떤 것에도 항변하는 일이 없는 것이다.
3. 마지막에 힘이 가득하게, 그렇지만 모든 것은 확고한 질서 가운데서 소음 없이 되어야 한다.
(1) 모든 것이 힘을 합친다. 그것은 지금까지 민족들과 교회들 위에 뿌려졌던 귀중한 것을 뜻하는데, 그 귀중한 것으로 함께 흘러가야 한다. 그리고 모든 동료는 그 귀중한 것을 유용하게 사용하기 위하여 함께 결합해야 한다.
(2) 보존하는 일에 힘을 합침. 그것은 교육과 종교와 정치가 질서 가운데서 이루어져야 함을 뜻한다.
(3) 귀중한 것에서, 그것은 모든 동료가 어떤 귀중한 것의 공동 적용을 위하여 신적인 백성의 동료 전체를 민족들의 유산이 되도록 모든 것이 인류를 위한 공동의 이용에 새롭게 되어야 하는 것을 뜻한다.
그것은 논쟁들에 대한 하나의 특별한 판단자를 소유할 필요가 없게 될 것이다. 각자 교회의 백성은 스스로 심판자가 될 것이다. 그 이유는 모두가 스스로 어두움의 권세에서 밝은 빛으로 자유로운 진리의 증언자로 활동하게 되기 때문이다. 대체로 최상의 전제는 자연의 법과 창조의 법이요, 성경의 법인 하나님의 법을 묘사하기 때문이다. 더 아래의 전제는 모든 사람의 양심과 모든 백성의 감동된 동의와 논리적 귀결임을 나타낸다.
거기서 모두는 세계 전체의 거룩한 자들의 이러한 모임에 올 수 있게 된다. 그러나(한때 게르만인과 갈리엔 인의 모임에 무장을 한 채 왔던 것처럼) 그렇게 모두는 열정과 빛으로써 잘 준비하여 전 세계의 잡초와 가라지 등등을 불태우기 위하여 역시 불과 함께 그리로 와야 한다.

공의회에서 담판 되어야 하는 그 모든 것들의 요약

I. 보편적인 개혁에 저항할 수 있는 것은 제거되게 해야 한다. 예를 들면, 1. 이교도의 철학, 스콜라주의 신학, 그리고 이교도적인 서적들이다. 격언집들과 인문주의 시대의 발췌록 저자들처럼, 대학들과 교회들 안에서 입구를 발견했었던 손상들에 대한 호소를 이끌었던 분이 지난 세기의 요한 스트룸(Johannes Strum)[206]이었다(그는 학교의 저술가들로서 간주 되었던 롬바르두스(Lombardus)와 아퀴나스(Aquinas) 추종자들과 스코투스(Scotus)의 것들을 생각한다). 그들은 더 좋은 저술가들을 그들의 자리에서 내쫓았었다. 이러한 갱신은 한 통찰력 있는 여성 변호인이 언제나 빈둥거리고 있는, 이른바 교양 없는 소홀한 태도의 근거에서 생겨났다. 더 좋은 저술가들의 것을 읽는 것이 유익한 것의 인정을 발견했을 때(철학의 영역에서 아리스토텔레스와 웅변술에서 데모테네스와 키케로, 스트룸이 요구하는 신학 안에서의 교부들), 더 좋은 것들 대신에 가장 좋은 것을 놓는 것이 가장 좋은 수단으로 어찌 생각하지 않을 수가 있는지? 하나님은 우리에게 오직 그의 3권의 책들을 통하여 말씀하신다. 우리는 단지 그분의 소리를 오직 경청해야 하지 않는가? (너희들의 협동을 통하여) 이러한 책들이 우리의 목전에서 펼쳐질 때, 영원한 지혜의 가장 순순한 빛이 전파되었다. 우리들의 도서관들을 불사르고, 야만적인 것들의 시대를 새롭게 하려고, 몇몇 고트족들과 파괴자 반달족들과 아라비아인들이 오는 것을 우리는 벌써 더 이상 두려워하지 않아야 한다(그것이 천 년 전에 일어났던 것처럼). 역시 인간의 책들이 붕괴했던 때라도, 그렇지만 지울 수 없는 빛은 우리에게서 빛나게 될 것이다.

질문: 사람들은 이교도적인 책들(이교도의 유산의)과는 그것들이 더 이상 길게 해칠 수 없도록 무엇을 시작해야 하는가? 나는 대답한다. 즉 1. 도서관들 안에 있는 그것들을 폐쇄하는 일이 필요하다. 2. 그 어떤 체계 안에 그것들을 가져오는 것, 3. 알파벳 순서들 안에 3가지 목록들을 제작하는 것이다. a) 해당하는 민족들의 시대에 따라, b) 그것들이 기록된 언어에 따라, c) 그것들이 다루고 있는 재료들에 따라.

그렇지만, 통상의 지식을 가진 서적들이 이단적인 서적들이며 손상을 끼치며 투쟁적이며 무익한 것들을 인내하기나, 또는 폐기하는 것을 의심해 보는 것이 가능할 것이다.

---

206) 스투름 요한네스(Sturm,Johannes) 제23장 각주 18번 비교.

나는 대답한다: 즉 감독들의 논박을 불태웠던 에베소 인들(행19:18)과 콘스탄틴의 모범에 따라 두 번째 가능성을 천거하는 근거들을 발견하게 했다. 그렇지만 사람들이 시체를 보기 위해 밖으로 나가는 것이 기록되었기 때문이다(사66:24), 그렇게 하나님을 대항하여 사려깊게 생각될 그들의 시체들은 역시 결핍되지 않아야 한다. 그 이유는 거룩한 자들은 벌써 손상을 입히는 것 없이 그것들을 바라볼 수 있을 것이기 때문이다. 마치나 물에 빠진 채, 강가에서 물 위에 떠 있었던 애굽 사람들이 유대인들의 눈앞에서 아무것도 행할 수 없었던 것처럼, 그렇게 부당하게 불리게 된 학문의 공허함은 어두움들 가운데 참된 학문을 물에 빠지게 하는 것이 더 이상 가능하지 않게 될 것이다. 마찬가지로 유대교 안에서 도주하는 부정확한 평의회(산헤드린)가 남겨둔 185,000명의 무장한 자들이 놀라지 않을 수가 없었다. 역시 자연의 영역 안에서도 하나님은 하나의 표지(標識)를 주었다. 대체로 (우리가 플리니우스의 관찰에 믿음을 선사한다면) 하늘의 번개로써 독이 있는 생명체를 맞추는 것이 하나님에게 기쁨이 되자마자 곧, 역시 그렇게 그 하나님은 그들의 생명과 함께 그들의 독을 무효화시켰다. 독이 그들에게서 제거되었다면, 나머지는 좋은 것이다. 이처럼 하늘의 '범 빛 이론'(Panaugia)의 번개를 통하여 효력을 지니게 되었던 모든 오류를 근절시키게 되었다면, 독이 있는(오류들과 함께 붙어 있었던) 서적의 나머지 모든 부분은 건강해지거나, 또는 적어도 해가 되지 않을 것이다. 그렇지만 역시 항상 결정되었던 것처럼, 적어도 기독인들이 그 같은 방식으로 이방인의 유산에서 생각지 못한 탐욕으로 전복되지 않고, 그들이(라테란 공의회의[207] 교부들이 경고하는 목적) 메제투스(Mezettus)[208]에 의하여 기록된 것처럼, 오류들로부터 준동(蠢動)하는 인간적인 지식의 저 물을 단지 흐르는 과정에서 들이마시는 것에 적중된 것이어야만 할 것이다. 공의회는 모두가 마실 수 있는(공개적으로 접근할 수 있는 서적들) 원천들의 주된 강물을 개선하는 엘리세우스(Elisaeus)의 충격으로부터 사람들을 소집할 수 있을 것이다. 그러므로 그들로부터 더 이상 사망과 소득이 없는 것이 나오지 않을 것이다. 그것은 우리의 사색들과 행위들의 개울이 흘러야 하는 원천(原川)에서, 그러나 세계의 누룩으로부터 더럽혀지지 않은 새로운 방법과 새로운 사고의 그릇 안에서 신적인 지혜의 소금을 던지는 일이 일어났다. 그렇게 치유는 성취된다. — 모든 소피스트 적 속임수들처럼, 철학 안에서 "그가 그것을 스스로 말했다"고 알려진

---

207) 라테란 공의회(Laterankonzil)는 1512-1517년에 개최되었다.
208) 메제투스. 요한 밥티스타(Mezettus, Joham Baptista), 볼로그나 대학의 교수.

말을 사람들은 마찬가지로 잘 제거해야만 한다. .

- 종교 안에서 우상숭배들과 위선적인 것들을 제거해야만 한다.

- 정치 안에서 폭군들을 역시 제거해야만 한다.

II. 모든 것은 누군가 그것에 대하여 질책하자마자 곧 공의회에서 확정된 것을 동의하는 것이다.

볼로그나(Bologna) 대학의 교수인 요하네스 밥티스타 마제투스(J.B.Mazerrus)(이노센트 X에게 봉헌한 7살 소년 연구의 모범에 관한 출판물에, 1647년)는 가톨릭 사람들은 지난 라테란 공의회의 결정에 따라(8번째 회합) 경고하는 것, 그들은 (애굽의 개들의 방식을 따라) 오류들로부터 우글거리는 인간적인 지식의 물을 과정에서 소리내어 마시는 것을 쓰게 된다. 그 이유는 그들의 목표가 키케로의 웅변술이 아니라, 기독교적인 덕성이기 때문이다. 우리는 기독교의 청소년이 나일강의 물에 길지 않지만, 주의를 기울이지 않고 머무르는 일이 지혜로운 결정이었다는 것이 아니라(악어들의 위험이 아이들을 위협하는 곳), 그들이 나일강과 유프라데스강과 간지스강에 대하여, 그 밖에도 아직 인간적인 강물들이 흐르는 곳에서 재빨리 실로암의 평화스러운 강물로 인도되었던 것을 인정해야만 한다.

III. 하나의 새로운 철학, 새로운 신학, 또는 종교와 새로운 정치적인 질서를 기초하는 것.

1. 필요성의 증거: 그렇지만 현재의 이교도적인 철학이 a) 부분적이며, 아직 익지 않은 날 것이며, 불완전하며 c) 유혹적이라면, 그것은 진실로 재잘거리는 솔로몬의 아내이다. 하갈과 이스마엘은 아브라함의 집에 어떠한 자리도 잡지 못했다. 골로새서 2:8절을 보라, 교부들의 모든 증거는 그것에 대항한다. 루터도 캄파넬라도 마찬가지다.

신학이나, 종교적인 고백, 그리고 역시 교회들도 교리와 의식과 교회 훈육의 영역에서 하나의 개혁이 필요하다. 그것은 지금까지 시작했던 것 보다 하나의 더 완전한 것이 필요하다. 요한 후스(J.Hus)는 필요한 일들 가운데서 더욱이 개혁을 시작하였다(신앙과 삶 안에서, 그러나 주로 삶 안에서) 그러나 미완이었다. 마르틴 루터 박사는 개혁을 그들 전체 안에서 시작하지 않았으며, 단지 부분적인 것에서만 시작하였다. 더욱이 무엇인가 좋지 않게 세워진 것은 무너졌다. 그러나 훈련의 고삐는 결코 정착시키지 못했다(존립에 관한 것은 없이). 그러나 요한 칼빈은 사건이 작은 것들과 표면적인 것들 안에 숨겨진 것에서 시작하였다. 아른트(Arndt)[209]와 경건의 내면으로 깊이 밀치고 들어간 다른 이들은 그것에다 보충하기를 시도하였다. 그렇지만 조직적이지 않으며, 시기와 미움은 계속 전진하는 것이 그들에게 허락되지 않았다. 사람들은 지금 새로운 것에서 포괄적이며, 질서적이며, 능력 있게 시도해야만 한다. 세계는 법의 실체(實體)와 시민적인 질서를 지금까지 결단코 적절한 상태에 있는 것으로 보지 않았다. 그것은 완전한 휴식 가운데 놓여 있음을 뜻한다. 지금 그것을 시도하는 것이 필요할 것이다.

2. 일들의 새롭게 함이나, 또는 인류에게 표현되는 공의회의 목표에서 증명
   a) 보편적인 귀환을 통한 하나님에 대한 전망 가운데서 그에게로,
   b) 우리 스스로를 전망하면서 논쟁과 모든 방식의 전쟁에 관한 제거
   c) 사물들과 모든 피조물에 대한 전망 가운데서
      우리는 첫 목표를 유일하고 참된 종교를 통하여, 두 번째 것은 유일하고 참된 정치를 통하여, 세 번째 것은 유일하고 참되며, 모든 공동의 철학을 통하여.

3. 후기 시대를 위하여 바라는 것에서 증명, 그 이유는 벌써 이 땅 위에 있는 것은 바랄 만한 가치가 있기 때문이다.
   우리에게 모든 것이 미래적인 삶을 위하여 완전하게 준비하는 하나의 하늘의 아카데미, 그것이 하늘에서 다스리는 것처럼, 완전한 질서와 평화와 기쁨의 하늘 왕국,
   하늘 계급의 모든 것 안에서 동등한 하늘의 교회.

이것은 우리에게 보존될 수 있을 것이다.

1. 보편적이며 거룩한 철학
2. 보편적이며 거룩한 정치   그것들에게 ──┬── 완전한 빛
3. 보편적이며 거룩한 종교, 또는 신학이다.   완전한 평화
                                                       완전한 기쁨

우리에게 이끌게 될 것이 때문이다:

---

209) 아른트 요한(Arndt, Johann, 1555-1621))은 신학자요 신비주의자였다.

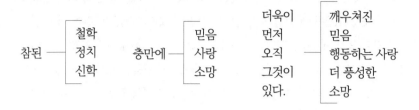

IV. 빛의 평의회 평화재판소, 그리고 성직자 총회를 설립하는 것이다. 그것들은 말하자면, 우리가 지금까지 우리에게 닥친 불행한 일들에 대항하여 범세계적인 치유 수단들을 설명하는 것인데, 말하자면, 이단과 위선과 폭군에 관한 것이다. 그 이유는 빛의 교수단은 인식의 빛을 정결하게 하며, 가르침의 파괴자들을 대항하여 하나의 무기를 교회에 제시한다. "성직자 총회"(역자주: 로마 가톨릭은 추기경이 참석하는 회의를 말하며, 개혁교회는 장로회를 뜻한다) 는 경건한 열심을 일깨우게 되며, 교회가 온통 소금 맛을 내는 곳이 되게 할 것이다(그것은 위선자들에 대항하는 것처럼, 그렇게 불신앙에 대항하는 것을 뜻한다). 법정(평화재판소)은 결과적으로 어떠한 권세도 우호적인 것들에게 위험이 초래되지 않으며, 그들이 폭군의 통치에서도 파멸로 전복되지 않도록 땅에서 전체적인 시민적인 다스림으로 질서를 보존한다. 이러한 동료들의 각자는 자신에게 적합한 무기를 통하여 그의 파멸을 방어하게 될 것이다. 빛의 교수단(협의회)는 빛의 권세를 통하여 오류들의 어두움을 몰아내게 될 것이다. 지역교회의 장로회(Komsistorium)는 사랑의 힘을 통하여 사랑을 보존하는 완전함의 띠가 될 것이다. 그것은 하늘에 대한 사랑과 지옥에 대한 두려움을 통하여 이르는 것을 뜻한다(그 이유는 단지 그곳으로, 그 어디에서도 천국열쇠의 권한이 다른 것을 목표하지 않기 때문이다). 세계의 법정(평화재판소)은 외형적인 권력을 통하여 평화를 방해하는 자들의 외형적인 권력을 묶어주게 될 것이다(말하자면, 이성의 빛을 통해서도, 하나님을 향한 사랑을 통해서도, 경건을 통해서도 제지되지 않은 폭력이 등장하는 곳에서, 그것은 능력을 통한 최상 전권의 힘으로 굴복시켜야 한다).

그러나 범 세계적인 개혁의 이러한 대리인들이 어떻게 조직되어야 하는가?

나는 대답한다:

I.   각 지역 안에 하나의 협의체(Kollegium)가 주어져야 한다.

II. 유럽에 하나(아시아, 아프리카, 아메리카에 하나씩 주어져야 함).

III. 세계 전체를 위하여 한 협의체가 주어져야 함.

IV. 각 지역에서(법정, 큰 지역교회의 장로회, 빛의 협의회) 언제나 대표 의장이 함께 있거나, 또는 매년 한 번 선정한 장소에서 만나는 모임에 제정된 협의회 인원들의 한정된 수와 함께 그 회를 대표하는 의장(議長)이 있게 된다.

V. 그 대표(의장)는 3명, 적어도 그의 편에 두 명의 인물, 즉 서기(기록자)와 비서로 지정된 자들이 있어야 한다.

VI. 대표(의장)는 모든 면에서 접근하기 좋은 유럽의 한 장소에 거주해야 한다. "빛의 길"[210] 이란 문서에서 모든 토착적이며 타향의 정치인들과 신학자들. 철학자들 등등 삶의 필요한 것을 위한 염려와 – 그리고 거기서 빛과 평화와 사랑의 아카데미 등등이 있을 수 있는 이러저러한 이유로 역시 다른 도시들 가운데서 런던(London)이 추천되었다.

VII. 각 나라에서 대표(의장)는 한 명이나, 또는 두 명의 서기를 가지는 것처럼, 한 사람 배석자(또는 더 크게는 둘)를 가져야 한다. 누군가 사망하거나, 또는 그가 고향으로 돌아갈때, 빛이 결단코, 그 어떻게든, 작은 불씨 가운데서 한 번도 꺼지게 할 수 없도록 다른 이가 그의 자리를 대신해야 한다.

VIII. 그러한 배석자들은 각 나라에서 오는 빛의 협의회, 평화재판소, 거룩한 장로회(Konsistorium)을 의장으로 대표하게 될 것이다. 기독교 백성들의 대표단들에서 장점과 은사들에서 벌써 잘 알려진 가장 탁월한 사람들이 공동의 선출을 통하여 선정될 것이다. 그것은 학자들의 수에서 가장 교양 있는 자들이, 신학자들에게서 가장 경건한 자들이, 정치인들로부터 가장 탁월한 자들이 구성될 것이다. 이러한 것이 고려 되지 않았던 한 후보자가 하나님을 찬양하며, 그의 고향은 가치가 인정된 많은 사람을 소유하는 일이 그렇게 발생하게 된다.

또는 역시 다음과 같은 방식에서: 각 민족에서 그의 대표들을 통하여 한 의장이 선출되었다. 그리고 그들에게서 각 대륙은 한 분 의장을 선출하게 된다. 이들은 교대로 의장을 맡아 보게 될 것이다.

투표는 먼저 모두가 참여한 가운데 이루어져야 하며, 더욱이 강요함이 없어야 한다. 그럴때, 그들은 중요도를 결정하게 된다. 그렇지만 아무것도 모두가 찬성하지

---

210) 빛의 길(Via lucis). 코메니우스가 런던에 체류하는 동안(1641-1642) 저술한 문서이다. 먼저 1668년에 인쇄된 문서가 영국의 코메니우스 생각에 동조하는 자들의 범주에서 생겨난 개혁 사상들을 요약한 것이다.

않는 것이 결정되게 해서는 안 된다. 그래서 결과는 공동의 재산으로서 공동의 결정을 통하여 확인되다.

IX. 10년에 한 번 모두는 전 세계에서 유럽의 한 장소에서, 아시아에서 두 번째로, 아프리카에서 3번째로, 아메리카에서 4번째로 만남이 이루어져야 한다. 각 백성은 각 협의체에서 한 명, 또는 두 명의 구성원을 파송해야 한다, 말하자면 각각 기록자(서기)들과 함께 철학자들과 신학자들과 정치인들이 파송되어야 한다. 그 3가지 모습의 협의회 없이 세계는 개선될 수가 없다(위와 간과 두뇌가 수액과 피와 정신력을 위한 공동의 일터인 것을 말하는 것처럼). 1. 하나의 협의회가 불안하게 하는 지혜의 이슬과 비를 모든 장점에 선물하는 동안, 벌판을 황량하게 하는 범람하는 개울처럼, 책들에 포함한 많은 오류가 다시금 전체를 혼잡하게 하기 때문이다. 2. 개별적인 고백들은 다시 종파나, 이단들을 생산한다. 3. 그 당시 그랬던 것처럼, 왕을 소유하지 않았고, 모든 것이 혼잡 가운데 빠졌던 이스라엘처럼 마침내 같은 민족들이 행했다면. -

V. 새로운 언어, 한가지 언어로 된 것을 도입하는 것이다.

근거:

1. 세계는 그들 생성의 시대에 한 언어를 소유하였다. 그렇게 대체로 변화하는 세계는 역시 단지 하나의 언어를 소유해야 한다. 그래서 하나님은 모든 것이 새롭게 하기를 약속하였다. 만일 세계가 그들 개혁으로 되돌린다면, 왜 역시 이러한 무질서가 개선되지 않아야 하는가? 그렇게 교회는 그들 혼잡의 수치를 씻어내는 것이다!

2. 하나님이 다시 마음과 혼을 주신다면(그리스도의 원래 교회처럼), 말씀의 어떠한 다양함도 비밀의 전체 이해를 결단코 허용할 수 없도록, 역시 왜 하나의 입술이 그리스인과 스구디아(Skudia) 인으로(골3:11) 존재할 수 있는 것이 아니라, 모든 백성이 형제들처럼 존재하게 하는 것이 아닌가?

3. 그들이 그들에게 예속된 백성들에 의하여 하나의 그들 언어를 도입하는 것이 군주국들의 특성에 속한다. 그렇게 역시 왕들의 왕은 하늘 아래에 그 통치의 범세계적인 표지를 소유해야 한다. 그래서 이러한 언어로 말하는 각자는 한 사람 기독인임이 분명하게 되도록 한다.

4. 네 번째 군주국(그것은 로마제국인데)은 그들의 생명을 발산한다면, 역시 그들의 기

둥들로서 그들의 법들에서 무너지지 않아야 하며, 그들 법의 띠인 그들 언어가 그들의 가치를 잃지 않아야 한다. 나는 그것이 사라져가는 것을 말하지 않고, 의미를 잃어버리는 것을 말하게 된다(그 이유는 그것이 아주 깊게 뿌리 박혀 있기에 불가능하기 때문이며, 그것이 인류 세대를 위한 공로가 된 거기서, 그것은 역시 공로가 아니기 때문이다). 그것은 더 이상 지배하지 않고, 다른 것과 함께 섬김을 의미한다. 그것에 대항하여 통치는 새로운 방식으로 새로운 통치자이신 그리스도를 섬기며, 그 시대의 시작 이래로 숨겨져 있었던 그의 지혜 비밀을 세계의 목전에서 새롭게 열리며, 명백히 논증하는 저 언어를 얻어야 한다. 각 그리스도의 봉사자는 그리스도의 십자가를 통하여 가장 거룩하게 된 언어들을 알아야 하거나, 또는 역시 원하는 모든 믿는 자들도 그러하다. 만일 학교 교육의 무한한 여러 길이 제거되고, 언어들의 연구가 가벼워질 때는 그것이 불가능한 것은 아니다.

이것은 대략 이러한 거대한 총회의 소집에 대한 협상의 주된 대상들이 될 것이다. 그러나 지도자들은 역시 다음과 같은 영역을 협상의 가치들로 생각하게 된다. 즉 거룩한 서적들에 대한 돌봄으로, 그것은

1. 표준이 확정되도록 하는 것이다. 그것은 어떤 도서들이 참으로 표준적인 의미를 지닌 것인지, 공의회(Konzil)가 확정하도록 하는 것을 뜻한다.

2. 지금까지 발견된 독서방식과 함께 히브리어와 그리스어의 텍스트가 출판된 것과 동시에 어떤 방식이 가장 개연적인 것으로, 바르게 이해되며, 해가 되지 않으며, 완전히 부패하지 않은 것을 느끼게 되는 것이다. 예를 들면, 분명하게 잘못된 글귀가 공연되었을 때이다(먼저 후에 기록된 책들에서).

3. 세계의 모든 교회가 공동으로 소유하고 있는 유일한 라틴어 번역이 출판된 것이다. 그것은 태양이 우리의 촛불을 필요하지 않은 것처럼, 비슷하게 하나님의 불씨가 어떤 인간적인 것이 필요하지 않도록 그렇게 만들어져 있어야 한다. 이것은 성취되었다. 즉

   a) 표절하는 사람으로부터 생겨난 낱말의 오류로부터 해방된 것처럼 그렇게 번역자의 책임을 통하여 원인이 되었던 모든 객관적인 오류들로부터 정리가 되었다면, 이처럼 단지 미신 때문에 인정되었던 텍스트가 저 오류로부터 잘 형성될 때이다.

   b) 문서가 스스로 해석되도록 용어 대조표가 착수되었다.

   c) 문서에서 직접 끄집어낸 규정들이 서론 자리에 열거되었다. 그것은 각 사람이 성

서를 읽으며, 이해하고, 그것을 통하여 계속 발전시킬 수 있는지, 그 방식에 대한 것을 뜻한다.

d) 여린 청소년을 유혹하고, 단순한 사람들을 돕기 위하여 각 장에 표지들이 첨부될 수 있을 것이다. 그리고 문서와 서적들을 다양화하며, 확대하기 위하여 서적 인쇄 기술이 하나님으로부터 주어진 도구인 것처럼 그렇게, 역시 동판 화가의 기술을 더 쉽게 소개하기 위하여 도움이 될 수 있을 것이다.

e) 모든 것이 모든 민족에 의하여 마지막 한 획에 이르기까지 그리고 모든 믿는 자들의 생각 안에서 상응하도록 공동의 라틴어 번역에서처럼 서적들과 문장들과 글귀들의 분배가 동일한 것일 각 백성이 그의 모국어에서 정확한 번역을 위하여 염려하는 것에 대한 걱정을 짊어지는 것이다.

f) 이러한 방식에서 모든 것이 한목소리로 하나님을 들으며, 인식하며, 영예롭게 하며, 하나님의 말씀이 전 세계에서 충만 가운데서 교화 안에 현존하는 것이 가난한 자와 부자들을 위하여 넉넉한 본보기들이 현존해 있어야 한다.

그렇지만 여기서 마지막 시대에 해당하는 새로운 계시들이 수용되어야 하는지, 또는 단지 발췌한 것인지? 질문이 등장하게 된다.

영접에 대한 근거들은: 1. 예언들이(의심 없이 하나님으로부터) 주어졌다면, 왜 그것들이 수용되지 않아야 하는지? 서로 연관된 개념들이 제시되었으며, 수용되었다. 그리고 동일한 작성자에게서 나아오는 것은 동일한 권위를 지닌다. 2. 마지막 시대를 위하여 영원한 복음이 예언된 것이 보인다(계14). 그렇지만 이것이 새로운 계시들에, 또는 단지 목사들의 해석에 근거한 것인지는 공의회가 그것을 검토할 수 있을 것이다.

수용에 대항하여: 1. 새로운 계시들은 신앙의 항목에 해당하지 않는다. 그것들은 단지 특별한 하나님의 사역에 대한 자극이며, 관심을 조정하는 것이었으며, 문서의 진리를 위하여 얻게 되었으며, 주어졌으며, 전파되었던 것이었다 (우리가 적대관계를 견뎌냈던).[211] 2. 하나님의 옛 서적들의 빛의 조화(調和)가 발견된 후에 어떠한 새로운 계시가 더 이상 필요 없는 것처럼 외관을 가진다. 그 이유는 비록 하나님이 더 이상 하늘에서 말하지 않는다고 할지라도, 지금 우리는 벌써 하나님으로부터 가르쳐졌기 때문이다.

---

211) 적대관계를 견뎠던 것. 코메니우스는 동시대 신령한 자의 예언과 환상들의 언급과의 관련 속에서 논쟁들에 관계한다. 예를 들면, 어두움에서 빛(Lux e tenebris, 1663).

중재하는 이해: 1. 그것은 의심 없이 신적인 근원인, 그리고 그것이 그렇게 명백하지 않은 것들과 예언들 사이에서 구별하는 것이다. 2. 사람들은 그러나 말씀이 직접, 자체의 자질들에 상응하게 기록되었던 것 없이 환상을 가졌던 것과 독일인 바르너(Waner)[212]에 의한 경우처럼, 역시 말씀을 직접 받아쓰게 되었던 자들 사이에 그것을 구별되어야만 한다. 3. 의심 없이 하나님으로부터 나아왔으며, 그것들이 사라지기 전에 그러나 단지 일시적인 유익을 지녔던 계시들과 교회에 지속적인 유익으로부터 존재하는 예언들 사이를 구별하는 것이 필요하다. 그것들은 후손들 앞에서 숨겨져 있지 않아야 했던 것으로서 외관을 가진다. 그것들이 공의회(종교회의)의 권위를 통하여 지속적인 유효성을 얻을 수 있는지?

거룩한 공의회는 민족들의 실질적인 유산을 나누는 것으로 그의 의무에 적절한 것으로 인정될 것이다. 그것은 항해를 추진하는 민족들에게 각자의 항해가 어디를 행할 수 있는지를 화해하고 결정하는 것을 뜻한다. 1. 그들이 서로 방해하지 않도록 하며, 2. 아직 하나가 다른 것을 대항하여 제기하거나, 또는 다른 이를 위한 노리갯감이 되는 것. 3. 공의회가 부(富)를 이루기 위하여 항해를 추진하지 않게 하는 것이 아니라, 민족들에게 빛의 부(富)를 확산하기 위하여 그것들을 가르쳐야 할 것이다. 4. 신적인 빛으로부터 밝혀지지 않을 세계 안에 그 어떤 장소를 주지 않아야 한다. 5. 그러므로 사람들이 단지 영혼들을 얻을 수 있는 곳으로 배들을 항해해가야 한다. 6. 그 때문에, 그들이 필요한 자들을 돕는(고후8:13-15) 기회를 유지하도록 풍부한 식민지를 소유한 자들에게는 결핍된 것이 주어지게 되어야 한다.

역시 월력이나, 또는 휴식일들의 개혁은 공의회에 제출하여, 긴급하게 다루는 것이다. 그 이유는 우리가 소유한 월력이 1. 율리우스 황제(Julius Caesar)[213]에게서 도입된 이교도들의 작품이기 때문이다. 2. 시대의 과정에서 그 월력은 우상의 섬김을 관철하기 위하여 적그리스도의 일로 채워지게 되었다. 3. 모든 것이 아니라면, 많은 것이 그 월력 안에 비합리적으로, 혼합되었다. 어떤 방식으로?

1. 월력이 하늘의 움직임들과 일치하는 것.

2. 우리가 매년 하나의 거울에서처럼, 하나님의 구원 행위들에 대한 개관을 우리가 그

---

212) 바르너 레빈(Warner, Levin, 1619-1665), 근동인.
213) 케자르, 가이우스 율리우스(Caesar,Gaius Jukius, BC.100-44), 로마의 장군. 국가의 사람과 작가. 케자르는 율아식 칼렌더를 도입하였다. 교황 그레고어는 1582년 그레고리안 식 칼렌더를 도입하였다. 동방교회들이 율리안식 칼렌더를 보존하는 동안, 서방교회들은 그레고리안 식 칼렌더를 이용하였다. 코메니우스는 그의 범 세계적인 개혁의 노력들에서 역시 칼렌더의 개혁에 대하여 숙고하였다.

안에서 말하게 되는 것을 소유하도록 교회의 영적인 하늘을 참되게 그리고 온전하
게 묘사하는 것.
3. 월력이 경제적이며 정치적인 하늘의 더 정확한 것의 설계라는 것.

우리는 월력과 관계있는 일들과 새해의 더 나은 확정을 통하여 그 첫 목표를 성취하게
된다. 그것은 (밤중이 지난 후에 낮(날)이 시작하는 것처럼) 새해가 가장 짧은 날과 함
께 시작해야 한다. 드라빅(Drabik)[214]에 따르면, 역시 그리스도의 출생일은 이날(새해
첫날)로 정해져야 한다. 그렇게 할례받은 축하의 날이 첫 일월에 떨어지며, 첫 4월경이
낮과 밤이 같아지며, 첫 7월경이 태양이 전환되는 날이며, 첫 10월의 가을에 낮과 밤
이 같아지는 날이다(부수적으로 2월은 30일과 31일을 가질 수 있으며, 그렇게 계속되
는 전환 관계를 뜻하게 된다. 사람들은 12월에 윤일(閏日)을 첨부할 수 있을 것이다).
역시 축제일은 다르게 정해질 수 있었을 것이다. 그리고 더욱이 전 세계와 교회의 역
사에서 하나님의 일들과 구원의 행위들을 기념하는 것이 될 수 있었을 것이다. 예를 들
면, 창조 이래로. 사람들은 역시 사람의 이름들이 필요로 하는가? 그렇다. 아담, 아벨,
에녹 등 월력에서 보는 자는 시대의 전 과정과 모든 중요한 하나님의 일들을 해의 마
지막까지, 시간의 마지막에 그리고 최후의 심판을 전망하는 기회를 얻게 하기 위함이
다. 그러나 어떻게? 이러한 축제일은 일요(주)일에도 나누어지게 되어야 하는가? 일요
(주)일 외에 어떤 다른 축제일이 시작되지 않아야 한다. 사람들은 이처럼 52주일을 균
등하게 분할되게 해야 한다. 마침내 역시 확정하는 것이다. 1. 집에서 경제적인 노동
을, 그리고 밖에서는 들판과 정원과 포도 농원에서의 일을. 2. 시민적인 용무들, 재판
의 담판들, 회합들, 시장들, 3. 역시 학교들에서의 일(공부하는 것)들. 결론적으로 각
자가 더 이른 시간의 노동을 표시하고, 미래적인 것을 계획하기 위하여 깨끗한 종이를
꿰어 멘다면, 완성할 수 있는 역시 사적인 월력을 만들기에 조언하는 일이 가능하다.

공의회(총회)의 끝마침에 대해서나, 또는 파악된 결정들의 힘찬 실행에 관하여.
사람들이 어떤 방식으로 전 세계에 이러한 빛과 평화와 구원을 전달할 수 있는지를 감
행하는 일이 있게 될 것이다.

---

214) 드라빅 미쿨라스(Drabik, Mikulaś, 1588-1671)는 코메니우스의 동급생이었으며 친구였으며, 형제 연합교회의
성직자였다. 정치적인 경향성을 가진 그의 예언들은 코메니우스로부터 책으로 출판되었다. 각주 15번 비교.

알려주는 실행의 능력이 알려진 그 누구도 집에서 자신에 의해 스스로 시작해야만 한다는 것에 의심하지 않게 될 것이다. 그렇지만 우리 유럽인들은 세계 전체의 기쁨이 시작되어야 하는 위대한 왕의 도시는 북쪽을 설명하게 된다(시48:3). 그러나 역시 위대한 왕의 이러한 도시 안에 지금까지 많은 구석진 곳들과 부정하고 온전히 불쾌감을 주는 연기와 더러움이 가득한 거리가 있다. 각자는 자신에 의하여 스스로 가지런한 사랑을 시작할 수 있을 것이다. 하나님이 우리에게 은혜로우시며, 완전한 구원의 길이 우리에게 가르쳐진 기쁨의 소식과 함께 내가 다름과 같이 표시하는 것처럼, 그 소식을 모든 백성에게 전하기 전에, 공의회는 먼저 기독교적인 세계를 기쁘게 해야 한다. 동시에 우리는 셈의 야벳이 그리스도와 구원을 받아들인 우리의 이웃인 아시아 사람들에게 기쁨을 알리면서 나아간다. 그들은 벌써 기독교로부터 큰 부분으로 채워졌거나, 또는 그들이 적어도 그리스도에 관한 소식을 알고 있다. 그 외에도 우리는 그들과 함께 터키와 페르시아와 인도와 중국과 일본에 대하여 힘쓰는 국가 간의 무역 거래 관계에 근거하여 더 쉬운 접근을 하게 된다. 그리고서 남쪽 방향, 아프리카를 향하여 서두르는 것이 필요하다. 그 이유는 역시 거기에 살고 있는 주민들이 우리에게서 멀지 않기 때문이며, 많은 수의 기독인이 함께 살고 있기 때문이다. 마지막에 서쪽인 아메리카를 향하여 간다. 나라들의 거리에 따라 우리에게서 대부분 출발 되었으며, 적어도 알려졌기 때문이다(해안에 사는 자들 외에). 여러 언어와 미개의 풍습을 가진 아주 큰 수의 민족들이 중요하기 때문이다. 그들과의 일은 가장 어려움이 될 것이다. 그러나 방법의 법칙들은 가장 쉬운 것에서부터 가장 어려운 것으로 진전하는 것이 제시되었다.

하나님은 이러한 실행을 이스라엘과 새로운 예루살렘의 새로운 땅 서술에서 에스겔을 통하여 스스로 해석하는 것처럼 보인다(겔47: 이러한 묘사와 함께 교회의 최종적이며 가장 큰 개혁이 미리 형성되었다는 것은 아무도 의심할 수 없을 것이다). 대체로 성전의 강물이 흐르는 질서에 관한 것은 그렇게 먼저 동쪽이며 그리고서 남쪽을 확고히 설정하는 것이다. 그런 후에 거룩한 땅의 경계들은 북에서(15절), 동에서(18절), 남에서(19절), 큰 바다를 통한 서쪽에서(20절) 표시되었다. 그러나 역시 새로운 예루살렘 도시의 묘사는 스스로 균형적으로 이루게 된다(48:31-34).

우리는 유대인에게(그들이 우리에게 공간적으로 가장 가까이 있으며, 우리 가운데 살고 있음에도 불구하고) 우리의 빛을 제시할 수 없게 될 것이다. 그리고 역시 그것은 단지 모든 회개한 민족들의 중재를 통하여 영향이 미치게 될 것이다. 첫 번째 이유는 그들이 모든 사람 가운데서 대부분 가장 완고한 자들이며, 그리스도와 기독인들에 대하여 적대감을 마음에 품은 것이다. 그것은 먼저 극도로 긴 시간 후에 가장 강한 금속들이 마지막에 녹아내리는 것처럼 비슷하게 극복하게 될 것이다. 두 번째로, 그것은 우리의 불로 다다를 수 없으며(그들을 녹이기 위하여), 그리고 우리의 빛이 그들의 눈에 띄게 할 수가 없으며, 이것은 그들의 눈이 고대 이래로 벌써 은폐하는(요9:29-30;고후3:15) 모세의 면사포 때문이다. 그 때문에 그들은 실제로 우상의 형상들과 같은 존재들이다. 그들이 눈은 가졌으나, 보지 못한다. 이처럼 그들이 구원의 수단을 거절한다면, 그들은 귀를 막은 것이다. 그들은 눈을 피하며, 성령에 저항한다(행7:51, 57). 당신은 그들과 함께 무엇을 시작하려는가? 먼저 이러한 경화증(硬化症)이 제거되어야 한다. 그러나 누가 그것을 하나님처럼 할 수 있을까? 그리고 그가 먼저 모든 민족에게 눈의 면사포를 취하는 그것과 다르지 않은 것처럼(사25:6-7, 26:1-9). 그것은 유대인의 눈들이 한 광채를 통하여 열리게 되어야 하며, 더욱이 우리가 지금까지 소유했던, 그리고 그것이 그것들을 위한 일상이 되었던 우리의 빛의 광채를 통해서가 아니라, 특별하며, 전 세계를 감격 가운데로 옮기는 하나님의 행하심의 광채를 통해서이다. 민족들의 전체적인 회개가 왜 그 같은 일을 묘사하지 않아야 하는가? 그들이 그것에서 감격하게 되지 않으며, 거기서 이루어지는 것을, 머리를 쳐들고 의기양양하게 바라보려고 시작하는 것은 분명히 가능하지는 않을 것이다. 그렇게 역시 그들이 한번은 회개한다는 것에 관한 모든 예언은 구약에서 수없이, 신약에서 마23:38-39;롬11:25;계3:8-9 등등이 알려준다. 이러한 것들이 민족들에게까지 전해지는 것처럼, 그 방식이 중요한 만큼, 사람들은 신중하게 행해야 할 것이다.

규범들의 형태에서가 아니라, 천거하는 것들로부터 새로운 것이 설명되었거나, 또는 영예롭고 풍성한 선물로서 전해지게 되었다. 인간의 본성은 매우 그들의 자유에 매달리며, 명령을 어렵게 견딜 수 있을 것이기 때문이다. 그것은 의지에 대항하는 사람들에게 강요되었던, 이전의 나쁜 일들을 더 나은 낯 설은 선택보다도 더 고유한 것으로 좋아한다. 그것은 역시 야심적이며, 존경받으며 경멸 되기를 원하지 않는다. 그것은 그들의 권리를 확대하기 위하여 모든 백성을 무기의 힘으로써 굴복하지 않았으며, 단지, 반항하는 것을 로마인들이 잘 파악했던 것으로 보인다. 나머지 사람들은 그들을 자유로운 공동체로 초대하였으며, 그들에게 시민권을 주었다. 그들의 시민권은 받게 되었는데, 그 이유는 그것을 받는 것이 영예롭고 유익했기 때문이었다. 우리는 왜 동일한 것을 모방하지 않아야 하는지? 그러므로 우리는 가정의 질서를 다스린 후, 그들이 우리와 함께 그것을 나누게 되도록, 구원의 사역을 모든 민족에게 환하게 빛나게 하면서 친절하게 열망할 가치가 있는 것을 제시한다. 하나가 다른 이를 향하여 감사하게 받아들이는, 즉 인간의 일이 중요한 것이 아니라, 그것은 온전히 하나님의 일인 것이 더 많이 증거되며, 증거되게 되는 거대한 소망이 생겨난다.

그렇게 공의회로부터 모든 중요한 민족들에게로 대사들, 즉 동경의 사람들인 정치인들, 신학자들, 철학자들이 파송하는 것이 요구될 것이다. 즉 이러한 파송될 사람들은 교활하며, 오만하며, 싸우기 좋아하는 자들이 아니라, 하나님을 경외하며, 평화를 사랑하며, 그럼에도 지혜로우며, 사려 깊은 사람들이어야 한다. 만일 그들이 민족들에게 빛과 평화와 참된 하나님의 공동체를 제시했다면, 그들은 모든 땅의 백성에게처럼 모든 민족과 세대들에게 전파하기 위하여(계14:16), 하늘을 두루 날며, 영원한 복음을 소유하고 있는 진실로 저 천사들과 동일한 것이다. 위대한 통치자들, 즉 느부갓네살(단4:1), 아하스에로(에스더 8:9)와 같이, 이 백성들에게 참된 하나님을 전파했던 것처럼, 그들의 언어로 개별 민족들에 대한 편지와 함께 그것들을 공급하는 일이 필요할 것이다. 사람들은 그들에게 요약한 이해로 일들의 개선에 대한 제언을 한편 라틴어로(같은 형태로 인쇄된 모범들에서), 다른 한편, 각 국가의 언어들로 함께 주어야 한다. 그 책의 주제 표지에 가능한 대로 부제(副題)가 제시되었다. 그것은 모든 지상의 주민들 가운데 결론으로 도입된 "인간적인 일들의 개선에 대한 보편적인 제언"이 될 것이다. 주제 표지의 뒷면에 사람들은 다음과 같은 전체 작품의 주도적인 표제(標題)가 제시될 수 있다. "미래적인 빛의 전주(前奏)인 당신인, 책은 태양과 같은 것이라", 그 태양이 앞서 나아가는 곳으로 어떤 자리도 없도록 너희는 온 땅을 넘어서 따르게 되며, 태양이 그들이 빛을 비춤과 함께 밀치고 들어가는 곳으로, 너희의 빛을 비춤이 다다르는 것이 아니다. 그 이유는 모든 일의 주님이 당신이 같은 방식으로 모두에게 듣게 되며, 그들로부터 공동의 소유로서 모두에게 사용된 것을 명하시기 때문이다. 사람들은 그것에 대하여 모든 모범으로 바울 말의 모범을 따라 아덴 사람들에게 섰던 (행17) 같은 머리말을 미리 보내게 될 것이다. 그것은 우리가 무엇인가 온전히 새롭고, 알지 못하며, 그들에게 낯선 것을 가져오는 외관을 소유한 것이 아니라, 그들이 서로 스스로 보며, 말하며, 사랑하며, 경외하는 그 무엇, 그러나 충분하게 이해하는 것이 아닌 그 같은 겸손을 뜻한다. 그렇게 그들은 대체로 등장할 수 있으며, 하나님은 아마도 그들이 그것을 파악하고 기뻐하는 것을 주게 될 것이다.

사람들은 이러한 소식을 백성들과 왕들과 성주들과 공화국의 우두머리들에게, 그들의 언어 안에서 각자에게 보내게 될 것이다. 예를 들면, 터키의 술탄에게 터키 말로, 페르시아 왕에게 페르시아의 말로, 마로코의 왕에게 아라비아 말로, 인도의 왕에게 몽골의 말로, 북아메리카 사람들에게 멕시코 말로, 남아메리카인들에게 잉카 제국의 말, 등등으로 세계로 흩어진 유대인들에게는 히브리말로 주어지게 된다. 완성하도록 조화로운 새로운 언어가 마침내 가능하게 된다면, 사람들은 그 언어로 더 많은 견본(見本)이 인쇄하게 될 것이며, 그들이 민족들을 쉽게 적용할 수 있게 되도록 모든 대상으로 그것들을 발송하게 될 것이다.

끝마침

그 같이 기회가 꾸며졌다면, 세계의 회복은 성취될 것이다. 바빌론은 무너지게 될 것이며, 하나님을 대항하던 세계가 노아 홍수를 통하여 멸망되었던 것처럼, 민족들은 해방될 것이며, 그러한 서두름 안에서 그리스도에게 복종하게 될 것이다. 소돔이 멸망하며, 파라오가 물에 매장되었으며, 여리고가 파멸되었다. 그리스도가 그의 말씀을 참되게 하며, 그가 예언했던 것처럼(사66:5-8; 사60:8, 사49:17-21), 그가 번개처럼 태양으로 임하게 되리라는 것(마24:27)은 분명하게 될 것이다. 그리고 이러한 일은 오래가게 될 것이다(사60:11-12).

제26장

더 좋은 세계의 상(像), 또는
이러한 방식으로 개선된 세계의 축복 된 상태에 관하여

그 같은 개선된 세계의 상태는 축복된 모습이 될 것이다.

지난 시대의 세계 안에서 모든 것이 새롭고 거룩하게 되리라는 거룩한 자들의 희망들은 거짓이 아니라는 것이 벌써 분명하다. 말하자면, 그것은 거룩한 자들의 하나의 철학, 하나의 종교, 하나의 왕국에 관한 것이었다. 예루살렘을 새롭게 하려고, 그리스도가 왔을 때, 그가 말했던 것처럼, 그렇게 "보라 내가 모든 일을 새롭게 하리라!"(계 21:5). 그리고 선지자들의 말에 따라 "그러나 전 하늘 아래, 나라와 권세와 힘은 최상의 거룩한 백성에게 주어지게 되리라. 그의 나라는 영원하며, 모든 권세는 그를 섬기며 순종할 것이라(단7:27), 그리고 백성의 입술들이 깨끗하여 나를 섬기리라 (습3:9). 하나님이 이것을 완성하기까지 살아 있는 자들은 복되도다! 그 이유는 이 시대에 모든 일이 밝혀졌으며, 거룩하고 평화로우며 분명하게 될 것이기 때문이다.

1. 지혜의 완전한 빛의 길들

2. 먼저 참된 철학이 주어졌을 때, 모든 일의 근거를 밝히는 참된 빛이 열리게 된다. 그러므로 그리스도의 말씀에 따라 가장 크고, 가장 작으며, 계시 된 것에서도, 비밀들에서도 알려지지 않고 남아 있는 것은 없다. 이유는 드러나지 않고 숨겨져 있는 것은 없으며, 역시 알려지지 않고 그날에 임하는 그 어떤 것도 하늘에 없기 때문이다(눅 8:17). 책들이 창공 앞에 열린 채 머물러 있게 될 것이며, 모든 것을 동시에 보게 될 것이기 때문이다. 역시 갓 출생한 젖먹이도 그들의 언어로 말하게 될 것이다(4번째 에스더 6:20). 왜 하나님이 원했으며, 인간적인 일들이 바로 이러한 방식으로 준비된 것을 적어도 허용했는지, 하나님이 처음에 만들었던 그 일이 먼저 마지막에 알려지게 되도록(역시 하나님의 계획의 원인이 발견되었다(EKKL.3:11) 하기 위해서이다.

그리고 백성의 모든 눈의 면사포가 벗겨지게 된 것

3. 그의 참된 목표를 인식하지 못하게 하려고(고후3:13-14), 지금까지 율법이 스스로 덮어두었던 모세의 면사포는 그리스도의 첫 번째 오심과 새 언약의 계시와 함께 대체로, 그렇게 정신적인 그리스도의 도래와 함께(이스라엘 왕국의 새롭게 하는 것과 하

늘 아래 모든 백성에 대한 언약의 전파에) 면사포는 유대인의 얼굴로부터 뿐만 아니라 (고후3:15-16), 모든 사람의 얼굴로부터 역시 취하여지게 되었다(사25:7). ``

거기서 모든 사람은 하나님으로부터 가르쳐졌다.

4. 지금 그리스도의 말씀은 성취된다: "그날에 너희가 나에게 아무것도 질문하지 않을 것이다"(요16:23). 그리고 하나님의 말씀은 "아무도 다른 이들, 곧 다른 이들의 형제들에게 "주님을 알라"고 가르치며 말하지 않을 것이며, 모든 이들, 즉 양편의 작고 큰 자 모두가 알게 하라고 주님은 말씀하신다"(렘31:34). 그것은 사람들이 자신의 권세로 유혹하는 일을 중단하게 될 것이며, 새롭게 하나님으로부터 가르치게 될 것을 뜻한다(렘31:34). 즉 그들이 그들의 관심을 단지 하나님의 일들과 말씀과 감동에 목표를 둘 때이다. 사람들이 하나님의 비밀을 믿을 뿐만 아니라, 그것들을 역시 이해하는 것이 전적으로 발생하게 될 것이다(하나님은 마지막 시대에 빛이 증대됨을 통하여 영화롭게 될 것을 약속하셨다, 사32:4; 렘30:24;단12:4;계22:10). 주님은 그들이 태양도 달도 필요하지 않도록 이러한 은혜와 구원을 그의 거룩한 자들에게 주셨다. 그 이유는 그가 스스로 지금 영원한 빛으로서 그의 거주지에서 사람들과 함께 종말을 이룰 때까지 머물게 될 것이기 때문이다(시84;사60:19;계21:3). 진리로 이끄는 지도자나, 또는 진리의 선생이 없는 것이 아니라(하나님이 다른 자리에서 예언하는 것처럼, 그들에게 특별히 많은 자가 있게 될 것이라, 사21:23), 사람에게 교사로서 제시하거나, 또는 그들 가운데 교사로서 받아들여졌던 그러한 자들도 없다. 그 이유는 모든 사람이 유일하며, 특별한 자로서 단지 교사이신 그리스도를 인정하였기 때문이다(마28:11). 그들은 교사로서 단지 사마리아인에게 그의 말씀을 일러 주게 될 것이다. 즉 우리는 당신의 말 때문에 당신을 믿는 것이 아니라, 우리가 스스로 인식하고 알기 때문에 믿는다. 등등.

모든 사람은 참된 빛을 통하여 깨닫게 되었다.

5. 우리는 범세계적인 학교들을 소유하게 될 것이다(모든 사람이 하나님의 책들을 읽고 이해하기 위하여 가르치도록 범 세계적인 교육을 도입하자마자 곧). 그리고서 바다가 물로 인하여 가득한 것처럼(사11:9) 그렇게, 가장 큰 자로부터 가장 작은 자

에 이르기까지 모두가 하나님을 알며, 땅이 주님의 지식을 통하여 가득하게 되도록(렘 31:34) 빛이 모두에게 확대될 것이다. 거기에 더 이상 그의 아이들이 있는 것이 아니 라(사65:20), 모두가 한가지로 하나님 아들의 믿음과 지식에 이르게 되며, 거기서 그 리스도의 완전한 나이에 있게 되며, 더 이상 아이가 아닌, 한 분 완전한 성인이 될 것 이다(엡4:13-14).

그리고 잊을 수 없는

6. 우리가 그것을 뛰어넘어 지혜자들의 범세계적인 사회를 소유하게 되면, 빛에서 결핍되지 않을 것이며, 어두움들로 되돌아가는 것은 거절되었다. 그것은 한번 범세계 적인 빛이 모든 것에 밀치고 들어오기 때문에 발생하며, 다르게는 전파된 그것들에서 결핍되지 않기 때문에 이루어진다. 빛은 모든 것의 영(靈)들 안에 땅의 열매가 매년 증 가하는 것처럼, 그렇게 증대될 것이다. 대체로 선한 씨앗이 땅에 심어졌다. 그렇게 그 씨앗은 곧 많은 다른 결실을 초래한다. 그것은 이사야에 의하여 60:11절에 예언되었 던 그것이다. 그리고 당신의 성문들은 항상 열려있어야 한다. 마찬가지로: 당신의 태 양은 더 이상 아래로 내려가지 않을 것이며, 당신의 달도 빛을 비취는 일을 잃지 않을 것이다. 그 이유는 주님이 당신의 영원한 빛으로 있을 것이기 때문이다. 그리고 당신 의 고통의 날은 끝나게 될 것이다. 그리고 당신의 백성은 뽐내는 의인들이 되어야 한다 등등. 가장 작은 것에서 수천 명이 되어야 하며, 가장 작은 것에서 권세 있는 백성이 되 어야 한다. 나 주는 그의 시대에 그 같은 것을 서둘러 준비하기를 원한다(사20:21-22). 역시 다른 곳에서처럼, 사33:20과 렘30:19-20절을 보라!

2. 유일한 언어의 선한 행위를 통하여 선한 것에 대한 몫은 범세계적으로 있게 될 것이다.

7. 만일 우리가 범 세계적인 언어를 가지며, 그것이 민족들로부터 영접했다면, 세 계는 그들 거주민 모두에게 접근될 수 있을 것이다. 만일 한 사람의 마음에 든다면, 모 든 장애 없이 땅의 모든 넓이를 탐방하며, 가르치며, 배우는 것이 가능하게 될 것이다. 말하자면, 모든 사람이 이해하며, 하나님의 한 백성, 한 가정, 하나의 학교처럼 존재하

게 될 것이다. 그리고서 사람들이 인지할 수 없는 한 광야처럼(스가랴14:10), 온 땅과 백성이 깊은 언어로부터 있다는 것이 무엇을 뜻하는지를 보여준다(다른 이들은 지혜로 번역한다, 사33:19 등). 모든 민족에게 한 가지 언어가 제시되었으며, 그들이 바빌론의 혼잡에서 새롭게 하나가 되는(창11:1,7-8), 주님이 시온을 새롭게 건설하기 시작하며, 그의 영광 가운데 나타날 때까지(시102:17,19,22,23), 나는 모든 민족과 다른 언어를 말하는 자들을(사66:18) 소집하는 때가 이르게 될 것이다.

3. 그 후에 모든 민족의 관심은 하나님께로 이르게 된다.

8. 대체로 그런 후에 민족들은 그리스도 안에서 변화하기 위하여 시온에서 나아온 저 빛으로 서둘러 이르게 된다(사60:1-3). 그것은 모든 세계 종말의 주인에게로 돌아오게 될 것이다(시22:28). 이방인들의 권세는 구름처럼 당신에게로 오게 될 것이며, 그들이 비둘기들처럼 그들의 그물로 날아오게 될 것이다(사60:5이하). 민족들은 그들의 아들들을 품에 안고 올 것이며, 그들의 딸들을 어깨에 메고 오게 될 것이다(사49:22). 모든 민족에게서 나아오는 모두는 군대 무리의 왕 앞에서 절하기 위하여 그리고 말구유의 종과 곳곳에 모든 그릇에 제명(題名)을 가져오는 일이 일어난다. 주님의 거룩함(스가랴14:18-21).

이스라엘 백성의 특별한 것

9. 이것은 지금 4가지 전 세계 영역으로 흩어진 이스라엘 사람들을 보게 되면, 그들은 역시 그렇게 생각된다. 그러므로 그들이 어두움을 인식하고 눈을 열게 되기를 시도한다. 그들이 역시 하나님 안에서 주님을, 그리고 다윗 안에서 그들의 왕을 찾는 것이다(호3). 그들은 저 거대한 개선을 통하여 새롭게 되었다. 사람들은 모든 계시와 문서들 안에서 최후의 범세계적이며, 영예로운 유대인의 갱신에 대한 가장 유명한 약속을 발견한다. 그것은 거룩한 이스라엘의 그들 창조주와 구주가 칭해지며, 모든 세계의 하나님으로 불리는 것을 보게 되는(사54) 거기서, 유대의 교회가 그들 미망인의 고난을 내려놓는 저 시대가 있게 할 것이다.

4. 모든 지상의 왕국은 하나님의 왕국들이 될 것이다.

10. 산들로부터 부서져 무너진 돌이 소리와 철제들에서 나아와 군국주의를 붕괴시킨 후에 전 세계를 가득 채우는 일이 지금 발생한다. 그것은 세계의 모든 왕국이 우리 주님과 그리스도의 소유가 된다는 것을 뜻한다(단2:35,41; 계11:15). 그것은 역시 사람들이 시편 71:11과 102: 16,23과 138:4과 사49:23과 사60:3,10,11,16과 62장, 그리고 계10:11절에서 이해할 수 있는 것처럼, 그것들이 역시 존재할 것이기 때문에, 어떤 지상의 왕들도, 어떤 백성의 제후들도 더 이상 주어지게 되는 것이 아니라, 다른 것들을 갈기갈기 찢어 씹으며 삼키는 맹수들도 주지 못하게 될 것이며, 그들에게 향하는 길로 오게 되는 모든 것을 임의로 넘어뜨리며, 유린하며, 그리고 다른 이들을 전쟁으로 황폐하게 하는 과물들도 주지 못하게 될 것이다. 모두가 정돈된 무리 가운데서 그리스도의 무리(사11:7), 교회의 성도들(사60:11), 평화와 정의를 관리하는 사람들의 질서로 인도된 오히려 길들인 사자들일 것이다. 그러므로 사람들은 당신의 땅에서 어떤 사악함도, 손상도, 파멸도(사60:17-18) 더 이상 듣지 못하게 된다. 그 이유는 땅을 황폐하게 했던 그들이 다 멸망되었기 때문이다(계11:18).

완전한 질서, 평화, 사랑

11. 지금 "나누고 다스리라!"는 저 악마적인 것들은 사라진다. 그 자리에 신적인 충고가 등장하는데, "화합하며 다스리라!"고 하는 명령이다. 사람들이 주어진 정치적인 현재의 상태(ratio status)를 고려하여 불렀던 알려진 마키아벨리(Makiavelli)의 불법을 벗어나게 된다. 그 이유는 시편85:10에서 10절 끝까지 기록된 것처럼 법과 정의로서 땅에 대한 그 어떤 다른 실천적인 관심들이 주어지지 않았기 때문이다. 인류의 치욕이요, 사탄의 작품인 전쟁들은 역시 사라져 가게 된다. 그것들은 바빌론과 언어들의 혼잡(混雜)과 함께 니므롯(Nimrod)이 시작하였다. 지금 바빌론이 무너졌으며, 언어들이 통일되었기 때문에, 공포한 민족들의 사냥꾼인 그 어떤 니므롯도 더 이상 주지 못하게 될 것이다. 왕의 사냥은 솔로몬 아래서처럼 말하자면 지혜를 사냥하는 그런 성질을 가진 일이 될 것이다. 그것은 서로 하나님과 함께 자체 신하들의 가장 지혜로운 정부를 위하여 경쟁하는 것을 뜻한다. 노아 홍수 전에 평화와 안전이 인간의 일들의 시

작에서 있었던 것처럼, 끝은 시작과 동등해질 것이다. 그곳에서 평화와 안전함은 역시 세계의 끝에 있게 될 것이다.

무거운 짐들과 수고들에서 해방된다.

12. 왕들에게서 지금까지 전쟁 배분들을 위한 필수적이었던 백성들의 무거운 짐들의 지금까지의 증대는 더 감소 되리라는 것이 역시 가능하며 필요하게 될 것이다. 타키투스(Tacitus)에 의하여 발견되는 저 지혜에 대한 어떤 공간도 더 많이 존재하지는 않을 것이다. 재물의 척추가 돈의 획득이라고 그는 말한다. 국제적인 평화는 무기 없이, 그리고 무기는 돈 없이, 또한 돈은 세금 없이 불가능하기 때문이다. 그래요, 그것으로써 너희 로마인들이 생각되었다면, 모든 것을 철로 된 치아들로써 파괴하며, 의도적으로 짓밟는 저 야수들! 너희는 폭력을 통하여 그 나라를 복종시켰다. 지금 너희는 그것을 역시 폭력으로써 유지해야 할 것이다. 그렇지만 너희는 그것을 유지하지 못한다! 그것에 반하여 우리 그리스도의 왕권은 칼도 활도 필요치 않다. 그는 이러한 것들을 뿌리 뽑게 될 것이다(스9:10과 다른 곳). 지금 사람들은 역시 어떠한 비용과 수고도 필요하지 않으며, 세금을 폭력적으로 강탈하는 것도 필요하지 않을 것이다. 그것은 노래하는 시대이다. 더욱이 어찌 그것이 독촉받게 되는가? 조세(租稅)는 종말이 될 것이다(사14:4). 지금 글쟁이들이 어디에 있는가? 관리인들은 어디에 있는가? 성탑들을 헤아리는 자들이 어디에 있는가?(사3:18).

저 평화에 반하는 것들의 모든 원인은 제거될 것이기 때문이다.

13. 평화는 그렇게 세계의 종말에까지 이르게 될 것이다. 플라톤은 균형이 안식을, 그리고 불균형이 음모를 만든다고 바르게 말한다면, 전 세계의 모든 부자가 지식과 힘과 상대적인 사랑의 저 최상의 균형으로 이끌려졌기 때문에, 어떻게 거기서 그것들을 위한 원인이 주어질 수가 있을 것인가? 모든 사람이 한 분 하나님 아래 머무르기 때문에 평화를 소유하게 될 것이다. 말하자면 통일은 사람들로부터 회피되었으며, 그들이 유일한 분을 떠났기 때문이다. 모두가 하나가 되는 일치(통일)로 돌아오면, 그 일치는 모두에게로 되돌아온다. 단면적인 편파성은 지금까지 사람들을 서로서로 멀어지게 했

다. 그것이 지금 제거되었다면, 전쟁들이 제거되었다. 그 이유는 지금까지 한 사람이 다른 사람보다 더 많이 가지며, 다른 사람들보다 더 많이 다스리는, 다른 사람들보다 한 분 하나님께 더 가까이 가며, 그분에게 더 많이 그분의 마음에 들게 되며, 다른 사람들보다 한 분을 더 잘 이해하기를 원했기 때문이다. 그렇게 오래 서로의 미움과 시기와 다툼들이 지속하였다. 지금, 모두가 한 권세로서 그를 섬기며, 투쟁하며 승리하는 전체 교회처럼, 천사들과 함께 서 있는 모든 것을 그리스도와 함께 공동의 왕국 안에서 모든 것을 소유하도록, 공동의 빛 가운데서 모든 것을 바라보는 것이 허락되었다. 그리고서 그들은 그것을 합창 소리로 울려 퍼지게 할 수 있을 것이다. 즉 "거룩, 거룩, 거룩"에 관한 것이다. 평화와 기쁨의 원천들이 개방하여 있는 동안, 참된 통일이 특히 모든 것에서 모든 것으로 새로워질 때까지 전쟁의 불변적인 원천들은 멈추어졌다. 이 것은 말하자면, 상호 간에서처럼 일들과의 모든 생각의 통일이며, 하나님과 함께 모든 것의, 그리고 모든 것과 함께 하나님의 통일이다.

5. 땅 전체는 백성의 낙원이 될 것이다.

14. 우리가 아담의 실수를 통하여 쫓겨났으나, 두 번째 아담의 영향을 통하여 새롭게 열렸을 뿐 아니라, 역시 새로운 것에서 넘겨진 기쁨의 낙원을, 하와의 모든 아들이 보게 될 것이다. 그리고서 먼저 땅들이 증대되었거나, 충만해졌을 때, 약속된 축복의 실현을 누리게 될 것이며, 그들에게 위임된 모든 피조물에 대한 합리적인 다스림이 성취될 것이다(창1:28).

6. 만일 그리스도가 땅을 다스리게 되었다면,

15. 시편(110:2-3)과 사도바울(고전15:24-29)은 두 가지 시대의 단면을 설명해 주는 것처럼, 지금까지 원수들 아래에 다스렸던 승리의 그리스도가 원수들 없이 그렇게 다스리게 될 것이다. 벌써 발아래에 놓여 있는 원수들에 대한 통치의 이러한 두 번째 시대는 독일인들을 습관적으로 영원한 생명으로(최후의 심판과 함께 시작하는) 옮기게 한다. 그러나 사도는 그것을 이러한 방식으로 이해하기를 허용하지 않는다. 그 이유는 그가 이 시대의 공간 안에 모든 정부 당국과 각 권세는 아주 넓게 높여지게 된 것과

하나님은 모든 것 가운데 계신 모든 것이 되도록 아들이 스스로 하나님과 아버지께 그 왕국을 넘긴다는 것을 예언하고 있기 때문이다(고전15: 24절과 28절). 마찬가지로 그 가 제거한 마지막 적은 사망이 되리라는 것을 말한다면(26절) 그러하다. 이처럼 나머 지 원수는 사망이 제거되기 전, 멸망되리라는 것이 필요하다. 그것은 벌써 죽어가는 현 세적인 삶에서 세계의 나라들이 우리 주님과 그리스도의 소유가 되었다(계11:5)는 것 을 뜻한다. 그것은 법 앞에서, 그리고 법에 따라 미리 형성된 것처럼, 모든 것이 개혁된 그 시간(역자주: 만물의 회복)이 이르게 될 것이다(행3:21). 그 이유는 사람들이 텅 빈 것과 율법과 메시아의 세계에 3가지의 시대가 허락된 것을 보편적으로 인정하기 때문 이다. 모든 초기의 시대들은, 그러나 두 가지 단면을 소유하였다. 왜 3번째는 아닌가? 율법 이전에 교회는 가인의 불신앙적인 아들들 아래 그 한복판에 포함되었다. 그리고 교회가 파괴되리라는 것은 단지 적지는 않았다. 그렇지만 저들이 노아 홍수를 통하여 파멸되었을 때, 그것은 새로이 자유롭게 되었다. 율법에 관한 것은 더욱이 아브라함에 게서 모세까지(할례와 함께) 주어졌다. 그러나 그것이 기록되지는 않았다. 그리고 교 회는 항상 그렇게 애굽에서 멍에 가운데 배회하는 여로에 처해 있었다. 파라오가 수장 되었기 때문에, 교회가 해방되었을 때, 교회는 율법을 받아들였으며, 요단강을 건넜으 며, 원수들을 물리치며 승리하였으며, 다스렸다(그들이 역시 때때로 죄 가운데 넘어지 며, 징계를 받았다면). 그렇게 교회는 역시 메시아 아래서 두 배의 상태를 견뎌야만 했 다. 지금까지 일어났던 것처럼, 첫째 원수들 가운데서 괴롭힘을 당했으며, 둘째로 지 금 벌써 기다리는 것인 그리스도가 적들 위에서 다스리기 때문이다.

7. 전 세계에서 사탄이 추방되었을 때까지

16. 그것의 결과는 괴수요, 원수의 머리인 사탄이 승리의 행렬 가운데 전쟁 포로들 로서 함께 이끌리는 일이 있게 될 것이다. 하나님의 예언에 따라 그것은 그가 거대한 사 슬에 묶여 지며, 사탄이 민족들을 더 이상 유혹할 수 없도록 그렇게 마지막 시대의 천 년이 닫히는 동안 어두움의 심연(深淵)에 떨어지게 되는 일이 발생하게 된다(계20). 우 리는 사탄의 분노를 감옥에 집어넣는 저 사슬이 우리 하나님의 권능이 되리라는 것을 믿는다. 역시 사탄이 한 번도 그들의 고리를 풀 수 없도록, 그렇게 구성된 빛과 진리의 사슬이 중요하다는 것을 우리는 이러한 표면적이며 내면적인 하나님의 수단으로 이해

해도 좋으며, 믿을 때, - 대체로 무엇이 불가능할까? 그렇지만 지금까지 사탄이 민족들을 사슬 가운데 놓아두었다면, 또는 무지와 소위 말하는 학문의 사슬 가운데 놓아두었다면(전적으로 역시 오류들의 사슬), 왜 지금 순수한 빛과 진리의 사슬이 그에게 스스로 사슬로 설명했어야 할까? 그러한 사슬들로 묶어진 채, 그의 흑암의 심연(深淵)에 갇혀 머물러 있어야 하며, 머리를 한번 밖으로 내밀어서는 안 될 것이다. 빛을 통하여 무장된 진리의 권능은 분명히 극복하지 못하게 된다.

8. 그리고 한 목자 아래서 인류 전체가 한 무리가 되기까지

17. 그리스도의 약속은 그렇게 양(羊)의 우리와 목자로부터 충만해진다. 이러한 무리 안에서 역시 사자와 늑대들 곰들과 표범들이 칭해지게 되었다(사11). 그리고서 참된 황금의 시대가 시작될 것이다. 그것은 동물적인 삶을 내려놓고, 사람들은 자기를 이성적이며, 영적이며, 경건한 삶을 이끌기 위해서 노력하는 것처럼 건강한 지성으로 되돌아간다면, 솔로몬보다 더한 것이다. 이러한 방식으로 더 이른 시기의 모든 파국이 그들의 끝을 발견할 것이며, 불꽃에서 생겨난 불사조의 비유는 더 아름다운 모습으로 반복된다. 먼저 교회와 세계 안에서 불탔던 그렇게 많은 파멸을 초래한 논쟁들이 지나간 후에 대체로 하얀 눈은 귀여운 태도를 되돌린다. 그래서 교회는 황폐함과 폐허와 파괴의 그 같은 방식의 개선에 대하여 스스로 감탄하게 될 것이다(사49:19절 이하).

9. 교회가 세계의 거대한 안식을 축하한다면

18. 그것은 그들 7번째 시대인 세계의 안식이 있게 될 것이다. 영원의 축복 된 8번째 음(音)이 울리기 전, 지속적인 노력과 고통과 투쟁과 파멸의 6천 년이 지난 후에 천년간 안식이 기꺼이 주어졌을 때, 세계의 안식이 있게 될 것이다. 그리고서 천년과 같은 주님 앞에 한 날이 한 날처럼 있다는 것을(벧후3:8) 그가 이러한 세계의 전환점을 홀로 전적으로 특징지어 놓은 것을 볼 때, 우리는 베드로의 말씀을 이해하게 될 것이다. 그것은 - 여섯째 날에 창조 사역이 끝났던 것처럼, 그리고 일곱째 날이 안식일로 주어졌던 것처럼 - 그렇게 교회의 형성에 대한 일도 역시 6천 년을 보존하게 된다는 것을 뜻한다. 그것들에서 평화와 자각(自覺)과 축복과 기쁨의 한 7천 년을 첨부하게 될 것

이다. 그리고서 사람들은 모든 육체가 주님을 경배하러 오게 되도록(사66:23), 안식에 대한 안식을 축하하게 될 것이다. 축복은 땅 위에서 그의 중심 가운데가 될 것이다(사19:24-25). 그리고서 전체 교회는 노래하게 될 것이다. 보라, 형제들이 연합하여 서로 동거하는 것이 어찌 그리 아름답고 사랑스러운지요! 거기서 하나님은 영원 가운데서 축복과 생명을 나누게 된다(시133). 거기서 어린양이 향기로부터 넘치면서 말씀하시는 그의 동산에서 그의 신부와 함께 그의 결혼식을 축하한다. 사랑하는 신부, 누이여, 나의 동산으로 오라. 나는 몰약을 나의 향료와 함께 헐었다. 나는 나의 죽을 나의 꿀과 함께 먹었으며, 나는 나의 포도주를 내 우유와 함께 마셨다. 나의 사랑하는 사람아, 먹고, 마시자 등(아가서 4:5). 그리고서 지금까지 그리스도의 신부로 불리었던 교회는 그리스도의 신부로 부르기 시작한다(계19:7과 21:9).

10. 그리고 사랑이 풍성한 해

19. 지금 모든 피조물은 그들이 무가치한 섬김으로부터 해방된 것을 기뻐하게 될 것이다. 그들이 그 어떤 신분을 갖추지 못한 죄인들이 아니라, 그들 창조의 대리자들에게 그를 대신하는 주님을 섬기는 것을 인식할 때까지자. 평온한 삶에 헌신하는 각자는 인류로부터 자유 하게 된 것과 자신을 바칠 수 있는 것을 기뻐하게 될 것이다. 마찬가지로 그가 책들의 수 없는 것에서 끝나게 된 것과 최고의 기쁨으로써 단지 그 자신의 책을 읽게 되는 것(그것은 각자 스스로 자신을 뜻한다), 역시 세계 공동의 책, 결과적으로 생명의 책인 그리스도와 그의 말씀이다. 이러한 기쁨의 극치는 몸과 육체의 모순성에서 해방하는 것이 될 것이다. 그렇게 교회는 진실로, 온 땅이 폭력으로부터 쉬게 하며, 반목의 불길한 원천이 나의 것과 너의 것, 그의 세계의 큰 집에서 아버지의 아들들에게 모두의 한 공동체로 모두와 함께 하나가 되는 거기서 사랑이 풍성한 해가 선물 되었다. 거기서 하나님의 성전이 모두에게 접근될 것이며, 그리고 거기서 언약궤가 보이게 된다(계11:19). 만일 하늘이 땅 위에 머무른다면, 그리고 땅이 하늘 안에 거주하게 된다면, 오 진실로 황금의 시대가 모든 가치가 가득한 것보다 더 갈망하는 것(사54:11, 58:11과 계21:22절을 보라).

20. 그렇지만 우리는 아직도 하늘에 있지 않게 될 것이다. 그것은 더 확실한 영원

에 있음을 뜻한다. 그 때문에 이러한 상태가 길게 지속하지는 않을 것이다. 그 이유는 마지막에 곡(Gog)과 마곡(Magog)이 일어나며(하나님을 부인하는 자와 분명한 빛을 남용하여 흑암으로 왕래하는 경멸하는 자). 그리고 거룩한 교회가 길지 않은 동안의 박해를 잔혹한 자를 통하여 압박받게 될 것이다. 대체로 만일 하나님이 개입하여, 그들과 세계를 최후 심판의 불로써 멸망한다면, 그는 모든 통치를 제거하며, 하나님 아버지께 왕국을 넘기게 된다.

이것은 얼마나 참되며 충만한 영예인가?

21. 누군가 우리가 도취 되었거나, 또는 꿈꾸고 있음을 말할 수 있을 것이다. 그러나 만일 우리가 넓게 즐거운 것에서 도취할 수 있다면, 왜 우리는 우리들의 심취 안에서 현세적인 행운의 추종자들이어야 했을까! 이러한 방식으로 그의 친구들을 도취하게 하고 꿈꾸는 자로 만드는 자는(시127:2). 모든 사람을 황홀함의 개울에서 더 잘 마시게 할 수 없으며(시36:9-10), 그들이 단지 그리스도와 하늘과 공동의 구원과 상대적인 사랑과 높임과 죄인의 가련한 노예들의 휴식으로부터 꿈꾸는 그러한 꿈들을 모두에게 보낼 수 없을 것이다! 자 어서, 우리는 포도주로 기분 좋음을 도움받는 것처럼, 우리의 입들을 환호하는 울림의 소리를 내며, 그리고 우리가 한 승리자와 같이 승리의 노래를 그리스도에게 노래해 보자, 그리고 신랑으로서 어린양을 위하여 결혼식의 노래를 불러보자!

소견들: 5항에 첨부함.
지금 넘치는 조류에 지혜의 개울들과 경건과 평화의 개울이 흐르게 된다는 신명기 8:7-10절에 기록된 것이 충만하게 될 것이다. 비슷하게 마지막 이방인들이 돌아오며, 유대인들이 주님께 복종하게 될 때, 물이 광야를 흐르며, 강물들이 메마른 땅을 적시는 일과 원천(源泉)들이 범람하는 일이 이루어질 것을 주님은 약속하신다(사35:6-7, 사41:17, 사49:10. 요엘3:18, 요4:14 등을 보라).

소견은 20항에 첨부함.
이러한 빛을 남용하는 것들의 열매는 헛것은 아니다. 그러나 그것은 그 같이 구원을 초래하는 일로부터 놀라서 뒤로 물러서는 데로 인도하지 않아야 한다. 물론 처음에 그렇게, 그렇지만 동시에 계속되는 것에서 동일하지 않다면, 인간적인 배은(背恩)의 태도와 배리(背理)가 남용될 수 없는 것은 아무것도 없다. 그 이유는 궁극적으로 비중과 높이에 대한 최선의 일들은 무한한 것을 향해 노력하는 우리의 정신이 무한한 자산(資産)에서 무한정적인 참여에 허용되지 않을 때까지 잃어버리기 때문이다.

극단으로 내몰려진 견해들은 그들 반대되는 것으로 쉽게 무너지게 된다. 세계가 최상의 빛에서 흑암으로 넘어지는 것이 쉽게 발생할 수 있을 것이다. 그 이유는 사람들이 모든 것을 눈앞과 손안에서 가지게 되기 때문이며, 항상 그렇게 있었던 것으로 짐작하게 될 것이기 때문이다. 그들이 새것을 소유하는 것을 그들이 아무도 필수적인 것으로 간주하지 않게 된다. 옛것에 대한 실증에서 그들은 무엇인가 새것을 동경하게 되며, 광야에서 유대인들처럼 하늘의 만나를 멸시하게 된다. 이러한 배은(背恩)의 태도에 대한 벌로 하나님은 사탄을(계시록에서처럼) 감옥에서 내보내며(그것은 사탄이 이러한 기회를 이용함을 뜻한다), 그는 곡(Gog)과 마곡(Magog)을 자극하게 된다. 사람들은 이러한 원수를 마치나 그들이 새로운 전쟁을 통하여 기독교의 민족들을 흔들게 되는 것처럼, 몸으로 소개하지 않아야 한다. 사람들은 그들을 역시 베드로가 그들이 마지막 날에 임하게 되리라는 것을(벧후3:3) 예언했던, 불 신앙자들의 논쟁 꾼들로 역시 주시할 수 있을 것이다.

그들이 교회를 몰래 숨어들어오자마자 곧, 하늘의 불이 떨어져 그들을 삼키게 될 것임(계20:10). 이러한 불은 만일 그리스도가 심판에 오셔서 하늘과 땅을 불타게 하신다면, 그리스도가 앞서 행하는 것으로부터 구별하지 않아야 한다. 그 때문에 심판의 행위에 관하여 직접 언급되었다(계20:11, 벧후3:10).

소견 2.

곡(Gog)과 마곡(Magog)은 에스겔에 의하여 묵시록 안에 있는 것들과 같은 것은 아니다. 그 이유는 첫 번째는 교회의 칼(역자주: 그것은 그리스도 복음의 설교를 뜻한다)을 통하여 몰락해야 하며, 그것들의 개혁이 준비되어야 하며(사39), 두 번째 것은 엄격하게 이루어지는 것이어야 하며, 마지막 심판 날에 멸망되어야 한다. 이처럼 무엇이 있어야 하는가? 새로운 것으로부터 교회 제도와 모하멧의 사상이 살아있게 될 것인가? 나는 그것을 생각하는 것이 아니라, 숨겨져 있으면서, 나타난 무신론을 생각한다.

제27장

벌써 저 강림하신 분을 위한 삼위일체 하나님에 대한 찬미가, 또는 곧
기다려지는 행복한 일들의 상태에 대하여

그 찬미는 아래 것들을 포함해야 한다.

1. 하나님 아버지의 찬양들로서, 그가 그의 약속을 성취하신 것과 그가 나라를 질서 가운데 정돈하도록 아들에게 넘기신 것에 대한 것이다.

   하나님 아들의 찬양들로서, 그가 일들의 개선을 완성한 것과 그가 통치권을 붙들고, 하나님 책들의 봉인을 떼어내며, 모든 비밀이 분명하게 되게 한 그의 원수들을 이긴 것과 그들을 발등의 발판으로 만들었던 것에 대한 것이다.

   성령의 찬양들로서, 그가 교회를 하나 되게 하셨으며, 성령을 풍성하게 선물하신 것에 대한 것이다.

2. 그리스도가 장차 이리로 오심과 통치권의 인수를 가속하도록 그리스도이신 왕께 열정적인 탄식과 더 나은 시대를 향한 요구이다.

이따금 단지 가시적으로는 종국에 이르게 되었으며, 그렇지만 항상 다시 이전 파멸의 심연으로 빠져가 버린 모든 시대에 시도된 개혁의 수고들은 우리가 불행한 파멸의 것들(그들의 수고에서 그리스도이신 당신 없이 단지 성과 없이 머무르며, 머물렀으며, 머무르게 될)에 단지 지시푸스(Sisyphus, 역자주: 열매 없는 헛수고를 뜻함)와 닮은 것 외에 달리 무엇을 뜻할 수 있을까? 아버지가 약속했던 것처럼, 그러나 당신의 중재를 통하여 잃어버렸으며, 항상 새로운 것에서 파멸로 넘어지는, 흔들리며 수천 번 다른 쪽을 구르는(단3), 모든 우리들의 암석(巖石)의 파편들을 박살 내기 위하여 하늘의 산들로부터 부서진 반석처럼 당신이 떨어지자마자 곧, 우리들의 운명들이 확고한 바탕에 이르는 세계에 행운이 부여될 것이다(단3).

그러면 오소서, 당신은 가장 동경하며 기다렸던 새롭게 하는 개혁자여! 오소서 우리들의 시지푸스의 수고에 자비를 베푸시며, 우리의 그렇게 힘들고 성과 없는 노력은 이제 끝나게 하소서! 단지 우리, 즉 당신 아들들의 탄식뿐만 아니라, 역시 당신의 모든 피조물의 탄식을 들으소서! 파멸의 허무함과 노예 생활에서 하나님의 아들들이 자유 하도록 그들을 해방하소서! 교사 중의 교사이신 당신이여, 오소서! 당신의 지혜가 솔로몬 것보다 더 크다는 것을 모든 민족이 보도록 실현하소서! 본질적인 일들 가운데서 불완전하고 맹목적인 철학과 함께 이교도적인 불량배를 모든 학교에서 쫓아내소서! 레위의 아들들을 보기 위하여, 통치자이신 주님 당신의 거룩한 성전에 오소서, 그리고 판매상들과 장사꾼을 몰아내소서! 모두가 땅 위에 하늘을 바라볼 수 있도록 당신의 땅들에 빛과 평화와 구원을 돌려주소서!

주 예수여 오소서, 그리고 당신의 신부들에게 당신의 얼굴을 보이소서!

지금까지 당신은 (신부 청원자의 과제를 인지해야 했던 자들로부터) 신부들에게 그렇게 여러 가지 모습과 색채 안에서 묘사되었다. 그녀가 당신을 안개 안에서처럼 더욱이 씌워 진 채 듣는 것, 당신이 어떠한지(검은지, 또는 하얀 모습인지), 슬퍼하는지, 그렇게 여러 가지 모습과 색채들 안에서 묘사되었다. 그러면 당신을 동경하는 얼굴을 벗기시고, 당신이 어떠한지, 우리에게 보여주소서. 어떤 이들은 말합니다. 당신은 광야에 계실 것이라고, 다른 이들은 여기나 저기에 숨겨짐 가운데 계신다고. 이처럼 당신은 우리와 함께 있으며, 항상 우리와 함께 있었으며, 세상 끝날 때까지 우리와 함께 있게 될 것을 보이소서! 당신의 풍성한 영광의 도래를 통하여 동시에 당신의 현재를 증명하소서, 그래서 반대자가 멸망되었으며, 그렇게 그가 당신을 보게 됩니다.

오 참되고 영원한 다윗의 아들이신 당신! 마침내 우리에게 당신의 지혜를 확인하시며, 참되고 거짓된 어머니 사이에서, 참되고 거짓된 교회 사이에서, 당신 아들들의 보호자와 박해자들 사이에서!

지금까지 당신은 성전을 건축하기에 적용된 충분한 건축재료를 레바논에서 준비하셨다. 보라, 모든 것은 준비되었다! 그것을 세우는 기간에 있다. 세계의 이러한 거대한 집이 빛과 평화와 구원과 베들레헴을 통하여, 하나님의 집으로, 당신의 집으로 밝게 빛나는 것을 실현하소서!

오소서 영광의 왕이여, 평화의 제후여! 땅들에 동경의 빛, 평화와 구원을 주소서, 그러므로 모두가 땅 위에 하늘을 바라볼 수 있을 것입니다.

그들이 사지가 절단되어 바닥에 놓여 있으며, 다시는 일어서지 못하도록, 당신 논쟁의 능력을 검사하며, 악한 것들을 제거하며, 선한 것을 무장하며, 당신의 적들을 대항하여 당신 하늘의 전투대형으로서 당신의 신실한 자들을 정돈하소서! 몇몇이 오래 계속할 때, 사울의 공격으로부터 역시 물러나야만 하는 다윗의 승리와 함께 당신을 당신들에게로 향하소서. 당신의 나라가 당신에게 속한 모든 육체 위로 확대하소서 --

세계에 대한 범세계적인 통치는 아담의 자손 중 한 분에게 주어지는 것이 분명하다(그에게 다스리는 것이 위임되었다). 그 이유는 이것은 공동의 자극을 통하여 희구 될 수 없는 아무에게 있는 것이 아니기 때문이다. 그리고 여러 왕이 그것을 시도했다. 그러나 단순히 죽을 수 있는 것들 가운데서 오만함이 없이 시도했을 사람도 없으며, 끝나게 해야만 했던 자도 없다. 그 이유는 창조주를 대항하여 거역하는 한 사람에게 굴복하기를 피조물들 전체가 견딜 수 없기 때문이다. 이러한 영예는 홀로 하나님의 사람인 당신에게 마땅히 돌아간다. 만약 그가 창조자에게 신실하다면, 즉 그에게 모든 것은 창조자의 법에 따라 아담으로부터 귀속되는 증여법에 따라 마찬가지로 주어진 것이다. 그 이유는 당신이 아담의 아들로, 그리고 새 아담이 되어 순종을 증명하기 때문이며, 창조 전체에 대하여 다스리는 권리의 요구를 사용하며, 만들었기 때문이다. 당신은 통치권을 칼과 활을 통하여 열망하지 않으며, 또는 당신이 죽을 운명이 내려졌기 때문에, 당신이 역시 원수들의 이면에서 그 원수들이 마지막에 미쳐 날뛰게 될 때까지 풍성한 사랑과 화해적으로 행동하기 때문에, 기도와 눈물과 피를 통하여 당신이 우리를 구원하였습니다. 보소서_ 그들은 벌써 그들의 광란에서 포기되었다! 그들은 평화의 왕이신 당신을 괴롭히는 것에 벌써 지쳐있었다! 보라 그들은 깊은 곳으로 전복되었다! 이처럼 하늘의 작별에서 나타나며, 모든 왕과 여기에 있는 민족들에 대한 당신의 통치권을 넘겨받는다. 당신이 그 나라이기 때문입니다. 그것은 아버지로부터 당신에게 위임되었습니다. 당신이 능력이며 영광입니다. 아멘! 보라 모든 골리앗이 제압되었다! 그들은 바닥에 내동댕이쳐졌으며, 다 이상 일어나지 못한다. 다윗의 아들, 승리 안에서 당신의 것들로 돌아가라! 그분 앞에서 역시 아직 남아 있던 사울의 무리가 길을 비켜준다. 너희의 빛의 성문을 열고, 지상의 모든 민족이 빛 가운데서 영원히 걸어가도록 큰 강처럼 민족들에게 빛을 보내라!

왕들과 제후들과 세계의 모든 계급과 질서들처럼 통치자들이 들어오며 나아가도록 너희 정의의 문을 열어라! 그래서 나라들의 끝으로부터 바다의 경계들에까지 평화와 정의들이 만발하게 된다. -

너희 거룩한 시온의 문, 예루살렘 도시의 문, 하늘의 문을 열어라(시122:4,창28:17)! 땅 위의 곳곳에 영(靈)과 진리(眞理) 가운데 계신 하나님이 경배 되도록(요4), 이 시대로부터 벧엘, 하나님의 집과 하늘의 출입문이 있다.

주님, 당신은 말씀하셨습니다. 작은 자(아이)들이 나에게 오게 하라, 그들을 막지 말라! 보라 우리는 전 세계 민족들의 큰 자들과 작은 자들, 젖먹이들과 아이들을 젊은이들과 늙은이들을 남자들과 여자들을 당신에게로 인도할 것이다. 우리는 간청한다. 그것이 그렇게 이루어지며, 흩어지지 않도록 허락하라! 만일 당신이 흩어지게 하지 아니하면, 아무도 그들을 흩어지게 할 수 없게 될 것이다!

모세는 온 백성에게 당신의 영(靈)이 임하도록 바랄 수 있었다. 그러나 그는 그 영(靈)을 줄 수는 없었다(민11:29). 당신은 당신의 영(靈)을 모든 육체 위에 부어주기를 약속하였으며, 당신의 입이 약속하신 것처럼(요엘2:28), 그를 자유로이 교회 위에 부으셨다.

당신은 말합니다. 오 주님, 무엇을 위하여 너희가 아버지를 내 이름으로 간구하게 되는지, 그것이 너희에게 주어졌다. 아, 우리는 벌써 당신의 명령과 당신의 규정에 적합하게 당신과 우리의 아버지를 주었다. 즉 당신의 이름이 하늘에서처럼 땅에서도 거룩하게 되는 것, 당신의 뜻이 모든 사람으로부터 하늘의 천사들에게서처럼 이루어지는 것, 마침내 우리의 매일의 빵(떡)이 우리를 먹이며, 밀의 곡물과 바위로부터의 꿀로써 먹이도록 -. 그가 모든 죄를 우리에게 용서하도록 하며, 악한 시험자들을 내쫓으며, 감옥에 던져 놓기 위하여 은혜로운 얼굴을 우리에게 보이시며, 마침내 우리를 악한 것들에서 자유롭게 하며, 당신을 통하여 우리를 스스로 다스리기 위함이다!

우리가 지금까지 그렇게 기도했다면, 그렇게 나는 말한다. 아, 오 주님, 당신이 우리의 호소와 간청과 탄식을 들으시며, 당신의 약속들이 성취되는 시대에 있다! 역시 당신의 말씀 하나도 다만 무가치하지 않도록 허용하지 마소서! 우리들의 소망이 현혹되는 것을 허락하지 마소서! 주 예수 그리스도여, 그렇지만 당신이 왕국입니다. 하늘이 풍성한 만큼 이처럼 그것을 다스리소서! 당신은 능력입니다. 그 이유는 아버지가 그 능력을 당신에게 넘겨주었기 때문입니다. 당신의 적들을 이기기 위하여 그 능력을 지금 투입하십시오! 당신은 영광(榮光)입니다. 이처럼 그것을 분명히 보여주시오! 단지 우리들, 당신의 아들들과 탄식들을 듣는 것이 아니라, 역시 그들이 하나님 아들들의 영예의 자유로 인도되었기 때문에, 그들의 해방 이후에 멸망과 허무에 관하여 동경하는 역시 모든 피조물을 들으십니다.

그리고 오 주님, 당신의 경배자가 긴급하고 절박하게 간구하는 것은 그것이 당신의 뜻이기 때문입니다. 보라, 그렇게 우리는 당신을 찾으며, 새로운 것으로부터 당신과 우리 아버지의 문을 두드리게 되며, 입과 손이 함께 모두를 위하여 충만한 신뢰의 모든 것을 간청하게 됩니다.

당신은 하늘에 계신 모든 우리의 아버지(그에게서 모든 세대가 유래하는)이며, 그리고

그것은 당신의 위엄 안에서 – 그러나 역시 유럽과 아시아와 아프리카 안에 있는 지구에서 우리와 함께 –

당신의 이름이 우리를 통하여 거룩하게 되며,

당신의 나라가 마침내 온 땅 위에 임하게 되며,

당신의 뜻이 우리로부터 모두에게 이루어지며, 모든 것 안에서 우리를 통하여도 이루어집니다.

당신이 육체를 주신 것처럼, 그렇게 당신의 영적인 빵은 우리 모두에게 줍니다.

우리 모두에게 우리의 모든 가능한 죄를 용서하시며,

더 나아가서 우리를 시험 가운데로 이끌지 않으며,

그러나 우리 모두를 모든 악에서 자유롭게 합니다!

당신은 나라 전체이며, 모든 능력이며,

모든 영광이 땅 위에서처럼 하늘에서 당신에게 홀로 마땅하며 지금과 모든 영원 안에서 아멘!

해설

코메니우스와 그의 책 "범개혁론"에 대한 소개

얀 아모스 코메니우스(J.A.Comenius, 1592-1670)는 누구인가?

그는 17세기 유럽에서 활동했던 역사적인 인물이다. 그는 원래 동유럽의 보헤미아(Bohemia), 오늘날 체코 공화국의 모라비아 지역에서 출생하였다. 일찍 부모를 여의고 학교 교육을 제대로 받지 못하고 있다가 늦은 나이에 형제 연합교회(Unitas fratrum)가 운영하는 인문학교(Prerov)에서 공부하였다. 총명한 코메니우스를 확인한 형제 연합교회는 그가 신학을 공부하도록 독일의 두 대학 헤어보른(Herborn)과 하이델베르그(Heidelberg)로 보냈고, 그는 그곳에서 기독교철학과 칼빈주의 신학을 공부하였다(1611- 1614). 졸업 후 모교에 돌아와 라틴어 교사로 활동했으나. 얼마 있지 않아 형제 연합교회(풀넥)의 목사가 되었다(1616). 그가 안수받아 플넥(Fulneck)에서 첫 목회 사역을 수행하던 바로 그해(1618), 프라하(Praha)에서 정치적 봉기가 발생하였고(역자주: 프로테스탄트 편에 있던 제후들이 연대하여 프로테스탄트 신앙을 박해하던 보헤미아의 황제(왕)를 몰아내려고 한 사건), 이 봉기의 실패는 유럽에서 30년간 지속된 종교전쟁으로 확대되었다. 원래 "형제 연합교회"(Unitas fratrum)는 루터의 종교개혁(1517) 1세기 전(15세기), 보헤미아에서 일어난 종교개혁자 얀 후스(Jan Hus,1468-1415)의 개혁 정신을 따라 1457년에 새로이 시작된 유럽 최초의 "개혁교회"였다. 코메니우스는 바로 이러한 형제 연합교회의 목사가 되었고, 일생을 그 교회와 운명을 같이하게 된다. 가톨릭 편에 서 있는 황제의 가톨릭으로의 개종 강요는, 코메니우스와 형제 연합교회는 일생을 망명 생활로 타국에서 보내야만 했다. 그리고 그는 먼저 따르는 형제연합교회 지도자들과 함께 폴란드 레스노로 망명하였다.

그는 놀랍게도 망명 생활 가운데서도 지속적인 학문연구를 계속하여 많은 문서를 남기게 되었는데, 총 250 여종 가운데서 오늘날까지 발견된 것만 약 200종으로 알려진다. 그는 먼저 성서 연구를 비롯하여 인간을 교육하는 일에 깊은 관심과 함께 많은 교육적인 글들과 남기게 된다. 특히 가정에서 부모들의 자녀 교육지침서로 "어머니 학교의 소식"과 그 당시 학교 교육의 개혁을 위한 교사 교육지침서로 "보헤미아 교수학"을 출판하였고, 이 책은 후에 라틴어로 번역하여 "대 교수학"(Didactica magna)이란 이름으로 출판되어 교육학에 큰 흔적을 남기게 된다. 코메니우스의 교육에 관한 책들은 그 당시에 이름나게 되었으며, 곧 여러 나라의 말로 번역되어 영향을 미치기도 하였다. 이 외에도 "자연과학 개론서", "열려진 언어의 문" 등은 오늘날도 코메니우스가 자연과학자요, 언어학자로 불리고 있는 근거이기도 하다. 특히 모든 사람에게 모든 지혜(Pansophia)를 가르치려는 범 교육계획을 구상하였고, 벌써 1637년에 쓴 "범지혜의 선구자"(Prodromus Pansophiae)란 라틴어 논문은 영국에서 출판되어 유럽 사회의 지성인들에게 알려지기도 하였다(영국의 친구 하르트립의 도움). 그 책은 실제로 코메니우스가 유럽 최초의 교육철학자로 인정받는 중요한 근거가 되었다. 그 논문으로 유명인이 된 코메니우스는 유럽 여러 나라의 초청을 받았다. 먼저 프랑스 파리와 영국 의회와 스웨덴 수상의 초청과 미국 하바드 대학 초대 총장의 초청에서였다. 그러나 그는 형제 연합교회를 돌보는 책무로, 모든 초청에 응할 수가 없었으며, 그중 영국 의회의 초청으로 런던을 방문하게 된다. 그러나 대립하고 있는 불안한 영국의 정치적 상황은 코메니우스의 공식 활동을 중단하게 했으며, "빛의 길"(Via lucis)이란 교육철학에 관계된 책을 구상한 후, 약 9개월의 체류를 끝내고 다시 스웨덴 국왕의 초청으로 스톡홀름으로 가게 된다. 물론 "빛의 길"은 후에 영국 과학자들의 모임인 왕립학술원(Royal society)에 드리는 헌정 문과 함께 1668년 암스테르담에서 출판된다. 그리고 코메니우스는 스웨덴으로 향하던 중, 화란 라이텐의 한 작은 성(城) 엔데게스트(Endegest)에 머물고 있던 근세철학의 아버지로 불리던 데카르트(Rene Descartes)와 만난다. 데카르트는 라틴어로 출판된 코메니우스의 범지혜의 교육에 관한 글을 읽고 있었으며, 서로 철학자로 존경하면서 약 4시간의 만남과 대화가 있었던 것으로 전한다. 서로는 인간 이성의 가치를 신의 선물로 인정하였으며, 분석적인 철학 방법에 동의하면서도 이성적인 인식론의 절대적인 가치 판단 기준에 대한 데카르트의 주장에 대해 코메니우스는 그 한계성을 지적한 것으로 전한다. 역시 코메니우스는 선물로 주어진 인간의 이성만이 유일한 인식 방법이 아니라, 감각과 믿음을 통하여서도 알게 되는 인식의 중요성을 데까르트에게 충고했던 것이 전해진다. 물론 자연과 인간과 신(紳)과의 관계의 중요성은 서로 생각을 같이한 것으로도 잘 알려졌다.

유럽의 30년 종교전쟁을 끝낸 베스트팔리아 평화조약(1648)에서 가톨릭은 유감스럽게도 프로테스탄트 교회로서 루터파와 칼빈파만을 인정하고, 정작 보헤미아의 형제 연합교회는 인정해 주지 않아, 코메니우스와 형제 연합교회는 존립 위기에 직면하게 된다. 물론 형제 연합교회는 거의 벌써 디아스포라에 처하여진 상태였다. 그 후 코메니우스는 범지혜의 교육 실천을 위하여 헝가리 사로스 파탁의 성주인, 라콕지(Rakoczi)의 도움으로 그곳에서(1650-1654), 약 4년간 학교 교육의 책임자로 활동한다. 거기서 코메니우스는 "놀이학교"(Schola Ludus)와 유명한 "그림으로 배우는 세계"(Orbis sesualium pictus)란 최초의 그림 교과서를 준비하였다. 물론 그 책은 암스테르담으로 망명한 후, 1658년 독일 뉘른베르그의 엔터 출판사에서 출판 되었다. 물론 이 책은 그의 다른 책들과 함께 유럽 여러 나라의 언어로 번역되어 교육에 큰 영향을 미치게 되었다.

코메니우스는 결국 폴란드 레스노에서도 계속되는 전쟁(스웨덴과 폴란드)으로 거주할 수 없어, 마지막 망명지 암스테르담으로 가게 된다. 그는 그곳에서 인생의 마지막 기간인 14년을 더 살다가 하늘의 부름을 받았다(1670). 지금도 그의 무덤은 그곳(암스테르담 근교 나아르덴)에 있다. 뒤늦게 20세기 후반 "교육철학자"요, "교육신학자"로 이름난 코메니우스를 찾는 전 세계의 많은 방문객들로 그의 무덤은 오늘날 새로이 단장된 코메니우스 박물관으로 불리고 있다.

- 역사에서 재발견된 교육자요, 철학자요, 신학자로서 코메니우스 -

코메니우스는 지금까지 일반교육학에서 현대교육학의 아버지로 불리고 있었다. 그것은 그 당대에도 교육철학자로 이름나 있기도 했지만, 그가 남긴 문서 가운데는 다수가 인간 교육과 학교 교육, 특히 현대적으로도 유효한 교육의 원리들을 제공해 주고 있기 때문이다. 그러나 그가 목사요, 신학자요, 교회의 감독이었다는 사실은 유럽의 기독교(교회) 역사는 까마득히 잊어버리고 있었다. 하지만 다행스럽게도 코메니우스는 20세기 중엽에 이르면서 유럽의 교육학의 역사에서뿐 아니라, 신학의 역사에서 다시 재발견된 인물이 분명하다. 그것은 그가 남긴 미완의 대작인 소위 전 세계를 개혁하기 위한 그의 7권으로 구성된 제언의 방대한 글을 담은 문서들의 발견 때문이었다. 한마디로 말하면 그것은 코메니우스가 남긴 마지막 작품으로 "세계 개혁의 총체적인 제언서"라고 할 수 있다. 그는 이 작품을 거의 20년에 걸쳐 준비하게 되었다. 생각하면 코메니우스는 인생의 중반 후기(1645년)에 이르면서, 30년간 지속된 종교전쟁(1618-1648)으로 거의 파멸에 처한 유럽 사회를 새롭게 재건하려는 꿈을 가지게 되었다. 그는 유럽 사회를 다시 그리스도가 통치하는 기독교사회로의 재건을 목적으로, 개인과 가정과 교육과 정치와 교회를 중심에 둔 인간의 삶 전체의 변화를 추구하는 개혁을 구상하게 된다. 그는 그것을 위한 구체적인 일들에 관한 개혁 방법을 제시하기 위하여 7권으로 구성된 대작품을 만들게 된다. 하지만 이러한 작품들 전체는 유감스럽게도 미완의 모습으로 남기게 되었다. 코메니우스가 암스테르담으로 망명하여 거기서 활동하고 있을 당시, 1권을 출판하여 그의 세계 개혁에 대한 전반적인 구상과 의도를 유럽 지성인들에게 알리기도 하였다. 그러나 코메니우스 사후에 이 대작품의 라틴어 원고 전체는 행방을 알지 못하게 되었다. 그러다가 약 250년이 지난 1935년에 이르러서야 18세기에 독일 경건주의 운동의 본산지로 알려진 할레(Halle)의 두 번째 지도자 프랑케(H.Franke)가 고아들을 위하여 설립한 한 도서관에서 라틴어 문서 전체가 발견되었다. 이 문서 발견자는 그 당시 우크라이나 출신으로, 슬라브 언어학자요, 할레 대학의 교수였던 디미트리히 취췌브스키(Dimitrichij Tchizewskij, 1894-1997)였다. 이 문서는 곧 2차세계대전이 발발하여 공개하지 못하다가, 1950년대부터 체코와 동서독의 학자들에게 알려지면서, 1966년 "국제코메니우스학회"가 개최되면서 전 세계에 처음으로 공개되었다. 이 대작품의 라틴어 전체 주제는 "인간사 관계의 개선"에 대한 보편적 제언(De rerum humanarum emendatione catholica consultatio)으로 읽히게 된다. 즉 유럽의 지성인들과 정치인들과 성직자들을 향하여 그들에게 부여된 그리스도를 통하여 나타난 복음의 사명과 책임이 무엇인지를 깨우치는 코메니우스의 세계 개혁을 위한 총체적인 제언의 글이 분명하다.

코메니우스의 대작품인 7권의 문서들은 제1권이 "범각성론"(Panegersia, 판네게르시아)으로, 모든 지성인과 정치인들과 기독 지도자들이 세계 개혁에 대한 창조주가 부여한 책임을 일깨우는 내용을 담았으며, 제2권 "범 빛의 이론"(Panaugia, 판아우기아)은 "진리 전체에 대한 빛"을 뜻하는 세계 개혁의 근본 토대를 말해 준 것이다. 제3권 "범지혜론"(Pantaxia, 판탁시아, 또는 Pansophia, 판조피아)은 지금까지 온전히 무질서에 처한 세상의 모든 것을 질서 가운데 바로 세움에 필요한 개별적인 책임과 방법을 일러준다. 여기서 인간의 삶에는 모든 지혜(Pansophia, 판조피아)의 필요성이 요구되었다. 제4권 "범교육론"(Pampaedia, 팜페디아)은 인간 지성의 전체적인 돌봄을 뜻하며, 모든 사람에게 모든 지혜를 깨우치는 인류 교양(교육)의 과제로 7-8단계 학교 이론과 교육과정이 제시된다. 이것은 지금까지 온전히 방해된 모든 인간의 생각들에 올바른 질서를 세우는 자질과 능력을 제공한다(평생 교육론). 제5권 "범언어론"(Panglottia, 판글로티아)는 언어의 전체적인 돌봄을 위한 것으로, 지금까지 혼잡한 모든 언어가 올바른 의사소통을 위하여 질서 가운데 조성되게 하는 방법을 생각하였다(통일된 하나의 언어). 제6권 "범개혁론(Panorthosia, 판오르토시아)는 전 인류를 올바른 관계의 질서 가운데 세우는 전체적인 개혁의 완성을 의미하였다. 그것은 코메니우스가 모든 인간이 배워야 할 3권의 책과 깊이 연관된 자연(창조 세계)과 정신(인간)과 성경(하나님)에 근거하여 인간 사회의 근본 질서를 책임진 실제적인 영역의 개혁인 교육(철학)과 정치(질서)와 종교(기독교 신앙) 영역의 올바른 관계의 질서를 생각하였다. 제7권 "범 훈계론((Pannuthesia, 판누테시아)는 개혁의 책임을 짊어진 철학자, 정치가, 신학자들에게 다시 격려와 책임을 일깨우는 훈계의 의미를 담았다.

오늘날 이 문서들은 코메니우스의 철학적이며, 교육적이며 신학적인 사상을 집약시켜 놓은 대작품으로 평가된다. 그간 이 작품을 연구한 유럽의 학자들에 의하여 코메니우스의 학문은 한마디로 교육신학자로, 또는 실천신학으로 평가하고 있다. 특히 1992년 체코 공화국이 구소련 정치체제에서 자유세계로 전환하면서 그해가 코메니우스 탄생 400주년을 맞는 해로, 체코를 비롯한 유럽학계는 생일 축하와 함께, 코메니우스를 기념하는 학술 대회를 개최하였다. 거기서 코메니우스는 17세기 유럽의 교육자요, 철학자요, 신학자로서의 3가지 명예가 새롭게 확인되었다. 그리고 그의 7권으로 구성된 세계 개혁의 미완성 대작은 코메니우스의 "세계 개혁의 총체적인 제언서"가 분명하다. 그 이유는 그 내용들에서 이 시대의 철학자(지성인들)과 정치인들과 종교인(기독교 지도자)들이 주목하고 실천해야 할 인간적인 삶의 전반적인 개혁에 관한 것으로 지금도 실효성과 유효성을 지닌 많은 지혜들과 방법론들을 거기서 확인할 수 있기 때문이다.

- 범 개혁론(Panorthosia)에 관하여 -

여기 번역된 "범개혁론"(Panorthosia)은 코메니우스가 남긴 대 작품, 7권 중 6번째에 해당하는 책이다. 중요한 것은 이 책에 담긴 구체적인 내용인데, 총 27장에 걸쳐 전개된다. 먼저 1장에서 6장까지는 이론적인 것(Theoria)으로, 범 개혁론이 무엇을 뜻하며, 기독교 안에서 그 일이 시작되어야 하며, 그러나 모든 사람의 협동을 통하여 완성되어야 할 것을 일러주면서, 동시에 그 일은 그리스도의 일임을 상기시켜 준다. 그리고 6장에서 18장까지는 실천적인 것(Praxis)을 다룬다. 그것은 먼저 개혁의 길에서 제거되어야 하는 장애들에 관한 것으로, 사물에 있어서 세계성, 비인간성, 경박한 인간의 행동에 관한 것들을 지적하였다. 언어문화의 영역과 마찬가지로 철학과 종교와 정치의 영역들에 연결하여, 개혁에 관한 것들이 거론되었다. 계속해서 개혁의 보증인들로서 최상의 세계협의회, 빛의 교수단, 성직자의 총회, 세계 평화재판소 등의 설립의 필요성과 그것들이 어떻게 설립되어야 할 것인지를 다룬다. 그리고 19에서 24장까지는 개혁의 대상으로서 중요한 실제적인 적용(Chresis)의 영역인 개인과 가정과 학교와 교회와 국가의 개혁에 관한 구체적인 내용들이 개략적으로 다루어졌다. 또한 25장에서 27장까지는 세계의 개혁을 엄숙히 유도하는 세계위원회, 또는 교회 연합총회의 목표와 과제와 조직 형태들을 다루었으며, 범 세계적인 개혁을 향한 동경 된 행복이 가득한 세계 상태인 새로운 세계상을 그리게 된다. 그리고 삼위일체 하나님에 대한 찬양과 범 지혜의 주기도문과 함께 모든 글의 내용은 끝나게 된다.

이러한 코메니우스의 세계 개혁에 대한 제언에서 오늘날 건강한 사회를 주도하며 지탱하게 하는 책임 영역이 교육과 정치와 종교의 영역으로, 이 영역에 속한 지도적 위치에 있는 주된 인물들의 역할과 책임, 그리고 그 사명이 얼마나 중요한 것인지를 깨닫게 되며, 역시 지성인들(철학자)과 정치인(정의와 평화)들과 종교(기독교) 지도들의 사회적 책임이 어떤 것인지를 일깨워 준다. 특히 코메니우스의 범 개혁론은 7권의 세계 개혁의 제언서 전체의 맥락에서 볼 때, 가장 인간의 성공적인 삶을 이루기 위한 실천적인 부분으로 여겨진다. 그리고 코메니우스가 말하는 전체의 개혁은 기독교 종말론에서 말하는 그리스도의 재림을 준비하는 일과 맞물린 것이다. 즉 코메니우스는 성서가 말하는 천년왕국의 도래를 믿었던 신학자로서, 그 나라는 전 인류가 그리스도의 재림을 기다리는 종말의 사건으로서, 그리스도 통치의 도래를 가리키는 하나님 나라를 뜻한다. 그 때문에, 코메니우스의 종말론은 우리 기독인들이 그리스도를 통한 인류 미래의 약속을 단순히 기다리기만 하면 되는 수동적인 사건이 아니라, 오히려 인간적인 일들의 무질서를 올바른 관계의 질서로 되돌려야 하는 창조 세계의 온전한 회복이 그리스도의 일이며, 동시에 그리스도 안에서 기독인들이 함께 짊어져야 하는 능동적인 기독 신앙의 과제와 책임임을 일깨운다. 그리고 코메니우스가 범 개혁론에서 밝혀 준 모든 개선이 요구되는 일들은 그리스도 안에 있는 우리 기독인 모두가 믿음, 사랑, 소망 가운데서 능동적이며 적극적으로 감당해 가야 할 그리스도의 일이라는 사실을 분명히 일깨워 준다. 그런 점에서 이 책은 인간을 인간답게 교육하는 책임과 국가의 경영과 공동체의 사회적 질서의 다스림을 책임진 이 시대의 정치인들과 모든 사람을 그리스도의 나라로 인도하려는 종교적인 책임을 짊어진 한국교회의 지도자들에게 깊은 교훈을 줄 뿐만 아니라, 이 시대를 사는 모든 기독인과 국민 전체에 참된 삶의 방향과 과제를 새롭게 일깨우는 일에 눈을 뜨게 하며, 큰 도움을 제공하게 되리라 기대한다.

[감사의 인사]

이 책의 출판을 맡아준 나눔사의 대표이신 성상건 장로님과 편집 디자이너 김현식 선생님께 감사를 드립니다. 그리고 개인적으로 특별히 감사하고 싶은 분은 인생의 반려자요, 기도의 협력자인 아내 강영희예게 감사한다. 이 책이 나오기까지 곁에서 위로와 격려를 아끼지 아니하며, 원고 교정 작업에도 큰 수고를 보태기도 하였다. 끝으로 "한국코메니우스연구소"에 후원 이사와 연구원으로 함께 해 준 사랑하는 총신 제자 목사님들께도 깊은 감사를 드린다.

옮긴이에 대하여

정일웅 교수는 총신대학과 신학대학원을 거쳐 독일 본(Bonn) 대학교 개신교 신학부에서 공부하였고, 신학박사 학위(Dr.Theol.)를 받은 후(1984), 총신대학 교수로 초청받아 30년간 주로 신학대학원의 실천신학 분야에서 가르쳤다. 그리고 교수 생활 마지막(2009-2013)에 동 대학 총장(제4대)을 역임하기도 하였다. 남긴 저서로는 "종교개혁 시대의 기독교 신앙의 가르침", "교회 교육학", "개혁교회 예배와 예전학", "하에델베르그 요리문답 해설", "교육목회학", "한국교회와 실천신학" 등이 있으며, 특히 북한 선교와 남북통일에 관한 관심으로, "독일교회를 통하여 배우는 한국교회의 통일 노력", "북한 선교와 남북통일을 위한 섬김의 신학"이란 두 권의 연구논문이 책으로 출판되기도 하였다.
그는 특히 17세기 유럽의 교육학자요, 철학자요, 신학자이며, 현대 교육학의 아버지로 불리는 얀 아모스 코메니우스(J.A.Comenius,1592-1670)의 학문을 연구하여 그의 교육적이며 신학적인 생각들을 알리는 일에 전념하였다. 코메니우스의 유명한 교육작품들인 "어머니 학교의 소식", "대 교수학", "범 교육학", 그리고 "세계도해" 등 독일어판을 번역. 출판하였으며, 이번에 출판되는 코메니우스의 범개혁론도 포함된다. 그리고 코메니우스에 관한 소개는 헨닝 슈뢰어(H.Schroeer) 교수의 "코메니우스의 발자취", 판데어 린데(Van der Linde)의 "미래를 가진 하나님의 세계"란 책들의 번역. 출판에서 시작되었다. 그리고 교회의 교사들을 위한 교양서로 "성경해석과 성경 교수학"도 출판하였으며, 독일 개혁교회가 새롭게 만들어 출판한 청소년을 위한 하이델베르그요리문답(교사/학생용)도 번역 출판하였다.

그는 교수직을 은퇴한 후에도 재직 중 설립한 "한국코메니우스연구소"(2000.6.30)를 통하여 코메니우스에 관한 학문연구와 논문발표, 신학강연, 신학 세미나, 포럼 등의 코메니우스의 학문 알리기 활동을 계속하고 있다. 특별히 코메니우스의 학문을 연구한 두 권의 저술 서가 있는데, 하나는 "코메니우스의 교육 신학"이며, 다른 하나는 "교육신학자 코메니우스와 역사적인 형제 연합교회의 신앙"이란 책이다. 이 외에도 최근에는 독일루터교회연합회(VELKD)가 출판한 "개신교 성인 요리문답서"(Evangelischer Erwachsenen katechismus)를 우리말로 번역하여 시리즈 형식으로 출판하었다. 제1권 "살아계신 하나님", 제2권 "인간과 예수 그리스도", 제3권 "세상에서의 삶과 윤리", 제4권 "성령 하나님과 교회", 제5권 "교회의 삶과 영생" 등이다. 이 책들은 독일교회가 믿는 가장 현대적인 기독교 신앙의 진리 이해를 확인할 수 있을 것이다. 루터교회가 독일 전 국민을 재선교할 목적으로 제시한 것이기도 하다. 그리고 역자는 그간 한국교회의 보수적이며 진보적인 신학자들과의 만남의 장인 한국신학아카데미(혜암신학연구소)의 편집자문위원으로 활동하고 있으면서, 그 연구소가 발행하는 "교회와 신학"의 전문학술지에 연구논문들을 게재하고 있기도 하다. 그리고 웨이크사이버 신학원에서도 영상으로 신학 강의를 계속하고 있으며, 또한 한국교회의 여러 언론지 등에서도 시사 칼럼을 발표하면서 적극적인 학술 활동을 계속하고 있기도 하다. 그리고 이번에도 코메니우스가 남긴 라틴어 미완성 대작인 7권의 작품중 6번째 것 "범개혁론"(Panorthosia)를 독일의 교육학자인 프란츠 호프만(F Hoffman) 박사가 독일어로 번역한 것을 우리 말로 번역하였다. 정교수는 지난 3월 17일 80회 생신을 맞이하고 한국코메니우스 연구소를 통하여 따르는 제자들과 함께 생신 감사 예배를 드렸으며, 그 때 제자들이 정일웅 교수의 전집으로 "한국교회와 실천지향의 신학"이란 이름의 제1권을 헌정하였는데, 그 제목은 "코메니우스의 구원론과 믿음, 소망, 사랑의 신학"이었다. 물론 앞으로 총 8권을 목표로 전집이 출판될 예정이다.